《思益梵天所問經》
三種譯本比對暨研究

（全彩版）

果濱 編撰

自序

　　時光荏苒，筆者從 1996 年 8 月發行人生第一本書籍，當時是委由臺北<u>大乘精舍印經會</u>發行，書名是《大佛頂首楞嚴王神咒・分類整理》(國語版，書籍編號 C-202)，如今一晃已過 24 年，今日已是 2020 年的 2 月，這本新書《《思益梵天所問經》三種譯本比對暨研究》是我人生正式邁入第 *30* 本書的記錄了，此書計有 *36 萬 8 千多字*，是末學研究及教學《思益梵天所問經》多年之新作品。

　　這部《思益梵天所問經》最早是由西晉・<u>竺法護</u>(Dharmarakṣa)於公元 286 年譯出，經名為《持心梵天所問經》，再來是後秦・<u>鳩摩羅什</u>(Kumārajīva)於公元 403 譯出，經名為《思益梵天所問經》，最後是北魏・<u>菩提流支</u>(Bodhiruci)於公元 518 年譯出，經名為《勝思惟梵天所問經》。底下皆以《思益經》三字作為統一經名的稱呼。

　　由於《思益經》先後在公元 286 及 403 年譯出，所以在梁・<u>慧皎</u>《高僧傳》中就記載了南朝劉宋時代<u>慧慶</u>、<u>慧靜</u>、<u>慧基</u>等諸法師修持《思益經》的內容。在整部《思益經》的內容中，有關「互相問答」的方式佔了不少篇幅，經筆者詳盡整理後，發現有：

(一)<u>思益</u>梵天與佛陀的問答共有 32 題以上。
(二)<u>思益</u>梵天菩薩問佛陀有關菩薩修行 20 個重要問題。
(三)<u>網明</u>菩薩與<u>思益</u>梵天的問答有 12 題以上。
(四)<u>普華</u>菩薩與<u>舍利弗</u>的問答有 20 題以上。
(五)<u>思益</u>梵天與<u>文殊</u>菩薩互相的精彩問答，至少有 81 題以上的對答內容。

　　這種「互相問答」的法義，通常能激發出大眾更多的「智慧」，也深受禪宗行者所喜好，雖然《思益經》重視「離相、般若、應無所住」，但有關《思益經》的「功德流通」內容，從〈卷一〉的經文末即開始出現，如<u>思益</u>梵天云：若善男子、善女人，能信解如是「般若空性」法義者，能得 108 種不可思議的功德。到了〈卷四〉經文，還有更多的功德宣傳，如：

(一)若欲得涅槃者，當聽是《思益經》，受持、讀誦，如法修行，廣為人說，共有 15 種功德。

(二)若此《思益經》所在之處，則為諸佛所擁護受用。若能聽聞此經之處，當知此處即是轉佛之正法輪。

(三)若人從「和上」、或「阿闍梨」處得聞是《思益經》，我不見有世間供養之具能報達「聽聞法義」之恩情。

(四)是《思益經》所在之處面積五十里，若天、天子、龍、龍子、夜叉、夜叉子、鳩槃茶、鳩槃茶子等，皆不能得其便而去侵害。

(五)若有能執持此法門之「說法之師」，我常衛護供養供給，我及眷屬為「聽受」此法門，故往詣其所，並增益法師，令其勢力無畏。

(六)若善男子、善女人，能說是《思益經》法者。我當供養是人，是諸善男子應受一切世間天、人、阿修羅之所供養。

(七)世尊告文殊師利：如來能護念《思益經》，能利益諸「說法之師」。是經在閻浮提處，隨其歲數多久，則佛法即不滅。

(八)若人供養是《思益經》，恭敬、尊重、讚歎，其福為勝。是人「現世」將得 11 種功德之藏。

　　《思益經》與《法華經》都有共同的特色就是：凡是能講說此經、宣此法義者，無論是出家或在家，一律皆稱為「說法之師」，簡稱「法師」二字。「法師」的梵語譯作 dharma-bhāṇaka，有時也譯作「**說法之師、說法師、大法師**」。「法師」在廣義上是指能通曉「佛法」，解行合一，又能「引導眾生修行」之「出家僧眾」或「具善知識的在家居士」；「法師」在狹義上則專指能通曉解說「經、律、論」之「僧眾行者」。如《思益經》卷四對「法師」的詮譯云：

爾時娑婆世界主「(大)梵天王」白佛言：世尊！我(將)捨「禪定」樂，往詣(此)「法師」(說法之師)**，若「善男子、善女人」，能說是**(思益梵天所問經)**法者。所以者何？從如是等經，**(能)**出「帝釋、梵王、諸豪尊」等。**

世尊！我當「供養」是諸「善男子」(說法之師)**，是諸「善男子」應受一切世間「天、人、阿修羅」之所「供養」。**

　　「法師」即指「能說法之師、能講法之師」，在《大般涅槃經》的〈梵行品〉中也以九種定義來解釋「大法師」三個字，其餘的《佛說寶雨經》、《華嚴經》之〈金剛幢菩薩十迴向品〉、〈明法品〉……等，都有詳細解釋「法師」之深義，可參考本書內文的第四卷便知。

　　底下就筆者所研究的《思益經》心得與大家分享，分成六小節來細述：
　　一、《思益經》與各宗派的因緣。
　　二、《思益經》與禪宗的因緣。
　　三、《思益經》與「如來藏」的因緣。
　　四、《思益經》與「往生佛國淨土」的因緣。
　　五、《思益經》與「中觀緣起性空」的因緣。
　　六、《思益經》與「密咒修學」的因緣。
　　七、與《持心梵天所問經》有交涉的祖師。

　　除此外，在〈卷三〉也出現：若能以言語建立開示、並分別演說「三十七菩提分法」的話，這就是一種「如實說法」。經云：「**善男子！於是三十七助道法，若能開解演說，名為說法**」。在〈卷一〉及〈卷四〉也出現與《法華經》一樣的三乘會歸一乘思想，如經云：「（若）**見種種乘**(指三乘)，(其實)**皆是**(會歸)**一乘**(一佛乘)」。及「**有以小乘**(聲聞)**而得解脫，有以中乘**(緣覺)**而得解脫，有以大乘**(菩薩乘＆一佛乘)**而得解脫**」。可見《思益經》內容之豐富，大概只有唯識的專有「名詞」，例如「心識、八識」等，沒有出現在此經當中而已。

一、《思益經》與各宗派的因緣

　　在本書內文的「第四 修持並提倡本經的僧眾」，根據筆者的整理，《思益經》並不是只被「禪宗」所重視，還有其餘「各宗派的祖師」都競相在引用此經，至少有 **70** 位以上歷代的祖師、僧眾都在修持、引用、講說《思益經》。引用《思益經》法義的歷代祖師，比較有名的，例如：

(一)「淨土宗」第一代開山祖師，東晉・慧遠(334～416)在《鳩摩羅什法師大義》
　　一書中引用《思益經》。後人還有：

　　　　淨土宗第六代祖師，唐末五代・<u>永明 延壽</u>(904～975)《宗鏡錄》。

　　　　淨土宗第八代祖師，明・<u>蓮池 袾宏</u>《阿彌陀經疏鈔》。

　　　　淨土宗第九代祖師，明・<u>蕅益 智旭</u>《法華經玄義節要》。

(二)「三論宗」創始人，隋・<u>吉藏</u>(嘉祥大師，549～623)《法華義疏》。

(三)天台宗第一代開山祖師，隋・<u>智顗</u>(538～597)《仁王護國般若經疏》。

　　　　天台宗第二代祖師，陳・<u>南嶽 慧思禪師</u>(515～577)《法華經安樂行義》。

　　　　天台宗第九代祖師，唐・<u>湛然</u>(711～782)《法華玄義釋籤》。

(四)古印度大乘佛教瑜伽行派創始人，<u>阿僧伽</u>(無著菩薩)作、後魏・<u>佛陀扇多</u>譯
　　　　《攝大乘論》。

　　　　法相宗祖師，隋・<u>圓測</u>(613～696)《般若波羅蜜多心經贊》。

　　　　法相宗祖師，唐・<u>窺基</u>(632～682)《妙法蓮華經玄贊》。

　　　　法相宗祖師，唐・<u>慧沼</u>　(651～714)《法華玄贊義決》。

(五)華嚴宗第二代祖師，唐・<u>智儼</u>(602～668)《華嚴五十要問答》。

　　　　華嚴宗第三代祖師，唐・<u>法藏</u>(643～712)《華嚴經探玄記》。

　　　　華嚴宗第四代祖師，唐・<u>澄觀</u>(738～839)《大方廣佛華嚴經疏》。

　　　　華嚴宗第五代祖師，唐・<u>宗密</u>(780～841)《大方廣圓覺修多羅了義經略疏》。

(六)南山律宗之祖師，唐・<u>道宣</u>(596～667)《四分律刪繁補闕行事鈔》。

　　　　唐・<u>道宣</u>《續高僧傳》中還記載了梁・<u>慧勇</u>(514～587)、梁・<u>智脫</u>(540～607)、
　　　　唐・<u>慧眺</u>、高齊・<u>法常</u>、<u>惠明</u>……等與《思益經》有關的資料。

　　　梁・<u>寶亮</u>《大般涅槃經集解》中也引用《思益經》，唐代還有唐・<u>道掖</u>《淨
名經關中釋抄》、唐・<u>淨覺</u>《楞伽師資記》、唐・<u>慧苑</u>《續華嚴經略疏刊定記》、
唐・<u>元康</u>《肇論疏》、唐・<u>飛錫</u>《念佛三昧寶王論》。宋・<u>贊寧</u>《宋高僧傳》記
載唐・<u>慧朗</u>、唐・<u>無業</u>……等人。

　　　宋代有：宋・<u>智圓</u>《維摩經略疏垂裕記》、宋・<u>懷遠</u>《楞嚴經義疏釋要鈔》、
宋・<u>惟愨</u>　《楞嚴經箋》、宋・<u>遵式</u>《注肇論疏》、宋・<u>知禮</u>《金光明經玄義拾
遺記》、宋・<u>寶臣</u>《注大乘入楞伽經》、宋・<u>子璿</u>《起信論疏筆削記》、宋・<u>行
霆</u>《圓覺經類解》、宋・<u>元照</u>《阿彌陀經義疏聞持記》、宋・<u>宗曉</u>《四明尊者教
行錄》、宋・<u>從義</u>《金光明經文句新記》。

元代有：元‧普瑞《華嚴懸談會玄記》、元‧文才《肇論新疏》。

明代有：明‧傳燈《楞嚴經玄義》、明‧一松說、靈述記《楞嚴經玄義》、明‧焦竑《圓覺經精解評林》、明‧錢謙益《楞嚴經疏解蒙鈔》、明‧憨山 德清《肇論略註》、明‧大佑《阿彌陀經略解圓中鈔》、明‧古德《阿彌陀經疏鈔演義》、明‧函昰《楞嚴經直指》、明‧通潤《楞伽經合轍》、明‧廣莫《楞伽經參訂疏》。

清代有：清‧通理《楞嚴經指掌疏懸示》、清‧續法《楞嚴經勢至圓通章疏鈔》、清‧溥畹《楞嚴經寶鏡疏》、清‧彭際清《無量壽經起信論》⋯⋯等。

以上都是「各宗派的祖師」競相在引用《思益經》的資料說明。

二、《思益經》與「禪宗」的因緣

《思益經》流行到唐朝時便受到禪宗「北宗禪」神秀大師的重視，因為神秀在傳法給普寂時，就是以《思益經》及《楞伽經》為依據，甚至把《思益經》和《楞伽經》同列為禪學最高宗要之法門，而且《思益經》是列在《楞伽經》的前面，如：胡適校訂《新校定的敦煌寫本神會和尚遺著兩種》云：

菩提達摩一派的禪學，本來「常奉四卷《楞伽》，以為法要」，故此派自稱「楞伽宗」；直到神會同時的普寂和尚(大照禪師)**的碑傳裏還說神秀教普寂「令看《思益》**(思益梵天所問經)**，次《楞伽》，因而告曰，此兩部經，禪學所宗要者」**(詳李邕〈大照禪師塔銘〉，《全唐文‧二六二》。參 CBETA, B25, no. 142, p. 123, a)。

又如《正史佛教資料類編‧卷二》亦云：

神秀(北宗禪)**，禪門之傑，雖有禪行，得帝王重之，而未嘗聚徒「開堂」傳法。至弟子普寂**(北宗禪)**，始於都城傳教，二十餘年，人皆仰之。**(參 CBETA, ZS01, no. 1, p. 129, a)

禪宗「南宗禪」的徑山二祖鑑宗大師，也是精通《思益經》，如《宋高僧傳‧卷十二》云：

(鑒宗禪師，即無上禪師，逝於 866 年，屬於南宗禪)**學涉通《淨名》**(《維摩詰經》)**、《思益》經，遂常講習，閑公亦示其筆法，漸得鳳毛焉，候往謁鹽官 悟空大師，隨眾參請，頓徹「心源」……追諡**(鑒宗)**大師曰無上，祖門傳號為徑山**(南宗禪)**第二祖。**
(參 CBETA, T50, no. 2061, p. 779, c)

若再從「敦煌遺書」的「禪宗」資料來看，在吐蕃統治時期由摩訶衍寫的《頓悟大乘正理決》中，引用各種佛經達二十多種，其中提到《思益經》共有 11 次，僅次於《楞伽經》26 次(詳上山大峻《敦煌佛教研究》，日本法藏館，1990 年，頁 296)。還有唐‧大珠 慧海的《頓悟入道要門論》也是引用《思益經》的法義。

在日本大谷文書中有一件出於敦煌的**《諸經要抄》**，這本書引用各種佛經達二十三種，其中提到《思益經》有 4 次、《金剛經》有 4 次、《楞伽經》有 7 次、《諸法無常經》有 1 次等。日本學者岡部和雄、田中良昭等對這本**《諸經要抄》**進行過研究，認為**《諸經要抄》**是屬於「禪宗」體系的書。

所以從各方資料來看，「禪宗」的確接受了許多《思益經》的思想；而《思益經》也因為「禪宗」的弘揚而出名。

《六祖壇經》與《思益經》的因緣也很深，可參閱筆者〈再論《六祖壇經》引用大乘經典的研究〉一文(詳果濱《敦博本與宗寶本《六祖壇經》比對暨研究(全彩版)》，頁 561)，其中最明顯的一段經文是《六祖大師法寶壇經》云：

譬如大龍，下雨於閻浮提，城邑聚落，悉皆漂流，如漂棗葉。若雨大海，不增不減……百川眾流，却入大海，合為一體。眾生本性般若之智，亦復如是。(參 CBETA, T48, no. 2007, p. 340, b)

此段與《思益經》〈卷四〉所提到的十五種「菩薩深行」的大海比喻，其中第一種「大海比喻」內容非常「相近」的。如《思益經》云：

爾時大迦葉白佛言：世尊！譬如諸大龍(此喻諸佛菩薩)，若欲雨時，(則)雨於大海(此喻大乘菩薩根器者)；此諸菩薩亦復如是，以大法雨(般若大法)雨菩薩心。佛言：迦葉！如汝所說，諸大龍王(此喻諸佛菩薩)所以不雨閻浮提(此喻小乘根器者)者，非(大龍王)有悋(嗇)也，但以其(閻浮提之)地不堪受故。所以者何？大龍(此喻諸佛菩薩)所雨(般若大法)，澍(雨降)如車軸(喻雨非常密集)，若其雨者，(將令)是閻浮提(此喻小乘根器者)及城邑、聚落、山林、陂池，悉皆(遭)漂流，(亦)如漂棗葉(像棗葉隨意亂漂浮在水面上一樣)……迦葉！又如大海(此喻大乘菩薩根器者)，堪受大雨(此喻般若大法)，澍(雨降)如車軸(喻雨非常密集)，不增不減。迦葉！又如大海(此喻大乘菩薩根器之般若大海)，(能容納)百川眾流(此喻種種法門、種種議論)入其中者(皆匯入大乘菩薩根器之般若大海)，同一鹹味(此喻同為一般若性空之味)。此諸菩薩亦復如是，(就算聽)聞種種法、(想聞)種種論議者，皆能信解為一空味(為一個般若空性之味)。

《思益經》常提到的「離相、般若、空性、如實說法、聖默然、無我人眾生壽者」等，都是「禪宗」所重視的法義。再例如：

「諸佛不得真實存有之『生死』，亦不得真實存有之『涅槃』。
「諸法平等，無有真實可得之『往來、出生死、入涅槃』。
「如來雖說有生死之現象，實無有人真實『往來生死』；如來雖說有涅槃之果位，實無有人真實『獲得滅度』者」。
「涅槃與生死，皆是『假名有』之言說耳！實無生死之『往來』相、與滅盡之得『涅槃』相」。
「說法」與「聖默然」(如聖賢一樣的靜默寂然無語)……

這些都是「禪宗」常引用的法義。

禪宗的「頓悟」成佛思想與《思益經》也有很深的關係，這主要是從〈卷一〉的經文來的，如云：

網明！若有善男子、善女人，能如是知諸法「正性」，若「已知」、若「今知」、若「當知」，是人無有法「已得」、無有法「今得」、無有法「當得」(無已得、無今得、

無當得。無過去、無現在、無未來)。所以者何？佛説「無得、無分別」，名為「所作已辦」相。若人聞是諸法「正性」，勤行「精進」，是名「如説修行」。(彼人則已)不從「一(階)地」至「一(階)地」；若不從「一(階)地」至「一(階)地」；(則)是人(已)不在「生死」、不在「涅槃」。(此指已能迅速的「跳脱」生死與涅槃，故不需從一階地至另一階地的修行)

陳・南嶽 慧思禪師(515~577)在《法華經安樂行義》就解釋説：

《思益經》言：或有菩薩，不從一(階)地至一(階)地。(必須)從一(階)地至一(階)地者，是二乘「聲聞」及「鈍根」菩薩，(於)方便道中(的)「次第」修學。(若能)不從一(階)地(而)至一(階)地者，(此)是「利根」菩薩，(乃能)正直「捨方便」，不(必定要)修「次第」(之)行。

唐・宗密(780~841)《大方廣圓覺修多羅了義經略疏》亦云：

《思益經》云：得諸法正性者。不從一(階)地至於一(階)地。《楞伽經》云：「初地」即為「八」(地)，乃至無所有何「次」(第)？

如《入楞伽經》卷7〈入道品 9〉云：

爾時世尊重説偈言……九地為七地，七地為八地。二地為三地，四地為五地。三地為六地，「寂滅」有何「次」(第)？

這些都與「禪宗頓悟成佛、快速跳躍解脱」的思想有關。以上是《思益經》與「禪宗」因緣的簡介説明。

三、《思益經》與「如來藏」的因緣

《思益經》在〈卷一〉、〈卷三〉中也提到許多有關「如來藏」的「心性本淨」之學。例如：

〈卷一〉中云：

(思益)梵天言：善男子(五百比丘)！縱使令去(離去)，至(於)恒河沙劫(之諸佛國土遠的距離)，(亦)不能得出(離)如此(般若虛空)「法門」。譬如癡人，畏於「虛空」，(於是想)捨(棄虛)空而走，(但此癡人)在所至處，(皆)不離「虛空」(啊)！

此諸(五百)比丘，亦復如是，雖復(離開)遠去，(亦)不(能)出(離)空相(空法之相)、不(能)出(離)「無相」(之)相、不(能)出(離)「無作」(之)相。

又如一人，(欲)求索「虛空」，東西馳走(而)言：我欲得(虛)空！我欲得(虛)空！是人但説「虛空」名字、而不得「空」，(此人)於(虛)空中(而)行，而(竟)不見(虛)空(相啊)。此諸(五百)比丘，亦復如是，欲(追)求涅槃，(而四處向外追求)行(於)涅槃中，而(終)不得「涅槃」。

從上段的經文，如果我們將它加以「引申」的話，也可作如下的理解：

吾人終日追求「虛空」，竟忘了我們離不開「虛空」，「虛空」就在你頭上，抬頭即是，舉頭即是「虛空」！我們永遠活在「虛空」中而不自知！

吾人終日追求「涅槃」，竟忘了我們離不開「涅槃」，「涅槃」就在你頭上，抬頭即是，舉頭即是「涅槃」！我們永遠活在「涅槃」中而不自知！

吾人終日追求「如來藏」，竟忘了我們離不開「如來藏」，「如來藏」就在你頭上，抬頭即是！舉頭即是「如來藏」！我們永遠活在「如來藏」中而不自知！

吾人終日追求「佛性」，竟忘了我們離不開「佛性」，「佛性」就在你頭上，抬頭即是，舉頭即是「佛性」！我們永遠活在「佛性」中而不自知！

〈卷三〉中又云：

以是「常淨」相，(故)知「生死」性即是「涅槃」，「涅槃」性即是一切「法性」，是故説「心性常清淨」。善男子！譬如「虛空」，若(一定能)受「垢污」，(則)無有是處。心性亦如是，若有(心性會被)垢污，(則)無有是處。

又如「虛空」，雖(暫)為「烟塵、雲霧」(所)覆翳，(因此)不明、不淨，而(亦)不能染污「虛空」之性。

(虛空)設(會被)「染污」者，不可復(得)淨。以「虛空」(乃)實不(被)「染污」故，還見清淨。凡夫心亦如是，雖(有)「邪憶念」，(或生)起諸煩惱，然其(凡夫之)心相(仍)不可「垢污」。設(凡夫會遭)「垢污」者，(而)不可復淨；(但)以(其)心相(仍)實「不垢污」，性常明淨，是故(凡夫)心(仍能)得「解脱」。善男子！(此)是名入「淨明三昧

門」。

以上是《思益經》與「如來藏」因緣的精簡介紹。

四、《思益經》與「往生佛國淨土」的因緣

《思益經》在〈卷一〉、〈卷二〉、〈卷四〉都明確提到了「淨土學」，例如：

〈卷一〉中云：

爾時(於)日月光佛國，有諸菩薩白其(日月光)佛言：(日月光)世尊！我得大利(廣大的善利)，不生如是(娑婆)惡眾生中。其(日月光)佛告言：善男子，勿作是語！所以者何？若菩薩於此(清潔)國中百千億劫淨修「梵行」，不如彼(娑婆)土，從旦至食，無「瞋(恨)、礙(阻礙;妨礙)」心，其福為勝……

淨土多億劫，受持清淨戒，於此娑婆國，從旦至中勝，我見安樂國，無量壽佛國，無苦及苦名。

〈卷二〉中云：

大迦葉以此白佛。佛言：迦葉！是網明菩薩成(普光自在王)佛時，其會大眾(皆)同一「金色」，咸共信樂「一切智慧」。其佛國土，乃至無「聲聞、辟支佛」名，唯有清淨諸「菩薩摩訶薩」會。

大迦葉白佛言：世尊！(若有往)生(至)彼(佛國之諸)菩薩(者)，當知「如佛」。

佛言：如汝所說，(往)生(至)彼(普光自在王佛國之諸)菩薩，當知「如佛」。

於是會中(有)「四萬四千」人皆發「阿耨多羅三藐三菩提心」已，願(往)生彼(未來網明菩薩之佛)國，(大眾皆)白佛言：網明菩薩得成(普光自在王)佛時，我等願(往)生其(佛)國！

〈卷四〉中云：

(淨相天子將在)過「四萬二千劫」，當得作佛，號寶莊嚴，國名多寶……(思益)梵天！是諸「比丘、比丘尼、優婆塞、優婆夷」，「諸天、龍、鬼神」在此會中，(已)得「(無生)法忍」者，(將來)皆當得(往)生(淨相天子未來成佛之)多寶國土。

〈卷四〉中還提到 12 種的「師子吼」的定義，其中第四個「師子吼」是：

(能)**作是願言**：

我當作佛！(能)**滅一切眾生苦惱**。

以上可見《思益經》與「往生佛國淨土」思想仍是非常密切的。

五、《思益經》與「中觀緣起性空」的因緣

《思益經》有很多法義都與「般若中觀」相通的，例如在〈卷三〉內容，經文明確的提到與《中論》講「眾因緣、四生」是一樣的。例如：

〈卷三〉中云：

若法「不自生」、「不他生」、亦不「眾緣生」，從本已來，常無有「生」，得是法故，說名(眞實之)**「得道」。**

〈卷三〉中云：

譬如鍾鼓，(因)**眾緣和合，而有**(發出)**「音聲」，是諸鍾鼓，亦**(本)**無**(有)**「分別」。**

(鐘鼓乃無自性，或暫喻爲中性，無好亦無壞，因人敲鐘的「技巧」才會發出好聲與壞聲的區別)

如是諸賢聖，(能)**善知「眾因緣」故，於諸「言說」**(時而皆能知「言說」本)**無貪、**(亦)**無礙**。(諸語言文字，及諸賢聖者，乃無自性，或暫喻爲中性，無分別亦無執著，因眾生「根機」不同時，才會發出

凡夫語與賢聖語的區別)

〈卷三〉中亦云：

若菩薩(生)**起二**(種分別)**相**(而)**發「菩提心」，作是念：生死與菩提「異」，邪見與菩提「異」，涅槃與菩提「異」。**(此)**是則不行**(眞正的)**「菩提道」也。**

以上是《思益經》與「中觀緣起性空」的資料說明。

六、《思益經》與「密咒修學」的因緣

《思益經》在〈卷四〉經文中出現了佛為眾生宣說「請召」諸天龍八部等

的呪語法門，如〈卷四〉經文云：

> **爾時佛告文殊師利**：如是！如是！汝今善聽！欲令此經「久住」故，當為汝說召(請)諸「天、龍、夜叉、乾闥婆、鳩槃荼」等(之)呪術。
> 若(有)**法師**(說法之師)誦持此呪，則能(召)致諸「天、龍、夜叉、乾闥婆、阿修羅、迦樓羅、緊那羅、摩睺羅伽」等，常隨(擁)護之。

接下來佛又說：若有菩薩摩訶薩欲修此「咒法」者，當誦持是「呪術」章句，底下約有 18 種修持法；如果有人能行 18 種法而修持如是呪語者，即能於「現身」中獲得「十種大力」，如「念力、慧力、行力、堅固力、慚愧力、多聞力、陀羅尼力、樂說辯力、深法力、無生忍力」等，但持誦這個咒語與「福德五欲功德」的「感應」都是無關的。

以上是《思益經》與「密咒修學」的資料說明，這些經文對於修學咒語者的「心態」與「正見」都是非常重要的法義。

七、與《持心梵天所問經》有交涉的祖師

竺法護譯的《持心梵天所問經》是所有《思益經》譯本最早(公元 286 年譯出)、最原始、最圓滿、最豐富的譯本，可惜歷代研究、講解、引用《持心梵天所問經》者，就現有的歷史資料上來看，非常的稀少，大約只有五人。如：

(一)東晉・道安《持心梵天經略解》。(只見於目錄上的記載，沒有內文)

(二)東晉・可洪《新集藏經音義隨函錄(第 1 卷-第 12 卷)》卷五，裡面有《持心梵天經》的經文「名相註解」。(參 CBETA, K34, no. 1257, p. 813, b)

(三)東晉・康僧淵法師，曾因《持心梵天所問經》的空理非常幽遠，於是常加「講說」。(詳《高僧傳・卷四》，參 CBETA, T50, no. 2059, p. 347, a)

(四)淨土宗第六代祖師，唐末五代・永明 延壽(904～975)《宗鏡錄》中曾引用到《持心梵天經》的幾句經文。(參 CBETA, T48, no. 2016, p. 850, b)

(五)唐末五代・義楚集《釋氏六帖・卷二十二》也有引用《持心梵天經》的經文內容。(參 CBETA, B13, no. 79, p. 86, a)

因為竺法護的譯文經常是「**晦澀難懂，難以卒讀**」(引用自日本學者岩本裕曾說：竺法護譯的《正法華》經，晦澀難懂，難以卒讀)。就如第五世達賴喇嘛著、郭和卿譯《西藏王臣護法記・卷六》也說明同樣的一個問題，那就是：「**發現過去先輩藏王在位時，對於顯密經典，雖是大部分翻譯出來，但在翻譯印度、烏仗那、尼泊爾、中原等地的語言為『藏語』的當中，有一些仍舊保留各地『原來的語言』，使人不易通曉；還有對於『難譯、難讀』，並與『梵語不相符合』的一些古語、古字及聲律，以『藏譯對勘』原來根據的『桑枳達語梵文原本』時，沒有作到『不失梵本原文那樣的頌體、散文、頌與散文相間體、聯韻等體裁和原義』，如和『原文』對照，其譯義不免『晦澀難解』」。**」(參 CBETA, B11, no. 75, p. 658, a)

本書已將竺法護的《持心梵天所問經》作一個完整的分類歸納整理，所有「難字」的「注音」及「解釋」都盡量補充進去了。為了符合現代人閱讀的方便，已在每個人名、地名、法號、字號下皆劃上「底線」。筆者對於竺法護的經文「難字」，雖仍有解釋「不足」之處，但大致也都已作詳盡的解釋了，如下表「大略」之例舉：

咨ｱ嗟ﾘｴ 咨讚嗟美	諮受 諮詢請教與蒙受	諮(古同「咨」)嗟 咨讚嗟美	輕易 輕賤傲易	眾祐 bhagavat 世尊；婆伽婆；眾德具足而能祐護眾生，能為世所尊、所共同尊重恭敬者
惱熱 惱悔懊熱	德本 功德善本	卒ｺﾞ（突然）暴 （躁）	土地 境土階地	遊步 遊歷[遊履]趨步
究縛 究竟[窮盡]繫縛煩惱	不起之慧 無所從生之慧；無生之慧	愍哀 慈愍哀憐	療治 攝療行治	治療 行治救療
諸議(古通「義」)	汲(引)汲(集)之事 心已得「無所住」，故已無任何的異心可「汲引汲集」的相續牽引下去	順議(古通「義」) 順正義理	將護(將助衛護)	發遣 發聲遣辭 派發遣送
應順 應當順理；正問	約　　時 abhisamaya 約於一時即獲現證	時節 於一時節即獲現證	不淨 不能淨化解消 眾祐 bhagavat 能為世所尊而被供養者	反復 反哺回復報恩
愚騃ﾘ	寂然	疆ﾘﾞ（疆→古同彊或	勢ﾀ 勢	錠ﾀﾞ 燎

愚癡頑騃	寂滅凝然）	強）恚 強大瞋恚	豪健勢力	古通「庭燎」→立於門庭中照明的火燎炬焰
大哀 大慈哀愍	質閡 拘質阻閡	利義 利益恩義	澹泊 虛澹恬泊	寂寞 寂靜窈寞
寂漠 寂靜玄漠	無本 即漢文「如」義	甚快 令人痛快法善	感動所變化 能感通變動的一種自在變化力	交露 交露原意指「交錯的珠串所組成的帷幔，狀若露珠」，此處指「交織綿絡」
神足 神通具足	蒙曜 蒙受光曜	徙著 遷徙置著	等御 平等攝御；正等總御；齊等統御	官屬 官吏下屬；官僚屬吏
境域 境界疆域	名德 名稱功德	差特 差異特別	諸通慧 Sarvajñā 諸通達的一切智	暴露 暴發顯露；喻無所有；喻真誠無虛
疑望（疑古同「擬」） 預擬奢望	終始 終死始生	迸走 迸散逃走	繫綴 繫絆牽綴	比類 比擬相類
誘進 誘導勸進	戲逸 急戲放逸	悕望 悕求望報	危陷 危害陷逆	欽尚 欽崇敬尚
超度 超越度過	如賢聖而嘿 嘿（古同「墨」，墨亦通「默」） 寂然（靜嘿寂滅凝然）	聖寂 如聖賢一樣的靜默寂然無語	醫藥 醫術法藥	平賤 平穩豐賤→物美價廉
難問 疑難雜問	釋置 釋放棄置	罔所趣 虛罔而無所趣向	希僥 希求僥望	馳騁 爭馳狂騁
反耶（古同「邪」） 相反違逆嗎？	蠱狐 《新集藏經音義隨函錄·卷二》云：蠱狐，正作「蠱」。蠱狐就是野狐	肅 肅殺嚴酷之氣 震 威震而令人恐懼	不受 無所不受	懈厭 懈怠厭足
邃遠 幽邃深遠	玄妙 玄祕殊妙	諸正士黨 （黨見；或者；偶然） 流布（流傳散布） 正法 指諸菩薩是偶然？或者偶爾才去流布正法的嗎？	流演 流通演教	班宣 班授宣揚
申暢 申闡暢揚	無著 無上著稱；無上卓著之境	帑藏 帑金庫藏	虛匱 空虛乏匱	(救)濟眾盛（眾多熾盛的煩惱）煮（烹煮煩惱）
僥願 僥求希願	恭恪 恭謹恪恭	棄捐嫉（妒心）、 癲疥癩，俗謂頭癬	弘普 弘傳普化	周接 周遍接續的流傳下去

稟仰	執持	症。此喻醜陋，表示「鄙視」他人之意 亡失	充溢	勢/勢
稟受與歸仰	執守修持；執行堅持	無失；不失	充盈滿溢	豪健勢力

後記

　　本書的編撰方式採「以經解經」的方式，讓大家在讀三種譯本比對的當下，同時又可以讀到很多「純佛經原典」的「法義」，避免個人對「內文」進行過多的「知見猜測」與「灌水擴充」，因此本書還附帶諸多當前佛教有「爭議性」的主題的「正確答案」，例如：

(一)如果我們與地球的「業緣」尚未結束之時，留在地球一天，就應該好好「珍惜」&「修道」，因為「蓮華」出自「淤泥」，所以最高的「功德福田」總是來自「污穢環境」下的「修行」。所以佛陀在很多經文中都這樣「勸」我們要「安心、安住」在此「惡劣環境」下修行，這是一種「勸勉&譬喻」的意思。故切勿「誤解」經文，以為經文是「勸」大家都應該繼續留在娑婆世界&生生世世在這裡「修福田、修功德」。諸經皆勸「往生淨土」，這是千真萬確的！

(二)所有佛典藏經都明確的說：佛弟子應該追求到「有佛國的淨土」中去「作佛」底下共計有 50 部的佛經出處(含同本譯異經，與同佛經之出處)。

(三)修行人於日常功課後要「發願迴向」西方極樂佛國，並要經常口稱：
我當作佛！我必作佛！阿彌陀佛！帶我去西方作佛！

(四)寧可「破戒無戒」，不可「破壞正知正見」。「破戒」可救，「破見」不可救。

(五)破解「白衣說法」的「真義」。

(六)破解「地獄門前僧道多」的「偽義」。

(七)佛陀明確的說，一位有「智慧」的修行者，若欲成就「佛道」，當樂於「佛經法義」，並廣為「讚誦、演說」；就算是「白衣居士」在講經說法時，諸天鬼神，亦來「聽受」，更何況是「出家僧人」在講經說法？

(八)明・蕅益 智旭云：「白衣」說法，此誠「無有過失」，亦非佛法之「衰敗徵兆」。倘若頂禮及三皈五戒於「白衣」居士，則大成「非法」，乃佛法之真「衰相」矣！

(九)玄奘大師也曾親近依止於「居士」身份的勝軍論師，整整「二年」，修學佛法。

勝軍論師經常開講佛經,「僧、俗」二眾逾「數百人」在追隨聽經聞法。
(十)一位修行菩薩道者,若能成就「十種法」,便能成為「說法之師」(含僧眾與在家)。
「法師十德」的佛學名相應該「整理」自《華嚴經・明法品》的內容。

本書《思益梵天所問經》已重新將三種漢譯的《思益經》作一個完整歸納整理,除了保留原有的「卷名、品名」外,另自行給每一段再細分出「小標題」。您只要看到「小標題」就可知道經文的「大綱」內容,再加上**底下約有?條**」的字眼,方便讀者知道到底說了多少條的「法義」?

最後祈望所有研究《思益梵天所問經》的佛教四眾弟子、教授學者們,能從這本書中獲得更方便及快速的「理解」,能因本書的問世與貢獻,帶給更多後人來研究本經、講解本經。末學在教學繁忙之餘,匆匆撰寫,錯誤之處,在所難免,猶望諸位大德教授,不吝指正,爰聊綴數語,以為之序。

公元 2020 年 2 月 2 日　果濱序於土城楞嚴齋

《思益梵天所問經》三種譯本比對暨研究

(全彩版)

果濱・編撰

自序

　　時光荏苒,筆者從 1996 年 8 月發行人生第一本書籍,當時是秀由臺北大

目錄與頁碼

一、本經名稱問題

《思益梵天所問經》，梵文作 Viśeṣa(增;增益;殊勝;最勝;妙;上妙;殊特;差特;奇特)cinta(思惟;思量;念心意)-brahma(梵天)-paripṛcchā(所問;請問;咨請)sūtra(經)，共四卷。

《思益梵天所問經》有多種異名，又名為《梵天所問經》、《網明菩薩經》、《攝一切法》、《莊嚴諸佛法》、《文殊師利論議》……等。又簡稱《思益經》、《梵問經》、《明網經》、《持心經》……等。

現存有三種漢譯本以及藏譯本，三種漢譯本分別為：竺法護《持心梵天所問經》、鳩摩羅什《思益梵天所問經》、菩提留支《勝思惟梵天所問經》。

西晉月氏・竺法護譯 （Dharmarakṣa） (於公元 286 年譯出)	後秦龜茲・鳩摩羅什譯 （Kumārajīva） (於公元 403 年譯出)	北魏天竺・菩提流支譯 （Bodhiruci） (於公元 518 年譯出)
《持心梵天所問經》 (No.585)	《思益梵天所問經》 (No.586)	《勝思惟梵天所問經》 (No.587)
又稱 《佛說等御諸法經》 《莊嚴佛法諸義》 《莊嚴佛法》 《持心經》	又稱 《思益經》 《思益義經》 《思益梵天問經》 《攝一切法》 《莊嚴諸佛法》 《思益梵天所問》 《文殊師利論議》	又稱 《勝思惟經》 《平等攝一切法》 《莊嚴一切佛法》
四卷(收於大藏經第 15 冊)	四卷(收於大藏經第 15 冊)	六卷(收於大藏經第 15 冊)

本經曾受到諸多「漢傳僧人」的重視而流行，並曾作為「讀誦修持」的重要依據佛經。例如禪宗「北宗」的神秀大師在傳法給普寂時，就是以《思益經》及《楞伽經》為依據，甚至把《思益經》和《楞伽經》同列為禪學最高宗要之門。

而禪宗「南宗」的徑山二祖鑑宗大師，他在出家後也是「涉通《淨名》(《維摩詰經》)、《思益》經，遂常講習……隨眾參請，頓徹心源」。如果您是禪宗的愛好者，除了研究《楞嚴經》、《楞伽經》、《大般若經》、《金剛經》、六祖壇經》外，千萬不能錯過《思益經》的「般若空性」精彩深義之理。

在《出三藏記集‧新集經論錄》曾云：

《持心經》六卷十七品。一名《等御（平等攝御；正等總御；齊等統御）諸法》，一名《莊嚴佛法》。《舊錄》云《持心梵天經》，或云《持心梵天所問經》，太康七年三月十日（農曆）出。

→西晉‧太康七年三月十日即是公元 286 年 4 月 20 日。

根據僧叡法師的《思益經》「序文」中說，「思益」二個字的意思是作「特殊妙意」的意思，如梁‧僧祐撰《出三藏記集‧卷八‧思益經序第十一‧釋僧叡法師》云：

此經天竺正音，名毘絁　沙真諦(Viśeṣa→增；增益；殊勝；最勝；妙；上妙；殊特；差特；奇特。cinta→思惟；思量；念心意)。

（此「毘絁施真諦」）是（指）他方梵天「殊特妙意」菩薩之號也，詳聽仕公（鳩摩羅什）傳譯（此本佛經）其名（「思益」二個字的名稱），（曾經為了「思益」二個字）翻覆展轉，（以「思益」二字）意似「未盡」，良由未備秦言「名、實」之變故也。

所以竺法護譯出的《持心梵天所問經》，其中的「持」字，也很有可能是「特」字之訛，也就是「特」與「持」字形相近，於是造成抄寫之誤。若再從「藏譯本」和「梵語」的經名考察，其結果也是一樣，關於這個論點在前人的文章中已有詳細說明了(參閱繼穩法師〈《持心經》特殊用詞與譯經風格分析〉一文，詳中華佛學研究；10 期(2006 / 03 / 01)，P1 – 42)。

二、本經各品的內容

據宋、元、明三本及「契丹本」共分有 24 品，而「高麗本」僅於「序品」下分成 18 品，或係依竺法護之「譯本」而加以改變其「章段」造成。

《高麗藏》本分〈序品第一〉、〈四法品第二〉、〈分別品第三〉、〈解諸法品第四〉、〈解諸法品第四之餘〉、〈難問品第五〉、〈問談品第六〉、〈談論品第七〉、〈論寂品第八〉、〈仍ॐ行品第九〉、〈志大乘品第十〉、〈行道品第十一〉、〈稱歎品第十二〉、〈詠德品第十三〉、〈等行品第十四〉、〈授不退轉天子記品第十五〉、〈建立法品第十六〉、〈諸天歎品第十七〉、〈囑累第十八〉等，共有「十八品」。例表如下：

	《持心梵天所問經》四卷（共有 18 品）	高麗藏本《思益梵天所問經》四卷（共有 18 品）	宋、元、明、契丹藏本《思益梵天所問經》四卷（共有 24 品）	《勝思惟梵天所問經》六卷
卷一	〈明網菩薩光品〉第一〈四法品〉第二〈分別法言品〉第三〈解諸法品〉第四	〈序品〉第一〈四法品〉第二〈分別品〉第三	〈序品〉第一〈四法品〉第二〈菩薩正問品〉第三〈四諦品〉第四〈歎功德品〉第五	卷一
卷二	〈難問品〉第五〈問談品〉第六〈談論品〉第七	〈解諸法品〉第四〈解諸法品〉第四之餘〈難問品〉第五〈問談品〉第六	〈如來五力說品〉第六〈如來大悲品〉第七〈幻化品〉第八〈菩薩光明品〉第九〈菩薩授記品〉第十〈薩婆若品〉第十一	卷二
卷三	〈論寂品〉第八〈力行品〉第九〈志大乘品〉第十〈行道品〉第十一〈歎品〉第十二〈詠德品〉第十三〈等行品〉第十四	〈談論品〉第七〈論寂品〉第八〈仍ॐ行品〉第九〈志大乘品〉第十〈行道品〉第十一	〈菩薩無二品〉第十二〈名字義品〉第十三〈論寂品〉第十四〈如來二事品〉第十五〈得聖道品〉第十六〈志大乘品〉第十七〈發菩提心品〉第十八	卷三卷四卷五
卷四	〈授現不退轉天子別品〉第十五〈建立法品〉第十六〈諸天歎品〉第十七	〈稱歎品〉第十二〈詠德品〉第十三〈等行品〉第十四〈授不退轉天子記	〈師子吼品〉第十九〈梵行牢強精進品〉第二十〈海喻品〉第二十一	卷六

| | 〈囑累品〉第十八 | 品〉第十五
〈建立法品〉第十六
〈諸天歎品〉第十七
〈囑累品〉第十八 | 〈建立法品〉第二十二
〈如來神咒品〉第二十三
〈囑累品〉第二十四 | |

《思益梵天所問經》四卷的大綱內容

卷數	後秦‧鳩摩羅什譯 《思益梵天所問經》	大綱內容
卷一	〈序品〉第一 〈四法品〉第二 〈分別品〉第三	(1)佛陀在迦蘭陀竹林講法,時大比丘僧有6萬4千人,菩薩有7萬2千人。有16法王子等,及16菩薩賢士等共7萬2千人。欲界、色界諸天及天龍八部亦來雲集。 (2)網明菩薩代大眾跟釋迦佛請法。 (3)若有眾生能得見「佛身」,此皆是如來威神之力。若佛不加威神,眾生無有能得見佛身,亦無能請問如來法義。如來有33種光,能利益一切眾生。 (4)他方無量百千萬億菩薩見佛之33種光後,皆來至此娑婆世界　　。 (5)東方有國名清潔,佛號日月光如來,有菩薩梵天名思益,欲詣娑婆拜見釋迦佛。 (6)日月光佛告思益梵天:汝應以「十法」遊於彼娑婆世界。若人於清淨佛國中,經百千億劫修梵行,不如在彼娑婆世界中,從早上至中午,無瞋恨、無障礙心,其福更殊勝。 (7)思益梵天菩薩問佛,有關菩薩修行的20個問題。 (8)無我、無人、無法、不生、不滅,方為「正問」。 　　於正法位中,不作「垢、淨、生、死、涅槃」問者,方名為「正問」。 　　於諸法中不作「一、異」問者,方名為「正問」。 　　若於諸法性中「無分別心」,則一切法名為正。 　　若有「心分別者」,則一切法名為邪。 (9)諸法「離自性、離欲際」,是名「正性」。 　　諸佛不得真實存有之「生死」、亦不得真實存有之「涅槃」。 　　諸法平等,無有真實可得之「往來、出生死、入涅槃」。 　　如來雖說有生死之現象,實無有人真實「往來生死」;

		法性無多、無少、無相,並非有一個真實的能證與所證,但亦不離「法性」而證。
		(10)聖人無所「斷」,凡夫無所「生」。故凡夫亦可云「常在定」也,以凡夫亦不壞「法性三昧」故。
		(11)網明菩薩之光明力,令一切大眾,皆同一金色,與佛無異。從地踴出之「四菩薩」皆讚歎網明菩薩福德本願不可思議。
		(12)從下方世界「七十二」恒河沙佛土來的四菩薩,國名現諸寶莊嚴,佛號一寶蓋,今現說法。
		(13)網明菩薩未來成佛,號普光自在王如來,國土純清淨金色菩薩而無二乘。時會中有 4 萬 4 千人皆共發願欲往生彼國。
		(14)若有眾生見網明菩薩者,皆不墮三惡道,若能得聞其所說法者,則魔不能得便去障礙此人。
		(15)網明菩薩於過七百六十萬阿僧祇劫當得作佛,號普光自在王如來,世界名曰集妙功德。
		(16)普光自在王如來不以「文字」說法,但放「光明」,光觸菩薩身即能得「無生法忍」,其光能常出三十二種清淨法音。
		(17)若人欲得清淨佛土者,應取如網明菩薩所修功德,具足清淨國土。
		(18)菩提是「無為」,非「起作」相,亦不可以「起作」法而得受記。 菩薩雖修六度,但卻「不即、不執」於六度中而得成佛與受記。
		(19)菩薩以「不生、不滅」等共 17 種法義,而得佛受記。
		(20)若能「不念」於布施、不「依止」於持戒、不「分別」於忍辱、不「取」於精進、不「住」於禪定、不「二」於智慧,是名具足六波羅蜜。
		(21)能破一切所念之「戲論」,名為「薩婆若」,底下約有 16 種「薩婆若」定義。
		(22)菩薩不應為「功德利益」而發菩提心,但為「大悲」等共 12 種而發「菩提心」。
卷三	〈談論品〉第七 〈論寂品〉第八 〈仂行品〉第九 〈志大乘品〉第十 〈行道品〉第十一	(1)文殊菩薩言:法性是「不二」相,故一切法亦皆能入「法性」中。若決定「方便」為眾生說法者,則說者、聽者,亦無有二。
		(2)思益梵天與文殊菩薩的問答共有 37 題。 佛雖以眾生根機而方便講法,但說而不說,諸法

| | 〈詠德品〉第十三
〈等行品〉第十四
〈授不退轉天子記品〉第十五 | 若能聽聞此經之處,當知此處即是轉佛之正法輪。
(2)欲得涅槃者,當聽是《思益經》,受持、讀誦,如法修行,廣為人說。底下共有 15 種功德。
(3)若人從「和上」、或「阿闍梨」處得聞是《思益經》,我不見有世間供養之具能報達「聽聞法義」之恩情。
(4)若人能於此《思益經》法義中「如說修行」者,是名真實清淨畢竟的報答「師恩」,底下約有 46 條。
(5)若有成就不可思議功德者,凡有所樂說者,皆是「法寶」,其所樂說者,亦皆是「實際」。底下約有 12 種「樂說」之法。
(6)若行者說法,無所「貪著」,是名「師子吼」。若行者「貪著」所見而有所說法,是名為「野干鳴」,生起諸邪見故。
(7)真正的「師子吼」是指決定能說一切法「無我、無眾生」。底下共有 12 種「師子吼」的定義。
(8)<u>不退轉</u>天子將來作佛,號<u>須彌燈王</u>如來,世界名<u>妙化</u>,劫名梵歎。純以菩薩為僧,無諸魔怨。
(9)菩薩雖布施,但不求果報;雖持戒,但無所貪著;雖忍辱,但知內外空;雖精進,但知無起相;雖禪定,但無所依止;雖行慧,但無所取相。
(10)不為「利衰、毀譽、稱譏、苦樂」八風所傾動;是人已得世間「平等相」。
不自高、不自下、不喜不慼、不動不逸、無二心、離諸緣;是人已得「無二之法」。
(11)諸「大龍王」(此喻諸佛菩薩)不降雨於「閻浮提」(此喻小乘根器者)者,乃因小乘根器不堪承受「大法」故。底下共有 15 種「菩薩深行」的大海比喻。
(12)諸菩薩說法,隨諸眾生根之「利、鈍」令得解脫。或以「小乘、中乘、大乘」而得解脫。
(13)當「正法」欲滅時,諸行「小道」之法將先滅盡,然後菩薩大海心之「正法」乃最後滅盡,此乃菩薩之深重「大願」所致。
(14)當「正法」滅時,有「七邪法」出。諸菩薩知眾生「可得度」之緣已滅,於是改至「他方」佛國,繼續教化眾生,令增長善根。
(15)<u>思益梵天</u>謂<u>文殊師利</u>法王子:當請如來護念此《思益經》,於後末世「五百歲」時,令廣流傳散布。
(16)聽經者,即非「聽經」,是名「聽經」。故以「不聽」為「聽」,「不知」為「知」。上士者,以「神」聽經, |

		故能深悟實相，獲無生法忍。
		(17)<u>淨相</u>天子宣說若有修學此《思益經》者，能得 36 種不可思議功德。
		(18)在此法會中之佛門四眾弟子與天龍八部等，若有已得「無生法忍」者，將來皆當得「往生」到<u>淨相</u>天子未來成<u>寶莊嚴</u>佛之<u>多寶</u>國土。
		(19)惟願世尊護念是法，於當來世，後「五百歲」，廣宣流布於此閻浮提，令得久住。佛為眾生宣說「請召」諸天龍八部等呪語法門。
		(20)若有菩薩摩訶薩欲修此「咒法」者，當誦持是「呪術」章句，底下約有 18 種修持法。
		(21)若有善男子，能行 18 種法而修持如是呪語者，即能於「現身」中獲得「十種大力」。
		(22)是《思益經》所在之處面積五十里，若天、天子、龍、龍子、夜叉、夜叉子、鳩槃茶、鳩槃茶子等，皆不能得其便而去侵害。
		(23)若有能執持此法門之「說法之師」，我常衛護供養供給，我及眷屬為「聽受」此法門，故往詣其所，並增益法師，令勢力無畏。
		(24)若善男子、善女人，能說是《思益經》法者。我當供養是人，是諸善男子應受一切世間天、人、阿修羅之所供養。
		(25)世尊告<u>文殊師利</u>：如來能護念《思益經》，能利益諸「說法之師」。是經在閻浮提處，隨其歲數多久，則佛法即不滅。
		(26)若人供養是《思益經》，恭敬、尊重、讚歎，其福為勝。是人「現世」將得 11 種功德之藏。

三、「南、北」兩宗禪學，皆同重《思益經》

《思益經》曾受到禪宗「北宗禪」的神秀大師的重視，因為神秀在傳法給普寂時，就是以《思益經》及《楞伽經》為依據，甚至把《思益經》和《楞伽經》同列為禪學最高宗要之法門。

胡適校訂《新校定的敦煌寫本神會和尚遺著兩種》卷 1
菩提達摩一派的禪學，本來「常奉四卷《楞伽》，以為法要」，故此派自稱「楞伽宗」；直到神會同時的普寂和尚(大照禪師)的碑傳裏還說神秀教普寂「令看《思益》(思益梵天所問經)，次《楞伽》，因而告曰，此兩部經，禪學所宗要者」(李邕〈大照禪師塔銘〉，《全唐文‧二六二》)。
──請注意這裡竟然把《思益經》列在《楞伽經》之上。

禪宗「南宗禪」的徑山二祖鑑宗大師，也是「涉通《淨名》(《維摩詰經》)、《思益》經，遂常講習……隨眾參請，頓徹心源」。

《景德傳燈錄》卷 10
(1)杭州 徑山 鑑宗禪師(無上禪師，逝於 866 年，屬於南宗禪)，湖州長城人也，姓錢氏，依本州開元寺大德高閑出家，學通《淨名》(《維摩詰經》)、《思益經》，後往鹽官謁悟空大師決擇疑滯，唐‧咸通三年止徑山，宣揚禪教……
(2)咸通七年，丙戌閏，三月五日示滅，復諡(鑑宗禪師)曰無上大師，即徑山(南宗禪)第二世也。

《宋高僧傳》卷 12
(鑑宗禪師)學涉通《淨名》(《維摩詰經》)、《思益》經，遂常講習，閑公亦示其筆法，漸得鳳毛焉，倏往謁鹽官 悟空大師，隨眾參請，頓徹「心源」……追諡(鑑宗)大師曰無上，祖門傳號為徑山(南宗禪)第二祖。

《正史佛教資料類編》卷 2
神秀(北宗禪)，禪門之傑，雖有禪行，得帝王重之，而未嘗聚徒「開堂」傳法。至弟子普寂(北宗禪)，始於都城傳教，二十餘年，人皆仰之。

從「敦煌遺書」的禪宗資料看，在吐蕃統治時期由摩訶衍寫的《頓悟大乘正理決》中，引用各種佛經達二十多種，其中提到《思益經》共有 11 次，僅次於《楞伽經》26 次。

(詳上山大峻《敦煌佛教研究》,日本法藏館,1990 年,頁 296)

還有,日本大谷文書有一件出於敦煌的**《諸經要抄》**,引用各種佛經達二十三種,其中提到《思益經》有 4 次、《金剛經》有 4 次、《楞伽經》有 7 次、《諸法無常經》有 1 次等。日本學者岡部和雄、田中良昭等對這份《諸經要抄》進行過研究,認為這是屬於「禪宗」體系的書。

《大乘無生方便門》卷 1
《思益經》,梵天菩薩(即梵天思益菩薩)**問望明**(網明)**言:云何是諸法正性?**
撰者不詳。這是一部傳授神秀大師「北宗禪法」修行次第的重要著作,即:(一)總彰佛體,(二)開智慧門,(三)顯示不思議法,(四)明諸法正性,(五)自然無礙解脫道。

《思益梵天所問經》卷 1〈分別品　3〉
網明言:何謂為諸法正性?
梵天言:諸法離自性、離欲際,是名正性。

從具體經文內容看,禪宗接受了《思益經》的許多思想。如:

「我所得法,不可見、不可聞、不可覺、不可識,不可取、不可著、不可說、不可難。出過(出離越過)一切法相,無語、無說,無有文字,無言說道」。〈解諸法品〉

「隨所有見,皆為虛妄;(若達)無所見者,乃名(真實之)見諦」。〈談論品〉

「諸法(皆)平等,無有(真實可得之)往來,(亦)無(真實可得之)出生死,(亦)無(真實可得之)入涅槃」。〈分別品〉

「隨法(義而修)行者,(乃)不行一切法」。〈等行品〉

「若菩薩不喜、不樂、不貪、不著、不得(於)菩提,則(此菩薩將)於諸佛(所),必得受阿耨多羅三藐三菩提記」。〈建立法品〉

「於一切法無相、無示,名為修道」。「一切法無我、無眾生」。〈授不退轉天子記品〉

《思益經》以「無所見」即是「見諦」、以「不行一切法」即是「隨法行」等觀點,與禪宗

的思想都是一致的。

《思益經》的內容還與禪宗所重的《金剛經》、《楞伽經》等經有許多相似之處。

《思益經》中的〈稱歎品〉、〈詠德品〉、〈建立法品〉、〈諸天歎品〉、〈囑累品〉等與《金剛經》的〈依法出生分〉、〈持經功德分〉、〈福德無比分〉等內容都有相同的法義。

如《金剛經》云：「**若菩薩有我相、人相、眾生相、壽者相，即非菩薩**」。〈大乘正宗分〉。

又如《金剛經》云：「**如來所說身相，即非身相。凡所有相，皆是虛妄。若見諸相非相，即見如來**」。〈如理實見分〉。

如《金剛經》云：「**所謂佛法者，即非佛法**」。〈依法出生分〉。
《金剛經》云：「**所言一切法者，即非一切法，是故名一切法**」。〈究竟無我分〉。
《金剛經》云：「**是法平等，無有高下**」。〈淨心行善分〉。

四、修持並提倡本經的僧眾

梁‧寶唱撰《名僧傳抄》卷 1

(1)竺惠慶，廣陵人也，清心高邈，識慮虛遠，不修世儀（不重視世間儀式），專篤（佛門之）「戒行」，溫仁貞素，雅有風德，菜蔬（齋素）時食，少、長一槩ㄍㄞ（古同「概」➝一律；一樣）。涉學「經、律」，汎研「禪、誦（誦）」，誦《法華》、《十地》、《維摩》、《思益》……

(2)三歸五戒弟子，貴、賤（達）數萬人，舉言「發響」，如風靡草，盛造「經書」（佛書），頻營「法集」，春秋六十有二。

梁‧慧皎《高僧傳》卷 12

(1)釋慧慶（與上記載爲同一人），廣陵人，出家止廬山寺，學通經律，清潔有「戒行」，誦《法華》、《十地》、《思益》、《維摩》，每夜吟諷，常聞闇中有「彈指」讚歎之聲。

(2)嘗於「小雷」遇風波，船將覆沒，慶唯「誦經」不輟，覺船在浪中如有人牽之，倏忽至岸，於是篤厲彌勤，宋‧元嘉末卒，春秋六十有二。

梁‧慧皎《高僧傳》卷 7

(1)釋慧靜，姓王，東阿ㄜ 人，少遊學伊、洛之間（伊水與洛水流域），晚歷徐（古九州之一。即徐州，在今安徽省泗縣）、兗（古代九州之一。今置縣於山東省），容貌甚黑，而識悟「清遠」……

(2)而耳甚「長大」，故時人語曰「洛下（洛陽城）大長耳」。東阿黑如墨，有問無不酬，有酬無不塞，靜至「性虛、通澄」，審有「思力」，每「法輪」一轉，輒「負帙」（背負書籍，謂教人勤奮於佛經）千人，海內學賓，無不必集。

(3)誦《法華》、《小品》（《小品般若經》），註《維摩》、《思益》，著《涅槃略記》、《大品》（《大品般若經》）旨歸，及《達命論》，并諸法師誄ㄌㄟ，多流傳「北土」，不甚過江。

(4)宋‧元嘉中卒，春秋六十餘矣。

梁‧慧皎《高僧傳》卷 8

(1)釋慧基，姓偶，吳國錢塘人，幼而神情俊逸，「機悟」過人……年十五……求度出家……學兼昏曉（早晚），解洞「群經」……

(2)四五年中，遊歷講肆，備訪眾師，善《小品》（《小品般若經》）、《法華》、《思益》、《維摩》、《金剛波若》、《勝鬘》等經，皆思「探玄」。

東晉‧慧遠（淨土宗第一代開山祖師）《鳩摩羅什法師大義》卷 1

如《思益經》說，我以「五華」施佛（此指往昔釋迦前身曾以「五蓮華」來供養燃燈佛之喻），勝本一切所施「頭、目、髓腦」等。何以故？本布施皆是「虛妄」，雜諸「結使」，顛倒非實，此

施雖少，(但爲)清淨真(實)。如人(於)夢中(而)得無量珠寶，(但卻)不如(於)覺(醒)時(而只)「少有所得」。

《高僧傳》卷4

(1)康僧淵，本西域人，生于長安，貌雖梵人，語實中國。容止詳正，志業弘深，誦《放光》、《道行》二「波若」(即指《放光般若經》與《道行般若經》)，即「大、小」品也。

(2)晉成之世，與康法暢、支敏度等俱過江……以常《持心梵經》(即指《持心梵天所問經》)空理幽遠故，偏加「講說」。尚學之徒，往還填委，後卒於寺焉。

陳·南嶽 慧思禪師(515～577，天台宗第二代祖師)《法華經安樂行義》

《思益經》言：或有菩薩，不從一(階)地至一(階)地。(必須)從一(階)地至一(階)地者，是二乘「聲聞」及「鈍根」菩薩，(於)方便道中(的)「次第」修學。(若能)不從一(階)地(而)至一(階)地者，(此)是「利根」菩薩，(乃能)正直「捨方便」，不(必定要)修「次第」(之)行。

梁·寶亮《大般涅槃經集解》卷20〈如來性品 12〉

《思益》以「諸法空」，故名「聖默然」(如聖賢一樣的靜默寂然無語)，此無對句也。

僧宗曰：若生死「有我」者，及撿問之時，何故「默然」耶？

寶亮曰：不應如「犢子道人」之所計也，如此諸句，勸勵行人，應當推理，而會中道。

阿僧伽(無著菩薩)作；後魏·佛陀扇多譯《攝大乘論》卷1

如來「出世間」時，(但仍於)世間說此「希有法」，故如來出。(此爲)《思益經》中說。

隋·吉藏(嘉祥大師，三論宗創始人)《法華義疏》卷8〈藥草喻品 5〉

故《涅槃》明四句：道說為道，非道說非道，道說非道，非道說道。以道心而說四句，四句皆道；非道心而說四句，四句皆非道。故《思益經》云：「一切法正？一切法耶？」。(據《思益經》原經文作「一切法正？一切法邪」)

隋·智顗(天台宗第一代開山祖師)《仁王護國般若經疏》卷3〈觀空品 2〉

《法華》以「佛知見」為大事。《涅槃》以「佛性」為大事。《維摩》、《思益》以「不思議」為大事。《華嚴》以「法界」為大事。

隋·圓測(法相宗祖師)《般若波羅蜜多心經贊》卷1

又《思益經》云：以心「分別」諸法，皆邪。不以心「分別」諸法，皆正。

唐・道宣《續高僧傳》卷7

(1)釋<u>慧</u><u>勇</u>(514～587)，厥姓桓氏……父獻<u>弱</u>齡早世，母張氏嘗夢，身登「佛塔」，獲「二金」菩薩，俄育「二男」，並幼而入道，長則慧聰，(慧)<u>勇</u>其次也。初出<u>楊都</u>，依止<u>靈曜寺</u> <u>則</u>法師為<u>和上</u>(和尚)，銳志「禪、誦」(經)，治身「蔬菲」(齋素)，隨方受業(佛法事業)，不事「專門」(即到處廣學之意)……

(2)修「空」習「慧」……凡厥(是)釋「經」，莫不包舉，「大法」獲傳，於焉是賴，<u>天嘉五年</u>，世祖<u>文皇</u>，請講於「太極殿」，百辟具陳，七眾咸萃，景仰之輩，觀風繼踵，遊息之伍，附影成群，自此「聲名」籍甚矣……

(3)<u>至德元年</u>五月二十八日遭「疾」，少時平旦「神逝」，春秋六十有九。然其「大漸」(病危)之時，「神容」不變，經宿「頂暖」(頭頂仍有餘溫之暖相)，眾皆異之，至六月六日，窆_(音貶)于<u>攝山西嶺</u>。

(4)(<u>慧勇</u>法師)自始至終，講《華嚴》、《涅槃》、《方等大集》(《大方等大集經》)、《大品》(《大品般若經》)各二十遍。《智論》(《大智度論》)、《中》(《中論》)、《百》(《百論》)、《十二門論》，各三十五遍，餘有《法華》、《思益》等數部，不記。

唐・道宣《續高僧傳》卷9

(1)釋<u>智脫</u>(540～607)，俗姓蔡氏……七歲出家……法師才學鉤深，古今罕例，仰觀談說，稱實不虛……

(2)未亡之前，夢一「童子」，手執「蓮華」，云：「天帝釋」遣(我)來「請講」(請大師開講佛法)，「臨終」之日，又見此相。觀其叡思通微，名高宇內(四海之內)，**妙感靈應，夫豈徒然？凡講《大品》**(《大品般若經》)、**《涅槃》、《淨名》**(《維摩詰經》)、**《思益》各三十許遍，《成論》**(《成實論》)、**《玄文》**(馬鳴菩薩造《大宗地玄文本論》)**各五十遍。**

唐・道宣《續高僧傳》卷15

(1)釋<u>慧眺</u>，姓莊氏，少出家，以「小乘」為業……有<u>伏</u>律師，聞其撥略「大乘」……告曰：汝大癡也，一言毀經，罪過五逆，可信「大乘」，方可免耳，乃令燒香，發願懺悔……

(2)往<u>香山神足寺</u>，足不踰閾，常習「大乘」，每勸諸村，年別「四時」，講《華嚴》等經，用陳「懺謝」，常於眾中顯陳「前失」，獨處一房，常坐常念。

(3)<u>貞觀十一年</u>，四月三日，在寺後松林坐禪，見有三人，形貌都雅「赤」服，禮拜請受「菩薩戒」訖，白曰：禪師大利根，若不改心信「大乘」者，千佛出世，猶在地獄……

(4)又勸化(勸導教化)士俗，造《華嚴》、《大品》(《大品般若經》)、《法華》、《維摩》、《思益》、《佛藏》、《三論》(《中論、百論、十二門論》)等各「一百部」，至十三年三月九日中時，佛前禮懺，因此而終，春秋八十餘矣。

唐‧道宣《續高僧傳》卷 16

釋<u>法常</u>，<u>高齊</u>時人……講《涅槃》并授「禪數」……有僧<u>法隱</u>者，久住覆船<u>山東嶺</u>，誦《法花》、《維摩》、《思益》以為常業。

唐‧道宣《續高僧傳》卷 20

(1)釋<u>惠明</u>，姓<u>王</u>，<u>杭州</u>人，少出家，遊道無定所，時越州<u>敏法師</u>，聚徒揚化_(弘揚度化)，遠近奔隨，明於法席「二十五年」。眾侶千僧，「解玄」_(破解玄祕)第一，持衣「大布」_(麻製粗布)二十餘載，時共目之「青布明」也。

(2)翹勇果敢，策勤無偶，後至<u>蔣州</u> <u>嚴禪師</u>所，一經十年，諮請「禪法」。在山禪念，經雪路塞，七日「不食」，念言：我聞不食，七日便死，今明知業也。

(3)若_(吾之)業_(力已達)「自在」，可試知之，_(即)以繩自懸於「高崖」，_(在)悅毛悅_(模糊失控之下)如人_(把繩子)「割斷」，因_(而墮)落崖底，_(好像)如「人」擎置，_(自身竟然)一無所「損」……

(4)冬夏「一服」，行止形俱，所去無戀，即經所謂「如鳥凌空」，喻斯人矣，誦《思益經》，依「經」作業……依閑修道，莫知定所。

唐‧慧海_(大珠 慧海)《頓悟入道要門論》卷 1

《思益經》云：<u>網明尊</u>謂梵天言，若菩薩「捨一切煩惱」，名「檀」波羅蜜，即是「布施」。於諸法「無所延」_(據《思益經》作「無所起」)，名「尸」波羅蜜，即是「持戒」。

唐‧智儼_(602～668，華嚴宗第二代祖師)《華嚴五十要問答》卷 1

問：諸經部類，差別云何？

答：如四《阿含經》，局「小乘」教。《正法念經》舉正解行，別邪解行，通「三乘教」。《涅槃經》等，及《大品經》_(《大品般若經》)三乘「終教」，為「根熟」聲聞說故。《金剛般若》是三乘「始教」，初會「愚法」聲聞故，義意在文。

《維摩》、《思益》、《仁王》、《勝天王》_(《勝天王般若波羅蜜經》)<u>迦葉佛藏</u>等，為「直進」菩薩說。

唐‧湛然_(天台宗第九代祖師)《法華玄義釋籤》卷 5

又如《思益‧四諦品》中云：四諦者，謂世間_(之「苦」)、世間_(之)「集」、世間_(之)「滅」、世間_(之)「滅道」。世間者，五陰也。世間_(之)「集」者，貪著五陰也。世間_(之)「滅」者，五陰「盡」也。以「無二法」求五陰，名_(為)世間_(之)「滅道」。

唐‧窺基_(法相宗祖師)《妙法蓮華經玄贊》卷 10〈妙音菩薩品〉

如《思益經》中思惟梵天菩薩欲來娑婆世界，日月光佛告思益言：汝應以十法遊於彼土。一於毀於譽心無增減，二聞善聞惡心無分別，三於愚於智等以悲心，四於上下眾生意常平等，五於供養、輕毀心無有二，六於他闕失不見其過，七見種種乘皆是一乘，八聞三惡道亦勿驚懼，九於諸菩薩生世尊想，十佛出五濁生希有想。

唐・慧沼^{ㄓㄠ} (法相宗祖師)《法華玄贊義決》卷1

即《思益經》第二云：若人能於如來所說文字言說章句，通達隨順，乃至云：能知如來以何說法。

唐・法藏(643～712，華嚴宗第三代祖師)《華嚴經探玄記》卷3〈盧舍那佛品 2〉

《思益經》第二。若人能於如來所說「文字、語言、章句」，(皆能)通達「隨順」，不違、不逆。(能)「和合」為一。(能)隨其「義理」，不隨(其表相上的)「章句言辭」，而(能)善知「言辭」所(對)應之相。(能)知如來以何「語言」說法？以何「隨宜」(隨眾生根機之宜適)說法？以何「方便」說法？以何「法門」說法？以何「大悲」說法？

唐・澄觀(738～839 華嚴宗第四代祖師)《大方廣佛華嚴經疏》卷10〈普賢三昧品 3〉

《思益經》說：處處避空，皆不離空。(據《思益經》原經文作：譬如癡人，畏於虛空，捨空而走，在所至處，不離虛空)

唐・宗密(780～841，華嚴宗第五代祖師)《大方廣圓覺修多羅了義經略疏》卷1

《思益經》云：得諸法正性者。不從一(階)地至於一(階)地。《楞伽經》云：「初地」即為「八」(地)，乃至無所有何「次」(第)？

《入楞伽經》卷7〈入道品 9〉

爾時世尊重說偈言……九地為七地，七地為八地。二地為三地，四地為五地。三地為六地，「寂滅」有何「次」(第)？

唐・道宣《四分律刪繁補闕行事鈔》卷1

《思益經》云：菩薩有四法，無所恐畏，威儀不轉。一失利。二惡名。三毀辱。四苦惱。得利心不高，失利心不下，八法中其心平等，為決定說「罪、福」業不失。

唐・善無畏(637～735，密教之開元三大士)譯《大毘盧遮那經廣大儀軌》卷3

復結三昧耶，薩埵被甲冑，三印等護持，法界字為頂，功德悉成就。

如前應作禮，然後出道場，住於「閑淨」處，轉讀「修多羅」。

《華嚴》與《涅槃》、《楞伽》、《思益》等，
願共諸有情，同證<u>華藏海</u>，入佛無漏智。

唐・<u>金俱吒</u>撰《七曜攘災決》卷 2

宜轉《大般涅槃經》、《般若經》、《大集經》、《思益經》共九卷，或九十卷。持「大隨求真言」九十遍、「文殊真言」九百遍。宜燒「龍腦、欝金、蘇合、丁香」等。

唐・<u>道掖</u>《淨名經關中釋抄》卷 1

《思益》云：慈悲喜捨也。天龍雜眾者，此中有人、有天、有凡、有聖、有本、有跡。

唐・<u>淨覺</u>《楞伽師資記》卷 1

《華嚴經》云：無見乃能見。《思益經》云：非「眼」所見，非「耳、鼻、舌、身、意識」所知，但應隨「如」相，「見」(之)「如」，「眼」(之)「如」，乃至「意」(之)「如」。「法位」亦「如」是，若能如是見者，是名「正見」。

唐・<u>慧苑</u>《續華嚴經略疏刊定記》卷 1

引《思益經》云：得諸法正性者，不從一(階)地至於一(階)地，又引《楞伽》云：初地即八地，無所有何「次」(第)。

唐・<u>元康</u>《肇論疏》卷 1

《思益經》云：汝等比丘，集會當行二事，若「聖說法」，若「聖默然」(如聖賢一樣的靜默寂然無語)，今言唯(道)安、(鳩摩羅)什二法師，所作軌儀，「聖默」之宗祖也。

唐・<u>飛錫</u>《念佛三昧寶王論》卷 3

夫如是則獻一華，遍奉於三世塵剎，念一佛體，通於未來世雄，如大地而為射的，豈有箭發而不中者哉？不然，則違《思益經》畏「空」、捨「空」、行「空」、索「空」之(喻)諸耳。(據《思益經》原經文作：譬如癡人，畏於虛空，捨空而走，在所至處，不離虛空……又如一人，求索虛空，東西馳走言：我欲得空! 我欲得空! 是人但說虛空名字，而不得空；於空中行，而不見空。)

唐末五代・<u>永明 延壽</u>(904~975，淨土宗第六代祖師)《宗鏡錄》卷 11

《思益經》云：網明謂梵天言，是五百比丘，從座起者，汝當為作「方便」，引導其(五百比丘之)心，入此(般若)法門，令(五百比丘能)得「信、解」，(始能遠)離諸「邪見」。

唐末五代・永明 延壽(904~975，淨土宗第六代祖師) 《宗鏡錄》 卷 22

《思益經》偈云：菩薩不壞色，發行菩提心。知色即菩提，是名行菩提。如色菩提然，等入於如相。不壞諸法性，是名行菩提。不壞諸法性，則為菩提義。

宋・贊寧 《宋高僧傳》 卷 8

(1)釋慧朗，新定 遂安人也，年二十有二，於衢州北山，遇「南宗頓教」之首，將請為師……

(2)至剡 溪 石城寺見一「禪翁」，莫知其來，鶴髮氷膚，目如流電，聲含鍾律，神合太虛，乃問(慧)朗曰：子將何之？答曰：欲往「天台」，求佛大法，因同行十數里，憩林樹下，而指訓之曰：

(3)法常寂然，彼亦如也，何必隨遠？當化有緣，宜歸本生，度無量眾，言畢，求之「無方」，豁然本心，悟佛「知見」……

(4)一日秦望山林嶺振動，俄有「大龜」呈質，咸相謂言：此何祥也？尋有禪僧曰聳，自會稽 雲門而來，身長「八尺四寸」，高鼻大目，「睛光」射人，明《大品》(《大品般若經》)、《思益》、《維摩》等經，兼博通諸論。眾曰：神僧也，大龜應乎此也。

(5)(慧)朗祕菩薩行，請之為師，聳 徵《維摩經》義。答曰：如日照螢火，海沃牛跡耳。聳 公深器之，曰真「淨名」也。

宋・贊寧 《宋高僧傳》 卷 11

(1)釋無業，姓杜氏，商州 上洛人也，其母李氏忽聞「空中」言曰：寄居得否？已而方娠，誕生之夕，「異光」滿室，及至成童，不為「戲弄」，行必「直視」，坐即「加趺」。商(討)於緇徒(僧侶)，見皆驚歎，此「無上法器」，速令出家，紹隆三寶。

(2)年至「九歲」，啟白父母，依止本郡開元寺志本禪師，乃授與《金剛》、《法華》、《維摩》、《思益》、《華嚴》等經，「五行」俱下，一誦無遺。年「十二」，得從「剃落」，凡參講肆，聊聞即解，同學有所未曉，隨為剖析，皆造「玄關」。

(3)至年二十，受「具足戒」於襄州 幽律師，其《四分律疏》，一夏肄習，便能「敷演」，兼為僧眾講《涅槃經》，法筵長開，冬夏無倦……

(4)憲宗皇帝，御宇「十有四年」，素饗德音，乃「下詔」請入內，辭「疾」不行，明年再降「綸旨」，稱「疾」如故。

(5)穆宗皇帝即位之年，聖情虔虔，思一「瞻禮」……願師必順「天心」，不可更辭以「疾」，相時而動，無累後人。

(6)業笑曰：貧道何德？累煩聖主，行即行矣，道途有殊，於是剃髮、澡浴，至中夜，告弟子慧愔 等曰：

(7)汝等見聞覺知之性，與太虛同壽不生不滅，一切境界本自空寂，無一法可得，迷

者不了即為境惑，一為境惑流轉不窮，汝等常知「心性」本自有之，非因造作，猶如「金剛」不可破壞，一切諸法，如影如響，無有實者，故經云：唯有一事實餘二則非真，常了一切，空無一物，當情是諸佛同用心處，汝等勤而行之。

(8)言訖，加趺而坐，奄然歸寂。嗚呼可謂於「生死」得「自在」也，俗齡六十二，僧臘四十二。

(9)道俗號慕，如喪考妣……遂為碑頌，勅諡大達國師，塔號澄源焉。

宋・智圓《維摩經略疏垂裕記》卷1〈佛國品 1〉
《思益經》第一云：東方有國名清潔，佛號日月光，有菩薩梵天名曰思益，住「不退轉」，白佛言：世尊！我欲詣娑婆世界釋迦牟尼佛所，奉見供養，親近咨受(諮詢請教與蒙受)。

宋・懷遠《楞嚴經義疏釋要鈔》卷1
《思益》云：不從一(階)地，至一(階)地等，五一乘圓教，此之一教，該收前四，性相俱融，含攝無礙，乃至草葉，皆即真如，即「華嚴宗」也。

宋・惟慤 《楞嚴經箋》卷5
《思益經》第十一云：十六賢士，一跋陀婆羅，二寶積，三星德，四諦天，五水天，六善力，七大意，八殊勝意，九增意，十善發，十一不見空，十二不休息，十三不少息，十四導師，十五法藏，十六持地。

宋・遵式《注肇論疏》卷6
思益演「不知」之「知」，《思益經》也。能修之智，「無知」而「知」。

宋・知禮《金光明經玄義拾遺記》卷5
故《思益》云：知「覺」(則)名(為)佛，知「離」(則)名(為)法，知「無名」(則名為)僧，三皆云知，乃於「覺義」開「三寶」也。

宋・寶臣《注大乘入楞伽經》卷3〈集一切法品 3〉
所對「涅槃」，亦不可得，故《思益經》云：諸佛出世，不為令眾生「出生死、入涅槃」，但為度「生死、涅槃」之「二見」耳，妄想「無性」，即「涅槃」故。

字・子璿《起信論疏筆削記》卷2
故《思益經》云：得諸法正性，不從一(階)地，至於一(階)地。《圓覺》云：知「幻」即

離，不作方便，離「幻」即覺，亦無「漸次」。

宋・行霆《圓覺經類解》卷 3

《思益經》云：住「正道」者，不分別是「邪」、是「正」。古云「一念心不生，六根總無過」。此謂「邪正一對」。

宋・元照《阿彌陀經義疏聞持記》卷 1

阿逸多即彌勒姓也，名彌勒，翻慈氏。《思益經》云：若(菩薩被)眾生「見」者，(眾生即)得「慈心三昧」。又《賢愚經》云：過去為王，見調象故，即生「慈心」。

宋・宗曉《四明尊者教行錄》卷 4

《思益經》云：說法有二種，若「聖說法」、若「聖默然」(如聖賢一樣的靜默寂然無語)，何必「有說」滯言，「無說」乖旨。實惟「不二」，非任偏情，昔人截耳捐身。

宋・從義《金光明經文句新記》卷 2

《思益》云：以「不二相」而觀「中道」名，道諦也。

元・普瑞《華嚴懸談會玄記》卷 39

「鈔」以「人」為名，約「明法」之所由者，如《思益梵天所問經》，雖舉「能問之人」，意明「所問之法」。

元・文才《肇論新疏》卷 2

《思益經》第一云：以「無所知」故「知」。

明・傳燈《楞嚴經玄義》卷 2

引《思益》云：如此學人，不從一(階)地至一(階)地。

明・一松說、靈述記《楞嚴經玄義》卷 2

引《思益》云：如此學人，不從一(階)地至一(階)地。

明・焦竑《圓覺經精解評林》卷 1

即《思益》所云：住正道者，不分別是「邪」、是「正」，「無明、真如」二句，即「涅槃」所云，「無明」(之)本際，性本「解脫」。

明・錢謙益《楞嚴經疏解蒙鈔》卷5
《大論》翻為「善守」，《思益》云：若眾生聞名，畢竟得「三菩提」，故云「善守」。

明・憨山 德清《肇論略註》卷3
故《思益經》云：聖心無所「知」，無所「不知」，信矣！由「無所知」，故無所「不知」耳，豈「有心」之「知」而可及哉？

明・大佑《阿彌陀經略解圓中鈔》卷1
《思益經》云：若(菩薩被)眾生見者，即得「慈心三昧」，合而言之，是則此菩薩。

明・袾宏(蓮池)《阿彌陀經疏鈔》卷2
又《思益經》云：(若菩薩被)眾生見者，即得「慈心三昧」，又《悲華經》云：發願於刀兵劫中擁護眾生，是則慈隆即世，悲臻後劫，至極之慈，超出凡小，故無能勝。

明・古德《阿彌陀經疏鈔演義》卷2
第五又《思益經》是「現在慈」，是「利他慈」也。第六又《悲華經》是「未來慈」，亦是「利他慈」也。

明・涵　昰　《楞嚴經直指》卷5
得大勢者，《思益》云：我投足之處，震動三千大千世界，及魔宮殿，故名大勢至。《觀經》云：以智慧光，普照一切，令離三塗，得無上力，是故號此菩薩為大勢至。

明・通潤《楞伽經合轍》卷2
《思益經》云：諸佛出世，不為令眾生「出生死、入涅槃」，但為度「生死、涅槃」二見耳。

明・智旭(蕅益)《法華經玄義節要》卷1
引《思益》云：如此學者，不從一(階)地至一(階)地。

明・廣莫《楞伽經參訂疏》卷7
故《思益經》云：得「諸法正性」者，不從一(階)地至於一(階)地。

清・通理《楞嚴經指掌疏懸示》卷1
如《思益經》云：得「諸法正性」者，不從一(階)地至於一(階)地。

清・續法《楞嚴經勢至 圓通章 疏鈔》卷 1

《思益》云：我投足之處，震動三千大千世界，及魔宮殿，故名大勢至。

清・溥畹《楞嚴經寶鏡疏》卷 5

又《思益經》云：(若菩薩被)眾生見者，即得「慈心三昧」故。

清・彭際清《無量壽經起信論》卷 1

《思益經》網明言：阿耨多羅三藐三菩提性，即是一切「眾生性」；一切「眾生性」，即是「幻性」。「幻性」即是「一切法性」，於是法中，我不見「有利」，不見「無利」。

五、本經譯者的作者介紹

1 竺法護

1. 梵名 Dharmarakṣa。又稱支法護。西晉譯經僧。音譯作曇摩羅刹、曇摩羅察。祖先為月支人，世居敦煌。八歲出家，師事竺高座，遂以竺為姓。

2. 竺法護本性純良而好學，每日誦經「數萬言」，並博覽六經，涉獵百家。其時，關內京邑雖禮拜寺廟、圖像，然諸大乘經典未備，竺法護乃立志西行，後遍通西域三十六國之語文。

3. 據《法華傳記・卷一》載，竺法護於西晉・武帝 泰始元年（265）攜帶大批「胡本經典」至東土，居於長安、洛陽，專事譯經，有聶 承遠、仁法乘、陳士倫等人參與筆受、校對等工作。

4. 西晉・武帝（265～291 在位）末年，竺法護在長安 青門外營建寺院，精勤行道，廣布德化二十餘年。後示寂於囑西晉・愍帝 建興年間（313～316）。或謂竺法護於西晉・惠帝（291～305 在位）西奔之頃而病逝，世壽七十八。時人稱竺法護為月支菩薩、敦煌菩薩、敦煌開士、本齋菩薩。

5. 有關竺法護所譯經典部數，據出《三藏記集・卷二》所載，共有：《光讚般若》、《普曜》、《大哀》、《度世品》、《持心梵天所問經》、《首楞嚴》、《賢劫》、《維摩》、《無量壽》、《正法華》等大乘經典凡一五四部，三〇九卷。譯出時間約在西晉・武帝 泰始年間（265～274），至西晉・懷帝 永嘉二年(308 年)，或謂是至西晉・愍帝 建興元年(313 年)。

6. 竺法護於西晉・武帝 太康六年（286 年）所譯之《正法華經》問世後，東土漢人始知有觀音之名，且因而有靈驗之說與觀音信仰之開始。

7. 又據《歷代三寶紀・卷六》，依諸經錄而增列竺法護之譯作為二一〇部，三九四卷。《開元釋教錄・卷二》則刪減為一七五部，三五四卷，而以譯經年代為自西晉・武帝 泰始二年至西晉・愍帝 建興元年。（以上資料據《佛光大辭典》再略作修訂）

8. 竺法護大師譯經所涉及的範圍及翻譯的數量都是中國古代最多的(竺法護譯經約 154 部 309 卷。而鳩摩羅什譯經約 35 部 294 卷)，整個譯經的活動至少長達 40 年以上(公元 265～308 年)，無怪乎梁・僧祐(公元 445～518)撰的《出三藏記集・卷八》中就推崇竺法護說「經法所以廣流中華者，護(竺法護)之力也」。又讚歎竺法譯的譯經是：「言准天竺，事不加飾，悉則悉矣，而辭質勝文也」

2 鳩摩羅什

1. 梵名 Kumārajīva（344～413，一說 350～409）。又作究摩羅什、鳩摩羅什婆、拘摩羅耆婆。略稱羅什、什。意譯作童壽。東晉龜茲 茲 國（新疆疏勒）人。中國「四

大譯經家」之一。

2. 鳩摩羅什父母俱奉佛出家，素有德行。羅什自幼聰敏，七歲從母入道，遊學天竺，徧參名宿，博聞強記，譽滿五天竺。後歸故國，王奉為師。

3. 前秦苻堅聞其德，遣將呂光率兵迎之。呂光西征既利，遂迎羅什，然於途中聞苻堅敗沒，遂於河西自立為王，羅什乃羈留涼州十六、七年。直至後秦姚興攻破呂氏，羅什始得東至長安，時為東晉・隆安五年（401）。

4. 姚興禮鳩摩羅什為國師，令鳩摩羅什居於逍遙園，與僧肇、僧嚴等從事譯經工作。

5. 自後秦弘始五年（403）四月，羅什先後譯出《中論》、《百論》、《十二門論》（以上合稱三論）、《般若》、《法華》、《大智度論》、《阿彌陀經》、《維摩經》、《十誦律》等經論，有系統地介紹龍樹中觀學派之學說。

6. 鳩摩羅什譯經之總數說法不一，《出三藏記集》稱三十五部，二九四卷；《開元釋教錄》則謂七十四部，三八四卷。

7. 自佛教入傳，漢譯佛經日多，但所譯多滯文格義，不與原本相應，羅什通達多種外國語言，所譯經論內容卓拔，文體簡潔曉暢，至後世頗受重視。其時，四方賢俊風從，羅什悉心作育，皆得玄悟。

8. 羅什一生致力弘通之法門，當為「般若系」之大乘經典，與龍樹、提婆系之中觀部論書之翻譯。所譯之經典，對中國佛教之發展有很大之影響；《中論》、《百論》、《十二門論》，道生傳於南方，經僧朗、僧詮、法朗，至隋之吉藏而集三論宗之大成；再加上《大智度論》，而成四論學派。

9. 此外，鳩摩羅什所譯之《法華經》，乃肇啟「天台宗」之端緒。

《成實論》為「成實學派」之根本要典。

《阿彌陀經》及《十住毘婆沙論》為「淨土宗」所依之經論。

《彌勒成佛經》促成了「彌勒信仰」之發達。

《坐禪三昧經》之譯出，促成了「菩薩禪」之流行。

《梵網經》一出，中土得傳「大乘戒」。

《十誦律》則提供了研究「律學」之重要資料。

10. 羅什門下有僧肇、道生、道融、僧叡、曇影、僧導等，名僧輩出，蔚成「三論」與「成實」兩學派。故羅什亦被尊為「三論宗」之祖。居十二年而入寂，時為東晉・義熙九年，世壽七十。或謂義熙五年示寂。

11. 又據《梁高僧傳》記載，姚興以鳩摩羅什為聰明超凡之輩，不欲其無嗣，遂以「女十人」逼令受之。元魏・孝文帝曾至洛陽，遣使覓羅什之後嗣，委任以「官爵」。迨至隋世，關中鳩摩氏猶有顯者，或即羅什之後人。（以上資料據《佛光大辭典》再略作修訂）

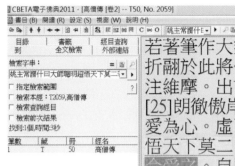

若著筆作大乘阿毘曇。非迦旃延子比也。今在秦地深識者寡。折翮於此將何所論。乃悽然而止。唯為姚興著實相論二卷。并注維摩。出言成章無所刪改。辭喻婉約莫非玄奧。什為人神情[25]朗徹傲岸出群。應機領會鮮有[26]倫匹[27]者篤。性仁厚汎愛為心。虛己善誘終日無[28]勌。姚主常謂什曰。大師聰明超悟天下莫二。若一旦後世。何可使法種無嗣。遂以妓女十人逼令受之。自爾[29]以來不住僧坊。別立廨舍供給豐盈。每至講說常先自說。譬[30]喻如臭泥中生蓮花。但採蓮花勿取臭泥也。初什在龜茲從卑摩羅叉律師受律。卑摩後入關中。什聞至欣然師敬盡禮。卑摩未知被逼之事。因問什曰。汝於漢地大有重緣。受法弟子可有幾人。什答云。漢境經律未備。新經及諸論等。多是什所傳出。三千徒眾皆從什受法。但什累業障深。

3 菩提流支

(1)北魏・菩提流支，梵名 Bodhiruci，又作菩提留支，意譯為道希。北天竺人，中國北魏僧人。為大乘「瑜伽系」之學者，資性聰敏，遍通三藏，精通「咒術」。

(2)北魏・菩提留支夙懷「弘法廣流」之志，於北魏・宣武帝永平元年(公元 508)至洛陽，宣武帝非常器重菩提留支，令敕住於永寧寺，進行翻譯梵經。計譯有《十地經論》、《勝思惟梵天所問經》、《金剛般若經》、《佛名經》、《法集經》、《深密解脫經》、《大寶積經論》、《法華經論》、《楞伽經》十卷、《無量壽經論》(《無量壽經優波提舍願生偈》;《往生論》。約公元 529 年或 531 年譯畢)等，凡三十九部一二七卷。

(3)北魏・菩提留支對「判教」亦有其獨到之看法，他依據《涅槃經》判釋一代佛法為「半、滿」兩教，謂佛「成道」後的「十二年內」所說法義皆為「半字教」，佛「成道」後的「十二年後」所說法義屬於「滿字教」。

(4)佛陀以「一種語言」演說一切法之意，又作「一圓音教、一音說法」。佛唯以「一音」說法，然眾生隨其根性之別，而有「大小、空有、頓漸」等教義之異解，故「一音教」又稱為「一音異解」，而菩提留支亦曾判立「一音教」，他認為佛陀的「一音教」中包含「大、小」二乘之教法。

(5)北魏・菩提留支又別依《楞伽經》而提倡「頓、漸」二教之判。因與中印度北魏僧勒那摩提(Ratnamati)共譯《十地經論》，故菩提留支被尊為「地論宗」之始祖。

(6)北魏・菩提留支又嘗授曇鸞以《觀無量壽經》長生不死之法，故菩提留支亦曾被尊為「淨土宗」之祖師。例如：日本聖冏於 1363 年撰寫的《淨土真宗付法傳》中，以馬鳴、龍樹、天親、菩提流支、曇鸞、道綽、善導、源空之「經卷相承」為「淨土

宗」的「八祖相承」，其中又以天親、菩提流支、曇鸞、道綽、善導、源空之「直授相承」為「六祖相承」。

唐‧菩提流志

(1)唐‧菩提流志(Bodhiruci，562～727)，也有寫作菩提流支，原名達摩流支(Dharmaruci)，意譯法希。菩提流志梵文名為 Bodhiruci，但此梵名 Bodhiruci 則與北印度北魏僧人菩提流支(菩提留支)同名，北魏的菩提流支為大乘「瑜伽系」之學者，遍通三藏，精通「咒術」。唐‧菩提流志則為南印度人，也是精通「咒術」的。

北魏	唐
菩提流支;菩提留支 (Bodhiruci，生卒年不詳) 公元 508 至洛陽譯經	菩提流志，有時也寫作菩提流支 (Bodhiruci，562～727)
北印度人	南印度人
《十地經論》、《勝思惟梵天所問經》、《深密解脱經》、《大寶積經論》、《法華經論》、《楞伽經》十卷、《無量壽經論》 (《無量壽經優波提舍願生偈》;《往生論》)	《大寶積經》、《不空絹索神變真言經》、《一字佛頂輪王經》、《千手千眼觀世音菩薩姥陀羅尼身經》、《如意輪陀羅尼經》、《佛心經品亦通大隨求陀羅尼》

(2)唐‧菩提流志天資聰睿，十二歲就出家，曾師事「婆羅奢羅」外道，故通曉「聲明、數論」，又通「陰陽曆數、地理天文、咒術醫方」等。菩提流志年六十始悟釋教之深妙，隱居山谷，修習「頭陀」。

(3)唐‧菩提流志又從耶舍瞿沙學習「三藏」，未及五載，皆悉了達，遍臨諸講肆。唐‧高宗皇帝曾遙聞菩提流志的「雅譽」，遣使迎之。菩提流志遂於長壽二年(公元 693)至長安。當時的則天 武后非常厚禮菩提流志，敕住洛陽的佛授記寺。菩提流志於同年譯出《佛境界》、《寶雨》等十一部經。

(4)唐中宗‧神龍二年(公元 706)，菩提流志移住長安崇福寺，譯《不空絹索神變真言經》、《一字佛頂輪王經》等。菩提流志又繼玄奘之遺業，譯《大寶積經》，歷經八年，遂畢其功，新譯二十六會 39 卷，新舊合有四十九會 120 卷。

(5)唐‧菩提流志後辭譯業，專事「禪觀」，壽過「百歲」，道業不虧。唐‧菩提流志於開元十年(公元 722)入住洛陽 長壽寺。

(6)於開元十五年九月，唐‧菩提流志絕飲食藥餌，而「神色」與平常無異，於十一月五日奄然示寂，世壽為 166 歲(另一說為 156)。帝追贈唐‧菩提流志為「鴻臚大卿」，諡號「開元一切遍知三藏」。師所傳譯凡 53 部 111 卷，為唐代譯經之雄。

《思益經》相關著作

有關《思益經》的論書，有天親菩薩所造之**《勝思惟梵天所問經論》**，梵名為 Viśeṣacinta-brahma-paripṛcchā-sūtra-ṭīkā，四卷，收於大正藏第二十六冊，北魏菩提流支譯。

《思益經》歷代的注疏非常少，只有：

(1)東晉・道安**《持心梵天經略解》**(只見於目錄上的記載，沒有內文)。
(2)梁・賢明**《注思益經》**(只見於目錄上的記載，沒有內文)。
(3)明・圓澄**《思益梵天所問經簡註》**(有內文，收於《大正藏》)。
(4)民國・釋智諭《思益梵天所問經尋繹》，西蓮淨苑發行，2002 年。

《思益梵天所問經》三種譯本對照

第一卷

一—1 佛陀在迦蘭陀竹林講法，時大比丘僧有 6 萬 4 千人，菩薩有 7 萬 2 千人

西晉・竺法護 譯《持心梵天所問經》(於公元 286 年譯出)	後秦・鳩摩羅什 譯《思益梵天所問經》(於公元 403 年譯出)	北魏・菩提流支 譯《勝思惟梵天所問經》(於公元 518 年譯出)
《明網菩薩光品・第一》	《序品・第一》	《卷第一》
㈡聞如是，㈢一時佛遊王舍城(Rāja 王-gṛha 城;舍宅;屋宅;宮殿;室;宇) 加隣竹園 (Veṇuvana 竹園-kalandakanivāsa)中，與大比丘眾俱，比丘六萬四千，菩薩七萬二千。	㈡如是我聞，㈢一時佛住王舍城(Rāja 王-gṛha 城;舍宅;屋宅;宮殿;室;宇) 迦蘭陀竹林(Veṇuvana 竹園-kalandakanivāsa)，與大比丘僧六萬四千人俱，菩薩摩訶薩七萬二千人。	㈠歸命一切諸佛菩薩。㈡如是我聞，㈢一時婆伽婆，住王舍城(Rāja 王-gṛha 城;舍宅;屋宅;宮殿;室;宇) 迦蘭陀竹林 (Veṇuvana 竹園-kalandakanivāsa)，與大比丘僧六萬四千人俱，菩薩摩訶薩七萬二千人。
㈣(以上)一切大聖，「神通」已達，(乙)逮得「總持」(陀羅尼)，(己)辯才無閡（障礙隔閡），(諸)三昧已定，(得諸)慧(而)無所畏。	㈣(以上聖眾)皆眾所知識，(乙)得「陀羅尼、無礙辯才」，及(己得)諸「三昧」，於諸「神通」，(己得)無所罣礙。	㈣(以上聖眾)皆是智者之所識知，(乙)得具足「陀羅尼」，(己)得「無障礙樂說辯才」，(乙)得「諸三昧」，得「大神通」，奮迅(奮勇猛迅)無礙，畢竟(獲)得「無所畏」。
㈤曉了諸法「自然」之行，(乙)得「不起法忍」(「無生法忍」)。	㈤善能曉了諸法「實性」，悉皆(乙)逮得「無生法忍」。	㈤如實善知諸法「體相」，(乙)得「無生法忍」。

一—2 有 16 法王子等，及 16 菩薩賢士等共 7 萬 2 千人。欲

界、色界諸天及天龍八部亦來雲集

西晉·竺法護 譯《持心梵天所問經》	後秦·鳩摩羅什 譯《思益梵天所問經》	北魏·菩提流支 譯《勝思惟梵天所問經》
⑱其名曰： 溥首童真、 寶事童真、 寶印手童真、 寶首童真、 空藏童真、 發意轉法輪童真、 明網童真、 除諸陰蓋童真、 一切施童真、 勝藏童真、 蓮華行童真、 師子童真、 月光童真、 尊意童真、 白嚴童真。	⑱其名曰： 文殊師利法王子、 寶手法王子、 寶積法王子、 寶印手法王子、 寶德法王子、 虛空藏法王子、 發心轉法輪法王子、 網明法王子、 障諸煩惱法王子、 能捨一切法法王子、 德藏法王子、 花嚴法王子、 師子法王子、 月光法王子、 尊意法王子、 善莊嚴法王子。	⑱其名曰： 文殊師利法王子、 寶手法王子、 寶印手法王子、 寶德法王子、 虛空藏法王子、 發心轉法輪法王子、 網明法王子、 奮迅法王子、 功德藏法王子、 能捨一切法法王子、 鉢頭摩莊嚴法王子、 師子法王子、 月光法王子、 月明法王子、 最勝意法王子、 一切莊嚴法王子。
⑲賢護之等十六正士： 賢護、 寶事、 恩施、 帝天、 水天、 賢力、 上意、 持意、 增意、 善建、 不虛見、 不置遠、 不損意、 善導、	⑲及跋陀婆羅等十六賢士： 跋陀婆羅菩薩、 寶積菩薩、 星德菩薩、 帝天菩薩、 水天菩薩、 善力菩薩、 大意菩薩、 殊勝意菩薩、 增意菩薩、 善發意菩薩、 不虛見菩薩、 不休息菩薩、 不少意菩薩、 導師菩薩、	⑲跋陀婆羅等上首，十六大賢士、其名曰： 跋陀婆羅菩薩、 寶積菩薩、 善將導菩薩、 人德菩薩、 善護德菩薩、 大海德菩薩、 帝釋王德菩薩、 上意菩薩、 勝意菩薩、 增上意菩薩、 不空見菩薩、 善住菩薩、 善奮迅菩薩、 無量意菩薩、

日藏、 持地， 如是之類、七萬二千。	日藏菩薩、 持地菩薩， 如是等菩薩摩訶薩七萬二千人。	不休息菩薩、 日藏菩薩、 持地菩薩， 如是等菩薩摩訶薩七萬二千人。
㈢四大天王、天帝釋、帝釋翼從(輔翼隨從)、忉利諸天。	㈢及四天王、釋提桓因等、忉利諸天。	㈢及四天王、天帝釋王上首，三十三天。
㈣焰天、兜術天、不憍樂天、他化自在天、諸梵天等、梵身天，及餘諸天。	㈣夜摩天、兜率陀天、化樂天、他化自在天，及梵王等諸梵天。	㈣夜摩天、兜率陀天、化樂天、他化自在天，及梵王等諸餘梵天。
㈤幷龍、鬼神、揵沓和恕(ㅤ)、阿須倫、迦留羅、真陀羅、摩睺勒、人與非人、悉來集會。	㈤幷餘無量諸天龍、鬼神、夜叉、犍闥婆、阿修羅、迦樓羅、緊那羅、摩睺羅伽，人與非人普皆來集。	㈤幷餘無量天龍、鬼神、夜叉、乾闥婆、阿修羅、迦樓羅、緊那羅、摩睺羅伽、人與非人，普皆來集。

一—3 網明菩薩代大眾跟釋迦佛請法

西晉・竺法護 譯 《持心梵天所問經》	後秦・鳩摩羅什 譯 《思益梵天所問經》	北魏・菩提流支 譯 《勝思惟梵天所問經》
㈠彼時世尊，與無央數百千之眾眷屬，圍繞而為說法。	㈠爾時世尊，大眾恭敬圍遶而為說法。	㈠爾時世尊，有百千萬大眾集會，恭敬圍遶而為說法。
㈡於是明網(jālini-prabha)菩薩，即從坐起，偏袒右肩，長跪叉手，稽首佛足，尋時感(古通「撼」)動(撼搖震動)三千大千世界，普雨(降)雜華，散(華於大)眾會上。	㈡於時網明(jālini-prabha)菩薩即從坐起，偏袒右肩，右膝著地，頭面禮佛足，合掌向佛，(撼搖震)動此三千大千世界，(並準備)引導起(古同「啓」)發一切大眾。	㈡爾時網明(jālini-prabha)童子菩薩即從坐起，整服右肩、右膝著地，頂禮佛足，合掌向佛，(撼搖震)動此三千大千世界，(與)觀察三千大千世界一切眾生(諸根器)。
㈢(明網菩薩)白世尊曰：惟	㈢(網明菩薩)而白佛言：世	㈢(網明菩薩)而白佛言，世

問「正覺」，(未學為)愚癡所趣，若(能獲佛之)哀聽(哀愍聽許)者，(未學)乃敢自陳(陳請法義)。 （肆）佛告明網：恣(恣意隨心)所欲問，(若有)諸眩惑(昏眩迷惑)者，如來至真，當為解說，悅可(喜悅認可)爾心(你的心志)。	尊！我欲從佛少有(一點點)所問，若佛聽者，乃敢諮請(諮詢請問)。 （肆）佛告網明：恣(恣意隨心)汝所問，當為解說，悅可(喜悅認可)爾心(你的心志)。	尊，我欲少問，若佛聽(許)者，乃敢諮請(諮詢請問)。 （肆）佛言：網明！恣(恣意隨心)汝所問，我當解說，悅可(喜悅認可)爾心(你的心志)。

一一4 若有眾生能得見「佛身」，此皆是如來威神之力

西晉·竺法護 譯 《持心梵天所問經》	後秦·鳩摩羅什 譯 《思益梵天所問經》	北魏·菩提流支 譯 《勝思惟梵天所問經》
（壹）明網菩薩，得(佛之)聽(許)所啟，即白佛言：唯然世尊，如來儀像(威儀聖像)，光曜(光亮明曜)難當(難以相等)，超於日明(之)億百千倍。	（壹）於是網明既蒙(佛之)聽許，心大歡喜，即白佛言：世尊！如來身相，超百千萬(倍之)日月光明。	（壹）於是網明童子菩薩，既蒙(佛之)聽許，心大歡喜，即白佛言：世尊，如來身相，超百千萬(倍之)日月光明。
（貳）(如來)姿顏(殊姿聖顏)威嚴，而不可逮(到；及)，極上(最極至上)窮下(最窮至下)，無(有人)能諦瞻(審諦觀瞻)，(如來世)尊逮(到；及)所修(之境)，莫能計量(計算思量)。	（貳）(網明)我自惟念：若有眾生能(得)見「佛身」，甚為希有！	（貳）(網明)我自惟念，若有眾生能(得)見「佛身」及「思惟」(佛之行相)者，甚為希有！
（參）又(明網)我自念，其有得見(如來)至真「容體」(容貌體態)，「思察」(思惟觀察佛之)所行，(此)皆佛大聖「威神」(力之)所(垂憐)接(引)，(始能令眾生)有所興發(意興發啟)，輒(輒使隨即)到永安(永恒安穩之境)。	（參）(網明)我復惟念：若有眾生能見佛身，(此)皆是如來威神之力！	（參）(網明)我復思惟，若有眾生能見「佛身」及「思惟」(佛之行相)者，(此)皆是如來威神之力。

若不加佛之「神力」，雖復「十住」菩薩，亦不能知「佛心」；
若加佛之「神力」，乃至「畜生」亦能知「佛心」

東晉・佛馱跋陀羅譯 六十《華嚴經・入法界品》	唐・實叉難陀譯 八十《華嚴經・入法界品》	唐・般若譯 四十《華嚴經・入不思議解脫境界普賢行願品》
㊀爾時，善財童子見虛空中，如是供養，合掌敬禮善住比丘，白言：大聖！我已先發阿耨多羅三藐三菩提心。	㊀時，善財童子見是事已，心生歡喜，合掌敬禮，作如是言：聖者！我已先發阿耨多羅三藐三菩提心。	㊀善財童子見此比丘於虛空中經行自在，復有如是供養之事充滿虛空：歡喜踊躍，不能自持：五體投地，一心敬禮，良久乃起：合掌白言：聖者！我已先發阿耨多羅三藐三菩提心。
㊁而未知菩薩云何正向佛法、專求佛法、恭敬佛法、修諸佛法、長養佛法、積集佛法、熏修佛法、淨諸佛法、遍淨佛法、至諸佛法。	㊁而未知菩薩云何修行佛法？云何積集佛法？云何備具佛法？云何熏習佛法？云何增長佛法？云何總攝佛法？云何究竟佛法？云何淨治佛法？云何深淨佛法？云何通達佛法？	㊁而未知菩薩云何勤求佛法？云何積集佛法？云何滿足佛法？云何熏習佛法？云何修行佛法？云何淨治佛法？云何隨順佛所行法？云何通達佛算數法？云何增長佛普遍法？云何清淨佛究竟法？云何總攝佛功德法？云何能入佛隨順法？
㊂我聞大聖，善能教授諸菩薩法；云何菩薩修習佛法，常見諸佛，未曾遠離。常見菩薩，同其善根。	㊂我聞聖者善能誘誨，唯願慈哀，為我宣說：菩薩云何不捨見佛，常於其所(而)精勤修習？菩薩云何不捨菩薩，與諸菩薩(而)同一善根？	㊂我聞聖者善能誘誨，唯願慈悲，為我宣說：菩薩云何恒見諸佛，聞法勤修而不捨離？菩薩云何恒同一切菩薩善根而不捨離？

㊃不離佛法，智慧滿足。 不捨大願於一切眾生，究竟其事。	㊃菩薩云何不捨佛法，悉以智慧而得明證？ 菩薩云何不捨大願，能普利益一切眾生？	㊃菩薩云何恒以智慧，證諸佛法而不捨離？ 菩薩云何恒以大願，饒益眾生而不捨離？
㊄ 於一切劫，修菩薩行，心無疲倦，不捨佛剎。 普能莊嚴一切世界，悉能知見諸佛自在。	㊄ 菩薩云何不捨眾行，住一切劫心(而)無疲厭？ 菩薩云何不捨佛剎，普能嚴淨一切世界？	㊄ 菩薩云何恒修一切菩薩事業而不捨離？ 菩薩云何恒住劫海，修行無厭而不捨離？ 菩薩云何恒住剎海，普遍莊嚴而不捨離？
㊅ 不離有為，修菩薩行，悉了如幻，入一切趣。現受生死而無起滅。	㊅菩薩云何不捨佛力，悉能知見如來自在？ 菩薩云何不捨有為，亦復不住，普於一切諸有趣中猶如「變化」，示受生死，修菩薩行？	㊅菩薩云何恒依佛力，悉能知見諸佛神變而不捨離？ 菩薩云何恒於六趣自在受生，住無住道而不捨離？
㊆常聞正法，未曾遠離。 悉能受持諸佛法雲，不離慧光，普照三世？	㊆菩薩云何不捨聞法，悉能領受諸佛正教？ 菩薩云何不捨智光，普入三世智所行處？	㊆菩薩云何恒受諸佛正法雲雨悉能憶持而不捨離？ 菩薩云何恒發智光普照三世佛所行處而不捨離？唯願慈哀，為我開演。

《大方廣佛華嚴經》卷 53〈入法界品 34〉

佛子！我常以「法施」為首，出生長養諸「白淨法」，一切智心，堅固不動，如金剛藏，不可沮壞；心常依止「佛力」。

《大智度論》卷 8〈序品 1〉

佛以方便，借其「神力」，能令一切皆見「舌相」覆此三千大千世界。若不加「神力」，雖復「十住」，亦不知「佛心」；若加「神力」，乃至「畜生」能知「佛心」。

一－5 若佛不加威神，眾生無有能得見佛身，亦無能請問如

來法義。如來有 33 種光，能利益一切眾生

西晉・竺法護 譯《持心梵天所問經》	後秦・鳩摩羅什 譯《思益梵天所問經》	北魏・菩提流支 譯《勝思惟梵天所問經》
㊀世尊告曰：明網菩薩，誠如所云，(只要能得)見如來身，必獲志願(心志所願)，不失所僥(僥求冀望)，若有所問(之法)，亦復如是。	㊀佛告網明：如是，如是！如汝所言，若佛不加「威神」，眾生無有能見「佛身」，亦無能「問」。	㊀佛言：網明！如是如是，如汝所言，若佛如來不加威神，眾生無有能見「佛身」及「思惟」(佛行相)者，亦無有能「問」如來者，何以故？
㊁則謂明網， ❶眾祐(bhagavat 世尊；婆伽婆)有光，名曰「寂然言事」，假使眾生值斯光明，(能)見如來者，觀察形色，(及自己)眼根明徹，未曾晦冥。	㊁網明當知！ ❶如來有光，名「寂莊嚴」，若有眾生遇斯光者，能見佛身，(及自己)不壞眼根。	㊁網明！ ❶如來有光，名「寂莊嚴」，若以此光觸諸眾生，遇斯光者，能見佛身、思惟佛身，(及自己)不壞眼根。
❷又如來光，名「辯才無畏」，設值斯光，堪問如來(種種)諮難所趣。	❷又如來光，名「無畏辯」，若有眾生遇斯光者，能問如來，其辯無盡。	❷網明！如來有光，名「無畏辯」，若以此光觸諸眾生，遇斯光者，能問如來，其辯無盡。
❸又如來光，名「積善德」，設值斯光，能啟問佛，(有關)「轉輪聖王」諸所德行。	❸又如來光，名「集諸善根」，若有眾生遇斯光者，能問如來，(有關)「轉輪聖王」行業因緣。	❸網明！如來有光，名「集一切諸善根本」，若以此光觸諸眾生，遇斯光者，能問如來，(有關)「轉輪聖王」行業因緣。
❹又如來光，名「清淨了」，設值斯光，能啟問佛，(有關)獲致「帝釋」所因生事。	❹又如來光，名「淨莊嚴」，若有眾生遇斯光者，能問如來，(有關)「天帝釋」行業因緣。	❹如來有光，名「淨莊嚴」，若以此光觸諸眾生，遇斯光者，能問如來，(有關)「天帝釋王」行業因緣。
❺又如來光，名「逮威然錠」，設值斯光，能啟問佛，(有關)生「梵天」事。	❺又如來光，名「得自在」，若有眾生遇斯光者，能問如來，(有關)「梵天王」行業因緣。	❺如來有光，名曰「自在」，若以此光觸諸眾生，遇斯光者，能問如來，(有關)「大梵天王」行業因緣。

❻又如來光，名「脫欲塵門」，設值斯光，能啓問佛，(有關)「聲聞」之乘。	❻又如來光，名「離煩惱」，若有眾生遇斯光者，能問如來，(有關)「聲聞乘」所行之道。	❻如來有光，名「離煩惱」，若以此光觸諸眾生，遇斯光者，能問如來，(有關)「聲聞乘」人所行之道。
❼又如來光，名曰「專一遵澹（乃）泊行」，設值斯光，能啓問佛，(有關)「緣覺」之乘。	❼又如來光，名「善遠離」，若有眾生遇斯光者，能問如來，(有關)「辟支佛」所行之道。	❼如來有光，名「善遠離」，若以此光觸諸眾生，遇斯光者，能問如來，(有關)「緣覺乘」人所行之道。
❽又如來光，名「一切慧持讚容」，設值斯光，能啓問佛(有關)「大乘」之慧、「正覺」佛慧。	❽又如來光，名「益一切智」，若有眾生遇斯光者，能問如來，(有關)「大乘」佛事。	❽如來有光，名「益一切智智」，若以此光觸諸眾生，遇斯光者，能問如來，(有關)「最上」佛乘、「大乘」之道。
❾又如來光，名曰「樂持異步」，設值斯光，如來遊步經行，普獲安隱，壽終之後，得生「天上」。	❾又如來光，名「為往益」，佛來去時，足下光明，眾生(若能)遇者，命終「生天」。	❾如來有光，名曰「住益」，佛來去時，足下光明」，若以此光觸諸眾生，遇斯光者，隨所壽終，生於「天上」。
❿又如來光，名「嚴一切清淨瓔珞」，如來入城，若放光明，設值斯光，一切獲安，應時彼城，眾寶瓔珞自然莊嚴。	❿又如來光，名「一切莊嚴」，若佛入城，放斯光明，眾生遇者，得歡喜樂，一切嚴飾之具，莊嚴其城，城中寶藏，從地踊出。	❿如來有光，名「一切莊嚴」，若佛入城放斯光明，眾生遇者，得樂歡喜，諸莊嚴具，莊嚴其城。
⓫又如來光，名「壞除」，假使如來演斯光者，感（古通「撼」）動（撼搖振動）無量不可稱限諸佛世界，舉要言之。 復次明網， ⓬如來光明名曰「積安」，若地獄類值斯光者，眾惱	⓫又如來光，名曰「震動」，佛以此光，能(震)動無量無邊世界。 ⓬又如來光，名曰「生樂」，佛以此光，能滅「地獄」眾	⓫如來有光，名曰「分散」，若以此光觸諸世界，無量無邊世界震動。 ⓬如來有光，名曰「生樂」，若以此光觸諸眾生，能滅

苦患，自然休止。	生苦惱。	「地獄」眾生苦惱。
⓭又如來光，名曰「超慈」，若「禽獸」類值斯光者，未曾「興惡」轉相「危害」。	⓭又如來光，名曰「上慈」，佛以此光，能令「畜生」不相惱害。	⓭如來有光，名曰「上慈」，若以此光觸諸眾生，能令「畜生」不相殺害。
⓮又如來光，名曰「濟所造」，「餓鬼」儔倫（儔輩倫類），值斯光者，不復饑渴。	⓮又如來光，名曰「涼樂」，佛以此光，能滅「餓鬼」饑渴熱惱。	⓮如來有光，名曰「涼樂」，若以此光觸諸眾生，能滅「餓鬼」飢渴熱惱。
⓯又如來光，名曰「離垢」，假使「盲者」，值斯光明，逮得「眼目」。	⓯又如來光，名曰「明淨」，佛以此光，使「盲者」得視。	⓯如來有光，名曰「明淨」，若以此光觸諸眾生，能令「盲者」得眼能視。
⓰又如來光，名曰「耳聞」，值斯光者，「聾者」得聽。	⓰又如來光，名曰「聰聽」，佛以此光，能令眾生，「聾者」得聽。	⓰如來有光，名曰「聽聰」，若以此光觸諸眾生，能令「聾者」得耳聞聲。
⓱又如來光，名曰「有志」，設值斯光，「亂者」得正。	⓱又如來光，名曰「慚愧」，佛以此光，能令眾生，「狂者」得正。	⓲如來有光，名曰「止息」，若以此光觸諸眾生，住「十不善惡業」道者，能令安住「十善業道」。
⓲又如來光，名曰「樂錠ㄥ」，設值斯光，自然改惡修立十善。	⓲又如來光，名曰「止息」，佛以此光，能令眾生，捨「十不善道」，安住「十善道」。	⓱如來有光，名曰「慚愧」，若以此光觸諸眾生，能令「狂者」，皆得「正念」。
⓳又如來光，名曰「脫門」，值斯光明，令「邪見」者，逮獲「正見」。	⓳又如來光，名曰「離惡」，佛以此光，能令「邪見」眾生，皆得「正見」。	⓳如來有光，名曰「離惡」，若以此光觸諸眾生，令「邪見」者，皆得「正見」。
⓴又如來光，名曰「趣天」，值斯光者，令「慳貪」類，好喜「惠施」。	⓴又如來光，名曰「能捨」，佛以此光，能破眾生，「慳貪」之心，令行「布施」。	⓴如來有光，名曰「能捨」，若以此光觸諸眾生，能令「慳」者，破「慳貪」心，修行「布施」。

㉑又如來光,名「無熱惱」,設值斯光,其「犯惡」者,奉持「禁戒」。	㉑又如來光,名「無惱熱」,佛以此光,能令「毀禁」(毀棄禁戒)眾生,皆得「持戒」。	㉑如來有光,名「無悔熱」,若以此光觸諸眾生,令「毀禁」(毀棄禁戒)者,皆得「持戒」。
㉒又如來光,名曰「持心」,諸「瞋恨」者,逮得「忍辱」。	㉒又如來光,名曰「安利」,佛以此光,能令「瞋恨」眾生,皆行「忍辱」。	㉒如來有光,名曰「安利」,若以此光觸諸眾生,能令「瞋」者,皆行「忍辱」。
㉓又如來光,名曰「慇懃」,其「懈怠」者,逮得「精進」。	㉓又如來光,名曰「勤修」,佛以此光,能令「懈怠」眾生,皆行「精進」。	㉓如來有光,名曰「勤修」,若以此光觸諸眾生,令「懈怠」者,皆行「精進」。
㉔又如來光,名曰「正定」,其「放逸」者,獲致「禪定」。	㉔又如來光,名曰「一心」,佛以此光,能令「妄念」眾生,皆得「禪定」。	㉔如來有光,名曰「一心」,若以此光觸諸眾生,令「忘念」者,皆得「禪定」。
㉕又如來光,名曰「顯曜」,諸「惡智」者,逮得「黠慧」(聰黠智慧)。	㉕又如來光,名曰「能解」,佛以此光,能令「愚癡」眾生,皆得「智慧」。	㉕如來有光,名曰「能解」,若以此光觸諸眾生,令「愚癡」者,皆得「智慧」。
㉖又如來光,名曰「清澄」,其「狐疑」者,逮得「篤信」。	㉖又如來光,名曰「清淨」,佛以此光,能令「不信」眾生,皆得「淨信」。	㉖如來有光,名「無垢淨」,若以此光觸諸眾生,令「不信」者,皆得「正信」。
㉗又如來光,名曰「總持」,其「少智」者,令得「博聞」。	㉗又如來光,名曰「能持」,佛以此光,能令「少聞」眾生,皆得「多聞」。	㉗如來有光,名曰「能持」,若以此光觸諸眾生,令「少聞」者,皆得「多聞」。
㉘又如來光,名遵「句跡」,其「無慚愧」,逮得知「羞恥」。	㉘又如來光,名曰「威儀」,佛以此光,能令「無慚」眾生,皆得「慚愧」。	㉘如來有光,名曰「威儀」,若以此光觸諸眾生,「無慚愧」者,皆得「慚愧」。
㉙又如來光,名曰「滅除」,其「貪婬」者,(脫)洒今(除)釋「情態」。	㉙又如來光,名曰「安隱」,佛以此光,能令「多欲」眾生,斷除「婬欲」。	㉙如來有光,名曰「安隱」,若以此光觸諸眾生,令「多欲」者,斷除「婬欲」。

西晉・竺法護 譯《持心梵天所問經》	後秦・鳩摩羅什 譯《思益梵天所問經》	北魏・菩提流支 譯《勝思惟梵天所問經》
❸⓪又如來光，名曰「安樂」，使「瞋恚」者，無有「怒害」。	❸⓪又如來光，名曰「歡喜」，佛以此光，能令「多怒」眾生，斷除「瞋恚」。	❸⓪如來有光，名曰「歡喜」，若以此光觸諸眾生，令「多怒」者，斷除「瞋恚」。
❸①又如來光，名曰「照曜」，令「癡行」者，除去「愚冥」。	❸①又如來光，名曰「照明」，佛以此光，能令「多癡」眾生，斷除「愚癡」。	❸①如來有光，名曰「照明」，若以此光觸諸眾生，令「多癡」者，觀「十二緣」，斷除「愚癡」。
❸②又如來光，名曰「普存」，令「等分」(sabhāga，貪瞋癡三毒皆俱)行，悉捨「等分」。	❸②又如來光，名曰「遍行」，佛以此光，能令「等分」(貪瞋癡三毒皆俱)眾生，斷除「等分」。	❸②如來有光，名曰「遍行」，若以此光觸諸眾生，令「等分」(貪瞋癡三毒皆俱)者，斷除「等分」。
❸③又如來光，名曰「普現色身」，假使眾生，值斯光明，見諸如來(具有)無央數色，不可計數百千形像。	❸③又如來光，名「示一切色」，佛以此光，能令眾生皆見佛身「無量種色」。	❸③網明！如來有光，名曰「示現一切種色」，若以此光觸諸眾生，能令遇者，皆見佛身種種「異色」、無量種色，過百千萬色。
㊂佛告明網：今吾為汝粗舉(粗略舉例)其「要耳」(精要乃耳)，假使一劫，若復過劫，咨嗟(咨讚嗟美)講說如來(之)「光明」，(就算再怎麼)論闡(細論闡釋)經法(經文法義)，(皆)不能究盡(究竟窮盡)如來光明(之)光明名號。	㊂網明當知！如來若以一劫、若減一劫，說此「光明力用」名號，不可窮盡。	㊂網明！當知如來若以一劫，若餘殘劫，依於如來「光明」說法，不可窮盡，是故如來應正遍知「光明」(之)功德，無量無邊，不可窮盡。

一一6 他方無量百千萬億菩薩見佛之 33 種光後，皆來至此娑婆世界

西晉・竺法護 譯《持心梵天所問經》	後秦・鳩摩羅什 譯《思益梵天所問經》	北魏・菩提流支 譯《勝思惟梵天所問經》
㊀明網菩薩白世尊曰：至未曾有，天中之天！如	㊀爾時網明菩薩白佛言：未曾有也，世尊！如	㊀爾時網明童子菩薩白佛言：希有世尊，如來示

來之身，不可限量，巍巍_(巍崇峨巍)之德，不可思議。_(如來能)隨宜_(隨方適宜；隨眾生根機之宜適)方便，敷演經法。	來身者，即是無量無邊「光明」之藏。_(如來之)說法方便，亦不可思議	現無量無邊身「光」莊嚴，不可思議，_(如來能)方便善巧_(而)相應說法。
㉒_(明網我)昔所未聞_(此光明名號)，今乃「被蒙」_(被蒙受恩德)。	㉒世尊！_(網明)我自昔來未曾聞此「光明」名號；如我解佛所說義。	㉒世尊！_(網明)我未聞此諸「光明」名；世尊！如我解佛所說法義。
㉛其有菩薩，聞說斯「光名」號，歡喜而信樂者，皆當逮得如「如來」身，巍巍_(巍崇峨巍)具足。	㉛若有菩薩聞斯光明「名號」，信心清淨，皆得如是光明之身。	㉛世尊！若有菩薩得聞如此諸光明名，能生淨信恭敬心者，彼諸眾生畢竟定得如來如是光明之身。
㊃ (1)又聞世尊，演出如來佛所，有光名曰「勸化」_(勸導教化)，_(能令)諸所遊_(方)在他方異國_(之)菩薩大士_(們)，_(能)轉相_(輾轉相告)誘進_(誘導勸進)。	㊃ (1)世尊！惟願今日放_(出能)請菩薩_(來臨之)光。	㊃ (1)世尊！惟願_(如來)今放_(出能)請菩薩_(來臨之)光，_(能開)覺諸菩薩。
	③令他方「菩薩」，善能_(來)「問難」_(詰問釋難)者。	③令他方「菩薩」，善「問難」_(詰問釋難)者，皆悉覺知。
(2)_(他方諸菩薩於互)相「誘進」_(誘導勸進)已，盡令來會於斯<u>忍界</u>。	(2)_(他方諸菩薩)見斯光已，發心來此<u>娑婆</u>世界。	(2)_(他方諸菩薩)既覺知已，發心來此<u>娑婆</u>世界。既來此已，問於如來，供養如來，問答如來。
③其有菩薩欲所諮啟_(諮詢啟問)，便詣如來，_(請佛)講問_(講解答問)「經疑」_(經法疑慮)。		
㊄爾時世尊，見<u>明網</u>菩薩所可諮請_(諮詢請問)，即如其「像」，放身光明，普照無量佛土不可稱限_(之)諸佛世界。	㊄爾時世尊，受<u>網明</u>菩薩請已，即放「光明」照此三千大千世界，普及十方無量佛土。	㊄爾時世尊，既受<u>網明</u>菩薩請已，即放「光明」，照於他方無量無邊諸佛世界。

㊅又其（佛之）光明，（能）招請無數億千菩薩，尋（聚）會（至）忍界。	㊅於是諸方無量百千萬億菩薩見斯「光」已，皆來至此娑婆世界。	㊅於是諸方無量菩薩，依佛（之）「光明」，（在佛光）觸其身故，皆來至此娑婆世界。

一－7 東方有國名清潔，佛號日月光如來，有菩薩梵天名思益，欲詣娑婆拜見釋迦佛

西晉・竺法護 譯《持心梵天所問經》	後秦・鳩摩羅什 譯《思益梵天所問經》	北魏・菩提流支 譯《勝思惟梵天所問經》
㊀於時東方去是七萬二千諸佛世界，國名清淨，佛號月明如來。	㊀爾時東方過七十二恒河沙佛土，有國名清潔，佛號日月光如來・應供・正遍知。	㊀爾時東方過七十二恒河沙等諸佛國土，有佛國土名曰清潔，彼中有佛，號月光明如來應正遍知，現在、現命、現住，惟為「諸菩薩」摩訶薩說「清淨法」。
㊁其（月明）佛之土而有梵天，名曰持心（Viśeṣa➜增；增益；殊勝；最勝；妙；上妙；殊特；差特；奇特。cinta➜思惟；思量；念心意），菩薩大士，而不退轉，聖慧神足（神通具足），（大勢）力自娛樂，時彼（釋迦佛所放）光明，適（正巧）「勸進」（勸勵促進）已。則（持心菩薩我）自往詣月明如來至真等正覺所，稽首禮足。	㊁今現在其（日月光）佛土，有菩薩梵天，名曰思益（Viśeṣa➜增；增益；殊勝；最勝；妙；上妙；殊特；差特；奇特。cinta➜思惟；思量；念心意），（已）住「不退轉」，見此（釋迦佛所放）光已，（便）到日月光佛所，頭面作禮。	㊁彼（月光明）佛國土有菩薩梵天名勝思惟（Viśeṣa➜增；增益；殊勝；最勝；妙；上妙；殊特；差特；奇特。cinta➜思惟；思量；念心意），住不退輪，蒙（釋迦）佛光明觸其身已，到彼（月光明）佛所，頂禮（月光明）佛足。
		㊂（勝思惟梵天）白言：（月光明）世尊，何因何緣？於此（娑婆）世界大光明現？
		㊃月光明佛告言：（勝思惟）梵天！西方去此過七十

		二恒河沙等諸佛世界，有佛世界名曰娑婆，彼中有佛，號釋迦牟尼如來應正遍知，現在、現命、現住，為眾說法。是彼(釋迦)佛身所放「光明」，為集十方諸大菩薩摩訶薩故。
(伍)(持心菩薩)而白(月明)佛言：唯然(月明)世尊，(持心我)欲至忍界，奉見能仁如來至真等正覺，稽首「供侍」(供養侍候)，諮受(諮詢請教與蒙受)所問，忍界聖尊(此指釋迦佛)，欲得見我。	(伍)(思益梵天)白(日月光)佛言：世尊！我欲詣娑婆世界釋迦牟尼佛所，奉見供養，親近諮受(諮詢請教與蒙受)，彼(釋迦)佛亦復欲見我等。	(伍)(勝思惟)梵天言：(月光明)世尊！(梵天)我今欲詣娑婆世界，奉見彼(釋迦)佛，供養彼(釋迦)佛，禮拜親近。諮問(咨詢請問)、問答(發問回答)，深細意問，彼(釋迦)佛世尊亦欲見我。

一—8 日月光佛告思益梵天：汝應以「十法」遊於彼娑婆世界

西晉·竺法護 譯《持心梵天所問經》	後秦·鳩摩羅什 譯《思益梵天所問經》	北魏·菩提流支 譯《勝思惟梵天所問經》
(壹)其(月明)佛告曰：(任)便(前)往，(持心)梵天！宜知是時，(汝可)與無數億諸菩薩眾(一樣去忍界)，(彼諸菩薩眾皆已)尋至忍界。	(壹)其(日月光)佛告言：(任)便(前)往，(思益)梵天！今正是時！彼娑婆國(目前已)有若干千億諸菩薩(雲)集。	(壹)其(月光明)佛告言：(任)便(前)往，(勝思惟)梵天！今正是時，彼(娑婆)國今(已)有若干千億諸大菩薩，現前集會。
(貳)(月明佛)又謂(持心)梵天：(汝)雖至忍界，即當奉行「十志」性行(本性與行為)，何謂為十？	(貳)(思益梵天)汝應以此十法遊於彼(娑婆)土，何等為十？	(貳)(勝思惟)梵天！汝今應以十種「清淨堅固」心，遊彼(娑婆)世界，所謂：
當受言無(應當對所受的善或惡的語言，皆心無增減)。(若被)言善(指讚譽)、(或遭)聞惡(指毀謗)。	(1)於毀(謗)、於(讚)譽，心無「增、減」。	(1)於毀(謗)、於(讚)譽，心無「增、減」故。

聞「善」與「不善」一（一而無分別）。	(2)聞「善」、聞「惡」，心無「分別」。	(2)聞「善」、聞「惡」，（平）等以「慈心」故。
（於諸愚智）而行「悲哀」（慈悲哀憫）。	(3)於諸「愚、智」，（平）等以「悲心」。	(3)於諸「愚、智」，（平）等以「悲心」故，
[二]（據【宋】【元】【明】【宮】本藏經皆把這些數字當作是「夾註」而非屬於經文內文字，底下皆是）而（以平）等（心去）治療（行治救療）「下賤、中、上」（根機）。	(4)於「上、中、下」眾生之類，（心）意常「平等」。	(4)於「上、中、下」眾生之類，（心）意常平等故。
[三]若（有於）「輕易」（輕賤傲易）恭敬（的人），則「一」心向。	(5)（若有）於「輕毀」（輕賤抵毀）供養（的人），心無有二（之分別）。	(5)（若有）於「輕毀」（輕賤抵毀）供養（的人），心無有二（之分別）故。
[四]不見他「闕」，不求「瑕穢」（瑕疵污穢）。	(6)於他「闕失」，不見其過（失）。	(6)不見他人「功德、過失」故。
[五]（平）等以「一味」（一佛乘之味），於若干「乘」（指三乘）。	(7)（若）見種種「乘」（指三乘），（其實）皆是（會歸）「一乘」（一佛乘）。	(7)見種種「乘」（指三乘），皆是（會歸）「一味」（一佛乘）故。
[六]而不恐畏（與厭）惡ㄨㄜˋ「惡ㄜˋ趣」之聲。	(8)（若）聞「三惡道」，亦勿「驚畏」。	(8)（若）聞「三惡道」，心不驚怖故。
[七]於（娑婆見）諸菩薩，（應）興「眾祐」（bhagavat世尊；婆伽婆；眾德具足而能祐護眾生，能為世所尊、所共同尊重恭敬者）想。	(9)於（娑婆見）諸菩薩，（應）生「如來」想。	(9)於（娑婆見）諸菩薩，（應）生「世尊」想故。
[八]於五濁（惡）世，（應生出此地乃釋迦）佛之「國土」想，如見「如來」等正覺。 是為十事。	(10)（於釋迦）佛出五濁（惡世），（應）生「希有」想。	(10)佛出五濁（惡世），（應）生「希有」想故。

㊟(持心)梵天！(若)懷此「志性」，可遊彼(娑婆)土。	㊟(思益)梵天！汝當以此十法遊彼(娑婆)世界。	㊟(勝思惟)梵天！汝當依此十種「清淨堅固」心，遊彼(娑婆)世界。

一－9 若入於清淨佛國中，經百千億劫修梵行，不如在彼娑婆世界中，從早上至中午，無瞋恨、無障礙心，其福更殊勝

西晉・竺法護 譯《持心梵天所問經》	後秦・鳩摩羅什 譯《思益梵天所問經》	北魏・菩提流支 譯《勝思惟梵天所問經》
㊀於是持心白其(月明)正覺：我於(月明)佛前，不敢發音為「師子吼」，不於「緣行」(緣此而行)，(而故意)現奇特相，唯欲淨修「志性」(心志本性)之行，(平)等立「定」意，乃遊彼(娑婆)土。	㊀思益梵天白(日月光)佛言：(日月光)世尊！我不敢於(日月光)如來前作「師子吼」，我所能行，(日月光)佛自知之，今當以此「十法」，遊彼(娑婆)世界，一心修行。	㊀爾時勝思惟梵天白其(月光明)佛言：(月光明)世尊，然我不敢於(月光明)如來前作「師子吼」，我所能行，(月光明)佛自知之。
㊁時月明佛，(有)諸餘菩薩，而歎頌曰：吾得善利，唯然(月明)世尊，(我之修行功德已)為獲嘉慶(嘉勳善慶)，(故)不生彼(娑婆)界，(因彼)眾生患難(禍患災難)，勞集(煩勞聚集)乃然(乃如此然)。	㊁爾時(於)日月光佛國，有諸菩薩白其(日月光)佛言：(日月光)世尊！我得大利(廣大的善利)，不生如是(娑婆)惡眾生中。	㊁時(於)月光明如來國土，(有)餘諸菩薩白其(月光明)佛言：(月光明)世尊，我得大利(廣大的善利)，不生如是(娑婆)國土，不生如是(娑婆)惡眾生中。
㊂月明世尊告諸菩薩，諸「族姓子」(善男子)！勿作斯言，所以者何？	㊂其(日月光)佛告言：善男子，勿作是語！所以者何？	㊂其(月光明)佛告言，諸善男子，勿作是語！何以故？
㊃於吾之(清淨國)土，設百千劫淨修「梵行」，不如(於)忍界，從旦至食，不行「害心」(瞋恨殘害心)，斯為殊勝。	㊃若菩薩於此(清潔)國中百千億劫淨修「梵行」，不如彼(娑婆)土，從旦至食，無「瞋」(恨)、礙(阻礙;妨礙)心，其福為勝。	㊃若菩薩於此(清潔)國中，滿百千劫淨修「梵行」，不如於彼娑婆世界，從旦至中，無「瞋」(恨)、礙(阻礙;妨礙)心，其福為勝，何以故？

		㊄以彼(娑婆)世界,多有「垢染」,多有「諸難」。彼諸眾生,多有「垢染」,多有「鬥諍」故。
㊅於時彼(清淨國)土,(有)萬二千菩薩,俱誓願曰:吾當具足清淨「志性」,各共「持衛」(護持侍衛)梵天(持心)大士(菩薩),造觀能仁如來至真等正覺。	㊅即時有萬二千菩薩與思益梵天,俱共發來,而作是言:我等亦欲以此「十法」遊彼(娑婆)世界,見釋迦牟尼佛。	㊅即時彼(清潔)國有萬二千諸菩薩等,欲與勝思惟梵天俱共發來,而作是言:如來知我行菩薩行,我等亦欲以此十心,一心遊行娑婆世界,見釋迦牟尼佛,禮拜供養,一心定意,遊行彼(娑婆)國。
㊆持心梵天,即與萬二千菩薩,如勇猛士,屈伸右臂,斯須之頃,於其(清淨)佛土,忽然不現。	㊆於是思益梵天,與萬二千菩薩,俱於彼(清潔)佛土,忽然不現,譬如壯士,屈伸臂頃。	㊆爾時勝思惟梵天,與萬二千諸菩薩等,頭面禮拜月光明佛,於其(清潔)國土,忽然不現,譬如壯士屈申臂頃,一刹那(kṣaṇa)頃,一「羅婆」(lava)頃,一「無侯多」(muhūrta 三十羅婆爲一須臾)頃。
㊇則立忍界奉見能仁,稽首于地,退住一面。	㊇到娑婆世界釋迦牟尼佛所,却住一面。	㊇到娑婆世界釋迦牟尼佛所,頭面禮足,右遶三匝,却住一面。

如果我們與地球的「業緣」尚未結束之時,留在地球一天,就應該好好「珍惜」&「修道」,因為「蓮華」出自「淤泥」,所以最高的「功德福田」總是來自「污穢環境」下的「修行」。所以佛陀在很多經文中都這樣「勸」我們要「安心、安住」在此「惡劣環境」下修行,這是一種「勸勉&譬喻」的意思。

請切勿「誤解」經文,以為經文是「勸」大家都應該繼續留在「娑婆世界」&生生世世在這裡「修福田、修功德」。

《解深密經·卷五》

(1)曼殊室利菩薩復白佛言：世尊！諸「穢土」中何事易得？何事難得？

　　　　　　　　　　　　　諸「淨土」中何事易得？何事難得？

(2)佛告曼殊室利菩薩曰：善男子！諸「穢土」中，八事「易得」，二事「難得」。

(3)何等名為八事「易得」？

　　一者、外道。

　　二者、有苦眾生。

　　三者、種姓家世，興衰差別。

　　四者、行諸惡行。

　　五者、毀犯「尸羅」(戒)。

　　六者、惡趣。

　　七者、下乘。

　　八者、「下劣意樂」加行菩薩。

(4)何等名為二事「難得」？

　　一者、「增上意樂」加行菩薩之所遊集。

　　二者、如來出現於世。

(5)曼殊室利！諸「淨土」中，與上相違，當知八事甚為難得，二事易得。

(6)爾時曼殊室利菩薩白佛言：世尊！於此解深密法門中，此名何教？我當云何奉持？

(7)佛告曼殊室利菩薩曰：善男子！此名「如來成所作事了義之教」，於此「如來成所作事了義之教」，汝當奉事。

《大般若波羅蜜多經·卷五七三》

爾時，佛告持髻梵言：梵天當知……於此「穢土」護持「正法」，須臾之間，勝「淨土」中，若經一劫，或一劫餘所獲功德，故應精勤，護持正法。

《勝天王般若波羅蜜經·卷七》

爾時，世尊告尸棄梵天言：……梵天！於此「穢土」護持「正法」，須臾之間，勝在「淨土」過一劫，若一劫，是故宜應勤加精進，擁護正法。

《大聖文殊師利菩薩佛剎功德莊嚴經·卷上》

(1)佛言：善男子！……東北方有世界名「千莊嚴」，彼現有佛，號「大自在王」如來、應、正等覺，其土有情皆悉具足，一向安樂。譬如苾芻入「滅盡定」，彼之安樂亦復如是。

(2)若諸有情於彼佛剎，百俱胝歲修諸梵行，不如於此「娑訶」世界，「一彈指頃」於諸有情起「慈悲心」，所獲功德尚多於彼，何況能於一日一夜「住清淨心」。

《文殊師利佛土嚴淨經・卷上》

(1)忍土（娑婆世界）「五逆剛強」弊惡（弊壞瑕惡），貪嫉婬妬，罵詈呪咀，心多瞋毒，轉相傷害，麁獷ㄍㄨㄤˇ（粗魯蠻橫）慷ㄎㄤ 悷ㄌㄧˋ（剛強難屈伏），佹ㄍㄨㄟˇ 張（詭騙）難化，勿至「忍界」（娑婆世界），自染勞穢⋯⋯

(2)我「本土」佛乃見遣聽，重復勅曰：往，族姓子（善男子）！從意順時，牢自持心，慎勿懈疑，如我本土（指他方佛菩薩的淨土）「百千劫行」，不如「忍世」（娑婆世界）精進「一旦」。

《維摩詰所說經・卷下》

(1)誠如（眾香世界諸菩薩）所言，然其（娑婆世界）一世，「饒益」眾生，多於彼國（眾香國土）「百千劫」行。所以者何？

(2)此「娑婆世界」有「十事善法」，諸餘「淨土」之所無有。何等為十？

❶以「佈施」攝「貧窮」。

❷以「淨戒」攝「毀禁」。

❸以「忍辱」攝「瞋恚」。

❹以「精進」攝「懈怠」。

❺以「禪定」攝「亂意」。

❻以「智慧」攝「愚癡」。

❼說「除難法」度「八難」（不得遇佛、不聞正法之八種障難。❶在地獄難。❷在餓鬼難。❸在畜生難。❹在長壽天難。❺在邊地難。❻盲聾瘖瘂難。❼世智辯聰難。❽生在佛前佛後難）者。

❽以「大乘法」度樂「小乘」者。

❾以諸「善根」濟「無德」者。

❿常以「四攝」成就眾生。是為十。

諸經皆勸「往生淨土」，這是千真萬確的！

佛陀一生講經說法達三百多會，據日本學者藤田宏達的考察，釋迦佛陀在講經說法中「直接」或「間接」提到有關「阿彌陀佛」與「西方淨土」的經典，或相關「淨土」的註釋書，大約總有 270 餘部之多，這幾乎是佔了所有「大乘經典」總數的 1/3 多啊！

《淨土指歸集・卷二》

釋迦如來，住世說法，「三百」餘會。諸經皆以「結歸淨土」，蓋為眾生「貪戀世間」，以苦為樂，自甘「沉湎」，不求「出離」。是故世尊於此（淨土）法門，諄諄垂誨不已。

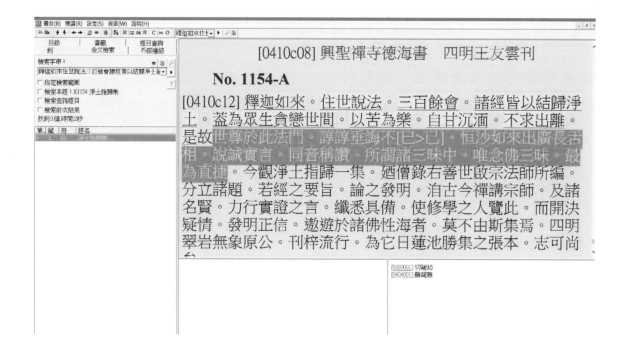

釋迦佛自己發了五百大願，願留在「五濁惡世」中成佛，但釋迦佛一生所講的「法教經義」，有 1/3 以上都叫人應求生「淨土」，斷「生死」輪迴，然後再「發願」到十方廣度眾生。

如果真要學習釋迦佛「大悲心」的人，也可以發願選擇在「五濁」中成佛，但不可「廣宣」，也不可叫大家都在「五濁」中成佛。因為連釋迦佛「自己」都沒有這麼做的，因為從釋迦佛所講的經典內容來說就是一種強力的證據。

如果到處「廣宣」叫大家「留」下來在「五濁」中成佛，這種觀點就是完全違背「經教」的一種「邪說」了。

《大方廣佛華嚴經》卷 18〈明法品 18〉

佛子！菩薩住十種法，令諸大願皆得圓滿。何等為十？

一者、心無疲厭。

二者、具大莊嚴。

三者、念諸菩薩殊勝願力。

四者、聞諸「佛土」，悉願「往生」。

五者、深心長久，盡未來劫。

六者、願悉成就一切眾生。

七者、住一切劫，不以為勞。

八者、受一切苦，不生厭離。

九者、於一切樂，心無貪著。

十者、常勤守護無上法門。

《大方廣佛華嚴經》卷 10〈明法品 14〉

佛子！菩薩摩訶薩修行十法，悉能滿足一切諸願，何等為十？

一者、生大莊嚴，心無憂慼。

二者、轉向勝願念諸菩薩。

三者、所聞十方嚴淨「佛剎」，悉願「往生」。

四者、究竟未來際。

五者、究竟成就一切眾生、滿足大願。

六者、住一切劫，不覺其久。

七者、於一切苦，不以為苦。

八者、於一切樂，心無染著。

九者、悉善分別「無等等」解脫。

十者、得大涅槃，無有差別。

《菩薩善戒經》卷 8〈生菩提地品 4〉

菩薩爾時住「喜行」時，見無量佛……又復作願：願我常生「諸佛世界」，隨願「往生」，是名「善願」，以得「往生」諸佛世界。

《佛說菩薩內戒經・卷一》

菩薩當知三願，乃為菩薩，何謂三？

　一、願我當作佛，我當作佛時，令國中無有三惡道者……

　二、願我往生阿彌陀佛前。

　三、願我世世與佛相值，佛當授我「莂」（指「受記」）。

是為三願。

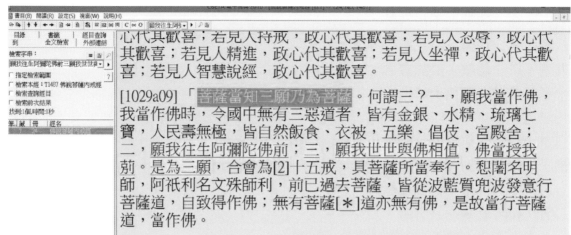

《大乘寶雲經》卷2〈十波羅蜜品 2〉

生生世世值遇親近「真善知識」。何者名為「真善知識」？

所謂「諸佛、菩薩」，如是增長宿世，修集「善業」因緣。

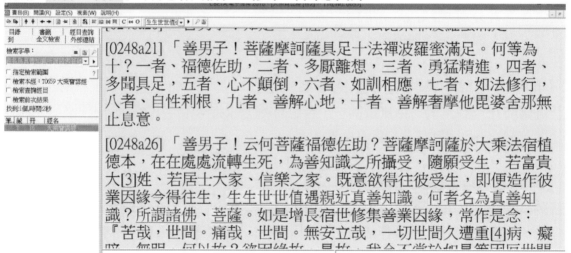

《維摩詰所說經》卷3〈見阿閦佛品 12〉

是時(釋迦)佛告舍利弗：有國名妙喜，佛號無動。是維摩詰於「彼國」(東方妙喜佛國淨土)沒(壽終緣滅)，而來(轉)生此(娑婆世界)。

舍利弗言：未曾有也。世尊！是人乃能捨「清淨土」(東方妙喜佛國淨土)，而來樂此「多怒害處」(娑婆世界)。

→《維摩詰所說經》是以「心淨國土淨」爲重點的經典。但維摩詰菩薩也是從「某一

國土」在「捨身」後,「往生」到東方妙喜佛國淨土成佛,然後再「發願」現「在家身」前往此「多怒害處」的娑婆世界地球來度化眾生!

《佛說文殊師利般涅槃經・卷一》

佛滅度後一切眾生,其有得聞文殊師利名者、見形像者,百千劫中不墮惡道。若有受持讀誦文殊師利名者,設有「重障」,不墮「阿鼻」極惡猛火,常生「他方清淨國土」,值佛聞法,得「無生忍」。

《佛說觀佛三昧海經・卷四》

(1)佛告阿難:佛滅度後佛諸弟子,「聞」是法者,「思」是法者,「觀」是法者,此人恒於夢中見釋迦文,放臍光明,持以照之,此光明相如向所說。

(2)其人生處,不處「胞胎」,恒生「淨國」,若生天上,自然「化生」。

《合部金光明經・卷一》

(1)善男子!若有善男子、善女人,於此《金光明經》聽聞信解,不墮「地獄、餓鬼、畜生、阿修羅道」,常生「人、天」,不為下劣。

(2)恒得親近諸佛如來,聽受「正法」,常生諸佛「清淨國土」。

《大威燈光仙人問疑經・卷一》

(1)若有善男子,於是經典,若自抄寫,若教人抄,當知彼人即是受持一切諸佛甚深法藏,常得歡喜,速獲安樂,於未來世當得作佛。

(2)若有善男子、善女人,應墮地獄者,終不聞是微妙經典。諸善男子及善女人,若得聞是妙經典者,捨是身已,必得生於「清淨國土」。

《顯無邊佛土功德經・卷一》

(1)若有善男子、善女人,聞此「顯示無邊佛土功德法門」,歡喜信重,受持讀誦,如理思惟,廣為他說。

(2)臨命終時,十方佛土,無量諸佛,皆現其前,慰喻讚美,令其增進無量善根。「隨願往生」諸佛淨國,乃至無上正等菩提。於生生中,常憶宿命,修菩薩行,速得圓滿。

《不空罥索神咒心經・卷一》

(1)世尊!若善男子,或善女人,及苾芻、苾芻尼,鄔波索迦(upāsaka 優婆塞)、鄔波斯迦(upāsikā 優婆夷),或餘人輩,白月(初一到初十五為白月。初十六到月底為黑月)八日,受持「齋戒」,

專心誦此「大神呪心」，乃至七遍，不雜異語，當知是人現世定得二十勝利……

(2)彼得如是二十勝利，復獲八法……六者、將捨命時，得「無盡辯」。七者、既捨命已，隨願「往生諸佛淨國」。

《佛說觀藥王藥上二菩薩經・卷一》

(1)世尊！如此神呪，過去八十億佛之所宣說……聞此呪者，誦此呪者，持此呪者，淨諸「業障、報障、煩惱障」，速得除滅……

(2)若「吉遮」(Kṛtya 起屍鬼)、若「毘舍闍」(piśāca)，噉人精氣一切惡鬼，能侵害者無有是處。

(3)命欲終時，十方諸佛皆悉來迎，隨意「往生他方淨國」。

《西方陀羅尼藏中金剛族阿蜜哩多軍吒利法・卷一》

此「軍荼利祕密心呪」……能成就一切事……常得共諸佛菩薩「同生淨土」，見身得菩薩。與欲命終已，後生「清淨國土」，或生「天上」，一切「惡處」更不受生。

《觀自在菩薩說普賢陀羅尼經・卷一》

(1)此「陀羅尼」是我心真言……持誦者，不應恐怖，生勇健心，纔見「觀自在菩薩」，即得地位，證得「陀羅尼三摩地」。

即見東方阿閦如來。

南方寶幢如來。

西方無量壽如來。

北方天鼓音王如來。

(2)見「四如來」，十方無量如來身廣大威德，承於諸佛大悲願力，久住世間。

(3)從此命終當生「淨妙佛剎」，於一切處，供養承事諸佛如來。

《占察善惡業報經・卷二》

(1)觀察己身心相，「無常、苦、無我、不淨」，如幻如化，是可厭離。若能修學如是觀者，速得增長淨信之心，所有諸障，漸漸損減……

(2)此人捨身，終不墮「惡道、八難(不得遇佛、不聞正法之八種障難。❶在地獄難。❷在餓鬼難。❸在畜生難。❹在長壽天難。❺在邊地難。❻盲聾瘖瘂難。❼世智辯聰難。❽生在佛前佛後難)」之處，還聞正法，習信修行，亦能隨願「往生」他方淨佛國土。

《大乘修行菩薩行門諸經要集・卷三》

(1)若修行菩薩，勸諸眾生令入「佛乘」，獲十種利。何等為十？所謂：

一者、遠離聲聞、緣覺，乃至成佛，遊諸刹土。

二者、值遇清淨菩薩法集。

三者、成佛已來，諸佛攝護。

四者、名聞「十方諸佛」會中稱其名號。

五者、發起「無等最妙上心」。

六者、唯受「帝釋、梵天」之身。

七者、若生人中，受「轉輪王」位。

八者、常得值遇「諸佛如來」。

九者、「天人」所敬。

十者、積集無量「善根功德」……

(2)得此十種善利……不離行願，於諸刹土「隨願往生」。

《大佛頂如來密因 修證了義諸菩薩萬 行首楞嚴經・卷七》

(1)復次阿難！若有女人，未生男女，欲求生者。若能至心，憶念斯呪，或能身上帶此「悉怛多鉢怛羅」者，便生福德智慧男女。

(2)求長命者，速得長命。欲求果報速圓滿者，速得圓滿，身命色力亦復如是。命終之後，隨願「往生十方國土」，必定不生「邊地下賤」，何況雜形？

《守護國界主陀羅尼經・卷一・陀羅尼品》

(1)若善男子及善女人，有能於此「大迴向輪陀羅尼」門，若「時、非時」，若晝、若夜，默念一遍，觀察運想……「十力」(如來所具足之十種智力)無畏諸功德等皆悉具足。

(2)若人暫於此「陀羅尼」思惟一遍，便得百轉生「帝釋宮」，復得百轉生「梵王宮」，於夜夢中見佛菩薩為說妙法。

(3)無諸「惡夢」，於諸「總持」皆得成就，「執金剛菩薩」護念攝受，隨願「往生諸佛淨土」。

《佛說聖觀自 在菩薩不空王祕密心陀羅尼經・卷一》

(1)若有持誦此「陀羅尼」者，別得八種善相。

一者、臨命終時，我(聖觀自在菩薩摩訶薩)作苾芻相，為現其前……

五者、臨命終時，安住「正念」。

六者、臨命終時，不離「善友」。

七者、命終已後，「諸佛刹中」隨願往生。

八者、當生獲得「無盡辯才」。

(2)如是名為八種「善相」。

《佛說瑜伽大教王經・卷二》

如是依法觀想「大輪佛頂」。若人樂「求生佛剎土」，彼人決定隨願得生，非久之間，速證「菩提」，此名「裝嚴一切佛剎大智大輪金剛三摩地」。

《虛空藏菩薩神咒經・卷一》

佛告族姓子(善男子)：善哉！善哉！汝能為眾生故說此「離垢師子遊步欠呿ȁ 陀羅尼」，令諸眾生臨命終時，最後「意識」，離「煩惱障、業障、報障」，得生「清淨佛土」。

《觀自 在菩薩怛嚩多唎隨心陀羅尼經・卷一》

作此印時，為彼一切諸眾生等，臨命終時，作此法印，一心誦真言，隨欲樂生何佛國土，隨意往生。

《虛空藏菩薩經・卷一》

爾時世尊，告虛空藏菩薩摩訶薩言：善哉！善哉！汝今說此「無盡降伏師子奮迅陀羅尼」。一切眾生臨命終時最後「神識」，有重煩惱障，及重惡業，此陀羅尼悉能燒然，令得往生「清淨佛國」。

《千手千眼觀世音菩薩廣大圓滿無礙大悲心陀羅尼經・卷一》

觀世音菩薩復白佛言：世尊！若諸人天，誦持「大悲章句」者，臨命終時，十方諸佛，皆來授手，欲生何等佛土，隨願皆得往生。

《大方廣佛華嚴經・卷三十七》

(1)爾時金剛藏菩薩，告解脫月菩薩言：佛子！菩薩摩訶薩！具足「第六地」行已，欲入「第七遠行地」，當修十種方便慧，起殊勝道。何等為十？所謂：

　①雖善修「空、無相、無願三昧」→而「慈悲不捨」眾生。

　②雖得「諸佛平等法」→而樂「常供養佛」。

　③雖入「觀空智門」→而「勤集福德」。

　④雖「遠離」三界→而「莊嚴」三界。

　⑤雖「畢竟寂滅」諸煩惱焰→而能為一切眾生，起滅「貪瞋癡」煩惱焰。

　⑥雖知諸法如幻、如夢、如影、如響、如焰、如化、如水中月、如鏡中像，自性無二→而「隨心作業」，無量差別。

　⑦雖知一切國土，猶如「虛空」→而能以清淨妙行，「莊嚴佛土」。

　⑧雖知諸佛法身，本性「無身」→而以相好，「莊嚴其身」。

⑨雖知諸佛音聲，性空寂滅，不可言說→而能隨一切眾生，出種種差別清淨音聲。

⑩雖隨諸佛了知三世；唯是一念→而隨眾生意解分別，以種種相、種種時、種種劫數，而修諸行。

(2)菩薩以如是「十種方便慧」，起殊勝行，從「第六地」入「第七地」。入已，此行常現在前，名為「住第七遠行地」。

《大寶積經・卷十五》

若菩薩憶念，此應離「惡知識」，應：

(1)初住→「修信」。

(2)二住→「修智」。

(3)三住地→多修「信解」。

(4)四住地→「久修行」。

(5)五住地→「修淨信解」。

(6)六住地→修「平等心」。

(7)七住地→「第一義解」。

(8)第八住地→「修莊嚴佛土」。

(9)第九住地→「授持」。

(10)十住地住→「不顛倒」。

《佛說如來不思議祕密大乘經・卷十八》

(1)雖觀「無生」，而善成辦「有生之法」。

(2)雖知無「眾生」，而善成熟一切眾生。

(3)雖知諸法「離性」，而善「攝受正法」。

(4)雖知諸佛國土「自性如空」，而以「妙智」嚴淨(莊嚴清淨)佛土。

(5)雖觀諸佛「法身無相」，而善勤求如來所有「殊妙相好(三十二相、八十種好)」。

《佛說海意菩薩所問淨印法門經・卷十五》

(1)大王！有四種法，若諸菩薩能具足者，得「方便慧清淨」，何等為四？

一者、雖觀一切法「無我」，而常以其「四攝之法」(佈施攝、愛語攝、利行攝、同事攝)化度眾生。

二者、雖知一切法「不可宣說」，常以「音聲文字」，為諸眾生演說法要護持正法。

三者、雖觀諸佛法身，而常信解一切如來功德，成辦相好精進無懈。

四者、雖觀一切佛刹「空寂」，而常「嚴淨(莊嚴清淨)佛土」，勤行不息。

(2)如是四法，菩薩若具足者，即得「方便慧清淨」。

《維摩詰所說經·卷二》

雖知諸「佛國」，及與「眾生」空，而「常修淨土」，教化於群生。

一－10 思益梵天菩薩於諸菩薩中皆最為第一，底下約有 15 條

西晉·竺法護 譯《持心梵天所問經》	後秦·鳩摩羅什 譯《思益梵天所問經》	北魏·菩提流支 譯《勝思惟梵天所問經》
(壹)於是世尊告明網曰：汝乃覩見持心梵天乎？	(壹)爾時佛告網明菩薩：汝見是思益梵天不？	(壹)爾時佛告網明菩薩言：網明！汝見勝思惟梵天來不？
(貳)(明網菩薩)對曰：已見。	(貳)(網明菩薩曰：)唯然！已見。	(貳)網明菩薩白佛言：如是世尊！唯然已見。
(參)大聖即言：斯(此)持心者(底下總共用了十句話稱讚持心菩薩)，曉了(通曉了解)方便，諮啟(諮詢啟問)幽滯(幽深滯礙)，分別尊法(尊勝法義)，辯才(辯論詞才)善妙(美妙音聲與言語)，名冠(名聲首冠)開士(菩薩)，(為)眾會之最(勝)，慈哀(慈悲哀愍)至誠(貞至真誠)，道(古同「導」)利勸化(勸進度化)，(至任何)遊居所在(之處)，(皆可讓眾生)多所悅可(喜悅認可)。	(參)網明當知！思益梵天： (1)於諸「正問」菩薩中，為最第一。 (2)於諸「善分別諸法」菩薩中，為最第一。 (3)於諸「說隨宜經意」菩薩中，為最第一。 (11)於諸「慈心」菩薩中，為最第一。 (12)於諸「悲心」菩薩中，為最第一。 (13)於諸「喜心」菩薩中，為最第一。 (14)於諸「捨心」菩薩中，為最第一。 (4)(5)(7)(8)(9)於諸「軟語」菩薩中，為最第一。	(參)佛言：網明！此勝思惟梵天： (1)於一切「正問」諸菩薩中，為最第一。 (2)(3)於一切「善巧隨意」所宜「說法」諸菩薩中，為最第一。 (4)於一切「美妙音聲」諸菩薩中，為最第一。 (5)於一切「美妙言語」諸菩薩中，為最第一。 (6)於一切「先意(先於他人之意前而)問訊」諸菩薩中，為最第一。 (7)於一切應以「言語供養」諸菩薩中，為最第一。 (8)於一切「無障礙言語」諸菩薩中，為最第一。 (9)於一切「密意言語」諸菩薩中，為最第一。

	(10)於諸「不瞋礙」菩薩中，為最第一。	(10)於一切「無瞋恨心」諸菩薩中，為最第一。
		(11)於一切「慈心」行諸菩薩中，為最第一。
	(6)於諸「先意（先於他人之意前而）問訊」菩薩中，為最第一。	(12)於一切「悲心」行諸菩薩中，為最第一。
		(13)於一切「喜心」行諸菩薩中，為最第一。
		(14)於一切「捨心」行諸菩薩中，為最第一。
	(15)於諸「決疑」（決斷疑問）菩薩中，為最第一。	(15)於一切「善問疑心」諸菩薩中，為最第一。

一－11 思益梵天與一萬二千菩薩俱，頭面頂禮佛足，以偈讚曰

西晉・竺法護 譯《持心梵天所問經》	後秦・鳩摩羅什 譯《思益梵天所問經》	北魏・菩提流支 譯《勝思惟梵天所問經》
壹於時持心，（與）萬二千菩薩，稽首禮畢，繞佛三匝，各以神力則「化」作「座」，自處其上。持心梵天，叉手白佛，以頌讚曰：	壹爾時思益梵天，與（一）萬二千菩薩俱，頭面禮佛足，右遶三匝，合掌向佛，以偈讚曰：	壹爾時勝思惟梵天，與（一）萬二千諸菩薩等，頂禮佛足，右遶三匝，合掌向佛，偈讚請曰：
貳（佛）其妙音聲，所在通達，威德流闡，聞于十方，在所國土，見諸最勝，一切諮嗟，大聖之行，我（等）處（他方）異土，（皆）清淨無垢，其界無有，惡趣之名，（若有）尋而捨離，如斯（清淨）佛土，	貳（佛）世尊大名稱，普聞於十方，（他方）所在諸如來，無不稱歎（釋迦佛）者，有諸餘淨國，無三惡道名，（若有能）捨（此）如是「妙土」（而來穢土），（此必由大）慈悲（之）故（而）生此。	貳世尊大名勝，普聞於十方，所在諸如來，無不稱歎者，有諸餘淨國，無三惡道名，捨如是妙土，慈悲故生此，

(此必)修濟大哀,故來到此。 佛之聖慧,無有損耗 一切如來,皆悉平等, 來今往古,降伏志性, 將護如是,諸佛國土, 恢設異行,一切清淨, 嚴修至戒,常遵梵行, 其懷害者,報之以慈, 心意如是,而有殊特。	佛智無減少,與諸如來等, 大慈本願,處斯穢惡土, 若人於淨國,持戒滿一劫, 此土須臾間,行慈為最勝。	佛名智無減,與諸如來等, 以大悲本願,處斯穢惡土, 若人於淨國,梵行滿一劫, 此土須臾間,行慈為最勝。
以能清淨,三品之業, 而順將護,身口心意, 三趣之患,勤苦諸惱, 現在為法,皆以滅盡,	若人於此土,起身口意罪, 應墮三惡道,現世受得除, 生此土菩薩,不應懷憂怖, 設有惡道罪,頭(所臨;所從) 痛即得除,	若人於此土,有身口意罪, 應墮三惡道,現世受得除, 生此土菩薩,不應懷憂惱, 設有惡道罪,頭(所臨;所從) 痛則得除,
若諸菩薩,其生於斯, 此等未曾,懷貯危懼, 所造之業,至於惡趣, 上下道足,皆已斷除, 其有菩薩,心設患厭, 將御擁護,于斯正法, 此等後世,所處之地, 不失其志,不離智慧,	此土諸菩薩,若能守護法, 世世所生處,不失於正念,	此土諸菩薩,若能守護法, 世世所生處,不失於正念,
其欲斷截,眾結之縛, 假使淨除,塵垢之欲, 則當將護,佛土之法, 則便超越,至諸通慧(諸通達 的一切智),	若人欲斷縛,滅煩惱業罪, 於此土護法,增益一切智,	若人欲斷縛,滅煩惱業罪, 於此土護法,增益一切智,
設異佛土,無數億劫, 執持正法,若講說者, 不如忍界,說經至食, 是為殊勝,則第一尊, 吾亦覩見,妙樂世界, 及復省察,安樂佛土,	淨土多億劫,受持法解說, 於此娑婆界,從旦至食勝, 我見喜樂國,及見安樂土, 此中無苦惱,亦無苦惱名,	淨土多億劫,受持清淨戒, 於此娑婆國,從旦至中勝, 我見安樂國,無量壽佛國, 無苦及苦名,

彼無苦惱，眾患音聲，		
設若修善，不足為性， 假使(能)蠲除，眾塵堂室， (對)愚兇害人，(能)常忍所加 當以經法，勸化他人， 令至(得無)上道，此乃甚難。	於彼作功德，未足以為奇， 於此煩惱處，能忍不可事， 亦教他此法，其福為最勝。	彼作福非奇， 於此煩惱處，能忍不可忍， 亦教他此法，其福為最勝，
當稽首彼，無上之尊， 行于愍哀，脫勤苦法， 斯未曾有，如來所行， 心懷毒者，開化以法， 設入眾會，則為導師，	我禮無上(世)尊，大悲救苦者 能為惡眾生，說法為甚難， 佛集無量眾，十方世界中， 名聞諸菩薩，(皆)聽法無厭足	我禮無上尊，大悲救苦者， 能忍惡眾生，說法甚為難，
是菩薩者，十方聞名， 於法無礙，猶如巨海， 故為彼說，斯佛之道，	佛集十方界，名聞諸菩薩， 聽法無厭足，如海吞眾流， 為如是等人，廣說於佛道，	佛集十方界，名聞諸菩薩， 聽法無厭者，廣為說佛道，
帝釋梵天，及護世者， 諸天龍神，須倫真陀， 無數悉來，等集于斯， 欲求經義，從志解說， 比丘丘尼，清信士女， 普皆來臻，於此眾會， 願佛為普(集之眾)，講說經法	釋梵四天王，諸天龍神等， 皆集欲求法，隨所信樂說， 比丘比丘尼，及清信士女， 是四眾普集，願時為演說，	釋梵天四王，諸天龍神等， 皆悉欲求法，願隨信樂說， 比丘比丘尼，及清信士女， 是四眾普集，願時為演說，
若有聞者，所趣吉祥， 假使志願，信好導師(佛乘)， 聲聞之眾，及與緣覺， (釋迦)能仁悉了，隨志化治， 惟為斯黨(類；輩)，決一切疑	有樂佛乘者，及緣覺聲聞， 佛知其深心，悉皆為斷疑。	有樂佛乘者，及聲聞緣覺， 佛知其深心，願悉為斷疑，
今吾勸進，諮啟法王， 為眾生故，志求佛道， 其立佛言，而不斷絕， 以修慈心，為無量寶，	不斷佛種者，能出生三寶， 為是諸菩薩，我今請法王， 名稱普流布，十方菩薩聞， 皆悉共來集，為說無上道，	不斷佛種者，能出生三寶， 為是諸菩薩，我今請法王， 名稱普流布，十方菩薩聞， 皆悉共來集，願說無上道，

假使十方，聞佛名德， 勇猛逮得，無量之慧， 當為斯等，說無比行， 隨其眾生，所知志跡， 非諸聲聞，弟子之地， 一切緣覺，所不能及， 余等信樂，最勝所度， 世尊之慧，不可思議， 郎自歸命，於世(尊)導師， 今願諮問，大聖(佛陀)此義， 假使(如來)有厭，心惡勞患， 唯(世尊)為解說，佛之要道。	此無上大法，二乘所不及， 我等信力故，得入如是(大)法 不可思議慧，非我等所及， 佛雖無疲倦，而我有所請， 悔過於世尊，願(佛)說菩提道	法非二乘境，我等信力入， 不可思議慧，惟是佛境界， 我今有所請，悔過於世尊， 如來無疲倦，願說菩提道。

一一12 思益梵天菩薩問佛，有關菩薩修行的 20 個問題

西晉·竺法護 譯 《持心梵天所問經》	後秦·鳩摩羅什 譯 《思益梵天所問經》	北魏·菩提流支 譯 《勝思惟梵天所問經》
《四法品·第二》	《四法品·第二》	
壹於是持心梵天，說此偈讚佛已，長跪叉手前白言：	壹爾時思益梵天說此偈已，白佛言：世尊！	壹爾時勝思惟梵天讚歎已白佛言：世尊！
貳 ⑴何謂菩薩「志性堅強」，意不「懈厭」(懈息厭足)？ ⑵何謂菩薩「所言柔和」，辭無「惱熱」(惱悔懊熱)？ ⑶何謂菩薩所造「德本」(功德善本)，超諸眾生？ ⑷何謂菩薩「威儀」(威容儀態)安詳(安穩詳和)，而不卒亥(突然)暴(躁)？	貳 ⑴何謂菩薩「其心堅固」，而無疲倦？ ⑵何謂菩薩「所言決定」，而不「中悔」(中間反悔)？ ⑶何謂菩薩「增長善根」？ ⑷何謂菩薩「無所恐(怖)畏(懼)」，「威儀」(威容儀態)不動(不隨六境而生起轉動)？	貳 ⑴云何菩薩「其心堅固」，而不疲倦？ ⑵云何菩薩「所言決定」，而不「中悔」(中間反悔)？ ⑶云何菩薩「增長諸善根」？ ⑷云何菩薩「無所恐(怖)畏(懼)」，「威儀」(威容儀態)不轉(不隨六境而生起轉動)？

(5)何謂菩薩於「清淨白法」多所「長益」？	(5)何謂菩薩「成就白法」？	(5)云何菩薩「增長諸白法」？
(6)何謂菩薩所至「土地」(境土階地)，遊步(遊歷[遊履]趨步)究縛(究竟[窮盡]繫縛煩惱)？	(6)何謂菩薩善知從「一(階)地」至「一(階)地」？	(6)云何菩薩善知從「一(階)地」至「一(階)地」？
(7)何謂菩薩在於眾生，行「權(巧)方便」？	(7)何謂菩薩於眾生中，善知「方便」？	(7)云何菩薩「善知方便」，教化眾生？
(8)何謂菩薩於彼等倫(類)，「分別」(分類各別)教化？	(8)何謂菩薩「善化眾生」？	(8)云何菩薩「隨順諸眾生」？
(9)何謂菩薩能「護道心」？	(9)何謂菩薩世世，不失「菩提之心」？	(9)云何菩薩不失「菩提心」？
(10)何謂菩薩「專」在眾生，心不「憒亂」(煩憒散亂)？	(10)何謂菩薩能「一」其「心」，而無「雜行」？	(10)云何菩薩能「一」其「心」，而不「散亂」？
(11)何謂菩薩「務求善本」，存在「法議(古通「義」)」？	(11)何謂菩薩善「求法寶」？	(11)云何菩薩善「求於法」？
(12)何謂菩薩曉了所念(所修正念)，而不捨「信」？	(12)何謂菩薩善出(離)「毀禁」(毀棄禁戒)之罪？	(12)云何菩薩善出(離)「毀禁」(毀棄禁戒)之罪？
(13)何謂菩薩於諸「塵勞」，(能)部分(部集分別)開化(開導度化)？	(13)何謂菩薩善「(遮)障煩惱」？	(13)云何菩薩善「斷諸煩惱」？
(14)何謂菩薩所入眾(入於大眾)，會能行「權便」(權宜方便)？	(14)何謂菩薩「善入」(善巧入於)諸大眾？	(14)云何菩薩「善往」(善巧往於)諸大眾？
(15)何謂菩薩恢闡(恢揚闡發)法施，流演(流通暢演)剖判(剖析論判)？	(15)何謂菩薩善開(開演闡揚)「法施」？	(15)云何菩薩善開(開演闡揚)「法施」？
(16)何謂菩薩知「報應」(果報相應)力，(知)失「德本」(功德善本)者？	(16)何謂菩薩得「先因」(先前因果；前因後果)力，(能得)不失「善根」？	(16)云何菩薩得「先因」(先前因果；前因後果)力，(能得)不失「善根」？
(17)何謂菩薩曉於眾生「不起之慧」(無所從生之慧；不從他人所生之慧；無生之慧)，六度無極(pāramitā 波羅蜜)？	(17)何謂菩薩「不由他教」(不需由他人教導下之「無生」之慧)，而能自行(自我修行而至)六波羅蜜？	(17)云何菩薩「不由他教」(不需由他人教導下之「無生」之慧)，而能自行(自我修行而至)六波羅蜜？
(18)何謂菩薩(能)暢達(順暢通達)「方便」(至欲界度眾生)，(而仍能)存於「禪定」？	(18)何謂菩薩能「轉捨」(返轉捨卻)禪定(而)還生「欲界」(度眾生)？	(18)云何菩薩能「轉捨」(返轉捨卻)禪定(而)還生「欲界」(度眾生)？

⑲何謂菩薩於諸佛法而「不退轉」？	⑲何謂菩薩於諸佛法得「不退轉」？	⑲云何菩薩於諸佛法得「不退轉」？
⑳何謂菩薩未常「違疑」(違背懷疑)諸佛(之)言教(言語教導→期望眾生皆成佛，皆發成佛之大心)？	⑳何謂菩薩「不斷佛種」(不會斷滅成佛之種性)？	⑳云何菩薩「不斷佛種」(不會斷滅成佛之種性)，如實修行？
(參)佛告持心梵天：善！善哉！乃能諮問如來如斯之議(古通「義」)，諦聽！諦聽！善思念之。	(參)爾時世尊讚思益梵天：善哉！善哉！能問如來如此之事。(思益)汝今諦聽，善思念之！	(參)爾時世尊讚勝思惟大梵天言：善哉！善哉！(勝思惟)梵天！善哉！(勝思惟)梵天！汝今善能問於如來如是之義。(勝思惟)梵天！汝今至心諦聽，我為汝說。
(肆)(思益梵天云：)甚哉世尊，願樂欲聞，持心梵天受教而聽。	(肆)(思益梵天云：)唯然，世尊！願樂欲聞。	(肆)(勝思惟)大梵天言：如是世尊！願樂欲聞。

一－13 第 1 個問題：菩薩修行應該以那四種法來「堅固其道心而不疲倦」？

西晉·竺法護 譯《持心梵天所問經》	後秦·鳩摩羅什 譯《思益梵天所問經》	北魏·菩提流支 譯《勝思惟梵天所問經》
佛告(持心)：菩薩有四事法，志性堅強，而不「懈厭」(懈息厭足)。何謂為四？	佛告思益梵天：(第1個問題)菩薩有四法，堅固其心，而不疲倦。何等四？	佛言：(勝思惟)梵天！(第1個問題)諸菩薩摩訶薩，畢竟成就四法，其心堅固，而不疲惓。何等為四？
❶愍哀(慈愍哀憐)眾生。	❶一者，於諸眾生起「大悲心」。	❶一者，於諸眾生起「大悲心」故。
❷不厭(不生厭足的)精進。	❷二者，精進不懈。	❷二者，精進常不懈故。
❸終始(終死始生)如夢。	❸三者，信解生死如夢。	❸三者，信解生死如夢故。
❹平等佛慧。	❹四者，正思量佛之智慧。	❹四者，正思惟「無等等」(之)佛之智慧故。
是為四。	菩薩有此四法，堅固其心	(勝思惟)梵天！諸菩薩摩訶

	而不疲倦。	薩畢竟成就如是四法，其心堅固而不疲倦。

一－14 第 2 個問題：菩薩修行應該以那四種法來「說決定法而不中間反悔」？

西晉・竺法護 譯《持心梵天所問經》	後秦・鳩摩羅什 譯《思益梵天所問經》	北魏・菩提流支 譯《勝思惟梵天所問經》
復有四事，所言「柔和」，辭無「惱熱」(惱悔懊熱)。何謂為四？	(思益)梵天！(第2個問題)菩薩有四法，所言「決定」，而不「中悔」(中間反悔)。何等四？	(勝思惟)梵天！(第2個問題)諸菩薩摩訶薩畢竟成就四法，所言「決定」，而不「中悔」(中間反悔)。何等為四？
❶菩薩專一，以一人故分別諸法。 ❷菩薩專一，不樂一切「諸趣」所生。 ❸菩薩專一，讚揚大乘。 ❹菩薩專一，講說「清淨」，不失「淨業」。 是為四。	❶一者，決定說「諸法無我」。 ❷二者，決定說「諸生處(生起之處)無可樂」者。 ❸三者，決定常讚大乘。 ❹四者，決定說「罪、福」業不失。 是為四。	❶一者，決定說「諸法無我」故。 ❷二者，決定說「諸生處(生起之處)無有樂」者故。 ❸三者，決定常讚大乘故。 ❹四者，決定說「罪、福」業不失故。 (勝思惟)梵天！諸菩薩摩訶薩，畢竟成就如是四法，所言決定而不「中悔」(中間反悔)。

一－15 第 3 個問題：菩薩修行應該以那四種法來「增長善根」？

西晉・竺法護 譯《持心梵天所問經》	後秦・鳩摩羅什 譯《思益梵天所問經》	北魏・菩提流支 譯《勝思惟梵天所問經》
又有四事，所造德本(功德善本)，超諸眾生。何等四？	(思益)梵天！(第3個問題)菩薩有四法，增長「善根」。何等為四？	(勝思惟)梵天！(第3個問題)諸菩薩摩訶薩，畢竟成就四法，增長諸「善根」。何等為四？

❶禁戒。 ❷博聞。 ❸布施。 ❹捨家。 是為四。	❶一者，持戒。 ❷二者，多聞。 ❸三者，布施。 ❹四者，出家。 是為四。	❶一者，持戒故。 ❷二者，多聞故。 ❸三者，布施故。 ❹四者，出家故。 是為四法。

一－16 第 4 個問題：菩薩修行應該以那四種法來達到「無所恐怖畏懼，與不失於威容儀態」？

西晉・竺法護 譯 《持心梵天所問經》	後秦・鳩摩羅什 譯 《思益梵天所問經》	北魏・菩提流支 譯 《勝思惟梵天所問經》
又有四事，威儀安詳(安穩詳和)，而不卒亥(突然)暴(躁)。何等四？	(思益)梵天！(第4個問題)菩薩有四法，無所「恐(怖)畏(懼)」，「威儀」(威容儀態)不轉。何等四？	(勝思惟)梵天！(第4個問題)諸菩薩摩訶薩，畢竟成就四法，無所恐(怖)畏(懼)，「威儀」(威容儀態)不轉。何等為四？
❶無利。	❶一者，(不畏)失利(失去利益)。	❶一者，不畏「不得財利」故。
❷無譽。	❷二者，(不畏)惡名(壞名聲)。	❷二者，不畏「毀辱」故。
❸無名。	❸三者，(不畏被)毀辱。	❸三者，不畏「惡名」故。
❹無苦。 是為四。	❹四者，(不畏)苦惱。 是為四。	❹四者，不畏「苦惱」故。 是為四法。

一－17 第 5 個問題：菩薩修行應該以那四種法來「成就清淨的白法」？

西晉・竺法護 譯 《持心梵天所問經》	後秦・鳩摩羅什 譯 《思益梵天所問經》	北魏・菩提流支 譯 《勝思惟梵天所問經》
又有四事，於「清淨法」，多所長益(增長利益)，功德之本。何等四？	(思益)梵天！(第5個問題)菩薩有四法，成就「白法」。何等四？	(勝思惟)梵天！(第5個問題)諸菩薩摩訶薩，畢竟成就四法，增長諸「白法」。何等為四？

❶具足(修)行、信(罪福)，勸於他人。 ❷假使布施，不望其報。 ❸將養護法。 ❹為諸菩薩廣說「慧地」。 是為四。	❶一者，教人令信「罪、福」。 ❷二者，布施不求果報。 ❸三者，守護(守衛護祐)正法。 ❹四者，以智慧教諸菩薩。 是為四。	❶一者，教諸眾生，修行「大菩提」故。 ❷二者，布施不求果報故。 ❸三者，守護(守衛護祐)正法故。 ❹四者，以智慧教諸菩薩故。 是為四法。

一一18 第 6 個問題：菩薩修行應該以那四種法來「善知從一階地至另一階地的修行」？

西晉・竺法護 譯 《持心梵天所問經》	後秦・鳩摩羅什 譯 《思益梵天所問經》	北魏・菩提流支 譯 《勝思惟梵天所問經》
又有四事，所至「土地」(境土階地)，遊步(遊歷[遊履]趨步)究縛(究竟[窮盡]繫縛煩惱)。何等四？	(思益)梵天！(第6個問題)菩薩有四法，善知從「一(階)地」至「一(階)地」。何等四？	(勝思惟)梵天！(第6個問題)諸菩薩摩訶薩，畢竟成就四法，善知從「一(階)地」至「一(階)地」。何等為四？
❶興起「德本」(功德善本)。 ❷棄諸「瑕穢」(瑕垢染穢)。 ❸曉了「勸助」(勸發資助)。 ❹慇懃精進。 是為四。	❶一者，久殖善根。 ❷二者，離諸「過咎」(過失咎罪)。 ❸三者，善知方便迴向。 ❹四者，勤行精進。 是為四。	❶一者，集諸善根故。 ❷二者，遠離一切諸「過咎」(過失咎罪)故。 ❸三者，善知方便迴向故。 ❹四者，常勤精進故。 是為四法。

一一19 第 7 個問題：菩薩修行應該以那四種法來「善知方便教化眾生」？

西晉・竺法護 譯 《持心梵天所問經》	後秦・鳩摩羅什 譯 《思益梵天所問經》	北魏・菩提流支 譯 《勝思惟梵天所問經》
又有四事，在於眾生行「權(巧)方便」。何等為四？	(思益)梵天！(第7個問題)菩薩有四法，善知方便。何等	(勝思惟)梵天！(第7個問題)諸菩薩摩訶薩，畢竟成就四

	四？	法，善知方便教化眾生。何等為四？
❶順從(順服依從)眾生。 ❷勸化(勸導教化)「德本」(功德善本)。 ❸悔過「罪釁」(罪惡釁禍)。 ❹解說佛事。 是為四。	❶一者，順眾生意。 ❷二者，於他功德起「隨喜心」。 ❸三者，悔過除罪。 ❹四者，勸請諸佛(轉法輪)。 是為四。	❶一者，隨順眾生意故。 ❷二者，於他功德起「隨喜心」故。 ❸三者，悔過除罪故。 ❹四者，勸請諸佛(轉法輪)故。 是為四法。

《大寶積經·卷一〇〇》

爾時世尊欲重宣此義，而說偈言：

❶不嫉於他人。

❷見彼得利喜(見別人獲得利益而起歡喜心)。

❸「等心」(平等心)行大慈。

❹化眾(度化眾生)無「染著」。

行此四無量，智者善守護，得「淨土」無難，速成無上道。

《得無垢女經·卷一》

得無垢女！諸菩薩摩訶薩成就「四法」，得「淨佛土」。何等為四？

一者、於他不嫉心。

二者、等心(平等無二之心)自他(自己與他人)。

三者、見諸眾生，心常歡喜。

四者、不親(近)諸「惡眷屬」。

《大乘理趣六波羅蜜多經》卷5〈6 淨戒波羅蜜多品〉

見他尊貴、多饒財寶起「嫉妒心」，應正思惟作如是念：

(1)願一切有情得大富貴，無所乏少，是諸有情，勤苦艱難，今乃獲得，云何於彼生嫉妒心？

(2)我於「己財」皆應奉彼，況彼「自獲」，我應「隨喜」，云何乃反生「嫉妒」耶？

(3)以是因緣，於彼有情不應「嫉妒」，但生「隨喜」。

(4)若能如是除「貪嫉」者，是名菩薩「持心淨戒」。

《大乘理趣六波羅蜜多經》卷5〈6 淨戒波羅蜜多品〉

復次,離「貪嫉」者,亦四種報。

一者:現在世中,見他「富貴」,不生「貪嫉」,作是思惟:彼人富貴,皆「宿福」生,以我「貪嫉」,豈能侵奪?以是因緣,應永斷除「慳貪、嫉妬」,若不除斷,常受「貧窮」,無復威力。

以是義故,菩薩觀之,除其「貪嫉」,於他「富貴」,生「隨喜心」,不捨毫釐,獲大功德。

二者:一切愛敬,身心安樂,無復憂惱,威德自在,能淨心中「貪欲」雲翳,猶如夜月,眾星圍遶,「貪嫉」之心,由斯微薄。

三者:所生之處,常得端嚴,六根圓滿財寶豐足,眾人愛敬,常行惠施,無礙辯才,處眾無畏。

四者:乃至證得「無上菩提」,眾聖圍繞,功德最上,一切眾生同受教命。

慈氏!當知此即名為「離貪嫉」者,四種果報。

一－20 第 8 個問題:菩薩修行應該以那四種法來「隨順諸眾生」?

西晉・竺法護 譯《持心梵天所問經》	後秦・鳩摩羅什 譯《思益梵天所問經》	北魏・菩提流支 譯《勝思惟梵天所問經》
又有四事,於彼等倫(類),「分別」(分類各別)教化。何等四?	(思益)梵天!(第8個問題)菩薩有四法「善化」眾生。何等四?	(勝思惟)梵天!(第8個問題)諸菩薩摩訶薩,畢竟成就四法,「隨順」諸眾生。何等為四?
❶愍傷(悲愍憐傷)人物。	❶一者,常求「利安」(利益安樂)眾生。	❶一者,常求「利安」(利益安樂)一切眾生故。
❷習己「安隱」(安於修道平穩)。	❷二者,自捨「己樂」(自己五欲樂)。	❷二者,自捨「己樂」(自己五欲樂)故。
❸忍辱、安詳。	❸三者,心和(心地和善)「忍辱」。	❸三者,心和(心地和善)「忍辱」故。
❹謙,不憍慢。是為四。	❹四者,除捨「憍慢」。是為四。	❹四者,除捨「憍慢」故。是為四法。

一－21 第 9 個問題：菩薩修行應該以那四種法來「不失菩提道心」？

西晉・竺法護 譯 《持心梵天所問經》	後秦・鳩摩羅什 譯 《思益梵天所問經》	北魏・菩提流支 譯 《勝思惟梵天所問經》
㈣又有四事，能「護道心」。何等四？	(思益)梵天！(第9個問題)菩薩有四法，世世不失「菩提之心」。何等四？	(勝思惟)梵天！(第9個問題)諸菩薩摩訶薩，畢竟成就四法，不失「菩提心」。何等為四？
❶意常「念佛」。 ❷一切德本(功德善本)至於「道心」。 ❸習近「善友」。 ❹諮(古同「咨」)嗟(咨讚嗟美)「大乘」。 是為四。	❶一者，常憶念佛。 ❷二者，所作功德，常為「菩提」。 ❸三者，親近「善知識」。 ❹四者，稱揚大乘。 是為四。	❶一者，常憶念佛故。 ❷二者，所作善根，不離「菩提心」故。 ❸三者，親近「善知識」故。 ❹四者，讚歎大乘故。 是為四法。

所有的「福報、珍寶、貧窮」也都是「無常」，無「決定」相，猶如「疾風」。應將「布施」功德，全部迴向速成就「阿耨菩提」

北涼・曇無讖 譯 《悲華經》	秦・譯者佚名 《大乘悲分陀利經》
㈠善男子！爾時(寶海)梵志白(無諍念)聖王言：惟願大王，持此寶物，幷及大王，(曾經)先於「三月」，供養(寶藏)如來，及比丘僧，(有)種種珍寶八萬四千(於)安周羅城。如是(所作的種種)「福德」，(無諍念王汝)今應迴向「阿耨多羅三藐三菩提」……	㈠時海濟(寶海)婆羅門語離諍王曰：大王！於此「噠嚫」(dakṣiṇā 所布施給僧眾之「金銀財物」等)，應發「隨喜」。(無諍念)大王！汝(曾經)於「三月」供養(寶藏)世尊，以一切所須(之物)，及無數比丘僧，(以)種種雜寶「迴施」，及八萬四千城「迴施」已。(無諍念王汝今應)以此「隨喜」(之)「福業」，是一切(即)可迴向「阿耨多羅三藐三菩提」……
㈡(寶海)復作是言：(無諍念)大王當知，以此「布施」，不應求於「忉利天王、大梵天王」。何以故？王今「福報」所有「珍寶」，皆是「無常」，無「決定」相，猶如「疾風」，	㈡(寶海)而說偈言： 我以是施不求釋(帝釋天)，亦復不求梵天果： 危脆不堅如疾風，況求世間人王福。 心得自在妙菩提，度諸眾生無有量；

是故應當以此「布施」所得「果報」，令心「自在」，速成「阿耨多羅三藐三菩提」，度脫無量無邊眾生，令入「涅槃」……供養(實藏)如來，及比丘僧，種種珍寶，如是「福德」和合集聚，迴向「阿耨多羅三藐三菩提」。	此施果報極寬廣，我所願求畢令獲。

六祖慧能見五祖的第一句話是「不求餘物,唯求作佛」。我們也要發大願,唯求到「西方作佛」,不執求此生的「五欲」能否「靈驗&滿足」

《敦博本》與《敦煌本》對校版原文 成立於唐玄宗(大約公元 733〜801 年) 黃連忠博士精校 (果濱分段編排暨補充)	六祖壇經《宗寶本》原文 元世祖 至元二十八年(公元 1291 年) 宗寶法師改編 (果濱分段編排暨校對)
弘忍和尚問惠能曰：汝何方人？來此山禮拜吾，汝今向吾邊，復求何物？ 惠能答曰：弟子是嶺南人，新州百姓，今故遠來禮拜和尚，不求餘物，唯求「作佛」。	祖(弘忍大師)問曰：汝何方人。欲求何物？ 慧能對曰：弟子是嶺南 新州百姓，遠來禮師，惟求「作佛」，不求餘物。

親近善友為第一。 聽聞正法為第二。
如理思量為第三。 如法修證為第四。

《大乘本生心地觀經》卷 3〈報恩品 2〉
(1)鈍根小智(者，若聽)聞「一乘」(一佛乘)，(便)怖畏「發心」(成佛需要)經多劫。
(2)不知身有「如來藏」，唯欣「寂滅」厭「塵勞」。
(3)眾生本有「菩提」種(性)，悉在「賴耶藏識」(「阿賴耶識」亦稱爲「藏識」)中。
(4)若(能得)遇「善友」，(便能)發(起)「大心」(大乘的「成佛心」)，三種(戒定慧)「鍊磨」修「妙行」。
(5)永斷「煩惱」(之)所知障，證得「如來常住身」。
(6)「菩提妙果」不難成，(要得)「真善知識」實難遇。
(7)一切菩薩修「勝道」(殊勝的佛道)，(有)四種法要應當知：
　　親近「善友」為第一。(遇真善知識)
　　聽聞「正法」為第二。(聞)
　　如理「思量」為第三。(思)

如法「修證」為第四。(修)

(8)十方一切(諸)「大聖主」,(若)修是「四法」(便能)證「菩提」。

(9)汝諸「長者」大會眾,及未來世(之)「清信士」,如是「四法」(能令修至)「菩薩地」,要當修習(便能)成(就)佛道。

《大般涅槃經》卷13〈聖行品 7〉

親近「善友」是名為「道」,如(釋迦佛曾)告阿難:若有親近「善知識」者,則具「淨戒」,若有眾生能親近(釋迦佛)我,則得發於「阿耨多羅三藐三菩提心」。

《大般涅槃經》卷7〈如來性品 4〉

善男子!一切眾生亦復如是,(若)不能親近「善知識」故,雖(本具)有「佛性」,(但)皆不能(顯)見(現),而為「貪婬、瞋恚、愚癡」之所「覆蔽」故,(將來會)墮「地獄、畜生、餓鬼」,「阿修羅」,旃陀羅、剎利、婆羅門、毘舍、首陀」,(會轉)生如是等種種家中。

《大般涅槃經》卷18〈梵行品 8〉

(1)善男子!一切「男、女」,若具「四法」(四種修法),則(皆)名(為大)「丈夫」,何等為四?

　一、(能親近)善知識。

　二、能聽(聞佛)法。(聞)

　三、(能)思惟(法)義。(思)

　四、(能)如說修行。(修)

(2)善男子!若男、若女,(若)具是四法(四種修法),則名(為大)「丈夫」。

(3)善男子!若有「男子」,無(修)此「四法」(四種法要),則(亦)不得名為「丈夫」也,何以故?

(4)(因為男子之)身雖(名為)「丈夫」,(但卻無修此四種法,故)行同「畜生」。

一─22 第 10 個問題:菩薩修行應該以那四種法來「專一其心而不散亂」?

西晉・竺法護 譯《持心梵天所問經》	後秦・鳩摩羅什 譯《思益梵天所問經》	北魏・菩提流支 譯《勝思惟梵天所問經》
又有四事,「專」在眾生,心不「憒亂」(煩憒散亂)。何等為四?	(思益)梵天!(第 10 個問題)菩薩有四法,能「一」其心而無「雜行」。何等四?	(勝思惟)梵天!(第 10 個問題)諸菩薩摩訶薩,畢竟成就四法,能「一」其心而不「散亂」。何等為四?
❶不為「聲聞」心。	❶一者,離「聲聞」心。	❶一者,遠離「聲聞」心故。

❷(亦不爲)若「緣覺」心。 ❸求法無厭。 ❹如所聞法，(樂意)為他人說。 是為四。	❷二者，離「辟支佛」心。 ❸三者，求法無厭。 ❹四者，如所聞法，(樂意)廣為人說。 是為四。	❷二者，捨「辟支佛」心念故。 ❸三者，求法無厭足故。 ❹四者，如所聞法，(樂意)廣為人說故。 是為四法。

一－23 第 11 個問題：菩薩修行應該以那四種法來「善求於法寶」？

西晉・竺法護 譯 《持心梵天所問經》	後秦・鳩摩羅什 譯 《思益梵天所問經》	北魏・菩提流支 譯 《勝思惟梵天所問經》
❸又有四事，務求「善本」(眾善之本)，存在「法議(古通「義」)」。何等四？	(思益)梵天！(第 11 個問題)菩薩有四法，善「求法寶」。何等四？	(勝思惟)梵天！(第11個問題)諸菩薩摩訶薩，畢竟成就四法，善「求於法」。何等為四？
❷(法寶能)除去一切塵勞(煩惱)之病，猶如醫王。 ❸(法寶能)順於「德本」(功德善本)，而不違失。 ❶(法寶能獲)諸「議(古通「義」)道想」。 ❹(能)滅「群黎」(眾生)苦，(能)志(古通「至」)「泥洹」議(古通「義」)。 是為四。	❶一者，於法中生「寶想」，以難得故。 ❷二者，於法中生「藥想」，療眾病故。 ❸三者，於法中生「財利想」，以不失故。 ❹四者，於法中生「滅一切苦想」，(能得)至「涅槃」故。 是為四。	❶一者，於法生「珍寶想」，以難得故。 ❷二者，於法生「妙藥想」，療眾病故。 ❸三者，於法生「財利想」，以不失故。 ❹四者，於法生「滅苦想」，(能得)至「涅槃」故。 是為四法。

一－24 第 12 個問題：菩薩修行應該以那四種法來「出離所毀棄的禁戒之罪」？

西晉・竺法護 譯 《持心梵天所問經》	後秦・鳩摩羅什 譯 《思益梵天所問經》	北魏・菩提流支 譯 《勝思惟梵天所問經》
又有四事，曉了所念(所修正	(思益)梵天！(第 12 個問題)菩	(勝思惟)梵天！(第12個問題)諸

念),而不捨「信」。何等四?	薩有四法,善出(離)「毀禁」 (毀棄禁戒)之罪。何等四?	菩薩摩訶薩,畢竟成就四 法,善出(離)「毀禁」(毀棄禁 戒)之罪。何等為四?
❶興「不起忍」(無生法忍)。 ❷超「不滅忍」(無滅法忍)。 ❸忍「緣起」報。 ❹忍「(心)無所住」,亦無「異 心」(之)汲(引)汲(集)之事。 (心已得「無所住」,故已無任何的異 心可「汲引汲集」的相續牽引下去)	❶一者,得「無生法忍」,以 諸法無「來」故。 ❷二者,得「無滅忍」,以諸 法無「去」故。 ❸三者,得「因緣忍」,知諸 法「因緣生」故。 ❹四者,得「(心)無住忍」, (亦)無「異心」(之)「相續」 故。(心已得「無所住」,故已無其 餘的異心會相續的生起作用下去)	❶一者,得「無生忍」,以諸 法「內觀」故。 ❷二者,得「無滅忍」,以諸 法無「去」故。 ❸三者,得「因緣忍」,觀諸 法「因緣」故。 ❹四者,得「(心)無住忍」, (亦)無「新」無「舊」故。(心 已得「無所住」,故已無其餘異心會 發生「新、舊」念頭的相續作用下去)
是為四。	是為四。	是為四法。

《成唯識論》卷6

然「信」差別,略有三種。

一信「實有」。謂於諸法「實事理」中,深信「忍」故。

二信「有德」。謂於三寶「真淨德」中,深信「樂」故。

三信「有能」。謂於一切「世出世善」,深信有力,能得、能成,起希望故。

由斯對治彼「不信心」。

一-25 第 13 個問題:菩薩修行應該以那四種法來「斷諸煩惱」?

西晉·竺法護 譯 《持心梵天所問經》	後秦·鳩摩羅什 譯 《思益梵天所問經》	北魏·菩提流支 譯 《勝思惟梵天所問經》
又有四事,於諸塵勞(煩惱), (能)部分(部集分別)開化(開導度 化)。何謂四?	(思益)梵天!(第 13 個問題)菩 薩有四法,善「(遮)障煩惱」。 何等四?	(勝思惟)梵天!(第 13 個問題)諸 菩薩摩訶薩,畢竟成就四 法,善「斷諸煩惱」。何等為 四?
❶所(憶)念「順(正)議(古通 「義」)」。	❶一者,正憶念(正思惟:正面觀 想)。	❶一者,正觀察(正面觀察:正向 觀想)故。

❷將護(將助衛護)禁戒(守護六根避免造業犯戒)。 ❸曉諸(善)法力。 ❹樂處「燕居」(閒居)。 是為四。	❷二者,(遮)障諸根(遮障會讓六根造業犯戒的煩惱)。 ❸三者,得善法力。 ❹四者,獨處遠離(憒鬧)。 是為四。	❷二者,遠離未來諸障,增長諸「白法」故。 ❸三者,得善法力故。 ❹四者,獨處遠離(憒鬧)故。 是為四法。

一—26 第 14 個問題：菩薩修行應該以那四種法來「善巧入於諸大眾」？

西晉・竺法護 譯 《持心梵天所問經》	後秦・鳩摩羅什 譯 《思益梵天所問經》	北魏・菩提流支 譯 《勝思惟梵天所問經》
(肆)又有四事,所入眾會能行「權便」(權宜方便)。何等四?	(思益)梵天!(第 14 個問題)菩薩有四法,「善入」(善巧入於)諸大眾。何等四?	(勝思惟)梵天!(第14個問題)諸菩薩摩訶薩,畢竟成就四法,「善往」(善巧入於)諸大眾。何等為四?
❶志樂法議(古通「義」),不求他短(缺)。 ❷而行恭敬,無有憍慢。 ❸求索善德,不為己「施」(施展表顯)。 ❹所造「德本」(功德善本),(皆只為)勸施(勸教施恩於)他人。 是為四。	❶一者,求法,不求(自己是最殊)勝。 ❷二者,恭敬,心無「憍慢」。 ❸三者,惟求法利(法義之利),不自「顯現」(顯明展現)。 ❹四者,教人善法,(但)不求(自我之)名利。 是為四。	❶一者,求法,不求(自己是最殊)勝故。 ❷二者,恭敬,心無「憍慢」故。 ❸三者,惟求於法(法義之利),不自「顯現」(顯明展現)故。 ❹四者,教人善法,(但)不求(自我之)名利故。 是為四法。

一—27 第 15 個問題：菩薩修行應該以那四種法來「開演闡揚諸法施」？

西晉・竺法護 譯 《持心梵天所問經》	後秦・鳩摩羅什 譯 《思益梵天所問經》	北魏・菩提流支 譯 《勝思惟梵天所問經》
又有四事,恢闡(恢揚闡發)法	(思益)梵天!(第 15 個問題)菩	(勝思惟)梵天!(第15 個問題)諸

施，流演(流通暢演)剖判(剖析論判)。何等四？	薩有四法，善開(開演闡揚)「法施」。何等四？	菩薩摩訶薩，畢竟成就四法，善開(開演闡揚)「法施」。何等為四？
❶將護(將助衛護)正法。	❶一者，守護(守衛護祐)於法。	❶一者，守護(守衛護祐)法故。
❷化己(度化自己)及彼(人)，使(他)入智慧。	❷二者，自益(自我助益)智慧，亦(助)益他人(得智慧)。	❷二者，自益(自我助益)智慧，亦(助)益他人(得智慧)故。
❸修「正士」(菩薩；求正道之大士)業。	❸三者，行「善人」(菩薩道之)法。	❸三者，行「善人」(菩薩道之)法故。
❹示現「塵勞、瞋恨」之(根)結。是為四。	❹四者，示人「垢、淨」。是為四。	❹四者，示人「垢、淨」故。是為四法。

一－28 第 16 個問題：菩薩修行應該以那四種法來「獲得前因後果業力，與獲得不失功德善根」？

西晉·竺法護 譯《持心梵天所問經》	後秦·鳩摩羅什 譯《思益梵天所問經》	北魏·菩提流支 譯《勝思惟梵天所問經》
又有四事，知「報應」(果報相應)力，(知)失「德本」(功德善本)者。何等四？	(思益)梵天！(第 16 個問題)菩薩有四法，得「先因」(先前因果；前因後果)力，(能得)不失「善根」。何等四？	(勝思惟)梵天！(第 16 個問題)諸菩薩摩訶薩，畢竟成就四法，得「先因」(先前因果；前因後果)力，(能得)不失「善根」。何等為四？
❶終不見他人瑕闕(瑕疵過闕)。	❶一者，(若)見他人闕(闕短過失)，(但)不以為過(瑕疵過錯)。	❶一者，於他(人之)闕失(闕短過失)，(但)不見其過(瑕疵過錯)故。
❷奉行「慈心」，攝(受度化)諸「瞋怒」(者)。	❷二者，於(好)瞋怒(之)人，常修「慈心」。	❷二者，於(好)瞋怒(之)人，常修「慈心」故。
❸顯揚「報應」(果報相應)。	❸三者，常說諸法「因緣」。	❸三者，常說諸法「因緣」故。
❹於諸(佛)法事，常念「道心」(菩提道心)。是為四。	❹四者，常念「菩提」。是為四。	❹四者，常念「菩提」故。是為四法。

《敦博本》與《敦煌本》對校版原文	《宗寶本》六祖壇經原文
若真修道人，不見世間過(不去看世間人的過失)。若見世間「非」(如果看見「自己所認定」的世間人的過失)，自「非」(自己的是非判斷)卻是左(偏頗)。	若真修道人，不見世間過(不去看世間人的過失)。若見他人「非」(如果看見「自己所認定」的他人的過失)，自「非」(自己的是非判斷)卻是左(偏頗)。
「他非」我不罪，「我非」自有罪。 (別人有「是非過失」，但這並非是我的罪過。如果是我犯的「是非過失」的話，我自己當然有罪業) 但自去「非心」，打破煩惱碎。 (只要我自己能除去「是非過失」的「執著心」，那就可以打碎破除煩惱的障礙了)	他非我不非，「我非」自有過。 (別人有「是非過失」，但這並非是我的罪過。如果是我犯的「是非過失」的話，我自己當然有罪業) 但自卻「非心」，打除煩惱破。 (只要我自己能除去「是非過失」的「執著心」，那就可以打碎破除煩惱的障礙了)
	「憎、愛」不關心，長伸兩腳臥。 (只要「憎恨、貪愛」這倆件事都與我無關、不關我的心，我就可以穩伸兩腳而自在的臥著)

一－29 第 17 個問題：菩薩修行應該以那四種法來達到「不需由他人教導而獲得無生之慧，亦能自我修行而至六波羅蜜」？

西晉・竺法護 譯 《持心梵天所問經》	後秦・鳩摩羅什 譯 《思益梵天所問經》	北魏・菩提流支 譯 《勝思惟梵天所問經》
㈡又有四事，曉於眾生「不起之慧」(無所從生之慧;不從他人所生之慧;無生之慧)，六度無極(pāramitā 波羅蜜)。何等四？	㈡(思益)梵天！(第 17 個問題)菩薩有四法，「不由他教」(不需由他人教導下之「無生」之慧)，而能自行(自我修行而至)六波羅蜜。何等四？	㈡(勝思惟)梵天！(第 17 個問題)諸菩薩摩訶薩，畢竟成就四法，「不由他教」(不需由他人教導下之「無生」之慧)，而能自行(自我修行而至)六波羅蜜。何等為四？
❶則以布施，如為羅(羅;類)黨。(以布施法去教導眾生，如同與自己同類一般) ❷幷化(度)他人。 ❸曉了四恩(《大乘本生心地觀	❶一者，以「施」(教)導人。 ❷二者，不說他人「毀禁」(毀棄禁戒)之罪。(屬持戒) ❸三者，善知攝法(攝受一切的	❶一者，以「施」(教)導人故。 ❷二者，不說他人「毀禁」(毀棄禁戒)之罪故。(屬持戒) ❸三者，善知攝法(攝受一切的

經》云:「世、出」世間「有恩」之處……有其四種:一「父母恩」。二「眾生恩」。三「國王恩」(即國家之恩)。四「三寶」恩」。如是四恩,一切眾生平等荷負),**化於眾生。** ❹**好喜深法,順於經典。是為四。**	佛法),**教化眾生。**(含忍辱、禪定) ❹**四者,解達深法。**(屬智慧)**是為四。**	佛法),**教化眾生故。**(含忍辱、禪定) ❹**四者,達解深法故。**(屬智慧)**是為四法。**

一—30 第 18 個問題:菩薩修行應該以那四種法來「返轉暫捨禪定,而還生欲界去度化眾生」?

西晉・竺法護 譯 《持心梵天所問經》	後秦・鳩摩羅什 譯 《思益梵天所問經》	北魏・菩提流支 譯 《勝思惟梵天所問經》
又有四事,(能)**暢達**(順暢通達)**「方便」,**(至欲界度眾生),(而仍能)**存於「禪定」。何等四?**	(思益)**梵天!**(第 18 個問題)**菩薩有四法,能「轉捨」**(返轉暫捨)**禪定**(而)**還生「欲界」**(度化眾生)**。何等四?**	(勝思惟)**梵天!**(第 18 個問題)**諸菩薩摩訶薩,畢竟成就四法,能「轉捨」**(返轉暫捨)**禪定**(而)**還生「欲界」**(度化眾生)**。何等為四?**
❶**分別**(眾生之)**心事**(心力諸事),(皆由)**罪福所趣。**(亦即以慈悲心去觀察眾生善惡罪福事) ❷**勤力德本**(功德善本)**。** ❸**不捨眾生。** ❹**修行「權、慧」**(權宜方便、般若智慧)**。**(還生「欲界」度眾生亦是菩薩權宜之方便) **是為四。**	❶**一者,其心柔軟**(慈柔和軟)**。** ❷**二者,得諸**(善)**根力。** ❸**三者,不捨一切眾生。** ❹**四者,善修「智慧、方便」之力。** **是為四。**	❶**一者,其心柔軟**(慈柔和軟)**故。** ❷**二者,得諸善根力故。** ❹**三者,善修「智慧、方便」力故。** ❸**四者,不捨一切諸眾生故。** **是為四法。**

菩薩修習「定根」者,常行「禪定」,不依「禪定」,不貪「禪定」。善知「入、住、起」禪定,而於禪定「無所依止」

西晉・竺法護 譯	後秦・鳩摩羅什 譯

《持人菩薩經》	《持世經》
⑤何謂菩薩逮「定意根」，云何曉了斯「定意根」？	⑤持世！何謂菩薩摩訶薩能得「定根」？能得「定根方便」？
⑥若有菩薩，以行「禪思」，一心不虛，行賢聖業「禪心」無所著，以無逸禪，善攝「定意」(禪定)，明解正等，曉了「定意」(禪定)，無顛倒禪觀「定意」(禪定)門，以暢不亂，入于寂志，從「三昧」起，不復「定意」(禪定)，亦無「正受」，以能慕樂，志立道業。	⑥菩薩摩訶薩於聖地中， ❶常行「禪定」，不依「禪定」，不貪「禪定」，善取「禪定相」。 ❷善得「禪定方便」，解「善生禪定」，亦能行「無緣禪定」，悉知「諸禪定門」。 ❸善知「入」禪定，善知「住」禪定，善知「起」禪定，而於禪定「無所依止」。 ❹善知所緣相，善知「緣」真相，亦不貪受「禪味」。
⑦而以「禪思」，因用自娛，不須仰人，「禪思」正受，不隨「禪教」，以逮威德，「定意」(禪定)一心。不貪利養，行不憒鬧。	⑦於諸定中「自在遊戲」而不隨他，亦不隨「禪」生。於諸定中，得「自在力」，於諸定中，不以為難，不以為少，隨意所欲。
⑧以最威德，逮「定意根」，所度無極。	⑧是人得如是「增上禪定」故，名得「定根」，得「定根方便」。

無方便攝受妙慧，貪著禪味，是名菩薩「繫縛」
有方便攝受妙慧，亦無貪著，是名菩薩「解脫」

三國吳・支謙譯《維摩詰經》	姚秦・鳩摩羅什譯《維摩詰所說經》	姚秦・鳩摩羅什譯《維摩詰所說大乘經》	唐・玄奘譯《説無垢稱經》
⑤ 何謂「縛」(繫)？ 何謂「解」(脫)？	⑤ 何謂「縛」(繫)？ 何謂「解」(脫)？	⑤ 何謂「縛」(繫)？ 何謂「解」(脫)？	⑤妙吉祥！ 何等名為「菩薩繫縛」？ 何等名為「菩薩解脫」？
⑥菩薩「禪定」以縛諸我，以「道」縛(繫)我。	⑥貪著「禪味」，是菩薩「縛」(繫)。	⑥貪著「禪味」，是菩薩「縛」(繫)。	⑥又若諸菩薩「味著」所修「靜慮解脫」等持(samādhi 三昧)等至(samāpatti

			三摩鉢地)。是則名為「菩薩繫縛」。
參 縛者菩薩以「善權」(方便)生，五道解(解脫)彼受。	參 以「方便」生，是菩薩「解」(脫)。	參 以「方便」生，是菩薩「解」(脫)。	參 若諸菩薩以「巧方便」攝諸有生(攝受諸眾生)；無所「貪著」，是則名為菩薩「解脫」。
肆 菩薩，「無權執」(無方便)智縛(繫)。	肆 又，「無方便」慧縛(繫)。	肆 無方便，貪著禪味，是菩薩「縛」(繫)。	肆 若「無方便」善攝「妙慧」，是名「繫縛」。
伍 「行權執」(有方便)智解(脫)。	伍 「有方便」慧解(脫)。	伍 有方便，深入禪定，是菩薩「解」(脫)。	伍 若「有方便」善攝妙慧，是名「解脫」。
陸 「智」不執「權」(方便)縛(繫)。		陸 無方便生，是菩薩「縛」(繫)。	
柒 「智」而執「權」(方便)解(脫)。		柒 有方便生，是菩薩「解」(脫)。	
		捌 又，「無方便」慧縛(繫)。	
		玖 「有方便」慧解(脫)。	
	拾 「無慧」方便縛(繫)。「有慧」方便解(脫)。	拾 「無慧」方便縛(繫)。「有慧」方便解(脫)。	

《佛說如來不思議祕密大乘經》卷18〈勇力菩薩先行品 21〉

(1)雖觀「身心」離著，而以「妙智」說法「無厭」。

(2)雖離「憒鬧」，而從「禪定」所生，「不著」禪味。

(3)雖復覺了甚深之法，而以「妙智」，隨諸眾生種種行，轉善說法要。

《佛說除蓋障菩薩所問經》卷4

(1)云何是「不著」禪相？謂若菩薩雖入「滅定」，亦不樂著「寂滅」，即能俱時發起「慈心」……「慈心」起已，「悲、喜、捨」心，亦悉如前，遠離「怨、親、違、順」等境，

運心廣大，周遍十方，起「悲、喜、捨」無量之行，普遍觀察悉作解脫。

(2)菩薩如是即能起「五神通」，亦不以自足，「不著」禪相，而復進求上法，圓滿菩提勝行，是為菩薩「不著」禪相。

(3)復次，善男子！菩薩若修十種法者，即得「禪定具足」。何等為十？

一者、廣集福德。二者、多生厭患。三者、發起精進。四者、具於多聞。五者、無顛倒教授，勤行修習。六者、隨正法行。七者、根性明利。八者、具純善心。九者、善了止觀。十者、「不著」禪相。

《佛說除蓋障菩薩所問經》卷7

何等是菩薩「十八不共法」？所謂一者、菩薩無著布施。二者、無著持戒。三者、無著忍辱。四者、無著精進。五者無著「禪定」。六者、無著智慧。

七者、以四攝法攝諸有情。八者、善了諸迴向法。九者、善巧方便成諸有情增上所行。十者、開示「上乘出離」之道。十一者、於「大乘法」而不退轉。十二者、表示「生死」及「涅槃」門。

十三者、於諸典章，不減文句。十四者、所作行中，「智」為先導。十五者、於諸生中，離眾「過失」。十六者、於身口意，具十善業。

十七者、「堪忍」諸苦，不捨一切有情。十八者、一切世間所可愛樂，皆悉顯示，普遍一切世間「愚夫」及「聲聞、緣覺」。善以眾寶，及劫樹莊嚴堅固，一切智心，永不忘失。得一切法，依法灌頂。常所樂求，見佛法僧。是為菩薩十八不共法。

《月燈三昧經》卷1

復有十法：一、親近「善人」。二、與之同事。三、聽受其「教」。四、遠離「惡人」。五、「修禪」起通。六、「不著」禪味。七、遊戲神通。八、得於世智。九、遠離施設假名。十、不厭「有為」。

《月燈三昧經》卷10

云何名遠離「惡人」？所謂遠離「取我、懈怠」故。

云何名「修禪」發通？所謂離於「欲刺」、不捨「禪喜」故。

云何名「不著」禪味？所謂欲出「三界」故。

《成實論》卷9〈貪過品 124〉

若貪「禪定」，則生「上界」(指色界、無色界)。

《大乘無生方便門》卷1

貪著「禪味」，墮「二乘」。

一一31 第 19 個問題：菩薩修行應該以那四種法來達到「佛法之不退轉位」？

西晉・竺法護 譯《持心梵天所問經》	後秦・鳩摩羅什 譯《思益梵天所問經》	北魏・菩提流支 譯《勝思惟梵天所問經》
又有四事，於諸佛法而「不退轉」。何等四？	(思益)梵天！(第 19 個問題)菩薩有四法，於諸佛法得「不退轉」。何等四？	(勝思惟)梵天！(第19個問題)諸菩薩摩訶薩，畢竟成就四法，於諸佛法得「不退轉」。何等為四？
❶(能)將護(將助衛護)無量「生死」之(煩惱與憂)患。 ❷(能)供養奉侍無數諸佛。 ❸而常遵修(遵循而修)無限「慈心」。 ❹曉了無際「諸佛之慧」。是為四。	❶一者，(能)受無量生死。 (其實此人已達「不退轉」境) ❷二者，(能)供養無量諸佛。 ❸三者，(能)修行無量慈心。 ❹四者，(能)信解無量佛慧。是為四。	❶一者，(能)堪受無量生死故。(其實此人已達「不退轉」境) ❷二者，(能)供養無量諸佛故。 ❸三者，(能)修行無量大慈故。 ❹四者，(能)修行無量大悲故。是為四法。

一一32 第 20 個問題：菩薩修行應該以那四種法來達到「不會斷滅成佛之種性，期望眾生皆成佛」？

西晉・竺法護 譯《持心梵天所問經》	後秦・鳩摩羅什 譯《思益梵天所問經》	北魏・菩提流支 譯《勝思惟梵天所問經》
壹又有四事，未曾「違疑」(違背懷疑)諸佛(之)言教(言語教導➡期望眾生皆成佛，皆發成佛之大心)。何等四？	壹(思益)梵天！(第 20 個問題)菩薩有四法，不斷「佛種」(不會斷滅成佛之種性)。何等四？	壹(勝思惟)梵天！(第20個問題)諸菩薩摩訶薩，畢竟成就四法，不斷「佛種」(不會斷滅成佛之種性)，如實修行。何等為四？
❶不(銷)釋「本慧」。(例如追求要到「西方作佛」的智慧與心願)	❶一者，不退「本願」。(例如追求要到「西方作佛」的本願)	❶一者，不退「本願」故。(例如追求要到「西方作佛」的本願)

❷「言、行」相應。 ❸(能)捐棄「重貪」。(「無貪」即是精進根) ❹若(有)建立(興建立願)者，(則)處於「本性」(所具成佛之種性)。 是為四。	❷二者，言必施行(實施而修行)。 ❸三者，大欲「精進」。 ❹四者，深心行於佛道(成佛之道)。 是為菩薩有四法(能)「不斷佛種」(不會斷滅成佛之種性)。	❷二者，如實修行故。 ❸三者，於諸善法，大欲「精進」故。 ❹四者，深心行於佛道(成佛之道)故。 (勝思惟)梵天！諸菩薩摩訶薩，畢竟成就如是四法，(能)「不斷佛種」(的)如實修行。
(貳)世尊發遣(發聲遣辭)說「四事」時，(時有)二江河沙諸天子等，皆發「無上正真道意」，(有)五千人得「不起法忍」。	(貳)(佛陀)說是「諸四法」時，(有)二萬二千天及人，皆發「阿耨多羅三藐三菩提」心，(有)五千人得「無生法忍」。	(貳)(佛陀)說如是等「諸四法」時，(有)二萬二千諸天及人，皆發「阿耨多羅三藐三菩提」心，(有)五千菩薩得「無生法忍」。
(參)此諸菩薩，各從無數佛國來會者，(皆)供養世尊，(時)三千大千世界皆悉周遍，(天)華(堆疊)至于膝。	(參)(當時從)十方諸來(之)菩薩，(皆)供養於佛，(其)所散「天花」，周遍(於)三千大千世界，(天華堆疊)積至于膝。	(參)(當時從)十方世界諸來(之)菩薩，(皆)供養於佛，(其)所散天華，周遍(於)三千大千世界，(天華堆疊)積至于膝。

《大方廣三戒經・卷二》

迦葉！應當發起大「精進根」，發大莊嚴，降伏百千萬億諸魔，令其畢竟不起諍訟。
云何起「精進根」？
(1)「無欲」是「精進根」。
(2)「頭陀功德」是「精進根」。
(3)「無貪」是「精進根」。
(4)「無癡、無瞋」是「精進根」。
(5)「無嫉」是「精進根」。
(6)「離欲」是「精進根」。
(7)「獨無伴侶」是「精進根」。
(8)「離於睡眠」是「精進根」。

(9)於一切時，不起一切「諸惡之心」是「精進根」。

(10)於一切時，不起「欲心」是「精進根」。

(11)不起「疑心」，起「大精進」，離「一切疑」。

《大方等大集經·卷九》

善男子！彼佛復告堅固莊嚴：善男子！

(1)勤精進者，「寂靜」其心，心若「寂靜」，即是「精進」。

(2)若壞「貪身」，即是「精進」。

(3)若知「身、意」，即是「精進」。

(4)斷「我、我所」，即是「精進」。

(5)斷諸「繫縛」，即是「精進」。

(6)障煩惱盡，即是「精進」。

(7)若能遠離一切障礙，即是「精進」。

(8)若能除却「十種憍慢」，即是「精進」。

(9)能壞「貪、恚」，即是「精進」。

(10)若能遠離「無明、有、愛」，即是「精進」。

(11)若不放逸者，修於「善法」，即是「精進」。

(12)若能真實觀「內、外、入」，即是「精進」。

(13)若真實知「陰、界、諸入」，即是「精進」。

(14)「心寂靜」者，即是「精進」。

(15)破壞「疑心」，即是「精進」。

(16)若於三世不分別者，即是「精進」。

(17)若觀法界「不動轉」者，即是「精進」。

(18)若不漏者，即是「精進」。

(19)若不害者，即是「精進」。

(20)若不生悔，即是「精進」。

(21)若不求者，即是「精進」。

(22)若不滅者，即是「精進」。

(23)若不作者，即是「精進」。

(24)若「無增減」，即是「精進」。

(25)無上無下，即是「精進」。

(26)不捨不著，即是「精進」。

(27)不縛不解，即是「精進」。

(28)不去不來，即是「精進」。

(29)不生不滅，即是「精進」。

(30)非有放逸非不放逸，即是「精進」。

(31)無作作者，即是「精進」。

(32)無闇無明，即是「精進」。

(33)非見非不見，即是「精進」。

一－33 無我、無人、無法、不生、不滅，方為「正問」

西晉・竺法護 譯 《持心梵天所問經》	後秦・鳩摩羅什 譯 《思益梵天所問經》	北魏・菩提流支 譯 《勝思惟梵天所問經》
《分別法言品・第三》	《分別品・第三》	
	(契丹本藏經作「菩薩正問品・第三」)	
壹於是明網菩薩，謂持心梵天曰：(持心)仁者乃「問順」妙尊議(古通「義」)，曉了菩薩方便之趣，佛分別說：何謂菩薩有所問事，而應順(應當順理；正問)議(古通「義」)？	壹爾時網明菩薩問思益梵天言：佛說：(思益)汝於「正問」菩薩中為最第一，何謂菩薩所問為「正問」耶？	壹爾時網明童子菩薩問勝思惟大梵天言：梵天！佛說(勝思惟)汝於一切「正問」諸菩薩中為最第一，云何菩薩所問為「正問」耶？
貳持心答曰： (1) ❶(平)等於「吾我」，而問事者，為順議(古通「義」)問。 ❷(平)等問「他人」，行之所操，為應順也。	貳(思益)梵天言：網明！ (1) ❶❷若菩薩以「彼、我」問，名為「邪問」。	貳(勝思惟)梵天言：網明， (1) ❶若菩薩「見我」故問，名為「邪問」；非為「正問」。 ❷「見他」故問，名為「邪問」；非為「正問」。
❸(平)等問「法像」，為應順也。	❸分別法問，名為「邪問」。	❸「分別法」問，名為「邪問」；非為「正問」。
(2) 又明網！ ❶不計「吾」等， ❷不計「他」等， ❸不計「法」等， 是為「應順」(應當順理；正問)也。	(2) 若❷無「彼、❶我」問，名為正問； ❸「不分別法」問，名為「正問」。	(2) 網明！若菩薩 ❶「無我」見問。 ❷「無他」見問。 ❸「無法」見問。 名為「正問」，非為「邪問」。

(參) ⑴ ❶其問「起生」。 ❷其問「滅盡」。 ❸若問「處所」，為(古通「偽」)「應順」(應當順理)也。 ⑵設有問者 ❶法「無所起」， ❷及與「(無)滅盡」， ❸「(無)處所」之行，為「應順」(應當順理；正問)也。	(參) ⑴網明！ ❶以「生」故問，名為「邪問」。 ❷以「滅」故問，名為「邪問」。 ❸以「住」故問，名為「邪問」。 ⑵若 ❶不以「生」故問、 ❷不以「滅」故問、 ❸不以「住」故問，名為「正問」。	(參) ⑴復次網明！ ❶若菩薩以「生」故問，名為「邪問」。 ❷以「滅」故問，名為「邪問」。 ❸以「是處、非處」故問，名為「邪問」。 ⑵網明！若菩薩 ❶不以「生」故問、 ❷不以「滅」故問、 ❸不以「是處、非處」故問，名為「正問」。

一－34 於正法位中，不作「垢、淨、生、死、涅槃」問者，方名為「正問」

西晉・竺法護 譯 《持心梵天所問經》	後秦・鳩摩羅什 譯 《思益梵天所問經》	北魏・菩提流支 譯 《勝思惟梵天所問經》
(壹)若問他人： ⑴「塵勞」之欲。 ⑵若有問「諍顛倒」，為(古通「偽」)應順也。 ⑶其問「生死」。 ⑷問「度生死」。 (若)問於「無為」，為(古通「偽」)應順也。 (貳)其	(壹)又，網明！若菩薩 ⑴為「垢」故問，名為「邪問」。 ⑵為「淨」故問，名為「邪問」。 ⑶為「生死」故問，名為「邪問」。 ⑷為「出生死」故問，名為「邪」。 (若)問為「涅槃」故問，名為「邪問」。 (貳)若	(壹)復次網明！若菩薩 ⑴為「染」故問，名為「邪問」。 ⑵為「淨」故問，名為「邪問」。 ⑶為「生死」故問，名為「邪問」。 ⑷為「出生死」故問，名為「邪」。 (若)問為「涅槃」故問，名為「邪問」。 (貳)網明！若菩薩

⑴不問「塵勞」， ⑵亦不「顛倒」， ⑶亦不「生死」， ⑷亦不「度生死」， ⑸亦無「泥洹」，為「應順」(應當順理;正問)也。	⑴不為「垢」、 ⑵(不為)「淨」故問， ⑶不為「生死」、 ⑷(不為)「出生死」故問， ⑸不為「涅槃」故問，名為「正問」。	⑴不為「染」、 ⑵(不為)「淨」故問， ⑶不為「生死」、 ⑷(不為)「出生死」故問， ⑸不為「涅槃」故問，名為「正問」。
㊂所以者何？ 察諸法者亦不「寂然」，不除「欲垢、顛倒、生死、無為」，為「應順」也，其問所獲，為「應順」(應當順理;正問)也。	㊂所以者何？ 法位中「無垢、無淨、無生無死、無涅槃」。	㊂何以故？ 於法位中「無染、無淨、無生死、無涅槃」故。
㊃設復有問： ⑶有所「造證」(造行修證)，若有「約時」(abhisamaya 約於一時即獲現證)， ⑵有所「除斷」， ⑷若有「所行」，為(古通「偽」)應順也。	㊃又，網明！ 若菩薩 ⑴為「見」故問、 ⑵為「斷」故問、 ⑶為「證」故問、 ⑷為「修」故問、 ⑸為「得」故問、 ⑹為「果」故問，名為「邪問」。	㊃復次網明！ 若菩薩 ⑸為「得」故問，非為「正問」； ⑹為「取」故問，非為「正問」； ⑶為「證」故問，非為「正問」； 為「分別」故問，非為「正問」； 為「知」故問，非為「正問」； 為「依止」故問，非為「正問」； ⑷為「修」故問，非為「正問」； ⑴為「修見」故問，非為「正問」。
㊄若有 ⑶不問所「得」受「證」， (不為)「眾想」之念，不以「約時」(abhisamaya 約於一時即獲現證)、	㊄若 ⑴無「見」、 ⑵無「斷」、 ⑶無「證」、	㊄是故網明！以何處 ⑸無「得」、 ⑹無「取」、 ⑶無「證」、 無「分別」、

⑹而無「所著」， ⑵無「斷除想」， ⑴亦無「行見」，為「應順」 (應當順理;正問)也。	⑷無「修」、 ⑸無「得」、 ⑹無「果」故問，名為「正問」。	無「知」、 無「依止」、 ⑷無「修」、 ⑴無「修見」故問，是為「正問」。
㊅為一切故而發是問，心無所著，志不存問，為「應順」(應當順理;正問)也。		

【底下錄自《梵和大辭典》】

救済.
sam-abhy-uddhṛ (ud-Hṛ), ⟶ Hṛ.
sam-abhyunnata 過受分 ⟶ Nam.
sam-abhy-upe (upa-I), ⟶ I.
sam-abhy-e (ā-I), ⟶ I.

sam-aya 男 瞁：一緒に来ること，会合の場所；瞁，
圉：一致，同意，契約，（一・，に関する）取決め，
約束；圉：条約；条件；凰との交際；凰のため
に指定されたまたはに適当な時間；場合，時間，季
節；機会，好機；情況または事情（の一致）；慣習，一
般的なしきたり，ならわし，慣行，規則；法令，教
え，戒しめ，教養；（言葉の）普通の意味または使用範
囲；宗 約 *Divy*，時，候，劫 *Abh-vy*., *Aṣṭ-pr*.,
Laṅk., *Mvyut*., *Raṣṭr*., *Ratna-ut*., *Vajr*., *Saddh-*
p.；宗，本文，自宗義 *Cat-ś*., *Mvyut*.；重写 三
昧 三摩耶 *Guhy-s*.: anyatra～e 余時 *Prāt-m*.
4–6: apareṇa～ena 爾時 *Divy*. 33; tena～
ena 其会，爾時 *Mvyut*. 253; tena khalu punaḥ
～ena 彼時 *Mvyut*. 244. ～ṃ Kṛ, (圉 ± saha)
と協定または契約をする. ～ṃ Grah または prati-Pad,
条件を受け入れる，協定に達する. ～ṃ Tyaj, BHid
または BHraṃś 約束に違背する. ～ṃ Dā 条件を
申し出る，合意を提議する. ～ṃ ni-Viś 使役 または
Sthā 使役 条件を設定する. ～ṃ Brū, Vac または
abhi-DHā, 条件を述べる，約束する. ～ṃ pālaya
または Rakṣ, 約束を順守する，協定を守る. ～ṃ
mithaḥ saṃ-Vah, 相互に約束する. ～ṃ vilaṅgh-
aya, 約束を破る，協定を破る. ～ṃ saṃ-Vad, 協
定をなす. ～ena 圉 合意にしたがって；条件付き
で: tena ～ena, この合意の結果. ～āt 圀 (また ～
tas, ある)協定にしたがって；条件付きで；～BHraṃś,
協定から退く (＝協定を破る). ～e 圂 (また一)定
められたまたは適切な時間に，その時が到来して；
(一)…のまさにその時に，その機会に: iha～ こ
の場合，そのような情況の下で. ～Sthā, 約束または
言明を守る. ～Sthāpaya, (圉, ある人)に関して決
定する；協定する. ～ni-Veśaya, (圉)に条件を課
する.

---

abhisaṃdhi-

abhisaṃdhi-vacana 电 懸証 密說，密意說．約……
故有此言 *Abh-vy*. 199., 545.
abhi-Sap, ⟶ Sap.
abhi-samaya 男 (完全に傍らに来ること). 約定 一
致；明晰なる認識；洞察，理解，實感，明解，把握，通
達 (*Divy*.); 懸証 觀，現觀，現解；通達；證，所證．
現證 *Divy*., *Lal-v*., *Aṣṭ-pr*., *Gaṇḍ-vy*., *Suv-pr*.,
Daś-bh., *Laṅk*., *Abh-vy*., *Bodh-bh*., *Mvyut*.; 得
Sūtr.; 智慧 *Daś-bh*.
abhisamayântika 形 懸証 所起，得證，所得 現觀
邊 *Laṅk*., *Mvyut*.: ～ṃ kuśala-mūlam 現觀邊
善根 *Mvyut*.
abhisamaya-prāpti 女 懸証 證法，得證 *Laṅk*.
abhisamayâlaṃkāra 男 [佛典の名] (現觀莊嚴)
(*Prajñ-vy*. 5.).

西晉・竺法護 譯《持心梵天所問經》	後秦・鳩摩羅什 譯《思益梵天所問經》	北魏・菩提流支 譯《勝思惟梵天所問經》
壹 (持心梵天曰)其有而問	壹 (思益梵天曰)又，網明！	壹 (梵天勝思惟曰)復次網明，若菩薩
(1)斯「眾德善」(應指「非善非惡」者)，為「如應順」(如應順理；	(1)是「善」、是「不善」，名為「邪問」。(凡是二分法、有相對	(1)是「善法」、是「不善法」。

正問)。斯「不善德」(應指「有善有惡」者)，為「不如應」(不如應順；邪問)。 (2)斯為「俗事」(世間法)，斯為「度世」(出世間法)。 (3)斯為「罪事」，斯「無罪業」。 (4)斯為「諸漏」(有漏法與無漏法)。 (5)斯「為所有」(有為法)，斯「無所有」(無為法)。	待的都是「邪問」；反之，就是「正問」) (2)是「世間法」、是「出世間法」。 (3)是「罪法」、是「無罪法」。 (4)是「有漏法」、是「無漏法」。 (5)是「有為法」、是「無為法」。	(2)是「有漏法」、是「無漏法」。 (3)是「有罪法」、是「無罪法」。 (4)是「有為法」、是「無為法」。 (5)是「世間法」、是「出世間法」。
貳 (1)其有作是二事問者，計此一切，為「不應順」(不如應順；邪問)也， (2)其「不二」事、不見「二問」，為「應順」(應當順理；正問)也。	貳 (1)如是等二法，隨所依而問者，名為「邪問」。 (2)若不見「二」、不見「不二」問，名為「正問」。	貳 (1)網明！如是等二法，隨所依而問者，名為「邪問」。 (2)網明！若菩薩不見「二」、不見「不二」，無相、無相平等行」問，名為「正問」。
參其有 (1)若干(分別多少)視「諸佛」者，為(古通「偽」)如應順。 (2)計(量)「法」若干(分別多少)，為(古通「偽」)如應順。 (3)「聖眾」若干(分別多少)，為(古通「偽」)如應順。 (4)「眾生」若干(分別多少)。 (5)「國土」若干(分別多少)，為(古通「偽」)如應順。 (6)「道乘」若干(分別多少)，「不想」若干，為(古通「偽」)如應順。	參又，網明！若菩薩 (1)分別「佛」問，名為「邪問」。 (2)分別「法」、 (3)分別「僧」、 (4)分別「眾生」、 (5)分別「佛國」、 (6)分別「諸乘」問，名為「邪問」。	參復次網明！若菩薩 (1)分別「佛」問，名為「邪問」。 (2)分別「法」問，名為「邪問」， (3)分別「僧」問，名為「邪問」， (5)分別「佛國土」問，名為「邪問」。 (4)分別「眾生問」，名為「邪問」。 (6)分別「乘問」，名為「邪問」。
肆法無所(專)屬(的不同)、	肆若於法不作「一、異」	肆網明！若菩薩，於法

(亦)無有若干(分別多少)而問「一」議(古通「義」)，為「如應順」(如應順理;正問)。	問者，名為「正問」。	不作「一、異」問者，名為「正問」。

一－36 若於諸法性中「無分別心」，則一切法名為正。若有「心分別者」，則一切法名為邪

西晉・竺法護 譯《持心梵天所問經》	後秦・鳩摩羅什 譯《思益梵天所問經》	北魏・菩提流支 譯《勝思惟梵天所問經》
(壹)(持心梵天問明網曰:)一切法「如應」(如應順正;正)，一切法「無應」(無如應順正;邪)。	(壹)(思益梵天曰:)又網明！一切法「正」？一切法「邪」？	(壹)(勝思惟梵天曰:)復次網明：一切法「正」？一切法「邪」？
(貳)(明網)又問(持心)梵天：何謂一切諸法「如為應順」(如應順正;正)，一切諸法為「不應順」(不如應順正;邪)？	(貳)網明言：(思益)梵天！何謂一切法「正」？一切法「邪」？	(貳)網明菩薩言：(勝思惟)梵天！云何一切法「正」？云何一切法「邪」？
(參) (1)(持心)答曰：(無)能「分別」者，一切諸法，諸法「如應」(如應順理;正問)。 (2)假使(於)「心法」(中)，其心(刻意去作種種的)精進(精細求進分別)，彼「不應順」(不如應順理;邪問)。	(參) (1)(思益)梵天言：於諸法性「無心」(無以心去作分別;無可思無可議)故，一切法名為「正」。 (2)若於「無心」(無以心去作分別;無可思無可議)法中，(刻意)以心(去作)「分別觀」者，(則)一切法(皆)名為「邪」。	(參) (1)(勝思惟)梵天言：網明！諸法「不可思議」(無可思量與議論)故，一切法名為「正」。 (2)若(於)「不可思議」(法中)而(刻意去作)「思議」(思量與議論)者，(則)一切法(皆)名為「邪」。
(肆) (1)計一切法，諸法相「寂」，(皆)空無所有，為「應順」(如應順理;正)也。 (2)其(有)不欣樂「寂然法」者，(此即是)為(古通「偏」)應順也。	(肆) (1)一切法「離相」，名為「正」。 (2)若不(能)信解，(及通)達(諸法)是「離相」(離一切相者)，(此)是即「分別」諸法。	(肆) (1)一切法「寂靜」，名為「正思惟」。 (2)若不(能)信解(諸法)是「寂靜」者，(此)是即「分別」諸法。

| ⑶此專精(於分別)業所當造者,斯在「憍慢」(增上慢),斯有所作,如斯(分別之)行者,亦復「如應」(如與之相應為邪)。 | ⑶若「分別」諸法,則入「增上慢」,隨所「分別」,皆名為「邪」。 | ⑶若「分別」諸法,則入「增上慢」,若入「增上慢」,隨所「分別」,皆名「邪問」。 |

一―37 諸法「離自性、離欲際」,是名「正性」。諸佛不得真實存有之「生死」、亦不得真實存有之「涅槃」

西晉·竺法護 譯《持心梵天所問經》	後秦·鳩摩羅什 譯《思益梵天所問經》	北魏·菩提流支 譯《勝思惟梵天所問經》
㊀(明網菩薩)又問(持心):何謂諸法有所「觀察」?	㊀網明言:何謂為諸法「正性」?	㊀網明菩薩言:(思益)梵天!云何名為諸法「正性」?
㊁(持心)答曰:(諸法之)己性(乃)「寂然」,(與)「離欲」之際,(是)為「觀諸法」。	㊁(思益)梵天言:諸法「離自性、離欲際」,是名「正性」。	㊁(勝思惟)梵天言:網明!諸法「離自性、離欲際」,是名「正性」。
㊂(明網)又問(持心)梵天:少有是類,(解)了「不應」者。	㊂網明言:少有能解如是「正性」。	㊂網明菩薩言:(勝思惟)梵天!少有眾生能解如是諸法「正性」。
㊃(雖)不離於「欲」,而(亦能)「順道」議(古通「義」)。	㊃(思益)梵天言:是正性「不一、不多」。	㊃(勝思惟)梵天言:是法正性「不一、不多」。
㊄(持心)答曰:明網!多「族姓子、族姓女」,(雖)不離「欲際」,而(仍能)「順如應道」議(古通「義」)之法,令「已入」者,甫「當入」者,則於其人,不入智法。亦無「所得」,亦無「有人」,亦無「當入」。	㊄網明!若有善男子、善女人,能如是知諸法「正性」,若「已知」、若「今知」、若「當知」,是人無有法「已得」、無有法「今得」、無有法「當得」。 (無已得、無今得、無當得) (無過去、無現在、無未來)	㊄網明!若有善男子、善女人,能如是知諸法「正性」,若「已知」,若「今知」,若「當知」,是人無有法「已得」、無有法「今得」、無有法「當得」。 (無已得、無今得、無當得) (無過去、無現在、無未來)

㊍所以者何？ 大哀（大慈哀愍）世尊，不有云乎？	㊍所以者何？ 佛說「無得、無分別」，名為「所作已辦」相。	㊍何以故？ 佛說「無得、無分別」，名為「所作已辦」相。
㊎其聞於佛所說法者，若行「精進」，便當如說而「奉行」之。	㊎若人聞是諸法「正性」，勤行「精進」，是名「如說修行」。	㊎網明！若有善男子、善女人，得聞如是諸法「正性」，勤行「精進」，是名「如實修行」。
㊏（彼人已）終不復歸於（決定不移的）「土地」（境土階地）處，所有所獲致，其不歸（於任何之）「趣」，（故彼人將）無復（住執於）「生死」，（亦）不至（住執於）「泥洹」。	㊏（彼人則已）不從「一（階）地」至「一（階）地」；若不從「一（階）地」至「一（階）地」；（則）是人（已）不在「生死」、不在「涅槃」。（此指已能迅速的「跳脫」生死與涅槃，故不需從一階地至另一階地的修行）	㊏彼人「不戲」諸法，若「不戲」諸法，彼人無有「法得」，若無有法（可）得，彼人（已）不住（執於）「世間」，（亦）不住（執於）「涅槃」。
㊐所以者何？世尊所了（脫之法乃）無有（真實可得之）「生死」、亦無（真實可得之）「泥洹」。	㊐所以者何？諸佛不得（真實存有之）「生死」、（亦）不得（真實存有之）「涅槃」。	㊐何以故？諸佛不得（真實存有之）「生死」、（亦）不得（真實存有之）「涅槃」故。

一－38 諸法平等，無有真實可得之「往來、出生死、入涅槃」

西晉・竺法護 譯 《持心梵天所問經》	後秦・鳩摩羅什 譯 《思益梵天所問經》	北魏・菩提流支 譯 《勝思惟梵天所問經》
㊀（明網菩薩）又問（持心）梵天：佛者，不度（化）「生死」業，而（專為此）「說法」乎？	㊀網明言：佛不為「度生死」故（而）「說法」耶？	㊀網明菩薩言：（勝思惟）梵天！如來可不為度（化）「生死」故（而）說法耶？
㊁（持心）答曰：世尊寧復自說：吾（有真實得）度「生死」乎？	㊁（思益）梵天言：佛所示（之）法，有（真實）度「生死」耶？	㊁（思益）梵天言：佛所示法，有（真實得）度「生死」耶？
㊂（明網）答曰：不也。	㊂網明言：無也。	㊂（網明）答言：無也。如來不令眾生（住執於）「離於世間」（法），亦不令眾生（住執於）

		「得於涅槃」(法)。
(肆)(持心梵天言：)	(肆)(思益)梵天言：	(肆)(勝思惟)梵天言：
(1)故族姓子，佛世尊者，(乃)不捨「生死」，(亦)不求「泥洹」。	(1)以是因緣當知，佛不令眾生(住執於)「出生死」(與)「入涅槃」。	(1)善男子！以是因緣，當知如來，不令眾生(住執於)「出於生死」(與)「入於涅槃」。
(2)設有(真實存在之)「生死、泥洹」之(妄)想，則(佛亦)不度(此)二(相)。彼(究竟)無「生死」(可得)，(故)何所度者；(而)不得「泥洹」？	(2)但(只)為度(化具有)「妄想分別」(於)「生死、涅槃」二相(之執著)者耳！此中實無(有法能)度(於)「生死」，(而得)至「涅槃」者，	(2)但(只)為化度「妄想分別」(於)「生死、涅槃」二相(之執著)者耳，此中實無(有法能)出於「生死」，(而得)至「涅槃」者。
(3)所以者何？不等(不平等)「生死」(而得)至「泥洹」乎？(難道從「斷生死」而「得涅槃」這倆件事是「不平等」的嗎)	(3)所以者何？	(3)何以故？
(4)(持心)梵天答曰：亦不(真實存在之)「生死」，亦無(真實可得之)「泥洹」也。	(4)諸法(皆)平等，無有(真實可得之)「往來」、(亦)無(真實可得之)「出生死」、(亦)無(真實可得之)「入涅槃」。	(4)諸法(皆)平等，實無有人(真實得)「往來生死」，亦無有人(真實得)「入於涅槃」，(諸法皆)「無染、無淨」故。

一－39 如來雖說有生死之現象，實無有人真實「往來生死」；如來雖說有涅槃之果位，實無有人真實「獲得滅度」者

西晉·竺法護 譯《持心梵天所問經》	後秦·鳩摩羅什 譯《思益梵天所問經》	北魏·菩提流支 譯《勝思惟梵天所問經》
(壹)於是世尊，讚持心梵天曰：善哉！善哉！(持心)梵天，欲有所說，當作斯說，乃為是說。	(壹)爾時世尊讚思益梵天言：善哉！善哉！說諸法「正性」，應如汝所說。	(壹)爾時世尊讚勝思惟大梵天言：善哉！善哉！(勝思惟)梵天！善哉！(勝思惟)梵天！若有欲說諸法「正性」，應當如汝之所說也。
(貳)(持心梵天)說是應順語時，二千比丘(獲)「漏盡」意解。	(貳)(思益梵天)說是法時，二千比丘不受(繫縛於)諸法(而獲)「漏盡」，心得解脫。	(貳)(勝思惟梵天)說是法時，二千比丘不受(繫縛於)諸法(而獲)「漏盡」，心得解脫。

（參）（佛言：）	（參）	（參）
(1)（持心）梵天！不復得於「生死」，亦無（得於）「泥洹」。 (2)如來說言，（雖）示有「生死」（之現象），（實）無（真實之）周旋（周復旋回的輪迴相）者；亦無（真實之）「滅度」，亦無「所憂」，亦不見人（真實獲得）有「滅度」者。 (3)設使（持心）梵天入此（般若）「議」（古通「義」）者，則於其人（已獲證）無「生死法」、（亦獲證）無「泥洹法」。	(1)佛告（思益）梵天：我不得（真實存有之）「生死」，（亦）不得（真實存有之）「涅槃」。 (2)如來雖說（有）「生死」（之現象），實無有人（真實的）「往來生死」；（如來）雖說（有）「涅槃」（之果位），實無有人（真實的獲）得「滅度」者。 (3)若有入此（般若）法門者，是人（已獲證）非「生死相」、（亦獲證）非「滅度相」。 （非生死、非涅槃，已獲證「般若空性、大般涅槃法」，已不從一階至一階的修行模式）	(1)如來復告（勝思惟）大梵天言：梵天！我不得「生死」，（亦）不得「涅槃」。 (2)何以故？如來雖說（有）「生死」（之現象），實無有人（真實的）「往來生死」；（如來）雖說（有）「涅槃」（之果位），實無有人（真實的獲）得「涅槃」者。 (3)若有得入如此（般若）法門，當知是人（已獲證）非「生死相」、（亦獲證）非「涅槃相」。

若復見「生死」是真實可得之「無常」，或又見「涅槃」是真實可得之「常」，皆是「邪見」。唯有「非斷、非常」，是名「正見」

劉宋・求那跋陀羅譯 《勝鬘師子吼一乘大方便方廣經》	唐・菩提流志譯 《大寶積經・卷第一百一十九・勝鬘夫人會第四十八》
（若）見諸行（是真實可得的）「無常」，（此亦）是「斷」見，非「正見」。（若又）見「涅槃」（是真實可得之）常，（此亦）是「常」見，非「正見」。	世尊！若復有見「生死」（是真實可得之）無常，（或又見）「涅槃」是（真實可得之）常。（唯有）非「斷、常」見，是名「正見」。

《大方廣圓覺修多羅了義經》

(1)於中百千萬億不可說「阿僧祇」恒河沙諸佛世界，猶如「空花」（虛空之花）亂起、亂滅，不即、不離，無縛、無脫；（故）始知眾生「本來成佛」（本來即具有「成就佛道的種性」），「生死、涅槃」猶如「昨夢」（昨夜之夢）。

(2)善男子！如「昨夢」（昨夜之夢）故，當知「生死」及與「涅槃」（乃）「無起、無滅、無來、無去」，（故）其「所證者」（是）「無得、無失、無取、無捨」，其「能證者」（亦是）「無任、無止、無作、無滅」，（故）於此證中「無能、無所」，畢竟「無證」（無「能證」），亦「無證」（無「所證」）者，一切法性（皆）「平等、不壞」。

一 − 40 涅槃名為除滅「諸相」，遠離一切「動、念、戲論」。若於諸法「寂滅相」中追求「真實存有」之「涅槃」者，此人即為「增上慢者」

西晉・竺法護 譯《持心梵天所問經》	後秦・鳩摩羅什 譯《思益梵天所問經》	北魏・菩提流支 譯《勝思惟梵天所問經》
⓵於是眾會，五百比丘，即從坐起，私竊(私下竊議)而去(喻打算離去)，而說此言：吾等見中，淨修「梵行」，心自念言：當(可獲)得「滅度」(之法)！而(佛竟言)無有人(能真實獲)得「滅度」者，(如此吾等則)空復志求，(如何續)學斯道乎？安成(如何能成就)「慧」耶？	⓵爾時會中五百比丘從坐而起(打算離去)，作是言：我等空修(空勞白修)「梵行」，今實見有「滅度」(之法)者，而(佛竟)言無有(真實存有之)「滅度」，(那)我等(又)何用「修道」？(何用再道)求「智慧」為？	⓵爾時會中五百比丘，即從坐起(喻打算離去)，而作是言：若無「世間」、無「涅槃」者，我等便為空修(空勞白修)「梵行」，(那我等)為何義故？(而)修行「正道」、諸禪三昧、三摩跋提(samāpatti等至；正受；正定現前。遠離惛沈、掉舉而使身心達於平等安和之境)？
⓶於是明網菩薩，前白佛言：唯然世尊，假使(有人)欲令法起「生」(見)者，則於其人，佛(亦)不興出(世)，(因)彼(人永)不(能)超度「生死」之難也。(《華嚴經》云：邪見之罪，亦令眾生墮三惡道；若生人中，得二種果報，一者、生邪見家；二者、其心諂曲)。	⓶爾時網明菩薩白佛言：世尊！若有(人)於法(起)「生」見(者)，則於其人，佛(亦)不出世。(因為就算佛陀出世救他，亦無救也，因為破戒可救，破見不可救，是也。《廣百論本》云：寧毀犯尸羅，不損壞正見。尸羅生善趣，正見得涅槃。《大乘本生心地觀經》云：雖毀禁戒，不壞正見)	⓶爾時網明菩薩法王子白佛言：世尊！若有(人)於法而起「生」見、(或)起「滅」見者。世尊！彼人(則永)不(能越)過「生死」，則於其人，佛(亦)不出世。(《佛藏經》云：十不善中邪見罪重。何以故？世尊！邪見者，垢常著心，心不清淨)
⓷(1)天中天！(彼人乃)求見(真實存有之)「泥洹」故。	⓷(1)世尊！若有決定見(真實存有)「涅槃」者，是人(永)不(能越)度「生死」。	⓷(1)世尊！若有決定見(真實存有)「涅槃」者，彼人亦不(能越)度「生死」，亦不(能)得(無相之)「涅槃」。
(2)唯天中天！所謂「泥洹」(者)，(乃)蠲除一切「眾想之念」，亦不(有任何的)汲(引)汲(集)，於「諸通慧」(諸通達的一切智慧中)為「殊	(2)所以者何？「涅槃」名為「除滅諸相」，遠離一切「動、念」(與)「戲論」。	(2)何以故？世尊言：涅槃者，名為「除滅諸相」，遠離一切「動」、一切「我想」、一切「發」、一切「戲」故。

異(殊特相異)也。若(有)所(言語)釋(義)，是等比丘即為「自欺」也。		
肆天中天！(五百比丘)於「正法律」(中)而行出家，(竟然)墮「外(道)邪見」，而以志(求真實存在的)「泥洹」之處。譬如(從)麻(一定能生出)油、(從)酪酥(一定能生出)醍醐。 (眾因緣生法，我說即是空。亦爲是假名，亦是中道義。未曾有一法，不從因緣生。是故一切法，無不是空者)	肆世尊！是諸(五百)比丘，於佛「正法」(中)出家，而今(竟然)墮於「外道邪見」，(竟然)見「涅槃」(中追求真實存在的)「決定」相。譬如從「麻」(一定能生)出「油」、從「酪」(一定能生)出「酥」。	肆世尊！是諸(五百)比丘，已於如來「正法」(中)出家，而今(竟然)墮在「外道邪見」，(竟)於「涅槃樂」中求(有真實存在的)「決定」相。譬如從「麻」(一定能生)出「油」，從「酪」(一定能生)出「酥」。 (眾因緣生法，我說即是空。亦爲是假名，亦是中道義。未曾有一法，不從因緣生。是故一切法，無不是空者)
伍然即(已)「滅盡」諸法，世尊(乃)永悉「滅度」，其(既已)永「滅度」，吾(人)則(竟)謂之(有真實存有之涅槃)，(此)爲「甚慢」(甚大憍慢)矣。	伍世尊！若人於諸法(寂)「滅相」中(追)求(真實存有之)「涅槃」者，我說是輩，皆爲「增上慢人」。	伍世尊！若人於諸法「寂滅相」中(追)求(真實存在之)「涅槃」者，我說是輩，爲「增上慢」(之)邪見外道。
陸唯天中天！其修行者則「無所修」，逮平等者，終不造立所「起」之法，及與「滅盡」，亦無有「求」，欲得法者、亦無「平等」。	陸世尊！「正行道」者，於法不作(真實之)「生」、不作(真實之)「滅」、無「得」、(亦)無「果」。	陸世尊！「正行道」者，於「寂滅法」(中)不作(真實之)「生」相、不作(真實之)「滅」相，無「得」、(亦)無「果」。

《大佛頂如來密因 修證了義諸菩薩萬 行首楞嚴經》卷1

《楞嚴經》原經文	《楞嚴經》白話翻譯
阿難言：如來現今「徵心」(徵問真心)所在，而我以心「推窮」(推測窮究)尋逐(尋求追逐)，即「能推者」(能推測尋求)，我將(我將以能推測、尋求、攀緣者)爲「心」。	阿難回答說：如來現今要徵問我的「真心」在哪裡，那我就用這個「心」去推測窮究，仔細尋求追逐。我認為這個「能推究、能尋求、能攀緣」的心就是我的「真心」了。

佛言：咄_{ㄉㄨ}(呵ㄈ 叱ㄔ 聲)！**阿難**！此非汝「心」。	此時如來說：大聲喝斥一下！<u>阿難</u>！這個「能推究、能尋求、能攀緣」的心，並非是你的「真心」啊！
<u>阿難</u>瞿_{ㄐㄩ} 然(驚懼貌)！避座合掌，起立白佛：此非我心，當名何等？	<u>阿難</u>被佛喝斥否定後，非常驚懼，立刻起座合掌而對如來說：這個「能推究、能尋求、能攀緣」的心，不是我的「真心」的話，那什麼才是我的「真心」呢？
佛告<u>阿難</u>：此是前塵(現前的塵境)「虛妄相想」，惑(迷惑)汝「真性」。	如來告訴<u>阿難</u>說：這個「能推究、能尋求、能攀緣」的心是現前的「塵境」，於你心海中所投射出來的「虛妄影相」，令你產生分別妄想，此「分別妄想心」惑亂了你的「真心本性」。
由汝無始，至于今生，認「賊」為子，失汝「元常」(本元的常住真心)，故受輪轉(輪迴流轉於六道中)。	這是你從無始以來，至於今生，生生世世都將「六識妄心」之「賊」誤認為是「真心」之「子」，因而暫時迷失了元本的「常住真心」，故輪迴流轉於六道中。
<u>阿難</u>白佛言：世尊！我佛(我是佛陀)寵弟(寵愛之堂弟)，「心」愛(內心喜愛)佛(佛三十二莊嚴相)故，令我出家。	<u>阿難</u>對如來說：世尊！我是佛陀最寵愛之堂弟，我當初「內心」貪愛佛的三十二莊嚴相，才令我想要隨佛出家。
我「心」何獨供養如來(釋迦如來)，乃至遍歷恆沙國土，承事(欽承奉事)諸佛及善知識，發大勇猛，行諸一切難行法事，皆用此「心」；縱令謗法(即使曾生起惡心，去毀謗佛法)，永退善	而我這顆「心」不只想供養如來您一人而已，乃至遍歷如<u>恆河</u>沙數之諸佛國土，我都想要親自「欽承奉事」諸佛如來，以及諸善知識，甚至發起大勇猛、大精進，遍修一切最艱難的法事。這

根，亦因此「心」。	一切都是由我這顆「真心」才能做得到；即使生起「惡心」去毀謗佛法，導致永遠退失善根，也是由於這顆「真心」。
若此發明(勇猛精進求道的發心與謗法退善根的惡心)不是「心」者，我乃「無心」(完全沒有心的一種斷滅)同諸土木？	如果「勇猛精進求道的發心」與「謗法退善根的惡心」，這些種種的「發露顯明」都不是我的「真心」的話；那我就成為完全沒有心的一種「斷滅」，與泥土草木一樣？
離此「覺知」(能覺能知的心)，更無所有(實在是找不出還有什麼別的心可得)，云何如來說此「非心」？	如果我離棄這個「能覺了、能知見的真心」，那我就什麼也沒有了！我實在是找不出還有什麼「別的心」可得了。為何如來竟然說這些都不是我的「真心」呢？
我實驚怖(驚疑與恐怖)！兼此大眾無不疑惑(狐疑迷惑)，唯垂大悲開示(開導示誨)未悟(未曾了悟者)。	我實在感到非常的驚疑與恐怖極了(其實有「驚怖」就是「有心」啊！只是未證解悟「真心」而已)！在場眾人應該與我一樣感到狐疑迷惑，唯願如來能垂施大悲，「開導示誨」我等這些「未悟」之人。

西晉‧竺法護譯《正法華經》	後秦‧鳩摩羅什譯《妙法蓮華經》	隋‧闍那崛多、達磨笈多共譯《添品妙法蓮華經》
⑤于時世尊見舍利弗三反(次)勸助(勸發獎助)，而告之曰：爾今慇懃所啓至三，安得不說？諦聽諦聽！善思念之！吾當解說(以上指釋迦佛準備開講此《法華經》)。	⑤爾時世尊告舍利弗：汝已慇懃三請，豈得不說？汝今諦聽，善思念之，吾當為汝分別解說(以上指釋迦佛準備開講此《法華經》)。	⑤爾時世尊告舍利弗：汝已慇懃三請，豈得不說？汝今諦聽，善思念之，吾當為汝分別解說(以上指釋迦佛準備開講此《法華經》)。

㈡世尊適發此言,「比丘、比丘尼、清信士、清信女」五千人等,至懷甚慢,即從坐起,稽首佛足,捨眾而退。所以者何? ❶慢無「巧便」(靈巧方便)。 ❷未得想得。 ❸未成謂成。 收「屏(屏障之物)、蓋藏(儲藏物)、衣服、臥具」,摩(撫摸)何至(「荷」的古字→扛;以肩承物)而去。世尊默然,亦不制止。	㈡說此語時,會中有「比丘、比丘尼、優婆塞、優婆夷」五千人等,即從座起,禮佛而退。所以者何? 此輩: ❶罪根深重。 ❷及增上慢。 ❸未得謂得。 ❹未證謂證。 有如此(過)失,是以「不住」(退席而不住法筵)。世尊默然而不制止。	㈡說此語時,會中有「比丘、比丘尼、優婆塞、優婆夷」五千人等,即從座起,禮佛而退。所以者何? 此輩: ❶罪根深重。 ❷及增上慢。 ❸未得謂得。 ❹未證謂證。 有如此(過)失,是以「不住」(退席而不住法筵)。世尊默然而不制止。
㈢又舍利弗!眾會辟≥易(退避;避開)有竊去者,離廣大誼(古同「義」),(爲)聲味(聽聞法義上的聲音之味)所拘。又舍利弗!斯甚「慢」者,退亦佳矣。	㈢爾時佛告舍利弗:我今此眾,無復「枝葉」(喻罪根深重等四類型眾,如「枝葉」離去),純有「貞實」(喻純有「樹幹」之大乘根器者乃「貞固堅實」)。舍利弗!如是增上慢人(指五千眾人),退亦佳矣。	㈢爾時佛告舍利弗:我今此眾,無復「枝葉」(喻罪根深重等四類型眾,離去如「枝葉」),純有「貞實」(喻純有「樹身」乃貞固堅實)。舍利弗!如是增上慢人(指五千眾人),退亦佳矣。
	㈣汝今善聽,當為汝說。舍利弗言:唯然,世尊!願樂欲聞。	㈣汝今善聽,當為汝說。舍利弗言:唯然,世尊!願樂欲聞。

摩何➔辛嶋靜志《正法華經詞典》頁 294 解作:indifferently,unconcernedly。指「冷漠,漫不經心地」。

一—41 涅槃者,但有「假名」之稱,涅槃者,仍不可真實得取

西晉·竺法護 譯 《持心梵天所問經》	後秦·鳩摩羅什 譯 《思益梵天所問經》	北魏·菩提流支 譯 《勝思惟梵天所問經》
㈠於是明網菩薩,謂持心梵天:(持心)梵天說此,五百比丘聞所說法,即從坐起,私竊(私下竊議)亡去(喻	㈠網明謂(思益)梵天言:是五百比丘,從坐起者(打算離去),汝當為作「方便」,引導其(五百比丘之)心入此(般	㈠爾時網明菩薩法王子問勝思惟大梵天言:是五百比丘,從此眾座而起去者(打算離去),云何而為作諸

第一欄（左）

打算亡走離去），知斯(五百比丘)等類，(其)意之所趣，何不入「法」？其有(能令五百比丘得)「信、樂」，若(與)以「度脫」(度化解脫)於諸「(邪)見網」。(認爲有眞實可得之生死與涅槃，都是邪見)

㈡

⑴持心答曰：「族姓子」(善男子→五百比丘)，汝(就算)往遊，至江河沙等諸佛國土，(經)劫數求索，(亦)不能得(出)離如是「像法」(像虛空一樣的般若大法)，亦無有(能)脫(離「般若虛空」之法)。

⑵譬如癡子，畏於「虛空」，而(奔)馳迸走(迸散逃走)，(但此癡人)在所至(之)趣，(皆)不能離「空」(啊)。

㈢此(五百)比丘等，亦復如是，
⑴正使(到)達行(至)不可稱限(之處)，(諸法之)「空相」(仍然像虛空一樣)自然(的在你的頭上)。
⑵「無想」之相，亦復(像虛空一樣)自然(的在你的頭上)。
⑶「無願」之相，亦復(像虛空一樣)自然(的在你的頭上)。

㈣
⑴猶如復有「第二士夫」，(欲)求(索)於「虛空」，(此人於)八方上下，欲得於(虛

第二欄（中）

若)法門，令(五百比丘能)得「信、解」，(始能遠)離諸「邪見」！(認爲有眞實可得之生死與涅槃，都是邪見)

㈡

⑴(思益)梵天言：善男子(五百比丘)！縱使令去(離去)，至(於)恒河沙劫(之諸佛國土遠的距離)，(亦)不能得出(離)如此(般若虛空)「法門」。

⑵譬如癡人，畏於「虛空」，(於是想)捨(棄虛)空而走，(但此癡人)在所至處，(皆)不離「虛空」(啊)。

㈢此諸(五百)比丘，亦復如是，
⑴雖復(離開)遠去，(亦)不(能)出(離)空相(空法之相)。
⑵(永)不(能)出(離)「無相」之相。
⑶(永)不(能)出(離)「無作」之相。

㈣
⑴又如一人，(欲)求索「虛空」，東西馳走(而)言：我欲得(虛)空！我欲得(虛

第三欄（右）

「方便」，引導其(五百比丘之)心，(而)入此(般若)法門，令(五百比丘)得「信、解」，(始能遠)離「惡邪見」。(認爲有眞實可得之生死與涅槃，都是邪見)

㈡

⑴(勝思惟)梵天言：善男子(五百比丘)！縱令使去(離去)，至(於)恒河沙諸佛國土，(亦)不能得出(離)如此(般若虛空)法門。

⑵譬如癡人，畏於「虛空」，(於是想)捨(棄虛)空而走，(但此癡人)在所至處，(皆)不離「虛空」(啊)。

㈢此諸(五百)比丘，亦復如是，
⑴雖復(離開)遠去，(亦)不(能)出(離)空相(空法之相)。
⑵(永)不(能)出(離)「無相」相。
⑶(永)不(能)出(離)「無願」相。

㈣
⑴又譬如人，(欲)求索「虛空」，東西馳走，言：我欲得(虛)空！我欲得(虛

空，心自念言：我欲得(虛)空！我欲得(虛)空！ (2)(此人)所欲遊至(之處)，(皆)口自說(虛)空，而不知(虛)空(就在自己的頭上而已)。(此人之)言(語)與其身(體)，(終日)行於(虛)空中，而(竟)不(見虛)空(啊)。 (終日追求虛空，竟忘了我們離不開虛空，虛空就在你頭上，抬頭即是，舉頭即是虛空！我們永遠活在虛空中而不知)	空！ (2)是人但說「虛空」名字、而不得「空」，(此人)於(虛)空中(而)行，而(竟)不見(虛)空(相啊)。 (終日追求涅槃，竟忘了我們離不開涅槃，涅槃就在你頭上，抬頭即是，舉頭即是涅槃！我們永遠活在涅槃中而不知) (終日追求如來藏，竟忘了我們離不開如來藏，如來藏就在你頭上，抬頭即是，舉頭即是如來藏！我們永遠活在如來藏中而不知)	空！ (2)(此癡人)於(虛)空中(而)行，而(竟)不見(虛)空(相啊)。 (終日追求佛性，竟忘了我們離不開佛性，佛性就在你頭上，抬頭即是，舉頭即是佛性！我們永遠活在佛性中而不知)
(五)如是「族姓子」(善男子)，斯諸(五百)比丘，(欲追)求於「滅度」，(故四處向外追求)行於「泥洹」而(索)求「滅度」，(終)不解(其)所入。	(五)此諸(五百)比丘，亦復如是，欲(追)求涅槃，(而四處向外追求)行(於)涅槃中，而(終)不得「涅槃」。	(五)此諸(五百)比丘，亦復如是，欲(追)求涅槃，(而四處向外追求)行(於)涅槃中，而(終)不得「涅槃」。
(陸)所以者何？所謂言(語)曰「得滅度」者，但(為)「假號」(之)耳。	(陸)所以者何？涅槃者，但有(假)「名字」。	(陸)何以故？言涅槃者，但有(假)「名字」。
(柒)(涅槃)猶如「虛空」，若有(有人能)行空(行於虛空)，經遊(於)虛空，(其)所言亦「空」。	(柒)(涅槃)猶如「虛空」，但有(假)「名字」，(故)不可「得取」。	(柒)猶如「虛空」，但有(假)「名字」，(故)不可「得取」。
(捌)其(所謂)「泥洹」者，(亦)「假託」(之)言耳。	(捌)「涅槃」亦復如是，但有(其假)「名字」，而(終)不可(真實去護)得。	(捌)「涅槃」亦爾，但有(其假)「名字」，而(終)不可(真實去獲)得。

《大佛頂如來密因 修證了義諸菩薩萬 行首 楞嚴經》卷1

《楞嚴經》原經文	《楞嚴經》白話翻譯
佛告阿難：一切眾生從無始來種	如來對阿難說：一切眾生從無始劫以

種顛倒，業種（業力的種子）自然（自然感召生死的果報），如「惡叉」(akṣa 線貫珠)聚（相聚爲因，互爲因果）。

來，迷真執妄，於自心中生種種顛倒妄想，因「起惑造作」業力種子，自然感召生死果報，此「惑、業、苦」三者如「線貫珠」般的相聚為因、互為因果。

諸修行人不能得成「無上菩提」，乃至別成（各別而成就）聲聞、緣覺，及成（及至於錯修而成）外道諸天魔王，及魔眷屬。

甚至諸位修行人，因以「生滅心」為本修因，故不能證得無上菩提，乃至偏離「一佛乘」，只能造就像「聲聞、緣覺」那樣的修行人，及因「錯亂修行」而成為諸天外道，乃至成為魔王及魔王的眷屬。

皆由不知「二種根本」，錯亂（錯謬狂亂）修習。猶如煮「沙」欲成嘉饌（嘉膳美饌），縱經塵劫（塵沙劫數），終不能得。

這都是因為不知道「二種根本修行」而「錯謬狂亂」的修行，就像煮食「河沙」欲成為「嘉膳美饌」一樣，既使經歷無數的「塵沙劫數」時間，也終究不能證得最高的菩提果位。

云何二種？阿難！

是那二種根本修行呢？阿難！

一者：無始「生死根本」（→妄心）。則汝今者，與諸眾生用「攀緣心」（第六意識妄想攀緣心）為自性者。

第一種是：無始以來的「妄心」生死根本，即你今天現前當下與眾人都錯用「第六意識妄想攀緣心」，並將之誤認為是自己的「真心自性」。這就是第一種「生死」的根本。

二者：無始「菩提涅槃」（→真心），元（本來）清淨體。則汝今者，「識精（第八識的精明之體）元明（元本之妙明真心）」能生諸緣（第八識能緣現「見分」與「相分」），緣所

第二種是：你無始以來的「真心」菩提涅槃，元本即為「清瑩潔淨」之體，亦則是汝（你）與眾人今天現前當下的「阿賴耶識」精明之體。此「阿賴耶識」與

遺者●(「第八識」能攀緣「前七識」所遺留下來的種子業力→後文《楞嚴經·卷五》云「自心取自心，非幻成幻法」即是此理)	元本之如來藏「妙明真心」乃不即不離，由於眾生迷於如來藏「妙明真心」便轉為「識精」的阿賴耶識。「阿賴耶識」能緣現生出「見分」與「相分」等諸多「緣識」(即指前七識)，亦能攀緣「前七識」所遺留下來的種子業力。這就是第二種「菩提」的根本。
由諸眾生遺此「本明」(本具之妙明真心)，**雖終日「行」**(終日皆以此第八識而產生六根的作用)**而不自覺，枉入**(冤枉趣入)**諸趣**(六道輪迴)●	由於所有的眾生都暫時遺忘了這個本具的「妙明真心」，雖然吾人終日皆依此「阿賴耶識」(即前文說的「識精」)而「食、衣、住、行」(終日皆以此第八識而產生六根的作用)，然而卻不覺悟自己所擁有的這個「妙明真心」，因此於無量劫中便冤枉趣入無窮盡的六道輪迴生死諸苦。

唐末五代·永明 延壽《宗鏡錄·卷九十七》

(1)王又問曰：何者是「佛」？

(2)<u>波羅提</u>曰：「見性」是「佛」！

(3)王曰：師見性不？

(4)<u>波羅提</u>曰：我見「佛性」！

(5)王曰：性在何處？

(6)<u>波羅提</u>曰：性在「作用」。

(7)王曰：是何作用？今不覩見。

(8)<u>波羅提</u>曰：今現作用，王自不識！

(9)王曰：師既所見，云有作用？當於我處，而有之不？

(10)<u>波羅提</u>曰：王若「作用」，現前總是；王若「不用」，體亦難見。

(11)王曰：若當用之，幾處出現？

(12)師曰：若出「用」時，當有其八。卓立「雲端」，以偈告曰：

　　❶在「胎」曰「身」。

　　❷「處世」名「人」。

　　❸在「眼」曰「見」。

❹在「耳」曰「聞」。

❺在「鼻」辯「氣」。

❻在「口」談「論」。

❼在「手」執「捉」。

❽在「腳」運「奔」。

(13)遍現，(則)俱該「法界」(指「識」能「遍現」而「周遍法界」，即《楞嚴經》云「周遍法界」之理)。

收攝，(則)不出微塵(指「識」亦能「收攝」於一「微塵」間)。

(14)識者，知是「佛性」(若能認識這個道理，則「識」的八個作用即是「佛性」的「作用」也)。

不識者，喚作「精魂」(若不能認識這個道理，則「識」的八個作用只能叫作一種「精魂」的作用而已)。

唐・般若譯《大乘理趣六波羅蜜多經・卷第十》

睡眠與昏醉，行住及坐臥，作業及「士用」(puruṣakāra-phala士夫果、功用果➡謂由「士夫之作用」所得之果，「士」謂「士夫」，指人。「用」謂「作用」，指造作，此謂人使用工具所造作之各類事情，故稱爲「士用果」))，皆依「藏識」(阿賴耶識)起。

唐・地婆訶羅(日照)譯《大乘顯識經・卷上》

(1)「識」亦如是，無質無形，因「受、想」(而)顯。「識」在於身，如「闇之體」，視不可見，不可執持……

(2)眾生「來去、屈伸、視瞬、語笑、談說、擔運、負重」，作諸事業，「識」相具顯。

《大寶積經・卷第一百一十》

所有色者，「眼、耳、鼻、舌」及「色」等諸「受」，或苦、或樂意等，所有諸色者，是名為「識」(所生起之作用也)。

《大寶積經・卷第一百一十》

身之「諸大、諸入、諸陰」，彼皆是「識」。諸有色體，「眼、耳、鼻、舌」及「身」、「色、聲、香、味、觸」等，并無色體，受苦樂心，皆亦是「識」(所生起之作用也)。

《大寶積經・卷第一百一十》

(1)大藥白佛言：云何為「識」作用？

(2)佛言：大藥！「受、覺、想、行、思、憂、苦惱」，此為「識」之作用。

一－42 能遠離一切「動、念、我想、戲論」，此即名為「諸佛

出 世」，亦名為真實「涅槃」之定義也

西晉·竺法護 譯《持心梵天所問經》	後秦·鳩摩羅什 譯《思益梵天所問經》	北魏·菩提流支 譯《勝思惟梵天所問經》
⑤於是五百比丘，聞說是語，「漏盡」意解，逮得「神通」。	⑤爾時五百比丘，聞說是法，不受(繫縛於)諸法(而獲)漏盡，心得解脫，得「阿羅漢道」。	⑤爾時五百比丘，聞說是已，不受(繫縛於)諸法(而獲)漏盡，心得解脫，得「神通」已。
⑥(五百比丘)各歎頌(讚歎歌頌)曰：唯然世尊！一切諸法，(本來)皆悉「滅度」，假使有人(特意去追)求「滅度」者，則於其人，佛(亦)不興(出)世。	⑥(五百比丘)作是言：世尊！若人於諸法「畢竟滅相」中，(而去追)求「涅槃」者，則於其人，佛(亦)不出世。	⑥(五百比丘)而作是言：世尊！若人乃於「諸法畢竟寂滅相」中，(而去追)求「涅槃」者，則於其人，佛(亦)不出世。
⑦我等(五百比丘)大聖，(已)非為「凡夫」，亦無所「學」，亦無「不學」。(吾等已)不(住執於)「生死」、(亦)不(住執於)「泥洹」，(亦)無(住執於)「滅度」法。	⑦世尊！我等(五百比丘)今者，(已)非凡夫，(亦)非「學」、(亦)非「無學」。(吾等已)不(住執)在「生死」、(亦)不(住執)在「涅槃」。	⑦世尊！我等(五百比丘)今者，(已)非凡夫，(亦)非「學」、(亦)非「無學」、(亦)非「阿羅漢」。(吾等已)不(住執)在「世間」，(亦)不(住執)在「涅槃」。
⑧所以者何？又「諸通慧」(諸通達的一切智)，我等已(遠)離所有「道慧」，(此即名為)興諸佛法。(以上亦名為真實「涅槃」之義也)	⑧所以者何？佛「出世」故，名為遠離一切「動、念、戲論」。(以上亦名為真實「涅槃」之義也)	⑧何以故？以離一切「動」、一切「我想」、一切「發」、一切「戲」故，名為「諸佛出世」。(以上亦名為真實「涅槃」之義也)
	《華嚴經·十地品》云：入第八地，入不動地，名為深行菩薩，一切世間所不能測，離一切相，離一切想、一切貪著。	《不退轉法輪經·除想品》云：離一切想，能住菩提如來之道。

一一43 若能得證涅槃是「無作性」，能知見「法性」乃常清淨，則諸比丘已能住於真正「福田」，已能淨化解消大眾之「供養」矣

西晉·竺法護 譯	後秦·鳩摩羅什 譯	北魏·菩提流支 譯

《持心梵天所問經》	《思益梵天所問經》	《勝思惟梵天所問經》
⑴於是尊者舍利弗，謂諸(五百)比丘曰：仁等已得「造立」(締造安立)，(已)入於斯慧，(已)自「獲利」(自獲法利而所作已辦)耶？	⑴爾時長老舍利弗謂諸(五百)比丘：汝今(已)得「正智」，為「己利」(自獲法利而所作已辦)耶？	⑴爾時長老舍利弗，問諸(五百)比丘言：汝等今者，真是沙門，所作「自利」(自獲法利而所作已辦)，皆悉「已辦」耶？
⑵(五百比丘)答曰：吾等已入，(締)造於「塵勞」而「無所作」(之理)。 (煩惱無真實可作之理；罪性本空)	⑵五百比丘言：長老舍利弗！我等今者，得諸「煩惱」，(乃)「不可作」而作(之理)。	⑵諸(五百)比丘言：長老舍利弗，我等今者，得諸「煩惱染」(法)，(乃)「不可作」而作(之理)。
⑶(舍利弗)又問：何故說此？	⑶舍利弗言：何故說此？	⑶舍利弗言：汝(為)諸長老，以何意故，(作)如是說耶？
⑷諸(五百)比丘曰： ⑴唯舍利弗！設斷「塵勞」(煩惱)，便入「欲塵」，(亦)不欲「滅度」(因為已證塵勞之「實相」也)。 ⑵由是之故，吾等說言：已得(證)入矣，(已締)造於「塵勞」而「無所作」(之理)。	⑷諸(五百)比丘言： ⑴(吾等已)知諸「煩惱」(之)實相」(乃「不可作而作」)，故言(吾等已)得諸「煩惱」(之實相也)。 ⑵「涅槃」是「無作性」，我等已證，故說(煩惱亦是)「不可作」而作(之理)。	⑷諸(五百)比丘言： ⑴舍利弗！我等以知諸「煩惱相」，是故說言(已)得諸「煩惱染」(法)，(乃)「不可作」而作(之理)。 ⑵舍利弗！我意在此，故如是說，我已得諸「煩惱染」(法)，(乃)「不可作」而作(之理)。
⑸舍利弗言：善哉！善哉！「族姓子」(善男子)，當諮(古同「咨」)嗟(咨讚嗟美)之，(五百比丘)諸仁所立，(已至)「眾祐」(bhagavat 能為世所尊而被供養者)之地。	⑸舍利弗言：善哉！善哉！汝等(五百比丘)今者，(已)住於「福田」，(已)能消(淨化解消)供養。	⑸舍利弗言：善哉！善哉！汝等(五百比丘)今者，(已)住於「福田」，(已)能消(淨化解消)供養。
⑹諸(五百)比丘曰：唯舍利弗！仁者世尊，亦復是卿(喻稱佛陀)不淨(不能淨化解消)「眾祐」(bhagavat 能為世所尊而被供養者)，何況我等(能得)至	⑹諸(五百)比丘言：大師世尊尚不能消(淨化解消)諸「供養」，何況我等(諸人)？	⑹諸(五百)比丘言：舍利弗！大師世尊猶尚不能消(淨化解消)諸「供養」，何況我等(諸人)能消「供養」？

「清淨」(淨化解消)乎？		
㈦(舍利弗)又問：此言何謂？	㈦舍利弗言：何故說此？	㈦舍利弗言：汝以何故作如是說？
㈧諸(五百)比丘曰：佛知諸法界，本悉「清淨」。	㈧諸(五百)比丘言：世尊(已能)知見「法性」(乃)「性常淨」故。	㈧諸(五百)比丘言：舍利弗！大師 世尊(已能)知見「法性」(乃)「性常淨」故。

一－44 思益梵天與佛陀的問答共有 32 題。不為世法之所「牽絆依戀」、於法「無所取」、不壞「菩提性」、不斷「佛種」者，才能獲入天供養

西晉·竺法護 譯《持心梵天所問經》	後秦·鳩摩羅什 譯《思益梵天所問經》	北魏·菩提流支 譯《勝思惟梵天所問經》
於是持心梵天，白世尊曰：唯然世尊！何謂世之「眾祐」(bhagavat 能爲世所尊而被供養者)？	[思益梵天與佛陀的第 1 個問答]於是思益梵天白佛言：世尊！誰應(堪)受供養(者)？	爾時勝思惟梵天白佛言：世尊！誰是世間應(堪)受供養(者)？
佛告(持心)梵天：不為「世法」之所「迷惑」，不(羞)恥(於)世法(者)。 (《論語·里仁》「子曰：士志於道，而恥惡衣惡食者，未足與議也。」孔子説：一位立志要追求眞理修養道德的人，對於粗衣淡飯會感到恥辱的話，此人已不值得與之議論任何仁道了。同理可知，一位貪圖「世法名利」的虛榮心者，已無法入佛之正道，亦已不堪受人供養了)	佛告(思益)梵天：不為「世法」之所牽(牽絆依戀)者。	佛言：(勝思惟)梵天！不為「世法」之所牽(牽絆依戀)者。
(持心梵天)又問世尊：云何淨(淨化)畢(盡)「眾祐」(bhagavat 能爲世所尊而被供養者)之事乎？	[思益梵天與佛陀的第 2 個問答](思益梵天問：)世尊！(第 2 個問題)誰能消(淨化解消)供養？	勝思惟大梵天言：世尊！誰能消(淨化解消)諸供養？

(佛)答曰：若於諸法「無所受」故。	佛言：於法「無所取」者。	佛言：(勝思惟)梵天！謂於諸法「無所取著」者。
(持心梵天)又問：誰為世間之「福田」乎？	[思益梵天與佛陀的第3個問答] (思益梵天問：)世尊！誰為世間「福田」？	(勝思惟)梵天言：世尊！何者「清淨」，堪為「福田」，能受供養？
(佛)答曰：若有不失「佛道」故。	佛言：不壞「菩提性」者。	佛言：(勝思惟)梵天！謂不壞「菩提心」者。
(持心梵天)又問：何謂眾生之「善友」？	[思益梵天與佛陀的第4個問答] (思益梵天問：)世尊！(第4個問題)誰為眾生「善知識」？	(勝思惟)梵天言：世尊！誰為眾生「善知識」耶？
(佛)答曰：不捨一切「群黎」(眾生)故。	佛言：於一切眾生不捨「慈心」者。	佛言：梵天！謂於一切眾生「不捨慈心」者。
(持心梵天)又問：誰於如來有反復(反哺回復報恩於如來)乎？	[思益梵天與佛陀的第5個問答] (思益梵天問：)世尊！(第5個問題)誰知「報佛恩」？	(勝思惟)梵天言：世尊！誰知「報佛恩」？
(佛)答曰：其不「違疑」(違背懷疑)佛教命(諸佛之言教使命→期望眾生皆成佛，皆發成佛之大心)者。	佛言：不斷佛種者(不會斷滅成佛之種性)。	佛言：(勝思惟)梵天！謂「不斷佛種」(不會斷滅成佛之種性)者。
(持心梵天)又問：何謂奉事如來乎？	[思益梵天與佛陀的第6個問答] (思益梵天問：)世尊！(第6個問題)誰能供養佛？	(勝思惟)梵天言：世尊！云何供養於佛？
(佛)答曰：其曉了解「不起際」(無生際)故。	佛言：能通達「無生際」者。	佛言：(勝思惟)梵天！以通達「無生際」故。
(持心梵天)又問：何謂「親近」如來行乎？	[思益梵天與佛陀的第7個問答] (思益梵天問：)世尊！(第7個問題)誰能「親近」佛？	(勝思惟)梵天言：世尊！誰能「親近」於佛？

(佛)答曰：寧失身命，不毀「禁戒」故(即能親近如來)。	佛言：乃至(將導致)失命因緣，(仍)不毀禁者。	佛言：(勝思惟)梵天！乃至(將導致)失命因緣，(仍)不毀「禁戒」者。
(持心梵天)又問：何謂「恭敬」於如來者乎？	[思益梵天與佛陀的第8個問答] (思益梵天問：)世尊！(第8個問題)誰能「恭敬」於佛？	(勝思惟梵天言：)世尊！誰能「恭敬」於佛？
(佛)答曰：設使行者，將養(護)諸(六)根故。(只要不住色聲香味觸法，就是善養護六根者)	佛言：善覆(祐)六根者。(只要不住色聲香味觸法，就是善覆祐六根者)	佛言：善護六根者。(只要不住色聲香味觸法，就是善護念六根者)
(持心梵天)又問：何謂世間(所具之)「大財富」乎？	[思益梵天與佛陀的第9個問答] (思益梵天問：)世尊！(第9個問題)誰名(真正獲得世間的大)「財富」(者)？	(勝思惟梵天言：)世尊！於「世間」中，誰名(為真正獲得大)「財富」(者)？
(佛)答曰：(能成就)「七寶」(sapta dhana)滿具(圓滿具足)故。 (sapta ratnāni 七種珍寶；七寶)	佛言：(能)成就「七財」(七聖財。①信財：能信受正法②戒財：能持戒律③慚財：能「自我慚羞」而不造諸惡④愧財：能於「外不善法」而生愧咎⑤聞財：能多聞佛典正教⑥施財：能施捨諸物，捨離執著⑦慧財：能修習般若空性智慧)者。	佛言：(能)成就「七財」者。
(持心梵天)又問：何謂於世(間法)知「厭足」(滿足)者乎？	[思益梵天與佛陀的第10個問答] (思益梵天問：)世尊！誰名「知足」？	(勝思惟梵天言：)世尊！誰名「知足」？
(佛)答曰：其已逮得「度世」(越度世間法之)「智慧」故。	佛言：(能)得「出世間」(之)「智慧」者。	佛言：(能)得「出世間」(之最殊勝的)「般若」(智慧)者。

《眾許摩訶帝經・卷十三》

(1)出家之人，當證「涅槃」，可受天上(或)人間(之)「第一供養」。若(有)人(能)「在家」(而心)出家，(乃為)真實「離欲」，亦(能)得天上(或)人間(之)供養。

(2)若是「在家」(卻)妄稱「出家」(妄稱自己己是真正的出家人)，當感「三惡道」報。

【底下錄自《梵和大辭典》】

dhaṭa   628

dhaṭa 男 [dhartra：計量者] 秤の皿；秤による驗証 [神による裁斷の形式].

dhaṭika 男 [または vaṭika]. 漢訳 鐵(?)边，綖边 Mvyut.

dhaṭī 女 腰布，腰巻.

dhattūra 男 datura，朝鮮朝顏 [学名 Dhatura alba，海として用いられる]. 申 Dhatūra の果実；黄金.

DHan, III. 他 dadhanti 運動させる，走らせる. 使役 dhanayati [同上]；反 dhanayate 走る.

dhana 申 [置く：DHā] (過) 勝利者に与える賞，賞品；分捕品；賭金または賭事で勝ち得た額；競争；(因,围) 動産，貨物，財産，富，財宝，貨幣；報酬，施物；—° に満ちていること：[—°, 形] ……を所有した；漢訳 財, 財物, 財宝, 珍宝, 錢財, 珍財, 物, 道物 Abh-vy., Bodh-bh., Gaṇḍ-vy., Lal-v., Laṅk., Mvyut., Rāṣṭr., Sam-r., Sūtr., Suv-pr.；色 Laṅk. : sapta～āni 七財 [1. śraddhā～m 信財, 2. śīla～m 戒財, 3. hrī～m 慚財, 4. apatrāpya～m 愧財, 5. śruta～m 聞財, 6. tyāga～m 捨財, 7. prajñā～m 慧財] Mvyut. ➝ a～, mahā～

dhana-
bh.
dhana-
dhana-
dhana-
dhana-
dhana-
dhana-
った
dhana-
dhana-
dhana-
dhana-
dhana-
dhana-
dhana
者；

一－45 無貪著者，方為真正快樂之人

西晉・竺法護 譯《持心梵天所問經》	後秦・鳩摩羅什 譯《思益梵天所問經》	北魏・菩提流支 譯《勝思惟梵天所問經》
(持心梵天)又問：何謂曉了乎？	[思益梵天與佛陀的第 11 個問答](思益梵天問：)世尊！誰為「遠離」？	(勝思惟梵天問：)世尊！誰為「遠離」？
(佛)答曰：其於三界悉「無所願(求)」故。	佛言：於三界中「無所願(求)」者。	佛言：於三界中「無所願(求)」者。
(持心梵天)又問：何謂諫喻(諫阻諷喻；諫過教喻)於世乎？	[思益梵天與佛陀的第 12 個問答](思益梵天問：)世尊！誰為具足(無過失惡行)？	(勝思惟梵天問：)世尊！誰為世間(具足)「無諸惡行」？

(佛)答曰：其有休息(休絕止息)一切「結縛」(煩惱)故。	佛言：能斷一切諸「結使」(煩惱)者。	佛言：能斷一切諸「結使」(煩惱)者。
(持心梵天)又問：何謂「處世」而(能得)「安隱」乎？	[思益梵天與佛陀的第13個問答] (思益梵天問：)世尊！(第13個問題)誰為(快)樂人？	(勝思惟梵天問：)世尊！誰名(快)樂人？
(佛)答曰：其「不貪」者，無(執)受(於)財(物)故。	佛言：「無貪著」(財物)者。	佛言：「無貪著」(財物)者。
(持心梵天)又問：何謂「不貪」乎？	[思益梵天與佛陀的第14個問答] (思益梵天問：)世尊！誰「無貪著」？	
(佛)答曰：無有(五)陰(遮)蓋故。(應修「照見」五陰皆空之法)	佛言：知見(明知了見)「五陰」者。(應修「知見」五陰皆空之法)	
(持心梵天)又問：何謂離於(五)陰(遮)蓋乎？	[思益梵天與佛陀的第15個問答] (思益梵天問：)世尊！誰(越)度「欲河」(六根貪著六塵之欲)？	(勝思惟梵天問：)世尊！誰能「到彼岸」？
(佛)答曰：捨於「六入」(六根對六塵之執著)，亦無所「釋」(釋懷；牽掛)故。(對六塵之境無所牽掛)	佛言：能捨「六入」(六根對六塵之執著)者。	佛言：能捨「六入」(六根對六塵之執著)者。
(持心梵天)又問：何謂「已過」(已越過生死)乎？	[思益梵天與佛陀的第16個問答] (思益梵天問：)世尊！誰「住彼岸」？	(勝思惟梵天問：)世尊！誰能「住彼岸」？
(佛)答曰：曉了「道慧」故。	佛言：能知「諸道平等」者。	佛言：(勝思惟)梵天！到「平等道」者。
(持心梵天)又問：何謂菩薩為「布施主」乎？	[思益梵天與佛陀的第17個問答] (思益梵天問：)世尊！何謂菩薩能為(作)「施主」？	(勝思惟梵天問：)世尊！云何諸菩薩能增長「施」？
(佛)答曰：勸化(勸導教化)一	佛言：菩薩能教眾生「一切	佛言：菩薩能為眾生說「一

西晉・竺法護 譯《持心梵天所問經》	後秦・鳩摩羅什 譯《思益梵天所問經》	北魏・菩提流支 譯《勝思惟梵天所問經》
切眾生之類，（令）入「諸通慧」（諸通達的一切智）心故。	智心」。	切智心」故。
（持心梵天）又問：何謂「禁戒」乎？	[思益梵天與佛陀的第18個問答]（思益梵天問：）世尊！何謂菩薩能奉「禁戒」？	（勝思惟梵天問：）世尊！云何諸菩薩能奉「持戒」？
（佛）答曰：不捨（成佛的菩提）「道心」故。	佛言：常能不捨（成佛的）「菩提」之心。	佛言：常能不捨（成佛的）「菩提心」故。
（持心梵天）又問：何謂為「忍」乎？	[思益梵天與佛陀的第19個問答]（思益梵天問：）世尊！何謂菩薩能行「忍辱」？	（勝思惟梵天問：）世尊！云何諸菩薩能行「忍辱」？
（佛）答曰：見心（乃）「滅盡」故。	佛言：見心相（乃）念念（生）滅。（所有的心相皆是念念生滅，故無「永恒」存在的「人事物」可以讓你執著、記恨一輩子，一切皆如夢幻泡影）	佛言：以見「一切智」，（故）心（乃）「無盡」故。
（持心梵天）又問：何謂「精進」乎？	[思益梵天與佛陀的第20個問答]（思益梵天問：）世尊！何謂菩薩能行「精進」？	（勝思惟梵天問：）世尊！云何諸菩薩能行「精進」？
（佛）答曰：若求於「心」，不得「處所」故（因心乃不在內、外、中間也）。	佛言：求心不可得（因心乃不在內、外、中間也）。	佛言：觀察「一切智心」，不得故（因心乃不在內、外、中間也）。

一－46 菩薩於一切法無有戲論者，方能行真智慧

西晉・竺法護 譯《持心梵天所問經》	後秦・鳩摩羅什 譯《思益梵天所問經》	北魏・菩提流支 譯《勝思惟梵天所問經》
（持心梵天）又問：何謂「一心」乎？	[思益梵天與佛陀的第21個問答]（思益梵天問：）世尊！何謂菩薩能行「禪定」？	（勝思惟梵天問：）世尊！云何諸菩薩能行「禪定」？

(佛)答曰：心「休息」(休絕止息)故。	佛言：能除身心「麁相」。	佛言：能覺「一切智心」，自性清淨故。
(持心梵天)又問：何謂智慧乎？	[思益梵天與佛陀的第 22 個問答] (思益梵天問：)世尊！何謂菩薩能行「智慧」？	(勝思惟梵天問：)世尊！云何諸菩薩能行「般若」？
(佛)答曰：於一切法，無「音聲」故。	佛言：於一切法，無有「戲論」。	佛言：於一切法，無諸「戲論」故。
(持心梵天)又問：何謂菩薩行「慈」者乎？	[思益梵天與佛陀的第 23 個問答] (思益梵天問：)世尊！何謂菩薩能行「慈心」？	(勝思惟梵天問：)世尊！云何諸菩薩能行「慈心」？
(佛)答曰：不隨一切「諸想行」故。	佛言：不生「眾生想」。	佛言：不生「眾生想」故。
(持心梵天)又問：何謂菩薩行「哀者」乎？	[思益梵天與佛陀的第 24 個問答] (思益梵天問：)世尊！何謂菩薩能行「悲心」？	(勝思惟梵天問：)世尊！云何諸菩薩能行「悲心」？
(佛)答曰：無諸「法念」故。	佛言：不生「法想」。	佛言：不生「法想」故。
(持心梵天)又問：何謂菩薩行「喜者」乎？	[思益梵天與佛陀的第 25 個問答] (思益梵天問：)世尊！何謂菩薩能行「喜心」？	(勝思惟梵天問：)世尊！云何諸菩薩能行「喜心」？
(佛)答曰：不計「吾我」故。	佛言：不生「我想」。	佛言：不生「我想」故。
(持心梵天)又問：何謂菩薩行「護者」乎？	[思益梵天與佛陀的第 26 個問答] (思益梵天問：)世尊！何謂菩薩能行「捨心」？	(勝思惟梵天問：)世尊！云何諸菩薩能行「捨心」？
(佛)答曰：不計「彼我想」故。	佛言：不生「彼我想」。	佛言：不生「彼我想」故。
(持心梵天)又問：何謂菩薩博立「篤信」乎？	[思益梵天與佛陀的第 27 個問答] (思益梵天問：)世尊！何謂菩薩安住於「信」？	(勝思惟梵天問：)世尊！云何諸菩薩安住於「信」？

(佛)答曰：不捨諸法(之)「清白」故。	佛言：信解(諸法乃)「無濁法」。	佛言：信一切法(乃)「無言語」故。
(持心梵天)又問：何謂菩薩博聞(廣博多聞)「住空者」乎？	[思益梵天與佛陀的第 28 個問答] (思益梵天問：)世尊！何謂菩薩「安住於空」？	(勝思惟梵天問：)世尊！云何諸菩薩住於「聞慧」？
(佛)答曰：不猗~(古通「倚」→倚靠)一切「音聲」故。	佛言：不著一切「語言」。	佛言：不著一切「名字法」故。
(持心梵天)又問：何謂為「慚」？	[思益梵天與佛陀的第 29 個問答] (思益梵天問：)世尊！何謂菩薩名為「有慚」？	(勝思惟梵天問：)世尊！云何諸菩薩住於「有慚」？
(佛)答曰：曉了「內法」，蠲除故也。	佛言：知見「內法」。	佛言：知見「內法」故。
(持心梵天)又問：何謂為「愧」？	[思益梵天與佛陀的第 30 個問答] (思益梵天問：)世尊！何謂菩薩名為「有愧」？	(勝思惟梵天問：)世尊！云何諸菩薩住於「有愧」？
答曰：不習「外事」故也。	佛言：捨於「外法」。	佛言：捨於「外入」故。

《成唯識論》卷6

2 慚	依自法力(指依著本身的教法)，崇重「賢、善」為性(指崇重賢者與善法的教導)	對治「無慚」，「止息惡行」為業
3 愧	依世間力(指世間眾生共同發出的力量，輿論共同的力量也。所以需依著世間力來排斥暴力、邪惡等)，輕拒「暴(暴力)、惡(邪惡)」為性	對治「無愧」，「止息惡行」為業

《大般涅槃經》卷 19〈8 梵行品〉

(1)諸佛世尊常說是言：有二白法，能救眾生：一慚、二愧。

「慚」者，自不作罪。「愧」者，不教他作。

「慚」者，內自羞恥(內心生起羞恥心)。「愧」者，發露向人(發露自己的罪惡而向人懺悔)。

「慚」者，羞人（關於自己所做的諸惡事，自覺羞愧於人）。「愧」者，羞天（關於自己所做的諸惡事，自覺羞愧於天），是名「慚愧」。

(2)「無慚愧」者，不名為「人」，名為「畜生」。「有慚愧」故，則能恭敬父母、師長；「有慚愧」故，說有（真正擁有）「父母、兄弟、姊妹」（諸親人）。

(3)善哉大王！具有「慚愧」。大王且聽，臣聞佛說：智者有二：一者「不造諸惡」，二者「作已懺悔」。愚者亦二，一者「作罪」，二者「覆藏」。

(4)雖先作惡，後能「發露」，悔已「慚愧」，更不敢作，猶如濁水，置之「明珠」，以珠威力水即為清；如烟雲除，月則清明。作惡「能悔」，亦復如是。

(5)王若懺悔，懷「慚愧」者，罪即除滅，清淨如本。大王！富有二種：一者「象馬」（等）種種畜生。二者「金銀」（等）種種珍寶。象馬雖多，不敵一珠。

(6)大王！眾生亦爾，一者「惡富」（從邪惡壞事中所獲得的富貴），二者「善富」（從如法中、從做善事中、從光明正大中所獲得的財富）。多作諸惡，不如一善。臣聞佛說，修「一善心」，破「百種惡」。

(7)大王！如少金剛，能壞須彌，亦如少火能燒一切，如少毒藥能害眾生，「少善」亦爾能「破大惡」。雖名「少善」，其實是大。何以故？破「大惡」故。

(8)大王！如佛所說「覆藏」者「漏」，「不覆藏」者則「無有漏」，發露悔過，是故「不漏」。若作眾罪，不覆不藏，以「不覆」故，罪則微薄，若懷「慚愧」，罪則消滅。

(9)大王！如水渧²雖微，漸盈大器，善心亦爾，一一「善心」能破「大惡」。若「覆罪」者，罪則增長，發露「慚愧」，罪則消滅，是故諸佛說有智者，不「覆藏」罪。

(10)善哉大王！能信「因果、信業、信報」，唯願大王，莫懷愁怖。若有眾生造作「諸罪」，「覆藏」不悔，心無「慚愧」，不見「因果」及以「業報」，不能諮啟（諮詢啟問）「有智之人」，不近「善友」。如是之人，一切良醫，乃至「瞻病」所不能治。

(11)如「迦摩羅病」，世醫拱手，「覆罪」之人，亦復如是。云何罪人？謂「一闡提」(icchantika 一顛迦；永斷善根者)。「一闡提」者，不信因果，無有「慚愧」，不信「業報」，不見現在及未來世，不親善友，不隨諸佛所說教戒，如是之人名「一闡提」，諸佛世尊所不能治。何以故？

(12)如世死屍，醫不能治。「一闡提」者，亦復如是，諸佛世尊所不能治。大王今者非「一闡提」，云何而言不可救療？

總相		別相	小乘	大乘	儒教
羞恥	對自己	慚	慚自	崇善	恥
	對別人	愧	愧他	拒惡	

《雜阿含經》卷47

(1)爾時，世尊告諸比丘：有「二淨法」，能護世間。何等為二？所謂「慚、愧」。

(2)假使世間無此「二淨法」者，世間亦不知有「父母、兄弟、姊妹、妻子、宗親、師長尊卑」之序，顛倒渾亂，如「畜生」趣。

(3)以有「二種淨法」，所謂「慚、愧」，是故世間知有「父母」，乃至「師長、尊卑」之序，則不渾亂如「畜生」趣。

《寶雲經》卷2

愚癡亦有三種：上、中、下。

(1)何者為「上癡」(最重最深的一種愚癡)？作惡「不悔」、不生「慚愧」、心「無厭」(內心對做了種種壞事後，竟沒有任何一點厭倦，也沒有要厭離惡事，或慚愧懺悔的意思)時，如是名為「上癡」。

(2)云何名為「中癡」(屬於中等的一種愚癡)？身作惡時，尋生「變悔」，於同「梵行」邊(指能在「完全清淨修梵行的行者」處所)，發露「懺悔」、不顯「己德」，是名「中癡」。

(3)云何名為「下癡」(最輕最少的一種愚癡)？依如來所制，非「性重罪」(即「婬殺盜妄」四戒為最重的「性罪之業」)，少有所犯(指如來所制的四大戒律都不犯，除了這四戒以外，其餘的小戒仍多少有犯戒)，是故名為「下癡」。

《優婆夷淨行法門經》卷2〈2 修學品〉

(1)如來往昔無量劫中，常樂修善，不瞋不恚。

(2)若有眾生「惡罵、捶打」，悉皆能忍，不生「瞋恨」；恒自「慚愧」，生「大悲」想：皆是過去「先業」所報。

《大方等大集經菩薩念佛三昧分》卷8〈13 神通品〉

(1)爾時，不空見菩薩摩訶薩白佛言：世尊！云何當知菩薩摩訶薩住於「慚愧」、遠離於彼「無慚愧」已，然後當得此三昧耶？

(2)爾時，佛告不空見菩薩言：不空見！若有菩薩摩訶薩常行「慚愧」，而是菩薩行「慚愧」時，或能造作種種「惡事」，所謂：

(3)「身惡」行時，即生「慚愧」、「口惡」行時，亦生「慚愧」、「意惡」行時，亦生「慚愧」。

(4)起「嫉妒心」亦生「慚愧」、起「懈怠心」亦生慚愧、於「諸如來所」亦生「慚愧」、於「大菩薩摩訶薩」所亦生「慚愧」、於住「菩薩乘」諸眾生所亦生「慚愧」、於「聲聞乘」人所亦生「慚愧」、於「辟支佛乘」人所亦生慚愧、於「人天」所亦生「慚愧」。

(5)云何「慚愧」？所謂常愧「於他」，亦慚「自身」住於一切「不善法」中，故常「慚愧」。

(6)住「慚愧」已，遠離一切「無慚、無愧」，除滅「不善」、思惟「善事」，荷負重擔，體性清淨，終無毀犯、他不能謗。

(7)而是菩薩常能具足無毀「身業」、亦能具足無毀「口業」、亦能具足無毀「意業」，具足斯已，然後乃能住是「三昧」。

(8)住「三昧」已,常不遠離「見一切諸佛」、常不遠離「聽聞諸佛所説妙法」、常不遠離「恭敬供養一切聖僧」。具足如斯已,然後乃能疾成阿耨多羅三藐三菩提。

《雜阿含經》卷 14

(1)以「無慚、無愧」故「放逸」,「放逸」故「不恭敬」,「不恭敬」故習「惡知識」,習「惡知識」故不欲「見聖」、不欲「聞法」、常求「人短」。

(2)求「人短」故「不信、難教、戾語、嬾墮」,「嬾墮」故「掉、不律儀、不學戒」。

(3)「不學戒」故「失念、不正知、亂心」,「亂心」故「不正思惟、習近邪道、懈怠心」。

(4)「懈怠心」故「身見、戒取、疑」。「疑」故不離「貪、恚、癡」,不離「貪、恚、癡」故,不堪能離「老、病、死」。

一一47 能清淨「身口意」三業者,即能遍行至一切功德之處

西晉·竺法護 譯《持心梵天所問經》	後秦·鳩摩羅什 譯《思益梵天所問經》	北魏·菩提流支 譯《勝思惟梵天所問經》
(持心梵天)又問世尊:何謂菩薩普(行而)「無不入」?	[思益梵天與佛陀的第31個問答] (思益梵天問:)世尊!何謂名為菩薩「遍行」?	(勝思惟梵天問:)世尊!云何名為菩薩「遍行」(至)一切功德處?
	佛言:能淨「身口意」業。	佛言:能淨「身口意」業。
於是世尊以頌答曰: 其身清淨,不犯眾惡, 口言清淨,常說至誠, 秉意清淨,常行慈心, 斯謂菩薩,普無不入,	爾時世尊而說偈言: 若身淨無惡,口淨常實語, 心淨常行慈,是菩薩遍行,	爾時世尊,而說偈言: 身淨無諸惡,口淨無妄語, 心淨離諸垢,是菩薩遍行,
遵修慈行,不猗染塵, 專於哀行,無有恚害, 加以仁護,無有愚癡, 斯謂菩薩,普無不入,	行慈無貪著,觀不淨無恚, 行捨而不癡,是菩薩遍行,	觀不淨無貪,行慈無瞋恚, 行智故無癡,是菩薩遍行,
若遊聚落,閑居亦然, 縣邑燕處,眾會無差, 未曾違失,威儀禮節, 斯謂菩薩,普無不入,	若聚若空野,及與處大眾, 威儀終不缺,是菩薩遍行,	若在聚空野,及與處大眾, 威儀終不轉,是菩薩遍行,

皆悉遍信，諸佛正法， 又常樂憙，無我之典， 悅喜聖眾，無所有議， 斯謂菩薩，普無不入，	知法名為佛，知離名為法， 知無名為僧，是菩薩遍行，	信知法為佛，信離名為法， 信知無為僧，是菩薩遍行，
脫於色欲，不知所行， 度於瞋怒，亦無所度， 曉了眾行，之所歸趣， 斯謂菩薩，普無不入，	知多欲所行，知恚癡所行， 善知轉此行，是菩薩遍行，	知多欲所行，多瞋癡所行， 善知轉此行，是菩薩遍行，
亦不造著，於欲之界， 亦不住立，於形之界， 不著無形，皆亦如是， 斯謂菩薩，普無不入，	不依止欲界，不住色無色， 行如是禪定，是菩薩遍行，	不依止欲界，不住色無色， 行如是禪定，是菩薩遍行，
信樂諸法，一切悉空， 然而眾生，馳騁思想， 由是之故，不盡諸漏， 斯謂菩薩，普無不入，	信解諸法空，及無相無作， 而不盡諸漏，是菩薩遍行，	知解諸法空，及無相無願， 而不盡諸漏，是菩薩遍行，
方便曉了，緣一覺乘， 示以音聲，而教化之， 於佛大乘，靡不達了， 斯謂菩薩，普無不入，	善知聲聞乘，及辟支佛乘， 通達於佛乘，是菩薩遍行，	善知聲聞乘，及辟支佛乘， 通達於佛乘，是菩薩遍行，
一切皆知，所當至處， 未曾違失，導師之教， 常行等心，於諸憎愛， 斯謂菩薩，普無不入，	明解於諸法，不疑道非道， 憎愛心無異，是菩薩遍行，	明解於諸法，不疑道非道， 憎愛心平等，是菩薩遍行，
未曾想念，過去之法， 當來現在，亦復如是， 一切遊居，無所猗著， 斯謂菩薩，普無不入。	於過去未來，及與現在世， 一切無分別，是菩薩遍行。	於過去未來，及與現在世， 一切無分別，是菩薩遍行。

一－48 菩薩能通達「世間法」而廣度眾生，亦不壞「世間法」

西晉·竺法護 譯《持心梵天所問經》	後秦·鳩摩羅什 譯《思益梵天所問經》	北魏·菩提流支 譯《勝思惟梵天所問經》
	(契丹本藏經作「出過世間品·第四」)	
於是持心梵天白世尊曰：	[思益梵天與佛陀的第 32 個問答]爾時思益梵天白佛言：世尊！	爾時勝思惟梵天白佛言：世尊！
⑴何謂菩薩(越)度於「世法」，(能)不處(於)「世法」，(而又能)現入於「世」？	⑴何謂菩薩(越)過「世間法」，(而)通達「世間法」？	⑴云何菩薩(越)過「世間法」？(雖)現住(於)「世間法」，而不為彼「世法」所染(污)？
⑵(能)度脫眾生，(能)於「世間法」(中)，示現「世間」平等？	⑵(能)通達「世間法」，已度眾生？	⑵(能)如實善知「世間」諸法，隨「世間法」，而不為「世間法」之所染？
⑶(能以)「世法」因緣遊(於)世(法中)，雖處於「世」，(而)不壞「世法」，(亦)不失「道法」？	⑶(能)於「世間法」行於「世間」，而(仍)「不壞世間」？	⑶(能)教化眾生，令離「世間」，得「世間法」平等，行於「世間」而不壞「世間法」？
於是世尊，尋時歎頌答持心曰：	爾時世尊以偈答(思益)言：	爾時世尊即以偈頌，答(勝思惟)梵天曰：
吾說世五陰，於世無所著，以不貪著世，不捨世間法，	說五陰是世，世間所依止，依止於五陰，不脫世間法，	我說陰是世，世間所依止，不依止五陰，得脫世間法，
菩薩能了彼，解知世自然，諸陰為無本，不著世間法，有利若無利，嗟歎若謗毀，有名若無名，恥世苦樂法，	菩薩有智慧，知世間實相，所謂五陰如，世間法不染，利衰及毀譽，稱譏與苦樂，如此之八法，常牽於世間，	菩薩有智慧，知世間實性，雖五陰相應，而不為陰染，得失及稱譏，毀譽苦樂等，如此之八法，常牽於世間，
彼用大智慧，雖遊於世法，不見世所貪，道意不可動，得利不以悅，棄捐亦不感，堅住如太山，無能動搖者，嗟歎若毀呰，其志常平等，	大智慧菩薩，散滅世間法，見世壞敗相，處之而不動，得利心不高，失利心不下，其心堅不動，譬如須彌山，利衰及毀譽，稱譏與苦樂，	大智慧菩薩，如實知世法，見世敗壞相，處之而不動，得利心不高，失利心不下，其心堅不動，不隨世間法，得失及毀譽，稱譏苦樂等，

名無名苦樂，堅住於等心， 曉知世自然，因從顛倒興， 不生於世間，明達獨遊步，	於此世八法，其心常平等， 知世間虛妄，皆從顛倒起， 如是之人等，不行世間道，	於此世八法，其心常平等， 知世間虛妄，依二顛倒起， 菩薩黠慧人，不行世間道，
若入於世俗，綜了所至處， 是故隨習俗，度脫眾生苦， 勇猛雖遊世，在俗如蓮華， 不破壞世俗，分別了法性， 假使行在世，不分別世法，	世間所有道，菩薩皆識知， 故能於世間，度眾生苦惱， 雖行於世間，如蓮華不染， 亦不壞世間，通達法性故， 世間行世間，不知是世間，	世間所有道，菩薩皆識知， 故能於世間，度眾生苦惱， 雖行於世間，如蓮華不染， 亦不壞世法，通達法性故， 世間行世間，不知是世間，
故遊於彼間，究縛世俗相， 世相如虛空，亦無處空相， 已能解了此，則不著世俗， 隨方俗所知，順而化眾生， 貫達世自然，不毀敗於俗，	菩薩行世間，明了世間相， 世間虛空相，虛空亦無相， 菩薩知如是，不染於世間， 如所知世間，隨知而演說， 知世間性故，亦不壞世間，	菩薩行世間，明了世間相， 世間虛空相，虛空亦無相， 菩薩如是知，不染於世間， 如所知世間，隨知而演說， 知世間性故，而不壞世間，
設無有五陰，斯謂世自然， 其不曉了者，常倚於世俗， 若能捨諸陰，不起無所有， 雖現於世間，於俗無所著，	五陰無自性，是即世間性， 若人不知是，常住於世間， 若見知五陰，無生亦無滅， 是人現行世，而不依世間，	五陰無自性，是即世間性， 若人不知是，常住於世間， 若見知五陰，無生亦無滅， 是人行世間，而不依世間，
其不了世法，熾然於諍訟， 斯虛妄無誠，常立處二相， 吾未曾預世，亦無所諍訟，	凡夫不知法，於世起諍訟， 是實是不實，住是二相中， 我常不與世，起於諍訟事，	凡夫不知法，於世起諍訟， 是實是不實，住是二相中， 我常不與世，起於諍訟事，
佛以是之故，部分自然法， 法者無所諍，諸佛之所說， 通了世平等，不虛無至誠，	世間之實相，悉已了知故， 諸佛所說法，皆悉無諍訟， 知世平等故，非實非虛妄，	世間之實相，悉已了知故， 諸佛所說法，皆悉無諍訟， 知世平等故，非實非妄語，
兩舌若誠諦，逮得於教命， 假使為毒害，與外道無異， 諸法誠審者，無實無有虛， 是故世尊說，度世無二法，	若佛法決定，有實有虛妄， 是即為貪著，與外道無異， 而今實義中，無實無虛妄， 是故我常說，出世法無二，	若佛法決定，有實有妄語， 是即為貪著，與外道無異， 而今佛法中，無實無妄語， 是故我常說，出世法無二，
吾所達世慧，斯為方俗法， 則無虛無實，見世之罪惡， 為世之光明，逮成大名聞， 佛所開了世，清淨無瑕穢，	若人知世間，如是之實性， 於實於虛妄，不取此惡見， 如是知世間，清淨如虛空， 是大名稱人，照世間如日，	若人知世間，如是之實性， 於實於虛妄，不取此惡見， 如是知世間，清淨如虛空， 是大名稱人，照世間如日，

假有觀俗者，身以覩自然， 則見等正覺，現在十方者， 知諸法因緣，諸法無自然， 若剖折因緣，則能綜理法， 其能解達法，則能曉了空， 設能解識空，則能別導師，	若人見世間，如我之所見， 如斯之人等，能見十方佛， 諸法從緣生，自無有定性， 若知此因緣，則達法實相， 若知法實相，是則知空相， 若能知空相，則為見導師，	若人見世間，如我之所見， 如斯之人等，能見十方佛， 諸法從緣生，自無有定性， 若知此因緣，則達法實相， 若知法實相，是則知空相， 若能知空相，則為見導師，
設分別講世，而求於音聲， 雖行世間事，不與世間俱， 若墮於諸見，一切不及此， 假名遊於世，而不著俗事， 佛滅度之後，其樂於忍者， 於彼佛現在，導師之法身，	若有人得聞，如是世間相， 雖行於世間，而不住世間， 依止諸見人，不能及此事， 云何行世間，而不依世間， 若佛滅度後，有樂是法者， 佛則於其人，常現於法身，	若有人得聞，如是世間相， 雖行於世間，而不住世間， 依止諸見人，不能及此事， 云何行世間，而不依世間， 若佛滅度後，有樂是忍者， 佛則於其人，常現於世間，
若持如此法，則為供養佛， 處世為世尊，導師之所知， 設弊魔波旬，不能得其便，	若人解達此，則守護我法， 亦為供養我，亦是世導師， 若人須臾聞，世間性如此， 是人終不為，惡魔所得便，	若人解達此，則守護我法， 亦為供養我，亦是世導師， 若人須臾聞，世間性如此， 是人終不為，惡魔所得便，
若在於人間，廣說斯經者， 是黨大智慧，主布施一切， 戒禁為具足，曉佛導師者， 斯度忍力勇，遊步於精進， 聰達樂禪定，分別於世間，	若能達此義，則為大智慧， 法財之施主，亦是具禁戒， 若知世如此，忍辱力勇健， 具足諸禪定，通達於智慧，	若能達此義，則為大智慧， 是人為大富，法財之施主， 若知世如此，亦是具禁戒， 彼忍力勇健，進取大精進， 具足諸禪定，獲得大神通， 智慧如實知，一切世間道， 若能如是行，彼成就三昧， 樂於寂靜處，則起於般若，
說佛空無法，其聞斯等類， 大士不復久，處道場降魔。	所在聞是法，其方則有佛， 如是諸菩薩，不久坐道場， 若有深愛樂，如是世間法， 則能降眾魔，疾得無上道。	隨聞是法處，則有佛不空， 如是諸菩薩，不久坐道場， 若有深知見，如是世間性， 則能降眾魔，疾得無上道。

一－49 如來出過世間，亦說世間「苦」、世間「集」、世間「滅」、

世間「滅道」

西晉・竺法護 譯《持心梵天所問經》	後秦・鳩摩羅什 譯《思益梵天所問經》	北魏・菩提流支 譯《勝思惟梵天所問經》
《解諸法品・第四》	《解諸法品・第四》	
㊀佛復告持心梵天：如來已(越)度「世間」境界，(但仍)示「世俗」(之)教(理)，習樂於「俗」，欲度於「世樂」滅「方俗」，是謂世間之「五陰」也。(苦、習、盡、道爲四聖諦)	㊀佛復告思益梵天：如來(已超)出(越)過「世間」，(但如來)亦說世間(之)「苦」、世間(之)「集」、世間(之)「滅」、世間(之)「滅道」。(四聖諦有分「有作聖諦」與「無作聖諦」。「有作聖諦」是「聲聞、緣覺」二乘之智境，故亦名「有限量」之世間「四聖諦」。「無作聖諦」是「如來」圓滿之智境，故亦名「無限量」之出世間「眞聖諦」)	㊀如來復告聖勝思惟大梵天言：(勝思惟)梵天！如來(已超)出(越)過「世間」而(仍)說「世間」(之教理)，(例如)世間(之)「集」，世間(之)「滅」，世間(之)「滅道」。
㊁其自念言：世我所度，滅盡於「世」，求於「五陰」，遊於「道」者，則名曰「二」所慕之「徑」(道)。	㊁(思益)梵天！ (1)(所謂)「五陰」(即)名為世間(之)「苦」。 (2)(若)貪著「五陰」(相)，(此)名為世間(之)「集」。 (3)(若將)「五陰」(滅)盡，(此)名為世間(之)「滅」。 (4)(若)以「無二法」求「五陰」，(此)名為世間(之)「滅道」。	㊁(勝思惟)梵天！ (1)言「世間」者，我說「五陰」(即)名為「世間」(之苦)。 (2)(若)貪著「五陰」，(此)名為世間(之)「集」。 (3)(若將)「五陰」(滅)盡，(此)名為世間(之)「滅」。 (4)(若)觀察「五陰」，不見「二法」，(此)名為世間(之)「滅道」。
㊂復次(持心)梵天！ (1)所以名曰「五陰」者何？其「五陰」者，(乃)「方俗」言耳。(此段應屬「苦」) (2)(若有)求「諸見」故，捨受「方俗」。(此段應屬「集」) (3)其所「見」者，自然之想。斯則名曰為「滅盡」也。	㊂又，(思益)梵天！ (1)所言「五陰」，但有「言說」，於中取相，分別生「見」，而說是名世間(之)「苦」。 (2)不捨是「見」，是名世間(之)「集」。 (3)是見「自相」，是名世間(之)「滅」。	㊂復次(勝思惟)梵天！ (1)所言「五陰」，「五陰」者但有「言說」，於中取「言語」邪見，名為「世間」(之苦)。 (2)不捨是「見」，名世間(之)「集」。 (3)是見「自相」，名世間(之)「滅」。

⑷「滅盡」向道，不受「諸見」，則為「滅俗」欲向「正道」。	⑷隨以何道，不取是「見」，是名世間(之)「滅道」。	⑷隨以何道，不取是「見」，名世間(之)「滅道」。
肆(持心)是故梵天！佛說斯言，世有「三刺」(欲刺、恚刺、愚癡之刺)之門，及「三重擔」(蘊重擔、煩惱重擔、行重擔)，習(集)俗於「世」，滅於「世」滅，盡於世間，而求「度脫」。	肆(思益)梵天！以是因緣故，我為外道仙人說言：仙人！於汝身中即說世間(之)「苦」、世間(之)「集」、世間(之)「滅」、世間(之)「滅道」。	肆(勝思惟)梵天！我意在此，是故我今即此「一尋」身中，說世間(之)「苦」、世間(之)「集」、世間(之)「滅」、世間(之)「滅道」。

《大義釋(第 11 卷-第 16 卷)》卷 13

重擔者，是「蘊重擔、煩惱重擔、行重擔」之三重擔。

(1)「蘊重擔」者云何？由結生「色、受、想、行、識」，是此「蘊重擔」。

(2)「煩惱重擔」者云何？「貪、瞋、癡」、……乃至……一切「不善行」，是此「煩惱重擔」。

(3)「行重擔」者云何？「福行、非福行、不動行」是此「行重擔」。

四聖諦的簡介:

(1)苦諦(duhkha-satya)，「苦」泛指「逼迫身心苦惱」之狀態。審實世間事物，不論「有情、非情」，悉皆為苦；亦即對人生及環境所作之價值判斷，認為世俗之一切，本質皆苦。「苦諦」即關於「生死實是苦」之真諦。

(2)集諦(samudaya-satya)，「集」即「招聚」之義。審實一切煩惱惑業，實能「招集」三界生死苦果。「集諦」即關於世間人生「諸苦之生起」及其「根源」之真諦。

(3)滅諦(nirodha-satya)，「滅」即「寂滅」。審實斷「除苦」之根本--欲愛，則得「苦滅」，可入於「涅槃」之境界。「滅諦」即關於滅盡「苦、集」之真諦。

(4)道諦(marga-satya)，「道」即「能通」之義。審實「滅苦」之道，乃「正見、正思惟」等八正道。若依此而修行，則可超脫「苦、集」二諦，達到「寂靜涅槃」之境。「道諦」即關於「八正道」之真諦。

✳四聖諦的異稱:

汝應知	汝應斷	汝應證	汝應修
苦	集	滅	道
苦聖諦	苦集聖諦	苦滅聖諦	苦滅道聖諦
苦聖諦	苦習諦	苦滅諦	苦滅道聖諦
苦諦	苦集諦	苦盡諦	苦出要諦
苦聖諦	集聖諦	真聖諦	道聖諦
苦(竺法護的譯本用字)	習	盡	道

佛陀三轉四諦之法輪:

(1)示轉:指示「**此是苦,此是集,此是滅,此是道**」。

(2)勸轉:勸示「**此是苦,汝應知;此是集,汝應斷;此是滅,汝應證;此是道,汝應修**」。

(3)證轉:證示「**此是苦,我已知,不復更知;**

　　　　　　此是集,我已斷,不復更斷;

　　　　　　此是滅,我已證,不復更證;

　　　　　　此是道,我已修,不復更修」。

(見;知)苦諦……生死➡**集的結果**(果)。　　　苦諦➡入生問題 ┐
　(斷)集諦……業惑➡**苦的原因**(因)。　　　集諦➡緣起問題 ┘……➡現實界
　(證)滅諦……涅槃➡**修道目標**(果)。　　　滅諦➡證悟問題 ┐
　(修)道諦……法門➡**斷證工具**(因)。　　　道諦➡修養問題 ┘……➡理想界

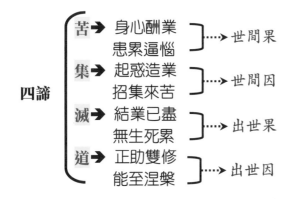

　　　　　　苦➡ 身心酬業 ┐
　　　　　　　　 患累逼惱 ┘……➡世間果
　　　　　　集➡ 起惑造業 ┐
四諦　　　　　　 招集來苦 ┘……➡世間因
　　　　　　滅➡ 結業已盡 ┐
　　　　　　　　 無生死累 ┘……➡出世果
　　　　　　道➡ 正助雙修 ┐
　　　　　　　　 能至涅槃 ┘……➡出世因

四弘誓願 {
眾生無邊誓願度➡苦諦
煩惱無盡誓願斷➡集諦
法門無量誓願學➡道諦
佛道無上誓願成➡滅諦
}

苦諦➡苦果：世世受生老病死，以有身則苦 ⎤
集諦➡苦因：念念起貪愛妄想，則惡業叢集 ⎦····➡世間因果➡凡夫迷界

滅諦➡樂果：滅除生死煩惱，證得涅槃寂滅 ⎤
道諦➡樂因：勤修戒定慧，精進諸道品 ⎦····➡出世間因果➡聖者悟界

一－50「真聖諦」的定義是：苦為「無生」，集為「無和合」，滅為「無生、無滅」，道為「諸法平等，不二之門」

西晉・竺法護 譯《持心梵天所問經》	後秦・鳩摩羅什 譯《思益梵天所問經》	北魏・菩提流支 譯《勝思惟梵天所問經》
㕰於是持心梵天白世尊曰：假使如來說(世間之)「四諦事」，(出世間之眞聖)「諦」何所歸？	㕰爾時思益梵天白佛言：世尊！(如前)所說(皆是世間之)「四聖諦」，何等是(出世間之)「真聖諦」？ (四聖諦有分世間之「四聖諦」與出世間之「眞聖諦」)	㕰爾時勝思惟梵天白佛言：世尊！如(前)佛所說(皆是世間之)「四聖諦」者，未知何等是(出世間之)「實聖諦」？
㕼佛告(持心)梵天： 是為「苦諦、習諦」，斯非(眞)聖諦。 是為「盡諦」，「向道之諦」斯非(眞)「聖諦」。	㕼(思益)梵天！ 「苦」不名為(眞)「聖諦」， 「苦集」不名為(眞)「聖諦」， 「苦滅」不名為(眞)「聖諦」， 「苦滅道」不名為(眞)「聖諦」。	㕼佛言： (勝思惟)梵天！所言「苦諦」非「實聖諦」。 (勝思惟)梵天！所言「苦集諦」非「實聖諦」。 (勝思惟)梵天！所言「苦滅諦」非「實聖諦」。 (勝思惟)梵天！所言「滅苦道諦」非「實聖諦」。
㕽所以者何？假使諸「苦」為(眞)「聖諦」者，一切「牛、馬、驥、驢、犬、豕」畜生伴黨，悉獲「聖諦」。	㕽所以者何？若「苦」是(眞)「聖諦」者，一切牛、驢、畜生等，皆應有「苦聖諦」。	㕽(勝思惟)梵天！若彼「苦」是「實聖諦」者，一切「牛、膞(古同「豬」)」諸畜生等，應有「實諦」。何以故？以彼皆「受種種苦」故，以

		是義故，「苦」非「實諦」。
㊃若以諸「習」為(真)「聖諦」者，一切「五趣」所生群黎，當獲「聖諦」。	㊃若「集」是(真)「聖諦」者，一切在所生處眾生，皆應有「集聖諦」。所以者何？以「集」故生諸趣中。	㊃(勝思惟)梵天！若彼「集」是「實聖諦」者，六道眾生應有「實諦」，何以故？以彼因「集」生「諸趣」故，以是義故，「集」非「實諦」。
㊄若以「苦盡」為(真)「聖諦」者，一切眾生見「斷滅」事，便當悉除，獲致「聖諦」。	㊄若「苦滅」是(真)「聖諦」者，觀「滅」者、說「斷滅」者，皆應有「滅聖諦」。	㊄(勝思惟)梵天！若彼「滅」是「實聖諦」者，一切世間墮「邪斷見」，說「滅」法者，應有「實諦」。何以故？彼說「滅法」為「涅槃」故，以是義故，「滅」非「實諦」。
㊅至由「道諦」一切「有為」，悉當獲致「賢聖」之道，勢力「聖諦」。	㊅若「道」是(真)「聖諦」者，緣一切「有為道」者，皆應有「道聖諦」。	㊅(勝思惟)梵天！若彼「道」是「實聖諦」者，緣於一切「有為道」者，應有「實諦」。何以故？以彼依「有為法」，求離「有為法」故，以是義故，「道」非「實諦」。
㊆以是之故，(持心)梵天！觀察「苦、習、盡、道」，以為「聖諦」。	㊆(思益)梵天！以是因緣故，當知(真實之)「聖諦」(者) 非(世間之)「苦」(可知)、非(世間之)「集」(可斷)、非(世間之)「滅」(可證)、非(世間之)「道」(可修)。	㊆(勝思惟)梵天！是故當知，「苦諦、集諦、滅諦、道諦」(皆)非(出世間之)「實聖諦」。
㊇ ⑴其有曉了「苦」無所「起」，斯謂(真實之苦)「聖諦」。 ⑵其人行「習」(集)者，不為(習)「聖諦」。 ⑶其「滅盡」法，不起、不	㊇(真實之)「聖諦」者： ⑴(若)知「苦」無「生」，是名(真實之)「苦聖諦」。 ⑵(若)知「集」無「和合」，是名(真實之)「集聖諦」。 ⑶(若)於「畢竟滅」法中，知	㊇(勝思惟)梵天！「實聖諦」者： ⑴(若)知「苦」無「生」，是名「苦實聖諦」。 ⑵(若)知「集」無「和合」，是名「集實聖諦」。 ⑶(若)於「畢竟滅」法中，知

滅」，斯謂(真實之滅)「聖諦」。 ⑷假使「平等」一切諸法，而無有「二」，(平)等於「徑」(道)路，斯(謂真實之)「賢聖諦」。	「無生、無滅」，是名(真實之)「滅聖諦」。 ⑷(若)於一切法「平等」，以「不二法」得道，是名(真實之)「道聖諦」。	「無生、無滅，是名「滅實聖諦」。 ⑷(若)於一切法「平等」，以「不二法」得道，是名「道實聖諦」。

「聖諦義」分為「有作聖諦義」與「無作聖諦義」二種。

「有作聖諦」又名「有限量」的「四聖諦」，此是「聲聞、緣覺」二乘之智境。

「無作聖諦」又名「無限量」的「四聖諦」，此是「如來」智境。

劉宋・求那跋陀羅譯 《勝鬘師子吼一乘大方便方廣經》	唐.菩提流志譯 《大寶積經·卷第一百一十九·勝鬘夫人會第四十八》
㊀世尊！(如來真實究竟圓滿的)「聖義」者，非(為)一切「聲聞、緣覺」(之境界)，(因為)「聲聞、緣覺」(只)成就「有(限)量功德」，聲聞、緣覺(只)成就「少分功德」，故名之為「聖」(此「聖」指「初果」以上的「聖者」)。	㊀世尊！(如來究竟圓滿的)真「聖義」者，即非「二乘」(之境界)，何以故？「聲聞、獨覺」唯能成就「少分功德」，名之為「聖」(此「聖」指「初果」以上的「聖者」)。
㊁(如來真實究竟圓滿的)「聖諦」者，(並)非「聲聞、緣覺」(所證得之)諦(因為二乘所得名為「初聖諦智」)，亦非「聲聞、緣覺」(所得之「少分」)功德。	㊁世尊！言(如來真實究竟圓滿的)「聖諦」者，(此並)非諸「聲聞、獨覺」(所證得)之「諦」(因為二乘所得名為「初聖諦智」)，及彼(二乘之「少分」)功德。
㊂世尊！此(真實究竟圓滿的聖)諦(為)「如來」應等正覺，(能)初始覺知。然後(如來便)為(被)「無明」殼(卵)藏「世間」(之眾生)，開現演說，是故名(如來真實究竟圓滿的)「聖諦」。	㊂而此(真實究竟圓滿的聖)諦者，唯有「如來」應正等覺，(能)初始了知。然後(如來便)為彼(被)「無明」殼(卵)藏「世間」眾生，開示演說，故名(如來真實究竟圓滿的)「聖諦」。

劉宋・求那跋陀羅譯 《勝鬘師子吼一乘大方便方廣經》	唐.菩提流志譯 《大寶積經·卷第一百一十九·勝鬘夫人會第四十八》
㊀何等為說「二聖諦義」？謂： ❶說「(有)作聖諦義」。	㊀何等名為「二聖諦義」？ ❶所謂「有作」(有作聖諦義)。

（指需依止如來的教導來獲得自證，此並非屬於如來能「自知自證」的「內自證智」）

❷說「無作聖諦義」。

（貳）說「(有)作聖諦義」者：是說有(限)量(之)「四聖諦」。何以故？

①非「因他」能知「一切苦」。

（若非因「他人」的教導庇護，則自己便不能「知一切苦」，底下義理皆類推）

②(非因他能)斷「一切集」。

③(非因他能)證「一切滅」。

④(非因他能)修「一切道」。

（參）是故世尊！(二乘只修「有作聖諦」則會)有「有為」生死、「無為」生死。「涅槃」亦如是，「有餘」及「無餘」。

（肆）說「無作聖諦義」者，說無(限)量(之)「四聖諦」。何以故？

❶能以「自力」(能以「內自證智」之力去)知一切受「苦」。

❷(能以自力去)斷一切受「集」。

❸(能以自力去)證一切受「滅」。

❹(能以自力去)修一切受「滅道」。

（二乘仍有「法執」，故落於「有功用道」，無法達「無功用道」之境）

❷及以「無作」(無作聖諦義)。

（貳）「(有)作聖諦」者：是(為)「不圓滿」(的一種)「四聖諦義」。何以故？

①由「他護」故而不能得知「一切苦」。

（若非由「他人」的教導庇護，則自己便不能「知一切苦」，底下義理皆類推）。

②(非因他能)斷「一切集」。

③(非因他能)證「一切滅」。

④(非因他能)修「一切道」。

（參）(二乘只修「有作聖諦」)是故，不知「有為、無為」，及於「涅槃」。

（二乘對「有為法、涅槃法」皆不能究竟認知，只能斷「有為法」的「分段生死」，不能證「無法為」的「變易生死」。只能證「有餘依涅槃」，不能證「無餘依涅槃」）

（肆）世尊！「無作(聖)諦」者，是說(究竟)「圓滿」(的一種)「四聖諦義」。何以故？

❶能「自護」故，(能得)知「一切苦」。

❷(能以自護之力)斷「一切集」。

❸(能以自護之力)證「一切滅」。

❹(能以自護之力)修「一切道」。

一－51 真聖諦者，無有「虛妄」。無「我、人、眾生、壽者」、無「生死」、無「涅槃」

西晉・竺法護 譯《持心梵天所問經》	後秦・鳩摩羅什 譯《思益梵天所問經》	北魏・菩提流支 譯《勝思惟梵天所問經》
（壹）佛告(持心)梵天：所以曰「諦」無有「虛」者。	（壹）(思益)梵天！「真聖諦」者無有「虛妄」。	（壹）(勝思惟)梵天！「實聖諦」者，非「妄語」、非「實語」。
（貳）何謂為「虛」？自計：	（貳）「虛妄」者，所謂：	（貳）(勝思惟)梵天！何者是

		「妄語」？ 所謂：
有「身」， 而念有「人」， 而備有「壽」，而言「有命」。 著於「男女」， 猗於「三有」， 離於「所有」， 恃於「所起」， 依於「所滅」， 受於「生死」， 怙於「泥洹」，是謂為「虛」。	著「我」、 著「眾生」、 著「人」、 著「壽命」者、 著「養育」者、 著「有」、著「無」、 著「生」、著「滅」、 著「生死」、 著「涅槃」。	著「我」， 著「眾生」， 著「命」、著「丈夫」， 著「人」、著「常」見， 著「斷」見， 著「有」見， 著「離有」見， 著「生」見， 著「滅」見， 著「生死」見， 著「涅槃」見， (勝思惟)梵天！是名「妄語」。
(參)此諸所受，於諸所受，無所「依倚」，亦無所「求」，斯謂為「諦」。		(參)(勝思惟)梵天！若「不著」如是見，「不觸」如是見，「不取」如是見，是名為「實語」。
(肆) (吾若)欲除「苦」者，(此)則名曰「虛」， (若吾能)滅於「習」(集)者，斯亦為「虛」。 (若)吾當(能)「盡」證，是亦為「虛」。 (若我能)修行「徑」(道)路，亦復為「虛」。	(肆)(思益)梵天！若行者言： 我(能)知見「苦」，(此亦)是虛妄。 我(能)斷「集」，(此亦)是虛妄。 我(能)證「滅」，(此亦)是虛妄。 我(能)修「道」，(此亦)是虛妄。	
(伍)所以者何？佛所教化「八道品」(八正道)者，若「四意止」(四念處，即觀身不淨、觀受是苦、觀心無常、觀法無我)，斯亦謂(為)「虛」。 (只要有「我人眾生壽者、有能有所」，皆是虛妄也)	(伍)所以者何？是人違失佛所「護念」，是故說(世間之四聖諦亦)為(是)「虛妄」。	

一—52 外道說：苦是「生死相」、集是「眾緣和合」、滅是「滅法」、道是「以二法求相」者

西晉・竺法護 譯《持心梵天所問經》	後秦・鳩摩羅什 譯《思益梵天所問經》	北魏・菩提流支 譯《勝思惟梵天所問經》
(壹)	(壹)	(壹)
⑴佛告(持心)梵天！將來之世，(若)當有比丘，不能慎「身」，不護「禁戒」，不能「制心」，不精(修於)「智慧」。	⑴(思益)梵天！當來(若)有比丘不修「身」、不修「戒」、不修「心」、不修「慧」。	⑴(勝思惟)梵天！於當來世，(若)有諸比丘，不修「身」、不修「戒」，不修「心」、不修「慧」。
⑵而(竟)當講說：(若見有)發生「苦」諦，(若見有)謂趣「習」(集)諦，(若見有)馳騁兮(爭馳狂騁)於斯(此)，「壞」於「三有」諸所生處。又說：當求行於「徑」(道)路，是謂(有)「二諦」馳騁其行。	⑵是(諸比丘)人(竟)說：(若見有)「生死」相，(此即)是「苦」諦。(若見有)「眾緣和合」，(此即)是「集」諦。(若見有)「滅法」故，(此即)是「滅」諦。(若)以「二法」求相，(此即)是「道」諦。	⑵是(諸比丘)人(竟)說：(若見有)「生」相，(此即)是「苦」諦。(若見有)「眾緣和合」，(此即)是「集」諦。(若見有)「滅」法，(此即)是「滅」諦。(若)以「二法求相」，(此即)是「道」諦。
(貳)是等愚騃兮(愚癡頑騃)，吾則名之(為)「異學」伴黨，非佛(之)弟子，(亦)非我「聲聞」，志趣邪「徑」(道)，破壞「正諦」，而自(我)「放逸」。	(貳)佛言：我說此(諸比丘乃)愚人，是「外道」徒黨，我非彼人(之)「師」，彼(亦)非我「弟子」。是人墮於「邪道」，破失「法」故，說言有(真實可得之)「諦」。	(貳)(勝思惟)梵天！我說彼(諸比丘乃)愚癡人，是「外道」徒黨，墮於「惡道」，我非其(之)「師」，彼人(亦)非我「聲聞」弟子。如是之人，隨外「邪道」，破「失法」故，說言有(真實可得之)「諦」。
(參)	(參)	(參)
⑴吾處「道場」(於)佛(菩提)樹下時，(吾所證得之法)不歸(於)「誠」諦(此指「無實」)，亦	⑴(思益)梵天！汝且觀我坐「道場」時，不得(真實之)「一法」。(吾所證得之法)是	⑴(勝思惟)梵天！且觀我坐「道場」時，不得(真實之)「一法」。(吾所證得之法)是

無「虛妄」(此指「無虛」)。	實？是虛妄？	實？是妄語？
	(此指佛所證之法乃「無實無虛」)	(此指佛所證之法乃「無實無虛」)
⑵佛於諸法，亦無所趣。以是之故，求如來法，勿觀「二事」，勿言「有二」，為「二問」也。	⑵若我不得(真實之一)法，是法寧可於眾中有(真實存在之)「言說」、有(真實存在之)「論議」、有(真實存在之)「教化」耶？	⑵若佛不得(真實一)法，是法寧可於眾中有(真實存在之)「言說」、有(真實存在之)「論義」、有(真實存在之)「教化」耶？
(持心)白曰：不敢也！	(思益)梵天言：不也！世尊。	(勝思惟)梵天言：不也！世尊。
㈣天中天(佛陀)答曰：(若見有二法、二事、二問者)是為「顛倒迷惑」之道，(則永)不能蠲除一切所趣。	㈣(佛言：思益)梵天！以諸法(乃)「無所得」故，諸法(為)「離自性」故，我(所證得之)「菩提」是「無貪愛相」。	㈣佛言：(勝思惟)梵天！以諸法(乃)「無所得」故，諸法(為)「離自性」故，我(所證得之)「菩提」是「無貪愛相」。

一－53 如來所得法，乃不可「見、聞、覺、識、取、著、說、難」，超過一切諸法相，無語、無說

西晉·竺法護 譯《持心梵天所問經》	後秦·鳩摩羅什 譯《思益梵天所問經》	北魏·菩提流支 譯《勝思惟梵天所問經》
①於是持心白世尊曰：如來之法而「無顛倒」，亦「無所得」。所以者何？如來逮成佛時，所號名曰「平等覺」者，為何謂耶？	①爾時思益梵天白佛言：世尊！若如來於法「無所得」者，有何利益說：如來得「菩提」名為「佛」？	①爾時勝思惟梵天白佛言：世尊！若如來於法「無所得」者，以何義故？說如來坐「道場」名為「佛」，證何法故，說如來名為「應、正遍知」？
②(世尊)答曰：於(持心)梵天意，所察云何，佛所說法，為「有」？為「無」？為「實」？為「虛」？	②佛言：(思益)梵天！於汝意云何？我所說法，若「有為」、若「無為」，是法為「實」？為「虛妄」耶？	②佛言：(勝思惟)梵天！於汝意云何？我所說法，若「有為」、若「無為」，是法為「實」？為「虛妄」耶？
(持心梵天)答曰：為「虛」。天中天！「無所有」也，安住至聖。	(思益)梵天言：是法「虛妄」，非實。	(勝思惟)梵天言：世尊！是法「虛妄」，非實。修伽陀(sugata，為佛十號之一)！是法「虛妄」，非實。

參佛言：(勝思惟)梵天！於汝意云何？若法「虛妄」，非實，是法為「有」？為「無」？

(勝思惟)梵天言：世尊！若法「虛妄」，是法不應說「有」，不應說「無」。

肆佛言：(勝思惟)梵天！於汝意云何？若法「非有、非無」，是法有(真實可)「得」者不？

(勝思惟)梵天言：世尊，若法「無」者，彼法不得言「有」、不得言「無」。

伍佛言：(勝思惟)梵天！若法「非有非無」，彼法云何(獲)證？

(勝思惟)梵天言：世尊！彼法「不」證。

陸佛言：(勝思惟)梵天！如來坐道場時，唯知「虛妄、顛倒」，(其)所(生)起(之)諸「煩惱染(法)」，(皆)畢竟不生，以「無所得」故「得」，以「無所知」故「知」。

柒何以故？(勝思惟)梵天！我所得法，
不可見、不可聞，
不可覺、不可識，

參於汝意云何？若法「虛妄」，非實，是法為「有」？為「無」？

(思益)梵天言：世尊！若法「虛妄」，是法不應說「有」、不應說「無」。

肆伍於汝意云何？若法「非有、非無」，是法有(真實可)「得」者不？

(思益)梵天言：「無有得」者。

陸(思益)梵天！如來坐道場時，惟得(由)「虛妄、顛倒」，(其)所(生)起(之)煩惱，(皆)畢竟「空性」，以「無所得」故「得」，以「無所知」故「知」。

柒所以者何？我所得法，
不可見、不可聞，
不可覺、不可識，

參又問(持心)梵天：其「虛無法」，為「有所住」？為「無所住」？

(持心)答曰：天尊，其「虛無」者，亦「無所住」，亦「無不住」。

肆伍又問：云何(持心)梵天，而於諸法，亦不「有住」，亦不「無住」。

大聖報曰：云何得道？
(持心)答曰：彼「無得道」。

陸(佛)告曰(持心)梵天：如來坐於樹下，處在「道場」，曉了「欲塵」所處(之)顛倒，(其)本常「清淨」，空無自然，所「曉了」者，如「無所了」(無所了知)，亦不「不了」。(以上指「無所了知」與「不無所了知」)

柒所以者何？以是之故，吾所了法，逮正覺者，
無見、無聞，
無念、無知，

無受、無著， 亦無所趣， 皆以「超越」一切諸性， 無言、無辭 無字、無句， 亦無「言教」。	不可取、不可著， 不可說、不可難， 出過(出離越過)一切法相， 無語、無說， 無有文字， 無言說道。	不可憶， 不可取、不可著， 不可說、不可難， 出過(出離越過)一切境界， 無語、無說， 無行不求， 無有文字， 無言語道， 非識境界， 無字、非言語所說。
㊼如是(持心)梵天，諸法如(虛)「空」，而爾欲得逮「諸法」乎？	㊼(思益)梵天！此法如是，猶如「虛空」，汝欲於如是(虛空之)法中(獲)得(真實可得之)「利益」耶？	㊼(勝思惟)梵天！彼法如是，猶如「虛空」，汝乃欲於如是(虛空之)法中而(獲)得(真實之)證耶？
(持心)答曰：不也，天中天。	(思益)梵天言：不也，世尊。	(勝思惟)梵天言：不也，世尊。

一－54 如來已證得如是「寂滅相法」，而仍以「文字言說」方便教人令證

西晉・竺法護 譯 《持心梵天所問經》	後秦・鳩摩羅什 譯 《思益梵天所問經》	北魏・菩提流支 譯 《勝思惟梵天所問經》
㊀(思益梵天云:)又復世尊，諸佛大聖，甚不可及，至未曾有，具「誠諦」(真誠實諦)法，諸佛世尊，至有「大哀」(大慈哀愍)，(雖已)分別曉了「寂然」(寂滅凝然)之法，而(仍)以「文字」為他人說。	㊀(思益梵天云:)諸佛如來甚為希有，成就未曾有法，深入「大慈大悲」，(雖已)得如是「寂滅相」法，而(仍)以「文字言說」教人令得。	㊀(勝思惟梵天云:)諸佛如來甚為希有，成就不可思議未曾有法，深入「大慈大悲」，(雖已)得如是「寂滅相」法，而(仍)以「文字語言」教人令得。
㊁其有(能)「信樂」如來說法，(此需)立諸「德本」(功德善本)「具足」所當(所能擔當)。斯等(大善根之)眾生，則於諸佛	㊁世尊！其有聞是能(生)「信解」者，當知是人不從「小功德」(小善根功德，此指需眾善功德)來。	㊁世尊！若有眾生得聞是法，能(生)「信解」者，當知是人不從「小功德」(小善根功德，此指需眾善功德)來。

(巳)無有「罪咎」(罪業咎失)。		
(參)所以者何？(此般若大法為)一切世間，悉共「信」之，(般若之)志(皆導歸)「無所著」。	(參)世尊！是(般若)法(為)一切世間之所「難信」。	(參)何以故？世尊，是(般若)法(為)一切世間之所「難信」，何以故？世間不能信如是法故。
		(肆)佛言：(勝思惟)梵天！云何是法一切世間之所「難信」？
(伍)又，天中天！	(伍)所以者何？	(伍)(勝思惟)梵天言：世尊！
(1)世人信法，(信)法是(有)我、(有)所，(此皆)倚俗著法(執著法義)，法(是)無「實」、無「虛」。	(1)世間貪著「實」，而是法無「實」、無「虛妄」。	(1)世間貪著「諦」，而是法無如是，此法非「實」、非「妄語」。
(2)無「法、非法」。	(2)世間貪著「法」，而是法無「法」、無「非法」。	(2)世間貪著「法」，而是法無「法」、無「非法」。
(3)而世俗人依倚「泥洹」，於斯(此)察之，無有「終始」(生之始與死之終)，(故)亦無「泥洹」。	(3)世間貪著「涅槃」，而是法無「生死」、無「涅槃」。	(3)世間貪著「涅槃」，而是法無「生死」、無「涅槃」。
(4)(世)俗(依)倚「善德」，(而「善法」乃)無有「善德」，亦無「不善」。	(4)世間貪著「善法」，而是法無「善」、無「非善」。	(4)世間貪著「善法」，而是法無「善」、無「非善」。
(5)(世)俗(依)倚「安樂」，(而「安樂」乃)無「苦」、無「樂」。	(5)世間貪著「樂」，而是法無「苦」、無「樂」。	(5)世間貪著「樂」，而是法無「苦」、無「樂」。
(6)(世)俗(依)倚「佛興」(佛陀誕興)，(其實)佛亦「不生」亦不「滅度」。	(6)世間貪著「佛出世」，而是法無「佛出世」，亦無「涅槃」。	(6)世間貪著「佛出世」，而是法無「佛出世」，亦無「涅槃」。
(7)又復(雖有)說法，(皆)當得「審諦」(審察諦觀最高空性智慧)。	(7)雖(示現)「有說法」，而是法(仍是)「非可說」相。	(7)雖(示現)「有說法」，而是法(仍是)「非可說」相。
(8)(雖有)顯揚「聖眾」，(而仍)以「無為事」而為「審諦」(審察諦觀)。	(8)雖(有)讚說「僧」，而僧即是「無為」(法)。	(8)雖(有)讚歎「僧」，而僧即是「無為」(為)。

⑥其(般若)經典者,(若)於世可(對此法生)信(者),(此)譬如假喻(能)從水生火、(能)從火出水(般的困難),悉(眾)因緣(和)合(乃能對此大法生信)。	⑥是故此(般若)法(為)一切世間之所難信。譬如(能從)水中出火、(能從)火中出水,(此亦)難可得信。	⑥是故此(般若)法(為)一切世間之所難信。世尊,譬如(能從)水中出火、(能從)火中出水,(此亦)難可得信。
⑦佛言:如是覺了(覺悟明了)「塵欲」(乃不可得,塵欲為性空),則(能)成「佛道」所由「因緣」。所以者何?	⑦如是「煩惱」中有「菩提」(煩惱能「轉」為菩提)、「菩提」中有「煩惱」(菩提與煩惱皆「無自性」),是亦難信,所以者何?	⑦如是「煩惱」中有「菩提」(煩惱能「轉」為菩提)、「菩提」中有「煩惱」(菩提與煩惱皆「無自性」),是亦難信,何以故?
⑧ (1)如來所因,(己)覺了(覺悟明了)「塵勞」(乃不可得)。(雖己)成正覺者,(亦)無逮「正覺」(因無法可證、可得,故亦無正覺可得), (2)既(雖)有所說,而(仍)不見色。 (3)亦「無所念」。 (5)亦「不造二」。 (6)亦「無所證」。 (4)不得「滅度」,亦無「寂然」。	⑧ (1)如來(已證)得是「虛妄煩惱」之(實)性(乃不可得),(因)而「無法」不得。 (2)(雖)「有所說法」,亦「無有形」。 (3)雖「有所知」,亦「無分別」。 (4)雖(有)「證涅槃」,亦「無滅」者。	⑧ (1)如來(已證)得是「虛妄煩惱」之(實)性(乃不可得),(故)「無法」可證。 (2)(雖)「有所說法」,而「不可見」。 (3)雖「有所知」,而「無分別」。 (4)雖(有)「證涅槃」,而「無所知」。 (5)雖(有)「修諸行」,而不作「二相」。 (6)雖有「證法」,而「無所得」。 (7)雖(有)「滅諸障」,而「無所滅」。

一一55 思益梵天云:若善男子、善女人能信解如是「般若空性」法義者,能得底下 108 種不可思議功德

西晉・竺法護 譯《持心梵天所問經》	後秦・鳩摩羅什 譯《思益梵天所問經》	北魏・菩提流支 譯《勝思惟梵天所問經》
壹（思益梵天云：）唯然世尊！若族姓子、族姓女，設有曉了信斯（般若空性）法者：（當得下面 108 種不可思議功德）	壹（思益梵天云：）世尊！若有善男子、善女人能信解如是（般若空性）「法義」者：（當得下面 108 種不可思議功德）	壹（勝思惟梵天云：）世尊！若善男子、善女人，有能信解如是（般若空性）「法義」：（當得下面 108 種不可思議功德）
❶則（知此人已）能蠲除一切「諸見」，而得「解脫」。當為（此人而作）稽首、歸命、作禮。（詳見底下第❽與❽）	❶當知是人，（能）得（解）脫「諸見」（例如古印度外道所執著之62種錯誤見解）。	❶當知是人，（能）得（解）脫「諸見」（例如古印度外道所執著之62種錯誤見解）。
❷❸（此人已供）奉若（干）如來，於過去（諸）佛，（此人）已為造行（造作諸善行）。	❷當知是人，（過去）已（曾）「親近」無量諸佛。 ❸當知是人，（過去）已（曾）「供養」無量諸佛。	❷❸當知是人，（過去已曾）「供養」諸佛，（過去）以曾「親近」無量諸佛故。
❹則（此人已）為「善友」，（此人）所見（已獲善知識）攝護（攝受護念）。	❹當知是人，（已）為「善知識」（之）所護（念）。	❹當知是人，（已）得「善人」（之）護，以為一切諸「善知識」（之）所「護念」故。
❺（此人）「志樂」（心志意樂）「微妙」。	❺當知是人，（能）「志意」（心志意樂）曠大。	❺當知是人，（能）信「大妙法」，以「妙善根」得增上故。
❻（此人）殖眾德本（功德善本）。	❻當知是人，（能）「善根」深厚。	
❼已為逮得「安諦」（安隱真諦）之（法）藏，（能）攬持（攬攝護持）法府（法典府庫）。	❼當知是人，（能）「守護」諸「佛法藏」。	❼當知是人，（能）善得「法財」大妙寶藏，以能守護「佛法藏」故。
❽則（能）滅眾罪，建立（建置設立）道業。	❽當知是人，能「善思量」，起於「善業」。	❽當知是人，（能）「隨順作業」，以能善作「所作法」故。
❾則致「貴姓」，（能）總持如來「言教」之宗。	❾當知是人，（能生）種姓「尊貴」，生「如來家」。	❾當知是人，（能生）「種姓」尊貴，以得生於「如來家」故。
❿則（此人能）為「大（布）施」，放捨「塵垢」。	❿當知是人，能行「大捨」，捨諸「煩惱」。	❿當知是人，能行「大捨」，以捨一切諸「煩惱」故。
⓫則（此人能）護「（持）戒力」，無「愛欲力」。	⓫當知是人，（能）得「持戒力」，非「煩惱力」。	⓫當知是人，（能）得「持戒力」，以無起心「破戒法」故。
⓬則（此人能）致「忍（辱）力」，	⓬當知是人，（能）得「忍辱	⓬當知是人，（能）得「忍辱

無疆_巨（疆➜古同彊或強）恚 （強大瞋恚）勇（力）。	力」，非「瞋恚力」。	力」，以是人能「捨身命」 故。
⑬為「精進力」，而無「懈厭」 （懈怠厭足）。	⑬當知是人，（能）得「精進 力」，無有「疲懈」。	⑬當知是人，（能）得「精進 力」，以是人心「不疲倦」 故。
⑭為「禪定力」，棄除「罪 業」。	⑭當知是人，（能）得「禪定 力」，滅諸「惡心」。	⑭當知是人，（能）得「禪定 力」，以燒一切「不善法」 故。
⑮為「智慧力」，捨離「邪 見」。	⑮當知是人，（能）得「智慧 力」，離「惡邪見」。	⑮當知是人，（能）得「智慧 力」，以離一切「惡行見」 故。
⑯一切「諸魔」，莫能迴動 （迴轉動盪）。	⑯當知是人，（為）一切「惡 魔」，不能得便。	⑯當知是人，（能）不為「他 敗」，以過一切「惡魔境」 故。
⑰（所有）仇敵怨讎（怨恨讎賊）， 無能得勝。	⑰當知是人，（為）一切「怨 賊」所不能破。	⑰當知是人，「怨」不能伏， 以離一切諸「對敵」故。
⑱（此人）終不誑惑於世間 人。	⑱當知是人，（已能）不誑（惑） 世間。	⑱當知是人，（能）不誑（惑於） 世間，以其不誑「諸如 來」故。
⑲（此人）所言「至誠」（貞至真 誠），（能）講說曉了「諸法 本淨」。	⑲當知是人，（為）是「真語」 者，善說法相故。	⑲當知是人，是「真語」者， 諸法自性，善能說故。
⑳（此人）則為真實說「究竟 法」。	⑳當知是人，（為）是「實語」 者，說「第一義」故。	⑳當知是人，是「實語」者， 說「第一義實法相」故。
㉑（此人）則為如來之所「攝 護」（攝受護念）。	㉑當知是人，善為諸佛之 所「護念」。	㉑當知是人，（能）得「善護 念」，以諸如來所「護念」 故。
㉒（此人）則樂「仁和」（仁慈柔 和），（能）遊居「安處」（安樂 之處）。	㉒當知是人，（能）「柔和軟 善」，同止（於）安樂（之處）。	㉒當知是人，（能）「柔和軟 善」，以同止住「善安樂」 故。
㉓（此人）則為「財富」，於（七 種）「賢聖業」。	㉓當知是人，名為「大富」， 有（七）「聖財」（七聖財。①信 財：能信受正法②戒財：能持戒律③ 慚財：能「自我慚羞」而不造諸惡④ 愧財：能於「外不善法」而生愧咎⑤ 聞財：能多聞佛典正教⑥施財：能施 捨諸物，捨離執著⑦慧財：能修習般	㉓當知是人，（能）名為「大 富」，以是人有（七）「聖法 財」故。

	若空性智慧)故。	
㉔(此人)則知「止足」(住止滿足)，於(諸)「賢聖」(賢種聖果)行。	㉔當知是人，常能「知足」，(己能)行「聖種」(聖果之種)故。	㉔當知是人，常能「知足」，以其具足行「聖種」(聖果之種)故。
㉕(此人)善見「長養」(長育培養)，(能)殷勤供事。	㉕當知是人，(於飲食)「易滿易養」，離「貪著」故。	㉕當知是人，(能)「易滿易養」，以如是人離「食貪」故。
㉖(此人)則當見「信」，度於「彼岸」。	㉖當知是人，(能)得「安隱心」，到「彼岸」故。	㉖當知是人，(能)得「安忍力」，以如是人「到彼岸」故。
㉗(若有)為志「脫」者，而勗勵(勉勗獎勵)之。	㉗當知是人，(能)度「未度」(未得度化)者。	㉗當知是人，為「能度」者，以是人能度「未度」故。
㉘(若有)樂得「脫」者，即令勉濟(勤勉救濟)。	㉘當知是人，(能)解「未解」(未得解脫)者。	㉘當知是人，為「能解」者，以是人能解「未解」故。
㉙(若有)無「所依」者，而使「憑附」(依憑托附)。	㉙當知是人，(能)安「未安」(未得安穩聖道)者。	㉙當知是人，為「能安」者，以是人能安「未安」故。
㉚(若有)樂「無為」者，從得「泥洹」(泥洹)。	㉚當知是人，(能)滅「未滅」(未得涅槃滅盡)者。	㉚當知是人，為「能滅」者，以令「未脫」得解脫故。
㉛(若有)樂於「道」者，為具「敷弘」(敷演弘揚)。	㉛當知是人，能示「正道」。	㉛當知是人，為「能示」者，以能為人示「正道」故。
㉜(若有)慕「超越」(超脫越過繫縛)者，而為「示現」(開示顯現法義)。	㉜當知是人，能說「解脫」。	㉜當知是人，為「能知」者，以是人能脫「未脫」故。
㉝又(習)諸「方術」(藥方醫術)，則(能)為「醫王」。	㉝當知是人，(能)為「大醫王」，善知諸(法)藥。	㉝當知是人，(能)為「大醫王」，以能善知「諸法藥」故。
㉞一切病者，為設「良藥」。	㉞當知是人，猶如「良藥」，善療眾病。	㉞當知是人，(能)為如「良藥」，以療眾生「煩惱病」故。
㉟致於「智慧」，則為「力援」(大力助援)。	㉟當知是人，(能)「智慧」勇健。	㉟當知是人，(能)為有「大力」，以是人有「智慧力」故。
㊱逮獲「勢力」(豪健勢力)，以為歡樂，得出(入)自在。	㊱當知是人，(能)為有「大力」，(能)堅固究竟。	㊱當知是人，(能)有「不退力」，以有「堅固畢竟法」故。
㊲不「依因」(依止相因於)人，亦不「從受」(從他人而受)。	㊲當知是人，(能)有「精進力」，不隨「他語」。	㊲當知是人，(能)有「精進力」，以常修行「不依他」

		(不必依止他人規勸或叮嚀)故。
❸無有恐懼，衣毛(喻人之容顏或毛孔皮膚豎立驚懼)不竪，如師子步，(能)致得妙乘。	❸當知是人，(能)為如「師子」，無所「怖畏」。	❸當知是人，(能)為如「師子」，以離「怖畏」毛竪(喻人之容顏或毛孔皮膚豎立驚懼)等故。
❸為如「神龍」，(能)安和(安穩詳和)其心。	❸當知是人，(能)為如「象王」，其心「調柔」。	❸當知是人，猶如「大龍」，以是人「心善調柔」故。
❹猶如「調象」，(能)遊在眾中。	❹當知是人，(能)為如「老象」，其心「隨順」。	❹當知是人，(能)為如「大象」，以其善能「調伏心」故。
❹若如「神仙」，則致勇猛(威勇雄猛)。	❹當知是人，(能)為如「牛王」，能導「大眾」。	❹當知是人，(能)為如「牛王」，以其善能導「大眾」故。
❹降伏怨敵，(能)遊于大會。	❹當知是人，(能)為「大勇健」，能破「魔怨」。	❹當知是人，(能)為「大勇健」，以能破壞諸「魔怨」故。
❹❹志強(意志堅強)無懼(無所恐懼)，意果(意念勇果)自(能)恣(恣志大膽)，而無所畏。	❹當知是人，(能)為「大丈夫」，處眾「無畏」。	❹當知是人，(能)為「不畏」者，以得遠離「大眾畏」故。
	❹當知是人，(能)無所「忌難」，得「無畏法」故。	❹當知是人，(能)無所「畏懼」，以是人得「無畏法」故。
❹所說「正諦」，悉無有(恐畏阻)難。	❹當知是人，(能)無所「畏難」，說「真諦法故」。	❹當知是人，(能)無所「忌難」，以是人能說「諦法」故。
❹(能)蠲「塵勞」法，如「月」盛滿。	❹當知是人，(能)具「清白」法，如「月」盛滿。	❹當知是人，(能)為如「明月」，以得滿足諸「白法」故。
❹(得)智慧光明，如炬遠照，如「日」之昇，無所不耀。	❹當知是人「智慧光照」，猶如「日」明。	❹當知是人，(能)照明如「日」，以「智慧光」能照明故。
❹(能)滅除「眾冥」，若如「錠燎」(古通「庭燎」→立於門庭中照明的火燎炬焰)。	❹當知是人，(能)除諸「闇冥」，猶如「執炬」。	❹當知是人，(能)為如「燈炷」，以離一切諸「闇冥」故。
❹(能)離於諸(執)著，無有「增、減」。	❹當知是人，(能)樂行「捨心」，離諸「憎、愛」。	❹當知是人，(能)心「堅如地」，以得遠離「憎、愛」心故。

⑤⓪持行(修持諸行)如「地」，眾生仰活(仰賴而活)，猶若良田，(能令)百穀滋殖(滋生繁殖)。	⑤⓪當知是人，(能)「載育」(承載養育)眾生，猶如「地」。	⑤⓪當知是人，(能)「平等」如「地」，以能「容受」諸眾生故。
⑤①(能)洗一切垢，譬若如「水」。	⑤①當知是人，洗諸「塵垢」，猶如「水」。	⑤③當知是人，(能)不住如「風」，以其「不著」一切法故。
⑤②(能)滅除諸想(妄想動念)，猶若如「火」。	⑤②當知是人，燒諸「動念」(妄動念頭)，猶如「火」。	⑤①當知是人，能淨如「水」，以蕩一切「煩惱垢」故。
⑤③於一切法而「無所著」，猶若如「風」。	⑤③當知是人，於法「無障」，猶如「風」。	⑤②當知是人為如猛「火」，以燒一切諸「動念」故。
⑤④(心已)不可動搖，如須彌山。	⑤④當知是人，其心「不動」，如「須彌」。	⑤④當知是人，(能)如「須彌山」，以其「堅固不可動」故。
⑤⑤志性堅強，猶若「金剛鐵圍」之山。	⑤⑤當知是人，其心「堅固」，如「金剛山」。	⑤⑤當知是人，(能)「金剛堅固」，如鐵圍山，「不可壞」故，心堅固故。
⑤⑥諸外(道)異學，莫能當(相當對等)者。	⑤⑥當知是人，一切外道「競勝論」者，所不能動。	⑤⑥當知是人，(能)不可「降伏」，以「一切怨」不能伏故。
⑤⑦(所有)「聲聞、緣覺」，(皆)無能及者。	⑤⑦當知是人，(為)一切「聲聞、辟支佛」所不能測。	⑤⑦當知是人，(能)不可「度量」，以非「二乘」所(能)度量故。
⑤⑧以法(平)等味，譬若如「海」，則(能)為度師(度人之師)。	⑤⑧當知是人，(能)多饒「法寶」，猶如「大海」。	⑤⑧當知是人，(能)「豐寶」如海，以其多饒「正法寶」故。
⑤⑨(能)蠲除一切「塵勞」之渴。	⑤⑨當知是人，(能)「煩惱」不現，如「波陀羅」(samudra？大海)。	⑤⑨當知是人，(能)為如「大海」，以盡一切「諸煩惱」故。
⑥⓪慕求(愛慕仰求)經法(佛經法要)，未曾「厭足」。	⑥⓪當知是人，(能)求法「無厭」。	⑥⓪當知是人，(能)為「不厭足」，以常求法「不厭足」故。
⑥①則於「智慧」，而(永)無「充溢」(充盈滿溢)。	⑥①當知是人，(能)以「智慧」知足。	⑥①當知是人，(能)為「滿足」者，以有「智慧知足法」故。

❻❷則為聖皇(聖人皇士)，而「轉法輪」。	❻❷當知是人，能「轉法輪」，如「轉輪王」。	❻❷當知是人，(能)如「轉輪王」，以是人能「轉法輪」故。
❻❸顏貌姝特(姝姿奇特)，如「天帝釋」。	❻❸當知是人，(能)身色「殊妙」(姝姿微妙)，如「天帝釋」。	❻❸當知是人，(能)如「帝釋王」，以如是人「住持色」故。
❻❹心得自在，有如「梵天」。	❻❹當知是人，(能)心得「自在」，如「梵天王」。	❻❹當知是人，(能)如「梵天王」，以如是人「得自在」故。
❻❺演法(之聲有如)雷震，猶如天陰(能降大法雨)。	❻❺當知是人，(其)說法音聲，猶如「雷震」。	❻❺當知是人，(能)為「降大雨」，以是人能雨「法雨」故。
❻❻為雨甘露，如澍(降)洪澤(洪水湖澤)。	❻❻當知是人，(能)降「法甘露」，猶如「時雨」。	❻❻當知是人，(能)為「降甘露」，以「甘露法雨」眾生故。
❻❼則得長益(增長助益)，「(五)根、(五)力、(七)覺、(八)意」。	❻❼當知是人，能增長無漏「(五)根、(五)力、(七)覺、(八)分」。	❻❼當知是人，能自「增長，以得諸「(五)根、(五)力、(七)覺、(八)分」故。
❻❽則得超度「生死之患」。	❻❽當知是人，已度「生死污泥」。	❻❽當知是人，(能)為「到彼岸」，以能出(越)過「世間(輪)溺」故。
❻❾便得進入於「佛聖慧」。	❻❾當知是人，(能)入「佛智慧」。	❻❾當知是人，(能)為「入彼岸」，以其能入「佛智慧」故。
❼⓿則得逮(接)近，(導引)致「佛正道」。	❼⓿當知是人，(能)近「佛菩提」。	❼⓿當知是人，則為「近到」，以其得近「佛菩提」故。
❼❶❼❷當獲「博聞」，無有倫匹ㄆㄧˋ(同倫匹敵)。	❼❶❼❷當知是人，能「多學問」，無與等(無人與你相等)者。	❼❶當知是人，則為「無等」，以足「智慧」增上滿故。
		❼❷當知是人，(能)為「無等等」，以有「聞慧」無等等故。
❼❸以過於「量(度)」，悉無有「量」。	❼❸當知是人，無有「量(度)」、已過「量」。	❼❸當知是人，(能)不可「測量」，以過「諸量」，非可測故。
❼❹智慧辯才，而無「等侶」(相等同侶)。	❼❹當知是人，(於)「智慧、辯才」，無有障礙。	❼❹當知是人，(能)無有「障礙」，以樂「說辯」無滯著故。

⑦逮得「總持」，志性堅強。	⑦當知是人，(能)得「憶念堅固」，得「陀羅尼」。	⑦當知是人，(能)「憶念堅固」，以得具足「聞持力」故。
⑦意達(意志通達)聰明，(能)覩「群生」(眾生)性。	⑦當知是人，(能)知諸眾生「深心」所行。	⑦當知是人，則為「能去」，以是人得「義隨順」(能隨順法義)故。
⑦(遵)循(正道)觀(察)諸法，其志「果暢」(勇果暢達)。	⑦當知是人，(能)得「智慧力」，「正觀」諸法，解達義趣。	當知是人，(能)為得「善意」(諸善深意)，以能觀察(而)「入正法」故。
		⑦當知是人，(能)「善知」眾生，以是人得「眾生心」故。
⑦常行「慈愍」，哀(愍)世間人。		
	⑦當知是人，(能)勤行「精進」，利安世間。	⑦當知是人，(能)勤行「精進」，以為利安諸世間故。
⑧已得超度「世俗」之事。	⑧當知是人，(能)超出於「世」。	⑧當知是人，(能)為已「出世」，以是人心過「世間」故。
⑧(能)行無所著，猶如蓮華。	⑧當知是人，不可「污染」，猶如蓮華。	⑧當知是人，(能)為「不可污」，以心「無染」如蓮華故。
⑧(能)不為俗法之所「染污」。	⑧當知是人，(能)不為「世法」所覆(覆蓋染污)。	⑧當知是人，(能)不為所「覆」(覆蓋染污)，以「世八法」(利、衰、毀、譽、稱、譏、苦、樂)所不覆故。
⑧(能為)諸「明智」者，悉「愛敬」之。	⑧當知是人，(能為)「利根者」所愛(敬)。	⑧當知是人，(能)為得「快愛」，以諸「黠慧」(聰黠智慧)之所愛(敬)故。
⑧(能為)諸「博聞」者，多「信從」(信奉遵從)之。	⑧當知是人，(能為)「多聞者」所(尊)敬。	⑧當知是人，(能)為可「貴重」，有「多聞慧」可「貴重」故。
⑧(能為)為「眾智士」，常所「恭順」(恭敬順從)。	⑧當知是人，(能為)「智者」所念。	⑧當知是人，(能)為他「供養」，以「智慧人」之所知故。
⑧(能為)諸「天世人」，悉「奉	⑧當知是人，(能得)「人天」	⑧當知是人，(為)所應「供

事」(奉養承事)之。	供養。	養」,以「諸天人」所供養故。
❽(能為)諸「禪思」(禪修冥思)眾,「稽首」為禮。	❽當知是人,(能)為「坐禪者」之所「敬禮」。	❽當知是人,(為)是可「歸命」,以諸眾生所「歸命」故。
❽(能為)諸「賢聖眾」,咸來「宗侍」(歸宗奉侍)。	❽當知是人,(能為)「善人」所貴。	❽當知是人,(能為)「善人」所貴,以諸聖人所「歸敬」故。
❽(能為)聲聞、緣覺,所共「欽嘉」(欽重嘉許)。	❽當知是人,(能為)「聲聞、辟支佛」之所「貪慕」(貪賢[渴求賢才]仰慕)。	❽當知是人,則(能)為「可求」,以「二乘人」所供養故。
❾(此人)則好遠離(二乘之)「土地」(境土階地)之行。	❾當知是人,(能)不貪(二乘之)「小行」。	❾當知是人,(能)遠離「所求」,以離一切「二乘」行故。
❾(此人)則無「諂飾」(諂曲偽飾),不貪(名聞)「利養」。	❾當知是人,(能)不「覆藏罪」、不「顯功德」。	❾當知是人,(能)為不「諂曲」,以無「點污」(點損髒污)諂曲(諂護曲意)法故。
❾(此人)威神(感儀神態)巍巍(巍崇峨巍),(能)履「賢聖」跡。	❾當知是人,(能)「威儀」(威容儀態)備具,生他「淨心」。	❾當知是人,則(能)為「端正」,以具威儀(威容儀態)備成就故。
❾(能)端正殊雅(殊特典雅),色貌(色相容貌)難及。	❾當知是人,(能)「身色端正」,見者「悅樂」。	❾當知是人,(能)最為「可愛」(被敬愛喜愛),以過世間一切色故。
❾(能)威曜(威德照曜)光光(光亮顯赫之威光),不可稱究(稱歎究竟)。	❾當知是人,有「大威德」,(能為)眾所「宗仰」(歸宗景仰)。	❾當知是人,是(能)為「可依」,以「有威德」得具足故。
❾(此人)則以相好,而自莊嚴。	❾當知是人,(能)以「三十二相」莊嚴其身。	❾當知是人,(能)「莊嚴具足」,以有「諸相莊嚴」身故。
		❾當知是人,(能)間錯其身,以有「八十隨形好」故。
❾(此人)則能執持「佛之言教」。	❾當知是人,能「繼佛種」。	❾當知是人,則為「能護」,以是人能「護佛種」故。
❾(此人)則能「順護」(依順擁護)諸法訓典(教訓聖典)。	❾當知是人,能「護法寶」。	❾當知是人,則為「能收」,以得「不斷佛法種」故。
❾(此人)亦能「獎濟」(獎勵護濟)	❾當知是人,能「供養僧」。	❾當知是人,能「遮諸惡」,

賢聖之眾。		以其常能「護聖僧」故。
⑩(此人)便常逮見「諸佛正覺」。	⑩當知是人，(能得)諸「佛所見」。	⑩是人(能得)諸「佛見」。
⑩(此人)因當速成「諸佛之眼」。	⑩當知是人，(能)為得「法眼」。	⑩是人(能)得「法眼」。
⑩(此人)而為諸佛所見「授決」。	⑩當知是人，(能)以「佛智慧」而得「受記」。	⑩是人(能得)「諸佛佛智」(之授)記。
⑩(此人)則當獲致具足「三忍」。	⑩當知是人，(能)具足「三忍」(三法忍指：❶音響忍；隨順音聲忍；生忍。❷柔順忍；思惟柔順忍；柔順法忍。❸無生法忍；修習無生忍；無生忍。或指「喜忍、悟忍、信忍」這三個忍)。	⑩是人(能)滿足「三忍」。
⑩(此人)尋當得座於「佛樹」下。	⑩當知是人，(能)安住「道場」。	⑩是人(能)滿足「道場」。
⑩(此人)便能降伏魔及「官屬」(官吏下屬；官僚屬吏)。	⑩當知是人，(能)破壞「魔軍」。	⑩是人能降伏「眾魔」。
⑩(此人能)得「諸通慧」(諸通達的一切智)。	⑩當知是人，(能)得「一切種智」。	⑩是人已得「一切智」。
⑩(此人)而(能大)「轉法輪」。	⑩當知是人，(能)轉於「法輪」。	⑩是人能轉「法輪」。
⑩則能興發(興起顯發)，造諸佛事，趣於深法。	⑩當知是人，(能)作無量「佛事」。	⑩是人能作「佛所作事」。

【底下錄自《梵和大辭典》】

vṛṣa	1273

普雨 *Gaṇḍ-vy.*, *Laṅk.*, *Saddh-p.*

vṛṣa 圐 牡牛(圂 では 一°のみ)，[*Śiva* 神乘用の獸でその象徵たるもの]；金牛宮 (十二宮の一)；(一°のみ) 動物の雄；男，夫(まれ)；同種中の最上のもの，(圇，一°)の長；正義または美德の牡牛，正義の象徵；德行；[*Viṣṇu* 神または *Kṛṣṇa* 神の稱]；[*Kṛṣṇa* 神の稱]；[ぁる Asura の名]；[種々の植物の名]；[種々の人物の名]；精液；漢譯 牛，牛王 *Madhy-v.*, *Ratna-ut.* gavāṃ ～āḥ 牡牛中の牡牛，骰子競技における主なる骰子.

《佛藏經 · 卷二》

舍利弗！「不淨說法」者，有五過失，何等為五？

一者：自言：「盡知佛法」。(佛經如大海，誰能盡知？誰能完整背下？誰能知行合一？誰能解行並進？誰能發願並想解脫輪迴？)

二者：說佛經時，出(故意顯出)諸經中「相違」過失(互相違背等種種過失)。

(例如刻意以顯教經典揭發密教經典的不圓滿法義。或刻意以般若經典揭發淨土經典的不圓滿法義。或刻意以禪宗經典揭發如來藏經典的不圓滿法義。或刻意以中觀經典揭發唯識經典的不圓滿法義。刻意以小乘經典揭發大乘經典的不圓滿法義)

三者：於諸法中，心疑不信。

四者：自以所知(而)非(否定)他(人說的)經法。

五者：(只為自己獲得)以利養(財利&名聲&供養)故，(才)為人說法。

舍利弗！如是說者，我說此人當墮「地獄」，不至「涅槃」。

《大般涅槃經》卷3〈金剛身品 2〉

(1)迦葉！若有比丘，以「利養」(財利&名聲&供養)故，(才)為他(人)「說法」，是人所有徒眾眷屬，亦效是師(而)貪求「利養」(財利&名聲&供養)。是人如是，便自壞「眾」。

(2)迦葉！「眾」有三種：一者「犯戒」雜僧，二者「愚癡僧」，三者「清淨僧」。「破戒」(之)雜僧，則易可「壞」。「持戒」(之)淨僧，(因不貪求)利養因緣，(故)所不能「壞」。

《佛說華手經》卷9〈為法品 31〉

(1)阿難！菩薩摩訶薩如所聞法，廣為人「說」，而不為法之所「傷害」。阿難！云何為法之所「傷害」？

(2)若有比丘，貪著「名稱、衣服、飲食、臥具、湯藥」種種「利養」(財利&名聲&供養)，(才)為他(人)講說「隨順頭陀、甚深淨戒、空相應法」，又自(己)不能如說(而)「修行」(此指講法的人並沒有「解行合一」)，是名比丘為法所(傷)「害」……

(3)當一心「說法」，為利(益)眾生故。若人以「利養」(之故)，(才)為大眾說法，(此人)依於「世利」(世俗利益)故，則為法所(傷)「害」。

《正法念處經・卷第三十一》

(1)若為「財物」故，(才)與人說法，不以「悲心」利益眾生而取財物，是名「下品」之法施也。是「下法施」，不以「善心」為人說法，唯為「財利」，(且)不能自身如說(而)修行(此指講法的人並沒有「解行合一」)，是名「下施」(最下等的「法布施」)……

(2)云何名為「上法施」(最上等的「法布施」)耶？以「清淨心」，為欲增長眾生「智慧」，而為說法。不為「財利」，為令「邪見」諸眾生等，住於「正法」。

(3)如是法施，(能)自利、利人，(為)無上(之)最勝，乃至「涅槃」，其福不盡。是則名曰「上法施」也。

《大智度論》卷19〈序品 1〉

五種邪命(五種不正當的邪命方式，不正當獲取名聞利養與謀生的方式)，(應)以「無漏智慧」(去斷)除、捨(棄)、(遠)離，(方)是為「正命」。

問曰：何等是五種「邪命」？

答曰：

一者、若行者為(自身的名聞)利養(財利&名聲&供養)故，(故意在信眾前)詐現「異相」奇特。

二者、為(自身的名聞)利養故，自說「功德」(即抑止他人而揚己功德，欲令信眾對他生敬信心，且永遠認為自己才是能給眾生「最大的功德」的修道人)。

三者、為(自身的名聞)利養故，(專以)占相、吉凶(預言)為人說。

四者、為(自身的名聞)利養故，(大語)高聲現威(詐現威儀)，(欲)令人畏敬。

五者、為(自身的名聞)利養故，(刻意對眾)稱說所得(之)供養(物)，以(感)動人心。(指明明是佛菩薩給的感應，就硬說是自己的修法力量造成。或者明明是由法會所獲的果報，也硬說是自己迴向的功德力量)

(共有五種)邪因緣(的)活命故，是為「邪命」。

唐・般若譯《大乘理趣六波羅蜜多經》

(1)「八萬四千」諸妙法蘊......攝為五分：

　　一、「素呾纜」。(sutra 經藏)

　　二、「毘奈耶」。(vinaya 律藏)

　　三、「阿毘達磨」。(abhidharma 論藏

　　四、「般若波羅蜜多」。(prajñā-pāramitā 般若藏)

　　五、「陀羅尼門」。(dhāraṇī 祕藏；陀羅尼咒語)

(2)此五種藏，(為)教化有情(眾生)，隨所應度而為説之。

　　❶若彼有情(眾生)，(有)樂處「山林」，常居「閑寂」，修「靜慮」者，而(如來)為彼説「素呾纜藏」(經藏)。

　　❷若彼有情(眾生)，(有)樂習「威儀」，護持「正法」，一味「和合」，令得久住，而(如來)為彼説「毘奈耶藏」(律藏)。

　　❸若彼有情(眾生)，(有)樂説「正法」，分別性相，循環研覈，究竟甚深，而(如來)為彼説「阿毘達磨藏」(論藏)。

　　❹若彼有情(眾生)，(有)樂習「大乘真實智慧」，離於「我、法」執著分別，而(如來)為彼説「般若波羅蜜多藏」(般若藏)。

　　❺若彼有情(眾生)，不能受持「契經」(經藏)、「調伏」(律藏)、「對法」(論藏)、「般若」。或復有情(眾生)，(有廣)造諸「惡業」，「四重、八重、五無間罪、謗方等經、一闡提」等種種重罪；(設欲)使得(諸惡業)「銷滅」，速疾解脱，頓悟「涅槃」，(故)而(如來)為彼説諸「陀羅尼藏」(陀羅尼咒語)。

(3)此「五法藏」，譬如「乳、酪、生酥、熟酥」，及「妙醍醐」。

　　❶「契經」(經藏)如「乳」。

　　❷「調伏」(律藏)如「酪」。

　　❸「對法教」(論藏)者如彼「生酥」。

　　❹「大乘般若」(般若藏)猶如「熟酥」。

　　❺「總持門」(祕藏；陀羅尼咒語)者，譬如「醍醐」。

(4)「醍醐」之味(指「總持陀羅門」)，(為)「乳、酪、酥」中，微妙第一，(陀羅尼咒語門)能除諸病，令諸有情「身心安樂」。

(5)「總持門」(陀羅尼咒語門)者，(於諸)「契經」(經藏)等中，最為第一，能除重罪，(能)令諸眾生解脱生死，速證「涅槃」，安樂「法身」。

經典是指如果有人不能受持「經、律、論、智慧」門的人，加上自己「罪業」又很重，只好持誦「咒語」來「消業」與「培福德」。

但若反之，如果真能受持「經、律、論、智慧」門的人，罪業已消了大半，又何需「非

咒語」不可？

罪業很重的人，大多無「福」可修學「般若空性」，所以只能「持咒語」來「消業」與「培福德」而已。如果罪業很少、福報又很大，當然都是修學「般若空性」與「三輪體空」為主，此人就算沒有「持咒語」，亦已「無礙」了。

例如六祖慧能大師，他以修「般若空性」為主，故大師也不必特別再加「持咒」一法，因為大師已是「無罪業＆開悟」之大聖人！

一－56 若能信解如是「般若空性」法義者，則以一劫，或減一劫，皆不能說盡其功德

西晉・竺法護 譯《持心梵天所問經》	後秦・鳩摩羅什 譯《思益梵天所問經》	北魏・菩提流支 譯《勝思惟梵天所問經》
壹（持心梵天云：若有人能信解如是般若空性法義者）不恐、不畏、不難、不（惶）懅。	壹（思益梵天云：）若人信解如是（般若空性）法義，不「驚、疑、怖、畏」者，得如是（108種不可思議）功德。	壹（勝思惟梵天云：）世尊！若有善男子善女人，得聞如是甚深（般若空性）法義，聞已不驚，「不增上」驚、「不上上」驚，是人則得如是（108種不可思議）功德。
	貳是人於諸佛「阿耨多羅三藐三菩提」甚深難解、難知、難信、難入，而能信受、讀誦、通利、奉持，為人廣說，如說修行，亦教他人如說修行。	
參唯天中天！（持心）吾於一劫若復過劫，詔（古同「咨」）嗟弄（咨讚嗟美）顯揚斯（信解如是般若空性法義之）「正士」（菩薩）等，不能究竟得其「邊際」，所行至德。	參如是之人，（思益）我以一劫、若減一劫，說其（修學般若空性之）功德，猶不能盡。	參世尊！（勝思惟）我以一劫若餘殘劫，說彼（修學般若空性之）善男子、善女人所得功德，猶不可盡。
肆諸佛之道，深妙若茲，難受難解，不可見，難曉		肆若諸佛「菩提」，如是難知、難見、難覺，（若有）能

難了。若有(人)受持而諷誦讀，便復奉行，若能「廣演」(般若空性法門)，普「分布」(分流傳布)者，於彼法說，則能「立眾」(安立眾生)，(是為)第一篤信。		信、能取、能受、能持、能讀、能誦，(並)為他「廣說」(般若空性)如是等法，既能自住(自我安住於道上)，復令他人(安)住是法中。 ㈤爾時如來告勝思惟大梵天言：(勝思惟)梵天！汝(已能)少分知彼諸「菩薩摩訶薩」(修此般若空性大法諸)色及(種種)功德，而讚歎之，(已能)如佛(我)所知，以我(本)具足有「無障礙佛之智」故。

《思益梵天所問經》三種譯本對照
第二卷

二一1 若菩薩能知如來以何「言語、隨宜、方便、法門、大悲」等「五力」，而為眾生說法，是為菩薩能作佛事

西晉・竺法護 譯 《持心梵天所問經》	後秦・鳩摩羅什 譯 《思益梵天所問經》	北魏・菩提流支 譯 《勝思惟梵天所問經》
㊀佛告(持心)梵天：仁所詔(古同「咨」)嗟(咨讚嗟美)諸(信解如是般若空性法義之)「正士」(菩薩)者，(其)至真之德，安能究盡(究竟窮盡其功德)？(諸多功德亦)不能及知(企及了知)如佛(之)所究(盡)。如來則以「無礙之慧」，申暢(申闡暢揚)其(人之功)德，爾乃(此乃)「達了」(通達解了)，(其)究盡(究竟窮盡)之耳。	㊀佛告(思益)梵天：汝何能稱說是人(信解如是般若空性法義能獲108種不可思議)功德？(若)如「如來」以無礙「智慧」之所知乎，是人所有功德，(更)復(起)過於此。	㊀(佛告勝思惟)梵天：彼善男子、善女人，(信解如是般若空性法義能獲)有如是(108種不可思議)等無量功德，復(還)有無量(功德起)過於是者。
㊁如來所說句議(古通「義」)旨趣，斯諸「正士」(菩薩)，悉當「了達」(了解通達)，而普「順從」(順服依從)，不為「逆亂」(逆反判亂)。所為至誠(貞至真誠)，不為迷惑，悉建「正議」(古通「義」)，志不馳騁(爭馳狂騁)，於「嚴飾」(莊嚴盛飾之佛法)事，(應)曉「如應」(如理隨應之)辭，猶若如來所演「言教」，(亦)譬若「大聖」(在宣)講「誠諦」(真誠實諦)法。	㊁若人能於如來所說「文字、言說、章句」，(皆能)通達「隨順」，不違、不逆，(能)和合為一。	㊁若有能知如來所說甚深之法，解義、解句，及解字者，則能證知彼甚深意，隨順「不違」，隨順「相應」(與)非「不相應」。
㊂又若如來所「說法」者，復超於此嚴飾「章句」，	㊂(能)隨其「義理」，不隨(其表相上的)「章句言辭」，而	㊂能解其「義」，不隨(其表面上的)「名字」，如是菩薩(便

不能究盡(究竟窮盡)覺了(覺悟明了)所有,(諸法乃)無(依)循、無(違)逆、無制(止)、無通(順),爾乃(此乃)「達識」(通達審識),而不「放逸」在於「嚴飾」,不(依)循(於)「言辭」之所知也;設無「言辭」,則是如來「說法」之辭(如來本無言辭,一切皆隨眾生根器而應機說)。如來「所可講說經(如理隨宜之應說)者,(以)「方便」宣「法」。如來加以興「無極哀」(無有極限之大悲哀愍),而為眾生敷陳(敷演陳敘)「經典」。	(能)善知「言辭」所(對)應之相。 (1)(能)知如來以何「語」說法? (2)(如來)以何「隨宜」(隨眾生根機之宜適)說法? (3)(如來)以何「方便」說法? (4)(如來)以何「法門」說法? (5)(如來)以何「大悲」說法?	能)知(如來)所說(之)法。 (1)以依何等「言語」(能知)如來說法? (2)以依何等(眾生根機之)「意」(能知)如來說法? (3)以依何等「方便」(能知)如來說法? (4)以依何等「入」(能知)如來說法? (5)以依何等「大悲」(能知)如來說法?
(肆)佛告(持心)梵天:假使菩薩能分別了如來「五力」所因(之)「療治」(攝療行治),是為菩薩,則能建立(建置設立)造諸佛事。	(肆)(思益)梵天!若菩薩能知如來以是「五力」(之)「說法」,是菩薩能作佛事。	(肆)(勝思惟)梵天!若有菩薩,知此如來「五力」(之)「行智」(治行智慧),是菩薩於諸眾生作住持事。

荻原雲來編《梵和大辭典》

pra-yoktra 匣 朱樽 (*Divy.*).

pra-yoga 1. 形 激励する (?) [*Agni* 神についてい：(哦)]. 男 [古聖仙の名].

pra-yoga 2. 男 結合；(語の)添加または使用 [因はしばば＝…の場合において]；(飛道具の)発射，擲射；呈，授与；…に着手すること，始め，開始；工夫，出，(ある人 一゜ の)行為；適用，雇用，使用；用例慣習；医薬または呪法の使用；手段 [圓 覆 のみ]；用すべきまたは普通の形 (文法)；上演，実演 [~t Dṛś, 舞台上に見る]；脚本；暗誦，発言，演説；誦されるべき詩句；利子を取って貸すこと，投資利子を取って貸した資本金；漢訳 相応，和合，離 *Abh-vy.*, *Daś-bh.*, *Guhy-s.*, *Śikṣ.*；行，加行，勤行，発行，修行，正行，所修，勤修，能修習，勤修習，所作，造作；経営，精進；始 *Abh-vy.*, *Bodh-bh.*, *Daś-bh.*, *Gaṇḍ-vy.*, *Lal-v.*, *Madhy-vibh-*, *Mvyut.*, *Rāṣṭr.*, *Śikṣ.*, *Sūtr.*；方便，方便行，加行方便，方便正行，誑作 *Bodh-bh.*, *Daś-bh.*, *Divy-*, *Gaṇḍ-vy.*, *Kaśy.*, *Lal-v.*, *Laṅk.*, *Sūtr.*；出息，出利，方便出息 *Bodh-bh.*, *Saddh-p.*；療治 *Saddh-p.* ~āyoga出入息利 *Saddh-p.* 111. 圓, 囮, ~tas (一゜)の手段によって。 ~ais 圓 ある手段によ

二—2 「説法」者，猶如「幻人、夢、響聲、影、鏡中像、陽焔、虚空」説，無決定性，故諸法相亦「不可説」也

西晉・竺法護 譯《持心梵天所問經》	後秦・鳩摩羅什 譯《思益梵天所問經》	北魏・菩提流支 譯《勝思惟梵天所問經》
㊜(持心)又問世尊:何謂如來「五力」(之)所「療」(攝療行治)?	㊜(思益)梵天言:何謂如來所用「五力」?	㊜(勝思惟)梵天言:世尊,何者如來「五力」(之)「行智」?
㊟大聖答曰: (1)謂法「言辭」(言說語辭)。 (2)入「如應」說(如理隨宜相應而說)。 (3)善「方便」。 (4)光顯於「法」,不失句義。 (5)分別「道跡」,入於「大哀」(大慈哀愍)。	㊟佛言: (1)一者,語說(言語說話)。 (2)二者,隨宜(隨眾生根機之宜適)。 (3)三者,方便。 (4)四者,法門。 (5)五者,大悲。	㊟佛言:(勝思惟)梵天! (1)一者,言語說法。 (2)二者,意(隨眾生根機之意願)說法。 (3)三者,方便說法。 (4)四者,入說法。 (5)五者,入大悲說法。
㊠佛言(持心)梵天:是為如來「五力」(之)所療(攝療行治),(此為)一切「聲聞、緣覺」之等,所不能及。	㊠是名如來所用「五力」,一切「聲聞、辟支佛」所不能及。	㊠(勝思惟)梵天!如是名為如來所用「五力」(之)「行智」(治行智慧),此深法中,非諸「聲聞、辟支佛」等所知境界。
㊢(持心)又問世尊:以何「言辭」(知)如來「演教」?	㊢(思益問)世尊!何謂為「說法」?	㊢(勝思惟)梵天言:世尊!云何菩薩知如來「言語說法」?
㊤世尊(曾)告曰: (1)(有)「過去、當來、現在」之教。 (2)(有)欲塵之語,(有)顛倒之言。 (3)(有)世俗、(有)度世。 (5)有漏、無漏。 (10)(有)所著、(有)無著。 (4)有罪、無罪。 (6)所有、無有。	㊤佛言:(思益)梵天! (1)如來(曾)說(有)過去法、說(有)未來、(有)現在法。 (2)說(有)垢淨法。 (3)說(有)世間、(有)出世間法。 (4)說有罪、無罪法。 (5)說有漏、無漏法。 (6)說有為、無為法。 (7)說(有)「我、人、眾生、壽	㊤佛言:(勝思惟)梵天! (1)如來(曾)說(有)過去法、說(有)未來法、說(有)現在法。 (2)說(有)染法、(有)淨法,說(有)善法、(有)不善法。 (3)說(有)世間法、(有)出世間法。 (5)說有漏法、無漏法。 (4)說有罪法、無罪法。 (6)說有為法、無為法。 (7)說(有)「我、眾生、人、丈

(7)(有)「我、人、壽命」。 (8)(有)逮造「證」辭。 (9)(有)周旋(周復旋回)生死。(有)「滅度」(涅槃)之辭。	命」法。 (8)說(有)得證法。 (9)說(有)生死、(有)涅槃法。	夫」法。 (8)說(有)得證法。 (9)說(有)生死法、(有)涅槃法。
(陸)是為(持心)梵天，諸(如來之)所言說，斯(此)眾「辭」者，	(陸)(思益)梵天！當知(如來有)是「諸言說」，	(陸)(勝思惟)梵天！當知是(如來有)諸言說，
(1)(但應)觀(照)辭如「幻」，「無所成」故。 (2)觀辭如夢，見「無實」故。 (3)觀辭如「響」，報應(果報相應)緣對「聲」故。 (4)觀辭如影，現「緣合」有故。 (5)觀辭如「鏡像」照現故。 (9)觀辭如形，「印」之有故。 (6)觀辭如燄(火:陽焰)，「顛倒見」故。 (7)觀辭如空，所有「盡」故。 (8)觀辭無言，「不可得」故。	(1)(但應觀照諸法)如幻人說，「無決定」故。 (2)如夢中說，「虛妄」見故。 (3)如「響聲」說，從「空」出故。 (4)說如影，「眾緣合」故。 (5)說如「鏡中像」，因不入鏡故。 (6)說如「野馬」(陽焰指飄浮的灰塵在太陽照射下，遠遠望去就會產生似水若霧、如雲似水的一種自然景象)，「顛倒」見故。 (7)說如虛空，「無生滅」故。 (8)當知是說，為「無所說」，諸法相「不可說」故。	(1)(但應觀照諸法)如說幻事，應知以「無決定」故。 (2)說如夢事，「虛妄」見故。 (3)如「響聲」說，從「空聲」出故。 (4)言說如影，「因緣合」故。 (5)言說如「印」，不轉入故。 (6)所說如「焰」，「顛倒」見故。 (7)如說虛空，「不生不滅」故。 (8)無說可說，應知以「無言語」故。
(柒)佛語(持心)梵天，假使菩薩，能曉了此(不可得之)諸法「言辭」(者)， (1)是菩薩者，乃(是真)能講說「諸法言辭」(者)。 (2)又(能)於諸法無所「依倚」，以無所「倚」，則能逮得「無礙辯才」。	(柒)(思益)梵天！若菩薩能知此(不可得之)諸說者， (1)雖(仍示現)有一切言說，而於諸法(仍是)「無所貪著」。 (2)以「不貪著」故，得「無礙辯才」。	(柒)(勝思惟)梵天！若菩薩能知如是(不可得之)諸說法者， (1)是菩薩雖(仍示現)有一切「言語」說法，而於諸法(仍是)「無所言說」。 (2)以「不貪著」法故，得「無障礙」，樂說「辯才」。

(3)以能逮得「無礙辯才」，則能為諸(有)罣閡閑(星礙閑滯)之眾(而)顯曜(顯露闡曜)平等(之法義)，亦(能)與(有星礙閑滯者)同處(而)講說經法，而不(受到)「質閡」(拘質阻閡)。(亦能)於一切辭(而)不壞「法性」，(亦能)遊(履於)諸言辭，及(於)所「破壞」(之法中而)悉無所「倚」。	(3)以是「辯才」，若(於)恒河沙劫說法(而)無盡無礙。諸有言說，(皆)不壞「法性」，亦復「不著」、(亦復)不壞「法性」。	(3)以是「辯才」，乃至若於恒河沙等劫，(作)種種說法(而)無盡無礙。諸有所說，不離「法界」故，「不執著」差別之相故。
設使(持心)梵天(能如此知了)如來所說，(仍)顯(示)「無言辭」(不貪著、不依倚於言辭)，則為講法。	(思益)梵天！(如此即)是名如來(真正之言)說(法義)也。	(勝思惟)梵天！是名如來(真正之)「言語說法」。

二－3 「隨宜」者，或於「垢法」中說淨，或於「淨法」中說垢。諸法實相是涅槃，故六度亦是涅槃

西晉・竺法護 譯《持心梵天所問經》	後秦・鳩摩羅什 譯《思益梵天所問經》	北魏・菩提流支 譯《勝思惟梵天所問經》
(壹)(持心)梵天欲知，何所菩薩？而於如來行「誠諦」(真誠實諦)事，「善權方便」于斯？	(壹)(思益)梵天言：世尊！何謂「隨宜」(隨眾生根機之宜適)？	(壹)(勝思惟)梵天(問佛)：云何菩薩知如來「甚深」意力(之)「方便」說法？
(貳)(佛言:持心)梵天！如來(能)於「塵」(中)而現(更多的)「結恨」，又(能)於「結恨」(中)而現(更多的)「塵勞」，菩薩悉當曉了彼(義之所)趣。(若有眾生著於「塵染」法，則佛將於此「塵染」中顯其更多的「不淨結恨」法，令眾生能不著於「塵染」，因而能知「塵染」與「清淨」乃平等無二之性也)	(貳)佛言：如來或(於)「垢法」(中)說「淨」，(或於)「淨法」(中)說「垢」。菩薩於此應知，(此乃)如來「隨宜」(隨眾生根機之宜適)所說。(煩惱中有菩提，或說菩提與惱乃不離也)	(貳)(佛言:勝思惟)梵天！如來或(於)「染」法(中)說「淨」，或(於)「淨」法(中)說「染」。菩薩於此(應知此乃)如來「深意」，應如是知。

（參）何謂（持心）梵天

(1)如來於「塵」（中）而現（更多的）「結恨」（染法），（因）塵勞（乃）「自然」，（平）等無「差特」故。

(2)又於「結恨」（染法）而現（更多的）「塵勞」（煩惱），（以有眾生乃）依於「結恨」（染法）而行。

（肆）（我曾說唯有）惠施（一法能導致）「泥洹」清淨。謂諸愚戇（愚昧慧鈍），不能曉了「眾惱之患」故。

（伍）彼菩薩，曉了所有「布施」之事，後世（能得）「大寶」故，則無（法）所趣。

（陸）無（法）所趣者，則曰「無為、禁戒、泥洹」，悉「無所有」，亦「無所行」故。

（參）（思益）梵天！

(1)何謂（於）「垢」法（中）說「淨」？（以有眾生乃）不得「垢法性」故。（垢法與淨法皆平等無二，無「自體性」，所以垢法之「實性」即是淨法）

(2)何謂（於）「淨」法說「垢」？（以有眾生乃）貪著「淨法」故。（淨法與垢法皆平等無二，無「自體性」，所以淨法之「實性」即是垢法）

（肆）又，（思益）梵天！我（曾）說（唯有）「布施」（一法）即是「涅槃」，凡人無智，不能善解（此義），（此乃如來）隨宜（隨眾生根機之宜適）所說。

（伍）菩薩應如是思量：（雖然此世）「布施」後（世可）得「大富」。（但）此中（仍）「無法」可得，從一念至一念（皆無有法可得）。（如果修布施又修「三輪體空」才能獲證涅槃，否則不可能得涅槃的）

（陸）若不從「一念」（而轉）至「一念」，（此）即是諸法「實相」，諸法「實相」即是「涅槃」。

（參）（勝思惟）梵天！

(1)云何如來（於）「染」法（中）說「淨」？（思益）梵天，（因有眾生）以不見「染法體」故。

如是如來（便於）「染」法（中）說「淨」。

(2)（勝思惟）梵天！云何如來（於）「淨」法（中）說「染」？（勝思惟）梵天！（因有眾生）以不見「淨法體」故。如是如來（便於）「淨」法（中）說「染」。

（肆）復次，（勝思惟）梵天！我（曾）依「布施」（一法）即（開）示（為）「涅槃」，凡夫無智，不能善解（此乃如來）隨意（隨眾生根機之意願）所說，唯諸菩薩（能）善知我意，應如是信深「善法」（之）意。

（伍）（若）作是思惟：（雖此世）行「布施」者，於未來世（可）得「大富貴」。而（於）此法中，（仍）無有「一法」（可得），（無有一法）可從「一念」至於（另）「一念」、（或將此念）轉至「後世」，以彼「涅槃」（並）非（是）「轉法」故。

（陸）若無「一法」可從「一念」（而轉）至於「一念」，（於將此念）轉至「後世」，即是一切諸法「實相」，諸法「實相」即是「涅槃」。

西晉・竺法護 譯	後秦・鳩摩羅什 譯	北魏・菩提流支 譯
㈦	㈦	㈦
	⑴持戒(亦)是涅槃,(以)「不作、不起」故。	⑴持戒(亦)是涅槃,(以)「不作、不起」故。
⑵忍辱(亦是)無為,(以)「虛無所有」故。	⑵忍辱(亦)是涅槃,(以)「念念滅」故。	⑵忍辱(亦)是涅槃,以「念念滅」故。
⑶精進(亦是)無為,(以)遵修(遵循而修)意故。	⑶精進(亦)是涅槃,(以)「無所取」故。	⑶精進(亦)是涅槃,(以)「無所取捨」故。
⑷禪思(亦是)無為,(以)「無所悅」故。	⑷禪定(亦)是涅槃,(以)「不貪味」故。	⑷禪定(亦)是涅槃,以「不貪味」故。
⑸智慧(亦是)無為,(以)逮得相故。	⑸智慧(亦)是涅槃,(以)「不得相」故。	⑸般若(亦)是涅槃,以「不得相」故。
⑹於「欲」(即是)「離欲」之本際者,(以)法性(乃)「無欲」故。	⑹貪欲(亦)是實際,(以)法性「無欲」故。	⑹貪欲(亦)是實際,(以)法性「無欲相」故。
⑺「瞋恚」(即是)本際,計於法性(乃)「無結恨」故。	⑺瞋恚(亦)是實際,(以)法性「無瞋」故。	⑺瞋恚(亦)是實際,(以)法性「無瞋相」故。
⑻「愚癡」(即是)本際,計於法性(乃)「無愚癡」故。	⑻愚癡(亦)是實際,(以)法性「無癡」故。	⑻愚癡(亦)是實際,(以)法性「無癡相」故。
⑼「生死」(即是)「無為」之本際者,則「無所生」。	⑼生死(亦)是涅槃,(以)「無退、無生」故。	⑼世間(亦)是涅槃,(以)「無退、無生」故。
㈧	㈧	㈧
⑴其「無為」者,(乃)不倚(於)「生死」,	⑴(將)涅槃(認為)是生死,以(其還有)「貪著」故。	⑴(將)涅槃(認為)是世間,以其(還有)「執著」故。
⑵(將)至誠(語認為是)虛妄(語),(以其)所見(還有)「言辭」(之執著),	⑵(將)實語(認為)是虛妄(語),(以其還有)生「語見」故。	⑵(將)實語(認為)是虛妄(語),以(其還有)生「諸見」故。
⑶(將)虛妄(語認為是)至誠(語),則(將導)致(為)「慢恣」(之人)。	⑶(將)虛妄(語又認為)是實語,(此)為「增上慢人」故。	⑶(將)虛妄(語認為)是「實語」,(此)為「增上慢人」故。

二—4 如來很多法義皆是「隨宜」所說,只欲令眾生捨「增上慢」故

《持心梵天所問經》	《思益梵天所問經》	《勝思惟梵天所問經》
壹復次(持心)梵天，如來(隨眾生根機之)「次第」而因「真諦」，	壹又，(思益)梵天！如來以「隨宜」(隨眾生根機之宜適)故，	壹復次(勝思惟)梵天！如來以「隨意」(隨眾生根機之意願)故：
⑴隨其(眾生之)因緣而計「有常」。	⑴或自說：我是說「常邊」者；	⑴或自說言：我是說「常邊」者，
		⑵或自說言：我是說「染」者，
⑶知「有吾」，我則為蠲除「非議(古通「義」)」之事，	⑶或自說：我是說「斷邊」者；	⑶或自說言：我是說「斷邊」者，
		⑷或自說言：我是說「無業」者，
	⑸或自說：我是說「無作」者；	⑸或自說言：我是說「無業作」者，
⑹其「邪見」者，	⑹或自說：我是「邪見」者；	⑹或自說言：我是「邪見」者，
⑺而無「篤信」，	⑺或自說：我是「不信」者；	⑺或自說言：我是「不信」者，
⑻興造反業，令知「反復」(反哺回復報恩)，	⑻或自說：我是「不知報恩」者；	⑻或自說言：我是「不知恩」者，
⑼去於「無信」，悉除所願。	⑼或自說言：我是「劫盜」者，	⑼或自說言：我是「劫盜」者，
	⑽或自說：我是「食吐」(食後又吐出)者；	⑽或自說言：我是「吐」(食後又吐出)者，
	⑾或自說：我是「不受」者。	⑾或自說言：我是「不受」者。
貳 ❶(若具)邪見身(根器)者，如來悉知，便為斯等「分別」說之。 ❷(若)見所(與根機相)應者，如來則為說「誠諦」(真誠實諦)教。 ❸假使(有)眾生(願意)棄捨「貢高自大」事者，如來則以已「誠諦」(真誠實諦)教而講	貳 如來無有如此諸事，當知(以上諸說皆)是(如來)為「隨宜」(隨眾生根機之宜適)所說，欲令眾生捨「增上慢」故。	貳 而如來無有如此諸事，(勝思惟)梵天！當知(以上諸說皆)是為如來「隨意」(隨眾生根機之意願)，以依何(根機之)意，(而為)「憍慢」眾生能捨「我慢」(之故)。

說之。 (參)是為(持心)梵天！如來至真，(能)至「真言」(而)教菩薩於彼，則當曉了斯(種種)「方便」行，設使歸此一切所說「權方便」者。 (1)如來興(出世)者，便(令眾生)得解脫，(令眾生)於「非邪事」而(生)篤信者，則(能)見「諸色」之所「報應」(果報相應)而起眾生，便(能)因如來(出世而獲)得「解脫」也。 (2)若(如來不出世，而示)演「法身」，(此)便為如來「真諦」之辭，(必有眾生能)解脫(於)「邪法」而行「篤信」(者)。	(參)若菩薩(能)善通達如來「隨宜」(隨眾生根機之宜適)說者。 (1)若聞佛「出(世)」，則便信受，(佛能)示眾生(種種)「善業」(與)色身(之)果報故。 (2)若聞佛「不出(世)」，亦(亦能)信受，(能)知是諸佛「法性身」故。(佛之法性身能周遍法界)	(參)(勝思惟)梵天！如來依如是「深意」(而)說法。(思益)梵天，若菩薩知如來「隨行方便」說者。 (1)若聞佛「出世」，則能信受，(佛能)示眾生(種種)「善業」(與)色身(之)「果報」故。 (2)若聞佛「不出世」，亦(能)信受，以是(能知)諸佛「法性身」故。
(肆) (1)(若有眾生)因(佛說)法而(被)度(化)，(此類眾生為愛)敬「文字」者。 (2)(若有)眾生之類，(佛)不(曾)為(彼)說此，(此眾生亦能)解(脫於)「邪見」法，未曾信斯(此邪見法)，(此類眾生能知諸法)亦「無所得」，亦「無差別」。	(肆) (1)若聞佛(真實有)說法，亦(能)信受，(此乃專)為喜樂「文字」(之)眾生故。 (2)若聞佛「不說法」(喻說法性空)，亦(能)信受，(此類眾生能)知諸「法位性」(乃)不可說故。	(肆) (1)若聞佛(真實有)說法，亦(能)信受，(乃)以為喜樂「文字」(之)眾生故。 (2)若聞佛「不說法」(喻說法性空)，亦(能)信受，(此類眾生能知)諸「佛法性」(乃)不可說故。
(伍) (1)(若)言有(實存之)「泥洹」，(此)則(暫)為「邪信」，(乃)處於「顛倒」(之)塵勞。 (2)(唯有)「無為」(法乃)無有「滅度」，斯則為信(受)，而得「解脫」，(須信受涅槃無為法	(伍) (1)若聞(真實)「有涅槃」，亦(能)信受，(此能)滅「顛倒」所(生)起(之)煩惱故。 (2)若聞「無涅槃」(喻涅槃性空)，亦(能)信受，諸法無生滅相故。	(伍) (1)若聞(真實)「有涅槃」，亦(能)信受，以滅(由)「顛倒」所(生)起(之)煩惱故。 (2)若聞「無涅槃」(喻涅槃性空)，亦(能)信受，(因)諸法(本具)「不生不滅」相故。

乃「無所生」法，(與)不壞諸法。		
(陸) (1)(若)言(真實)「有人」者，(此)則(暫)為「邪信」。 (2)(若能)入於「寂然」(寂滅凝然)，而欲度(眾生)者，便「無有人」。其(具)「邪信」者，即自(能獲得)解脫(而入)「真諦」之事。	(陸) (1)若聞(真實)「有眾生」，亦信受，(此為)入「世諦門」故。 (2)若聞「無眾生」(喻眾生性空)，亦(能)信受，(此為)入「第一義」故。	(陸) (1)若聞(真實)「有眾生」，亦信受，(此為)入「世諦門」故。 (2)若聞「無眾生」(喻眾生性空)，亦(能)信受，(此為)入「第一義」故。
(柒)是故(持心)梵天，於斯菩薩，不能曉了(如來之)「真諦言辭」，(皆有)「權方便」者。(故應)於(如來「隨宜說法」之)一切音，(應)無所恐(怖)畏(懼)，(此亦)為無量「人、眾生」之類，(方便)開導「利義」(利益恩義)于彼。	(柒)(思益)梵天！菩薩如是善知如來「隨宜」(隨眾生根機之宜適)所說，(故應)於(如來)諸音聲(而)無「疑」無「畏」，(此類「隨宜說法」)亦能利益(到)無量眾生。	(柒)(勝思惟)梵天！菩薩摩訶薩，(能)如是善知「如來」(之)「隨行方便」說法，(故應)於(如來)諸言說音聲(而)「無畏」，應知(此類「隨宜說法」)亦能利益(到)無量眾生。

二－5 「方便」者，佛常說修六度可獲無量功德，然而六度乃至涅槃，皆亦無真實可得

西晉·竺法護 譯 《持心梵天所問經》	後秦·鳩摩羅什 譯 《思益梵天所問經》	北魏·菩提流支 譯 《勝思惟梵天所問經》
(壹)(持心)梵天(問)：如來至真，以何「方便」，為眾生說法？	(壹)(思益梵天問：)世尊！何謂「方便」？	(壹)(勝思惟)梵天(問)：云何菩薩知如來「方便」說法？
(貳) (1)其布施者，(能)得大富有。 (2)持戒(能得)生天。	(貳)佛言：如來(曾)為眾生(方便)說： (1)布施(能)得大富。 (2)持戒(能)得生天。	(貳)(佛言：勝思惟)梵天！如來為眾生說： (1)布施(能)得大富故。 (2)持戒(能)得生天故。

⑶忍辱(能得)端正。	⑶忍辱(能)得端正。	⑶忍辱(能)得端正故。
⑷精進(能)獲「明」(明智功德)。	⑷精進(能)得具諸功德。	⑷精進(能)得具智故。
⑸若禪思者(能)致(法喜禪)悅(心)不亂。	⑸禪定(能)得法喜。	⑸禪定(能)得寂靜故。
⑹學智慧者,(能)滅除「塵勞、愛欲」之著。	⑹智慧(能)得捨諸煩惱。	⑹慧(能)捨諸煩惱故。
⑺若博聞者,(能)疾逮「智慧」。	⑺多聞(能)得智慧故。	⑺多聞(能)得智慧故。
⑻行於「十善」,乃(能)得處天,及在人間。	⑻行「十善道」,(能)得「人、天」福樂故。	⑻行「十善業道」,(能)得「人、天」富樂成就故。
⑼行「慈、悲、喜」(能)護致昇「梵天」。	⑼(修)「慈、悲、喜、捨」(能)得生「梵世」故。	⑼(修)「慈、悲、喜、捨」(能)得生「梵世」故。
⑽(修)觀察(vipaśyanā 觀)寂然(寂滅凝然→止;定)。	⑽(修)禪定(能)得如實「智慧」故。	⑽(修)「奢摩陀」(śmatha 止;定)得「毘婆舍那」(vipaśyanā 觀)故。
⑾(修)澹泊(虛澹恬泊)獲果致逮。	⑾(修)如實「智慧」(能)得道果故。	
⑿(能由)「學地」(獲)得「不學」地。	⑿(能由)「學地」(獲)得「無學地」故。	⑿(能由)「學地」(獲)得「無學地」故。
⒀(能至)「緣覺」之地(而得)清淨(淨化解消)眾祐(bhagavat 能為世所尊而被供養者)。	⒀(能至)「辟支佛地」(而)得「消」(淨化解消)諸供養故。	⒀(能至)「辟支佛地」(而)清淨「消」(淨化解消)諸供養故。
⒁(能至)「佛之道地」,所示現「慧」(而)無有邊際。	⒁(能至)「佛地」(而)得無量「智慧」故。	⒁(能至)「佛地」(而)示無量「智」故。
⒂(能至)等於「泥洹」,(能)滅一切苦。	⒂(能至)「涅槃」(而)得滅一切苦惱故。	⒂(能至)「涅槃」(而)滅一切苦惱故。
㊂佛言:(持心)梵天,吾則應時「善權方便」,為諸眾生「布告」(布陳宣告),顯示如是像法。	㊂(思益)梵天!我(曾)如是「方便」為眾生「讚說」是法。	㊂(勝思惟)梵天!我(曾)以如是「善巧方便」,為諸眾生「讚說」是法。
㊃如來 ⑴未曾心懷「眾想」,計吾、我、人、壽命」也。如來所行,亦「無所得」。	㊃如來 ⑴實不得「我、人、眾生、壽命」者。	㊃如來 ⑴實不得「我、眾生、壽命」及「丈夫」等。

⑵亦不「慳、貪」、亦無所「施」。	⑵亦不得「施」、亦不得「慳」。	⑵應知而如來亦不見「布施」、不見「布施果」，亦不見「慳」、不見「慳果」。
⑶亦不「持戒」、亦不「毀禁」（毀棄禁戒）。	⑶亦不得「戒」、亦不得「毀戒」。	⑶亦不見「持戒」、不見「持戒果」，亦不見「毀戒」、不見「毀戒果」。
⑷亦不「忍辱」、亦不「瞋恚」。	⑷亦不得「忍辱」、亦不得「瞋恚」。	⑷亦不見「忍辱」、不見「忍辱果」，亦不見「瞋恚」、不見「瞋恚果」。
⑸亦不「精進」、亦不「懈怠」。	⑸亦不得「精進」、亦不得「懈怠」。	⑸亦不見「精進」、不見「精進果」，亦不見「懈怠」、不見「懈怠果」。
⑹亦不「禪定」、亦不「亂意」。	⑹亦不得「禪定」、亦不得「亂心」。	⑹亦不見「禪定」、不見「禪定果」，亦不見「亂心」、不見「亂心果」。
⑺亦不「智慧」、亦不「愚癡」。	⑺亦不得「智慧」、亦不得「智慧果」。	⑺亦不見「般若」、不見「般若果」，亦不見「愚癡」、不見「愚癡果」。
⑻亦無有「道」、亦不「滅度」。	⑻亦不得「菩提」、亦不得「涅槃」。	
⑼亦無所「安」、亦無「眾患」。	⑼亦不得「苦」、亦不得「樂」。	⑼亦不見「苦樂」，亦不見「苦樂果」。
		⑽亦不見「須陀洹」、不見「須陀洹果」，乃至不見「菩提」、不見「涅槃果」。
㊄佛言：（持心）梵天！（如來皆以此「無所得」之法義在）教化眾生，使令（眾生）精勤，專修奉行，所因「精勤」，專修奉行，當入斯（此「無所得」之義）法，如本（來之心）志（所）願。	㊄（思益）梵天！若眾生聞是法者，（然後）勤行精進，是人為何利故？（已）「勤行精進」（而仍）「不得」是法？	㊄（勝思惟）梵天！如來常為眾生說法，而諸眾生（皆）依如來教，如所說法、如實修行勤修諸行，為何義（而）修行？（而）「勤行」彼（修）行？而諸眾生修行「彼法」，而（亦）不能得，而（亦）不能證。
㊅或有（因此修行而）獲致「道跡」（初果阿羅漢）、「往來」	㊅若（不得）「須陀洹果、斯陀含果、阿那含果、阿羅	㊅所謂（不得）「須陀洹」行，乃至（不得）「阿羅漢果」，

(一來果:二果阿羅漢)、「不還」(不來果:三果阿羅漢)、「無著」(四果阿羅漢)，至於(成就)「緣覺」，若復得入逮，(而)成「無上正真」之道，(而)至「無為」(涅槃)度。	漢果、辟支佛道。(不得)阿耨多羅三藐三菩提，乃至「涅槃」，亦復「不得」。(諸法無可得、無可證、無能無所)	乃至不得「緣覺」之地，不得「阿耨多羅三藐三菩提」，乃至不得「涅槃」。以是義故，彼諸眾生，不得「涅槃」、(亦)不見「涅槃」。(諸法無可得、無可證、無能無所)
㈦是為(持心)梵天！(說能「成就、證得」任何的果位，此皆)如來至真(之)「善權方便」(說)，而(又能)為眾生敷陳(敷演陳敘)經典。彼又菩薩當為眾生(之)「善權方便」(而)興說「大哀」(大慈哀愍)，(亦)常以「正法」而「獎濟」(獎勵護濟)之。	㈦(思益)梵天！(以上諸法皆)是名如來「方便」說法。菩薩於此(種種)「方便」說法中應(仍)勤(修)「精進」，令諸眾生得於「法利」(佛法利益)。	㈦(勝思惟)梵天！(此皆)是名如來「方便說法」。(勝思惟)梵天！諸菩薩摩訶薩，應(仍)勤「修行」，為令眾生攝取「妙法」。

二—6「法門」者，「十二入」皆無我、無自性。空、無相、無作、無生、無滅、性常清淨、離自體

西晉・竺法護 譯《持心梵天所問經》	後秦・鳩摩羅什 譯《思益梵天所問經》	北魏・菩提流支 譯《勝思惟梵天所問經》
㊀(持心問佛:)何謂如來之所說(的法門)者？	㊀(思益問:)世尊！何謂如來(所說的)「法門」？	㊀(思益)梵天(問佛):云何菩薩知如來(所)入(之)說法？
㊁法無有「眼」，亦無有(能)「脫」，耳、鼻、口、身、意亦復如是，無有(能)「脫」者。(六根皆無有「能脫」與「所脫」，無能、無所)	㊁佛言:「眼」是(入)解脫門，耳、鼻、舌、身、意(亦)是(入)解脫門。	㊁(佛言:勝思惟)梵天！「眼」是入解脫門，如是「耳、鼻、舌、身、意」，(亦能)是入解脫門。
㊂所以者何？眼者則「空」，而無有「吾」，亦無「我所」，則悉本淨。「耳、鼻、口、身、意」亦	㊂所以者何？眼--空、無我、無我所，性自爾。耳、鼻、舌、身、意--空、	㊂何以故？眼--空、無我、無我所，自性爾故。耳、鼻、舌、身、意--空、

復如是，彼則為「空」，便無有「吾」，亦無「我所」，則悉本淨。	無我、無我所，性自爾。	無我、無我所，自性爾故。
㈣佛言(持心)梵天：是為一切(諸法)悉(能導)歸「(解)脫門」，(若)有所歸(與「能歸」之)趣，(則眾生將)為之眩惑(昏眩迷惑)。	㈣(思益)梵天！當知諸(六)入，皆入此「解脫」門，(若能具足)「正行」則(便)不虛誑故。	㈣(勝思惟)梵天！當知諸(六)入皆是入「解脫」門，應知(若能具足)「正行」，則(便)不誑故。
㈤(如是)「色、聲、香、味、細滑、法」，其六事者，亦復如是。一切諸法： ⑴皆悉為空。 ⑵無想。 ⑶無願。 ⑷無起、無滅。 ⑸亦無有「住」、亦不「不住」。 ⑹所可謂者，意不住「生」。 ⑺本淨，自然、澹泊(虛澹恬泊)、寂寞(寂靜窈寞)。	㈤(如是)「色、聲、香、味、觸、法」亦復如是。一切諸法，皆入是(解脫)門，所謂： ⑴空門。 ⑵無相門。 ⑶無作門。 ⑷無生門、無滅門。 ⑸無所從來門、無所從去門。 ⑹無退門、無起門。 ⑺性常清淨門、離自體(離自性；無自性)門。	㈤如是「色、聲、香、味、觸、法」，皆是入解脫門。所謂： ⑴空門。 ⑵無相門。 ⑶無願門、不行門。 ⑷不生、不滅門。 ⑸無所從來、無所至去門。 ⑹不退、不生門。 ⑺自性清淨、寂靜門。
㈥佛言(持心)梵天：如來(於)一切悉以「文字」(而)演為「(解)脫」門。 或(文字乃)以「等御」(平等攝御；正等總御；齊等統御)、「癡騃」(頑癡愚騃)之句。	㈥又，(思益)梵天！如來於一切文字中(亦)示是「解脫」門。 所以者何？諸文字(語言皆)無(和)合、無(作)用，性「鈍」故。	㈥復次(勝思惟)梵天！如來於一切名字，(亦)示是「解脫」門。 何以故？以諸名字(語言皆)無(和)合、無(作)用故，以自性「頑」故。
㈦(所有如來之)普順文字，心(應)當觀之為「真諦教」，如來(之)一切所可分別(諸文字)，悉(能)至「解脫」，敢可說者，悉「誠諦」(真誠實諦)句。	㈦(思益)梵天！當知如來於一切文字中，說「聖諦」、說「解脫門」。	㈦(勝思惟)梵天！當知如來即於一切諸文字中，說於「聖諦」，應知即於「一切所說法」中說「解脫門」。(勝思惟)梵天！無有「名字、言語」說法，諸佛如來不說「實諦」。

㈧如來說經，無有「塵勞」，所演法者，皆無(「能、所」之)解脫，(皆)歸「滅度」(涅槃)也，是為如來所說「典籍」，斯謂菩薩所當學者。	㈧如來所說法(皆)無有「垢」，一切諸法皆(能)入「解脫」，令住「涅槃」。(此)是名如來(所)說法，(皆能)入於(解脫)法門，菩薩於此法門，應當修學。	㈧(勝思惟)梵天！如來說法，(皆)無有法「染」，一切所說法中(皆能)示(入)「解脫門」，令入「證智」，令入「涅槃」。 (勝思惟)梵天！(此)是名如來(能)入「說法門」。(勝思惟)梵天！菩薩摩訶薩應學此法。

二－7 「大悲」者，如來以「三十二種」大悲在救護眾生

西晉・竺法護 譯 《持心梵天所問經》	後秦・鳩摩羅什 譯 《思益梵天所問經》	北魏・菩提流支 譯 《勝思惟梵天所問經》
㈠佛告(持心)梵天：如來至真以何方便遍修「大哀」(大慈哀愍)，而為眾生講說法乎？	㈠(思益梵天云：)世尊！何謂大悲？	㈠(佛告勝思惟)梵天：云何如來以大悲心，普為一切眾生說法？
㈡如來則以三十二事有所「發遣」(發聲遣辭)，而加「大哀」(大慈哀愍)濟于眾生，何為三十二？	㈡佛言：如來以三十二種「大悲」救護眾生。何等三十二？	㈡(佛言：勝思惟)梵天！如來具有三十二種相應「大悲」，普為一切眾生說法。何等名為三十二種相應大悲？(勝思惟)梵天！
❶無有「吾我」，於一切法令眾生類解信「無身」，如來於彼而興大哀(大慈哀愍)(一)。	❶一切法「無我」，而眾生不信不解，(執著)說「有我生」；如來於此而起大悲。	❶所謂一切法「無我」，而諸眾生不信不解，(執著)計言「有我」；如來於此諸眾生等，而起大悲。
❷於一切法，「眾生」(乃)無受，而反(計執著)「有人」(有眾生)，如來於彼興發(興起顯發)大哀(大慈哀愍)(二)。	❷一切諸法「無眾生」，而眾生(執著)說「有眾生」；如來於此而起大悲。	❷一切法「無眾生」，而諸眾生(執著)計「有眾生」；如來於此諸眾生等，而起大悲。

❸一切諸法,則「無有命」,而眾生反計(執著)「有命」,如來於彼興顯(興起顯發)大哀(大慈哀愍)(三)。	❹一切法「無壽命」者,而眾生(執著)說「有壽命」者;如來於此而起大悲。	❹一切法「無壽」者,而諸眾生(執著)計「有壽」者;如來於此諸眾生等,而起大悲。
❹一切諸法,而「無有壽」,而眾生反計(執著)「有壽」,如來於彼興顯(興起顯發)大哀(大慈哀愍)(四)。	❸一切法「無人」,而眾生(執著)說「有人」;如來於此而起大悲。	❸一切法「無丈夫」,而諸眾生(執著)計「有丈夫」;如來於此諸眾生等,而起大悲。
❺一切諸法,為「無所有」,而眾生反計(執著)「有處所」,如來於彼興顯(興起顯發)大哀(大慈哀愍)(五)。	❺一切法「無所有」,而眾生(執著)住於「有見」;如來於此而起大悲。	❺一切法「無所有」,而諸眾生(執著)住於「有見」;如來於此諸眾生等,而起大悲。
❻一切諸法,都「無所依」,而眾生反(計執著)有所「倚著」(六)。	❻一切法「無住」,而眾生(執著)「有住」;如來於此而起大悲。	❻一切法「無住」,而諸眾生(執著)「住於諸法」;如來於此諸眾生等,而起大悲。
❼一切諸法,悉為「虛無」,而眾生反志(於)有「所樂」(七)。	❼一切法「無歸處」,而眾生(執著)樂於「歸處」;如來於此而起大悲。	❼一切法「無歸處」,而諸眾生(執著)樂於「歸處」;如來於此諸眾生等,而起大悲。
❽一切諸法,悉「無吾我」,而眾生反計(執著)「有吾我」(八)。	❽一切法「非我所」,而眾生(執)「著於我所」;如來於此而起大悲。	❽一切法「非我所」,而諸眾生(執)「著於我所」;如來於此諸眾生等,而起大悲。
❾一切諸法,悉「無有主」,而眾生反(計執著)專志(於)「貪受」(九)。	❾一切法「無所屬」,而眾生(執著)計「有所屬」;如來於此而起大悲。	❾一切法「無所屬」,而諸眾生(執著)計「有所屬」;如來於此諸眾生等,而起大悲。
❿一切諸法,悉「無可受」,而眾生反(計執著)依倚(於)「形貌」(十)。	❿一切法「無取相」,而眾生(執著)「有取相」;如來於此而起大悲。	❿一切法「無取相」,而諸眾生(執著)皆「有取相」;如來於此諸眾生等,而起大悲。
⓫一切諸法,悉「無所生」,而眾生反(計執)著於(有)「所	⓫一切法「無生」,而眾生(執著)住於「有生」;如來於	⓫一切法「無生」,而諸眾生(執著)住於「有生」;如來

生」(十一)。	此而起大悲。	於此諸眾生等,而起大悲。
❶一切諸法,悉「無有沒」,而眾生反(計執著)貪於「生死」(十二)。	❶一切法「無退生」,而眾生(執著)住於「退生」;如來於此而起大悲。	❶一切法「無退生」,而諸眾生(執著)住於「退生」;如來於此諸眾生等,而起大悲。
❸一切諸法,悉無「欲塵」,而眾生反(計執著)沒溺(於)「塵垢」(十三)。	❸一切法「無垢」,而眾生「著垢」;如來於此而起大悲。	❸一切法「無染」,而諸眾生「染著」諸法;如來於此諸眾生等,而起大悲。
❹一切諸法,悉「無貪欲」,而眾生反(計執著)為所「染污」(十四)。	❹一切法「離染」,而眾生(執著)「有染」;如來於此而起大悲。	❹一切法「離貪」,而諸眾生(執著)悉皆「有貪」;如來於此諸眾生等,而起大悲。
❺一切諸法,悉「無恚怒」,而眾生反(計執著於)「懷憒(古同「脅」→威脅)結恨」(十五)。	❺一切法「離瞋」,而眾生(執著)「有瞋」;如來於此而起大悲。	❺一切法「離瞋」,而諸眾生(執著)悉皆「有瞋」;如來於此諸眾生等,而起大悲。
❻一切諸法,悉「無愚癡」,而眾生反(計執著)為之「迷惑」(十六)。	❻一切法「離癡」,而眾生(執著)「有癡」;如來於此而起大悲。	❻一切法「離癡」,而諸眾生(執著)悉皆「有癡」;如來於此諸眾生等,而起大悲。
❼一切諸法,悉「無所從來」,而眾生反(計執著)樂倚(於)「所趣」(十七)。	❼一切法「無所從來」,而眾生(執)著「有所從來」;如來於此而起大悲。	❼一切法「無所從來」,而諸眾生(執)「著所從來」;如來於此諸眾生等,而起大悲。
❽一切諸法,悉「無所趣」,而眾生反(計執著)依于「終始」(十八)。	❽一切法「無所去」,而眾生(執)著於「有去」;如來於此而起大悲。	❽一切法「無所至去」,而諸眾生(執)著於「後生」;如來於此諸眾生等,而起大悲。
❾一切諸法,悉「無造行」,而眾生反(計執著)務建(務期建立)「所修」(十九)。	❾一切法「無起」,而眾生(執著)計「有所起」;如來於此而起大悲。	❾一切法「無作」,而諸眾生(執著)皆「有所作」;如來於此諸眾生等,而起大悲。

⑳一切諸法，悉無「放逸」，而眾生反(計執著於)「馳騁ㄔㄥˇ(爭馳狂騁)縱恣(放縱恣意)」(二十)。	⑳一切法「無戲論」，而眾生(執)著於「戲論」；如來於此而起大悲。	⑳一切法「無戲論」，而諸眾生(執)「有諸戲論」；如來於此諸眾生等，而起大悲。
㉑一切諸法，悉為「空靜」(空相寂靜)，而眾生反(計執著)處於「所見」(二十一)。	㉑一切法「空」，而眾生墮於「有見」；如來於此而起大悲。	㉑一切「法空」，而諸眾生墮於「有見」；如來於此諸眾生等而起大悲。
㉒一切諸法，悉為「無想」(無相)，而眾生反(計執著於)「想行」(諸相與諸行)為上(二十二)。	㉒一切法「無相」，而眾生(執)著於「有相」；如來於此而起大悲。	㉒一切法「無相」，而諸眾生(執)「取著於相」；如來於此諸眾生等，而起大悲。
㉓一切諸法，悉「無有願」，而眾生反(計執著)志于所僥ㄐㄧㄠˇ(僥求冀望)(二十三)。	㉓一切法「無作」，而眾生(執)著於「有作」；如來於此而起大悲。	㉓一切法「無願」，而諸眾生(執著)悉皆「有願」；如來於此諸眾生等，而起大悲。
㉔已為「遠離」若干種事，(若)有所受者，世俗所(依)怙ㄏㄨˋ(常共相)「瞋怒、結恨」；(於其)所獲(之利而互相)恚厭(恚禍厭棄)；(如來便教導應)不與(為)「怨敵」而集會也，及(於)諸「不忍」(不能忍受之處)，(應)處於「仁和」(二十四)。	㉔世間常共「瞋恨、諍競」；如來於此而起大悲。	㉔一切世間眾生，常共「瞋嫌、諍鬪」；如來於此諸眾生等，而起大悲。
㉕遵修(遵循而修)「顛倒」(之行)，(此)為世(人)所習，(並)遊於「邪徑」；(如來)則能(令眾生)棄除(其)所生(邪見顛倒)之處(二十五)。	㉕世間「邪見、顛倒」，行於「邪道」；(如來)欲令住於「正道」，如來於此而起大悲。	㉕一切世間「邪見、顛倒」，行於「邪道」，為欲令其住「正道」故；如來於此諸眾生等，而起大悲。 一切世間墮於「顛倒」，墮於「險難」，住於「非道」，為欲令其入「實道」故；如來於此諸眾生等，而起大悲。
㉖彼(世人)則無有「審道」(審	㉖世間(人之)「饕ㄊㄠ 餮ㄊㄧㄝˋ」，	㉖一切世間眾生常為「慳、

修正道)所趣,則(互)為「煩憒」(煩亂憒散),(為)得于「財利」,(為)世俗(之)所依,則而志慕(於)一切「資業」(資生之業);(如來)當以抑制(眾生之)諸「無厭欲」(無有厭足之欲),即使(眾生能)具足「賢聖」之(財)貨,(例如)「信、戒、慚、愧、聞、施、智慧」,建立(建置設立)於此,具足「七財」(二十六)。	無有「厭足」,(且)互相「陵奪」;(如來)欲令眾生住於「(七)聖財」--「信、戒、聞、施、慧」等(七聖財。①信財:能信受正法②戒財:能持戒律③慚財:能「自我慚羞」而不造諸惡④愧財:能於「外不善法」而生愧咎⑤聞財:能多聞佛典正教⑥施財:能施捨諸物,捨離執著⑦慧財:能修習般若空性智慧);如來於此而起大悲。	貪」所縛,不知「厭足」,奪他「財物」;(如來)以為教化,令住「(七)聖財」--「信、戒、聞、捨、慧、慚、愧」故(七聖財。①信財:能信受正法②戒財:能持戒律③慚財:能「自我慚羞」而不造諸惡④愧財:能於「外不善法」而生愧咎⑤聞財:能多聞佛典正教⑥施財:能施捨諸物,捨離執著⑦慧財:能修習般若空性智慧);如來於此諸眾生等,而起大悲。
❷❼吾(佛如來)謂眾生(皆)為「恩愛」(之)僕,以「無堅要」(作)為「堅要」(之)想,(為了)「財業、家居」(及)「妻子」之娛,便無有安,所以(皆)謂之為「恩愛」(之)僕。眾生之類,(於)無有「堅要」(中作)為(有)「堅固」想;(如來)當為講說計(執著於)「有常」者,為(顯)現「無常」(之義)(二十七)。	❷❼眾生是「產業、妻子、恩愛」之僕,於此「危脆」之物生「堅固」想;(如來)欲令眾生知悉「無常」,如來於此而起大悲。	❷❼一切世間眾生,常為「財物、屋宅、妻子恩愛」,而作「僮僕」,於此「危脆、無堅」之物,生「堅固」相;(如來)為欲令彼,畢竟定知悉「無常」故,如來於此諸眾生等,而起大悲。
❷❽吾(佛如來)謂眾生,(為了)求「財利」業,則(互)為「仇怨」,而(眾生竟)反謂之為是「親友」(此乃怨親不分之共同業行);吾(佛如來)為建立顯(真正的)「親友行」,而為(眾生)蠲除「勤苦」之患,(能)究竟(獲)「滅度」(二十八)。	❷❽眾生身為「怨賊」,貪著「養育」,(竟互)以為「親友」(此乃怨親不分之共同業行);(如來)欲為眾生作「真知識」,令(令眾生能)畢(盡)眾苦,(獲)究竟「涅槃」,如來於此而起大悲。	❷❽一切世間「凡夫」眾生,身為「怨賊」,而常貪著「供養、恭敬、名稱、讚歎」,(竟互)以為「親友」(此乃怨親不分之共同業行)。眾生雖(稱)謂(彼)是「善知識」,而是眾生(乃真)「惡知識」也;(如來將)為作「親友」(之)「真善知識」,令(眾生)其畢竟斷於「眾苦」,畢竟獲得「涅槃樂」故,如來於此諸眾生等,而起大悲。
❷❾吾(佛如來)謂眾生以「(背)反」邪業(不如法、不正當獲取謀生	❷❾眾生好行「欺誑」,(以)「邪命」自活(不如法、不正當獲取謀生	❷❾ ❸⓿一切世間眾生皆樂行「欺誑」業,「田宅」等中,

的方式），各各處於若干「言教」；(如來)當為講說「清淨微妙」(之)「無業」之命(此指「正命活」)，分別說法(二十九)。	的方式)；(如來)欲令行於「正命」(正確謀生維命的自活方式)，如來於此而起大悲。	「邪命」自活；(如來)以為說法，令行「正命」，出「三界」故，如來於此諸眾生等，而起大悲。
❸吾(佛如來)謂眾生為諸「塵垢」而現「污染」，於「家居事」，多有「患害」，擾攘(侵擾奪攘)之務；(如來)而為說法，當令出去(出離滅去)，(平)等(越)度「三界」(三十)。	❸眾生樂著「眾苦」，(處於)「不淨」居家；(如來)欲令(眾生)出於「三界」，如來於此而起大悲。	
❸處於所作(之)一切諸法，(皆)因「貪」(而)起住，(依著)「眾緣」所處，諸立之相。眾生於彼而修「懈廢」；(如來)當為說法，(令眾生能)至「聖解脫」，勸令精進，為度(眾生得至解脫)「堅要」，而說經法，悉使(眾生)獲安(安穩之道)(三十一)。	❸一切諸法從「因緣」有，而眾生於「聖解脫」，生於「懈怠」；(如來)欲說「精進」，令樂「解脫」，如來於此而起大悲。	❸一切諸法，皆從「因緣」，(故需)勤修「諸行」，乃得成就，而諸眾生墮於「懈怠」，是故不能得「聖解脫」；(如來)為令(眾生)勤進，獲得「解脫堅固」法故，如來於此諸眾生等，而起大悲。
❸又加於是，而(眾生)復反捨「無閡」之慧，(與)最尊(殊勝之)「滅度」。(眾生竟)志于下賤(之)「聲聞、緣覺」；(如來)當為顯示「微妙」之行，如來因此則於眾生「興闓」(興起闓發)大哀(大慈哀愍)(三十二)。	❸眾生(竟)棄捨「最上無礙智慧」，(反)求於「聲聞、辟支佛」道；(如來)欲引導之，令發「大心」，緣於「佛法」，如來於此而起大悲。	❸(勝思惟)梵天！眾生(竟)棄捨「無上大乘、無礙勝法、勝涅槃法」，而(反)求「下劣小乘」之法，所謂「聲聞、辟支佛」乘；(如來)為彼眾生令知愛樂「大乘」之法，所謂令知觀察「(一)佛乘」故，如來於此諸眾生等，而起大悲。
(參)佛告(持心)梵天：是為三十二事，如來開導「順化」(順從度化)眾生，敷弘(敷演弘揚)大哀(大慈哀愍)，斯為如來，謂「行大哀」(大慈哀愍)。	(參)(思益)梵天！如來如是於諸眾生行此三十二種大悲，是故如來名為「行大悲」者。	(參)(勝思惟)梵天！如來如是於諸眾生，行「三十二大悲之心」，以是義故，如來名為「行大悲」者。

㊃佛告(持心)梵天,若有菩薩奉行於斯「三十二事」,合集「大哀」(大慈哀愍),如是菩薩(名)為「大士」者,名(為)「大福田」,(為)為「大威神」,樂於「巍巍」(巍崇峨巍),(能得)至「不退轉」,(能)為眾生故,而造立(諸善)行。	㊃若(有)菩薩於眾生中常能修集此大悲心,則為入「阿惟越致」(avinivartanīya不退轉),為「大福田」,威德具足,常能利益一切眾生。	㊃若(有)菩薩於眾生中,常能修集此「三十二大悲心」者。是菩薩摩訶薩則得名為「大福田」也,具「大威德」,得為「不退」,(能)為諸眾生(作種種)「利益」應知。
㊄佛說此〈大哀法門品〉時,(有)三萬二千人,發「無上正真道意」,(有)三萬二千菩薩得「不起法忍」。	㊄(佛)說是〈大悲法門品〉時,(有)三萬二千人,皆發「阿耨多羅三藐三菩提」心,(有)「八千菩薩」得「無生法忍」。	㊄(佛)說是〈大悲法門品〉時,(有)三萬二千人皆發「阿耨多羅三藐三菩提」心,(有)「八千」菩薩得「無生法忍」,(有)「七萬二千」天子得「離垢法眼」。

佛弟子有「七聖財」可賺,數一數,您自己賺了多少錢了呢?如果不修「七聖財」,則名為世間「最極貧窮」者。

(1)信財:能信受正法。
(2)戒財:能持戒律。
(3)慚財:能「自我慚羞」而不造「諸惡」。
(4)愧財:能於「外不善法」而生「愧咎」。
(5)聞財:能多聞「佛典正教」。
(6)施財:能施捨「諸物」,捨離「執著」。
(7)慧財:能修習「般若空性智慧」。

《勝思惟梵天所問經》卷1

世尊!於「世間」中,誰名(為真正獲得大)「財富」(者)?佛言:(能)成就「七(聖)財」者。

《大寶積經》卷42〈尸波羅蜜品 7〉

「信、戒、聞、慚、愧、捨、慧」如是等法,是謂(七)「聖財」,彼諸眾生不獲此(七聖財者),故名(為)「(最)極貧窮」。

《大方便佛報恩經》卷3〈論議品 5〉

佛告阿難：人生世間，(皆是)禍從「口」生，當(守)護於「口」，(口業)甚於猛火。猛火熾然，能燒「一世」；(而)「惡口」熾然，(則能)燒「無數世」。猛火熾然，(能)燒「世間財」；「惡口」熾然，(則能)燒(盡)「七聖財」。是故阿難！一切眾生，(皆是)禍從「口」出。

古云：「和氣生財」四個字原意是指--待人「和善」，就能「招財」進寶，其實就是要學會「無怨無悔」四個字。當一個人的內心經常「無怨、無悔」，口德上也能做到「無怨、不計較」的人，錢財就會自動來「找」你的~

《大乘理趣六波羅蜜多經》卷4〈布施波羅蜜多品 5〉

(若能)於「生死曠野」之中，(具)備「七聖財」，(則可)得「佛智寶」。

《佛說大乘菩薩藏正法經》卷2〈長者賢護品 1〉

我見眾生(為)「貪」所覆，(皆)由「財物」(之)緣(而導)致「墜墮」。若(人)能獲得「七聖財」(者)，當令世間「離貧苦」。(只要能勤勞修行「七聖財者」，慢慢就會遠離世間的貧窮了)

《大般涅槃經》卷11〈聖行品 19〉

有「七聖財」，所謂「信、戒、慚、愧、多聞、智慧、捨離」故，(若能具足此七聖財者)故名(為)「聖人」。

《法集要頌經》卷1〈有為品 1〉

積聚「多財產」，無不皆「衰滅」。「富貴」(並)非(真正的)「聖財」，(常)恒為「無常」(所窺)伺，猶如「盲眼人」，不能自(我)觀察。(凡有)聚集(終)還(歸)「散壞」，(凡是)崇高必(終將)「墜落」。(有)生者皆盡終(滅)，有情(眾生)亦如是。

二—8 菩薩知諸法相與「化人」無異，故於如來所說「無二」之「實際」法義，無生「喜悅、愁戚」心，於諸眾生亦不生「下劣想」

西晉・竺法護 譯 《持心梵天所問經》	後秦・鳩摩羅什 譯 《思益梵天所問經》	北魏・菩提流支 譯 《勝思惟梵天所問經》
《難問品・第五》	《難問品・第五》	
⑱於是明網菩薩白世尊	⑱爾時網明菩薩摩訶薩	⑱爾時網明童子菩薩白

曰:持心梵天！而從如來聞說(佛之三十二種)大哀(大慈哀愍)所分別法,(卻)不喜(悅)?不(愁)感?	白佛言:世尊！是思益梵天云何聞是(佛之三十二種)「大悲」法門,而不「喜悅」?	佛言:世尊！此勝思惟梵天,云何聞是(佛之三十二種)大悲法門相應說法,而不「喜悅」?
㉒持心答曰:設「族姓子」(善男子)修知「二行」,彼人則有「歡喜、愁感」;(若是)「真際」所處,(則)永無(分別之)「二事」,由是之故,(思益梵天乃)不喜(悅)、不(愁)感。	㉒(思益)梵天言:善男子！若識在「二法」,則有「喜悅」;若識在「無二」(之)「實際法」中,則無「喜悅」。	㉒(勝思惟)梵天言:善男子！若識在「二法」,則有「喜悅」;若識在「無二」(之)「實際法」中,則無「喜悅」。
㉓猶如「幻師」,所幻(化出之)「奇異」之術,又彼「化人」所行,而至無喜(悅)、無(愁)感。是「族姓子」(善男子),已得遊入諸法「自然」之相,自然(能)覩於如來所現(之)「變化」,不喜(悅)、不(愁)感。	㉓譬如「幻人」,見「幻戲」事,無所「喜悅」;菩薩知諸法相「如是」,則於如來若說「法」、若「神通」,亦無「喜悅」。	㉓善男子！譬如如來所作幻人,聞於如來所說法事,不喜、不悅。
㉔(諸法皆是)如來所(幻)化,(故)聞於如來所說(之)「辯才」,(應)不喜(悅)、不(愁)感。假使(能)如是分別諸法(即是)一切(皆)「如幻」,(皆平)等無「差特」,(因此)不於如來(所而)殷勤「喜悅」,(亦)不於眾生(處而)有「下劣意」。	㉔又,善男子！如佛所(之)「化人」,(故)聞佛說法,不喜、不悅。菩薩知諸法相與「化」無異,於如來所,不加「喜悅」,於諸眾生(所),(亦)無「下劣想」。	㉔如是善男子！知一切法皆「如幻相」,故於「如來」(所),不生「勝想」,(亦能)於餘眾生(處),不生(下)「劣想」。

二-9 網明菩薩與思益梵天的問答共有 12 題。一切行皆非真實之行,一切說皆非真實之說,一切道皆非真實之道。

西晉·竺法護 譯《持心梵天所問經》	後秦·鳩摩羅什 譯《思益梵天所問經》	北魏·菩提流支 譯《勝思惟梵天所問經》
	[網明菩薩與思益梵天的第 1 個問答]	

<u>明網</u>又曰：(持心)仁者已解諸法「幻相」乎？	<u>網明</u>言：(思益)梵天！汝今見諸法「如幻相」耶？	<u>網明</u>菩薩問(勝思惟)梵天言：善男子！(汝)知一切法，云何名為「如幻相」耶？
(持心)答曰：「族姓子」(善男子)，假使有(人)行諸法(於)有「處」，乃能問斯。	(思益)梵天言：若(有)人(行於)「分別」諸法者，汝當問之！	(勝思惟)答言：善男子！若(有)人「分別」一切諸法，(及)行(於)「二處」者，汝當問之。
(明網)又問(持心)梵天：仁何所行？	[網明菩薩與思益梵天的第2個問答] <u>網明</u>言：(思益)汝今於何處行？	(網明)問言：(勝思惟)梵天！汝於何處行耶？
(持心)答曰：一切愚夫所遵行者，吾之所設，(亦同)行在于彼。	(思益)梵天言：一切凡夫所行(之)處，吾(即同)於彼行(也)。	(勝思惟梵天)答言：善男子！隨諸凡夫以何處(而)行，吾(即同)於彼行(也)。
(明網)又問：愚夫行「婬、怒、癡、狐疑、計身」，是吾「軀體」，是「我、所」有，行在「邪見」，云何仁者(亦)行在于彼(凡夫之處)？	[網明菩薩與思益梵天的第3個問答] <u>網明</u>言：(但)凡夫人行「貪欲、瞋恚、愚癡、身見、疑網、我、我所」等「邪道」，汝於是(凡夫之)處(亦)行耶？	<u>網明</u>菩薩言：(勝思惟)梵天！凡夫之人，行於「貪、瞋、愚癡、身見、戒取(見)、疑網、我、我所」等所求「邪道」，善男子，汝豈可於是(凡夫之)處(亦)行耶？
(持心)答曰：卿為欲令(如此)「凡夫」之士，(而能)至「無凡夫」(而得)成就法乎？	(思益)梵天言：善男子！汝欲得「凡夫」法(有)「決定相」耶？	(勝思惟)梵天問言：善男子！汝欲得「凡夫」法(有)「決定相」耶？
(明網)報曰：吾不欲樂(如此)「凡夫」之事，(又)安當(能)志于(凡夫能獲)諸法「成就」乎？	<u>網明</u>言：我尚不欲「決定」得(真實之)「凡夫」，何況(有真實存在之)「凡夫」法？	(網明)答言：(勝思惟)梵天！我尚不見有諸(真實之)「凡夫」，何況其法？
(持心梵天言：)喻「族姓子」(善男子)，一切諸法(皆)「無所成就」，法(皆)「無所住」，無「積聚」處，無有「結恨」，無所	[網明菩薩與思益梵天的第4個問答] (思益梵天言：)善男子！若是法「無決定」者，寧有(決定真實可得之)「貪欲、瞋恚、愚癡」法耶？	(勝思惟)梵天問言：善男子！若是諸法「無決定」者，汝心云何有彼(凡夫之)「貪欲、瞋恚、愚癡」諸染

「忘失」，亦無懷「來」。		法耶？
(明網)報應：不也。	網明言：無也。	(網明)答言：無也。
(持心梵天)答曰： (1)族姓子！(諸法但)離「婬、怒、癡」，(亦)不行諸法(指無諸法是「有行有相」的)，是謂為相。	(思益梵天言：) (1)善男子！一切法(皆)離「貪、恚、癡」相，(所有諸法之)「行相」亦如是。	(勝思惟)梵天言： (1)善男子！一切諸法(皆)離於「貪欲、瞋恚、癡」相，(所有諸法之)「行相」亦如是。
(2)有行「凡夫」斯(即)「賢聖」行(此指凡夫與賢聖乃無二無別)。其有行者(若凡夫與賢聖是「有行有相」的話)，則興二事。	(2)善男子！「凡夫行」(與)「賢聖行」皆「無二、無差別」。	(2)善男子！所有「凡夫行」即是「賢聖行」，(兩者)「無二、無差別」。
(3)又族姓子！ ❶一切所行為「無所行」(無真實之行)。 ❷一切所教為「無有教」(無真實之教)，一切所處為「無所處」(無真實之處)。 ❸一切所趣為「無所趣」(無真實之趣)。	(3)善男子！ ❶一切行(皆)非行(非真實之行)。 ❷一切說(皆)非說(非真實之說)。 ❸一切道(皆)非道(非真實之道)。	(3)善男子！ ❶一切行(皆)非行(非真實之行)。 ❷一切說(皆)非說(非真實之說)。 ❸一切道(皆)非道(非真實之道)。
(明網)又問(持心)梵天：何謂一切所行為(皆)「無所行」(無真實之行)？	[網明菩薩與思益梵天的第5個問答] 網明言：何謂一切行(皆)「非行」(非真實之行)？	(網明)曰：何謂一切行(皆)「非行」(非真實之行)？
(持心梵天)答曰：假使(有人)遵行(長達)「億百千姟」諸劫之「教」，(卻)不知法性之所「增、減」(不知法性其實是「無增無減」的)，以是之故，一切所行為「無所行」(無真實之行)。	(思益)梵天言：善男子！若人(於)千萬億劫「行道」，(但其)於「法性」(仍是)「不增、不減」，是故言一切行(皆)「非行」(非真實之行)。	(勝思惟梵天言：)善男子！若人「行道」(雖經)千萬億劫，然於「法性」(仍是)「不增、不減」故，一切行(皆)「非行」(非真實之行)。
(明網)又問(持心)梵天，何謂	[網明菩薩與思益梵天的第6個問答] (網明言：)何謂一切說(皆)「非	(網明)曰：何謂一切說(皆)

西晉・竺法護 譯《持心梵天所問經》	後秦・鳩摩羅什 譯《思益梵天所問經》	北魏・菩提流支 譯《勝思惟梵天所問經》
為一切所教為「無所教」(無真實之教)，一切所處為「無所處」(無真實之趣)？	說」(非真實之說)？	「非說」(非真實之說)？
(持心梵天)答曰：一切諸法，如來所「教」，如來所「處」，以是之故，一切所教為「無所教」(無真實之教)，一切所處為「無所處」(無真實之處)。	(思益)梵天言：善男子！如來以「不說相」(而)說一切法，是故言「一切說」(皆)「非說」(非真實之說)。	(勝思惟梵天答：)善男子！如來以「不可說相」(而)說一切法故，一切說(皆)「非說」(非真實之說)。
(明網)又問：何謂一切所趣為「無所趣」(無真實之趣)？	[網明菩薩與思益梵天的第7個問答](網明言：)何謂一切道(皆)「非道」(非真實之道)？	(網明)曰：何謂一切道(皆)「非道」(非真實之道)？
(持心梵天)答曰：計「無有人」有所趣生，以是之故，一切所趣為「無所趣」(無真實之趣)。	(思益)梵天言：以「無所至」故，一切道(皆)「非道」(非真實之道)。	(勝思惟梵天答：)善男子！以「無所至」故，一切道(皆)「非道」(非真實之道)。
爾時世尊讚持心曰：善哉！善哉！若欲說(法)者，當(遵)造斯(此)講。	爾時世尊讚思益梵天言：善哉！善哉！(能如此)說諸法(之實)相，應當如是。	爾時世尊讚勝思惟大梵天言：善哉！善哉！(勝思惟)梵天！善哉梵天！若欲說法，當如是說(諸法之實相)。

二－10 能不住一切法，而亦能於十方示現有行、有生死，具有如是智慧辯才

西晉・竺法護 譯《持心梵天所問經》	後秦・鳩摩羅什 譯《思益梵天所問經》	北魏・菩提流支 譯《勝思惟梵天所問經》
於是明網菩薩問持心曰：如向(剛剛)仁者所說，(你能同於)一切愚夫(之)所行，(但若是換成)吾之所修，(也)行在于彼，設如是(而修)者，則(仍然)為(有)致「行」，(仍)有所	[網明菩薩與思益梵天的第8個問答]網明菩薩謂(思益)梵天言：汝說(你能同於)一切凡夫(之)行處，(但若換成網明)吾於彼行者，則(仍見)有「行相」！	爾時網明童子菩薩，謂勝思惟大梵天言：善男子！汝說(能同於)一切凡夫(之)行處，(但若換成網明)吾於彼行者，(則仍)見有「行相」。

「獲」矣。		
(持心梵天)答曰：豈可遊在(有)所生，(而)致(有)所行也？	(思益)梵天言：若我有(真實之)所生處，(則)應有(一定的)「行相」。	(勝思惟)梵天言：善男子！若我有(真實之)所生處(者)，應有(一定的)「行相」。
(明網)又問：(持心)梵天，設(若你)不遊「生」，焉能教化於眾生乎？	[網明菩薩與思益梵天的第9個問答] 網明言：汝若「不生」(完全不生)，云何(又能)教化眾生？	(網明)問言：(勝思惟)梵天！汝若「不生」(完全不生)，(又)云何(能)教化諸眾生耶？
(持心梵天)答曰：(我)猶若如來之所「化生」，吾(亦)如彼(佛之化)生。	(思益)梵天言：(如)佛(之)所「化生」，吾(亦)如彼(佛之化)生。	(勝思惟)梵天答言：(如)佛(之)所「化生」，吾(亦)如彼(佛之化)生。
(明網)又問：如來(之)所化(生)，豈有「生」乎？	[網明菩薩與思益梵天的第10個問答] 網明言：(若)佛(之)所「化生」，(則)無有(真實之)生處。	網明菩薩言：(若)佛(之所)化、所生，(則)無有(真實之)生處。
(持心梵天)答曰：寧有變現，所當現乎？佛之「境界」，(有)誰所(能)興(起)乎？	(思益)梵天言：寧可見不？	(勝思惟)梵天問言：寧可見不？
(明網)報曰：(佛之)有現(與)所現，及與(所有的)「境界」，雖有所(示)現，(但佛仍)為「無所現」。	網明言：(若)以「佛力」故(則能得)見。	(網明)答言：(勝思惟)梵天！(若)以佛力故(則能得)見。
(持心梵天)答曰：吾之所生，當造斯(此)觀，其所生者，(皆由)因緣(而)立界。	(思益)梵天言：我(之所)「生」亦如是，以(自)「業力」故。	(勝思惟)梵天言：善男子！我(之所)「生」亦如是，以(自)「業力」故。
(明網)又問：仁者豈為因緣(之)「生死」行乎？	[網明菩薩與思益梵天的第11個問答] 網明言：汝於起業中(有)「行」耶？	網明菩薩問言：(勝思惟)梵天！汝於起業中(有)「行」耶？

(持心梵天)答：吾無「因緣」(於)「生死」之行。	(思益)梵天言：我不於起業中(而有眞實之)「行」。	(勝思惟)梵天答言：我實不於起業中(而有眞實之)行。
(明網)又問：以是之故，何所因緣，而緣「境界」，有所「恐懼」？	[網明菩薩與思益梵天的第12個問答] 網明言：云何言「以業力」故？	(網明)問言：(勝思惟)梵天！云何(是)「無業」而(又)言(是)「以業力」故。
(持心梵天)答曰：猶如「因緣」，因緣界懼，亦復如是，計「無本」(即漢文「如」義)者，無所退轉。	(思益)梵天言：如「業性」(與)「力」亦如是；是二(業性與力)不出於「如」。	(勝思惟)梵天答言：善男子！如「業」(與)「力」亦如是，是二不出於「如」。
⑴於是耆年舍利弗，前白佛言：唯天中天！假使有人，而與斯等諸「天龍」俱，(能)入於言辭，(則)獲福無量。	⑴爾時舍利弗白佛言：世尊！若有能入是菩薩「隨宜」(隨眾生根機之宜適)所說法中者，(皆)得大功德。	⑴爾時長老舍利弗白佛言：世尊！若(有)能入是「大龍」密意所說法中，當知彼人(皆)得大功德。
⑵所以者何？如今世尊，能得逮(及)聞斯諸「正士」(大士)之所「名號」，(已)為甚快(令人痛快法善)矣，何況乃(能)值(遇有)講「說法」乎！	⑵所以者何？世尊！乃至聞是「上人」名字，尚得「大利」，何況聞其所說！	⑵何以故？世尊！聞是「上人」名字至難，何況復有聞其所說！
⑶譬如有樹，(雖)生立於地，而(仍可)於虛空現于「莖、節、枝葉、華、實」。	⑶譬如有樹，(雖)不依於「地」，在虛空中，而(仍能)現「根、莖、枝葉、華、果」，甚為希有。	⑶世尊！譬如有樹，(雖)不依「地」住，(卻能)在虛空中而(仍能)現「根、莖、枝葉、華、果」。
⑷如是大聖，斯諸「正士」之所「行相」，當作斯觀(如此之觀察)，(雖看似有)住於諸法，而(仍能)現(其)所「生」，(及種種)終、始、存、沒，周旋(周復旋回)往來，(能)現諸佛土，而以「上妙」如是(之)	⑷此人(之)「行相」，亦復如是，(雖)不住(於)一切法，而(能)於十方現有「行」、(現)有「生死」，亦(能)有如是「智慧辯才」。	⑷如是世尊，此「大人」(之)行相，亦復如是，(雖)不住(於)一切法，而(能)於十方示現「有行、有生、退死」，(於)諸佛國土，(亦)處處現見，而亦復有如是「智慧辯才」樂說。

比慧,(以)「無礙辯才」自在遊已。		
㈤已見如是(佛之)智慧變化,何「族姓子」及「族姓女」,不發「無上正真道」乎?	㈤世尊!若有「善男子、善女人」,聞是「智慧」自在力者,其誰不發「阿耨多羅三藐三菩提心」?	㈤世尊!若有智慧「善男子、善女人」,聞是「智慧」自在力者,其誰不發「阿耨多羅三藐三菩提心」?

二—11 普華菩薩與舍利弗 的問答共有 20 題。法性無多、無少、無相,並非有一個真實的能證與所證,但亦不離「法性」而證

西晉·竺法護 譯 《持心梵天所問經》	後秦·鳩摩羅什 譯 《思益梵天所問經》	北魏·菩提流支 譯 《勝思惟梵天所問經》
爾時會中,有一菩薩名曰普華,謂舍利弗:今者耆年,豈不得「入」此「法性」乎?	[普華菩薩與舍利弗的第 1 個問答] 爾時有一菩薩名曰普華,在會中坐,謂長老舍利弗:仁者已得「法性」。	爾時會中,有一菩薩摩訶薩名曰普華,問長老舍利弗言:大德舍利弗!汝為「證法性」為「不證」耶?而不能如是以「大智慧」奮迅(奮勇猛迅)說法。
佛說耆年智慧(舍利弗)最尊,何故不堪如是感動所變化(能感通變動的一種自在變化力)乎?	佛亦稱(舍利弗)汝於「智慧人」中,(乃)為最第一。何以不能(顯)現如是「智慧辯才」(之)「自在力」耶?	佛說大德於「智慧人」中,(乃)最為第一。大德(舍利弗)!何以不(顯)現如是「智慧辯才」(之)「自在力」耶?
(舍利弗)答曰:世尊說余於「聲聞」上(能)知其「境界」。	舍利弗言:普華!「佛諸弟子(皆能)隨其智力(而)能有所說」。	(舍利弗)答言:善男子!「隨智慧力,佛說我於聲聞弟子智慧人中,最為第一,能有所說」。
(普華)又問:(聲聞中之聖)眾!可解說「法境界」乎?	[普華菩薩與舍利弗的第 2 個問答] 普華言:舍利弗!「法性」有多少耶?	(普華言:)大德舍利弗!「法性境界」有多少耶?

(舍利弗)答曰：不也。	舍利弗言：無也。	(舍利弗)答言：無也。
(普華)又問：云何耆年，有所講說(能)如其「境界」。	[普華菩薩與舍利弗的第 3 個問答] 普華言：汝(又)何以言「佛諸弟子(皆能)隨其智力(而)能有所說」？	(普華言：)大德舍利弗！若「法性境界」無「多、少」者，汝(又)云何言「隨智慧力，佛說我於聲聞弟子智慧人中最為第一能有所說」？
(舍利弗)答曰：如其所(證)入、所說(說)亦然。	舍利弗言：隨所得(之)法而(仍)有所說。	(舍利弗)答言：善男子！於「聲聞」(弟子)中，隨所得(之)法而(仍)有所說。
(普華)又問：耆年能令「法性」(為)「無邊際」乎？而(仍能有)造證(造行修證)耶？	[普華菩薩與舍利弗的第 4 個問答] 普華言：汝證「法性」(為)「無量相」耶？	(普華言：)大德舍利弗！汝證「法性」境界「有量相」耶？
(舍利弗)答曰：如是。	舍利弗言：然！	(舍利弗)答言：無也。
(普華)又問：何謂隨其所「入」？「所說」亦然？	[普華菩薩與舍利弗的第 5 個問答] 普華言：(若如是者)汝(又)云何言：隨所得法而有所「說」(之法)？	(普華言：)大德舍利弗！若如是者，汝(又)云何言：隨所得法而有所「說」(之法)？
(普華復言：)唯舍利弗！隨其所入之所「節限」(節制限量)，(而)有所講說(的話)，(那)「節限」(節制限量)亦然，則(已)為「限節」，(將導致)自縛「法性」也，其「法性」者，(應是)無有邊際。	(普華復言：)如「法性」(為)「無量相」，(若有所證)得亦(應)如是；如(有證)得(所)說亦(應)如是。何以故？「法性」(是)「無量」(之)故。	(普華復言：)大德舍利弗！如「法性」(為)「無量相」，(所)證亦(應)如是，如證(而)說亦(應)如是。何以故？「法性」(是)「無量相」(之)故。
(舍利弗)又問：普華！其「法性」者，無「入」相乎(本來就沒有一個「能入證」與「所入證」之相啊)！	舍利弗言：「法性」(並)非(有一個真實存在的證)「得」相。	舍利弗言：善男子！「法性」(並)非(有一個真實存在的)「證相」。
	[普華菩薩與舍利弗的第 6 個問答]	

(普華)答曰：唯舍利弗！假使「法性」無有「入」相(完全沒有一個「證」的入相的話)，然於「法性」(既已)無所「入」相，仁(者)！(既如此你又)何因設殷勤(於)「法性」，(而)志(於)「解脫」乎。	普華言：若「法性」(並)非(為)「得相」者，汝(是)出(離)「法性」(而獲)得「解脫」耶？	(普華言：)大德舍利弗！若彼「法性」非(為)「證相」者，汝(是)出(離)「法性」(而獲)得「解脫」耶？
(舍利弗)答曰：不也。	舍利弗言：不也。	(舍利弗)答言：不也。
	[普華菩薩與舍利弗的第7個問答] 普華言：何故(如此說)爾耶？	(普華言：)大德舍利弗！何故(如此說)爾耶？
	舍利弗言：若(必須)出(離)「法性」(方能證)得「解脫」者，則「壞」法性。	(舍利弗)答言：善男子！若(必須)出(離)「法性」(方能證)得「解脫」者，(如此)則「壞」法性。
(普華)又問：若(已入)於「平等順如」，(則其)所入(之)「法性」亦然(亦應如此然)。	[普華菩薩與舍利弗的第8個問答] 普華言：是故舍利弗！如仁者(所證)得(之)道，(其)「法性」亦爾。	普華菩薩言：是故舍利弗！如汝(所)證(之)法，(其)「法性」亦如是。
(舍利弗)答曰：普華！吾身欲「見」，亦欲「聞」之。 (吾身欲見法，亦想要聞法)	舍利弗言：我為聽(法而)來，非(專)為說(法)也。	舍利弗言：善男子！我為聽(法而)來，非(專)為說(法)也。

二－12 聖人無所「斷」，凡夫無所「生」。故凡夫亦可云「常在定」也，以凡夫亦不壞「法性三昧」故

西晉・竺法護 譯 《持心梵天所問經》	後秦・鳩摩羅什 譯 《思益梵天所問經》	北魏・菩提流支 譯 《勝思惟梵天所問經》
(普華)答曰：唯舍利弗！云何「法性」為「有所念」？一	[普華菩薩與舍利弗的第9個問答] 普華言：一切法(既然)皆入「法性」，此中寧有(真實之)	(普華言：)大德舍利弗！一切諸法，皆入「法性」，此「法

切諸法為「有所說」？「有所聞」乎？	說者？(真實之)聽者不？	性」中，寧有(真實之)說者？有(真實之)聽者不？
(舍利弗)答曰：不也。	舍利弗言：不也。	(舍利弗)答言：無也。
(普華)又問：仁者！(於)法(何)故(又)說言：欲「有所見」？「有所聞」乎？	[普華菩薩與舍利弗的第10個問答] 普華言：若然者(既然是如此的話)，汝(剛剛)何故言：「我為聽(法而)來，非為說(法)耶」？	(普華言：)大德舍利弗！若如是者，汝(剛剛)云何言：「我為聽(法而)來，非為說(法)耶」？
(舍利弗)答曰：普華！世尊說曰：則有二人，(可)得福無量。 (一)專精說法。 (二)一心聽者。	舍利弗言：佛說：(有)二人(可)得福無量。 一者、專精說法。 二者、一心聽受。	(舍利弗)答言：善男子！佛說：(有)二人(可)得福無量。 一者、專精說法。 二者、一心聽受。
以是之故，(普華)仁者(當)講法，(舍利弗)吾當聽之。	是故，(普華)汝今應說(法)，(舍利弗)我(應)當(來)聽受(法)。	以是義故，普華(汝今)應說(法)，(舍利弗)我應(當來)聽受(法)。
(普華)梵天又問：耆年(舍利弗)！豈能(已)「滅於思想」(滅盡定)而(入)思惟定，(還能)聽於法乎？	[普華菩薩與舍利弗的第11個問答] 普華言：(舍利弗)汝(若)入「滅盡定」，(還)能「聽法」耶？	(普華言：)大德舍利弗！汝(今若)入「滅盡定」，(還)能「聽法」耶？
(舍利弗)答曰：族姓子！其(已入)「滅定」(滅盡定)者，(則)無有「二事」(能)聽法之理。	舍利弗言：(若人)入「滅盡定」，(則)無有「二行」而(能)「聽法」也。	(舍利弗)答言：善男子！(若人)入「滅盡定」，(則)無有「二行」而(能)「聽法」也。
(普華)報曰：耆年舍利弗！身寧樂志乎？寂於「本淨」及諸法乎？(指你相信諸法皆「寂於本淨」嗎)	[普華菩薩與舍利弗的第12個問答] 普華言：汝信佛說一切法(皆)是「滅盡相」不？	(普華言：)大德舍利弗！汝信諸法皆是「自性滅盡相」不？
(舍利弗)答曰：如是！族姓	舍利弗言：然！一切法皆	(舍利弗)答言：善男子！如

子，一切諸法(皆)「本淨、寂滅」。	(是)「滅盡相」，我信是說。	是諸法，皆是「自性滅盡之相」，我信是說。
(普華)報曰：是故者年舍利弗！不能堪任「常定」(常入於定中而)聽法，所以者何？一切諸法本悉「寂靜」。	普華言：若然者(若是如此的話)，舍利弗(便)常不能(再)聽法。所以者何？一切法(皆)常是「滅盡相」故。 (既然一切法都恒在「自性滅盡相」中，那舍利弗你也不必再爲「聽法」而特別來「出定」啊？)	普華菩薩言：若如是者，則舍利弗(便)常(於一切時中皆)不能(再)聽法，何以故？以一切法(皆)常是「自性滅盡相」故。
舍利弗問：(那普華)卿「族姓子」！寧能堪任「不從定起」(不出離「定」)而(仍能)講法乎？	[普華菩薩與舍利弗的第13個問答] 舍利弗言：(那普華)汝能不起(不出離)于「(滅盡)定」而說法耶？	舍利弗言：(普華)善男子！仁能不起(不出離)于「(滅盡)定」而說法耶？
(普華)答曰：唯然舍利弗！(請)省察諸法，豈可獲(得)乎？而仁(竟)說言「不(需)從定起」(而仍)能說法耶？	普華言：頗有一法，非是「定」耶？(有那一個法不是屬於「自性滅盡定」的嗎？所以舍利弗問普華能不能「不出定而說法」的邏輯就有問題了，因爲任何諸法都恒常在「定」中的啊！)	(普華)曰：頗有一法，非是「定」耶？(有那一個法不是屬於「自性滅盡定」的嗎)
(舍利弗)答曰：不然。	舍利弗言：無也。	(舍利弗)答言：無也。
(普華)梵天又曰：是故仁者，一切凡夫「愚戇」(愚昧慧鈍)之黨(徒)，(亦)常得(於)「定」意。	普華言：是故常知一切「凡夫」(亦)常在於「定」。	(普華言：)大德舍利弗！以是義故，當知一切「愚癡凡夫」(亦)應常在「定」。
(舍利弗)者年又曰：凡夫(乃)愚戇(愚昧慧鈍)，(凡夫能)以何「定」意而(入)「三昧」乎？	[普華菩薩與舍利弗的第14個問答] 舍利弗言：以何「定」故？一切凡夫(亦)常在「定」耶？	舍利弗言：以何「定」故？一切凡夫(亦)常在「定」耶？
(普華)答曰：一切諸法而「無所趣」，(故)斯曰(皆)常(在)。	普華言：以不壞「法性三昧」故。	(普華)曰：以不壞「法性三昧」故。

「定」。		
（舍利弗）又問：（若）如是等習，（則）凡夫「愚騃」及與「賢聖」（即成為）「無差別」乎？	［普華菩薩與舍利弗的第15個問答］ 舍利弗言：若然者，「凡夫、聖人」（則將）無有差別？	舍利弗言：善男子！若如是者，「凡夫、聖人」（則將）無有差別？
（普華）答曰：唯舍利弗！誠如所云，吾之所察，又不欲令凡夫「愚騃」（愚昧騃鈍）及與「賢聖」造（立出有）「若干」（多少的差別）也。	普華言：如是！如是！我不欲令「凡夫、聖人」（之間）有「差別」也。	（普華言：）大德舍利弗！如是！如是！我不欲令「凡夫、聖人」（之間）有「差別」也。
所以者何？諸賢聖法，（本）無（法）所「滅除」；（而）「愚騃」（愚昧騃鈍）之法，亦（本）無（法）所興（起；生），猶（如）法界（平）等，以斯（此）之故，無有（越）度者（指「法界平等」之相，無有人能越度此理）。	所以者何？聖人無所「斷」，凡夫（亦）無所「生」，是二（皆）不出「法性平等」之相。	何以故？聖人無所「得」一法，凡夫無所「生」一法，是二不（越）過「法性平等」之相。 （聖人無煩惱可斷、可除，亦無菩提可證得。凡夫亦無煩惱可生起、可興起。故凡夫與聖人皆同屬「法性平等」）

二－13 舍利弗 不生、不得「賢聖法」；亦不滅、不見「凡夫法」

西晉・竺法護 譯 《持心梵天所問經》	後秦・鳩摩羅什 譯 《思益梵天所問經》	北魏・菩提流支 譯 《勝思惟梵天所問經》
（舍利弗）則復而問：族姓子！諸法「無本」（即漢文「如」義），為何謂耶？	［普華菩薩與舍利弗的第16個問答］ 舍利弗言：何等是「諸法平等相」？	舍利弗言：善男子！仁以何等是「諸法性平等之相」？
（普華）答曰：如耆年身（之）所分別（而）知，（舍利弗）豈復（能）「興發」（興起顯發）「賢聖法」乎？	普華言：如舍利弗所得知見。舍利弗！汝（能）生「賢聖法」耶？	（普華）曰：如舍利弗所得（之）知見，大德舍利弗！汝（能）生「賢聖法」耶？

(舍利弗)答曰：不然。	(舍利弗)答言：不也。	(舍利弗)答言：不也。
(普華)又問：仁！為(已)滅除「凡夫法」乎？	[普華菩薩與舍利弗的第 17 個問答] (普華問：)汝(已)滅「凡夫法」耶？	(普華問：)汝(已)滅「凡夫法」耶？
(舍利弗)答曰：不也。	(舍利弗)答言：不也。	(舍利弗)答言：不也。
(普華)又問(舍利弗)：豈復逮(已證)得「賢聖法」乎？	[普華菩薩與舍利弗的第 18 個問答] (普華問舍利弗：)汝(已證)得「賢聖法」耶？	(普華問舍利弗：)汝(已證)得「賢聖法」耶？
(舍利弗)答曰：不也。	(舍利弗)答言：不也。	(舍利弗)答言：不也。
(普華)又問(舍利弗)：寧復分別「凡夫法」乎？	[普華菩薩與舍利弗的第 19 個問答] (普華問舍利弗：)汝(有)見「凡夫法」耶？	(普華問舍利弗：)汝(有)見「凡夫法」耶？
(舍利弗)答曰：不然。	(舍利弗)答言：不也。	(舍利弗)答言：不也。
(普華)又問：云何「耆年」(舍利弗又如何去)分別(已)知「時」(abhisamaya 約於一時即獲現證)？	[普華菩薩與舍利弗的第 20 個問答] (普華言：)舍利弗！汝何知見，說言(已)「得道」？	(普華問：)大德舍利弗！若如是者，汝何知見說言(自己已有)「得法」耶？
(舍利弗)答曰：如所聞法，(若)離於「凡夫」，則為「無本」(即漢文「如」義)。 「平等」亦「如」，無有解脫；「滅度」亦「如」；「無本」亦「如」。	(舍利弗)答言：汝不聞(你沒聽聞過嗎)： 「凡夫」(之)「如」，即是「漏盡解脫」(之)「如」；「漏盡解脫」(之)「如」，即是「無餘涅槃」(之)「如」。	(舍利弗)答言：善男子！可不聞(你沒聽聞過)「如」？ 「凡夫」無智慧(之)「如」，即是「漏盡解脫」(之)「如」；「漏盡解脫」(之)「如」，即是「無餘涅槃」(之)「如」。
(普華)答曰：唯舍利弗！其「無本」(即漢文「如」義)者，無有差別(無差別；無異；不異)，不「若干」(分別多少)也，其「無本」(即漢文「如」義)者，	(普華言：)舍利弗！是 「如」(之)名(乃)「不異」，「如」(乃)「不壞」(之)「如」；	普華菩薩言：大德舍利弗！如(之名乃)： 「不異」如、「不改」如、「不變」如、

無所「歸趣」， 所謂「無本」，如「無本」者。 一切諸法，悉入「無本」(即漢文「如」義)。	應以是(不異、不壞之)「如」(而)知一切法。	「不壞」如。 應以是(不異、不改、不變、不壞之)「如」(而)知一切法。

二－14 從法之「性相」來說，則智慧為無量無邊；若隨入「法性」多少，則智慧將成為有量有限

西晉·竺法護 譯 《持心梵天所問經》	後秦·鳩摩羅什 譯 《思益梵天所問經》	北魏·菩提流支 譯 《勝思惟梵天所問經》
壹於是耆年舍利弗，前白佛言：唯天中天，猶如大火，熾盛赫(去 艶工 赫煥奕)奕(艶工 赫煥奕)，無所不燒；諸族姓子，亦復如是，(其)諸「所說法」皆(能)「分別」了(達)一切「法性」處，(而)靡不盡。	壹爾時舍利弗白佛言：世尊！譬如大火，一切諸炎，皆是「燒相」；如是，諸善男子所說(的一切)法，皆入「法性」。	壹爾時長老舍利弗白佛言：世尊！譬如大火，一切炷焰，悉皆能燒，如是此諸善男子，所說「法性」悉皆能燒一切「煩惱」。
貳世尊告曰：然舍利弗，諸族姓子(其所)講說「法性」，如汝所云。	貳佛告舍利弗：如汝所言，是諸善男子所說(的一切)法，皆入「法性」。	貳佛言：舍利弗！如汝所言，是諸善男子(其)所說「法性」，悉皆能燒一切「煩惱」。
參爾時明網菩薩謂舍利弗：佛歎仁者，(以)智慧為尊，歎於耆年，以何智慧(而為第一)？	參爾時網明菩薩謂舍利弗：佛說仁者於智慧人中，為最第一。以何智慧(而)得第一耶？	參爾時網明童子菩薩，問長老舍利弗言：大德舍利弗！佛說大德於智慧人中最為第一，何等是智慧？而舍利弗於智慧人中最第一耶？
肆(舍利弗)答曰：明網當知，諸「聲聞」中，(乃)倚于「音聲」，但(能)自照身(相)，而得「解脫」，(眾人)歎我於(聲聞)中而為(最)尊耳，(但我)	肆舍利弗言：所謂「聲聞」(乃)因「聲」得解，以是智慧，說我於中為「第一」耳，非謂「菩薩」(我並非是菩薩中的第一)。	肆(舍利弗)答言：善男子！所謂「聲聞」(乃)因「聲」得解(脫)，(能)自照「身相」，(具有)少分智慧；以是智慧，(故)佛說我於「聲聞」弟子智

不在「菩薩」(階位中)而(為最)有「智慧」也。		慧人中最為第一，(但我並)非「菩薩」中(的)智慧第一。
(伍) (明網菩薩)又問：唯舍利弗！(你觀)察於「智慧」，(為)有「言相」(言語形相)乎？	(伍) (網明菩薩)言：智慧是「戲論相」耶？	(伍) (網明言：)智慧是「戲論相」耶？
(舍利弗)答曰：不然。	(舍利弗)答言：不也。	(舍利弗)答言：非也。
(明網菩薩)又問：其智慧者，行「不普」(不能普廣)乎？「不平等」耶？	網明言：智慧非「平等相」耶？	(網明)曰：智慧非「平等相」耶？
(舍利弗)答曰：如是，誠如所云：智慧(之性乃)「平等」。	(舍利弗)答言：如是。	(舍利弗)答言：是也。
(陸) (明網菩薩)又問：何故諸法(本)「普等」(普遍平等)，乃為智慧；而(又)反講說「智慧」之(為有)限(量)？	(陸) 網明言：今(舍利弗)仁者(已)得「平等智慧」，云何說(又)智慧(是)有(限)量？	(陸) (網明菩薩)曰：今(舍利弗)大德(已)證「平等智慧」，云何而(又)說智慧(是)有(限)量？
(舍利弗)答曰：然族姓子！「智慧法性」(本)無有「邊限」，(若智慧被)繫在(有)限者，(乃因)從其「境界」，因本慧(之)行，而有所「入」(指有限量)。	(舍利弗)答言：善男子！以「法性相」故，智慧(即是)「無量」；(若是)隨入「法性」多少故，(則)智慧(便是)「有量」。	(舍利弗)答言：善男子！以「法性相」故，智慧(即是)「無量」；(若是)隨入「法性」多少故，(則)智慧(便是)「有量」。
(柒)(明網菩薩)又問：仁之所知，(能於)其「無限」者(中)而(作)「可限」(之說)乎？		(柒)(網明)曰：頗有(能於)「無量相」法(中)作「有量說」耶？
(舍利弗)答曰：不然。		(舍利弗)答言：無也。
(捌)(明網菩薩)又問：(既然不能於「無量相法」中作「有量」之說，你又)	(捌)網明言：(既於)「無量法」(中)終不作「有量」(之法)。	(捌)網明菩薩言：若如是者(指不能於「無量相法」中作「有量」

以何「齊限」（齊量邊限）而自「繫閡」（繫縛隔閡），（而）有所說乎？	仁者（又）何故說智慧（是）「有量」？	之說），云何舍利弗，（又）依（智慧是有）量（而）說法？
時舍利弗，默然無言。	即時，舍利弗「默然」不答。 （網明是菩薩，舍利弗前面已先說了，我只是「聲聞羅漢」中的智慧第一，我並非是「菩薩」中的智慧第一啊）	爾時舍利弗，默然不答。

二－15 網明菩薩從左右手的「赤白莊嚴抓指」之間，放大光明，普照十方無量佛國，皆悉通達。所有眾生，遇斯光者皆得快樂

西晉・竺法護 譯 《持心梵天所問經》	後秦・鳩摩羅什 譯 《思益梵天所問經》	北魏・菩提流支 譯 《勝思惟梵天所問經》
壹於是賢者大迦葉，承佛聖旨，前白佛言：唯然世尊！明網菩薩，何故號曰為明網也？	壹爾時長老大迦葉承佛聖旨，白佛言：世尊！是網明菩薩以何「因緣」，號網明乎？	壹爾時長老大迦葉，承佛威神，而白佛言：世尊！是網明童子菩薩，以何「因緣」，號曰網明？
貳於是世尊，見於耆年大迦葉請，欲令眾會「德本」（功德善本）具足，（佛便）告於明網：汝族姓子，自現本德（本具功德）所造之「業」而（導）致（此）「淨光」，當為「天上」及「世間人」，顯示「暉曜」（暉光明曜），令「菩薩」眾（其）所為「善本」，（若有）志「純熟」者，或（令）發「道心」，使得「精進」。	貳佛告網明：善男子！現汝（之）「福報」光明因緣，（能）令諸「天、人」，一切世間，皆得歡喜，其有「福德因緣」者，當（令）發「菩提心」。	貳爾時佛告網明童子菩薩言：善男子！現汝自身「善根」所成「功德」（之）光明，（能）令諸「天、人」，一切世間，（皆）心得歡喜，其有「福德、善根」熟者，當發「阿耨多羅三藐三菩提」心。
參明網菩薩，聞佛音詔，更整衣服，便從右掌「縵網指爪」（間），尋放「光明」，通徹無量不可稱限，「照」於十方諸佛國土，無有邊際，	參於是網明即受佛教，偏袒右肩，從右手「赤白」莊嚴「抓指」間，放大光明，普「照」十方無量無邊阿僧祇佛國，皆悉通達。	參爾時網明童子菩薩，聞佛勅已，而白佛言：善哉！世尊！唯然受教。作是語已，整服右肩，右膝胡跪，即於右手「白赤」莊

而悉「普周」(普及周遍)一切無量不可計會(之)諸佛世界。

㊣(所有)地獄、餓鬼、畜生群萌,盲聾瘖瘂,跛蹇疾病,尪(古同「尪」)羸(尪瘠羸瘦)、狂騃(癲狂騃鈍)、愚冥(愚癡頑冥)。懷「婬、怒、癡」,裸形不蔽,若飢若渴,若繫若縛,貪匱(貧窮乏匱)醜陋,老耄、年邁、法應當死、慳貪、嫉妒、犯戒、瞋恚、懈怠、放意、惡智、無信,而無博聞,不知慚愧,墮於邪見「六十二」疑,生於「八難」不閑之處。

㊣悉蒙斯光,尋時皆「安」。時彼眾生,則無「貪婬」,不患「瞋怒」,不迷「愚癡」,無有「結恨」,亦無「熱惱」。

㊣當爾之時,世尊之前(的)諸來眾會,(所有的)菩薩、聲聞、天、龍、鬼、神、犍沓惒、阿須倫、迦樓羅、真陀羅、摩睺勒,比丘、比丘尼、清信士、清信女。

㊣(皆)普現(成)一像(一個形像),悉為「金色」,一切等現,相好「形容」(形色容貌),皆如「如來」,普現「一等」(平等如一),(皆)無見「頂相」,身如「金剛」,一切盡坐(於)

㊣其中(所有)「地獄、畜生、餓鬼、盲聾、瘖瘂、手足拘癖、老病、苦痛、貪欲、瞋恚、愚癡、裸形、醜陋、貧窮、飢渴、囹圄、繫閉、困厄、垂死、慳貪、破戒、瞋恚、懈怠、妄念、無慧、少於聞見、無慚、無愧、墮邪疑網」。

㊣如是等眾生,遇斯光者,皆得「快樂」,無有眾生為「貪欲、瞋恚、愚癡、憍慢、憂愁、懷恨」等之所惱也。

㊣其在佛前大會之眾:(所有的)菩薩摩訶薩,「天、龍、夜叉、乾闥婆」等,及「比丘、比丘尼、優婆塞、優婆夷」眾。

㊣是諸眾生(皆)同一「金色」,與佛(而)無異,(具)有「三十二相、八十隨形好、無見頂者」,皆坐寶蓮華座,(有七)寶交絡(交織綿絡)蓋,羅覆(羅列覆蓋)其上,等

嚴「羅網指」間,放大光明,普「照」十方無量無邊阿僧祇世界,皆悉周遍其中。

㊣(所有)地獄、畜生、餓鬼、盲聾、背傴、無手、無足。種種諸病,貪惡眾生,愚癡、裸形、諸飢渴者。若縛、若禁,貧窮、惡色、老邁、垂死,及嫉妒等種種「苦惱」。諸有「慳貪、破戒、瞋恚、懈怠、妄念、無慧、不信、少聞、少見、無慚、無愧、墮邪疑網」。

㊣是等眾生遇斯光者,皆得「快樂」,一切歡喜,無一眾生有「貪欲、恚、愚癡、憍慢、憂愁患」等,不得快樂、不歡喜者。

㊣其在佛前大會之眾,(所有的)菩薩摩訶薩,及諸「聲聞、天、龍、夜叉、乾闥婆、阿修羅、迦樓羅、緊那羅、摩睺羅伽、人」與「非人」,「比丘、比丘尼、優婆塞、優婆夷」等。

㊣是諸大眾,皆同「一色」,「金色」(而)無異,謂「如來色」,時會大眾,皆悉如是。

自然「蓮華」，(實)珠交露(交露原意指「交錯的珠串所組成的帷幔，狀若露珠」，此處指「交織綿絡」)帳(妙寶床帳)，眾寶之蓋。一切悉(平)等，而無「差別」，現自然身，如「佛」(而)無異。	無差別。	
㊙一切「色身」，悉獲「安隱」，猶如菩薩逮得「三昧」，各興「歡豫」(歡樂欣豫)。彼時眾會怪未曾有，各各(互)相(而)見，悉如(同)「世尊」而無(有)差別，不復自覩「疵瑕」(疵污瑕垢)之體。	㊙諸會眾生，皆得「快樂」，譬如菩薩入「發喜莊嚴三昧」。時諸大眾得未曾有，各各(互)相(而)見，(皆)如「佛」(而)無異；不見佛身為「大」，己身為「小」。	㊙(眾生)身中(獲)「快樂」，心得歡喜，譬如菩薩入「喜樂食發起莊嚴三昧」無異。時諸大眾悉得希有，各各(互)相(而)見，(皆)如「佛」(而)無異，不見佛身為高，己身為下。

二－16 網明菩薩之光明力，令一切大眾，皆同一金色，與佛無異。從地踊出之「四菩薩」皆讚歎網明菩薩福德本願不可思議

西晉・竺法護 譯《持心梵天所問經》	後秦・鳩摩羅什 譯《思益梵天所問經》	北魏・菩提流支 譯《勝思惟梵天所問經》
㊀(明網菩薩)適放是光，尋時下方有「四菩薩」，自然踊出，叉手而住，各自念曰：今者當禮何(方)所(來之)如來？	㊀又以(網明菩薩之)「光明力」故，尋時下方有「四菩薩」從地踊出，合掌而立，欲共禮佛，作是念言：何者(來的)真佛？我欲禮敬。	㊀又以網明童子菩薩(之)「光明力」故，尋時下方有四菩薩，從地踊出，(1)名願力起菩薩，(2)名勝賢菩薩，(3)名智月光菩薩，(4)名不可降伏菩薩。是四菩薩合掌而立，作是念言：何者是佛？我欲禮敬。
㊁空中有聲則語之曰：明網菩薩(之)殊特(殊勝特異)「光明」，(故)普令眾會，悉現「一色」，(皆同)為「如來」(之)像。	㊁即聞空中聲曰：是網明菩薩「光明」之力，(於是造成)一切大眾(皆)同一「金色」，(完全)與佛無異。	㊁即聞空中聲曰：是網明童子菩薩(之)「光明力」故，(於是造成)一切大眾(皆)同一「金色」，(完全)與佛無

		異。
❸時四菩薩得未曾有，則舉聲曰：假令「至誠」(之語)，吾等所建，(與)如今所覩，(大眾之)像色(皆)「一類」(而)無異，(故)諸法平等，而無差別。	❸時四菩薩發希有心，作如是言：今此眾會，其色「無異」，一切「諸法」亦復如是。	❸時四菩薩發希有心，作如是言：我今「實語」，如此眾會，其色「無異」，一切「諸法」亦復如是。
(若)以斯「真諦」而無虛者，吾等特當(能)覩能仁佛「瑞應」之體，設(若)見如來，當「奉事」之。	若我此言(乃)「誠實」無虛，世尊釋迦牟尼當現「異相」，令我今得「供養、禮事」。	即「發誓」言：若我此語，(乃)誠實不虛，今世尊釋迦牟尼，當(顯)現「異相」，令我(能)得見，(並)供養禮事。
❹於時世尊，蓮華交露(交露原意指「交錯的珠串所組成的帷幔，狀若露珠」，此處指「交織綿絡」)「師子」之座，去地七尺。	❹即時(釋迦)佛以「蓮華寶」師子座，上昇虛空，高「一多羅」樹。	
❺時「四菩薩」稽首(釋迦)佛足，俱發聲言：至未曾有，天中之天，如來智慧(乃)不可窮極。明網菩薩(之)本性清淨，「德願」(福德本願)乃爾，(能弘)演其「光明」，(並)令諸眾生(之)「威容」顏貌，所現若茲(此)。	❺於是「四菩薩」頭面禮(釋迦)佛足，(並)作如是言：如來(之)「智慧」不可思議，網明菩薩(之)「福德、本願」，亦不可思議，能放如是無量「光明」。	
❻於時世尊，告明網菩薩：汝族姓子！還(收)攝「光明」所顯弘曜(弘亮明曜)，以(已)作「佛事」，多所建立(建置設立)，(已)令無量人志于「道心」。	❻爾時佛告網明菩薩言：善男子！汝今已作「佛事」，(已)令無量眾生住於「佛道」，(今)可(收)攝光明。	❻爾時佛告網明童子菩薩言：善男子！(暫)止此神力，汝今已「作佛所作事」，汝今已令無量眾生住於「佛道」。
❼明網菩薩，聞佛教命，則還(收)攝光(明)，應時眾會一切「如」故(回復如原本之相)，威儀(威容儀態)禮節，復現如(原本之)前，(即時)如來	❼於是網明即受佛教，還(收)攝「光明」；(待收)攝光明已，此諸大眾「威儀」(威容儀態)色相，還復如(原來之本相)故，(即時)見佛坐本「師子	❼爾時網明童子菩薩，受佛教(之)勅(以)，即(暫)止神力，(並收)攝「光明」事；(待收)攝光明已，一切大眾「威儀」(威容儀態)色相，還復

獨處於「師子床」。	座」上。	如(原本之)本(相)，身口無異，即時如來，身相顯現在「師子座」，如本無異。
		㈤時「四菩薩」即見如來，頭面禮足，而作是言：如來世尊(之)「智慧」境界，不可思議，及網明童子菩薩，(其)「福德、善根、願力、境界」(皆)不可思議，依彼「功德」能與眾生如是「快樂」，令(眾生)得「歡喜」。

二－17 從下方世界「七十二」恒河沙佛土來的四菩薩，國名現諸寶莊嚴，佛號一寶蓋，今現說法

西晉・竺法護 譯《持心梵天所問經》	後秦・鳩摩羅什 譯《思益梵天所問經》	北魏・菩提流支 譯《勝思惟梵天所問經》
㊀耆年大迦葉，前白佛言：斯四菩薩，從何所來？四菩薩曰：吾(等乃)從「下方」異佛界(其餘不同的佛世界)來。	㊀爾時長老大迦葉白佛言：世尊！此「四菩薩」從何所來？四菩薩言：我等(乃)從「下方」(之)世界來。	㊀爾時長老大迦葉白佛言：世尊！此四菩薩從何所來？四菩薩曰：我等(乃從)「下方」(之)佛世界來。
㊁(大迦葉)又問： ⑴世界所名。(四菩薩)答曰：眾寶普現(世界)。 ⑵(大迦葉)又問：如來至真，其號云何，現說法乎？	㊁迦葉言： ⑴其國何名？ ⑵佛號何等？	㊁大迦葉言： ⑴其國何名？ ⑵佛號何等？
(四菩薩)答曰：號一寶蓋如來，于彼講法。	四菩薩言：國名現諸寶莊嚴，佛號一寶蓋，今現說法。	四菩薩曰：國名現諸寶莊嚴，佛號一寶蓋，今現說法。
㊂(大迦葉)又問：彼之世	㊂大迦葉言：其佛國土	㊂大迦葉言：其佛國土

界，去是遠近？	去此幾何？	去此幾何？
(四菩薩)答曰：世尊(自)知之。	四菩薩言：佛自知之。	四菩薩曰：佛自知之。
㊥(大迦葉)又問：仁等「何因」至此？	㊥大迦葉言：汝等「何故」來此？	㊥大迦葉言：仁等今者「何故」來此？
(四菩薩)答曰：明網菩薩(之)演放光明，吾於本土(即得)見其「光明」。(吾等)下方佛國，(又)聞于能仁世尊(及)明網之名，故詣此土，欲觀(釋迦)世尊，稽首奉事，(並)欲覩正士明網菩薩。	四菩薩言：是網明菩薩(之)「光明」照彼，我等遇之，即(又)聞釋迦牟尼佛名，及網明菩薩，是故我等今來，見(釋迦)佛幷(欲見)網明上人。	四菩薩曰：是網明童子菩薩(之)「光明」照彼，我等遇之，即(又)聞釋迦牟尼佛名，及聞網明童子菩薩，是故我等今來至此，見釋迦牟尼佛，幷(欲見)網明上人。
㊄時大迦葉，前白佛言：眾寶普現世界，一寶蓋佛土，去是幾所？	㊄大迦葉白佛言：世尊！一寶蓋佛現諸寶莊嚴世界，去此幾何？	㊄時大迦葉即白佛言：世尊，一寶蓋佛現諸寶莊嚴世界，去此幾何？
佛告迦葉：下方去此，「七十二」江河沙等諸佛國土，乃得眾寶普現世界，(為)一寶蓋佛所處(之地)，此四菩薩，(乃)從彼間來。	佛言：去此「七十二」恒河沙佛土。	佛言迦葉：彼國土去此，過「七十二」恒河沙等諸佛國土。
㊥(大迦葉)又問世尊：幾如之頃，乃達到此？	㊅大迦葉言：世尊！是「四菩薩」從彼發來，幾時至此？	㊅大迦葉言：世尊！是「四菩薩」發彼國來，幾時至此？
(佛)告曰：「一發意」頃，便來至斯。	佛言：如「一念頃」，於彼不現，忽然而至。	佛言迦葉：如「一念頃」，於彼國沒，忽然而至。
㊆迦葉白佛：難及(難以至及之)大聖，菩薩大士所放(之)「光明」，神足聖達，魏魏(巍崇峨巍)如是。(今)明網菩薩(能)演其光明，照遠「無際」，斯四菩薩，尋即	㊆大迦葉言：世尊！此諸菩薩(之)「光明」，遠照，神通速疾，甚為希有！今(乃)是網明菩薩(之)「光明」遠照，(故能令)是「四菩薩」發來速疾。	㊆大迦葉言：希有世尊！然諸菩薩(之)「光明」遠照，神通速疾，甚為希有！今(乃)是網明童子菩薩(之)「光明」遠照，(故能令)是四菩薩發來速疾，乃能如是。

(能)至此，其誰見是「神足」(神通具足)威變(感德神變)，智慧所為，而不願樂(發心)建立(建置設立)「大乘」？		
(捌)世尊告(大迦葉)曰：如汝所云，諸菩薩(所)行(乃)不可思議，(故一切)「聲聞、緣覺」所不能及也。	(捌)佛言迦葉：如汝所說，(諸)菩薩摩訶薩所行(乃)「不可思議」，(故)一切「聲聞、辟支佛」所不能及。	(捌)佛言迦葉：如汝所說，(諸)菩薩摩訶薩「神通」之力，(其)所行速疾，(皆)不可思議，(故)一切「聲聞、辟支佛」等所不能及。

二－18 網明菩薩未來成佛，號普光自在王如來，國土純清淨金色菩薩而無二乘。時會中有 4 萬 4 千人皆共發願欲往生彼國

西晉・竺法護 譯《持心梵天所問經》	後秦・鳩摩羅什 譯《思益梵天所問經》	北魏・菩提流支 譯《勝思惟梵天所問經》
《問談品・第六》		
(壹)於是大迦葉，謂明網菩薩：族姓子，光猶若「如來」，威容姿顏(殊姿聖顏)，(皆)紫磨金形，(在場的)眾會(皆)蒙曜(蒙受光曜)，色像「普齊」(普同等齊)。 (明網)答曰：唯大迦葉(您)當問(問)世尊，(世尊)而(便為)「發遣」(發聲遣辭)之。	(壹)爾時長老大迦葉，謂網明菩薩言：善男子！(網明)汝現「光明」照此大會，皆作「金色」，以何因緣？ 網明言：長老大迦葉(您)可問(問)世尊，(世尊)當為汝說！	(壹)爾時長老大迦葉，問網明童子菩薩言：善男子！仁現「光明」，照此大會，皆作「金色」，以何因緣？ (網明)答言：大迦葉(您)可問(問)世尊，(世尊)當為汝說！
(貳)(大迦葉)耆年尋時前問(釋迦)大聖。佛告迦葉：明網菩薩得為(普明變動光王)佛時，當爾眾會(大眾之會)，悉「紫金容」，咸樂「一義」(一個金色之儀容。義古通「儀」)，同「心」篤信，達「諸通慧」(諸通達的一切智)，無有「聲聞、緣覺」	(貳)即時大迦葉以此白佛。佛言：迦葉！是網明菩薩成(普光自在王)佛時，其會大眾(皆)同一「金色」，咸共信樂「一切智慧」。其佛國土，乃至無「聲聞、辟支佛」名，唯有清淨諸「菩薩摩訶薩」會。	(貳)時大迦葉以此白佛。佛言：迦葉！是網明童子菩薩成(普光自在王)佛之時，其會大眾(皆)同一「金色」，咸共信樂「一切智慧」。其佛國土，乃至無有「聲聞、辟支佛」名，唯有清淨諸「大菩薩摩訶薩」眾。

之名，純諸「菩薩大士」之眾。		
㊂迦葉白佛：其有菩薩(往)生彼佛土，便當謂之為「如來」耶？	㊂大迦葉白佛言：世尊！(若有往)生(至)彼(佛國之諸)菩薩(者)，當知「如佛」。	㊂長老大迦葉白佛言：世尊！(若有往)生(至)彼(佛國之諸)菩薩(者)，當知「如佛」。
世尊告曰：如是迦葉！如爾所言，(只要往生到普明變動光王佛國)便當謂之為「如來」也。	佛言：如汝所說，(往)生(至)彼(普光自在王佛國之諸)菩薩，當知「如佛」。	佛言迦葉：如汝所說，(往)生(至)彼(普光自在王佛國之諸)菩薩，悉皆「如佛」。
㊃爾時「四萬四千」人，皆發「無上正真道意」，願生彼土，異口同音，僉ᵗᶦᵃᵐ(皆)共歎曰：明網菩薩得「佛道」時，吾等悉當(往)生彼佛土。	㊃於是會中(有)「四萬四千」人皆發「阿耨多羅三藐三菩提心」已，願(往)生彼(未來網明菩薩之佛)國，(大眾皆)白佛言：網明菩薩得成(普光自在王)佛時，我等願(往)生其(佛)國！ (所有的藏經都說，佛弟子應該追求到「有佛國的淨土」中去「作佛」)	㊃是時會中(有)「四萬四千」人，聞已皆發「阿耨多羅三藐三菩提心」，既發心已，願(往)生彼(未來網明菩薩之佛)國，而白佛言：世尊！若網明童子菩薩得成(普光自在王)佛時，我等皆當(願)「往生」其(佛)國。

所有佛典藏經都明確的説：佛弟子應該追求到「有佛國的淨土」中去「作佛」

底下共計有 **50** 部的佛經出處(含同本譯異經，與同佛經之出處)

1八十《大方廣佛華嚴經》卷18〈明法品 18〉

佛子！菩薩住十種法，令諸大願皆得圓滿。何等為十？

一者、心無疲厭。

二者、具大莊嚴。

三者、念諸菩薩殊勝願力。

四者、聞諸「佛土」，悉願「往生」。

五者、深心長久，盡未來劫。

六者、願悉成就一切眾生。

七者、住一切劫，不以為勞。

八者、受一切苦，不生厭離。

九者、於一切樂，心無貪著。

十者、常勤守護無上法門。

2 六十《大方廣佛華嚴經》卷 10〈明法品 14〉

佛子！菩薩摩訶薩修行十法，悉能滿足一切諸願，何等為十？

一者、生大莊嚴，心無憂感。

二者、轉向勝願念諸菩薩。

三者、所聞十方嚴淨「佛剎」，悉願「往生」。

四者、究竟未來際。

五者、究竟成就一切眾生、滿足大願。

六者、住一切劫，不覺其久。

七者、於一切苦，不以為苦。

八者、於一切樂，心無染著。

九者、悉善分別「無等等」解脫。

十者、得大涅槃，無有差別。

3《最勝問菩薩十住除垢斷結經》卷 5〈神足品 12〉

(1)是時世尊，知來會者心中所念而告之曰：西方去此無數佛土，有佛名無量壽，其土清淨，無婬怒癡，悉同一心，皆由「蓮華」中生，不因父母「情欲」生也。純是「童男」(此喻大菩薩也，故無男亦無女)，亦無「女形」，無「大、小」便，以「禪悅樂法、無想念識」以為飯食，共相敬念，如父、如母，欲生彼者，可發「誓願」。

(2)時「四億眾」，即於座上，同心發願，「求生」彼(極樂)土。

(3)爾時世尊，即如其像，放「覺意三昧光明」，照彼(極樂)國土，使「四億人」得見彼(極樂國)土(阿彌陀)如來世尊，及「化生菩薩」。其(極樂)國廣博，純金銀琉璃，眾寶雜廁，無「三惡道、八難」之苦。

(4)見彼(極樂)國已，此「四億人」隨其「形壽」，皆得同時「生」彼(極樂)國土，而得修此「覺意三昧」，斯由「本誓發願」所致，「覺意三昧」之所感動，其德如是。

4《大般若波羅蜜多經(第 1 卷-第 200 卷)》卷 9〈轉生品 4〉

(1)爾時，此間一切眾會，以佛神力，皆見十方各「千佛土」(之)諸佛世尊，及彼「眾會」。彼諸「佛土」功德莊嚴，微妙殊勝。當於爾時，此堪忍界功德莊嚴(皆)所不能及。

(2)時此眾會無量百千諸有情類，各「發願」言：以我所修諸「純淨業」，願當「往生」彼彼佛土(指十方各個諸多的「千佛土」)。

5《大般若波羅蜜多經(第 201 卷-第 400 卷)》卷 327〈不退轉品 49〉

善現！是菩薩摩訶薩為「聽法」故，常樂見佛，若聞如來、應、正等覺，在「餘世界」現說「正法」，即以願力「往生」彼界(此指發願往生有「如來」正在說法的世界國土)，恭敬供養，聽受「正法」。

6《大般若波羅蜜多經(第 401 卷-第 600 卷)》卷 549〈不退相品 17〉

(1)善現當知！是菩薩摩訶薩，常不遠離甚深「般若」波羅蜜多，相應作意，常不遠離「薩婆若心」，不好乖違、樂和諍訟，常希正法、不愛非法，恒慕善友、不樂惡友，好出法言、離非法言，樂見如來、欣出家眾。

(2)十方國土，有「佛世尊」宣說「法要」，願「往生」彼(此指發願往生有「如來」正在說法的世界國土)，親近、供養、聽聞正法。

7《放光般若經》卷 2〈授決品 6〉

(1)佛之威神，令會者，見「東方」千佛及四部眾，及諸十方，各「千佛」現。

(2)爾時沙訶樓陀剎土，不如「彼佛國土」(之)嚴淨。

(3)爾時坐中有「十千人」(一萬人)，皆「發願」言：我曹皆當作「功德」，「生」彼淨國。

(4)爾時佛知善男子「意」(之)所念，佛復笑。

(5)阿難白佛：願聞「笑意」。

(6)佛告阿難：見是「萬人」不？

(7)阿難言：唯然，世尊！已見。

(8)佛言：是「萬人」壽終，皆當「往生」彼諸佛國，皆「不離」諸佛世尊，後當「作佛」，號莊嚴王如來、無所著、等正覺。

8《放光般若經》卷 13〈堅固品 57〉

(1)佛告須菩提：菩薩行「般若」波羅蜜者，不離於「道行」，順應「五陰」、順應「諸性」、順應「諸衰」。所以者何？

(2)「五陰空」故，「性衰」亦「空」，所行不逆國事。何以故？住於「空法」，亦不見法有「增」、有「減」者。

(3)不「逆盜」事。何以故？以住於「空」，於「空法」中，亦不見法有「持來」者，亦不「持去」者……

(4)住於虛空之空，亦不見聚亦不見散，亦不見聚落之事……

(5)常願欲「得見」諸如來、無所著、等正覺，常願「欲見」十方諸佛，隨所見(之)佛，願「往生」彼(佛之剎土)，便得「往生」，(應)晝夜意(念)「常不離諸佛」之念。

9《大薩遮尼乾子所説經》卷 10〈授記品 11〉

(1)爾時世尊……告<u>文殊師利</u>法王子言……爾時會中，聞説彼_(實慧幢王)佛國土，勝妙功德莊嚴。彼_(有)「六十百千萬億那由他」菩薩，願「生」彼_(善觀名稱世界)國，作如是言：此<u>實慧幢王</u>如來「成佛」之時，願我「往生」彼_(實慧幢王)佛_(善觀名稱世界)國土。

(2)爾時世尊即與授記，皆當「往生」彼_(實慧幢王)佛_(善觀名稱世界)國土。

(3)「八十千萬」尼乾子眾，一時同聲白言：世尊！我亦願「往生」彼_(實慧幢王)佛_(善觀名稱世界)國！

(4)世尊亦即皆與授記：汝善男子！一切皆當「生」彼_(實慧幢王)佛_(善觀名稱世界)國。

(5)「八千萬億那由他」天子虛空界中作如是言：世尊！我等亦願<u>實慧幢王</u>如來得「菩提」時，俱「往生」彼<u>善觀名稱</u>世界，得見彼_(實慧幢王)佛不可思議功德莊嚴，清淨國土。

(6)時佛即告彼諸天子：諸善男子！汝等皆當「生」彼<u>善觀名稱</u>世界，供養彼_(實慧幢王)佛。

(7)諸天子！汝等亦當在彼<u>善觀名稱</u>世界，皆成「阿耨多羅三藐三菩提」，種種名字、壽命住世、劫數多少如彼<u>實慧幢王</u>如來住世不異。

10《佛説菩薩行方便境界神通變化經》卷 3

(與《大薩遮尼乾子所説經》同本異譯)

(1)爾時世尊……即告<u>文殊師利</u>童子……此眾聞彼_(實意相王)佛刹功德，莊嚴威德。

(2)會中「六十億百千那由他」諸菩薩等，發心願「生」彼_(實意相王)佛_(善觀稱)世界，白佛言：世尊！是<u>實意相</u>王，得成佛時，我等當「生」彼_(實意相王)佛_(善觀稱)世界。

(3)世尊即記當「生」彼_(善觀稱)國。

(4)有「八十億」諸「尼乾」等，同聲唱言：世尊！我等亦當「生」彼_(實意相王)佛土。佛一切記，當「生」彼_(善觀稱)國。

(5)於上空中，有「九十億百千那由他」諸「天子」等，説如是言：世尊！彼<u>實意相王</u>佛，得菩提時，我等當「生」彼<u>善觀稱</u>世界之中，當見如是功德莊嚴。

(6)佛即記言：汝等「天子」，亦當「生」彼<u>善觀稱</u>界，奉事彼_(實意相王)佛。

(7)汝諸天子，亦當於彼<u>善觀稱</u>界，成於「無上正真之道」，各有異名，等同「壽命」。

11《大寶積經》卷 20

(1)時<u>舍利弗</u>白佛言：世尊！若有善男子、善女人，以「七寶」滿三千大千世界，持用「布施」，願「生」彼_(不動如來佛)國。

(2)由茲行願，此善男子善女人終不退墮聲聞、辟支佛地，從一佛刹至一佛刹，歷事

供養諸佛如來，於諸佛所聽聞正法，雖未證得無上菩提，而能見彼無量百千乃至億那由他百千諸佛。

12《大寶積經》卷 119

(1)說此偈已，即於會中授<u>勝鬘</u>夫人「阿耨多羅三藐三菩提」記……過二萬「阿僧祇」劫，當得作佛，號曰普光如來、應、正等覺。彼(普光)佛國土無諸惡趣衰老病苦

(2)亦無「不善惡業」道名。其中眾生，形色端嚴，具五妙境，純受「快樂」……時<u>勝鬘</u>夫人得「授記」已，(有)無量「天人」，心懷踊躍，咸願「往生」彼(普光)佛世界。是時世尊皆與授記，當「生」彼(普光佛)國。

13《阿閦佛國經》卷 1〈阿閦佛剎善快品 2〉

(1)爾時，有「異比丘」，聞說彼(阿閦)佛剎之功德，即於中起「婬欲」意，前白佛言：天中天！我願欲「往生」彼(阿閦)佛剎。

(2)佛便告其比丘言：癡人！汝不得「生」彼(阿閦)佛剎。所以者何？不以立「婬欲亂意」者，得「生」彼(阿閦)佛剎，用餘「善行法、清淨行」，(才能)得「生」彼(阿閦)佛剎。

14《四童子三昧經》卷 2

(1)阿難！若有眾生聞此功德，「莊嚴受記」法本名字者，乃至一念發「淨信心」，為欲見彼<u>寶積現</u>如來、多陀阿伽度、阿羅訶、三藐三佛陀，為欲承迎、禮拜、親近、供養，有發心者、欲聞法者。

(2)<u>阿難</u>！我今皆與彼等「受記」，「往生」彼(寶積現佛)剎，奉覲如來，聞於正法。

15《集一切福德三昧經》卷 2

(1)是<u>最勝</u>大仙，後乃命終，即「往生」彼淨名王佛普無垢土，及「八萬四千天子」亦「生」彼(淨名王佛普無垢佛)土。

(2)善男子！於意云何？爾時，<u>最勝</u>仙者，豈「異人」乎？汝勿有疑，即我身是。

16《無極寶三昧經》卷 1

(1)佛語<u>文殊</u>：審如所言。是<u>寶來</u>菩薩，從<u>寶如來</u>佛剎來，去是九億萬佛國，其剎名曰<u>諸法自然</u>。

(2)其有「善男子、善女人」，「往生」者，不從「胞胎」，不更苦痛，無有恩愛，皆於自然「華香」中生。生即「住立」，無「乳哺」者，自然伎樂，朝暮娛樂，寂然清淨，以為法僧。

(3)若善男子、善女人，聞是「三昧」，即却「六百四十萬劫」之罪，罪盡命終，便得「往

生」彼(寶佛)國。

(4)寶如來剎，無日月光，雖有日月，明蔽不現。若人往生者，日月星宿，即為出現，其見日月星宿有「光明」者，即知有人當「往生」也。

17《央掘魔羅經》卷 4

爾時，世尊說是經已，諸天、龍神、聲聞、菩薩及波斯匿王一切眾會，皆慕央掘魔羅行及文殊師利菩薩行，願「生」彼國(此指央掘魔羅成佛之名為一切世間樂見上大精進如來，國土名一切寶莊嚴)，皆發「阿耨多羅三藐三菩提心」，踊躍歡喜。

18《一切智光明仙人慈心因緣不食肉經》卷 1

(1)尊者阿難……而白佛言：世尊！彌勒成佛所說「戒法」，乃以「慈心」，制「不食肉」，為犯重禁，甚奇甚特！

(2)時，會大眾，異口同音，皆共稱讚，彼國眾生「不食肉」戒，願「生」彼(彌勒佛)國！世尊悉記，當得「往生」。

19《大寶積經》卷 20

舍利弗！此「賢劫」中有「九百九十六佛」，當出於世，若有菩薩樂見此(不動)如來者，應願「生」彼不動佛剎。

20《大寶積經》卷 118

寶髻菩薩說此偈時，(有)「七萬二千」人，皆發「無上正真道意」，悉願「生」彼離垢光世界，同時發聲俱說是言：寶成如來得佛道時，普令吾等「生」彼(寶成)佛土。佛皆「記」說，當「生」其(寶成)國。

21《佛說如來不思議祕密大乘經》卷 14〈金剛手菩薩大祕密主授記品 16〉

爾時世尊為金剛手菩薩大祕密主，當「授記」時，會中有「二萬人」發「阿耨多羅三藐三菩提心」，皆願「生」彼普淨世界，金剛步如來剎土之中。

22《觀世音菩薩授記經》卷 1

華德藏菩薩白佛言……又願見彼安樂(極樂)世界阿彌陀佛，令此善男子、善女人，發「阿耨多羅三藐三菩提」心，願「生」彼(極樂)國。生彼國已，絕不退轉「阿耨多羅三藐三菩提」。

23《觀世音菩薩授記經》卷 1

(1)於此眾會，比丘、比丘尼、優婆塞、優婆夷，天龍、夜叉、乾闥婆、阿修羅、迦樓羅、緊那羅、摩睺羅伽、人非人等，釋梵四天王，菩薩、聲聞，皆見安樂(極樂)世界阿彌陀佛。

(2)(有眾多)菩薩、聲聞眷屬圍遶，晃若寶山，高顯殊特，威光赫奕，普照諸剎，如淨目人，於「一尋」內覩人，面貌明了無礙。

(3)既見是已，歡喜踊躍，唱如是言：南無阿彌陀如來、應供、正遍知。

(4)時，此眾中(有)「八萬四千」眾生，皆發「阿耨多羅三藐三菩提心」，及種「善根」，願「生」彼(極樂)國。

(5)爾時，安樂(極樂)世界菩薩、聲聞，見此剎已，怪未曾有，歡喜合掌，禮釋迦牟尼如來、應供、正遍知，作如是言：南無釋迦牟尼佛，能為菩薩、聲聞説如是法！

24《四童子三昧經》卷 2

(1)阿難！此童子者，名寂靜轉，是大菩薩摩訶薩也。從南方寶積現多陀阿伽度、阿羅訶、三藐三佛陀剎土而來。彼佛世界名寶莊嚴。

(2)阿難！於汝意云何？彼世界何故名寶莊嚴？阿難！彼(寶積現)佛世界，無一眾生住「不定」者，亦無「邪定」。

(3)阿難！彼(寶積現佛國土)諸眾生。皆悉「正定」於「阿耨多羅三藐三菩提」。

(4)阿難！彼(寶積現佛)剎是「菩薩剎」，彼剎眾生無「男、女」想。

(5)阿難！彼(寶積現佛國土)諸眾生皆悉「梵行」，無諸穢欲，智行清淨，乃至無有「穢欲」之名。

(6)阿難！彼莊嚴「佛剎」諸眾生等，無有一切「不善」思想，亦無「食」想，唯有二食。何等為二？一者以「定、慧」為食，二者以「法喜」為食。

(7)阿難！彼(寶積現)佛剎，不説「五陰」、不説「三乘」，唯廣演説「一切智陰菩薩篋藏」。

(8)阿難！以是義故，彼(寶積現)佛世界名寶莊嚴。

(9)阿難！此土所有「他方佛剎眾生」生此土者，復有願「生」彼(寶積現)佛土者，願「生」之者，彼眾生等，皆得「不退轉」於「阿耨多羅三藐三菩提」。

(10)阿難！或有菩薩，從「餘佛剎」來生彼(寶積現佛國土)者，生已，即自能知「彼佛剎內」一切諸事，彼等菩薩示生「彼」(寶積現佛國土)已，即於「剎那、羅婆(lava)、牟侯多(muhūrta三十羅婆為一須臾)」時，各各想「己自身是佛」。

25《佛說海意菩薩所問淨印法門經》卷 17

(1)其(摧魔)佛但為諸菩薩眾，唯説「最上大乘」之法，無復「二乘」之名。尊者！是故我今置此魔眾，往彼諸樂莊嚴世界之中，置於彼已，使諸「魔眾」不復興於「魔之事

業」。於彼_(摧魔)佛剎，與其降伏魔菩薩，同發「菩提心」已，圓滿「菩提分法」……

(2)爾時，尊者舍利子告諸魔言：諸仁者！汝等見彼諸樂莊嚴世界不？

(3)諸魔答言：我等已見。尊者！彼土希有清淨可愛，是為「清淨無垢」最上所居。我等見已，皆發「阿耨多羅三藐三菩提心」。

(4)尊者舍利子言：諸仁者！汝等已發「阿耨多羅三藐三菩提」心，不應復作諸魔事業……

(5)爾時，諸魔於此佛剎現「神變」已，此眾會中，有二萬人發「阿耨多羅三藐三菩提」心；於「魔眾」中，復有「一萬」天子，發「阿耨多羅三藐三菩提」心，異口同音作如是言：世尊！我等悉願「生」彼諸樂莊嚴世界之中。

(6)作是語已，於是釋迦牟尼如來即記之曰：汝等當「生」彼_(摧魔)佛剎中。

26《佛說藥師如來本願經》卷1

(1)復次，曼殊室利！藥師琉璃光如來所有諸願，及彼佛土功德莊嚴，乃至窮劫說不可盡。

(2)彼_(藥師)佛國土，一向清淨，無女人形，離諸欲惡，亦無一切惡道苦聲，「琉璃」為地，城闕、垣墻、門窓、堂閣、柱樑、斗拱，周匝羅網，皆「七寶」成，如極樂國「淨琉璃」界，莊嚴如是。

(3)於其國中，有二菩薩摩訶薩，一名日光，二名月光，於彼無量無數諸菩薩眾，最為「上首」，持彼世尊藥師琉璃光如來正法之藏。

(4)是故，曼殊室利！信心善男子、善女人，應當願「生」彼_(藥師)佛國土。

27《思益梵天所問經》卷2〈難問品 5〉

(1)爾時長老大迦葉謂網明菩薩言：善男子！汝現光明照此大會，皆作金色，以何因緣？網明言：長老大迦葉！可問世尊，當為汝說！

(2)即時大迦葉以此白佛，佛言：迦葉！是網明菩薩成_(普光自在王)佛時，其會大眾同一金色，咸共信樂一切智慧。其_(普光自在王)佛國土_(世界名集妙功德)乃至無「聲聞、辟支佛」名，唯有「清淨諸菩薩」摩訶薩會。

(3)大迦葉白佛言：世尊！「生」彼菩薩，當知如「佛」。佛言：如汝所說，「生」彼菩薩，當知如佛。

(4)於是會中「四萬四千人」，皆發「阿耨多羅三藐三菩提心」已，願「生」彼_(普光自在王佛)國，白佛言：網明菩薩得成_(普光自在王)佛時，我等願「生」其_(普光自在王佛)國！……

(5)_(淨相天子將在)過「四萬二千劫」，當得作佛，號寶莊嚴，國名多寶。於其_(淨相天子成佛後)中間_(亦)有「諸佛」出_(世)，皆得「供養」_(此多寶佛)，亦_(從此多寶佛而得)聞是_(思益)經。

(6)_(思益)梵天！是諸「比丘、比丘尼、優婆塞、優婆夷」，「諸天、龍、鬼神」在此會中，

(己)得「(無生)法忍」者，(將來)皆當得(往)生(淨相天子未來成佛之)多寶國土。

28《佛說海龍王經》卷3〈女寶錦受決品 14〉

(1)爾時眾會中天、龍、鬼神、無善神、香音神心自念言：是寶錦女，何時當成「無上正真道最正覺」？

(2)佛知諸天、龍、神、香音神心之所念，告諸比丘：此寶錦女，三百不可計劫後，當得作佛，號曰普世如來、至真、等正覺，世界曰光明，劫曰清淨。其光明世界，如來光常當大明。菩薩九十二億，佛壽十小劫。

(3)於是萬龍后(夫人)白佛言：普世如來得為佛時，吾等願「生」彼(普世佛)國！佛即記之當「生」其國。

29

《敦博本》與《敦煌本》對校版原文	六祖壇經《宗寶本》原文
有一上座名神秀，忽於南廊下書「無相偈」一首，五祖令諸門人盡誦，悟此偈者，即「見自性」，依此修行，即得「出離」。	神秀上座，於南廊壁上書「無相偈」。大師令人皆誦，依此偈修，免墮「惡道」，依此偈修，有「大利益」。
惠能答曰：我此踏碓𥔥 八個餘月，未至堂前，望「上人」(對童子的尊稱)引惠能至南廊下，見此偈「禮拜」，亦願誦取(讀誦與記取)結來生緣(指來生成佛之緣)，願生佛地(既願生有佛之地，則指清淨佛國，故亦屬淨土，並非在三界內輪迴)。	慧能曰：我亦要誦此，結來生緣(指來生成佛之緣)。「上人」(對童子的尊稱)！我此踏碓𥔥 八個餘月，未曾行到堂前，望「上人」引至偈前「禮拜」。

《敦博本》與《敦煌本》對校版原文	六祖壇經《宗寶本》原文
弘忍和尚問惠能曰：汝何方人？來此山禮拜吾，汝今向吾邊，復求何物？	祖(弘忍大師)問曰：汝何方人。欲求何物？
惠能答曰：弟子是嶺南人，新州百姓，今故遠來禮拜和尚，不求餘物，唯求「作佛」。	慧能對曰：弟子是嶺南 新州百姓，遠來禮師，惟求「作佛」，不求餘物。

30《菩薩瓔珞經》卷10〈三道三乘品 30〉

(1)佛告舍利弗：去此「西北」四十四江河沙，有佛土名曰雷吼，佛名如意如來、至真、

等正覺，十號具足。

(2)彼國殊特，七寶成就，眾生賢柔，辯才通達，智慧如海，言不妄發，說「清白」事，以為「禁戒」，法法成就，不相拒逆。彼有「浴池」，如上所說，彼「浴池」中有「七寶金剛師子之座」，高廣上徹眾生之表。一切「辟支佛、菩薩大乘」悉「生」彼(雷吼佛)國，共相敬順，不懷貢高，本所造緣不違誓願，住壽恒沙神足自在。

(3)爾時，世尊與舍利弗而說頌曰：虛空無邊際……人身多憂慮，緣對所「縛著」，彼土「寂然定」，脫此「眾患惱」……欲獲「不死」(不生死輪迴)法，當願「生」彼(雷吼佛)國……

(4)爾時，世尊與舍利弗說此偈時，爾時座上「七萬」比丘，本求「小乘」、斷「漏」取「證」，盡皆「迴」(指迴小向大發「成佛」之願)意，願生彼(雷吼佛)國，為「辟支佛、菩薩大乘」。復有無數諸天人民，逮(得)「須陀洹果」……

(5)爾時，世尊告舍利弗言：去此「西北」八十四江河沙數，復過此數，有佛土名曰清琉璃，佛名身相如來、至真、等正覺，十號具足。彼國寬博，無眾穢惡，剎土平整，坦然無礙。彼有浴池，清涼微妙，於池中央，有七寶高座，高廣嚴飾，至眾生際……

(6)爾時，世尊與舍利弗而說頌曰：一向心意識，執意不可動，本願所牽連，乃「生」彼(身相)佛土……咸各齊發願，「成佛」無有難。眾生上中下，用心各不同，唯當攝「一意」，道果自然至。

(7)爾時，世尊與舍利弗說此頌時，有「七十千」比丘，皆發弘誓，願「生」彼(身相佛)國……

(8)爾時，世尊告舍利弗：「西北」去此一億七百萬江河沙數，彼有佛土名曰興顯，佛名廣曜如來、至真、等正覺，十號具足……

(9)若有菩薩摩訶薩，本誓牢固，心願清淨，得「生」彼(廣曜佛)剎，諸根清淨，六情完具……

(10)爾時，世尊與舍利弗說此偈時，座上有「七千」居士，捨憍慢心，除去貢高，不著榮飾，內自剋責：我等愚惑，染俗來久，今聞如來深要正法。各從座起，前禮佛足，即於佛前，發弘誓心：我等願樂，欲「生」彼(廣曜佛)國，唯願世尊神力將「接」，無令同誓中有「罣礙」……

(11)爾時，佛告舍利弗：去此「西北」，過百千億江河沙數，有佛土名師子口，佛名法成就如來、至真、等正覺，十號具足，現在說法。

(12)大聖所行，無不周遍，諸「菩薩法」，皆悉具足，土界清淨，威儀禮備，壽命極長。無「三惡道」，以「戒德」香，而自娛樂，「五分法身」以為禁戒。

(13)彼有「浴池」，清淨殊特，香氣苾芬，無不周普。彼土虛寂，無有「石沙、穢惡」泰然，亦無「山河、石壁」。彼有「浴池」，深且清涼，一切眾聖，盡集彼浴，共相娛樂。

(14)池中有「龍」，神德無量「三十二頭」，隨時降雨，普潤世界……

(15)爾時,世尊與舍利弗説此偈時,座上有「七億那術」眾生……各從坐起,至世尊所,頭面禮足白佛:我等願樂,欲「生」師子口(佛)剎土法。成就如來所修清淨行,志求「無上正真之道」。

31《菩薩瓔珞經》卷 10〈三道三乘品 30〉

(1)佛告舍利弗:去此「西北」八十四江河沙數,有剎土名曰無盡,佛名徹聽如來、至真、等正覺,十號具足。彼國清淨眾生柔和……使諸菩薩悉得成就,諸有發意,中間「不退」,盡得「生」彼無盡(佛)剎土。

(2)爾時,世尊與舍利弗而説頌曰:無盡清淨剎,徹聽如來國,本願所追逮,眾想悉成就……爾時,世尊與舍利弗説此偈時,有「十三億」眾生,皆發無上,願「生」彼(徹聽佛)國,為聲聞、聲聞乘,上修「無上梵行」……

(3)佛告舍利弗:汝見此「十三億那術」人不?後將來世過此賢劫,盡同一願,當「生」彼(徹聽佛國)土,成等正覺,修清淨行。

32《寂調音所問經》卷 1

(1)説此法時,五百比丘、五百比丘尼、五百優婆塞、五百優婆夷、五千天子等未昇決定者,各作是言:我等願欲樂往彼土寶相如來諸「聲聞眾」。

(2)文殊師利言:善男子等!不可以「聲聞心」得「生」彼(寶相佛)土。是故汝等宜應發「阿耨多羅三藐三菩提」心,乃可得生。

(3)時諸大眾為「生」彼故,發「阿耨多羅三藐三菩提」心,願「生」彼(寶相佛)土。世尊即説「當得往生」。

33《清淨毘尼方廣經》卷 1

(與《寂調音所問經》同本異譯)

(1)説是法時,於是會中「五百比丘、五百比丘尼、五百優婆塞、五百優婆夷、五千天子」向「聲聞智」,説如是言:世尊!我等願為彼寶相如來作「聲聞眾」。

(2)文殊師利言:善男子!非「聲聞心」能生彼(寶相佛)土。汝等可發「無上道心」,得生彼(寶相佛)土。

(3)諸「生」彼者,皆是發「阿耨多羅三藐三菩提」心。爾時是等即發「無上正真道心」,如來悉記,當「生」彼(寶相佛)土。

34《摩訶般若波羅蜜經》卷 2〈往生品 4〉

(1)佛告阿難:是「三百」比丘,從是已後,六十一劫當作佛,皆號名大相。是三百比丘捨此身,當「生」阿閦佛國……

(2)是時，佛之「威神」故，此間四部眾，見十方面，各「千佛」，是十方「國土」嚴淨，此娑婆國土所不及。

(3)爾時「十千人」作願：我等修「淨願行」，修淨願行故，當「生」彼(阿閦)佛世界……佛言：是「十千人」於此壽終，當生彼(阿閦佛)世界，終不離諸佛。後當作佛，皆號莊嚴王佛。

35《大智度論》卷40〈往生品 4〉

(1)今佛記諸比丘生阿閦佛世界，故諸人咸欲見「諸佛清淨世界」；是故佛令大眾見十方面各「千佛」。

(2)是四眾見是「清淨莊嚴佛世界」，見諸佛身，大於須彌山者，「一生補處」菩薩大眾圍繞，以「梵音」聲，徹無量無邊世界；各自鄙薄其身，憐愍眾生故，為求無量佛法，作願「生」彼(阿閦)佛世界……是「十千人」於此「壽終」，當「生」彼(阿閦佛)國。

36《佛說阿惟越致遮經》卷3〈師子女品 15〉

(1)於時世尊，讚長者「妻」言：善哉，善哉！是女人等，今於佛前大師子吼，此言甚佳，被無極鎧……所生佛國，清淨佛土，無女人處，莫有瑕疵。

(2)阿難問佛：此諸姊等所「生」世界，其號云何？而無瑕疵？

(3)佛言：世界號寶蓮華藏，當「生」彼(一切諸寶妙珍之光佛)土。

(4)又問佛言：聖號為何如來、至真、等正覺？

(5)佛言：佛號一切諸寶妙珍之光如來、至真、等正覺，現在說法。

37《佛說廣博嚴淨不退轉輪經》卷6

(1)爾時阿難白佛言：世尊！此諸姊等所「生」之處，世界何名？佛號何等？

(2)佛告阿難：世界名眾寶華光，佛號放眾寶摩尼王光如來等正覺，今現在說法，此諸女人當「生」彼(放眾寶摩尼王光佛)國。諸居士婦，受持是經故得見彼佛。

38《大寶積經》卷87

(1)自在諸天，身皆金色三十二相，住「阿耨多羅三藐三菩提」，是故名為清淨世界。彼功德王光明如來壽「四十」小劫。彼佛法中有「六十二俱胝」菩薩，以「願力」故，隨佛涅槃。

(2)阿難！若有菩薩發「阿耨多羅三藐三菩提」心、得如是「忍」，一切當生清淨世界，為功德王光明如來授「阿耨多羅三藐三菩提」記。

(3)爾時會中有天子名曰觀察，以「天曼陀羅花」散如來上，作如是言：若功德王光明如來成「無上道」時，我當「生」彼清淨世界，為「轉輪王」，承事供養彼佛世尊諸菩

薩眾，次補佛處，得「阿耨多羅三藐三菩提」。

39《佛說須摩提菩薩經》卷1

時佛授與「五百人」決：却後「十劫」，劫名無塵垢，佛號固受如來、無所著、等正覺，是五百人等當「生」彼國，國名焰氣，當同一劫，俱得作佛，皆同一字，號莊飾預知人意如來、無所著、等正覺。

40《佛說文殊師利淨律經》卷1〈聖諦品 2〉

(1)文殊師利說是語時，五百比丘、五百比丘尼、五百優婆塞、五百優婆夷、五千天子，未得道證，發心白佛世尊：我等願「生」於彼寶英佛土，得為「聲聞」。

(2)文殊答曰：諸族姓子！不可以懷「聲聞」之心「生」彼(寶英)佛土；汝等當發「大道之心」，乃致彼(寶英佛國)土，應時受教，皆發「無上正真道意」。

(3)佛悉記說：當「生」彼(寶英佛國)土。

41《維摩詰所說經》卷3〈見阿閦佛品 12〉

(1)佛言：若菩薩欲得如是清淨佛土，當學無動如來所行之道。

(2)現此妙喜國時，娑婆世界「十四那由他」人，發「阿耨多羅三藐三菩提」心，皆願生於妙喜(世界之無動)佛土。

(3)釋迦牟尼佛即記之曰：當「生」彼(無動佛)國。

42《佛說伅真陀羅所問如來三昧經》卷3

伅真陀羅自致至成佛，是「諸夫人」皆當「生」彼佛剎，悉作菩薩道。

43《文殊師利普超三昧經》卷3〈心本淨品 11〉

時佛說此喻阿闍世決，「三萬二千天子」發「無上正真道意」，各誓願曰：淨界世尊成「正覺」時，吾等當「生」於彼(淨界)佛土，不造「欲」世界。佛即記之，當生彼(淨界佛國)土。

44《守護國界主陀羅尼經》卷4〈入如來大悲不思議品 4〉

(1)佛知童子，身心澄淨，具足眾善，便與「授記」，告諸天子言：今此童子，過「七十二」阿僧祇劫，當得「阿耨多羅三藐三菩提」，名最勝寶如來應正等覺，出現於世……

(2)時諸「天子」，皆發「阿耨多羅三藐三菩提」心，作是願言：彼最勝寶如來，若成佛時，我等當「生」彼(最勝寶)佛國土。

(3)時栴檀舍如來告諸「天子」，當得「往生」。彼最勝寶如來皆當與汝授「阿耨多羅三藐

三菩提」記。

(4)爾時栴檀舍如來，與彼菩薩「授記別」已，然後究竟入於「涅槃」。

45《大般若波羅蜜多經(第 401 卷-第 600 卷)》卷 570〈平等品 7〉

(1)佛名功德莊嚴，土名最極嚴淨，劫名清淨。其土豐樂人眾熾盛，純「菩薩僧」，無「聲聞眾」。彼土大地，七寶合成，眾寶莊嚴，平坦如掌，香花、軟草而嚴飾之，無諸山陵、堆阜、荊棘，幢幡、花蓋種種莊嚴……無「三惡趣」及「二乘」名。

(2)彼土有情，唯求「佛智」，其佛恒為諸「大菩薩」宣說種種「清淨」法要；無量無邊「菩薩眷屬」，無「邪見執、破戒、邪命」，亦無「盲聾、瘖瘂、背僂」及「根缺」等諸醜惡事……

(3)佛說「最勝受記法」時，「五萬天人」深心歡喜，俱發「無上正等覺心」，皆願未來「生」彼(功德莊嚴)佛土。

46《最勝問菩薩十住除垢斷結經》卷 9〈道智品 24〉

(1)佛知諸天龍神心之所念，即告四部之眾：此最勝菩薩，却後無數「三百三十」阿僧祇劫，當成為佛，號曰明慧至真、如來、等正覺，世界曰無量，劫名清淨，其佛如來翼從(輔翼隨從)弟子，(約有)「九千九百九十二億」，壽「百二十小劫」。

(2)爾時眾會，聞佛「授莂」，各自發願，樂欲「生」彼(明慧)佛世界。

(3)佛即告曰：如汝所願，必「生」不疑。

47《大聖文殊師利菩薩佛剎功德莊嚴經》卷 3

(1)爾時會中無量「俱胝那庾多」百千諸菩薩眾，異口同音而說是言：今此世尊，名義相稱，所謂名號普見如來，若有得聞其「名號」者，快哉獲得「殊勝」之利，何況得「生」彼(普見)佛剎中。

(2)若有得聞如是「授記」所說法要，及聞文殊師利童真菩薩「名號」，經於耳者，是則名為「面見諸佛說是語」已。

48《大方等無想經》卷 5〈增長健度 37〉

(1)智聚光佛，壽十五中劫，為諸弟子，開「三乘教」。雖開「三乘」，多說「菩薩一乘」之行。爾時，雖有「魔王、魔子」，悉發「阿耨多羅三藐三菩提」心。

(2)一切眾生，悉得「大慈、大悲」之心，皆得遠離「三惡道」苦，無有「八難」。世界常「淨」，猶如北方「欝單越」土……

(3)大迦葉等諸大弟子，歡喜讚嘆，恭敬作禮；諸大菩薩，復持妙華，大如須彌，供養於佛，悉共發願：願我未來「生」彼(智聚光)佛世！

49《佛説稱揚諸佛功德經》卷2

(1)復次,舍利弗!南方去此金珠光明世界,度萬六千佛刹,有世界名曰眾色像逆鏡,其國有佛,號曰集音如來、至真、等正覺、明行成為、善逝、世間解、無上士、道法御、天人師,號曰眾祐,度人無量。

(2)其有眾生,「生」彼(集音)佛刹,甫當生者、現已生者,此等「正士」過逾一切「人、天」像貌,眾相嚴容,端正姝妙,光明巍巍,非天、世人所受之體。

50《佛説未曾有正法經》卷6

(1)彼無動菩薩,過是「八百阿僧祇」劫已,即於無染世界,證「阿耨多羅三藐三菩提」,號曰清淨境界如來……

(2)爾時,釋迦牟尼佛為舍利子説摩伽陀王當「成佛」事。時會中有「三萬二千天子」發「阿耨多羅三藐三菩提」心,皆發願言:願我當得「生」彼無染世界,見彼清淨境界如來成正覺道。

(3)釋迦牟尼佛即記之曰:汝等當得「生」彼(無染)世界,見彼(清淨境界)如來成「正覺道」。

二－19 網明菩薩告大迦葉云:諸法皆如幻化人,無決定相,誰可問「汝幾時當成阿耨菩提?」

西晉・竺法護 譯《持心梵天所問經》	後秦・鳩摩羅什 譯《思益梵天所問經》	北魏・菩提流支 譯《勝思惟梵天所問經》
	《問談品・第六》	
㊀於是迦葉復白佛言:明網却後幾如?當成「無上正真道」?為最「正覺」乎?	㊀爾時長老大迦葉白佛言:世尊!網明菩薩幾時當得「阿耨多羅三藐三菩提」?	㊀爾時長老大迦葉白佛言:世尊!是網明童子菩薩,幾時當得「阿耨多羅三藐三菩提」?
佛告迦葉:自問明網,久如成佛?(明網)當為汝「發遣」(發聲遣辭)之。	佛言:迦葉!汝自問網明。	佛言:迦葉!汝自(去)問之。
㊁耆年迦葉問明網曰:仁族姓子!久如當成「無上正真」?為最「正覺」乎?	㊁於是迦葉問網明菩薩言:善男子!仁者!幾時當得「阿耨多羅三藐三菩提」?	㊁於是大迦葉自問網明童子菩薩言:善男子!仁者幾時當得「阿耨多羅三藐三菩提」耶?

㊆(明網)答曰：唯迦葉！若有人問言：幻師(所變)化人，久如當成「無上正真為最正覺」乎？以何答彼？	㊆網明言：大迦葉！若有問幻「所化」(所變化之)人：「汝幾時當得阿耨多羅三藐三菩提？」是「幻人」當云何答？	㊆網明菩薩言：大迦葉！若有人問「幻化人」言：「仁者幾時當得阿耨多羅三藐三菩提？」是「幻化」人當云何答？
㊇(大迦葉)報曰：族姓子！幻師「所化」(所變化)，(乃)虛而「無實」，何所答乎？	㊇大迦葉言：善男子！幻「所化」(所變化之)人，(乃)無「決定」相，當何所答？	㊇(大迦葉)曰：幻「所化」(所變化之)人，(乃)無「決定」相，當何所云？
㊈(明網)答曰：如是！一切諸法，猶如「幻化」，自然而成，何問如斯：「仁當久如成最正覺？」	㊈網明言：大迦葉！一切諸法，亦如幻「所化」(所變化之)人，無「決定」相，誰可問言：「汝幾時當成阿耨多羅三藐三菩提？」	㊈(網明)答曰：一切諸法，皆亦如是，無「決定」相，云何問言：「幾時當得阿耨多羅三藐三菩提耶？」
㊉(大迦葉)又問：云何族姓子，猶如幻師「所化」(所變化之)幻者： (1)寂漠(寂靜玄漠)，不可「分別」， (2)無有「想、念」， (3)亦無「言辭」。 仁謂「諸法」亦如是乎？ (又將)以何「限節」(限度節制)？ (而仍能)利益眾生(與)「開導」之乎？	㊉大迦葉言：善男子！幻「所化」(所變化之)人： (1)離於「自相」， (2)無「異」、無「別」， (3)無所「志願」。 汝亦如是耶？ 若如是者，汝(又)云何能利益無量眾生？	㊉(大迦葉)曰：幻「所化」(所變化之)人： (1)離於「自相」， (2)無「異」、無「別」， (3)無所「志願」。 仁亦如是耶？ 仁若如是，(汝又)何能利益無量眾生？
㊊(明網)答曰： (1)如道「自然」，人亦「自然」， (2)如「人」自然，「幻」亦自然。如「幻」自然，「眾生」	㊊網明言： (1)「阿耨多羅三藐三菩提」即是一切「眾生性」， (2)一切「眾生性」，即是「幻性」，	㊊ 大迦葉！ (1)「阿耨多羅三藐三菩提」即是一切「眾生性」， (2)一切「眾生性」，即是「幻性」，

(亦)自然， (3)如眾生「自然」，諸法(亦)「自然」，亦復如此。 (捌)唯大迦葉！以計於斯，不當觀採「有益、無益」，亦不「有利」，亦不「無利」，無「度、不度」。	(3)「幻性」即是一切「法性」。 (幻性即是一切諸法之實性) (捌)(故)於是法中，我不見有「利」、不見「無利」。 (我不見有「利益」眾生，與「不利益」眾生這倆種「相對待」的分別法。 應說我有度眾生，是「度而不度」。我有在利益眾生，是「利而不利」)	(3)「幻性」即是一切「法性」， (捌)(故)於是法中，我不見有「利」，不見「無利」。

二—20 菩薩雖不得生死，亦不證涅槃，但亦能滅度無量眾生

西晉·竺法護 譯 《持心梵天所問經》	後秦·鳩摩羅什 譯 《思益梵天所問經》	北魏·菩提流支 譯 《勝思惟梵天所問經》
(壹)(大迦葉)又問：(明網你)不立眾生(住)於「佛道」乎？	(壹)大迦葉言：(網明)善男子！汝今不令眾生住「菩提」耶？	(壹)大迦葉言：(網明)善男子！仁今豈可不令眾生住「菩提」耶？
(貳)(明網)答曰：如來之道有(真實之)「立想」(住相)乎？	(貳)網明言：諸佛(之)「菩提」有(真實之)「住相」耶？	(貳)(網明)曰：諸佛(之)「菩提」有(真實之)「住相」耶？
(大迦葉)報曰：不也。	大迦葉言：無也！	(大迦葉)答言：無也。
(參)以是之故，吾不建立(建置設立)眾生之類於「佛道」也，亦不令志(於)「聲聞、緣覺」。	(參)網明言：是故我今不令眾生住於(真實可得之)「菩提」，亦不令住(於真實可得之)「聲聞、辟支佛」道。	(參)大迦葉！以是故我不令眾生住於(真實可得之)「菩提」，我亦不令住於(真實可得之)「聲聞、辟支佛」道。
(肆)(大迦葉)問：族姓子，如今仁者，於何所「立」？	(肆)大迦葉言：善男子！汝今欲「趣」何所？	(肆)大迦葉言：善男子！仁於今者，為「趣」何所？
(明網)答曰：如「無本」(即漢文「如」義)立，吾之所「立」，亦	網明言：我(之)所趣，如「如」(之)趣。	(網明)曰：我(之)所趣者，乃趣於「如」。

復如是。		
㊄	㊄	㊄
(大迦葉)問：如「無本」(即漢文「如」義)者，則無所「立」，亦無「退還」。	大迦葉言：「如」(乃)無所趣(向)，亦無有轉(還)。	(大迦葉)曰：「如」(乃)無所趣(向)，亦無有轉(還)。
(明網)答曰：如是！猶如「無本」(即漢文「如」義)而無所「立」，亦無「退還」。其「無本」(即漢文「如」義)者，亦復如茲，立(而)無所「立」，以是之故，吾謂諸法無「立」、(亦)無「退」。	網明言：如「如」，無「趣」、(亦)無「轉」，一切法(皆)住(於)「如」(之)相故，我亦無趣(向)、(亦)無轉(還)。	(網明)曰：「如」(乃)無「趣」亦無「轉」，一切諸法皆住(於)「如」相，以是故，我無趣(向)、(亦)無轉(還)。
㊅	㊅	㊅
(大迦葉)又問明網：仁者，何以「開化」(開導教化)眾生？而(竟又)言無「立」？(亦)無「退還」乎？	大迦葉言：若(真是)無趣(向)、無轉(還)，汝云何(能)教化眾生？	大迦葉言：若一切法皆住(於)「如」相(而)無趣(向)、無轉(還)，仁復云何(能)「教化」眾生？
(明網)答曰：其有解達，志有所願，微妙之事，「不化」眾生，(若)其於諸法有「退還」者，亦不「開化」(開導教化)。	網明言：若人(有)「發願」(要教化眾生)，則是不能「教化」眾生；若人於法(已)有(所)轉(轉還；生起)，是亦不能「教化」眾生。	網明菩薩言：若人(有)「發願」(要教化眾生)，是則不能「教化」眾生；若人於法(已)有(所)轉(轉還；生起)，是亦不能「教化」眾生。
㊆	㊆	㊆
(大迦葉)問：卿族姓子！不「還」(轉還滅盡)眾生「出生死」乎？	大迦葉言：善男子！汝不轉(化)眾生(之)「生死」耶？	大迦葉言：善男子！仁可不轉(化)眾生「生死世」間耶？
(明網)答曰：吾亦不得「生死」事，亦無所見，況(又如何能)「還」(轉還滅盡)眾生。	網明言：我尚不得「生死」，何況於生死中而(能)轉(化)眾生？	大迦葉！我尚不得「世間」，何況於世間中而(能)轉(化)眾生。
㊇	㊇	㊇
(大迦葉)問：仁者豈不(教)化	大迦葉言：汝不令眾生得	大迦葉言：善男子！仁可

於「終始」(終死始生)展轉眾生之倫，至「泥洹」乎？	「涅槃」耶？	不令眾生得「涅槃」耶？
(明網)答曰：吾亦不得「泥洹」，亦無所見，何因勸化(勸導教化)眾生類乎？	網明言：我尚不見「涅槃」，何況(又如何能)教化眾生，令住(於)「涅槃」？	大迦葉！我尚不見「涅槃」，何況(又如何能)教化眾生，令得「涅槃」。
㊉譬如族姓子！設無「始終」(始生終死)，(亦)不得「滅度」，今何以故勸化(勸進度化)開導「無央數人」行「佛道」乎？斯等眾生，不求「滅度」耶？	㊉大迦葉言：善男子！若汝(真的)不得「生死」、(亦)不見「涅槃」(的話)，何故今(又能)為無量眾生行於「菩提」？此豈不為「滅度」眾生耶？(此豈不也是一種「滅度」眾生的「相」嗎？)	㊉大迦葉言：善男子！如其仁者，(真的)不得「世間」、(亦)不得「涅槃」，何故諸菩薩(在)行「菩薩行」(時)，為(了)救無量諸眾生，故行於「菩提」，此豈不為「滅度」眾生耶？(此豈不也是一種「滅度」眾生的「相」嗎？)
(明網)答曰：假使菩薩，若(有)「得生死」者、(若)「有泥洹」也，為(度化)眾生想，而言有人以(已)行「佛道」，(此人)不可(謂)為「菩薩」，(亦)不當謂之(為)求於「佛道」(者)也。	網明言：若菩薩(有)「得生死」、(或有)分別(於)「涅槃」、(或)因眾生(相而)行於「菩提」(者)，此則不應說(此人謂)為菩薩。	大迦葉！若菩薩(有)「見於世間」、(或有)分別(於)「涅槃」，(或)取「眾生相」(而)行「菩提」者，此則不應說(此人謂)為菩薩(也)。

二—21 網明菩薩云：我非於「生死中、涅槃中、眾生相中」而行，但亦不離此三者

西晉・竺法護 譯《持心梵天所問經》	後秦・鳩摩羅什 譯《思益梵天所問經》	北魏・菩提流支 譯《勝思惟梵天所問經》
⓵(大迦葉)又問：卿族姓子，於何所「行」？	⓵大迦葉言：善男子！汝今於何處「行」？	⓵大迦葉言：善男子！仁者！今於何處「行」耶？
⓶(明網)答曰：吾身所行，❶不行(於)「生死」，	⓶網明言：❶我非(於)「生死」中行，	⓶大迦葉！❶我非(於)「世間」中行，

❷不行(於)「滅度」， ❸(亦)無「眾生想」。	❷(亦)非(於)「涅槃」中行， ❸亦不以「眾生相」(中)行。	❷(亦)非(於)「涅槃」中行， ❸亦復不以「眾生相」(中)行。
唯<u>大迦葉</u>！向者問言：「於何所行」？如「化如來」之所行者，吾之所行，亦從于彼(變化的如來;化如來)。	<u>大迦葉</u>！如汝所問：「汝何處行」者？如佛所化(所變化之)人「行處」，吾(同)於彼行。	<u>大迦葉</u>！如汝所問：「仁者！今於何處行」者？如佛所化(所變化之)人「行處」，吾(同)於彼行。
㊂(大迦葉)報曰：族姓子！如「化如來」，不有所「行」？	㊂<u>大迦葉</u>言：佛「所化」(所變化之)人，(乃)無有「行處」。	㊂<u>大迦葉</u>言：佛「所化」(所變化之)人，(乃)無有「行處」。
㊃(明網)答曰：一切「眾生相」亦如是，不當觀之而「有所行」也。	㊃<u>網明</u>言：當知一切眾生所「行」，亦如是相。	㊃<u>大迦葉</u>！當知一切眾生「行」處，亦如是相。

二-22 一切法從本已來皆離「貪、恚、癡」相。以是故，一切法相皆如佛所幻化

西晉・竺法護 譯 《持心梵天所問經》	後秦・鳩摩羅什 譯 《思益梵天所問經》	北魏・菩提流支 譯 《勝思惟梵天所問經》
㊀(大迦葉)又問：族姓子！觀眾生(之)「行相」(亦)如(變化之化人)是乎？(既如此)何故眾生(仍有)行「婬、怒、癡」？其「化如來」，(乃)無所「染污」，亦無「結恨」，(亦)無所「忘失」。	㊀<u>大迦葉</u>言：(既如同)佛「所化」(所變化之)人，(故)無貪、無恚、無癡：若一切眾生所行(亦同)「如是相」者，(那)眾生(之)「貪、恚、癡」(又)從何所(生)起？	㊀<u>大迦葉</u>言：善男子！(既如同)佛「所化」(所變化之)人，(故)無「貪、恚、癡」；若使一切眾生所行(亦同)「如是相」者，(那)一切眾生(之)「貪欲、恚、癡」(又)為何所趣？
㊁(明網言：)是故耆年，今欲相問，如其所知，以報答之。 又如耆年，(今)豈為(仍)有此「婬、怒、癡」乎？	㊁<u>網明</u>言：我今問汝，(汝)「隨意」答我。 <u>大迦葉</u>！汝今寧有「貪、恚、癡」不？	㊁(網明言：)<u>大迦葉</u>！我今問汝，(汝)「隨意」答我。 <u>大迦葉</u>！汝今寧有「貪、恚、癡」不？

(大迦葉)報曰:不然。	(大迦葉)答言:不也。	(大迦葉)答言:無也。
㈢(明網)又問:其「婬、怒、癡」,(汝)寧(已)為(滅)盡乎?	㈢網明言:是「貪、恚、癡」(已達)「盡滅」耶?	㈢(網明)曰:是「貪、恚、癡」(已)為「盡滅」不?
(大迦葉)報曰:不然。	(大迦葉)答言:不也。	(大迦葉)答言:不也。
㈣(明網言:)假使耆年,(已)無「婬、怒、癡」,(但)亦「不滅除」(婬怒癡),其「婬、怒、癡」徙工著(遷徙置著)何所?	㈣網明言:若大迦葉今(已)無「貪、恚、癡」,亦不「盡滅」(於貪恚癡)者,(那)汝(又)置「貪、恚、癡」於何(處)所耶?	㈣(網明)曰:若大迦葉!今(已)無「貪欲、瞋恚、愚癡」,亦不「盡滅」(於貪恚癡)者,(那)汝(又)置「貪、恚、癡」於何(處)所耶?
㈤(大迦葉)報曰:唯族姓子! ⑴愚癡凡夫,處於「顛倒」,(有)思想「眾念」(眾多妄念),有所「慕求」,(有)「應」與「不應」(之分別),則便習行於「婬、怒、癡」。 ⑵又諸「聖賢」,則以「法律」(正法戒律)覺了「顛倒」,便不習行(於)思想「眾念」(眾多妄念),無「應、不應」,則便無復「婬、怒、癡」也。	㈤(大迦葉)答言:善男子! ⑴凡夫從「顛倒」起,(有)妄想分別,(故)生「貪、恚、癡」耳。 ⑵(於)「賢聖法」中,善知「顛倒」(之)「實性」故,(乃)無「妄想、分別」,是以無「貪、恚、癡」。	㈤(大迦葉)答言:善男子! ⑴凡夫之人,從「顛倒」起,(有)妄想分別,(而)生「貪、恚、癡」。 ⑵(於)「賢聖法」中,善知「顛倒」之「實性」故,是以不起「妄想、分別」,故無「貪欲、瞋恚、愚癡」。
㈥(明網言:)於迦葉意所「憶」云何? 其處「顛倒」而生諸法,從致法耶?因「有所生」?為「無所生」?	㈥(網明言:)大迦葉!於汝意云何? 若法(皆)從「顛倒」起,是法為「實」?為「虛妄」耶?	㈥(網明言:)大迦葉!於汝意云何? 若法(皆)從「顛倒」起,是法為「實」?為「虛妄」耶?
(大迦葉)報曰:族姓子,其「不有生」則「無所生」。(即法乃「無生、無滅」也)	(大迦葉)答言:是法「虛妄」,非是「實」也。	(大迦葉)答言:善男子!是法「虛妄」,非是「實」也。
(明網)答曰:唯然大迦葉!意趣云何,其不有「生」(而	㈦ 網明言:若法「非實」,可令「實」耶?	(網明)曰:若法「非實」,可令「實」耶?

「無所有」者，寧有所「生」乎？		
(大迦葉)報曰：不然。	(大迦葉)答言：不也。	(大迦葉)答言：不也。
㈧(明網)答曰：如是，唯大迦葉！其不有「生」(而)欲令「生」者，於何所「生」乎？	㈧網明言：若法「非實」，仁者欲於是中(而能)得(真實之)「貪、恚、癡」耶？	㈧(網明)曰：若法「非實」，汝大迦葉，於中欲得(真實之)「貪、恚、癡」耶？
(大迦葉)報曰：不然。	(大迦葉)答言：不也。	(大迦葉)答言：不也。
㈨(明網)又問：耆年！為求所生，緣(因)是致生「婬、怒、癡」乎？	㈨網明言：若然，何所是「貪、恚、癡」能惱(害)眾生者？	㈦(網明)曰：若如是者，為於何所？是「貪、恚、癡」能「染」眾生者？
(大迦葉)報曰：不然。		
㈩(明網)答曰：以是之故，唯大迦葉！何從得(導)致「婬、怒、癡」乎？(因)眾生(有)「猗著」(而導)致「塵勞」耶？	㈩	㈩
(大迦葉)報曰：如是！如是！族姓子，一切諸法，本為「悉淨」，無「婬、怒、癡」。	(大迦葉)答言：善男子！若爾，一切法從本已來，(皆)離「貪、恚、癡」相。	(大迦葉)答言：善男子！若如是者，一切諸法，從本已來，自性(皆)離於「貪、恚、癡」相。
⑪(明網)答曰：吾以是故，而說此言，一切諸法悉如「幻化」，如來「自然」之相。	⑪網明言：以是故，我說「一切法相」(皆)如佛所化(所變化)。	⑪網明菩薩言：大迦葉！是故我說「一切法相」(皆)如佛所化(所變化)。
說是語時，(有)「四萬四千」菩薩，得「柔順法忍」。	說是法時，(有)「四萬四千」菩薩，得「柔順法忍」。	說是法時，(有)「四萬四千」菩薩，得「柔順法忍」。

二－23 若有眾生見網明菩薩者，皆不墮 三惡道，若能得聞其所說法者，則魔不能得便去障礙此人

西晉·竺法護 譯《持心梵天所問經》	後秦·鳩摩羅什 譯《思益梵天所問經》	北魏·菩提流支 譯《勝思惟梵天所問經》
㊀於是大迦葉白佛言：	㊀爾時長老大迦葉白佛言：世尊！	㊀爾時長老大迦葉白佛言：世尊！
(1)其有「目見」明網菩薩(者)，(皆)不歸惡趣。	(1)若(有為)網明菩薩所「見」(者)，眾生不應復畏(而)墮「三惡道」。	(1)若有得聞網明童子菩薩「名」者，彼人(將)不復墮「三惡道」。
(2)諸魔「官屬」(官吏下屬;官僚屬吏)不能得便。	(2)若(有)聞網明所說法者，「魔」不得便。	(2)若有得見網明童子菩薩「身」者，當知彼人，一切「魔業」不能障難。
(3)假使有人聞(其)「說法」者，斯菩薩等，終不墮落「聲聞、緣覺」所處之地。	(3)若為網明所教化者，(皆)不畏墮「聲聞、辟支佛」道。	(3)若有眾生，得聞網明童子菩薩「所說法」者，彼諸眾生(皆)不墮「聲聞、辟支佛」地。
(4)(若有)其見(於明網之)「教授」，(或)有所講(宣講度化)者。		(4)若(能)蒙網明童子菩薩所「教化」者，彼諸眾生於「大菩提」，畢竟「不退」。
㊁佛已歎於明網菩薩國土之德。	㊁世尊！願說網明功德莊嚴國土。	㊁世尊！願說網明童子菩薩「善根功德」莊嚴佛土。
㊂佛告迦葉：明網菩薩所遊(之)佛土，則所遊處，(皆能)「開化」度脫無數眾生。	㊂佛言：迦葉！是網明菩薩在在國土(所)遊行之處，(皆能)利益無量眾生。	㊂佛言：迦葉！是網明童子菩薩，隨其所在諸佛國土(所)遊行之處，皆能利益無量眾生。
㊃迦葉！為見諸「族姓子」蒙(受)光(明)者乎？	㊃迦葉！汝見網明所放「光明」不？	㊃迦葉！如是！網明童子菩薩所放「光明」，汝見不耶？

(迦葉)答曰：已見。	(迦葉)答言：已見。	(迦葉)答言：已見。
㊄世尊告曰：假使三千大千世界，滿中「芥子」，斯數(量)可知，(可分)別其多少，(然而)明網菩薩所「開化」(開導度化)人，立于「佛道」(者)，不可計量。	㊄佛言：若三千大千世界，滿中「芥子」尚可算數，今網明(之)「光明」，(能)令諸眾生住「菩提」者，不可數也。	㊄佛言：迦葉！三千大千世界，滿中「芥子」，尚可算數，今是網明童子菩薩(之)「光明」所照，(能)令住「阿耨多羅三藐三菩提」者，彼諸眾生，不可數也。
㊅迦葉！欲知明網菩薩，假使眾生見其「光明」，(明網)以「權方便」而(為眾生)說經法(之功德)。又復迦葉！聽我所說。	㊅迦葉！是網明菩薩所放(之)「光明」，饒益尚爾，何況(其所)說(之)法！汝今諦聽！我當「粗略」說其功德。	㊅迦葉！汝知網明童子菩薩所放(之)「光明」，利益尚爾，何況(能得其)「說法」所「利益」者。汝今諦聽！我當「少分」說其「功德善根」莊嚴淨佛國土。

二－24 網明菩薩於過七百六十萬阿僧祇劫當得作佛，號普光自在王如來，世界名曰集妙功德

西晉・竺法護 譯《持心梵天所問經》	後秦・鳩摩羅什 譯《思益梵天所問經》	北魏・菩提流支 譯《勝思惟梵天所問經》
㊀此族姓子(之)國土差特，名德嚴淨明網處所。明網菩薩(將於)六百七十萬阿僧祇劫，過是數已，當得作佛，號普明變動光王如來、至真等正覺、明行、成為善逝、世間解、無上士道、法御天人師、為佛、世尊，世界名等集殊勝。	㊀迦葉！是網明菩薩過「七百六十萬」阿僧祇劫，當得作佛，號普光自在王如來・應供・正遍知，世界名曰集妙功德。	㊀迦葉！是網明童子菩薩，過七百六十萬阿僧祇劫當得作佛，號曰普光自在王如來應正遍知，世界名曰集妙功德。
㊁適詣「佛樹」則得為佛，其佛國土，無有諸魔及諸魔天，一切皆志「無上正真之道」。	㊁其佛趣「菩提樹」時，國中「諸魔、魔民」悉皆「正定」於「阿耨多羅三藐三菩提」。	㊁迦葉！其佛往趣「菩提樹」時，國中諸魔及魔眷屬諸天人民，皆悉畢定(畢竟決定)於「阿耨多羅三藐三菩提」。

㊂其佛國土,以「妙栴檀」而為土地,世界平正,猶如手掌,若「網縵」也。其界眾生,身體柔軟,土地和良,安隱豐熟,一切眾寶,合成佛國,無「沙礫石、荊棘」之穢,無有「惡趣」勤苦之患,亦無「八難不閑」之劇。	㊂其佛國土,以真「栴檀寶」為地,地平如掌,柔濡細滑,如「迦陵伽」衣(kācalindika。意譯作「細錦衣」),處處皆以眾寶莊嚴,無「三惡道」,亦無「八難」。	㊂迦葉!其佛國土,地平如掌,柔軟細滑,如「迦陵伽」(kācalindika。意譯作「細錦衣」)安樂處地,一切諸寶,以為莊嚴,世界無有「三惡道」名,亦無「八難」。
㊃其佛境域(境界疆域),悉生「蓮華」,斯諸「蓮華」,悉以寶成,其華甚香,若干種色,世界廣大,東西南北,不可稱限。	㊃其國廣長,皆以妙寶「蓮華、色香」,妙好以為挍飾。	㊃其佛國土,無有「高下、瓦礫、蕀刺、土石」等穢,妙寶「蓮華」,以為莊嚴,彼諸「蓮華」皆是真寶出「美妙香」,世界長廣。迦葉!彼佛世界有如是等勝功德集。
㊄普明變動光王如來,有無央數諸「菩薩眾」,隨其音聲,	㊄普光自在王如來(具)有無量「菩薩僧」,	㊄普光自在王如來,多有無量諸「菩薩僧」,
⑴佛法聖眾,威神變化,已「光」莊嚴。	⑴善修無量「法門」,得無量自在「神通」,皆以「光明」莊嚴其身。	⑴一切善修無量「法門」,悉得無量自在「神通」,皆以「光明」莊嚴其身。
⑵逮「總持」藏,辯才無閡,、智慧名德(名稱功德)。	⑵得諸「陀羅尼藏」,無礙「辯才」,善能說法。	⑵得「陀羅尼」,諸勝「三昧」,無礙「辯才」,善能說法。
⑶獲大神通,降伏眾魔。	⑶光明神力,皆悉通達,能破魔怨。	⑶彼諸菩薩「光明神力」,無不通達,悉得諸通,無畏辯才,善能降伏「諸魔怨敵」。
⑷志意所遊,常知「羞恥」,精修聖明,以「慧」教化。	⑷(以)「慚愧、念、慧」,(以)諸妙「功德」以修其心。	⑷彼諸菩薩修行「念、慧」,生「慚愧」等,(以)上妙智慧、諸勝功德,以修其心。
㊅佛言:迦葉!又彼佛	㊅彼佛國土無有「女人」	㊅迦葉!彼佛國土,無

土，不生「女人」，一切菩薩，生寶「蓮華」，自然長大，斯諸菩薩，以「禪」為食。	（指佛國世界乃無女亦無男也），其諸菩薩，皆於「寶蓮華」中，結「加趺」坐，自然「化生」，以「禪樂」為食。	「女人」名，其諸菩薩皆悉「化生」，於寶蓮華中，結加趺坐，「禪喜」樂食。
㈦「屋宅、經行、床榻、臥具、宮殿、浴池、園觀、產業」，譬若天上。	㈦諸所須物，經行之處、房舍、床榻、園林、浴池，「應念」即至。	㈦諸所須物，經行之處，房舍、床榻、園林、浴池，「應念」即得。

二－25 普光自在王如來不以「文字」說法，但放「光明」，光觸菩薩身即能得「無生法忍」，其光能常出三十二種清淨法音

西晉・竺法護 譯《持心梵天所問經》	後秦・鳩摩羅什 譯《思益梵天所問經》	北魏・菩提流支 譯《勝思惟梵天所問經》
㊀其普明變動光王如來，所講經法，無「文字」說，唯諸菩薩蒙佛「光明」，適（才；剛）照其身，即便逮得「不起法忍」。	㊀迦葉！是普光自在王如來，不以「文字」說法，但放「光明」照諸菩薩，光觸其身，即得「無生法忍」。	㊀迦葉！彼普光自在王如來，不以「文字」說法，但放「光明」照諸菩薩，即得「無生法忍」。
㊁（其）光明（能）消竭「婬、怒、癡」垢，又其餘（光）明，（能）至他「佛界」，消滅衆生「色欲」之塵，令無瑕疵，斯等「順律」（順從正見律法）。	㊁其佛光明復照十方，通達無礙，令諸衆生得離「煩惱」。	㊁復照十方，通達無礙，令諸衆生得離「煩惱」。
㊂佛告迦葉，其光明中（能）自然演出「法門之音」，出「三十二」事，何謂「三十二」？ ❶諸法（乃）「空」哉！淨一切「見」故。 ❷諸法「無想」哉！離「想念」（妄想雜念）故。 ❸諸法「無願」哉！度「三界」故。	㊂又其光明，常出「三十二種」清淨法音。何等「三十二」？ ❶所謂諸法「空」，「無衆生見」故。 ❷諸法「無相」，離「分別」故。 ❸諸法「無作」，出「三界」故。	㊂又其光明常出「三十二種」淨妙法音，何等「三十二」？ ❶謂一切「法空」，以離「諸見」清淨故。 ❷一切法「無相」，以離一切「分別」所分別故。 ❸一切法「無願」，以出「三界」故。

❹諸法「無欲」哉！本淨「寂然」。	❹諸法「離欲」，「性寂滅」故。	❹一切法「離欲」，以「自性寂滅」故。
❺諸法「無怒」哉！蠲除「眾想」。	❺諸法「離瞋」，無「有礙」故。	❺一切法「離瞋」，以無「有礙相」故。
❻諸法「無癡」哉！離諸「幽冥」。	❻諸法「離癡」，無「闇冥」故。	❻一切法「離癡」，以無「闇冥」故。
❼諸法「無來」哉！都「無所起」。	❼諸法無所從「來」，本「無生」故。	❼一切法無所從「來」，以本「不生」故。
❽諸法「當來」哉！順於「遊觀」。	❽諸法無所「去」，無所「至」故。	❽一切法「無去」，以無所「至」故。
❾諸法「無住」哉！為「自然立」。	❾諸法「不住」，無所「依」故。	❾一切法「無住」，以無所「依住」故。
❿諸法「永度」哉！無「去、來、今」。	❿諸法過「三世」，「去、來、現在」無所有故。	❿一切法過「三世」，以「去、來、現在」無所有故。
⓫諸法「無異」哉！則為「自然」。	⓫諸法「無異」，其「性一」故。	⓫一切法「無異」，以其「性一」故。
⓬諸法「無生」哉！為無「報應」(果報相應)。	⓬諸法「不生」，離於「報」故。	⓬一切法「不生」，以離於「業報」故。
⓭諸法「無造報」哉！無所「興」故。	⓭諸法「無業」，業報、作者」不可得故。	⓭一切法「無業報」，以「不見因」故。
⓮諸法「無作」哉！因「行」而起。	⓮諸法「不作」，「無所起」故。	⓮一切法「非作」，以「非可作」故。
⓯諸法「無形」哉！緣「念」而有。	⓯諸法「無起」，「無為性」故。	⓯一切法「無名」，以不可得「立名」故。
⓰諸法「無貌」哉！離諸所「生」。	⓰諸法「無為」，離「生、滅」故。	⓰一切法「無起」，以「不生不滅」故。
⓱諸法「審諦」(審察諦觀)哉！覺了「真實」。	⓱諸法「真」，不從「和合生」故。	⓱一切法「不實」，以本「不起」故。
⓲諸法「至誠」(貞至真誠)哉！為「同一等」。	⓲諸法「實」，「一道門」故。	⓲一切法「實」，以「一道門平等」故。
⓳諸法「無人」哉！無獲「人」故。	⓳諸法「無眾生」，眾生「不可得」故。	⓳一切法「無眾生」，以「不見眾生」故。
⓴諸法「無壽」哉！為真「究竟」。	⓴諸法「無我」，「第一義」故。	⓴一切法「無我」，以「第一義」攝故。
㉑諸法「愚騃」(愚癡頑騃)。	㉑諸法「鈍」，「無所知」故。	㉑一切法「鈍」，以「無所知」故。

西晉・竺法護 譯	後秦・鳩摩羅什 譯	北魏・菩提流支 譯
哉！不受「教」故。	❷諸法「捨」，離「憎、愛」故。	❷一切法「捨」，以離「憎、愛」故。
❷諸法「護視」(護衛審視)哉！蠲除「諸結」。	❷諸法「離煩惱」，無有「熱」(惱)故。	❷一切法「離煩惱」，以「無有取」故。
❷諸法「無著」哉！為「無熱」惱。	❷諸法「無垢」，「性不污」故。	❷一切法「無煩惱」，以「自性不染」故。
❷諸法「無近」哉！本淨「無塵」。	❷諸法「一相」，離「欲際」故。	❷一切法「一相」，以「實際平等」故。
❷諸法「一品」哉！「真際」寂然(寂滅凝然)。	❷諸法「離相」，「常定」故。	❷一切法「離相」，以「常寂定」故。
❷諸法「澹泊」(虛澹寂泊)哉！為「一等定」。	❷諸法「住實際」，「性不壞」故。	❷一切法「住實際」，以「性不壞」故。
❷諸法住「本原」哉！因「對」而發。	❷諸法「如相」，「不分別」故。	❷一切法「如相」住，以「本不壞」故。
❷諸法「無本」(即漢文「如」義)行哉！而「緣」破壞。	❷諸法「入法性」，「遍入」故。	❷一切法入「法性」，以「遍入」故。
❷諸法「等御」(平等攝御;正等總御;齊等統御)法哉！一切「普入」。	❷諸法「無緣」，「緣不合」故。	❷一切法「無緣」，以「諸緣不合」故。
❸諸法「無緣」哉！不相「雜錯」。		一切法「諸緣生」，以「滿足平等」故。
❸諸法「覺」哉！順如所「現」。	❸諸法是「菩提」，「如實見」故。	❸一切法是「菩提」，以「如實見」故。
❸諸法「無為」哉！無「眾事對」。	❸諸法是「涅槃」，「無因緣」故。	❸一切法是「涅槃」，以「不成就」故。

二－26 若人欲得清淨佛土者，應取如<u>網明</u>菩薩所修功德，具足清淨國土

西晉・竺法護 譯《持心梵天所問經》	後秦・鳩摩羅什 譯《思益梵天所問經》	北魏・菩提流支 譯《勝思惟梵天所問經》
❶佛言：迦葉！是為<u>普明變動光王</u>如來(之)「光明」，出是(三十二)輩聲，以	❶迦葉！<u>普光自在王</u>如來(之)「光明」，常出如是(三十二種)清淨「法音」，能令諸	❶迦葉！彼<u>普光自在王</u>如來(之)「光明」，常出如是「三十二種」淨妙法音。迦

斯「光明」而照菩薩，因作「佛事」。	菩薩「施作佛事」。	葉！若有眾生，(往)「生」彼國者，當知是人，能作「佛事」。
㋥其佛國土，無有「魔事」，無所妨廢(妨礙息廢)。	㋥其佛國土，無有「魔事」。	㋡迦葉！彼佛世尊，「壽命」無量。
㋛佛言：迦葉！又彼如來「壽」無有量。	㋛佛壽無量「阿僧祇」劫。	㋥迦葉！彼佛國土，無有「魔事」能與諸菩薩而作「留難」(阻留禍難)。
㋜於是賢者大迦葉白世尊曰：設使有人欲取「佛國」，當受清淨佛之境界，亦當如斯(此)。今族姓子，即當具足一切「普備」(普廣完備)。	㋜大迦葉白佛言：若人欲得「清淨佛土」者，應取如網明菩薩所修(之)「功德」，具足清淨國土。	㋜長老大迦葉白佛言：世尊！若其有人欲得「清淨佛國土」者，應取如彼網明菩薩所修(之)「善根功德」莊嚴清淨佛土。
㋝佛言：如爾所云，從不可計億「百千娀爹」諸如來所，志願清淨。	㋝如是，迦葉！是網明菩薩於諸無量「阿僧祇」佛所，隨願修行，「功德」具足故。	㋝佛言：迦葉！是網明童子菩薩，乃於無量百千萬億「那由他」諸如來所，發「清淨願」，修行「功德」莊嚴具足故，得如是「清淨佛土」。
		㋞是故迦葉！若善男子、若善女人，欲取如是「淨佛國土」，應學網明童子菩薩所修願行。

二－27 菩提是「無為」，非「起作」相，亦不可以「起作」法而得受記

西晉・竺法護 譯《持心梵天所問經》	後秦・鳩摩羅什 譯《思益梵天所問經》	北魏・菩提流支 譯《勝思惟梵天所問經》
㋒	㋒	㋒

爾時持心梵天謂**明網**菩薩：今者如來，(已)「受」族姓子「決」乎？	爾時思益梵天謂**網明**菩薩：仁者！(汝)已得從佛「受記」？	爾時勝思惟梵天謂**網明童子**菩薩言：仁者！(汝)已得從佛「受記」？
(明網)答曰：(持心)梵天！如來皆(亦能)「受」一切人(之)「決」。	**網明**言：一切眾生(亦)皆(能)從佛「受記」。	**網明童子**菩薩言：(勝思惟)梵天！一切眾生(亦)皆(能得)如來「授記」。
㉒ (持心)又問：(一切眾生將)云何(得)「授決」？	㉒ (思益)梵天言：(一切眾生將)於何事中而得「受記」？	㉒ (勝思惟)曰：(一切眾生將)於何事中而得「授記」？
(明網)答曰：隨其所作，而受「報應」(果報相應)，斯為「受決」。	**網明**言：隨(眾生個人之)「業」受報，而得「受記」。	(網明)曰：隨(眾生個人之)「業」受報，而得「受記」。
㉛ (持心)又問：(那自己)以何因故，授「報應」(果報相應)決？所以(佛)「授」於仁者之「決」？	㉛ (思益)梵天言：汝(自己)作何「業」而得「受記」？	㉛ (勝思惟)曰：汝(自己)作何「業」而得「受記」？
(明網)答曰：(持心)梵天！所謂「緣」者， ❶「身」無(真實之)所作， ❷「口」無(真實之)言辭， ❸「意」不可(真實而)見， 是為「罪福」之所(真實之)「作」乎？	**網明**言：若業(乃) ❶非(真實之)「身」作， ❷非(真實之)「口」作， ❸非(真實之)「意」作， 是業可得(真實而展)示不？	(網明)問言：(勝思惟)梵天！若業(乃) ❶非(真實之)「身」作， ❷非(真實之)「口」作， ❸非(真實之)「意」作， 是業可得(真實而展)示不？
(持心)報曰：不然。	(思益)梵天言：不可「示」也。	(勝思惟)梵天答言：不可「示」也。
		㉞ (網明)問言： (勝思惟)梵天！仁以何故，而作是說？

		(勝思惟)梵天！頗有「菩薩行」，可「作相」耶？
		(勝思惟)答言：不也，以「菩提」非諸「行相」故。
(伍)	(伍)	(伍)
(明網)又問：其「佛道」者，有「行相」乎？	網明言：「菩提」是「起作」(生起有作)相耶？	(網明)問言：(勝思惟)梵天！「菩提」是「起作」(生起有作)相耶？
(持心)報曰：不然，道無有形，亦無所有。道即「無名」，而無「行相」。	(思益)梵天言：不也。何以故？「菩提」是「無為」，非「起作」相故。	(勝思惟)答言：非也。以「菩提」是「無為」，非「起作」相。
(陸)	(陸)	(陸)
(明網)又問：設無有「行」，豈可令道有「行之貌」而有「獲」乎？	網明言：可以「起作」(生起有作)相得「無為」菩提不？	(網明)問言：(勝思惟)梵天！可以「起作」(生起有作)相(而)得「無為菩提」不？
(持心)報曰：不然。	(思益)梵天言：不也。	(勝思惟)答言：不也。
(柒)(明網言：)是故(持心)梵天！當作斯說：	(柒)(網明言：思益)梵天！是故當知，	(柒)網明菩薩言：(勝思惟)梵天！是故當知，依此義意何等處，
⑴設無所「造」、無有「果報」，	⑴若無(真實可得之)「業」、無(真實可得之)「業報」，	⑴無(真實可得之)「業」、無(真實可得之)「業果」，
⑵無有「行貌」、無「行貌性」，乃名曰「道」。	⑵無諸(真實可得之)「行」、無(真實可得之)「起」諸行，是名「菩提」。	⑵不(真實可得之)「作」、不(真實可得之)「行」，是(名)「菩提」。
(捌)	(捌)	(捌)
猶如「道」者，獲者亦如「受決」，亦如不以「行貌」而「受決」也。	如「菩提」性，「得」，亦如是。如「得」性，「受記」，亦如是。不可以「起作」(生起有作)法而得「受記」。	如「菩提」說，亦如是，如說「受記」，亦如是。不可以「起作」(生起有作)法而得「受記」。
	(授記=無生起、無有作)	(授記=無生起、無有作)

二─28 菩薩雖修六度，但卻「不即、不執」於六度中而得成佛與受記

西晉・竺法護 譯《持心梵天所問經》	後秦・鳩摩羅什 譯《思益梵天所問經》	北魏・菩提流支 譯《勝思惟梵天所問經》
（壹） （持心）又問：（明網）族姓子，（你）不行「六度」無極，然後（得佛）「授決」乎？ （明網）答曰：如是（持心）梵天！（菩薩必須修）行「六度」無極，然後（才能得佛）「受決」。	（壹） （思益）梵天言：善男子！（網明）汝不行「六波羅蜜」，然後得（佛）「受記」耶？ 網明言：如汝所說，菩薩（必須修）行「六波羅蜜」而（才能）得（佛）「受記」。	（壹） （勝思惟）梵天問言：善男子！（網明）汝不行「六波羅蜜」，然後得（佛）「受記」耶？ （網明）答言：（勝思惟）梵天！如汝所說，菩薩（必須修）行「六波羅蜜」而（才能）得（佛）「受記」。
（貳） (1)又復聖賢「捨一切塵」，是則名曰「施」度無極。 (2)設「無所行、無所造」者，是則名曰「戒」度無極。 (3)靡所不堪（沒有什麼傷害而不能堪任的），是則名曰「忍」度無極。 (4)假使「澹泊」（虛澹寂泊），是則名曰「進」度無極。 (5)隨如「應住」，是則名曰「寂」度無極。 (6)而悉「曉了」，是則名曰「智」度無極。	（貳）（思益）梵天！ (1)若菩薩「捨一切煩惱」，名為「檀」（布施）波羅蜜。 (2)於諸法「無所起」，名為「尸羅」（持戒）波羅蜜。 (3)於諸法「無所傷」，名為「羼提」（忍辱）波羅蜜。 (4)於諸法「離相」，名為「毘梨耶」（精進）波羅蜜。 (5)於諸法「無所住」，名為「禪」（禪定）波羅蜜。 (6)於諸法「無戲論」，名為「般若」（智慧）波羅蜜。	（貳）（勝思惟）梵天！ (1)若菩薩「捨一切煩惱」，名為「檀」（布施）波羅蜜。 (2)於諸法「無所起」，名為「尸」（持戒）波羅蜜。 (3)於諸法「無所傷」，名為「羼提」（忍辱）波羅蜜。 (4)於諸法「離相」，名為「毘梨耶」（精進）波羅蜜。 (5)於諸法「無所住」，名為「禪」（禪定）波羅蜜。 (6)於諸法「無戲論」，名為「般若」（智慧）波羅蜜。
（參） 設令（持心）梵天，若有菩薩而奉行斯「六度」無極，寧有行乎？	（參） （思益）梵天！菩薩如是行「六波羅蜜」，於何處行？	（參） （勝思惟）梵天！菩薩如是行「六波羅蜜」，於何處行？

(持心)答曰：無有「行」也，所以者何？	(思益)梵天言：「無處行」也。所以者何？	(勝思惟)梵天言：善男子！「無處行」也，何以故？
❶如應「行」者，設有「行」者，	❶凡所有「行」，皆是「不行」，(此同於「凡所有相，皆是非相」句)	❶凡有所「行」，皆是「不行」，
❷有「所行」者，則「無所行」，	❷若「行」，即是「不行」，(若有所行，有能有所，此皆不是真實之行)	❷若「行」，即是「不行」，
❸「無所行」者，斯乃為「行」。	❸若「不行」，即是「行」。(若無有行，無能無所，此乃是真行)	❸若「不行」，即是「行」。
㊃(明網)答曰：是故(持心)梵天！當建斯(此)說，(能)「無所行」者，則為「道行」。	㊃(思益)梵天！以是故，當知「無所行」(即)是「菩提」。	㊃網明菩薩言：(勝思惟)梵天！以是義故，當知「無所行」(即)是「菩提」。
㊄(1)又而(持心)梵言：爾已「受決」至于「道」乎？設使法性，已「無本」(即漢文「如」義)者，斯「無本」者，所見「受決」，吾之「受決」，亦復如此。	㊄(1)如(思益)汝所問：「汝得受菩提記」者，如「如」法性(而)得「受記」，我所「受記」亦如是。	㊄(1)如(勝思惟)汝所問：「汝得受菩提記」者，如「真如」法性(而)得「受記」，我亦如是(獲)「受記」。
		(2)(勝思惟)梵天！依此法應知：「無行」是菩薩行。
		(3)(勝思惟)梵天！如汝所言，汝得「受記」，如「真如」及法界「受記」，如是我(得)「受記」。
㊅(持心)答曰：族姓子！其「無本」(即漢文「如」義)者，及與「法性」，悉無(真實可得之)「授決」。	㊅(思益)梵天言：善男子！如「如」法性，無(真實可得之)「受記」。	㊅(勝思惟)梵天言：善男子！無有「真如」法界(之)「受記」。
(明網)答曰：「授決」之相，亦復如是，猶如「無本」(即漢文	網明言：諸菩薩(之)「受記」相，皆亦如是，如「如」，如	網明菩薩言：(勝思惟)梵天！(以)如是相(而)記如「真

「如」義），及與「法性」，等無「差特」（差異特別）。	「法性」。	「如」法界。

二－29 菩薩以「不生、不滅」等共 17 種法義，而得佛受記

西晉・竺法護 譯《持心梵天所問經》	後秦・鳩摩羅什 譯《思益梵天所問經》	北魏・菩提流支 譯《勝思惟梵天所問經》
㊀於是持心梵天白世尊曰：其菩薩者，為何所行？而（能）得「受決」，至於「無上正真道」乎？	㊀爾時，思益梵天白佛言：世尊！菩薩以何行？（而能獲得）諸佛授「阿耨多羅三藐三菩提」記？	㊀爾時，勝思惟梵天白佛言？世尊！菩薩以何行故，得為諸佛授阿耨多羅三藐三菩提記？
㊁佛告（持心）梵天：假使菩薩所行， ⑴不起於「行」、亦無所「滅」。 ⑵不行於「善」、亦無有「惡」。 ⑶不隨「世行」、亦不「度世」。 ⑷無有「罪行」、亦無「有福」。 ⒅不犯於「行」、亦無「不犯」。 ⑸無「有漏行」、亦無「不漏」。 ⑹無「有造行」、亦無「不造」。 ⑺不為「有行」、亦不離「行」。 ⒆不專「修行」、不離「專精」。 ⒇無「斷除行」、亦無「不除」。 ⑻無「生死行」、亦無「滅	㊁佛言：若菩薩， ⑴不行「生」法、不行「滅」法。 ⑵不行「善」、不行「不善」。 ⑶不行「世間」、不行「出世間」。 ⑷不行「有罪法」、不行「無罪法」。 ⑸不行「有漏法」、不行「無漏法」。 ⑹不行「有為法」、不行「無為法」。 ⑺不行「修道」、不行「除斷」。 ⑻不行「生死」、不行「涅	㊁佛言（勝思惟）梵天：若菩薩， ⑴不行「生」法、不行「滅」法。 ⑵不行「善法」、不行「不善法」。 ⑶不行「世間法」、不行「出世間法」。 ⑸不行「有漏法」、不行「無漏法」。 ⑷不行「有罪法」、不行「無罪法」。 ⑹不行「有為法」、不行「無為法」。 ⑺不行「修道」、不行「斷除」。 ⑻不行「世間」、不行「涅

度」。	槃」。	槃」。
⑼無有「見行」、亦無「所聞」。	⑼不行「見法」、不行「聞法」。	⑼不行「見法」、不行「聞法」。
⑽無「意念行」、亦無「所知」。	⑽不行「覺法」、不行「知法」。	⑽不行「覺法」、不行「知法」。
⑾而不行「施」、亦無「慳貪」。	⑾不行「施」、不行「捨」。	⑾不行「施」、不行「捨」。
⑿不奉「梵行」、亦無「所犯」。	⑿不行「戒」、不行「覆」。	⑿不行「戒」、不行「覆」。
⒀而無「忍行」、亦無「不忍」。	⒀不行「忍」、不行「善」。	⒀不行「忍」、不行「善」。
⒁無「精進行」、亦無「懈怠」。	⒁不行「發」、不行「精進」。	⒁不行「發」、不行「精進」。
⒂不行「禪定」、無所「專一」。	⒂不行「禪」、不行「三昧」。	⒂不行「禪」、不行「三昧」。
⒃不行「智慧」、亦無「不智」。	⒃不行「慧」、不行「行」。	⒃不行「慧」、不行「行」。
⒄亦無「達行」、亦無「所入」。	⒄不行「知」、不行「得」。	⒄不行「知」、不行「得」。
㈡佛告(持心)梵天:假使菩薩所行若茲,如來則為「受」斯「決」矣,當成「無上正真之道」。所以者何?設使(持心)梵天應如行者。	㈡(思益)梵天!若菩薩如是行者,諸佛則授「阿耨多羅三藐三菩提」記。所以者何?	㈡(勝思惟)梵天!若菩薩如是行者,諸佛則授「阿耨多羅三藐三菩提」記。何以故?(勝思惟)梵天!
㈣有「所行」者,志有「所造」,	㈣諸所有行,皆是「取相」;(若是)「無相、無分別」則是「菩提」。 (諸所有行),皆有所「是」;(凡)「無所是」(者),(即)是菩提。	㈣諸「有所行」,皆有所「是」;(凡)「無所是」(者),(即)是菩提。
㈤若行於道,而起「想行」;若「無想行」而(即能)行於道。	㈤諸所有行,皆是「分別」;「無分別」(即)是菩提。	㈤諸有所行,皆是「分別」;「無分別」(即)是菩提,

西晉・竺法護 譯《持心梵天所問經》	後秦・鳩摩羅什 譯《思益梵天所問經》	北魏・菩提流支 譯《勝思惟梵天所問經》
㊅(凡)有所造行；若「無造行」(而即能)行於道者。	㊅諸所有行，皆是「起作」；「無起作」(即)是菩提。	㊅諸有所行，皆是「起作」；「無起作」(即)是菩提。
㊆有所放逸，(與)無所放逸；有所戲樂，(與)無所戲樂。斯「為道者」(指有所放逸者，與有所戲樂者)，則「非道行」。	㊆諸所有行，皆是「戲論」；「無戲論」(即)是菩提。	㊆諸有所行，皆是「戲論」；「無戲論」(即)是菩提。
㊇以是之故，(持心)梵天當知：莫作斯觀！(若能)皆(越)度(過)一切「諸所造行」，則為菩薩乃得「受決」。	㊇是故當知，若菩薩(越)過「諸所行」，則得「受記」。	㊇(勝思惟)梵天！依此義故，是以當知，若菩薩(越)過「諸所行」，則得「受記」。

二－30 若能遠離諸法「能所」之「二相」、不分別「生滅」道、遠離「身、口、意」業相。此皆是真實之「受記」義

西晉・竺法護 譯《持心梵天所問經》	後秦・鳩摩羅什 譯《思益梵天所問經》	北魏・菩提流支 譯《勝思惟梵天所問經》
㊀(持心梵天)又復問曰：唯然世尊，所謂「授決」而得「決」者，為何謂耶？	㊀(思益梵天言：)唯然世尊！「受記」者有何義？	㊀爾時勝思惟梵天白佛言：世尊！世尊(所)言(之)「受記」；「受記」者，以何等法，名為「受記」？
㊁世尊答曰： (1)一切諸法，除諸「有二」，則名「受決」。 (2)於一切法，而不「造二」，則名「受決」。 (3)於諸所(生)起，而(平)等眾色，則名「受決」。 (4)其「身、口、意」所，為「澹泊」(虛澹寂泊)，則名「受決」。	㊁佛言： (1)(若能)離諸法「二相」(的「能所」對待法)，(此即)是「受記」義。 (3)(若能)不分別「生、滅」道，(此即)是「受記」義。 (4)(若能)離「身、口、意」業相，(此即)是「受記」義。	㊁佛言：(勝思惟)梵天： (1)(若能)離諸法「二相」(的「能所」對待法)，(此即)名為「受記」。 (3)(若能)不分別「生、滅」，(此即)名為「受記」。 (4)(若能)離「身、口、意」業相，(此即)名為「受記」。
㊂佛告(持心)梵天：(釋迦)吾自憶念往(昔)古世時，爾	㊂(思益)梵天！(釋迦)我念過去有劫名憙見，我於此	㊂(勝思惟)梵天！(釋迦)我念過去，爾時有劫名曰善

時有劫,劫名<u>喜見</u>,而(我)於彼劫供養「七十二姟^ㄍ」諸如來等,斯諸如來,(皆)不見「授決」(於我)。	劫(曾)供養「七十二那由他」佛,是諸如來不見「授記」(於我)。	見,我於彼劫(曾)供養「七十二那由他」佛,是諸如來(皆)不授我記。
㊉復次有劫,劫名<u>善化</u>,于彼劫中,(釋迦我)加復供養「二十二億」諸如來等,(皆)不見「授決」(於我)。	㊉又過是劫,劫名<u>善化</u>,(釋迦)我於此劫(曾)供養「二十二億」佛,是諸如來亦不見「授記」(於我)。	㊉又過是劫,劫名<u>善化</u>,(釋迦)我於彼劫(曾)供養「七十二億」佛,是諸如來亦不授我記。
㊄復次有劫,劫名<u>梵歎</u>,(釋迦)吾於彼劫,而復供養「萬八千」佛,(皆)不見「受決」(於我)。	㊄又過是劫,劫名<u>梵歎</u>,(釋迦)我於此劫(曾)供養「萬八千」佛,是諸如來亦不見「授記」(於我)。	㊄又過是劫,劫名<u>梵歎</u>,(釋迦)我於彼劫(曾)供養「八萬八千」佛,是諸如來亦不授我記。
㊅復次有劫,劫名<u>欣樂</u>,(釋迦)吾於彼劫,加復供養「三百二十萬」諸如來眾,彼如來等,(皆)不見「受決」(於我)。	㊅又過是劫,劫名<u>無咎</u>,(釋迦)我於此劫(曾)供養「三萬二千」佛,是諸如來亦不見「授記」(於我)。	㊅又過是劫,劫名<u>無咎</u>,(釋迦)我於彼劫(曾)供養「三萬二千」佛,是諸如來亦不授我記。
㊆過是然後,復次有劫,名<u>大演</u>,而於彼劫,(釋迦我)亦復興出「八百四十萬」諸如來眾,吾悉供養斯諸如來,以若干種,隨其所安,而奉進之,又彼諸佛,(皆)不見「受決」(於我)。	㊆又過是劫,劫名<u>莊嚴</u>,(釋迦)我於此劫(曾)供養「四百四十萬」佛,我皆以一切供養之具而供養之,是諸如來亦不見「授記」(於我)。	㊆又過是劫,劫名<u>莊嚴</u>,(釋迦)我於彼劫(曾)供養「四千八萬」佛,皆以一切供養之具而供養之,是諸如來亦不授我記。
㊇佛告(持心)梵天:今吾「一劫」,若復「過劫」,說諸如來所有「名號」,昔(釋迦我)所供養諸佛之數,又復在彼淨修「梵行」,一切「布施」所有供具,靡不獻進,遵一切「戒」,而悉具足,奉「忍辱、慈」,離於「結恨」,慇懃「精進」。一切所聞,皆	㊇(思益)梵天!(釋迦)我於往昔供養諸佛,恭敬、尊重、讚歎,淨修梵行,一切「布施」、一切「持戒」及行「頭陀」,離於「瞋恚」,(修)忍辱、慈心,如所說行,勤修精進。一切所聞,皆能受持,「獨處」遠離(煩囂),入諸「禪定」,隨所聞慧,(能)	㊇(勝思惟)梵天!(釋迦)我於往昔已曾「一劫」及「餘殘劫」,供養諸佛,盡心恭敬,尊重讚歎,淨修「梵行」,一切「布施」,一切「持戒」及行「頭陀」,離於「瞋恚」,(修)忍辱、慈心,如所說行,勤修精進。一切所聞,皆能受持,「獨處」遠離

(含)苞(博)覽(執)持，一心「定意」，所行「寂漠」(寂靜玄漠)，坐而「專思」，亦有講問「音聲、智慧」，斯諸如來，(皆)不見「受決」(於我)。	讚誦思問。是諸如來，亦不見「授記」(於我)。	(煩囂)，入諸「禪定」，隨所聞慧，(能)讀誦思問，是諸如來亦不授我記。
(玖)所以者何？(因為)用(有)所「造行」而有(所)「猗」故(此皆不得如來之授記)。(持心)梵天！欲知當造斯(此)「觀」，皆當「超度」(超出越度)一切「諸行」，斯乃名曰「菩薩受決」。	(玖)何以故？依止所行故。以是當知，若諸菩薩(能)「出過」(出離越過)一切「諸行」，則得「受記」。	(玖)何以故？(若)以「依止文字」(而)問於諸佛，是以諸佛(即)不「授」我「記」。何以故？以(有)依止「所行」故。是以當知，若諸菩薩(能)「出過」(出離越過)「諸行」，則得「受記」。
	(拾)我若以(增)一劫、若「減」一劫，說是諸佛「名號」，(皆)不可得盡。	

二－31 釋迦我從初發「菩提心」已來，其所修的六度，乃至算數譬喻，皆所不能及

西晉・竺法護 譯《持心梵天所問經》	後秦・鳩摩羅什 譯《思益梵天所問經》	北魏・菩提流支 譯《勝思惟梵天所問經》
(壹)然後(釋迦我)值見定光(燃燈)如來，爾乃獲致「不起法忍」，定光正覺見「授決」言：	(壹)(思益)梵天！(釋迦)我於是後見燃燈佛，即得「無生法忍」。(燃燈)佛時授我記言：	(壹)(勝思惟)梵天！(釋迦)我於是後見然燈佛，即得「無生法忍」。時然燈佛授我記言：
汝於來世，當得作佛，號能仁如來・至真・等正覺・明行成為・善逝・世間解・無上士・道法御・天人師・為佛・眾祐(bhagavat 世尊：婆伽婆；眾德具足而能祐護眾生，能為世所尊、所共同尊重恭敬者)。	汝於來世當得作佛，號釋迦牟尼如來・應供・正遍知。	善男子！汝於來世當得作佛，號釋迦牟尼如來應正遍知。

㊉當彼世時，(釋迦我)乃超(超出越度)「眾行」，(但仍)具「六度」無極，所以者何？	㊉(釋迦)我爾時(能)「出過」(出離越過)一切諸行，(但仍)具足「六波羅蜜」。所以者何？	㊉(釋迦)我於爾時，(能)「出過」(出離越過)諸行，(但仍)滿足(圓滿具足)「六波羅蜜」，何以故？
(1)皆悉棄捨「一切想」故，是則名曰「施」度無極。	(1)若菩薩能「捨諸相」，名為「檀」(布施)波羅蜜。	(1)若菩薩能「捨諸相」，名為「檀」(布施)波羅蜜。
(2)蠲除一切所在「緣使」(行緣與役使)，名曰「戒」度無極。	(2)能滅諸所「受持」，名為「尸羅」(持戒)波羅蜜。	(2)能滅諸所「受持」，名為「尸」(持戒)波羅蜜。
(3)「忍」於諸性，名曰「忍」度無極。	(3)不為「六塵」所傷，名為「羼提」(忍辱)波羅蜜。	(3)不為(六塵)「境界」所傷，名為「羼提」(忍辱)波羅蜜。
(4)於一切行，皆悉「寂然」(寂滅凝然)，名曰「進」度無極。	(4)離「諸所行」，名為「毘梨耶」(精進)波羅蜜。	(4)離「諸所行」，名為「毘梨耶」(精進)波羅蜜。
(5)於「一切念」而無「習行」(積習之行)，名曰「寂」度無極。	(5)「不憶念」一切法，名為「禪」(禪定)波羅蜜。	(5)「不憶念」一切法，名為「禪」(禪定)波羅蜜。
(6)了本「清淨」，「不起法忍」，是則名曰「智」度無極。	(6)能忍諸法「無生性」，名為「般若」(智慧)波羅蜜。	(6)能忍諸法「無生性」故，名為「般若」(智慧)波羅蜜。
㊂(釋迦我)見錠光(燃燈)如來，尋則具足「六度」無極。	㊂(釋迦)我於燃燈佛所，具足如是六波羅蜜。	㊂(勝思惟)梵天！(釋迦)我於然燈佛所，滿足如是六波羅蜜。
㊃(釋迦)吾「初發意」來，一切(皆)「放捨」(放下與施捨)，所可「施與」，(有)百倍、千倍、萬倍、億倍、巨億萬倍；喻「五蓮華」供養之德(此指往昔釋迦前身曾以「五蓮華」來供養燃燈佛之喻)，(我從初發意來所行的布施，比起往昔我曾以「五蓮華」來供養燃燈佛的功德，此乃)不可相比，無以為喻。	㊃(思益)梵天！(釋迦)我從初發「菩提心」已來，所作布施，於此「五華」布施(此指往昔釋迦前身曾以「五蓮華」來供養燃燈佛之喻)，(我所行的布施，對比其它，就算有)百分(亦)不及一，(有)百千分、(有)百千萬億分，乃至「算數譬喻」，(皆)所不能及。	㊃(勝思惟)梵天！(釋迦)我從初發「菩提心」已來，所作「布施」，於此捨相「布施」，(對比其它，就算有)百分(亦)不及一，百千分、百千萬億分，乃至「算數譬喻」，(皆)所不能及。

㈤從「初發意」(之)「布施」知足，奉禁「順戒」。	㈤(釋迦)我從「初發心」已來，受戒、持戒、行頭陀，於此常「滅戒」(能獲寂滅之戒)，(對比其它，就算有)百分(亦)不及一，乃至「算數譬喻」，(皆)所不能及。	㈤(勝思惟)梵天！(釋迦)我從「初發心」已來，持戒、行頭陀，於此常「滅戒」(能獲寂滅之戒)，(對比其它，就算有)百分(亦)不及一，乃至「算數譬喻」，(皆)所不能及。
㈥「忍辱」仁和，究竟受恥，「堪任」於法。	㈥(釋迦)我從「初發心」已來，柔和忍辱，於「畢竟忍法」，(對比其它，就算有)百分(亦)不及一，乃至「算數譬喻」，(皆)所不能及。	㈥(勝思惟)梵天！(釋迦)我從「初發心」已來，柔和「忍辱」，於此「畢竟忍法」，(對比其它，就算有)百分(亦)不及一，乃至「算數譬喻」，(皆)所不能及。
㈦「精進」懇懃，遵修(遵循而修)不倦。	㈦(釋迦)我從「初發心」已來，發勤精進，於此「不取、不捨」精進，(對比其它，就算有)百分(亦)不及一，乃至「算數譬喻」，(皆)所不能及。	㈦(勝思惟)梵天！(釋迦)我從「初發心」已來，發勤「精進」，於此「不取、不捨」精進，(對比其它，就算有)百分(亦)不及一，乃至「算數譬喻」，(皆)所不能及。
㈧「禪定」寂漠(寂靜玄漠)，常「無有著」(無有執著)。	㈧(釋迦)我從「初發心」已來，「禪定」獨處，於此「無住」禪定，(對比其它，就算有)百分(亦)不及一，乃至「算數譬喻」，(皆)所不能及。	㈧(勝思惟)梵天！(釋迦)我從「初發心」已來，「禪定」獨處，於此「無住」禪定，(對比其它，就算有)百分(亦)不及一，乃至「算數譬喻」，(皆)所不能及。
㈨(釋迦我)從「初發意」，觀察「智慧」，常不「放逸」，計斯「智慧」諸度無極。(對比其它，就算有)百倍、千倍、萬倍、億倍、巨億萬倍，(皆)不可相比，(皆)無以為喻。	㈨(釋迦)我從「初發心」已來，思惟籌量「智慧」，於此「無戲論」智慧。(對比其它，就算有)百分(亦)不及一，(有)百千分、(有)百千萬億分，乃至「算數譬喻」，(皆)所不能及。	㈨(勝思惟)梵天！(釋迦)我從「初發心」已來，思惟籌量「智慧」，於此「無戲論」智慧。(對比其它，就算有)百分(亦)不及一，(有)百千分、(有)百千萬億分，乃至「算數譬喻」，(皆)所不能及。
㈩是故(持心)梵天，當造斯觀，在彼世時，(釋迦我)尋	㈩(思益)梵天！是故當知，(釋迦)我爾時得具足「六	㈩(勝思惟)梵天！是故當知，(釋迦)我於爾時，已得

即具足「六度」無極。	波羅蜜」。	滿足「六波羅蜜」。

《大般若波羅蜜多經(第 401 卷-第 600 卷)》卷 427〈授記品 28〉

天等當知！我於往昔然燈佛時，眾華王都四衢道首，見燃燈佛，獻「五蓮華」，布髮掩泥，聞上妙法，以無所得為方便故，便得不離「布施」波羅蜜多，乃至「般若」波羅蜜多……

時燃燈佛即便「授」我「無上正等大菩提」記，作是言：

善男子！汝於來世過無數劫，即於此界賢劫之中，當得作佛，號釋迦牟尼如來、應、正等覺，宣說般若波羅蜜多度無量眾。

《增壹阿含經》卷 38〈馬血天子問八政品 43〉

是時，燈光佛即入「三昧定」，使彼「梵志」見其二相……是時梵志見如來有「三十二相」具足，見已，歡喜踊躍，不能自勝，普作是說：

唯願世尊，當見觀察，我今持「五華」奉上如來，又持此「身」，供養聖尊。

《修行本起經》卷 1〈現變品 1〉

即時佛到，國王臣民、長者居士、眷屬圍繞，數千百重，菩薩欲前散花，不能得前。佛知至意，化地作泥，人眾兩披，爾乃得前。

便散「五華」，皆止空中，變成「花蓋」，面七十里，「二花」住佛兩肩上，如根生。

《放光般若經》卷 13〈加調品 60〉

佛告阿難：是弟乃從提惒竭羅如來……亦復以「金花」散提惒竭佛。散彼佛時，意亦願言：持是功德，成「阿耨多羅三耶三菩」。

如我以「五華」，散提惒竭羅佛上，發「阿耨多羅三耶三菩」。

《摩訶般若波羅蜜經》卷 18〈河天品 59〉

阿難！如我爾時以「五華」散然燈佛上，求「阿耨多羅三藐三菩提」。

然燈佛知我「善根」成就，與我受「阿耨多羅三藐三菩提」記。

《自在王菩薩經》卷 1

「戒自在」者，菩薩摩訶薩行「具足戒」，不毀、不缺、不穿、不濁、不有所得、不悔不訶、不有熱惱、智所稱讚、隨順道戒、教眾生戒、護法戒、歡悅戒、不依生處戒、住定戒、隨慧戒、信解深法戒、不退神通戒、空無相無作戒、寂滅戒、攝佛法戒、說

佛法戒、不捨一切眾生戒、慈護戒、大悲根本戒、信淨戒、不轉儀式戒、頭陀細行戒、隨順福田戒、畢竟淨戒、不斷佛種戒、護法種戒、示聖眾戒、安住菩提心戒、助六波羅蜜戒、修四念處戒、修四正勤、四如意足、五根、五力、七菩提分、八聖道分戒、能生一切助菩提法戒。

二－32 若能「不念」於布施、不「依止」於持戒、不「分別」於忍辱、不「取」於精進、不「住」於禪定、不「二」於智慧，是名具足六波羅蜜

西晉・竺法護 譯《持心梵天所問經》	後秦・鳩摩羅什 譯《思益梵天所問經》	北魏・菩提流支 譯《勝思惟梵天所問經》
⑤又問世尊：云何具足「六度」無極？	⑤世尊！云何名具足「六波羅蜜」？	⑤(勝思惟)梵天言：世尊！世尊云何名為滿足「六波羅蜜」？
⑥大聖告曰： ❶不念於「施」。 ❷不著於「戒」。 ❸不想(於)「忍辱」。 ❹不專(於)「精進」。 ❺「禪」(於)無所住。 ❻「智慧」無二。 是為具足六度無極。	⑥(思益)梵天！若 ❶不念(於)「施」。(修三輪體空) ❷不依止(於)「戒」。(無能持所持) ❸不分別(於)「忍」。 ❹不取(於)「精進」。 ❺不住(於)「禪定」。 ❻不二於「慧」。 是名具足六波羅蜜。	⑥佛言(勝思惟)梵天：若 ❶不念(於)「施」。 ❷不依止(於)「戒」。 ❸不分別(於)「忍」。 ❹不取(於)「精進」。 ❺不住(於)「禪定」。 ❻不二於「慧」。 (勝思惟)梵天！是名滿足六波羅蜜。
⑧又問：假使具足六度無極，何所具足？	⑧又問：具足六波羅蜜已，能滿足何法？	⑧(勝思惟)梵天言：世尊！滿足六波羅蜜已，能滿足何法？
⑭答曰：設使具足六度無極，便即具足於「諸通慧」(Sarvajñā 諸通達的一切智)。	⑭佛言：具足六波羅蜜已，能滿足「薩婆若」(Sarvajñā 一切智)。	⑭佛言(勝思惟)梵天：滿足六波羅蜜已，能滿足「薩婆若」(Sarvajñā 一切智)。
⑮又問世尊：設具六度，云何便具「諸通慧」(諸通達的一切智)乎？	⑮世尊！云何具足六波羅蜜已，能滿足「薩婆若」？	⑮(勝思惟)梵天言：世尊！云何滿足六波羅蜜已，能滿足「薩婆若」？
⑯答曰：(持心)梵天，	⑯(思益)梵天！	⑯佛言(勝思惟)梵天：

❶若(平)等「布施」,則等「諸通慧」(諸通達的一切智)。	❶「布施」平等,即是「薩婆若」平等。	❶「布施」平等,即是「薩婆若」平等。
❷以(平)等「戒」者,則等「通慧」。	❷「持戒」平等,即是「薩婆若」平等。	❷「持戒」平等,即是「薩婆若」平等。
❸設(平)等「忍」者,則等「通慧」。	❸「忍辱」平等,即是「薩婆若」平等。	❸「忍辱」平等,即是「薩婆若」平等。
❹如(平)等「精進」,則等「通慧」。	❹「精進」平等,即是「薩婆若」平等。	❹「精進」平等,即是「薩婆若」平等。
❺若(平)等「禪」者,則等「通慧」,	❺「禪定」平等,即是「薩婆若」平等。	❺「禪定」平等,即是「薩婆若」平等。
❻(平)等「智慧」者,則等「通慧」。	❻「智慧」平等,即是「薩婆若」平等。	❻「智慧」平等,即是「薩婆若」平等。
以能(平)「等」此,則(平)「等」諸法,便能「平等」於「諸通慧」(諸通達的一切智)。	以是「平等」,等一切法,名為「薩婆若」。	以是「平等」一切法,名為「薩婆若」。
㈦復次(持心)梵天,念具足「施」,則具「通慧」。念「戒」、念「忍」、念「進」、念「寂」、念「慧」,悉具足者,則具「諸通慧」(諸通達的一切智)矣。	㈦又,(思益)梵天!具足「布施」相、「持戒」相、「忍辱」相、「精進」相、「禪定」相、「智慧」相,是名「薩婆若」。	㈦復次(勝思惟)梵天!滿足「布施」相、「持戒」相、「忍辱」相、「精進」相、「禪定」相、「智慧」相,是名「薩婆若」。
㈧離「諸通慧」(諸通達的一切智)念,斯名具足「六度」無極,備「諸通慧」也。		
㈨如是(持心)梵天,已能具足「六度」無極,則便具足「諸通之慧」。	㈨(思益)梵天!如是具足六波羅蜜,能滿足「薩婆若」。	㈨(勝思惟)梵天!如是滿足六波羅蜜,能滿足「薩婆若」。

二－33 若能「不受、不住」內外之「十二入」者,則名為圓滿具足通達之「薩婆若」智

西晉・竺法護 譯《持心梵天所問經》	後秦・鳩摩羅什 譯《思益梵天所問經》	北魏・菩提流支 譯《勝思惟梵天所問經》
⓵(持心梵天)又問:云何具	⓵(思益梵天言:)世尊!云	⓵(勝思惟)梵天言:世

第一欄

「諸通慧」(諸通達的一切智)？

貳大聖告曰：眼不受色，耳不受聲，鼻不受香，口不受味，身不受細滑，意不受法。其無有「內」，亦無有「外」，而不「所由」，亦無「所受」，亦不「自念」，具足周辯(周遍辯才)「諸通之慧」，已具足此，名曰「諸通慧」(諸通達的一切智)。

參眼不著色，耳聲、鼻香、舌味、身更、意法，而「無所著」，以故如來(之智)慧(乃)無「罣閡滯」(罣礙閡滯)，所見「無限」，達「諸通慧」(諸通達的一切智)。

肆則復不受「諸通慧」(諸通達的一切智)也，所以者何？

(1)若欲成就「諸通慧」器，則「不成器」(不用)而「無有器」(無用)。

(2)已「無有器」(無用)，則曰「暴露」(暴發顯露；喻無所有；喻真誠無虛)。

(3)已能「平等」暴露行者，為「諸通慧」斯(即為)「無所受」。

伍猶如(持心)梵天！一切所為，悉依猗「空」，「空」(乃)無所「倚」，(故)一切悉

第二欄

何當知滿足(圓滿具足)「薩婆若」(Sarvajñā 一切智)？

貳(世尊告思益)梵天！若不受眼、不受色、不受耳、不受聲、不受鼻、不受香、不受舌、不受味、不受身、不受觸、不受意、不受法，若不受是內外「十二入」(內外加總為十二入)，名為滿足(圓滿具足)「薩婆若」。

參我得如是滿足「薩婆若」，於「眼」無所著，於「色、耳聲、鼻香、舌味、身觸、意法」無所著，是故如來名為「無礙知見薩婆若」。

肆(思益)梵天！「薩婆若」於法(乃)「無所受」。何以故？

(1)以「無用」故。

(2)「無用」即是「無所有」義。

(3)「無所有」義即是「空」，如「虛空」義、同「虛空」相是「薩婆若」，是故於法「無所受」。

伍(思益)梵天！譬如一切所作，皆因「虛空」，而虛空(乃)「無所依」：如是諸「智

第三欄

尊！何者是「薩婆若」(Sarvajñā 一切智)滿足？

貳佛言(勝思惟)梵天：若眼不見色，乃至意不知法，(勝思惟)梵天！若如是觀察內外「六入」(內六入＋外六塵十二入)，是名滿足「薩婆若」。

參(勝思惟)梵天！如是滿足「薩婆若」，所謂不著「眼」，乃至不著「意」，以是義故，名為如來「無障無閡」薩婆若」智。

肆(勝思惟)梵天！「薩婆若」於法(乃)「無所受」，何以故？

(1)以「薩婆若」非(為)「受法」器故。(勝思惟)梵天！言「非器」者，此名「無物」能受盛故。

(2)言「無物」者，則名為空。

(3)空同「虛空」，是名「薩婆若」，以是義故，不能「受法」。

伍(勝思惟)梵天！譬如一切所作，皆依「虛空」，而彼虛空(乃)「無所依」也，如是

達,無所「不知」,而志求猗「諸通之慧」,如「諸通慧」(則)無所「猗求」。	慧」皆從「薩婆若」出,而「薩婆若」(即)「無所依」。	「薩婆若」智,皆從「薩婆若」出,而「薩婆若」(即)「無所依」也。

二－34 能破一切所念之「戲論」,名為「薩婆若」,底下約有16種「薩婆若」定義

西晉·竺法護 譯《持心梵天所問經》	後秦·鳩摩羅什 譯《思益梵天所問經》	北魏·菩提流支 譯《勝思惟梵天所問經》
(壹) (持心梵天)又問世尊,「諸通慧」(諸通達的一切智)者,為何謂耶?何因名曰「諸通慧」乎? (貳)世尊答曰: (1)「諸通慧」者,(乃是)假「託名」耳,(故)悉無所著,普了眾行,(此亦)無有「聲聞、緣覺」之事,(故)名「諸通慧」(諸通達的一切智)。 (2)(若能)探一切「念」,而療治(攝療行治)之,名「諸通慧」。 (3)而皆(能)「分別」諸所至「趣」,名「諸通慧」。 (4)智(慧)不可限(限),(能)曉眾生行,名「諸通慧」。	(壹) (思益)梵天白佛言:世尊!世尊所說「薩婆若」,「薩婆若」者為何謂也? (貳)(世尊言:思益)梵天! (1)(於)一切所行,是(般若)智為真,(此)非諸「聲聞、辟支佛」所及故,名「薩婆若」。 (2)(於)諸有所行,皆能成就故,名「薩婆若」。 (3)(若)能破一切所念「戲論」故,名「薩婆若」。 (4)諸所「教勅」(言教訓勅)、諸所「防制」(禁防限制),如此眾生所行之法,皆(能)從中出故,名「薩婆若」。	(壹) 勝思惟梵天白佛言:世尊!所說「薩婆若」,「薩婆若」者為何謂耶?以何義故名「薩婆若」? (貳)佛言(勝思惟)梵天: (1)(於)一切諸行,彼「薩婆若」智,(能)知所謂「聲聞、辟支佛」,及一切世間,以是義故名「薩婆若」。 (2)(能於)諸有所行(皆是)「平等」智。(能)知諸「心」、知諸「行」、知諸「慈悲」、知諸「學」,知諸發起「修行」故,名「薩婆若」。 (3)(若)能離一切「諸相」,能破一切諸「覺」(覺觀:尋伺)故,名「薩婆若」。 (4)(能)如實知「說、不說」,(能)如實知一切眾生「心行」故,名「薩婆若」。 (5)(能)如實知「一切證智」故,名「薩婆若」。

(6)(若能)分識(分別辨識)一切，隨時而順，(凡)有所學(此指有學之智)、(或)不復學(此指無學之智)、(或)「緣覺」之慧，(能)無所不達，(能)應時現教(顯現教化)，名「諸通慧」。	(6)(能)得諸「聖智」，若「學智」、若「無學智」、若「辟支佛智」，皆從中出故，名「薩婆若」。	(6)(能)如實知「無學智」，「聲聞、辟支佛」智。
		(7)(能)如實知「一切種智」，皆是「薩婆若」中出，以是義故名「薩婆若」。
(8)(能)等療(攝療行治)隨行，(能)順「不失時」，名「諸通慧」。	(8)(能如實知)「正行」故，名「薩婆若」。	(8)(能)如實知「正行」，皆從「薩婆若」出故，名「薩婆若」。
(9)(能)曉知諸藥，所可療者，名「諸通慧」。	(9)能分別「一切藥」故，名「薩婆若」。	(9)(能)如實知「一切藥」故，名「薩婆若」。
(10)(能)滅除「眾病」，名「諸通慧」。	(10)能滅一切「眾生病」故，名「薩婆若」。	(10)能令一切「病滅」故，名「薩婆若」。
		(11)能離一切「縛」故，名「薩婆若」。
(12)(能)拔諸罣閡﹝之﹞(所)猗著(之)根原，名「諸通慧」。	(12)能除一切「煩惱習氣」故，名「薩婆若」。	(12)能除一切「煩惱習氣」故，名「薩婆若」。
(13)(能)常(於)「三昧定」，名「諸通慧」。	(13)(能)常在「定」故，名「薩婆若」。	(13)(能)常在一切「定」故，名「薩婆若」。
(14)了一切法，無有「疑網」，名「諸通慧」。	(14)(能於)一切法中「無疑」故，名「薩婆若」。	(14)(能於)一切法中「無疑」故，名「薩婆若」。
(15)究竟普達(普遍通達)，靡所不知，(能)開暢「世間、度世」之慧，名「諸通慧」。	(15)一切「世間、出世間」智慧，皆從中出故，名「薩婆若」。	(15)(能)從彼「薩婆若」，出一切「世間、出世間」智慧故，名「薩婆若」。
(16)(能)綜練(綜貫博練)分別，所說「周備」(周詳完備)，一切「敏達」(敏捷通達)。	(16)善知一切「智慧方便」相故，名「薩婆若」。	(16)(能)知一切「智慧方便」相故，名「薩婆若」。
(持心)梵天！是故名「諸通慧」。		(勝思惟)梵天！一切諸法「方便」從此法出故，名「薩婆若」。
(參)於是持心梵天，白世尊曰：至未曾有！天中之	(參)爾時思益梵天白佛言：未曾有也。世尊！諸	(參)爾時勝思惟梵天白佛言：希有世尊！諸佛如來

天!諸佛世尊,而無有心,因「慧」名心,心本「清淨」,如來至真,究盡(究竟窮盡)曉了眾生「心行」。	佛如來,智慧甚深,心「無所緣」而(能)知一切眾生「心、心所行」。	智慧甚深,心「無所緣」,而(能)知一切眾生「心、心所行」。

荻原雲來編《梵和大辭典》

pra-yoktra 男 朱櫞（*Divy*.）.

pra-yoga 1. 形 激励する（?）［*Agni* 神についてい：（咴）］. 男 ［古聖仙の名］.

pra-yoga 2. 男 結合；（語の）添加または使用［形 はしばば＝…の場合において］；（飛道具の）発射，鄭射；こ呈，授与；…に着手すること，始め，開始；工夫，多出，（ある人 一゜ の）行為；適用，雇用，使用；用例，慣習；医薬または呪法の使用；手段［圓 複 のみ］；ㄹ用すべきまたは普通の形（文法）；上演，実演［~t **Dṛś**, 舞台上に見る］；脚本；暗誦，発言，演説；ㅌ誦されるべき詩句；利子を取って貸すこと，投資利子を取って貸した資本金；渙釈 相応，和合，ː離 *Abh-vy*., *Daś-bh*., *Guhy-s*., *Śikṣ*.；行，加行，勤行，発行，修行，正行，所修，勤修，能修習，勤修習，所作，造作；経営，精進；始 *Abh-vy*., *Bodh-bh*., *Daś-bh*., *Gaṇḍ-vy*., *Lal-v*., *Madhy-vibh*·*Mvyut*., *Rāṣṭr*., *Śikṣ*., *Sūtr*.；方便，方便行，加ㅏ方便，方便正行，誆作 *Bodh-bh*., *Daś-bh*., *Divy*·*Gaṇḍ-vy*., *Kāśy*., *Lal-v*., *Laṅk*., *Sūtr*.；出息，出ㅏ利，方便出息 *Bodh-bh*., *Saddh-p*.；療治 *Saddh-p*·~āyoga出入息利 *Saddh-p*. 111. 圓, 從, ~tas ！（ 一゜ ）の手段によって．　~ais 圓 ある手段によ

ニ-35 菩薩不應為「功德利益」而發菩提心，但為「大悲」等共
12 種而發「菩提心」

西晉·竺法護 譯《持心梵天所問經》	後秦·鳩摩羅什 譯《思益梵天所問經》	北魏·菩提流支 譯《勝思惟梵天所問經》
壹(持心梵天言:)唯然大聖,若有族姓子、族姓女,聞「諸通慧」(諸通達的一切智),其誰不發「無上正真道」乎?乃致斯類「無量之德」,興發(興起顯發)殊特(殊勝特異)。	壹(思益梵天言:)世尊!「薩婆若」有如是無量功德,其誰「善男子、善女人」不發「阿耨多羅三藐三菩提心」?	壹(勝思惟梵天言:)世尊!彼「薩婆若」有如是等無量功德,其誰智慧,善男子、善女人,聞「薩婆若」不發「阿耨多羅三藐三菩提」心?
貳㈠於是明網菩薩白世尊曰,假使菩薩,(只)希望「名德」(名利功德)而(始)「志道」者,則為(永)不(歸)慕(於)「佛道」,(亦)不(能建)立「大乘」。㈡所以者何?一切諸法,則無「名德」(名利功德),無有「伴黨」(合伴朋黨)。(修行人亦不追求與眾生有「對價關係」上的伴黨)	貳㈠於是網明菩薩白佛言:世尊!若有菩薩,(只)悕望「功德」利(益),而(始)發「菩提心」者,(此)不名「發大乘」也。㈡所以者何?一切法無「功德」利(益),以無「對處」故。(修行人亦不追求與眾生有任何的「對價關係」)	貳㈠爾時網明童子菩薩白佛言:世尊!若有菩薩,(只)悕望「功德」利(益),而(始)發「菩提心」者,(此)不得名為「發大乘」也。㈡何以故?一切諸法無「功德」利(益),以無「對治處」故。
參天中天!⑴斯非菩薩之「名德」(名利功德)也。⑵天中天!無有緣應(無緣大慈,同體大悲的相應於眾生),爾乃名曰「建志」(於)佛道,因於「大哀」(大慈哀愍)。⑶欲滅眾生「苦患惱」故。	參世尊!⑴菩薩摩訶薩不應為「功德」利(益)故,發菩提心。⑵但為「大悲心」故。⑶(能)滅眾生「諸苦惱」故。	參世尊!⑴菩薩摩訶薩不應為「功德」利(益)故,發菩提心。⑵但為「大悲」故。⑶(能)為滅眾生「諸苦惱」故。
⑷(能)忍於「己勞」,不以「厭惓」,不畏「終始」(死終生始),以無量故。⑹(能)不斷「佛教」故,(能)護「正法」故,(能)敬「聖眾」故。又(能)以「善法」,除「惡法」故。	⑷(能)不自「憂苦」故。⑸(能)生諸「善法」故。	⑸(能)生「諸善法」故。

(6)(能於)諸(邪)見(解)脫門，以解(救)度(化)故。	(6)(能)解脫「諸邪見」故。	(6)(能)解脫「諸邪見」故。
(7)(能)療(攝療行治)除諸病，令「滅盡」故。	(7)(能)滅除「諸病」故。	(7)(能)滅除「諸病」故。
(8)(能)救濟一切，(令得)生「善處」故。	(8)(能)捨「我所貪著」故。	(8)(能)捨「我所貪著」故。
(9)(能)將順(將就順勢去)拯拔(拯救拔濟於)所「愛、憎」故。	(9)(能)不觀「憎、愛」故。	(9)(能)不觀「憎、愛」故。
(10)(能)於「世間法」，無所著故。	(10)(能)不沒(溺於)「世法」故。	(10)(能)不沒(溺於)「世法」故。
(11)(若有處於)嶮道逐「生死」(者)，(能)令得出(離)故。	(11)(能)厭患「有為」故。	(11)(能)厭患「有為」故。
(12)(能)使(眾生)處「無為」(涅槃)，務(期)「安隱」故。	(12)(能)安住「涅槃」故。	(12)(能)安住「涅槃」故。
	(以上十二種才是真正的)發「菩提心」。	(以上十二種才是真正的)發菩提心。
㈣唯天中天！ ①又諸菩薩，(於眾生)不當「疑望」(疑古同「擬」。預擬奢望)。 ②不為眾生(而)有「所造作」，而有(所)「悕望」(悕求望報)，亦無所「疑」(疑古同「擬」。預擬)。 ③天中天！菩薩大士，不以「苦、樂」而(心有所)患厭也。	㈣世尊！ ①菩薩不應於眾生求其「恩報」。(不對追求與眾生有「對價關係」) ②亦不應觀「作」與「不作」。 ③又於「苦、樂」，心不傾動。	㈣世尊！ ①菩薩不應於諸眾生，求其「恩報」。 ②亦不應觀「作」與「不作」。 ③又於「苦、樂」，心不傾動。

二－36「慈悲喜捨」與「不捨菩提心」皆是菩薩善根清淨之法

西晉・竺法護 譯 《持心梵天所問經》	後秦・鳩摩羅什 譯 《思益梵天所問經》	北魏・菩提流支 譯 《勝思惟梵天所問經》
㈠天中天！何謂菩薩「種姓」清淨？	㈠世尊！何謂菩薩「家」(種姓)清淨？	㈠世尊！何謂菩薩摩訶薩「諸善根」清淨？

㊂世尊答曰：	㊂佛言：善男子！	㊂佛言：善男子！
⑴菩薩不以族姓(生在)「轉輪聖王」。	⑴菩薩若生「轉輪聖王」家，不名「家」清淨。	⑴菩薩(之)「善根」，若生「轉輪聖王」位處，不得名為「善根」清淨。
⑵(亦)不以「帝釋」梵天(而生)。(若)有所生處，(其)「種姓」(必然)清淨。	⑵若生「帝釋」中、若生「梵王」中，亦不名「家」清淨。	⑵若生「帝釋王」中、若生「梵天王」中，亦不得名「善根」清淨。
㊃菩薩所立，(自)能具「德本」(功德善本)，(亦能)興發(興起顯發)他人「眾善」之原，是為菩薩「種姓」清淨。(菩薩)又(能)在「畜生」所生之處，則(亦能)離「諸見」。(能)慈悲喜護，(平)等與「法藥」，除(眾生心)意(之)「瑕穢」(瑕垢染穢)，是則菩薩「種姓」清淨。	㊃(菩薩)在所(任何之)生處，乃至(處在)畜生(之處)，(能)自不退失「善根」。亦(能)令眾生，(能)生諸「善根」，是名菩薩「家」清淨。	㊃(菩薩)在所(任何之)生處，乃至(處在)「畜生」(之處)，(能)自不失「善根」。亦(能)令眾生，(能)生諸善根，是名菩薩「善根」清淨。
㊄		㊃復次網明，云何菩薩「善根」清淨？善男子！
❶「施」為種姓，無所「悋」故。		❶「布施」善根清淨，以捨一切「資生」故。
❷「戒」為種姓，無「熱惱」故。		❷「持戒」善根清淨，以除「熱惱」，得清涼故。
❸「忍」為種姓，離「瞋恚」故。		❸「忍辱」善根清淨，以心「不分別」故。
❹「進」為種姓，無「懈怠」故。		❹「精進」善根清淨，以離「懈怠」故。
❺「禪」為種姓，「一心定」故。		❺「禪定」善根清淨，以不念「餘乘」故。
❻「慧為」種姓，無「闇蔽」故。		❻「智慧」善根清淨，以離「諸見」故。
㊄	㊄又，網明！ ⑴「慈」是菩薩家，「心平等」故。	㊄ ⑴「慈」善根清淨，以「平等見」故。

	(2)「悲」是菩薩家,「深心念」故。 (3)「喜」是菩薩家,生「法喜」故。 (4)「捨」是菩薩家,離「貪著」故。	(2)「悲」善根清淨,以「直心」清淨故。 (3)「喜」善根清淨,以「樂」諸法,不生「愛」故。 (4)捨」善根清淨,以離「諸過」故。
(4)斯為菩薩,(能)棄諸「瑕穢」(瑕垢染穢)。 (能)「不捨」道心,則為菩薩之「種姓」也,(亦)不樂「聲聞、緣覺」乘故。	(能)「不捨」菩提,是菩薩家,不貪「聲聞、辟支佛」地故。	(能)「不捨」菩提心,善根清淨,以不貪「聲聞、辟支佛」地故。

【底下錄自《梵和大辭典》】

kurūru 360

kurūru 男 害蟲(の一種).

kurkuṭa 男 鷄; 漢譯 鷄 Laṅk., 梵雜.

kurkuṭārāma (°ṭa-ār°) 男 ＝kukkuṭārāma; 漢譯 [佛教伽藍の名] 鷄寺; (音写)鷄頭摩寺,鷄頭末寺 Divy.

kurkura 男 犬; 漢譯 狗, 狢 Divy., Lal-v.

kurpāsa 男 襦袢, 胴著, 短上衣.

kurvat, [Kṛ I. の 現分] 爲す,動作する;現在の,活動する; 漢譯 作, 生 Abh-vy., Bodh-bh.

kurvāṇa, [Kṛ I. の 現分 自].

kula 由 獸群,群;群集,集團,一群又は一團;種姓,種族,家族;團體,組合;高貴の家系;住處,家,住宅;裁判官; 漢譯 族,宗族,家族,種,種族,種姓,姓種族,族姓;性;親;眷屬;善家,家,戶 Divy., Buddh-c., Lal-v., Aṣṭ-pr, Vajr-pr., Saddh-p., Laṅk., Śikṣ., Vijñ-t., Bodh-bh., Sūtr., Madhy-vibh., Abh-vy., Vajr-s., Mvyut., 梵雜.; 種類 Mvyut.; 部 Guhy-s.; 白衣家 Prāt-m.; 善斷事人 Divy.: pañca～ 五部 Guhy-s. 153.; tri～ 三部 Guhy-s. 153. ➞ ucca～, deva～, nīca～, rāja～. [屢.°──] 形 主長の,顯要の. ～ṃ padāti-nām 步兵團.

《思益梵天所問經》三種譯本對照
第三卷

三－1 文殊菩薩言：法性是「不二」相，故一切法亦皆能入「法性」中。若決定「方便」為眾生說法者，則說者、聽者，亦無有二

西晉・竺法護 譯 《持心梵天所問經》	後秦・鳩摩羅什 譯 《思益梵天所問經》	北魏・菩提流支 譯 《勝思惟梵天所問經》
《談論品・第七》	《談論品・第七》	
		⑴爾時文殊師利法王子，在於大會，默然而住，無所論說。
⑵於是持心梵天，白世尊曰：溥首童真在斯眾會「默然」而坐，無所言講，亦不談論？	⑵爾時思益梵天白佛言：世尊！是文殊師利法王子在此大會而「無所說」？	⑵爾時勝思惟梵天白佛言：世尊！世尊此文殊師利法王子在大會坐，云何於此所說法中，「默然」而住，無所「論說」？
⑶佛告溥首：(汝)豈能樂住(於)「說斯法」乎？(或樂住於)有所及處？(煩請)屈意(委屈意念)分別(為眾生說之吧)！	⑶佛即告文殊師利：汝於此會所說法中，可「少說」之！	⑶爾時世尊告文殊師利法王子言：文殊師利！汝今於此所說法中，可「少說」之！
⑷溥首白佛：世尊！(您)所因(何種)法義(而得)致正覺者，又計彼法有(真實之)「言教」乎？	⑷文殊師利白佛言：世尊！佛所(證)「得」法，寧(有形相)可(辨)識不？	⑷文殊師利白佛言：世尊！佛所「證」法，為何等「相」？
(佛)告曰溥首：法(乃)「無言」(之)教。	佛言：(無有形相亦)不可(辨)識也。	佛言：文殊師利！佛所「證」法，(乃)無有「相貌」。
⑸(文殊師利)又問：其法寧有言	⑸(文殊師利言：)世尊！是法可	⑸文殊師利言：世尊！彼法

辭？有所「思念」？(有)「講論」說乎？	說？可演？可論不？	可說？可演？可論不？
(佛)告曰：法無「言辭」，(亦)無所「思念」，亦無「論說」。	佛言：不可說、不可演、不可論。	佛言：文殊師利！彼法不可說、不可演、不可論也。
(文殊師利)又問：假使諸法，無言、無念，亦無「論說」，則不可講。	(文殊師利言：)世尊！若是法不可說、不可演、不可論者，則不可示。	文殊師利言：世尊！若彼法不可說、不可演、不可論者，則不可示。

三-2 思益梵天與文殊菩薩的問答共有 37 題。佛雖以眾生根機而方便講法，但說而不說，諸法皆無「二相」

西晉·竺法護 譯《持心梵天所問經》	後秦·鳩摩羅什 譯《思益梵天所問經》	北魏·菩提流支 譯《勝思惟梵天所問經》
	[思益梵天與文殊菩薩的第 1 個問答]	
持心梵天謂溥首曰：仁豈不為他人眾生「講說」法乎？	爾時思益梵天謂文殊師利：汝不為眾生「演說」法乎？	爾時勝思惟梵天謂文殊師利法王子言：文殊師利！汝不為眾生「演說」法耶？
(文殊師利)答曰：(持心)梵天！可講「法性」分別(之)「二」耶？	文殊師利言：(思益)梵天！「法性」中有(分別之)「二相」耶？	文殊師利問言：(勝思惟)梵天！於「法性」中頗有(分別之)「二相」耶？
(持心)報曰：不然。	(思益)梵天言：無也。	(勝思惟)答言：無也。
	[思益梵天與文殊菩薩的第 2 個問答]	
(文殊師利)又問：其「法性」者，不可銜(持)之一切(有語言文字)法乎？	文殊師利言：一切(可言說之)諸法(皆)不入「法性」耶？	文殊師利問言：(勝思惟)梵天！一切(可言說之)諸法(皆)不入「法性」中耶？
(持心)答曰：如是！	(思益)梵天言：然！	(勝思惟)梵答言：如是！
	[思益梵天與文殊菩薩的第 3 個問答]	
(文殊師利)報曰：若茲，(持心)梵天！法性(既是)「無二」，	文殊師利言：若「法性」是「不二」相，(若)一切法(亦能)	文殊師利言：若彼「法性」是「不二」相，(若)一切諸法

然而「法性」(又能)銜(持)一切法，(既如此又)何因當為他人眾生「講說法」乎？	入「法性」中，(如此的話又)云何當為眾生(而)說法？	(亦能)入「法性」中，(如此的話又)云何當為眾生(而)說法？
(持心梵天)又問溥首：其有說法(有)計「吾我」者，豈不謂(此)為「二事」(二種分別事相)者乎？	(思益)梵天言：頗有說法亦(是屬於)「無二」耶？(法性既是「無二」，則無說者亦無聽者，故說法者亦是「無二」、聽法者亦是「無二」)	(勝思惟)梵天問言：頗有「說法」亦(是屬於)「無二」耶？
(文殊師利)答曰：假使(持心)梵天！(若)有所「獲致」，而有「所說」！(若)有「聽者」乎！ (若法有真實之說者、有真實之聽者，則著我人眾生壽者相，是名戲論，非得真實之「法性」，法性乃無二無別)	文殊師利言：若決定得(有)說者、(有)聽者，(其)可有說法(仍)亦無有「二」。	(文殊師利)答言：(勝思惟)梵天！若決定(有)得「說者、聽者」，(其)可有說法而(仍然是)無有「二」。
(持心梵天)又問：如來豈不講說法乎？	[思益梵天與文殊菩薩的第4個問答] (思益梵天言：)文殊師利！如來不說法耶？	(勝思惟)梵天問言：如來豈可不說法耶？
(文殊師利)答曰：(持心)梵天，如來所說，則無有「二」。所以者何？ 如來(之性為)「無二」，不造「二事」(二種分別事相)。	文殊師利言：佛雖說法，不以(分別之)「二相」。何以故？ 如來(之)性(乃)「無二」故，雖有所說而(本性仍是)「無二」也。	(文殊師利)答言：(勝思惟)梵天！佛雖(有所)說法，不以「二相」，何以故？ 如來說法(乃)「無二說」故，雖有所說，而(本性仍是)「無二」也。
(持心梵天問)又問：假使諸法無有「二」者，誰(去)造(作)為「二」？	[思益梵天與文殊菩薩的第5個問答] (思益)梵天言：若一切法(皆是)「無二」(之性)，其誰為二？	(勝思惟)梵天問言：若一切法(皆是)「無二」，云何諸凡夫(於)「無二」(中而)作「二」？
(文殊師利)答曰： 眾生猗(於)「名」而受「吾我」，(故)愚騃(愚癡頑騃)凡夫便造「二事」。(法性於)其「二事」者，終不為「二」。	文殊師利言： 凡起貪著「我」故，(方有)「分別」二耳；(所謂)不二者，法性終不為「二」。	(文殊師利)答言： (勝思惟)梵天！ 凡夫之人，貪著「我」故，「分別」為二，若(有證)「不二」者，終不為「二」。

何況無數！ (法性)以不造「二」，(故)其「真際」者，則無有「二」，不造「二事」。	雖(復有)種種(法)分別為(有)二，然其「實際」(皆)無有「二相」。	雖復(有)種種(法)分別為(有)二，然其「實際」(皆)無有「二相」。
(持心)又問：其(法性爲)「無二」者，寧可「知」乎？	[思益梵天與文殊菩薩的第6個問答] (思益)梵天言：云何(辨)識「無二」法？(無二法爲「修證」之境界，並非「文字」可詮譯也)	(勝思惟)梵天問言：云何而(辨)識「無二」法耶？(無二法爲「修證」之境界，並非「文字」可詮譯也)
(文殊師利)答曰：(持心)梵天！假使(法性)可知，(此)則(又成)為「二事」。(法性若)其可「知」者，(亦可)識「無二法」(的話)，(此)知(乃由)教(化)者也。	文殊師利言：若「無二」可(辨)識，則(已)非「無二」。所以者何？「無二相」者，(乃)不可識也。	(文殊師利)答言：(勝思惟)梵天！若「無二」可(辨)識，則(已)非「無二」。何以故？(勝思惟)梵天！「無二」相者，(乃)不可(辨)識也。
如來雖說有「至誠」(貞至眞誠)法，如「如」者，則(亦)無所「說」。所以者何？又其法者，(實)無有「文字」。	(思益)梵天！(有分別之)「二」即是「識業」。不可識(之)法(性)，(此爲)佛所說也，是法「不爾」如所說(之「二相」)。何以故？是法(實)「無文字」故。	(勝思惟)梵天！而如來不說「二法」，彼法如說，無如是(之「二法」)也。何以故？以彼法無「名字章句」故。

三－3 不著於諸六塵境界者，方能真實聽如來法義

西晉·竺法護 譯 《持心梵天所問經》	後秦·鳩摩羅什 譯 《思益梵天所問經》	北魏·菩提流支 譯 《勝思惟梵天所問經》
(持心梵天)又問：如來說法，何所(導)歸趣(向)？	[思益梵天與文殊菩薩的第7個問答] (思益梵天問：)文殊師利！佛所說法，終何所至？	(勝思惟)梵天問言：如來說法，「取」何法耶？
(文殊師利)答曰：(持心)梵天！趣無所「趣」，則為如來之所說法。	文殊師利言：佛所說法，(乃)至「無所至」。	(文殊師利)答言：(勝思惟)梵天！如來說法，無所「取」也。

(持心)又問：如來說法，豈不(導)歸趣(向)於「泥洹」乎？	[思益梵天與文殊菩薩的第8個問答] (思益)梵天言：佛所說法，不(能)至「涅槃」耶？	(勝思惟)梵天問言：佛所說法，可不取「涅槃」耶？
(文殊師利)答曰：(持心)梵天！其「泥洹」者，寧有(導)歸趣(向)，而反(轉退)還耶？	文殊師利言：「涅槃」中(有)可得(而)「至」耶？	(文殊師利)問言：(勝思惟)梵天！於「涅槃」中，涅槃有「取、捨」耶？
(持心)又問：其「泥洹」者，無有(導)歸趣(向)、亦無(退)還反(轉)？	[思益梵天與文殊菩薩的第9個問答] (思益)梵天言：「涅槃」(乃)無「來」處、(亦)無「至」處。	(勝思惟梵天)答言：「涅槃」(乃)「不去、不來」。
(文殊師利)答曰：如是，如來說法，(乃)趣「無所趣」。	文殊師利言：如是！佛所說法，(乃)至「無所至」。	文殊師利言：如是(勝思惟)梵天！佛所說法，(皆)不去不來。
(持心)又問：聽者云何？	[思益梵天與文殊菩薩的第10個問答] (思益)梵天言：是法誰(在)聽(聞)？	(勝思惟)梵天問言：是法云何聽(聞)？
(文殊師利)答曰：心等(以心平等)之故。	(文殊師利)答言：如所說。	(文殊師利)答言：如所說。
(持心)又問：云何心等(以心平等)？	[思益梵天與文殊菩薩的第11個問答] (思益)梵天言：云何如所說？	(勝思惟)梵天問言：云何如所說？
(文殊師利)答曰：如無「言教」、亦無「所聞」。	(文殊師利)答言：如「不識、不聞」。	(文殊師利)答言：(勝思惟)梵天！如「不識、不聞」，如「不識、不聞」如是說。
(持心)又問：如來說法，聽者何謂？	[思益梵天與文殊菩薩的第12個問答] (思益)梵天言：誰能「聽」如來如是法？	(勝思惟)梵天問言：誰能「聽」如來如是法？
(文殊師利)答曰：假於「法性」，	(文殊師利)答言：不漏「六塵」	(文殊師利)答言：(勝思惟)梵

無所聞者。	者。（不住色聲香味觸法者）	天！「不著、不漏」諸境界者。
（持心）又問：當何因由，「曉了」法乎？	[思益梵天與文殊菩薩的第13個問答] （思益）梵天言：誰能「知」是法？	（勝思惟）梵天問言：誰能「知」是法？
（文殊師利）答曰：能分別者，則不「諍訟」。	（文殊師利）答言：無「識」、無「分別」、無「諍訟」者。	（文殊師利）答言：（勝思惟）梵天！以何等人不「諍訟」、無「識」、不「隨喜」者。

三－4 若於法中有「高、下」心，貪著「取受」，皆是「諍訟」，佛所說法無有諍訟

西晉・竺法護 譯 《持心梵天所問經》	後秦・鳩摩羅什 譯 《思益梵天所問經》	北魏・菩提流支 譯 《勝思惟梵天所問經》
（持心）又問：云何比丘「憙諍訟」乎？	[思益梵天與文殊菩薩的第14個問答] （思益）梵天言：云何比丘名「多諍訟」？	（勝思惟）梵天問言：云何比丘名「多諍訟」？
（文殊師利）答曰： ⑴斯者「如應」，此「不如應」。 ⑵斯「有因緣」，此「無因緣」，是為諍訟。 ⑶斯為「欲塵」，此為「結恨」，是為諍訟。 ⑷斯為「善事」，此「不善事」，是為諍訟。	（文殊師利）答言： ⑴是「好」、是「惡」，此名諍訟。 ⑵是「理」、是「非理」，此名諍訟。 ⑶是「垢」、是「淨」，此名諍訟。 ⑷是「善」、是「不善」，此名諍訟。	（文殊師利）答言：（思益）梵天，若比丘 ⑴是「好」、是「惡」，是相應是不相應，此名諍訟。 ⑵是「理」、是「非理」，此名諍訟。 ⑶是「垢」、是「淨」，此名諍訟。 ⑷是「善」、是「不善」，此名諍訟。 ⑻是法「可呵」、是法「不可呵」。 ⑼是法「有漏」、是法「無漏」。 ⑽是法「世間」、是法「出世

西晉・竺法護 譯《持心梵天所問經》	後秦・鳩摩羅什 譯《思益梵天所問經》	北魏・菩提流支 譯《勝思惟梵天所問經》
		間」。
		⑾是法「有為」、是法「無為」。
⑸斯為「奉戒」，此為「犯禁」，是為諍訟。	⑸是「持戒」、是「毀戒」，此名諍訟。	⑸是「持戒」、是「破戒」。
⑹斯當「奉行」，此宜「捨離」，是為諍訟。	⑹是「應作」、是「不應作」，此名諍訟。	⑹是「可作」、是「不可作」。
⑺斯有所獲，此為「時節」（於一時節即獲現證），是為諍訟。	⑺以是法得「道」、以是法得「果」，此名諍訟。	⑺是「可得」、是「不可得」，（思益）梵天！此名諍訟。
（壹）又謂（持心）梵天！「有名、無名」，興於「有數」，（有）「合會」之事，是皆名曰為「諍訟」事。	（壹）（思益）梵天！若於法中有「高、下」心，貪著取受，皆是「諍訟」，佛所說法，（乃）無有「諍訟」。	（壹）（勝思惟）梵天！若於法中有「高、下」，心貪著取受，皆是「諍訟」，佛所說法，（乃）無有「諍訟」。
	（貳）（思益）梵天！（若）樂「戲論」者，無不「諍訟」；（若）樂（於）「諍訟」者，（即）無「沙門」法。	（貳）（勝思惟）梵天！（若）樂「戲論」者，無不「諍訟」；（若）樂（於）「諍訟」者，（即）無「沙門」法。
（參）如來說法，無有「諍訟」，無有「漏失」，無有「異行」，無「眾訟」理，則為（真）「沙門」。沙門（乃）「無欲」，「平等」（於一切）色像。	（參）（若有）樂（真）「沙門法」者，（則應）無有「妄想、貪著」。	（參）（若有）樂真「沙門法」者，（則應）無有「妄想」。

三―5 若比丘受「稱讚」或「毀辱」，其心皆「不動」，是名真實能隨佛之教化者。若不執著於「文字語言」，是名真實能隨佛之言語者

西晉・竺法護 譯《持心梵天所問經》	後秦・鳩摩羅什 譯《思益梵天所問經》	北魏・菩提流支 譯《勝思惟梵天所問經》
（持心）又問：何謂比丘奉「如來教」（佛之教化），如「佛所言」	[思益梵天與文殊菩薩的第15個問答]（思益）梵天言：云何比丘（是真正）隨佛語（佛之言語）、隨佛	（勝思惟）梵天問言：云何比丘（是真正）隨佛語（佛之言語）、

(佛之言語)？	教(佛之教化)？	隨佛教(佛之教化)？
(文殊師利)答曰：假使(持心)梵天！	(文殊師利)答言：	(文殊師利)答言：(勝思惟)梵天！
⑴(若)遭諸「驅逐」，而(仍能)見(於佛之)「教誡」，不以為(苦)患。(能)順如(佛)所教(化)，而不「放逸」。	⑴若比丘(遇)「稱讚、毀辱」，其心「不動」，是名(真)隨「佛教」(佛之教化)。	⑴若比丘(遇)「稱讚、毀辱」，其心「不動」，是名(真)隨「佛教」(佛之教化)。
⑵不在二慧(不依止於「有分別二相」之慧)，則順「言教」(佛之言語教化)。	⑵若比丘不(依)隨「文字、語言」，是名(真)隨佛語(佛之言語)。	⑵不(依)隨「文字、語言」，是名(真)隨「佛語」(佛之言語)。
⑶設(遇)貪「眾求」，(雖)入(而)不以(迷)惑，則順「言教」(佛之言語教化)。	⑶又比丘(能)滅「一切諸相」，是名(真)隨「佛教」(佛之教化)。	⑶又若比丘(能)滅「一切法相」，是名(真)隨「佛教」(佛之教化)。
⑷「不諍」所志，則順「言教」(佛之言語教化)。	⑷不違於「義」(依「了義」不依「不了義」)，是名(真)隨「佛語」(佛之言語)。	⑷不違於「義」(依「了義」不依「不了義」)，是名(真)隨「佛語」(佛之言語)。
⑸若「護法」者，則順「言教」(佛之言語教化)。	⑸若比丘守(能)護於法，是名(真)隨「佛教」(佛之教化)。	⑸又若比丘(能)守護於法，是名隨「佛教」(佛之教化)。
⑹不亂「正辭」(正法言辭)，則順「言教」(佛之言語教化)。	⑹不違佛語，是名(真)隨「佛語」(佛之言語)。	⑹不違佛語，是名隨「佛語」(佛之言語)。
	[思益梵天與文殊菩薩的第16個問答]	
(持心)又問：何謂比丘「護正法」乎？	(思益)梵天言：云何比丘能「守護法」？	(勝思惟)梵天問言：云何比丘能「守護法」？
(文殊師利)答曰：假使「普行」(普遍等行)而「不亂」者，則護正法；不違「法性」，則護正法。	(文殊師利)答言：若比丘不(違)逆(於)「平等」、不壞(於)「法性」，是名能「守護法」。	(文殊師利)答言：(勝思惟)梵天！若比丘不違(逆於)「平等」、不壞(於)「法性」，是則名為能「守護法」。
	[思益梵天與文殊菩薩的第17個問答]	
(持心)又問：何謂比丘(能)親近如來(而)「順教」行(真)諦？	(思益)梵天言：云何比丘(能)親近於佛？	(勝思惟)梵天問言：云何比丘(能)親近於佛？
(文殊師利)答曰：設使比丘而	(文殊師利)答言：若比丘於諸	(文殊師利)答言：(勝思惟)梵

西晉・竺法護 譯《持心梵天所問經》	後秦・鳩摩羅什 譯《思益梵天所問經》	北魏・菩提流支 譯《勝思惟梵天所問經》
於諸法「不遠、不近」，亦「無所見」，是比丘者，則(眞實)親(近)如來，(爲)奉「順教」也，為次第行。	法中，不見有法「若近、若遠」，是名(眞實)「親近」於佛。(不即不離於佛之教導)	天！若比丘於諸法中，不見有法「若近、若遠」，是則名為(眞實)「親近」於佛。
(持心)又問：云何比丘「奉事」如來而「侍從」(伺候隨從)乎？	[思益梵天與文殊菩薩的第18個問答](思益)梵天言：云何比丘(能)「給侍」於佛？	(勝思惟)梵天問言：云何比丘(能)「給侍」於佛？
(文殊師利)答曰：(持心)梵天！設使比丘，「身」無所「造」、亦無所「行」，無「言」、無「意」，則(爲眞)奉如來，為(眞實之)「侍從」(伺候隨從)也。	(文殊師利)答言：若比丘(之)「身、口、意」無所(造)作，是名(眞實能)「給侍」於佛。	(文殊師利)答言：(勝思惟)梵天！若比丘(之)「身、口、意」無所(造)作，是名比丘(眞實能)「給侍」於佛。

三－6 若能不著肉眼、不著天眼、不著慧眼，是名能見佛

西晉・竺法護 譯《持心梵天所問經》	後秦・鳩摩羅什 譯《思益梵天所問經》	北魏・菩提流支 譯《勝思惟梵天所問經》
(持心)又問：何謂「供養」如來？	[思益梵天與文殊菩薩的第19個問答](思益)梵天言：誰能「供養」(於)佛？	(勝思惟)梵天問言：誰能「供養」(於)佛？
(文殊師利)答曰：其不(執著於)「衣、食」，(能)恭敬承順者也。	(文殊師利)答言：若不(生)起「福業」(感召升天)，不(生)起「無動業」(感召到色與無色界)者。	(文殊師利)答言：(勝思惟)梵天！不起「罪業」，不起「福業」，不起「無動業」(感召到色與無色界)者。
(持心)又問：誰為「見如來」耶？	[思益梵天與文殊菩薩的第20個問答](思益)梵天言：誰能「見佛」？	(勝思惟)梵天問言：誰能「見佛」？
(文殊師利)答曰：其無「肉眼」，亦無「天眼」，亦無「慧眼」，無所(依)猗者也。	(文殊師利)答言：若不著「肉眼」、不著「天眼」、不著「慧眼」，是名能見佛。	(文殊師利)答言：(勝思惟)梵天！若不著「肉眼」、不著「天眼」、不著「慧眼」、不著

		「法眼」、不著「佛眼」者。
(持心)又問：誰「見法」乎？	[思益梵天與文殊菩薩的第21個問答] (思益)梵天言：誰能「見法」？	(勝思惟)梵天問言：誰能「見法」？
(文殊師利)答曰：其不「滅盡」(於)「緣起」(法)者也。	(文殊師利)答言：不(違)逆「諸因緣法」者。	(文殊師利)答言：(勝思惟)梵天！不(違)逆「諸因緣法」者。
(持心)又問：誰為覩見「緣起」(法)者乎？	[思益梵天與文殊菩薩的第22個問答] (思益)梵天言：誰能順見「諸因緣法」？	(勝思惟)梵天問言：誰能順見「諸因緣」？
(文殊師利)答曰：其有「平等」，不見(生)起者也；若使「平等」，(已)不復(生)起者，則無所「生」。	(文殊師利)答言：不(生)起「平等」，不見「平等」所生相者。	(文殊師利)答言：(勝思惟)梵天！不起「平等」、不見「平等」，(故得)不生不滅者。
(持心)又問：誰為逮「神通」者？	[思益梵天與文殊菩薩的第23個問答] (思益)梵天言：誰得「真智」？	(勝思惟)梵天問言：誰得「真智」？
(文殊師利)答曰：其不(生)起「漏」，亦無所「滅」者。	(文殊師利)答言：(能)不生不滅(於)「諸漏」者。	(文殊師利)答言：(勝思惟)梵天！(能)不生不滅(於)「諸漏法」者。
(持心)又問：誰為「學」如來所「學」？	[思益梵天與文殊菩薩的第24個問答] (思益)梵天言：誰能隨「學」如來？	(勝思惟)梵天問言：誰能隨學「如來戒」？
(文殊師利)答曰：其無所「造」，若無所「起」，(亦)無所「捨」者。	(文殊師利)答言：(起)「不起、不受、不取、不捨」(於)諸法者。	(文殊師利)答言：(勝思惟)梵天！(能於諸法)「不起、不受、不取、不捨」者。
(持心)又問：何謂獲致「平等」？	[思益梵天與文殊菩薩的第25個問答] (思益)梵天言：誰名「正行」？	(勝思惟)梵天問言：誰名「正行」？

(文殊師利)答曰：於諸「三界」，皆無所逮也。	(文殊師利)答言：不墮「三界」者。	(文殊師利)答言：(勝思惟)梵天！(能)不隨「三界」者。
(持心)又問：何謂「善開化」(者)乎？	[思益梵天與文殊菩薩的第 26 個問答] (思益)梵天言：誰為「善人」？	(勝思惟)梵天問言：誰為「善人」？
(文殊師利)答曰：於諸法所有，(已)無所「著」也。	(文殊師利)答言：不(再)受「後身」(輪迴於三界)者。	(文殊師利)答言：(勝思惟)梵天！不(再)受「後身」(輪迴於三界)者。
(持心)又問：何謂為安(樂)乎？	[思益梵天與文殊菩薩的第 27 個問答] (思益)梵天言：誰為(安)樂人？	(勝思惟)梵天問言：誰為(安)樂人？
(文殊師利)答曰：無「吾、我者」也。	(文殊師利)答言：無「我」、無「我所」者。	(文殊師利)答言：(勝思惟)梵天！無「我」、無「我所」者。

「福行(感召升天)、罪行(感召三惡道)、不動行」(感召到色與無色界)

→福行，即行「十善」等福，能招感「天上、人間」之果。

→罪行，又稱「非福行」。即行「十惡」等罪，能招感「三惡道」之苦。

→「不動行」又稱為「無動行」。即修「有漏」之禪定，能招感「色界、無色界」之果報。因他是採「百物不思的枯木死灰、斷絕一切心念、有定而無慧、只修止而不修觀」的修法，故感得「不動」的「色界、無色」果，故稱此種修行為「不動行」。

《大智度論·釋習 相應品第三之餘》(卷三十六)

(1)佛或說十二因緣中「三行」：「福行、罪行、無動行」。

(2)「福行」者：「欲界」繫善業。

(3)「罪行」者：「不善」業。

(4)「無動行」者：「色、無色界」繫業。

《坐禪三昧經·卷下》

(1)善行、不善行、不動行。

(2)云何「善行」？「欲界」一切善行，亦「色界」三地。

(3)云何「不善行」？諸不善法。

(4)云何「不動行」？「第四禪」有漏善行，及「無色」定善有漏行，是名行。

《正法念處經·卷第五十五》

(1)三種行。一「福業行」。二「罪業行」。三「不動行」，謂「四禪行」。

(2)彼「福業行」：是「天人」因。

(3)彼「罪業行」：「地獄」等因。

(4)彼「不動行」：是「色界」因。

《緣生初勝分法本經·卷上》

佛言比丘：渴取自界，分齊斷故。如欲渴及取，不應作「色界、無色界」不動行。

《佛說大乘稻芉經》

(1)復次，不了「真性」，顛倒無知，名為「無明」。如是有「無明」故，能成「三行」，所謂「福行、罪行、不動行」。

(2)從於「福行」而生「福行」識者，此是「無明」緣「行」。

(3)從於「罪行」而生「罪行」識者，此則名為「行」緣「識」。

(4)從於「不動行」而生「不動行」識者，此則名為「識」緣「名色」。

《大般若波羅蜜多經·卷第三百七十九》

佛告善現：世間愚夫……得見「尋香城」者已，得「變化事」，得見「變化事」者已，顛倒執著，造身、語、意「善行、不善行」，或造身、語、意「福行、非福行、不動行」，由諸行故，往來生死，流轉無窮。

《大方廣佛華嚴經·卷第二十五》

一切凡夫常隨「邪念」，行邪妄道，愚癡所盲，貪著於我，習起「三行」，「罪行、福行、不動行」，以是行故，起有漏心種子，有漏有取心故，起「生死身」。

《佛說大乘菩薩藏正法經·卷第十一》

(1)佛如來，於種種界「如實了知」。

(2)若諸眾生於諸世間，以諸「福行」而為「長養」，如來悉能如實了知。

(3)若諸眾生以「非福行」而為長養，如來悉如實知。

(4)若諸眾生以「不動行」而為長養，如來悉如實知。

(5)若諸眾生修「出離行」，如來悉如實知。

三－7 凡夫有入「聖道行」者，知一切「有為法」無所從來，無所從去，則為入道

西晉・竺法護 譯《持心梵天所問經》	後秦・鳩摩羅什 譯《思益梵天所問經》	北魏・菩提流支 譯《勝思惟梵天所問經》
(持心)又問：誰為(解)脫乎？	[思益梵天與文殊菩薩的第28個問答] (思益)梵天言：誰為得(解)脫？	(勝思惟)梵天問言：誰為得(解)脫？
(文殊師利)答曰：不為(六塵)「諸縛」之所「繫綴」(繫絆牽綴)者也。	(文殊師利)答言：不壞(於繫)縛者。	(文殊師利)答言：(勝思惟)梵天！不壞(於繫)縛者。
(持心)又問：誰為「度」耶？	[思益梵天與文殊菩薩的第29個問答] (思益)梵天言：誰為「得度」？	(勝思惟)梵天問言：誰為「得度」？
(文殊師利)答曰：(能)不處「生死」、(亦)不(住於)「滅度」者也。	(文殊師利)答言：(能)不住「生死」、(亦)不住「涅槃」者。	(文殊師利)答言：(勝思惟)梵天！(能)不住「世間」、(亦)不住「涅槃」者。
(持心)又問：漏盡比丘，為何所(已滅)盡？	[思益梵天與文殊菩薩的第30個問答] (思益)梵天言：漏盡比丘，(已滅)盡何事耶？	(勝思惟)梵天問言：漏盡比丘，(已滅)盡何事耶？
(文殊師利)答曰：(持心)梵天！於諸所「盡」而(實)無所(滅)盡。其「諸漏」者，則無有「本」，了知「無本」，此名(真)「漏盡」。	(文殊師利)答言：若有所(滅)盡，(則)不名(真)「漏盡」(也)。(能)知諸漏(之)「空相」，隨如是知，名為(真)「漏盡」。	(文殊師利)答言：(勝思惟)梵天！若有所(滅)盡，不名(真)「漏盡」(也)。(能)知諸漏(之)「空相」，隨如是知，名為(真)「漏盡」。
(持心)又問：何謂「誠諦」(真誠實諦)，觸歷 諸言辭？	[思益梵天與文殊菩薩的第31個問答] (思益)梵天言：誰為「實語」？	(勝思惟)梵天問言：誰為「實語」？
(文殊師利)答曰：其能分別(而)解「諸難」者。	(文殊師利)答言：離諸「言論道」者。	(文殊師利)答言：(勝思惟)梵天！(能)離諸「言論道」者。

西晉·竺法護 譯《持心梵天所問經》	後秦·鳩摩羅什 譯《思益梵天所問經》	北魏·菩提流支 譯《勝思惟梵天所問經》
(持心)又問：誰為「成道」？	[思益梵天與文殊菩薩的第 32 個問答](思益)梵天言：誰為「入道」？	(勝思惟)梵天問言：誰為「入道」？
(文殊師利)答曰：愚戇(愚昧慧鈍)凡夫乃(亦能)成為「道」，亦不懷「來」(指「無來」)。(若能)於「賢聖事」(而亦)無所「歸趣」(指「無趣」)，(能)曉了一切「終、始」者也(指能曉了一切皆「無終無始、無滅無生」也)。	(文殊師利)答言：凡夫(亦)有(能)入「聖道行」者，(若能)知一切「有為法」(乃)無所從來，無所從去，則為(真實之)「入道」。	(文殊師利)答言：(勝思惟)梵天！凡夫者(亦)有(能)入「道聖行」者，(若能)知一切「有為法」(乃)無所從來，(亦)無所至去，則無(真實之)「入道」。
(持心)又問：其「誠諦」(真誠實諦)者，當以何見？	[思益梵天與文殊菩薩的第 33 個問答](思益)梵天言：誰能「見聖諦」？	(勝思惟)梵天問言：誰能「見聖諦」？
(文殊師利)答曰：其「誠諦」者，則無有(真實能得)見，所以者何？其習所見，則為「虛妄」，(若能達)「無所觀」者，(方)為「誠諦(真誠實諦)見」。	(文殊師利)答言：無有(真實能得)「見聖諦」者。所以者何？隨所有「見」皆為「虛妄」，(若達)「無所見」者，乃名(真實之)「見諦」。	(文殊師利)答言：(勝思惟)梵天！若於諸法「無所見」者，何以故？隨所有「見」皆為「虛妄」，(若達)「無所見」者，乃名為「實」。
(持心)又問：何所觀者，為「誠諦(真誠實諦)見」？	[思益梵天與文殊菩薩的第 34 個問答](思益)梵天言：不見何法名為「見諦」？	(勝思惟)梵天問言：不見何法名為「見諦」？
(文殊師利)答曰：(若能)於一切「見」而無所「觀」(者)，(此)則為「諦見」。	(文殊師利)答言：(若能)不見一切「諸見」，(即)名為「見諦」。	(文殊師利)答言：(勝思惟)梵天！(若能)不見「一切法」，(即)名為「實諦」。

三−8 若不分別是「法」、是「非法」，離於「二相」，名為修道

西晉·竺法護 譯《持心梵天所問經》	後秦·鳩摩羅什 譯《思益梵天所問經》	北魏·菩提流支 譯《勝思惟梵天所問經》
	[思益梵天與文殊菩薩的第 35 個問答]	

(持心)又問：其「誠諦」(真誠實諦)者當於何求？	(思益)梵天言：是「諦」當於何求？	(勝思惟)梵天問言：如是「實法」當於何求？
(文殊師利)答曰：當於「四顚倒」(二乘人對於佛如來「涅槃四德」之「常、樂、我、淨」妄執爲「無常、無樂、無我、不淨」)中求。	(文殊師利)答言：當於「四顚倒」(二乘人對於佛如來「涅槃四德」之「常、樂、我、淨」妄執爲「無常、無樂、無我、不淨」)中求。	(文殊師利)答言：(勝思惟)梵天！當於「四顚倒」(二乘人對於佛如來「涅槃四德」之「常、樂、我、淨」妄執爲「無常、無樂、無我、不淨」)中求。
(持心)又問：何故說斯為何謂耶？	[思益梵天與文殊菩薩的第36個問答] (思益)梵天言：何故作如是說？	(勝思惟)梵天問言：汝以何意作如是說？
(文殊師利)答曰： 「四顚倒」者，推其「本末」，彼不「永存」，亦無有「安」，亦無「吾我」。	(文殊師利)答言： (若深入推)求「四顚倒」，(則)不得「淨」、不得「常」、不得「樂」、不得「我」。	(文殊師利)答言：(勝思惟)梵天！(若深入推)求「四顚倒」，(則)不得「常」、不得「樂」、不得「我」、不得「淨」。
❶無有「嚴淨」，及與「實事」。 ❷其「無常」者，非常」亦然。 ❸其「無安」者，非安」亦然。 ❹其「無身」者，非身」亦然。 ❺其「無空」者，非空」亦然。	❶若不得「淨」，是即「不淨」。 ❷若不得「常」，是即「無常」。 ❸若不得「樂」，是即為「苦」。 ❹若不得「我」，是即「無我」。 (故於「四顚倒」中即能獲得「眞諦」)	❷若不得「常」，以「常」(乃)無故，是即「無常」。 ❸以何處無「樂」？是即為「苦」。 ❹以何處無「我」？是即「無我」。 ❶以何處無「淨」？是即「不淨」。 (故於「四顚倒」中即能獲得「眞諦」)
又若(持心)梵天！ (能)於一切法無所「樂」者，(乃)為求(眞實之)「聖諦」。	(思益)梵天！ 一切「法空、無我」，是為(眞實之)「聖諦」。	(勝思惟)梵天！ 諸法(皆)「無我」，是為(眞實之)「聖諦」。
①其(刻意)求「真諦」，則不知「苦」。 ②便不(能)斷「習」。	①若能如是(刻意去)求「諦」，是人(則)不見「苦」。 ②(亦)不(能)斷「集」。	①若人(如是刻意去)求「實諦」，是人(則)不識「苦」。 ②若人(刻意去)斷「集」，是人不識「集」。

③不(能)造盡「證」。	③(亦)不(能)證「滅」。	③若人(刻意去)見「滅」，是人不識「滅」。
④不(能)念「由道」。	④(亦)不(能)修「道」。	④若人(刻意去)求「道」，是人不識「道」。
(持心)又問：(那應)當以何便念「由道」乎？	[思益梵天與文殊菩薩的第37個問答] (思益)梵天言：(那應)云何名修道？	(勝思惟)梵天問言：(那應)云何修道？
(文殊師利)答曰：(若能達)「無念」造行，無不「造行」，除於「二事」，(能)於道(而)「無道」而求道者。(能)於一切法而「不可得」，斯乃名曰為(真正之)「由道」耳。	(文殊師利)答言：若不分別是「法」、是「非法」，離於「二相」，名為(真實之)「修道」。以是道(而)求一切法(皆)不(可)得，是名為(真正之修)「道」。	文殊師利答言：(勝思惟)梵天！若不分別是「法」、是「非法」，離於「二相」，名為(真實之)「修道」。(若)以如是道，(而)求一切法，(皆)「不可得」故，是名為(真正之修)道。
壹若於「由道」，無所「起」者、無所「不起」；亦無所「斷」、無所「不斷」；無有「生死」、亦無「滅度」。	壹是「道」(則)不(能)令人離「生死」、(或)至「涅槃」。	壹如是「道」者，(則)不住「世間」、(亦)不住「涅槃」。
貳所以者何？ 亦無有「起」、無有「不起」，則為名曰(真實之)「賢聖之道」。	貳所以者何？ (唯有)「不離、不至」，乃名(真實之)「聖道」。	貳何以故？ (唯有)「不離、不至」，乃名(真實之)「聖道」。

三−9 佛說三歸依，即非三歸依，是名三歸依

西晉·竺法護 譯 《持心梵天所問經》	後秦·鳩摩羅什 譯 《思益梵天所問經》	北魏·菩提流支 譯 《勝思惟梵天所問經》
壹爾時梵志大姓之子，名曰普行，問溥首曰：何謂清信士，而「歸命佛、歸命法、歸命眾」？	壹爾時有摩訶羅梵天子，名曰等行，問文殊師利：何謂優婆塞「歸依佛、歸依法、歸依僧」？	壹爾時平等行梵天婆羅門大婆羅子，白文殊師利法王子言：文殊師利！云何優婆塞「歸依佛、歸依法、歸依僧」？

㊢（文殊師利）答曰：設族姓子不興（分別之）「二見」，斯清信士則「歸命佛」，應「歸命法」及與「聖眾」。	㊢（文殊師利）答言：優婆塞不起（分別之）「二見」。	㊢（文殊師利）答言：善男子！若優婆塞不起（分別之）「二見」。云何名為不（生）起（分別之）「二見」？謂
⑴不自見「身」、不覩「他人」。 ⑵亦不見「佛」、不自「覩己」。 ⑶亦不見「法」、則不「覩己」。 ⑷不見「聖眾」、則不「覩己」。 不興「諸見」，則清信士為（眞實之）歸命「佛」及「法、聖眾」。	⑴不起「我見」、不起「彼見」。 ⑵不起「我見」、不起「佛見」。 ⑶不起「我見」、不起「法見」。 ⑷不起「我見」、不起「僧見」。 是名（眞實之）「歸依佛、歸依法、歸依僧」。	⑴不起「我見」、不起「他見」。 ⑵不起「我見」、不起「佛見」。 ⑶不起「我見」、不起「法見」。 ⑷不起「我見」、不起「僧見」。 是名優婆塞（眞實之）歸依「佛、法、僧」。
㊂設清信士，不入「志慕」如來之「色」， ⑴亦不志于「痛痒（受）、行、識」， ⑵亦無「造行」，亦無所「知」（而）志趣如來。 是則名曰（眞實之）歸命於「佛」。	㊂又優婆塞， ⑴不以「色」見佛， ⑵不以「受、想、行、識」見佛。 是名（眞實之）「歸依佛」。 （《金剛經》云：「若以色見我，以音聲求我，是人行邪道，不能見如來」）	㊂復次善男子，若優婆塞， ⑴不以「色」見佛， ⑵不以「受、想、行、識」見佛。 是名優婆塞（眞實之）「歸依佛」。
㊕ ⑴而於諸法無所「想念」（妄想雜念）， ⑵而於諸法無所「同像」，亦無「比類」（比擬相類）。 是則名曰為（眞實之）歸命「法」。	㊕優婆塞， ⑴於法無所「分別」， ⑵亦不行「非法」。 是名（眞實之）「歸依法」。	㊕善男子！若優婆塞， ⑴不「分別」諸法， ⑵不「戲論」諸法。 是名優婆塞（眞實之）「歸依法」。
㊄	㊄若優婆塞，	㊄善男子！若優婆塞，

⑴於諸「有形」而無所猗（著），亦不志樂於「有形」者， ⑵亦不志樂於「無形」者。 是名曰（眞實之）歸命「聖眾」。	⑴不離「有為法」（而能）見「無為法」， ⑵不離「無為法」（而能）見「有為法」。 是名（眞實之）「歸依僧」。	⑴信「無為法」僧， ⑵而不離「有為法」信「無為法」。 是名優婆塞（眞實之）「歸依僧」。
㊅若清信士， 不得於佛、 亦不得法、 及與「聖眾」。 則為（眞實之）歸命佛法「聖眾」。	㊅又優婆塞， 不得（著色相見）佛、 不得（分別諸）法、 不得（離有為法而見無為法）僧。 是名（眞實之）「歸依佛、歸依法、歸依僧」。	㊅復次善男子！若優婆塞， 不見佛、 不見法、 不見僧。 是名優婆塞（眞實之）「歸依佛、歸依法、歸依僧」。

三－10 菩薩為度「邪定」眾生而生起「大悲」，發阿耨菩提心，故言菩薩

西晉・竺法護 譯 《持心梵天所問經》	後秦・鳩摩羅什 譯 《思益梵天所問經》	北魏・菩提流支 譯 《勝思惟梵天所問經》
㊀普行菩薩又而問曰：假使菩薩，志求「佛道」，為奚所祈？		㊀爾時平等行梵天婆羅門大婆羅子，白文殊師利法王子言：文殊師利！是諸菩薩發「菩提心」者，為趣何所？
㊁（文殊師利）答曰：則為所「空」，所以者何？「道」等如「空」。		㊁（文殊師利）答言：善男子趣於「虛空」，何以故？阿耨多羅三藐三菩提同「虛空」故。
㊂又問：云何菩薩謂「求道」者？	㊂等行言：云何菩薩名發「阿耨多羅三藐三菩提心」？	㊂平等行言：文殊師利！云何菩薩名發「阿耨多羅三藐三菩提心」？

㈣(文殊師利)答曰：設使菩薩： ⑴於一切求，而「無所求」。 ⑵了知「諸法」。 ⑶已知諸法，則了「眾生」。 是為菩薩，志祈「佛道」。	㈣(文殊師利)答言：若菩薩知： ⑴一切發(即)「非發」。 ⑵一切法(即)「非法」。 ⑶一切眾生(即)「非眾生」。 是名菩薩發「阿耨多羅三藐三菩提心」。	㈣(文殊師利)答言：善男子！若菩薩知： ⑴一切發(即)「非發」。 ⑵一切法(即)「非法」。 ⑶一切眾生(即)「非眾生」。 是名菩薩發「阿耨多羅三藐三菩提心」。
㈤於是普行菩薩白世尊曰：唯然大聖，何故菩薩名為「菩薩」？	㈤爾時等行菩薩白佛言：世尊！所言菩薩，菩薩者，為何謂耶？	㈤爾時平等行梵天婆羅門大婆羅子白佛言：世尊！所言菩薩，菩薩者，為何謂耶？以何義故名為「菩薩」？
㈥佛告族姓子：假使菩薩，覩「邪見」類(之眾生)，興發(興起顯發)愍哀(慈愍哀憐)。而為分別「正見」之事，誘進(誘導勸進)眾生，使入「正道」，是故菩薩(名)為「菩薩」也。	㈥佛言：善男子！若菩薩於「邪定」眾生發「大悲心」。(另)於「正定」眾生(則)不見(有)「殊異」，故言菩薩。	㈥佛言：善男子！若菩薩於「邪定」眾生起「大悲心」。(另)於「正定」眾生(則)不見(有)「殊異」，故名菩薩。
㈦所以者何？ ⑴其菩薩者，亦無有「御」，亦無「不御」，為眾生故而心「發願」，(只)為若干種墮於「邪見」眾生之故，而(為彼)建志願。	㈦所以者何？ ⑴菩薩不為「正定」眾生、(亦)不為「不定」眾生故(而)「發心」。	㈦何以故？ ⑴善男子！菩薩不為「正定」眾生，(亦)不為「不定」眾生故(而)「發心」。
⑵故族姓子，菩薩(只)為墮「邪見」眾生，而發愍哀(慈愍哀憐)，(而為彼)建立(建置設立)「道志」，故為菩薩也。	⑵但(只)為度「邪定」眾生故，而(生)起「大悲」，發「阿耨多羅三藐三菩提心」，故言「菩薩」。	⑵但為度脫「邪定」眾生故，而(生)起「大悲」，發「阿耨多羅三藐三菩提心」，故名菩薩。 何以故？善男子！菩薩(能)於「邪定」眾生起「大悲

		心」，願(彼能發)「大菩提」，故名(爲)菩薩。

三－11 菩薩有三十三種定義。譬如橋船，渡人不倦，無有分別，若心如是，是名菩薩

西晉·竺法護 譯《持心梵天所問經》	後秦·鳩摩羅什 譯《思益梵天所問經》	北魏·菩提流支 譯《勝思惟梵天所問經》
於是道意菩薩白世尊曰：我各志樂所名「菩薩」。 佛告曰：若欲樂者，可說之耳。	爾時菩提菩薩白佛言：世尊！我等亦樂說所以為「菩薩」。 佛言：便說！	爾時名菩提菩薩白佛言：世尊！我亦樂說，以何義故名為「菩薩」。 佛言：便說！
1 道意白佛： 譬如世間男子、女人，晝夜精進，奉「八關齋」，無所毀失，亦不缺戒。如是「大聖」行菩薩者，從「初發意」未成正覺，常(修)「八關齋」，是故名曰為「菩薩」也。	*1* 菩提菩薩言： 譬如男子、女人，受「一日戒」(八關齋戒)，無毀、無缺。若菩薩如是，從「初發心」乃至成佛，於其中間常修(八關齋戒)「淨行」，是名「菩薩」。	*1* 菩提菩薩言： 譬如若男子、女人，受「一日八戒」(八關齋戒)，無毀、無缺。若菩薩如是，從「初發心」乃至成佛，於其中間常修(八關齋戒)「淨行」，故名「菩薩」。 世尊！若菩薩從「初發心」乃至道場「不動心」故，名為菩薩。
2 堅意菩薩曰：假使菩薩(以)「堅固」之性，行「慈」具足，是故名曰為菩薩也。	*2* 堅意菩薩言：若菩薩成就深固「慈心」，是名菩薩。	*2* 堅意菩薩言：若菩薩成就深固「慈心」，常念眾生，故名菩薩。
3 度人菩薩曰：譬若如船，又如橋梁，若有人來，悉(令起)過度(化)之，不以「勤勞」，亦無「想念」(妄想雜念)，其有喻心。如是行者，是故名曰為菩薩也。	*3* 度眾生菩薩言：譬如橋船，渡人「不倦」，無有「分別」。若(不倦之)心如是，是名菩薩。	*3* 度眾生菩薩言：譬如橋船，渡人「不倦」，無有「分別」。若菩薩有如是(不倦之)心，度一切眾生，故名菩薩。

西晉・竺法護 譯	後秦・鳩摩羅什 譯	北魏・菩提流支 譯
4 棄惡菩薩曰：假使菩薩適能(平)等「立」於(任何)佛土者，則能蠲除一切「衆惡」，斯則名曰為菩薩也。	*4* 斷惡道菩薩言：若菩薩於諸佛國(所)「投足」之(任何)處，即時一切「惡道」皆(能消)滅，是名菩薩。	*4* 斷惡道菩薩言：若菩薩於諸佛國土(任何)「足投」地(之)處，即時一切「惡道」皆(能消)滅，故名菩薩。
5 光世音(觀世音)菩薩曰：假使衆生，適(才；剛)「見」菩薩，則得(所)歸趣(向)，(而能)志于「佛道」，但(觀)察(此菩薩之)「名號」，則(亦)得解脫，斯則名曰為菩薩也。	*5* 觀世音菩薩言：若菩薩(能為)衆生(所)「見」者，即時畢定(畢竟決定)於「阿耨多羅三藐三菩提」；又(能)稱其(菩薩)「名」者，得免「衆苦」，是名菩薩。	*5* 觀世自在菩薩言：若菩薩(能為)衆生(所)「見」者，即得必定於「阿耨多羅三藐三菩提」，又(能)稱其(菩薩)「名」，得免「驚怖」，故名菩薩。
6 得大勢菩薩曰：「舉腳」經行(於)「三千大千」佛之世界(任何一處)，(能讓)一切「魔宮」悉為之(震)動，是則名曰為菩薩也。	*6* 得大勢菩薩言：若菩薩所「投足」(之任何)處，(能)震動三千大千世界，及「魔宮殿」，是名菩薩。	*6* 得大勢至菩薩言：若菩薩「足投」地(之任何)處，(能)震動三千大千世界，及「魔宮殿」，故名菩薩。
7 患厭菩薩曰：假使「江河沙」劫，彼於晝夜，懇懃精進，若十五日，旦夕造行，若於一月，若十二月，若於一年，設若千年，億百千歲，乃有佛興(起)。若復施與「江河沙」等諸如來，淨修「梵行」，然後「授決」，則為衆生而發「大哀」(大慈哀愍)，建立(建置設立)於「道」，亦不「想念」(無有任何妄想雜念)，無有「放逸」，亦無所「疑」，心不「懈厭」(懈怠厭足)，斯則名曰為菩薩也。	*7* 無疲倦菩薩言：若「恒河沙」等劫，為一日一夜，以是三十日為一月，十二月為歲；以是歲數，若過百千萬億劫，得值「一佛」；如是於「恒河沙」等佛所，行諸「梵行」，修集「功德」，然後受「阿耨多羅三藐三菩提」記，心不休息，無有疲倦，是名菩薩。	*7* 無疲惓菩薩言：若菩薩劫數，猶如「恒河沙」等，為一日夜，以如是日三十為月，數如是月，十二為歲，以是歲數，若過百千萬億數劫，得值「一佛」；如是乃於「恒河沙」等諸如來所，行諸「梵行」，修集「功德」，然後乃受「阿耨多羅三藐三菩提」記，心不休息，無有疲惓，故名菩薩。

三－12 若菩薩不為一切「煩惱」所壞，是名菩薩

西晉・竺法護 譯	後秦・鳩摩羅什 譯	北魏・菩提流支 譯

《持心梵天所問經》	《思益梵天所問經》	《勝思惟梵天所問經》
8 導師菩薩曰：假使眾生(有)墮「邪道」者，為發大哀(大慈哀愍)，(為)立之(入)「正道」，不以「戲逸」(急戲放逸)，(亦不)有所「悕望」(悕求望報)，斯則名曰為菩薩也。	*8* 導師菩薩言：若菩薩於墮「邪道」(之)眾生，(能)生(起)大悲心，令入「正道」，(且)不求「恩報」，是名菩薩。	*8* 導師菩薩言：若菩薩於墮「邪道」(之)諸眾生等，(能)生(起)「大悲心」，令入「正道」，(且)不求「恩報」，故名菩薩。
9 大山菩薩曰：其於「諸法」(平)等如「大山」，而無「想念」(妄想雜念)，斯則名曰為菩薩也。	*9* 須彌山菩薩言：若菩薩(能)於一切法(達到)無所「分別」，如須彌山(能)「一」於「眾色」，是名菩薩。	*9* 大彌樓山菩薩言：若菩薩(能)於一切法(達到)無所「分別」，如彌樓山(能)「一」於「眾色」，故名菩薩。
10 鉤鎖菩薩曰：其有所見，亦不覩除一切「塵勞」，斯則名曰為菩薩也。	*10* 那羅延菩薩言：若菩薩不為一切「煩惱」所壞，是名菩薩。	*10* 那羅延菩薩言：若菩薩不為一切「煩惱」所壞，故名菩薩。
11 勇心菩薩曰：假使以「心」念一切法，而發「忍辱」，無所「增、減」，斯則名曰為菩薩也。	*11* 心力菩薩言：若菩薩以心「思惟」一切諸法，無有「錯謬」，是名菩薩。	*11* 心力菩薩言：若菩薩以心「思惟」一切諸法，而自身心(亦)「不壞、不損」，故名菩薩。
12 欲師子變菩薩曰：其無「恐懼」而「無畏」者，於(諸)深「妙法」(中)，(能)降化諸「外異」(外道異論)學，斯則名曰為菩薩也。	*12* 師子遊步自在菩薩言：若菩薩於「諸論」中，(能)不怖、不畏，(能)得「深法忍」，能使一切「外道」(皆)怖畏，是名菩薩。	*12* 師子遊步自在菩薩言：若菩薩於「諸論」中，(能)不怖、不畏，(能)得「深法忍」，能使「諸魔」、一切「外道」悉皆驚怖，故名菩薩。
13 無念菩薩曰：假使以「心」入於心者，而無有「念」，亦無「不念」，斯則名曰為菩薩也。	*13* 不可思議菩薩言：若菩薩(能)知「心相」不可思議，無所「思惟、分別」，是名菩薩。	*13* 不可思議菩薩言：若菩薩(能)知「心」及「法」，(皆)不可思議，無所「思惟」、(亦)無所「分別」，故名菩薩。
14 善潤天子曰：假使生於「諸天宮殿」而(亦)無「染污」，(但)亦不歸於「離欲」之法，斯則名曰為菩薩也。	*14* 善寂天子言：若菩薩能於一切「天宮」中生，而無所「染」，(但)亦不得是「無染」之法，是名菩薩。 (菩薩若處於諸天宮殿，能達到「無染、	*14* 善寂天子言：若菩薩能於一切「天宮」中生，而無所「染」，(但)亦不得是「無染」之法，故名菩薩。

無不染；無染、無淨；無染污、無離欲」之境)	

| 15 誠言菩薩曰：假使轉行於「至誠」(貞至真誠)者，其「言」所入(皆)如「審諦」(審察諦觀)者，亦無「不諦」，斯則名曰為菩薩也。 | 15 實語菩薩言：若菩薩有所「發言」，常以「真實」，乃至(於)夢中，亦無「妄語」，是名菩薩。 | 15 實語菩薩言：若菩薩有所「發言」，常以「真實」，乃至(於)夢中，亦無「妄語」，故名菩薩。 |

三－13 若菩薩於一切煩惱眾魔而不「瞋礙」，是名菩薩

西晉・竺法護 譯《持心梵天所問經》	後秦・鳩摩羅什 譯《思益梵天所問經》	北魏・菩提流支 譯《勝思惟梵天所問經》
16 愛敬菩薩曰：一切見「色」悉如(清淨之)「佛像」，斯則名曰為菩薩也。	16 喜見菩薩言：若菩薩能見「一切色」皆是(清淨之)「佛色」，是名菩薩。	16 喜見菩薩言：若菩薩能見「一切色」皆是(清淨之)「佛色」，故名菩薩。
17 常慘菩薩曰：(菩薩)見于眾生(將)沒於「終始」(終死始生)，(能於自己的)一切「諸樂」而不興樂，我當度脫於「眾生」類，斯則名曰為菩薩也。	17 常慘菩薩言：若菩薩見墮(於)「生死」眾生，其心不樂「世間」諸樂，欲「自度」己身，亦(能)度(外)眾生，是名菩薩。	17 常悲菩薩言：若菩薩見墮(於)「生死」苦惱眾生，(菩薩能)不著「自身」一切(之)「諸樂」，唯除(以)「法樂」(去)教化眾生，故名菩薩。
18 莫能當菩薩曰：唯然世尊，不為「欲魔」之所「危(害)、陷(逼)」，斯則名曰為菩薩也。	18 心無礙菩薩言：若菩薩(能)於一切「煩惱眾魔」，而不「瞋(恚)、(障)礙」，是名菩薩。	18 心無礙菩薩言：若菩薩能於一切「煩惱眾魔」而不「瞋(恚)、(障)礙」，故名菩薩。
19 常笑喜根菩薩曰：踊躍無量「諸(善)根」，欣悅，具足「己願」(自己的願力)，所作已辦，斯則名曰為菩薩也。	19 常喜根菩薩言：若菩薩常以「善根」自滿「其願」，亦(能)滿「他願」，所作皆辦，是名菩薩。	19 常喜根菩薩言：若菩薩常以「喜根」自滿「其願」，亦(能)滿「他願」，所作皆辦，故名菩薩。
20 壞諸疑網菩薩曰：其不離「意」，亦無「狐疑」於一	20 散疑女菩薩言：若菩薩於一切法中不生「疑、悔」，	20 散疑女菩薩言：若菩薩於一切法中不生「疑、悔」，

切法，斯則名曰為菩薩也。	是名菩薩。	故名菩薩。
21 師子童女(菩薩)曰：其無「女法」、無「男子法」，而(亦)能示現若干種「形」(去)開化(開導教化)眾生，斯則名曰為菩薩也。	*21* 師子童女菩薩言：若菩薩無「男法」、無「女法」而(亦能)現種種色身，為「成就」眾生故，是名菩薩。	*21* 師子童子菩薩言：若菩薩亦無「男法」、亦無「女法」，而(亦能)現一切種種色身，以為「成就」諸眾生故，故名菩薩。
22 寶女(菩薩)曰：不以「珍寶」而有所樂，唯樂「三寶」(之)「佛、法、聖眾」，斯則名曰為菩薩也。	*22* 寶女菩薩言：若菩薩於「諸寶」中不生「愛樂」，但(唯)樂「三寶」，是名菩薩。	*22* 寶女菩薩言：若菩薩於「諸寶」中不生「愛樂」，但(唯)樂「三寶」，故名菩薩。
23 離憂施清信士(女居士)曰：設無「顛倒」，亦無「迷惑」，菩薩於「道」、於一切「法」而無所「得」，亦無所「起」、亦無所「滅」，斯則名曰為菩薩也。	*23* 毘舍佉達多優婆夷(女居士)言：若菩薩有(法)所「得」者，則無「菩提」，若「不得」一切法、「不生」一切法、「不滅」一切法，是名菩薩。	*23* 毘舍佉達多優婆夷(女居士)言：若菩薩有(法)所「得」者，則無「菩提」，若「不得」一切法、「不生」一切法、「不滅」一切法，故名菩薩。
24 賢護長者(男居士)曰：設使菩薩假以(自己的)「名號」，(能)導御(導引調御)眾生，至於佛道，斯則名曰為菩薩也。	*24* 跋陀婆羅居士(男居士)言：若菩薩(之名號)，(有)眾生聞其「名」者，(能)畢定(畢竟決定)於「阿耨多羅三藐三菩提」，是名菩薩。	*24* 跋陀婆羅大賢士言：若菩薩(之名號)，有諸眾生(能)聞其名者，即得「必定」於「阿耨多羅三藐三菩提」，故名菩薩。

三－14 若菩薩所見之法皆是佛法，是名菩薩

西晉·竺法護 譯《持心梵天所問經》	後秦·鳩摩羅什 譯《思益梵天所問經》	北魏·菩提流支 譯《勝思惟梵天所問經》
25 寶月童女曰：假使(菩薩)常遵童真「梵行」，所施平等，無所「想念」(妄想雜念)，而不習(五)欲，何況志求於「財富」乎？斯則名曰為菩薩也。	*25* 寶月童子言：若菩薩常修童子「梵行」，乃至不以「心」念「五欲」，何況(以)身受(五欲)？是名菩薩。	*25* 寶月童子言：若菩薩常能修行童子「梵行」，乃至不以「心」念「五欲」，何況(以)身受(五欲)？故名菩薩。

26 香花菩薩曰：如忉利天子，而以「戒香」勳塗己形為菩薩者，無「異香」流，唯以「戒禁」之「法香」也，斯則名曰為菩薩也。	26 忉利天子曼陀羅花香菩薩言：若菩薩(能)「持戒」熏心，常流諸「善法香」，不流「餘香」，是名菩薩。	26 忉利天子曼陀羅華香菩薩言：若菩薩(能)「持戒」熏心，常流「功德」諸「善法香」，不流「餘香」，故名菩薩。
27 造樂菩薩曰：其不志樂於「異法」者，唯志「三法」，(有)「奉侍於佛、講說經法、教化眾生」，斯則名曰為菩薩也。	27 作喜菩薩言：若菩薩(能)喜樂「三法」，謂「供養佛、演說法、教化眾生」，是名菩薩。	27 作喜菩薩言：若菩薩喜樂「三法」，謂「供養佛、守護正法、教化眾生」，故名菩薩。
28 持心梵天曰：假使菩薩不(執)志於「法」，亦不(貪)慕於諸「佛訓典」，(以)欽尚(欽崇敬尚)「光明」而入趣者，斯則名曰為菩薩也。	28 思益梵天言：若菩薩(於)所見之法皆是「佛法」，是名菩薩。(一切法皆是佛法，皆不可得)	28 勝思惟梵天言：若菩薩(能)見一切法皆是「佛法」，故名菩薩。
29 慈氏菩薩曰：假使菩薩(於)覩見眾生，(能)行「慈三昧」，(亦能)得齊(於)眾生，斯則名曰為菩薩也。	29 彌勒菩薩言：若菩薩(被)眾生「見」者，(眾生)即(能獲)得「慈心」三昧，是名菩薩。	29 彌勒菩薩言：若菩薩(被)眾生「見」者，(眾生)即(能獲)得入於「大慈三昧」，故名菩薩。
30 溥首童真曰：假使菩薩(能)說一切法，亦無所「說」，亦無「法想」，亦不興發(興起顯發)諸法之「念」，斯則名曰為菩薩也。	30 文殊師利法王子言：若菩薩雖說「諸法」，而不起「法相」、不起「非法相」，是名菩薩。	30 文殊師利法王子言，若菩薩雖說「諸法」，而不起「法想」、不起「我想」、不起「他想」，故名菩薩。
31 明網菩薩曰：假使菩薩所有「光明」，(能)滅(眾生)諸「欲塵」，斯則名曰為菩薩也。	31 網明菩薩言：若菩薩「光明」能滅一切眾生「煩惱」，是名菩薩。	31 網明童子菩薩言：若菩薩「光明」能滅一切眾生諸「煩惱」闇，故名菩薩。
32 普花菩薩曰：(菩薩)在於十方諸佛國土，(能)見「諸如來」，猶如「眾華」，斯則名	32 普花菩薩言：若菩薩(能)見「諸如來」(遍)滿(於)十方世界，如林花敷，是名菩	32 普華菩薩言：若菩薩(能)見滿十方「諸佛」世界(之)眾華敷榮(開敷繁榮)，故名菩

曰為菩薩也。	薩。如是諸菩薩各各隨所樂說已。	薩。
33 如是諸菩薩，各各辯現(辯才現說)，陳唱(敷演演唱)「本志」，於是世尊告普行菩薩：假使菩薩(能)為諸眾生忍眾「惱患」(苦惱禍患)，則無忘失一切「德本」(功德善本)，而不棄捨「眾生」之類，斯則名曰為菩薩也。	*33* 爾時佛告等行菩薩：若菩薩能「代」一切眾生受諸「苦惱」，亦復能捨一切「福事」與諸眾生，是名菩薩。	*33* 如是諸菩薩，隨其樂說「辯才」，各各說已，爾時佛告平等行梵天婆羅門大婆羅子言：善男子！若菩薩能「代」一切眾生受諸「苦惱」，亦復能捨一切「福事」與諸眾生，故名菩薩。

三－15 諸佛皆以「第一義空」為行

西晉·竺法護 譯《持心梵天所問經》	後秦·鳩摩羅什 譯《思益梵天所問經》	北魏·菩提流支 譯《勝思惟梵天所問經》
《論寂品·第八》	《論寂品·第八》	
⑤ 爾時持心梵天謂普行菩薩曰：族姓子，仁者以何行為行？	⑤ 爾時思益梵天問等行菩薩言：善男子！汝今以何行為行？	⑤ 爾時勝思惟梵天問平等行梵天婆羅門大婆羅子言：善男子！仁者今以何行為行？
(普行菩薩)答曰：其所行者，一切「有為」，悉「無所有」，而(亦能)隨眾生所著(而)行者。	(等行菩薩)答言：我以隨一切「有為法」(之)眾生行(而)為行。	(平等行菩薩)答言：(勝思惟)梵天！以何等行，一切「有為法」(之)諸眾生(所)行，我(亦)如是行。
⑥ (持心)又問：一切眾生所「有為」(皆是)著(於)行者，何謂為眾生(之)行？	⑥ (思益)又問：隨一切「有為法」(的)眾生，以何為行？	⑥ (勝思惟)梵天問言：(隨)一切「有為法」(的)諸眾生，以何為行？
(普行菩薩)答曰：(眾生之行亦是)從(於)諸「如來」之所行也。	(等行菩薩)答言：諸佛所行，是隨一切「有為法」(之)眾生	(平等行菩薩)答言：(勝思惟)梵天！諸佛所行，(亦)是(隨)

	（所）行也。	一切「有為法」（之）諸眾生（所）行。
㊉（持心）又問，計諸如來為何所行？而以為行？	㊉（思益）又問：諸佛以何為行？	㊉（勝思惟）梵天問言：諸佛以何為行？
（普行菩薩）答曰：（諸佛皆以）一切「永空」而以為行。	（等行菩薩）答言：諸佛以「第一義空」為行。	（平等行菩薩）答言：（思益）梵天，諸佛以「第一義空」為行。
㊉（持心）又問：一切「愚癡凡夫」（之）諸所行者，（還有）又諸「如來」之所行者，亦（皆相同）如是乎？設如斯者，何謂如來之「境界」耶？	㊉（思益）又問：凡夫（之）所行，諸佛亦以（如）是（而）行，有何差別？	㊉（勝思惟）梵天問言：善男子！若一切凡夫（之）所行，（而）諸佛亦（同）以（如）是（而）行，佛與眾生（將）有何差別？
（普行菩薩）答曰：仁欲使「空」有「別異」乎？	等行（菩薩）言：汝欲令「空」中有差別耶？	平等行梵天婆羅門大婆羅子言：（勝思惟）梵天！仁者欲令「空」中有差別耶？
（持心）報曰：不也。	（思益）答言：不也！	（思益梵天）答言：不也。
㊄（普行菩薩）答曰：云何世尊不云諸「法空」乎？	㊄等行（菩薩）言：如來不說一切「法空」耶？	㊄文殊師利問勝思惟大梵天言：（勝思惟）梵天！如來可不說一切「法空」耶？
（持心）報曰：如是。	（思益）答言：然！	（勝思惟）答言：如是。
㊅（普行菩薩）答曰：以是之故，一切諸法無有「差別」，又此所行，而無有「相」。	㊅（等行菩薩言：）是故（思益）梵天！一切法無有「差別」，是諸「行相」亦復如是。	㊅文殊師利言：是故（勝思惟）梵天！一切諸法，無有「差別」，是諸「行相」，亦復如是「無差別相」。
㊆（持心）梵天當知，如來不處（於）諸法為（有）「若干」（分別多少）也。	㊆所以者何？如來不說諸法有「差別」也。	㊆是故如來不說「諸法」有種種（差別）相。

三－16 思益梵天與文殊菩薩的問答共有 21 題。若人能成就「慈悲喜捨」四梵行，則雖於空閑曠野中行，亦得名為「佛法行處」

西晉・竺法護 譯 《持心梵天所問經》	後秦・鳩摩羅什 譯 《思益梵天所問經》	北魏・菩提流支 譯 《勝思惟梵天所問經》
於是持心梵天問普首曰：所謂「行」者，所「行」為何？	[思益梵天與文殊菩薩的第 1 個問答] 爾時思益梵天問文殊師利言：所言「行」(之所以為)行，為何謂耶？	平等行梵天婆羅門大婆羅子問文殊師利法王子言：文殊師利！如諸言語所說(之)「行」者，何等名「行」？
(1)(文殊師利)答曰：行「四梵行」(慈悲喜捨四無量心)，乃名為「行」。	(1)(文殊師利)答言：於諸行中有「四梵行」(慈悲喜捨四無量心)，是名(於)「行處」(而)行。	(1)(文殊師利)答言：善男子！以何等處有「四正行」(慈悲喜捨四無量心)，是人名為「行處」。
(2)(文殊師利)又問(持心)梵天：其「四梵行」而為行者，(但)不為(能)遊(於)「空」(空閑曠野)。(若其)所在(之處皆能)造行，(能)常修「四梵」，(且)具足諸行，乃為(真實能)遊(於)「空」(空閑曠野)。	(2)(文殊師利說：思益梵天)若人離「四梵行」，不名(為於)行處(之)行；(若真)能行「四梵行」(者)，是名(於)行處(而)行。	(2)(文殊師利言：勝思惟)梵天！善男子！以何等人行「四梵行」，彼人所行非是梵行，以何等行(而)行「四梵行」，彼人名為「成就梵行」。
(3)假使(持心)梵天，(若)行在「閑居」，若處(於)「曠野」(中)而(亦)常具足於「四梵行」，此乃名曰(真實能)行遊于「空」(空閑曠野中者)。	(3)(思益)梵天！若人成就「四梵行」，雖(處)於「空閑曠野」中行，(亦)是名(為於)行處(而)行。	(3)善男子！雖於「空閑曠野」中行，(但此人遠)離於「梵行」，彼人不名(為)「成就梵行」，(亦)非是「善巧」(能)知於梵行(者)。
(4)設令復處(於)「講堂、棚閣、紫金床座、敷具重疊」(中)，而不(能)遵修(遵循而修)於「四梵行」，此則不曰(能)遊于「空」(空閑曠野)也，用不	(4)若不成就「四梵行」，(就算)雖(處)於「樓殿、堂閣、金銀床榻、妙好被褥」，於「此中」行，(亦)不名(為於)行處(而)行，亦復不能善知「行	(4)善男子！復有雖(處)於「樓殿、堂閣、金銀床榻、妙好被褥」，(亦能)於「此中」行，(甚至能)成就「梵行」，彼人(乃)真實(能)成就「梵行」

(能)曉了「行」之所致(之義)。	處」(之)相。	(者)，真是「善巧」(能)知於「梵行」(者)。

三－17 「我」畢竟無根本、無決定故。若能如是知者，是名得我之「實性」

西晉・竺法護 譯《持心梵天所問經》	後秦・鳩摩羅什 譯《思益梵天所問經》	北魏・菩提流支 譯《勝思惟梵天所問經》
(持心)又問：以何等行，為「慧」見行？	[思益梵天與文殊菩薩的第2個問答] (思益梵天)又問：菩薩以何行(而能令)「知見」(智慧之見)清淨？	(勝思惟梵天)曰：若見(有)「我見」，(則)非「智見」(智慧之見)耶？
(文殊師利)答曰：假使行者「空」，不見(有)「身」也。	(文殊師利)答言：於諸行中，能淨(化)「我見」。	(文殊師利)答言：善男子！如是！如是！善男子！若見(有)「我見」，彼非「智見」。
(持心)又問：其不見(有)「我」，(此則)為覩「慧」乎？	[思益梵天與文殊菩薩的第3個問答] (思益梵天)又問：若得我(之)「實性」，即得(真)實(之)「知見」(智慧之見)耶？	
(文殊師利)答曰：如是(持心)梵天！其不見(有)「我」，(此)則(能真實)覩「慧」矣！	(文殊師利)答言：然！若見我(之)「實性」，即是(真)實(之)「知見」(智慧之見)。	
猶如梵天，有聰明王，若聖達(賢聖明達)帝。其(下有)「臣吏」者，則(具)有智慧，而為帝王之所「敬重」，如是！如是！(若)其不見(有)「我」(此喻具有智慧的臣吏)，乃(能)覩淨「慧」？	譬如國王，典「金」藏人(將黃金典藏在人身上)，因已「出用」(拿出使用)，(令他人)知餘(所)在者。如是因知我(之)「實性」，故(能)得(真)實(之)知見(智慧之見)。	善男子！如人如實善知「金性」，則知「柔軟、不柔軟」者，如是見我能「清淨智」。
(持心)又問：誰不見(有)	[思益梵天與文殊菩薩的第4個問答] (思益梵天)又問：云何得我	(勝思惟梵天)曰：為說何者是

「我」？	(之)「實性」？	「我見」耶？
(文殊師利)答曰：無「吾我」法，(如)斯等之疇，則為具足所有「身」也，如是一類，(則)名曰「見我」。	(文殊師利)答言：若得「無我」法。所以者何？我畢竟「無根本、無決定」故。若能如是知者，是名得我(之)「實性」。 (證得「我之實性者」=我是無我、無根本、無決定)	(文殊師利)答言：善男子！所謂「無我」(之)法體「常」也，善男子！我常「無體」，本來「不成」，以彼如是畢竟決定，故說名「我」。
(持心)又問：如今所說，吾觀其「誼」(古通「義」)，不見(有)「我」者，則為「見佛」，所以者何？「吾我」(乃)「自然」，佛亦「自然」(「吾我」與「佛」兩者皆同屬「自然之法性」)。	[思益梵天與文殊菩薩的第5個問答] (思益梵天)又問：如我解文殊師利所說義，以「見我」故，即是「見佛」。所以者何？「我性」即是「佛性」。 (證得「我之實性者」=見法性、見佛性)	(勝思惟梵天)曰：如我解文殊師利所說法義，若「見我」者，即是「見佛」，何以故？「我體、佛體」(乃)無「分別」故。
溥首！如來所「見」何等？	文殊師利！誰能見佛？	文殊師利！何等人能見「如來」耶？
(文殊師利)答曰：離「吾我見」，所以者何？其不見我，則為「見法」，其「見法」者，即為「見佛」。	(文殊師利)答言：不壞「我見」者。所以者何？「我見」即是「法見」，以「法見」(者即)能「見佛」。	(文殊師利)答言：善男子！若能不改「我見相」者，何以故？「我見、法見、佛見」(皆)平等。

三-18 諸法畢竟無根本、無決定。若能如是知者，是名得我之「實性」，已能見「佛性」與「法性」

西晉・竺法護 譯《持心梵天所問經》	後秦・鳩摩羅什 譯《思益梵天所問經》	北魏・菩提流支 譯《勝思惟梵天所問經》
(持心)又問溥首：「無我」因緣若成就者，則致「平等」？	[思益梵天與文殊菩薩的第6個問答] (思益梵天)又問：頗有「無所行」名為「正行」耶？	(勝思惟梵天)曰：頗有「無所行」名為「正行」耶？

(文殊師利)答曰：(持心)梵天！假使成就諸「有形」事，寧可謂之(而)致「平等」乎。	(文殊師利)答言：有！若不行一切「有為法」，是名「正行」。	(文殊師利)答言：有善男子！若不行一切「有為法」者，是名「正行」。
(持心)又問：云何溥首，為何所獲，得致「平等」而成就耶？	[思益梵天與文殊菩薩的第 7 個問答] (思益梵天)又問：云何行名為「正行」？	(勝思惟梵天)曰：云何而行，名為「正行」？
(文殊師利)答曰：無所蠲除，亦不「造證」(造行修證)，其奉此者，獲致「平等」。	(文殊師利)答言： 若不為「見」(苦)故行、 不為「斷」(集)、 不為「證」(滅)、 不為「修」(道)故行， 是名「正行」。	(文殊師利)答言：善男子！ 若不為「知」(苦)故行、 不為「斷」(集)故行、 不為「證」(滅)故行、 不為「修」(道)故行， 是名「正行」。
		[思益梵天與文殊菩薩的第 8 個問答] (勝思惟梵天)曰：頗有人不「見佛」而彼人「慧眼」清淨？
		(文殊師利)答言：有！善男子，諸佛如來(乃)不見(有)「二相」，彼人則有「聖眼」清淨。
(持心)又問：其「慧眼」(者)何所覩乎？	[思益梵天與文殊菩薩的第 9 個問答] (思益梵天)又問：(具)「慧眼」(者)為見何法？	(勝思惟梵天)曰：(具)「慧眼」(者乃)見何等法？
(文殊師利)答曰：(持心)梵天！其「慧眼」者，不有「所見」，其「慧眼」者，不見「有為」及與「無為」。	(文殊師利)答言：若有所「見」，不名「慧眼」。(所謂)慧眼(乃)不見「有為法」、(亦)不見「無為法」。	(文殊師利)答言：善男子！若(有得)見一法，(則)不名「慧眼」。善男子！「慧眼」不見「有為」諸法，亦復不見「無為法」也。
所以者何？ (1)(有)想念(皆是)「有為」，其無「想念」(妄想雜念)則為	所以者何？ (1)(凡)「有為法」皆虛妄分別，(若達)無「虛妄分別」	何以故？ (1)以彼「般若」(乃)無「分別」故，以是義故，「般若」不

「慧眼」， (2)(凡)光(能)曜達者，則已「超度」(超越度過)所有「眼跡」，以是之故，(無爲法皆)為「無所見」。	是名「慧眼」。 (2)(凡)「無為法」(亦)空無所有，(越)過「諸眼」道，是故「慧眼」亦不見「無為法」。	見「有為」諸法。 (2)彼「無為」法亦(能越)過「慧眼」，是故(慧眼亦)不見(無爲法)。

三－19 若法「不自生、不他生、不共生、不無因生」，從本已來，常無有「生」，得是法故，説名得道

西晉・竺法護 譯 《持心梵天所問經》	後秦・鳩摩羅什 譯 《思益梵天所問經》	北魏・菩提流支 譯 《勝思惟梵天所問經》
(持心)又問溥首：因緣吾我，成就平等，比丘由是不「獲果」耶？ (文殊師利)答曰： ❶(持心)梵天！寧可使令「無平等」者，(而)得「果證」乎？	[思益梵天與文殊菩薩的第 10 個問答] (思益梵天)又問：頗有因緣(而讓修)「正行」(之)比丘，(亦)不得「道果」耶？ (文殊師利)答言： ❶有(是的)！(於)「正行」中，(乃)無道、無果、無行、無得、無有得「果」差別。	(勝思惟梵天)曰：頗有(修)「正行」比丘，(亦)不得「道果」？ (文殊師利)答言： ❶有(是的)！善男子！於「正行」中(乃)無果、無得、亦無「正行」，彼處亦無修行「一法」。善男子！亦於彼處無「果」可得，以無「分別」故。
❷不為「(平)等療(攝療行治)」，正使遵修(遵循而修)，不得「果證」。	❷(思益)梵天！(以)「無所得」故，乃名為「得」。	❷善男子！若不得「一法」，乃名為「得」。
❸離於「想念」(妄想雜念)，乃(能)覩「獲」矣。設處(於)「憍慢」，(則)非(為)「平等療」，若有「憍慢」。	❸若「有所得」，當知是為「增上慢人」。 (有得有證有修有果=增上慢人=大我慢人)	❸善男子！若分別言我「有所得」，(當知)彼人(為)「我慢」(者)。
❹若「不憍慢」，(亦)不得(無得)「約時」(abhisamaya 約於一時即獲現證)。	❹(所謂修)「正行」者，(乃)無「增上慢」，無「增上慢」則「無行、無得」。 [思益梵天與文殊菩薩的第 11 個問答]	❹以「正行」中，(乃)無「增上慢」，以無「增上慢」，則「無證、無得」。

(持心)又問溥首：以何等法而為「約時」(約於一時即獲現證)而云「約時」？	(思益梵天)又問：(應)「得」何法故，名為(真實之)「得道」？	(勝思惟梵天)曰：為「得」何法，說名(真實之)「得道」？
(文殊師利)答曰：其法(本)「不生」，亦不「今生」，亦無「當生」，(此乃)是則諸法之(真實之)「約時」也。吾(所)說「約時」(之真實義)，則謂(如)此矣。	文殊師利言：若法「不自生」、「不他生」、亦不「眾緣生」，從本已來，常無有「生」，得是法故，說名(真實之)「得道」。	(文殊師利)答言：善男子！以何等法「不生」？本來「不生」，後亦「不生」，為得彼法，故說(此乃為)「實法」。
	[思益梵天與文殊菩薩的第12個問答]	
(持心)又問溥首：(若)如是(之)「生」者(指無生；非今生非當生)，為何「約時」(abhisamaya 約於一時即獲現證)？	(思益梵天)又問：若法(本來即)「不生」，為何所(證)「得」？	(勝思惟梵天)曰：若法(本來即)「不生」，(為)何等法「證」(得)？
(文殊師利)答曰：如是「約時」，其「不生」者，是謂為(真實之)「生」，(此乃)「超度」(超過越度)一切「諸行」(之)所見，斯則名曰為「平等」也。	(文殊師利)答言：若知法(乃)「不生」，即名為「得」。是故佛說：若(能得)見諸「有為法」(之)「不生」相，即入「正位」。	(文殊師利)答言：善男子！若知「不生」，即說彼知，名為「證法」。(若)見「有為法」一切「不生」，是即名為(真實)得證「正定」。
	[思益梵天與文殊菩薩的第13個問答]	
(持心)又問：其「平等」者，為何謂耶？	(思益梵天)又問：(以)何等名為「正位」？	(勝思惟梵天)曰：以何名為「證正定」耶？
(文殊師利)答曰： ❶(若能)「平等」(於)「吾我」及與「滅度」，而不為二，是則名曰為「平等」也。 ❷其「平等」者，(乃)無所「猗據」(依猗憑據)，是謂「平等」。 ❸所演「平均」(平齊均一)，是謂「平等」。 ❹無「利」與「不利」、(無)「誼」(古通「義」)與「不誼」，是謂平等。	(文殊師利)答言： ❶「我」及「涅槃」等，不作二(分別)，是名「正位」。 ❷又行「平等」故，名為「正位」。 ❸以「平等」(而)出(離)諸「苦惱」故，名為「正位」。 ❹(能)入「了義」中故，名為「正位」。	(文殊師利)答言：善男子！ ❶「我」及「涅槃」，(乃)「平等」無二，無有「差別」，故說名為「證正定」也。 ❷以隨「正定」，是故說名「證正定」也。 ❸以畢竟得「平等法」故，說名「正定」。 ❹又以能令得「了義」故，說名「正定」。

❺蠲除一切所可「思念」,是謂平等。	❺(能)除一切「憶念」故,名為「正位」。	❺以「不戲論」諸三昧故,說名「正定」。
⓵於時世尊讚溥首曰:善哉!善哉!快說斯言,實如所云。	⓵爾時世尊讚文殊師利言:善哉!善哉!快說此言,誠如所說。	⓵爾時世尊讚文殊師利法王子言:善哉!善哉!文殊師利,快說此言,誠如汝說。
⓶說是語時,(有)「七千」比丘「漏盡」意解,(有)「二萬二千」天子,遠塵離垢,得「法眼淨」。(有)「一萬」比丘離於「愛欲」。(有)「二百」天人,發「無上正真道意」。(有)「五百」菩薩得「不起法忍」。	⓶說是法時,(有)「七千」比丘不受(繫縛於)諸法(而獲)漏盡,心得解脫。(有)「三萬二千」諸天,遠塵「離垢」,得「法眼淨」。(有)「十千人」離欲得「定」。(有)「二百人」發「阿耨多羅三藐三菩提心」。(有)「五百」菩薩得「無生法忍」。	⓶如是文殊師利,汝說此法時,(有)「七千」比丘,不受(繫縛於)諸法(而獲)漏盡,心得解脫。(有)「三萬二千」諸天,遠塵離垢,於諸法中得「法眼淨」。有「十千人」離欲得定。有「二百人」發「阿耨多羅三藐三菩提心」。(有)「五百」菩薩得「無生法忍」。

三-20 涅槃與生死,皆是「假名有」之言說耳!實無生死之「往來」相、與滅盡之得「涅槃」相

西晉·竺法護 譯 《持心梵天所問經》	後秦·鳩摩羅什 譯 《思益梵天所問經》	北魏·菩提流支 譯 《勝思惟梵天所問經》
	[思益梵天與文殊菩薩的第 14 個問答]	
於是持心梵天白世尊曰:溥首童真為作「佛事」。	爾時思益梵天白佛言:世尊!是文殊師利法王子能作佛事,(能)大饒益眾生。	爾時勝思惟梵天白佛言:世尊!是文殊師利法王子,能作佛事,大饒益眾生。
溥首尋時答(持心)梵天曰:佛(既)無「興出」(於世),何所為法?(佛)若不「作法」,有所處乎?	文殊師利言:佛出於世,不為「益法」故出(世),(亦)不為「損法」故出(出)。	
	[思益梵天與文殊菩薩的第 15 個問答]	

(持心)又問：溥首！世尊不為(度)化「無量人」(而)至「滅度」耶？(文殊師利)仁者不為「不可稱計」眾生之類(而)造「利誼」(古通「義」)乎？	(思益)梵天言：佛豈不「滅度」無量眾生？(文殊師利)仁者亦不「利益」無量眾生耶？	(文殊師利能)令無量眾生入於「涅槃」。 佛言：善男子！(勝思惟)汝亦「饒益」無量眾生，令入「涅槃」。
(文殊師利)答曰：(持心)梵天！無有(真實存在之)「人類」，(而)反欲令(存)「有」乎？	文殊師利言：(思益)汝欲於「無眾生」(無有真實存在之眾生數中)中得「眾生」耶？	文殊師利問言：(勝思惟)梵天！汝謂眾生有「數量」耶？
(持心)報曰：不也。	(思益)答言：不也！	(勝思惟)答言：不也。
(文殊師利)答曰：(持心)梵天！卿反欲令「人物之品」成就「人」乎？	[思益梵天與文殊菩薩的第16個問答] (文殊師利言：思益)梵天！汝欲得眾生「決定相」耶？	(文殊師利)問言：(勝思惟)梵天！頗有(真實存在之)「眾生」(為)如來(所)說不？又頗有「眾生」有(真實之)「眾生體」不？
(持心)報曰：不也。	(思益)答言：不也！	(勝思惟)答言：無也。
(文殊師利)答曰：(持心)梵天！卿復欲令如來「無礙」，若「無所有」(而欲)令「興發」(興起顯發)乎？	[思益梵天與文殊菩薩的第17個問答] (文殊師利言：思益)梵天！汝欲得諸佛有「出生相」於「世間」耶？	(文殊師利)問言：(勝思惟)梵天！於汝意云何，汝謂如來有「生」有「滅」耶？
(持心)報曰：不也。	(思益)答言：不也！	(思益)答言：不也。
(文殊師利)答曰：何所「人類」？(為)如來所濟？(然後)令得「滅度」？	[思益梵天與文殊菩薩的第18個問答] (文殊師利言：思益)梵天！何等是「眾生」為佛所滅度者？	(文殊師利)問言：(勝思惟)梵天！若如是者，何等眾生(為)如來令(彼)入於「涅槃」耶？
(持心)報曰：溥首！其法「不生」，向者所說，如茲計之，無有「生死」、亦無「滅度」、	(思益)梵天言：如仁所說義，無「生死」、無「涅槃」。 (誰在「生死輪迴」？誰在「得證涅槃」？)	(勝思惟)梵天答言：以何等法性？文殊師利法王子！如是說法，如是無「世間」

亦「無所獲」。		（可斷）、（亦）無「涅槃」（可證）。
（壹）（文殊師利）答曰：如是（持心）梵天！如來至真，（乃）不得「生死」、亦不「滅度」。又復（持心）梵天！世尊所（度）化（而得）解脫（之）「聲聞」，計於彼等，亦無「生死」、亦無「滅度」，則為（真實之）「滅度」。	（壹）文殊師利言：如是！諸佛世尊不得「生死」、（亦）不得「涅槃」；佛諸弟子（若有）得「解脫」者，亦不得「生死」、（亦）不得「涅槃」。	（壹）文殊師利言：（勝思惟）梵天！如是！如是！如來不見「世間」、（亦）不見「涅槃」。（勝思惟）梵天！如來所化「聲聞」弟子，彼人亦不見「世間」、（亦）不見「涅槃」。
（貳）所謂（持心）梵天！（所）為「滅度」者，（乃）「方俗言」耳，（為）假託（之）「名號」。所謂「生死」亦習「俗言」，而（皆）無「終始」（終死始生）周旋（周復旋回）者也，亦無（真實之）「滅度」。	（貳）所以者何？是「涅槃」、（或）是「生死」，但（為）「假名字」，有「言說」耳！實無「生死」（之）往來、（亦無）「滅盡」（而）得涅槃。	（貳）（勝思惟）梵天！所言「涅槃」，唯是「言說」（之假名也），然無有人（能真實）行於「世間」、亦無有人（能真實）行於「涅槃」。

三－21 若無貪著，則無有「流」；則無往來「生死」；生死是則「滅度」

西晉·竺法護 譯《持心梵天所問經》	後秦·鳩摩羅什 譯《思益梵天所問經》	北魏·菩提流支 譯《勝思惟梵天所問經》
（持心）報曰：溥首！誰當肯「信」此言者乎？	[思益梵天與文殊菩薩的第19個問答]（思益梵天）又問：誰能信是法耶？	（勝思惟）梵天問言：諸有所說，（皆落）諍訟言語，如此言語，（將）說何等法？
（文殊師利）答曰：其（能）於諸法（而）「無所著」者也。	（文殊師利）答言：（能）於諸法中（而）「無貪著」者。	（文殊師利）答言：（勝思惟）梵天！（此）是「戲論」耳，（故）不（為）說（於）眾生。
（持心）又問：溥首！其有所（依）猗，為何（貪）著乎？	[思益梵天與文殊菩薩的第20個問答]（思益梵天）又問：若（有）「貪著者」，於何（處）「貪著」？	

（文殊師利）答曰：
（持心）梵天！其有所（依）猗，（皆）為（執）著（的一種）「虛妄」。

假使（持心）梵天，彼（具）「誠諦」（真誠實諦）者，則無其（增上）慢，於此（增上慢之事）亦不有所樂也；何況當復猗著（於）「空」乎，是故（真）見「誠諦」（真誠實諦）者，則「無所著」。

❶已「無所著」，則無「生死」。
❷已無「生死」，不離生死，
❸已不離「生死」，斯乃名曰為「滅度」矣。

（持心）又問：溥首！其「滅度」者，為何志求於「滅度」乎？

（文殊師利）答曰：（持心）梵天！其「滅度」者，名「轉」相（之）因，為諸「識行」，其慧之行。

①（若）「諸行」（已達）澹泊（虛澹寂泊），不有所由（已沒有「所由」的生起處），則（便）無所（行）處。
②其（諸行已達）無所（行）處，斯（此）乃名曰為「滅度」矣！
③（若）無處「行」者，則曰「永滅」。

（文殊師利）答言：
（所謂）「貪著」（亦是一種）「虛妄」。

（思益）梵天！若貪著，是（真）實（存）者，終無「增上慢」人；以「貪著」（亦是一種）「虛妄」故，「行者」知之，而不（生起）「貪著」。

❶若「不貪著」，則無有（生死之）「流」。
❷若無有（生死之）「流」，則無往來「生死」。
❸若無「往來」，「生死」是則「滅度」。

[思益梵天與文殊菩薩的第21個問答]
（思益）又問：何故說言「滅度」？

（文殊師利）答言：（所謂）「滅度」者，名為「眾緣」（乃）不（相）和合。

①若「無明」不和合（於）「諸行」因緣，則不起「諸行」。
②若不起「諸行」，是名為「滅」。
③（若）不（生）起相，（則）是「畢竟滅」。

（文殊師利言：勝思惟）梵天！若有「戲論」，然則常無「我慢」。

以是義故，於「無物」中而（有）「戲論」也，以知無（真）實（存）有（之）「戲論」故，不見「戲論」。

❶若不見「戲論」，（則）彼人（即）不行（於）「世間」。
❷若不行（於）「世間」，則不（生）「異見」。
❸以不（生）「異見」，故說（生死即是）「涅槃」。

（勝思惟）梵天問言：文殊師利！所言入「涅槃」者，以何等對治而說「涅槃」？

（文殊師利）答言：（勝思惟）梵天！（所謂）入「涅槃」者，彼此「因緣」（乃）不相和合。

①（若）不（生）起「無明」，（則便）不（生）起「世間行」。
②若不（生）起「行」，是則不生。
③若「不生」者，即名「涅槃」。若不起「諸行」，（則）

④斯為道「約時」(abhisamaya 約於一時即獲現證)也，無有「生」者。⑤是乃名曰為(真實之)「四諦」也。	④得是道故，則(已得)「無生」處。⑤如是(法即)名為(真實之)「四聖諦」。	名為「寂靜」。④彼法名為「得證聖道」，以常「不生」。⑤如是名為(真實)「說四聖諦」。

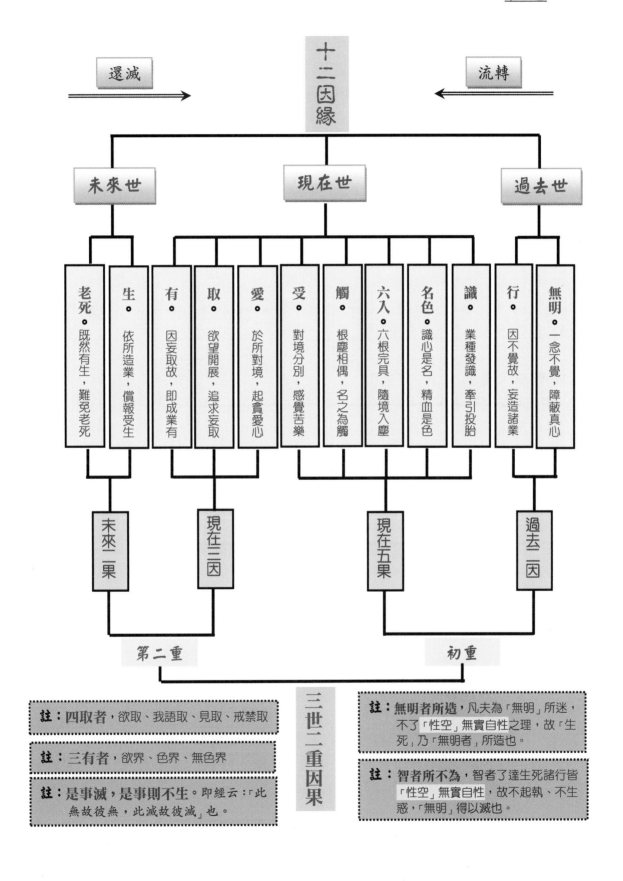

十二因緣

還滅 →

← 流轉

未來世　現在世　過去世

老死。既然有生，難免老死

生。依所造業，償報受生

有。因妄取故，即成業有

取。欲望開展，追求妄取

愛。於所對境，起貪愛心

受。對境分別，感覺苦樂

觸。根塵相偶，名之為觸

六入。六根完具，隨境入塵

名色。識心是名，精血是色

識。業種發識，牽引投胎

行。因不覺故，妄造諸業

無明。一念不覺，障蔽真心

未來二果　現在二因　現在五果　過去二因

第二重　初重

三世二重因果

註：四取者，欲取、我語取、見取、戒禁取

註：三有者，欲界、色界、無色界

註：是事滅，是事則不生。即經云：「此無故彼無，此滅故彼滅」也。

註：無明者所造，凡夫為「無明」所迷，不了「性空」無實自性之理，故「生死」乃「無明者」所造也。

註：智者所不為，智者了達生死諸行皆「性空」無實自性，故不起執、不生惑，「無明」得以滅也。

《持世經・卷第三》

(1)「識」不依「行」業,亦不離「行」業生「識」。「行」業亦不生「識」。何以故?

(2)「行業」不知「行業」。「行業」亦無持來者,但顛倒眾生從「行」業生「識」。

(3)是「識」不在「行」業內,不在「行」業外,亦不在兩中間。是「識」無有「生者」、亦無「使生者」。但緣「行」業相續不斷;故有「識」生。

(4)智者求「識」相不可得,亦不得「識」生。「識」亦不知「識」,「識」亦不見「識」。「識」不依「識」。

(5)「識」因緣「名色」者。「名色」不依「識」,亦不離「識」生「名色」。是「名色」亦不從「識」中來;但緣「識」故。

(6)凡夫闇冥,貪著「名色」。「識」亦不至「名色」。

(7)智者於此求「名色」,不可得、不可見。是「名色」無形、無方,從「憶想分別」起。是「名色」相;「識」因緣故有。「識」性尚不可得,何況從「識」緣生「名色」?若「決定」得是「名色」性者,無有是處。

《持世經・卷第三》

(1)「觸」因緣「受」者。是「受」不在「觸」內,不在「觸」外,不在兩中間。是「觸」亦不「餘處」持受來,而從「觸」起「受」。

(2)是「觸」尚虛妄無所有,何況從「觸」生「受」?諸「受」無「一決定相」。諸「受」皆無所有,從「顛倒」起;有「顛倒」用。……

(3)「愛」不在「受」內,不在「受」外,不在兩中間。「愛」亦不在「愛」內,亦不在「愛」外,亦不在兩中間。

(4)「愛」中「愛相」不可得。是「愛」但從「虛妄憶想」顛倒相應故名為「愛」。是「愛」非過去、未來、現在……

(5)智者知是「愛」無處、無方,空(性空也),無牢堅,虛妄無所有(無真實所有)……隨「因緣和合」故說。

《持世經・卷第三》

(1)「取」不與「愛」合;亦不散。「愛」不與「取」合;亦不散。「取」不在「愛」內,不在「愛」外,亦不在兩「中間」。

(2)「愛」尚無有,何況「愛」因緣生「取」。諸「取」決定相不可得。

(3)智者知見是「取」虛妄無所有。「取」中無「取相」。是「取」非過去、未來、現在。

(4)「取」不在「取」內,不在「取」外,不在兩中間。是「取」但從「顛倒」起因。本緣生,今「合眾緣」故有「取」。

(5)無有法;若「合」若「散」。是「取」無有根本,無「一定法」可得。

(6)凡夫受是「虛妄取」。是諸「行」皆虛妄故。世間為「取」所繫縛。智者通達是「取」；虛妄、空(性空也)，無牢堅，無有根本，無「一定法」可得。……

《持世經・卷第三》

(1)是「有」不在「取」內，不在「取」外，不在兩中間……「有」不在內，「有」不在外，「有」不在兩中間。

(2)是「有」非過去、未來、現在。智者通達是「有」虛妄，顛倒相應，無合、無散。

(3)「有」無所知、無所分別，是「有」無處、無方。是「有」無前際、無後際、無中際。是「有」；非有故、非無故。但「隨順」十二因緣故說是「有」。智者通達「有」；相空，無牢堅。……

(4)「生」因緣「老死、憂悲、苦惱」者。是「生」不持「老死、憂悲、苦惱」來。「生」亦不能生「老死、憂悲、苦惱」。

(5)「老死、憂悲、苦惱」不在「生」內，不在「生」外，不在中間……

(6)智者通達「老死、苦惱」虛妄無所有，顛倒相應，無有「根本」，「不作、不起、不生」。

(7)如是「觀」十二因緣法，「不見」因緣法(不見眞實可得的因緣法存在)。若過去、若未來、若現在，亦不見「十二因緣」法相。但知「因緣」是「無緣」(無有眞實可得的因緣法存在)，無生、無相、無作、無起、無根本。從本已來，一切法「無所有」故。

《持世經・卷第三》

(1)通達是「十二因緣」。亦見是「十二因緣」無有「作者、受者」。若法所從「因」生。是「因」；無故(諸法皆非在內、外、中間，故「無」眞實可得之「因」)，是法亦「無」。……

(2)通達十二因緣「無明」；是「不生、不作、不起」，無「根本」，無「一定法」，無「緣」(無有眞實可得的因緣法存在)，無所有。菩薩爾時不分別是「明」(「明」非在內、外、中間，無眞實可得，故性空)、是「無明」(「無明」亦非在內、外、中間，無眞實可得，故性空)。「無明」實相(「無明」的實相即是「性空」)即是「明」(「明」的實相亦即是「性空」)。因「無明」故(「無明」的實相即是「性空」)；一切法「無所有」(「一切法」的實相亦即是「性空」，故一切法皆非眞實存有)。一切法無「緣」(無有眞實可得的因緣法存在)，無「憶想分別」……

(3)若菩薩能如是"通達"「十二因緣」合散，是名菩薩善得「無生」智慧(「無生」智慧即是「性空、不生不滅」的智慧)……

(4)能"觀證"十二因緣「無生」(即性空也)相。**持世**！若菩薩摩訶薩知「無生」即是「十二因緣」者。即能得如是「十二因緣方便」。是人以「無生相」知見「三界」，疾得「無生法忍」。

(5)當知是菩薩於諸「現在佛」得近受「阿耨多羅三藐三菩提記」，是菩薩不久當得「受記」、次第「受記」……

(6)是人"通達"「十二因緣」是「無生」(即性空也)，是人得「近」現在諸佛。

三－22 一切言說，皆是如來之言說，不出「如」也。故提婆達多之語與如來語，亦無異無別也

西晉·竺法護 譯《持心梵天所問經》	後秦·鳩摩羅什 譯《思益梵天所問經》	北魏·菩提流支 譯《勝思惟梵天所問經》
壹於是普行菩薩，問溥首曰：今所說者，悉「誠諦」(真誠實諦)言也？	壹爾時等行菩薩謂文殊師利言：如汝所說，皆為真實？	壹爾時平等行梵天婆羅門大婆羅子謂文殊師利法王子言：文殊師利！如仁所說，皆是「真實」？
貳(文殊師利)答曰：族姓子！一切所言，皆為「誠諦」(真誠實諦)。	貳(文殊師利)答言：一切言說皆為「真實」。	貳文殊師利言：善男子，一切言說，皆是「真實」。
參(普行)又問溥首：其所言者，「虛妄」響像亦(為是)「誠諦」(真誠實諦)乎？	參(等行)又問：(那)虛妄言說，亦(為)真實耶？(「真誠實諦」之語與「虛妄言說」之語，兩者皆無異無別、皆離一切戲論)	參(平等行)曰：(那)虛妄言說，亦(為)真實耶？
肆(文殊師利)答曰：實為「誠諦」(真誠實諦)，所以者何？其所言者，皆無「處所」而無「所立」，已得「自在」，(故)名曰「誠諦」(真誠實諦)。斯一切言，悉為「誠諦」，其諸天人、如來至真，亦(能)說(諸多)「言教」。	肆(文殊師利)答言：如是！所以者何？是諸「言說」(含有為法、無為法，及「真誠實諦」之語與「虛妄言說」之語)，皆為「虛妄」，無處、無方。若法皆「虛妄」，無處、無方，是故(亦可說)一切言說皆是「真實」(皆是離戲論、與離一切相)。	肆(文殊師利)答言：如是！何以故？善男子，是諸「言說」，皆為「虛妄」，(故)無處、無方。若法(皆)「虛妄」，無處、無方，即是「真實」，以是義故，一切言說(亦)皆是「真實」。
伍計斯諸言，亦無「若干」(分別多少)，亦無有「異」，所以者何？一切所說皆「如來」辭，一切如來，亦無所「行」、亦無	伍善男子！「提婆達語、如來語」(兩者亦)無異、無別。所以者何？(凡)一切言說，皆是如來「言說」，(皆)不出「如」故。	伍善男子！提婆達多所有「語言」與「如來語」(兩者亦)無異、無別，何以故？(凡)諸有言說，一切皆是如來「言說」，不出「如」故。

「進退」。其有「言辭」，若復「演教」(講演教化)，皆亦如是(以此)「言教」為教之。 ㊤故一切所言，(皆是)「平等」文字，以(平)等文字，則能「一」等於(所有)「文字」矣。 已能(平)等(於)一切「文字」者，則得「自在」，便能「平等」(於)一切「言辭」，普行(皆)「平等」。	㊤(若由)言說(而)「有所說」事，皆以「無所說」故，(而)得「有所說」。 (不說而說；無說而說；說而無說) 是故一切言說皆(平)「等」，文字「同」故、文字「無念」故、文字「空」故。	㊤(若由)言語「所說」之事，一切皆以「無所說」故，(而)得「有所說」。 是以一切言說皆(平)「等」，文字「同」故，文字「空」故。

三－23 鐘鼓乃「眾緣和合」而有音聲，故鐘鼓亦「無分別」。諸賢聖善知「眾因緣」義，故於諸言說皆無貪、無礙

西晉・竺法護 譯 《持心梵天所問經》	後秦・鳩摩羅什 譯 《思益梵天所問經》	北魏・菩提流支 譯 《勝思惟梵天所問經》
①(普行)又問溥首，如來至真，豈不分別「賢聖言辭」(或)「無賢聖辭」？ ②(文殊師利)答曰：仁者欲令諸「賢聖眾」為(有)「文字教」乎？復又欲令無有「文字」(之)「賢聖教」乎？ (普行)報曰：如是。 ③溥首答曰：其「賢聖」文字，(或)「無賢聖」文字，(皆)有「想念」(妄想雜念)乎？	①等行言：如來不說「凡夫語言」(或)「賢聖語言」耶？ ②文殊師利言：然！(如來當然能)以「文字」說「凡夫」語言，亦(能)以「文字」說「賢聖」語言。 如是，善男子！諸文字有分別是「凡夫言」說？(或)是(分別為)「賢聖言說」耶？ 等行答言：不也！	①(平等行)曰：如來可不說「凡夫語」(或)「賢聖語」耶？ ②文殊師利言：如是！善男子！可不如彼「文字」言語(或)「聖人說法」，凡夫亦以(以)「文字章句」有所說耶？ (平等行)答言：如是！ ③(文殊師利)曰：頗有「文字」(能)分別言語，此是「凡夫」文字言語？此是「聖人」文字言語耶？

(普行)報曰:不也。		(平等行)答言:無也。
(肆)(文殊師利)答曰:是故文字(本)無有「想念」(妄想雜念),假使(能)棄捨一切「想念」(妄想雜念),斯曰「賢聖」,(此)無有(真實之)「言辭」。	(肆)文殊師利言:如諸文字(既)「無分別」,(則)一切「賢聖」亦「無分別」,是故「賢聖」(亦)無有(真實之)「言說」。	(肆)文殊師利言:善男子!如彼言語名字章句,不分別、無分別,如是一切聖人(皆)離諸「分別」,是故聖人無「名字」說。
(伍)其「賢聖」者,(當然亦)不以「文字」(而)有所說也,(因為文字乃)無有「人想」,亦無「法想」。猶如伎樂,及與大鼓,(生出有)節奏之鼓,(此乃因眾)因緣(而)有聲,(但此大鼓本)亦無(有)「想念」(妄想雜念)。	(伍)所以者何?賢聖(當然)不以「文字相」、不以「眾生相」、不以「法相」(而)有所說也。譬如鍾鼓,(因)眾緣和合,而有(發出)「音聲」,是諸鍾鼓,亦(本)無(有)「分別」;(鐘鼓乃無自性,或暫喻為中性,無好亦無壞,因人敲鐘的「技巧」才會發出好聲與壞聲的區別)	(伍)聖人所行,(皆)非「言語相」、亦非「法相」、非「眾生相」。如鼓蠡ㄌㄧˊ等,(因)「眾緣」和合,而有「音聲」,是諸音聲(乃本)無所「分別」;
賢聖亦然,(雖)現「有所說」而(現)「有言辭」,(然其本)亦「無所著」。	如是諸賢聖,(能)善知「眾因緣」故,於諸「言說」(時而皆能知「言說」本)無貪、(亦)無礙。(諸語言文字,及諸賢聖者,乃無自性,或暫喻為中性,無分別亦無執著,因眾生「根機」不同時,才會發出凡夫語與賢聖語的區別)	如是善男子,諸賢聖人,(能)善知一切「眾因緣」故,於諸言說(時),悉皆(知本來皆)「平等」(而)無所「分別」。

三－24 若能以言語建立開示分別演說「三十七菩提分法」,是名「如實說法」

西晉·竺法護 譯 《持心梵天所問經》	後秦·鳩摩羅什 譯 《思益梵天所問經》	北魏·菩提流支 譯 《勝思惟梵天所問經》
(壹)又問溥首:如來(曾)言曰:設聚會者,當興二事。若「講論法」、	(壹)等行言:如佛所(曾)說:汝等集會,當行二事。若「說法」、	(壹)平等行菩薩言:文殊師利!如佛所(曾)說,大眾集會,當行二事,

若「如賢聖而嘿然」(古同「墨」，墨亦通「嘿」)寂然(靜嘿寂滅凝然)。 於彼溥首！ 何謂「論法」？ 何謂「聖寂」(如聖賢一樣的靜默寂然無語)？	若「聖默然」(如聖賢一樣的靜默寂然無語)。 何謂「說法」？ 何謂「聖默然」？	若「如實說法」、 若「聖默然」(如聖賢一樣的靜默寂然無語)。 文殊師利！ 何者「如實說法」？ 何者是「聖默然」？
(貳) (1)(文殊師利)答曰：設不諍(訟)於佛，不(違)反(於)經法，不(逆)亂(於)聖眾，斯乃名曰為「講法」矣。	(貳) (1)(文殊師利)答言：若說法，不違佛、不違法、不違僧，是名「說法」。	(貳) (1)(文殊師利)答言：善男子！若說法，不違佛、不違法、不違僧，是名「如實說法」。
(2)若思「法」者，其志佛者。離於「色欲」，所謂法者。無為、無形，所謂聖眾賢。(此則名)「聖寂然」(寂滅凝然)也。	(2)若知「法」即是佛，(知)「離相」即是法，(知)「無為」即是僧。(是名「聖默然」)	(2)若知「法」即是佛，(知)「離相」即是法，(知)「無為」即是僧，是名「聖默然」。
(參) (1)復次族姓子！其(因)「四意止」(而)遵修(遵循而修)精勤，分別解者，斯為「論法」。	(參) (1)又，善男子！因「四念處」(而)有所說(法)，(此)名為「說法」。	(參) (1)又，善男子！若依「四念處」(而)有所說(法)，(此)是名「如實說法」。
(2)(若)心無所「念」於一切法，斯則名曰「賢聖寂然」(寂滅凝然)。	(2)(若)於一切法(而)無所「憶念」，(此)名「聖默然」。	(2)若於一切法(而)無所「憶念」，(此)是名「聖默然」。
(肆) (1)族姓子！其有精勤，(而)分別解說於「四意斷」，斯謂「論法」。	(肆) (1)因「四正勤」(而)有所說，(此)名為「說法」。	(肆) (1)若依「四正勤」(而)有所說，(此)是名「如實說法」。
(2)所論於法，於「平等」者(中)不為「平等」，亦不「造	(2)以諸法等，不作(平)「等」、(亦)不作「不等」，(此)名「聖默然」。	(2)若於「平等」(而)不作「平等」，(亦)非不作「平等」，(此)

		是名「聖默然」。
㊄ ⑴若有遵修(遵循而修)，講「四神足」，斯為「論法」。 ⑵設復無「身」、無「言」、無「心」，(此)則名「聖寂」。	㊄ ⑴因「四如意足」(而)有所說，(此)名為「說法」。 ⑵若不起「身、心」，(此)名「聖默然」。	㊄ ⑴若依「四如意足」(而)有所說，(此)是名「如實說法」。 ⑵若不捨「身、口、意」，(此)是名「聖默然」。
㊅ ⑴遵修(遵循而修)解說(於)「五根、五力」，則為「論法」。 ⑵又若「無聲」，不信於法，則無「賢聖」。擇取諸法，專精「一意」，而自建立(建置設立)，等成本解脫。於諸法而悉「信」之，(於)一切所說而悉「決了」，行于「智慧」，是則名曰「賢聖解脫」。	㊅ ⑴因「五根、五力」(而)有所說，(此)名為「說法」。 ⑵若不隨「他語」(而)有所信，為「不取、不捨」故(而)分別諸法，一心安住(於)「無念」(之)念中。解一切法常(入)「定性」，斷一切「戲論」慧，(此)名「聖默然」。	㊅ ⑴若依「五根、五力」(而)有所說，(此)是名「如實說法」。 ⑵若不隨「他語」(而)而有所信，為「不取、不捨」故(而)分別諸法，一心安住(於)「無念」(之)念中。若信諸法自性「清淨」，離一切「戲論」、(及)諸因緣行，(此)是名「聖默然」。
㊆ ⑴遵賢聖(而)脫於「七覺意」，則謂「論法」。 ⑵(平)等(觀)察於「色欲」(而)不「舉」、不「下」，(若)得此行者，(此)則名「聖寂」。	㊆ ⑴因「七菩提分」(而)有所說，(此)名為「說法」。 ⑵若常行「捨心」(而)無所「分別」，無增、無減，(此)名「聖默然」。	㊆ ⑴若依「七菩提分」(而)有所說，(此)是名「如實說法」。 ⑵若常行「捨心」(而)無所「分別」，無增、無減，(此)是名「聖默然」。
㊇ ⑴遵修(遵循而修)精勤，解「八聖道」，是則名曰為「論法」矣。 ⑵已見「種姓」之所生處，譬如浮「筏」，不著於「法」，不著「非法」，(此)則名「聖	㊇ ⑴因「八聖道分」(而)有所說，(此)名為「說法」。 ⑵若知「說法相」(猶)如「栰」喻，不依「法」、(亦)不依「非法」，(此)名「聖默然」。	㊇ ⑴若依「八聖道」(而)有所說，(此)是名「如實說法」。 ⑵若知「諸法相」(猶)如彼「栰」喻，不依「法」行，(亦)不依「非法」行，(此)是名「聖

寂」。

（玖）

⑴族姓子！知其有解了「三十七品法」之所歸，斯則名曰為「講論法」。

⑵假使於此，(能)以法證「身」，則不離「身」，(若)覩於法者，則不離「法」，其有(所)見者，而(皆)無「本見」。若不見「二」，則不覩「二」，如其所見現在「智慧」之所見者，則不有「見」，其「不見」者，(此)乃名(為)「聖寂」。

（拾）

⑴又族姓子！其分別說不「我同像」、不「他同像」、不「法同像」，斯則(名曰)「論法」。

⑵設不得法，離於一切「文字之教、音聲、言說」，(能)棄除「憍慢」，興發(興起顯發)澹泊(盧澹寂泊)，其心「寂然」(寂滅凝然)，(而)究竟於行，斯則名曰「賢聖寂然」。

（拾壹）

⑴又族姓子！若(能於)他眾生，及(其)餘異人，(能)各各覩見斯諸人「根」(根器利鈍)，(並)為「分別說」。(此名為「論法」)

（玖）

⑴善男子！於是「三十七助道法」，若能「開解、演說」，(此)名為「說法」。

⑵若(能)「身證」是法，亦(可)不離「身見」法，亦不離「法見身」。於是「觀」中，(能)不見「二相」、(亦)不見「不二相」，如是(於)現前(之)「知見」而亦「不見」，(此)名「聖默然」。

（拾）

⑴又，善男子！若不妄想「著我」，(亦)不妄想「著彼」，(亦)不妄想「著法」(而)「有所說」，(此)名為「說法」。

⑵若(能)至「不可說相」，能離一切「言說、音聲」，(而)得「不動處」，(能)入「離相心」，(此)名「聖默然」。

（拾壹）

⑴又，善男子！若(能)知一切眾生「諸根利鈍」而教誨之，(此)名為「說法」。

默然」。

（玖）

⑴善男子！於「三十七菩提分法」，若能以「言語」建立(並)開示、分別演說，是名「如實說法」。(因)「如實說」故，是名「如實說法」。

⑵若(能)「身證」是法，而(仍可)不離「身見法」，亦不離「法見身」。於是「觀」中，(能)不見「二相」、(亦)不見「不二相」，如是(於)現前(之知)「見」而(亦)「不見」，(此)是名「聖默然」。

（拾）

⑴復次善男子！若不妄想「著我」，亦不妄想「著他」，(亦)不妄想著「法、非法、非非法」(等諸)妄想而「有所說」，(此)是名「如實說法」。

⑵若(能)得「不可說法想」，能離一切「名字、言語、音聲」，(而)得「不動處」，(能)入「離行心」，(此)是名「聖默然」。

（拾壹）

⑴復次善男子！若於一切眾生，知「諸根力」(而作)如是說法，是名「如實說法」。

⑵假使(於)「定」意(中)，若(過有)心亂者，斯諸「賢聖」(則)為(此人而令至)「寂然」也，(若)有所建立(建置設立)，而(己心亦)無「憒亂」(煩憒散亂)。(此名爲「賢聖寂然」)	⑵(若能)常入於「定」(而)心不散亂，(此)名「聖默然」。	⑵若(能)常在於「定」(而)心「不散亂」，(此)是名「聖默然」。

三－25 諸佛善能分別一切眾生諸根「利、鈍」，亦常在「定」中

西晉·竺法護 譯《持心梵天所問經》	後秦·鳩摩羅什 譯《思益梵天所問經》	北魏·菩提流支 譯《勝思惟梵天所問經》
(壹) 於是普行菩薩問溥首曰：如今仁者，有所論說，吾觀誼(古同「義」)歸，一切「聲聞」及與「緣覺」，無有「法說」，(亦)無「賢聖寂」。	(壹) 等行言：如我解文殊師利所說義，一切「聲聞、辟支佛」(皆)無有「說法」，亦(皆)無「聖默然」。	(壹) 爾時平等行梵天婆羅門大婆羅子白文殊師利法王子言：文殊師利！如我解文殊師利所說法義，諸「聲聞人、辟支佛」等，一切無有「如實說法」，(亦)無「聖默然」。
所以者何，(彼二乘者)不能曉了眾生「根本」(諸根利鈍)，不究(不能究竟於)「平等」(的義理)。	所以者何？(彼二乘者)不能了知一切眾生「諸根利鈍」，亦復不能常在於「定」(中)。	何以故？(彼二乘人)不能了知一切眾生「諸根利鈍」，亦復不能常在「定」(中)故。
(貳) 又復溥首！誰當說彼有「平等」意，誰為順「法住賢聖寂」耶？當謂(只有)如來(能致)為「平等」也。	(貳) 文殊師利！若有「真實」問：何等是「世間說法」者？何等(亦)是世間「聖默然」者？ 則當為說(只有)「諸佛」是也。	文殊師利！世間若有以「真實語」而問言：曰誰是世間「如實說法」？何者(亦是)世間「聖默然」住？ 當為說言(只有)「諸佛」是也。 文殊師利！當為正說(只有)「諸佛」是也。
(唯有)諸佛世尊乃能曉了眾	所以者何？諸佛善能分別	何以故？諸佛如來(能)具

生「根本」(諸根利鈍),而常(於)專「定」(中)。	一切眾生「諸根利鈍」,亦常在「定」(中)。	「諸根力」,(能)善知眾生「諸根利鈍」,(亦)常在「定」(中)故。
(參)於時世尊告溥首曰:實如普行族姓子之所說也,(唯有)諸佛世尊,乃能(明)了耳。	(參)佛告文殊師利:如是,如是!如等行所說,唯諸佛如來(能具)有此「二法」(如實說法與聖默然)。	(參)佛告文殊師利法王子言:如是如是!如平等行善男子所說,唯諸如來(能具)有此「二法」(如實說法與聖默然)。
(肆)於是賢者須菩提白世尊曰:我親面從世尊啓受,告諸「比丘」:若聚會坐,當興「二事」,一「講論經典」、二「遵賢聖寂」。	(肆)爾時須菩提白佛言:世尊!我親從佛聞:汝等集會,當行二事,若「說法」、若「聖默然」。	(肆)爾時長老須菩提白佛言:世尊!我親從佛聞,從佛親受,汝等集會,當行二事,若「如實說法」、若「聖默然」。
設「聲聞」眾,(則)不奉行者。何因如來為諸「聲聞」(而)說斯法言:(諸二乘們)當「分別」(而)說「講論經典」,若不爾者,(亦當能遵)「賢聖寂然」。	世尊!若「聲聞」不能行(此二)者,云何如來(又)勅諸「比丘」行此「二事」?	世尊!若「聲聞人」不能行者,云何如來(又)勅諸「比丘」,(而)行(此)「如實說法」,(或)行「聖默然」。
(伍)世尊告曰:於須菩提意云何?諸「聲聞」眾,以「無所問」(而)能有「講論」,(或有以)「賢聖寂然」而為行乎?	(伍)佛告須菩提:於汝意云何?若「聲聞」不從「他聞」(他人教導而聽聞),(而亦)能「說法」、(或)能「聖默然」不?	(伍)佛言:須菩提!於汝意云何,若「聲聞人」不從「他聞」(他人的教導而聽聞),(而亦)能「如實說法」、(或行)「聖默然」不。
答曰:不也,天中之天。	須菩提言:不也。	須菩提言:不也,世尊。
(陸)(佛言:)故須菩提當造斯觀,一切「聲聞」及與「緣覺」,無有「法說」(與)「賢聖寂然」。	(陸)(佛言:)須菩提!是故當知一切「聲聞、辟支佛」無有「說法」、(亦)無「聖默然」。	(陸)佛言:須菩提!是故當知,一切「聲聞、辟支佛」人,皆悉無有「如實說法」,(亦)無「聖默然」。

三-26 有眾生多婬欲者,則改教「觀淨」而得解脫。多瞋恚者,

改教「觀過失」而得解脫。多愚癡者，改教「不共語」而得解脫

西晉・竺法護 譯 《持心梵天所問經》	後秦・鳩摩羅什 譯 《思益梵天所問經》	北魏・菩提流支 譯 《勝思惟梵天所問經》
㊀於是溥首謂賢者須菩提：耆舊！豈知如來所見眾生根本(根器善本)，(故)於此所造「八萬四千」行(而)分別(為眾生)說(法)者？寧「諷誦」乎？耆年！(須菩提)於彼以何「智慧」而觀解脫？ (須菩提)答曰：不及。	㊀爾時文殊師利謂須菩提言：長老須菩提！如來了知眾生「八萬四千」行。(須菩提)汝於此中有「智慧」，能隨其(眾生根機)所(相)應(而)為說法不？ (須菩提)答言：不也！	㊀爾時文殊師利法王子問長老須菩提言：長老須菩提！如來如實了知眾生「八萬四千心」行，汝知不乎？(須菩提)汝於此中，能有「智慧」，隨其(眾生根機)所(相)應(而)為說法不？ (須菩提)答言：不能！
㊁(文殊師利)報曰：卿便「定意」有三昧，名「觀眾生心」，(若能)住此定者，便能觀察見「眾生心」，(能見)「己心、他心」而不罣閡(罣礙閡滯)。 (須菩提)答曰：不及！	㊁(文殊師利言：)今須菩提能入觀一切眾生「心」三昧，(若能)住是三昧，(則能)通達一切眾生「心、心所行」，(能於)「自心、他心」(皆)無所妨礙不？ (須菩提)答言：不也！	㊁文殊師利言：今須菩提能入觀一切眾生「心」三昧，(能)通達一切眾生「心、心所行」，(能於)「自心、他心」(皆)無所礙？ (須菩提)答言：不能！
㊂溥首又曰：唯須菩提，如來有言「八萬四千」行，因其(眾生)所行而分別說，了於「醫藥」(醫術法藥)。(如來又常住於)「三昧、正受」而(心)不動搖，(能)普知一切「眾生之心」。	㊂(文殊師利言：)須菩提！如來於眾生八萬四千行，隨其(根機)所(相)應(而)為說「法藥」。(如來)又常住(於)「定、平等相」中，(而)心不動搖，而通達一切眾生「心、心所行」。	㊂文殊師利言：如來如實了知眾生「八萬四千心」行，隨其(根機)所(相)應(而)為說「法藥」。(如來)又常住「定、平等相」中，(而)心不動搖，而常通達一切眾生「心、心所行」，而不「思惟」，(亦)無障、無閡。今須菩提能如是不？ (須菩提)答言：不能！ 文殊師利言：如來如實了知眾生「八萬四千心」行，如實(為眾生)說「法藥」，而(如

来)常在「定、平等相」中，(而)心不搖動，亦常通達一切眾生「心、心所行」，而不「思惟」，(亦)無障、無礙。

肆 是故須菩提！當造斯(此)觀，此非「聲聞、緣覺」地之所能及。

伍 唯須菩提！有「婬行」人，(如來教彼)緣以「空事」而(令彼)得解脫，(此唯)如來悉知，若不因「空」(而教之)。

陸 或復有人，而懷「怒行」，(如來教彼)觀見「瑕疵」，因其「瞋恚」而得解脫，不以「慈心」(而教之)，(此唯)如來悉知。

柒 或復有人而懷「癡行」，(如來教彼)因以「講說」而(令彼)得解脫，不以「說法」(而教之)，(此唯)如來悉知。

捌 或復有人懷「等分行」(貪恚癡皆具)，不緣「空」行，亦不以「觀」而得解脫，不以「慈心」，亦不「瞋恨」而得度世，不以「勸讚」、不以「說法」而(而令彼)得解脫。又復如來(能)因隨(眾生而)說法(相)應其行根(機)，緣厥形類，而(令彼)得解脫，(此唯)如來悉知。

玖 是故須菩提當造斯

肆 須菩提！是故當知，一切「聲聞、辟支佛」(皆)不及此事。

伍 須菩提！或有眾生「多婬欲」者，(如來教)以觀「淨」(而)得解脫，不以「不淨」(而教之)，(此)唯佛能知。

陸 或有眾生「多瞋恚」者，(如來教)以觀「過(失)」(而)得解脫，不以「慈心」(而教之)，(此)唯佛能知。

柒 或有眾生「多愚癡」者，(如來教)以「不共語」(而)得解脫，不以「說法」(而教之)，(此)唯佛能知。

捌 或有眾生「等分行」(貪恚癡皆具)者，不以觀「淨」、不以「不淨」；不以觀「過」、不以「慈心」；不以「不共語」、不以「說法」(而令彼)得解脫者。(如來皆)隨其「根性」，以諸法「平等」而為說法，使得解脫，(此)唯佛能知。

玖 是故如來於諸「說法

肆 須菩提！是故當知，一切「聲聞、辟支佛人」(皆)非其「境界」。

伍 須菩提！或有眾生「多婬欲」者，(如來教)以觀「淨」故，而得解脫，不以「不淨」(而教之)，(此)唯佛能知。

陸 或有眾生「多瞋恚」者，(如來教)以觀「過(失)」故，而得解脫，不以「慈心」(而教之)，(此)唯佛能知。

柒 或有眾生「多愚癡」者，(如來教)以「不共語」而得解脫，不以「說法」(而教之)，(此)唯佛能知。

捌 或有眾生「等分行」(貪恚癡皆具)者，不以「淨」觀，不以「不淨」觀；不以觀「過」，不以「慈心」；不以「不共語」，不以「說法」，而(令彼)得解脫者。(如來皆)隨其「根性」，以諸法「平等」而為說法，令得解脫，(此)唯佛能知。

玖 是故須菩提！佛於

_(此)觀，如來_(於)禪定、_(於)「講說」尊法，_(皆)名_(為)「賢聖寂」。	人」中，為最第一，_(於)「禪定人」中，亦最_(為)第一。	「如實說法」人中，最為第一，_(於)「聖默然」中，_(亦)最為第一。

三－27 就算經一劫、或餘殘劫，宣說「如實說法」與「聖默然」此二義，皆永不可窮盡

西晉·竺法護 譯《持心梵天所問經》	後秦·鳩摩羅什 譯《思益梵天所問經》	北魏·菩提流支 譯《勝思惟梵天所問經》
壹於時須菩提謂溥首曰：「緣覺」以是不任「講法」，_(亦)無「賢聖寂」。唯有「菩薩」_(能)具足斯法，乃能「講說」及「賢聖寂」？	壹爾時須菩提問文殊師利：若「聲聞、辟支佛」不能如是「說法」，不能如是「聖默然」者，諸菩薩有成就如是「功德」，能「說法」？_(與)能「聖默然」不？	壹爾時長老須菩提白文殊師利法王子言：文殊師利！若諸「聲聞、辟支佛」人，不能如是「如實說法」，不能如是「聖默然」者，諸菩薩摩訶薩，有能成就如是功德_(而成就)「如實說法」_(與)「聖默然」不？
(文殊師利)答曰：(此唯有)如來_(能)明其所知，_(而)靡不「通達」。	_(文殊師利)答言：_(此)唯佛當知！	_(文殊師利)答言：_(此)唯佛當知。
貳尊告須菩提：有三昧名「入一切音_(能)整其亂心」，菩薩以此三昧「正受定行」，普具眾德，等備_(等齊具備)諸行。	貳於是佛告須菩提：有三昧名「入一切語言心不散亂」，若_(有)菩薩成就此「三昧」，皆得是功德。	貳於是佛告長老須菩提言：須菩提！有三昧名「入一切語言心不散亂」，諸菩薩等，若能成就此「三昧」者，一切皆得如是功德。
參於是溥首菩薩問普行菩薩曰：族姓子！_(能為眾生)說「八萬四千」行、_(及為眾生說)「八萬四千」諸品藏者，是則名曰「講說經法」。	參爾時文殊師利謂等行菩薩：善男子！_(能)為眾生_(說)「八萬四千」行故，_(亦為眾生)說「八萬四千」法藏，_(此)名為「說法」。	參爾時文殊師利謂平等行菩薩言：善男子！_(能)為諸眾生_(說)「八萬四千」行故，_(亦為眾生)說「八萬四千」法藏，_(此)名為「如實說法」。
曉一切「想」，至滅「寂定」，	_(雖說八萬四千法藏但仍)常在一	_(雖說八萬四千法藏但仍)常在一

此乃名曰「賢聖寂然」。	切滅「受、想、行」定中，(此)名「聖默然」。	切滅「受、想、行」定中，(此)名「聖默然」。
肆又族姓子！佛以一劫，復過一劫，(無能說盡)分別決(擇)此所說(的)「法義」(此名為「講說經法」)，(以及)斯乃名曰「賢聖寂然」。	肆善男子！我若一劫、若減一劫，能說是義，(何謂)是名「說法」相？(何謂)是(名)「聖默然」相？猶(永)不能盡。	肆善男子！我若一劫、若餘殘劫，(能)說是「二義」，「如實說法」(與)「聖默然」相，(皆永)不可窮盡，然「說法、辯才」亦不盡也。

三－28 於熹見國土有普光佛，眾生悉皆得「念佛三昧」。普光佛亦以「三乘」為弟子說法

西晉・竺法護 譯《持心梵天所問經》	後秦・鳩摩羅什 譯《思益梵天所問經》	北魏・菩提流支 譯《勝思惟梵天所問經》
壹彼時世尊告普行曰：族姓子！乃去往昔過無數劫，不可計會無有限量不可思議。爾時有佛，名曰普光如來至真，興出于世，劫曰名聞，世界名愛見。	壹於是佛告等行菩薩：善男子！乃往過去無量無邊不可思議阿僧祇劫，時世有佛號曰普光，劫曰名聞，國名熹見。	壹於是佛告平等行菩薩言：善男子！乃往過去無量無邊，於不可數阿僧祇劫，時世有佛號曰普光如來，乃至佛婆伽婆，劫名名稱，國名喜見。
貳普光如來(之)愛見世界，豐熟安隱，米穀平賤(平穩豐賤→物美價廉)，無患(無有害患)快樂，天人繁熾(繁廣熾盛)，其佛世界以一切「寶」合成為「地」，以眾「香樹」而「熏香」，柔軟細好，譬如「妙衣」，等以眾寶「蓮華」(為)莊嚴。	貳彼(熹見)國嚴淨(莊嚴清淨)，豐樂安隱，天人熾盛，其地皆以眾寶莊嚴，柔軟細滑，生寶蓮花，一切「香樹」充滿其中，常出「妙香」。	貳彼普光如來(之)喜見世界，七寶莊嚴，豐樂安隱，無諸怖畏，天人熾盛，其地皆以眾寶莊嚴。
參愛見世界，有「四百億」四域天下，一一四域(有)三百三十六萬里，一一城郭，(有)縱廣四十萬里，皆以「珍寶」，自然莊嚴，一	參善男子！熹見國土有「四百億」四天下，一一天下，縱廣八萬四千「由旬」。其中諸城，縱廣一「由旬」，皆以「眾寶」校飾。一一城	參善男子！彼喜見國土，有「四百億」諸四天下，一一天下，縱廣八萬四千「由旬」，其中諸城，縱廣正等，各一「由旬」，皆以

一大城有二十郡，而為部黨，及諸縣邑，一一大城所有國主，(皆)典領無量百千居民。	者，有一萬五千「聚落、村邑」而圍遶之。一一「聚落、村邑」，(有)無量百千人眾，充滿其中。	「眾寶」而為校飾。彼一一城皆有二萬五千「聚落」，而圍遶之，一一「聚落」(有)無量百千萬數人眾，充滿其中，安居止住。
㊃又彼(國土之)人民，敢(敢是；大概是)目(眼目)所覩，但見「好憙」，(皆)可意(於)所敬。一切眾民，悉得「念佛三昧」之定，以故彼佛世界名愛見，設諸菩薩(往)詣「異佛」(不同的佛世界)國土，則不(能)以(愛見國土之快樂而)「樂」於他(方)世界。	㊃彼時(其國土)人民所見「色像」，滿心皆「喜悅」，無可「憎惡」(憎恨厭惡)，亦悉皆得「念佛三昧」，是以國土名曰憙見。若(從)他方世界諸(前)來(之)菩薩，皆得(最殊勝之)快樂，(此為)餘國(所不)(能)爾。	㊃(彼國土之)人(所)見「色像」，心皆「喜悅」，無可「憎惡」(憎恨厭惡)，亦皆悉得「念佛三昧」，是以國土名曰喜見。若(從)他方世界諸(前)來(之)菩薩，皆得(最殊勝之)快樂，(此為)餘國(所)不(能)爾。
㊄若普光如來(為其人民)說「三乘教」，(並)為諸「聲聞」(而)「講說經法」，廣復加意，而解釋(其)誼(古同「義」)，則興二行：「宣暢說法」、「聖澹泊(虛澹寂泊)行」。	㊄善男子！其普光佛以「三乘法」(而)為(聲聞)「弟子」說，亦多樂說如是法音：汝等比丘，當行二事：若「說法」、若「聖默然」。	㊄善男子！其普光佛以「三乘法」(而)為(聲聞)「弟子」說，亦多廣說如是法言：若「如實說法」、若「聖默然」。

三－29 凡夫雖生邪憶念，起諸煩惱，然其心相仍不可垢污，性常明淨，故心仍可得解脫。此名入「淨明三昧門」

西晉·竺法護 譯《持心梵天所問經》	後秦·鳩摩羅什 譯《思益梵天所問經》	北魏·菩提流支 譯《勝思惟梵天所問經》
㊀東方世界有二菩薩，止在醫王如來佛土，一名欲盡，二名持意，詣普光如來所，稽首于地，右繞三匝，叉手而住。	㊀善男子！爾時上方醫王佛土有二菩薩：一名無盡意，二名益意，來詣普光佛所。頭面禮足，右遶三匝，恭敬合掌，却住一面。	㊀善男子！爾時上方藥王佛國，有二菩薩，一名無盡意，二名益意，詣憙見國普光佛所，頭面禮足，右遶三匝，恭敬合掌，却住一面。

（貳）彼（普光）佛世界，名「清淨普說三昧」，以「一事」故，（世）界名清淨。假使（有）菩薩（能）逮得斯「定」，則（能）捨一切「眾想塵勞」，便得佛法「光明」，以故世界名曰清淨。

（參）「過去」諸法皆悉清淨，「當來」諸法亦悉清淨，「現在」諸法亦皆清淨，此名二清淨，所以名「清淨」者，謂「真清淨」，「真清淨」者，亦無所生，亦無清淨。其清淨者，本源清淨，故名「本清淨」，其「本清淨」。

（肆）則一切法，何所法者而本「清淨」？
⑴「空」則本淨，便皆遠離一切諸法，悉為「虛妄」，「無想」本淨。
⑵又一切法，則以蠲除諸所「思想」，「邪念」之事，悉為消滅。
⑶其「無願」者，則為本淨，一切諸法，為不應行。為「無所願」，堪任究竟。以「離自然」，能為本淨，斯則名曰「本淨明顯，本淨光耀」。

（伍）如「生死」淨、「泥洹」本淨，亦復如是，如「泥洹」淨，（則）一切諸法「本淨」亦然，斯則名曰為「本淨」也，

（貳）時普光佛為（無盡意、益意）二菩薩廣說「淨明三昧」。所以名曰「淨明三昧」者，若菩薩入是三昧，即得解脫「一切諸相」及「煩惱」著，亦於一切佛法得「淨光明」，是故名為「淨明三昧」。

（參）又「前際」一切法淨、「後際」一切法淨、「現在」一切法淨，是三世畢竟淨，無能令「不淨」，性「常淨」故，是以說一切諸法「性常清淨」。

（肆）何謂諸法性淨？
⑴謂一切法「空」相，離「有所得」故。
⑵一切法「無相」相，離「憶想、分別」故。
⑶一切法「無作」相，不取、不捨、無求、無願，畢竟「離自性」故，是名「性常清淨」。

（伍）以是「常淨」相，（故）知「生死」性即是「涅槃」，「涅槃」性即是一切「法性」，是故說「心性常清淨」。

（貳）時普光佛為（無盡意、益意）二菩薩，廣分別說「淨明三昧」，言：善男子！何故名曰「淨明三昧」？善男子！若有菩薩入是「三昧」，即時得離一切「煩惱」，於諸佛法，得「淨光明」，是故名曰「淨明三昧」。

（參）又「前際」一切法淨，「後際」一切法淨、「現在」一切法淨，是三世法，畢竟清淨，以彼清淨，常清淨故，是以說言一切諸法「自性清淨」，常清淨也。

（肆）何謂諸法「自性清淨」？
⑴謂一切法，自性是「空」，離「一切法有所得」故。
⑵一切諸法自性「無相」，離一切法諸「分別」故。
⑶一切諸法自性「無願」，以一切法「不取、不捨、無求、無欲」，諸法畢竟「自性離」故，是名諸法「性常清淨」。

（伍）以何等「世間性」，「涅槃」亦爾，（皆）同彼「法性」。以何等「涅槃」性，一切（世間）諸法，亦同彼性，以是

心之(所)顯明(為清淨)。		故說一切諸法(皆)「自心性清淨」。
(陸) (1)猶族姓子！「虛空」(乃)無(真實可得之)處，(亦)無所「志願」，設(虛空之)姓(古同「性」)能(為)一(個真實處)，(能)療治(攝療行治)塵勞。 (2)(然而)心之本淨，(仍)無有(真實之)「處所」，(亦)無所「志求」，(心即是本淨)則能蠲去「塵勞」之欲。	**(陸)** (1)善男子！譬如「虛空」，若(一定能)受「垢污」，(則)無有是處。 (2)心性亦如是，若有(心性會被)「垢污」，(則)無有是處。	**(陸)** (1)善男子！譬如「虛空」，若(一定能)受「垢染」，(則)無有是處。 (2)心性亦爾，若有(心性會被)「垢染」，(則)無有是處。
(柒) (1)斯族姓子！心本清淨，心為顯明。猶如「虛空」，(雖暫時被)「雲霧、烟塵」(所覆而仍)不害「虛空」，亦無所「壞」、亦無所(能被遮遮)「照」。 (2)虛空「本淨」，無能「污者」，亦無「塵勞」，(此)是「究竟」(之)說，永無所「污」，故(名)曰「虛空」，假使(有任何的)思惟，順(理)如應者。	**(柒)** (1)又如「虛空」，雖(暫)為「烟塵、雲霧」(所)覆翳，(因此)不明、不淨，而(亦)不能染污「虛空」之性。 (2)(虛空)設(會被)「染污」者，不可復(得)淨。以「虛空」(乃)實不(被)「染污」故，還見清淨。	**(柒)** (1)善男子！譬如「虛空」，雖(暫)為「煙塵、雲霧」(所)覆翳，(因此)不明、不淨，而(亦)不能染「虛空」之性。 (2)善男子！虛空之性，若(會被)染污者，(則)終不得名為「清淨」也。以彼「虛空」實不可染，是故說為「虛空」，「虛空」如是。
(捌) (1)(而)凡夫愚戇(愚昧戇鈍)，(有時會因)言發(言辭而發生)塵勞(之相)，(但其)心之「本淨」，(亦)無「能污」處，以無「能污」，是故名曰「本末(皆)清淨」。 (2)設(凡夫心)不「染污」，故曰「本淨」，是故(凡夫心之)「解脫」(亦能)為「解脫」也。	**(捌)** (1)凡夫心亦如是，雖(有)「邪憶念」，(或生)起諸煩惱，然其(凡夫之)心相(仍)不可「垢污」。 (2)設(凡夫會遭)「垢污」者，(而)不可復淨；(但)以(其)心相(仍)實「不垢污」，性常明淨，是故(凡夫)心(仍能)得「解	**(捌)** (1)善男子！雖「有為行」(之)一切眾生，有「不正念」，(或生)起諸煩惱，然其彼心(仍)「自性清淨」(而)不可染污。 (2)若(凡夫會遭)「染污」者，彼常「垢污」(而)不可清淨；(但)以(其心相仍是)不染污(的)，是故彼(凡夫)心(仍能)「自性清

⑶斯族姓子！(此名為)「清淨世界而普等入(普遍平等而入)」。	脫」。 ⑶善男子！(此)是名入「淨明三昧門」。	淨心」(而)得解脫。 ⑶善男子！如是名入「淨明三昧門」。
㈨彼時世尊為諸(欲盡、持意)菩薩，而分別說，(若)聞斯「三昧」，心則趣法，「光明」之耀。	㈨彼(無盡意、益意)二菩薩聞是「三昧」，於諸法中得不可思議法光明。	㈨善男子！彼普光佛為(無盡意、益意)二菩薩說如是法，彼二菩薩聞是「三昧」，於諸法中得不可思議法之光明。

三－30 當大眾集會時，應常行二事，若「如實說法」，與「聖默然」

西晉・竺法護 譯 《持心梵天所問經》	後秦・鳩摩羅什 譯 《思益梵天所問經》	北魏・菩提流支 譯 《勝思惟梵天所問經》
①於時盡意菩薩白普光如來：我身曾聞天中之天(之說)，又斯「普入」，當何「方便」而修行(此法)乎？	①爾時無盡意菩薩白普光佛言：世尊！我等已聞入「淨明三昧門」。當以何行？行此法門？	①爾時無盡意菩薩白普光如來言：世尊！我等已聞入「淨明三昧門」，當以何行？行此法門？
②普光佛告盡意菩薩：諸賢至此，為族姓子！當行二行，何謂為二？「分別說法」、「賢聖寂然(寂靜凝然)澹泊(虛澹恬泊)」之行。	②佛告無盡意：善男子！汝等當行二行：若「說法」、若「聖默然」。	②時普光佛告無盡意菩薩言：善男子！有二法行，汝等當行，若「如實說法」、若「聖默然」。
③又族姓子！彼之(欲盡、持意)菩薩，因從世尊聞，稽首佛足，右繞三匝，即時而退，尋便至於別異「遊觀」，於(變)化(堂)棚(樓)閣，因而遵行。	③時(無盡意、益意)二菩薩從佛受教，頭面禮佛足，遶三匝而出，趣一「園林」，自以「神力」化作「寶樓」，於中修行。	③時(無盡意、益意)二菩薩從佛受教，頭面禮足，遶佛三匝，遶已而出，趣一「園林」，有妙池水，自以「神力」化作「寶樓」，於中修行。
④時有梵天名曰善光，	④時有梵天，名曰妙光，	④時有梵天，名曰妙光，

與七萬二千諸天梵俱，往詣菩薩，稽首足下，適見此已，即問(欲盡、持意)菩薩。時族姓子，輒(輒便隨即)有所說，<u>普光</u>如來而聚會耶？諸比丘坐，亦說經言，當行二事：「分別說法」、「賢聖寂然」而無所念。彼族姓子！何謂「說法、賢聖寂然」？	與七萬二千梵俱，來至其所，頭面禮足，問(無盡意、益意)二菩薩：善男子！<u>普光</u>如來說言，汝等比丘，集會當行二事：若「說法」、若「聖默然」。善男子！何謂「說法」？何謂「聖默然」？	與諸梵俱，七萬二千來至其所，頭面禮足，問(無盡意、益意)二菩薩言：善男子！<u>普光</u>如來說如是言，汝等善男子！大眾集會，當行二事：若「如實說法」、若「聖默然」。善男子！何謂「如實說法」？何謂「聖默然」？
⑤彼時菩薩謂<u>善光</u>梵天：梵天且聽！粗答(粗略回答)所問，(唯有)如來(能)目觀，(能)分別(為)說耳，(能)度於「無極」，是族姓子乎！	⑤(無盡意、益意)二菩薩言：汝今善聽，我當少說，唯有「如來」乃(能)通達耳！	⑤(無盡意、益意)二菩薩言：(妙光)梵天！汝今至心善聽，我當「少分」，為汝說之，如汝所問，唯有「如來」乃(能)通達耳。
⑥彼(欲盡、持意)菩薩眾，以此「二句」，而為眾會，廣說其義。	⑥於是(無盡意、益意)二菩薩，以「二句義」，為諸梵眾，廣分別說。	⑥於是(無盡意、益意)二菩薩，以「二句義」，為諸梵眾，廣分別說。
時「七萬二千」梵天，咸發「無上正真」道意，得「不起法忍」，<u>善光</u>菩薩得「普明三昧」。	時「七萬二千」梵，皆得「無生法忍」，<u>妙光</u>梵天得「普光明三昧」。	時諸梵眾「七萬二千」，皆得「無生法忍」，<u>妙光</u>梵天得「普光三昧」。

三－31 <u>無盡意菩薩</u>，即今<u>文殊師利菩薩</u>。<u>益意菩薩</u>，即今<u>等行菩薩</u>。<u>妙光梵天</u>，即今<u>思益梵天</u>

西晉·竺法護 譯《持心梵天所問經》	後秦·鳩摩羅什 譯《思益梵天所問經》	北魏·菩提流支 譯《勝思惟梵天所問經》
⑤是族姓子！諸(欲盡、持意)菩薩(以)不可制止(之)無閡(閡滯)「辯才」，(去)興發	⑤是(無盡意、益意)二菩薩於「七萬六千」歲，(能)以無礙「辯力」，(去)答其所問。(能)	⑤時(無盡意、益意)二菩薩於是「七萬六千」歲中，以「樂說」力(之)無礙「辯才」，

（興起顯發）**難問**（疑難雜問），（有關）**誰講**「**說法**」（與）「**賢聖寂然**」（的道理），**而開演說**（此二句法義）。（此二菩薩能）**於**「**七萬六千**」**歲，宣布**（此）「**二句**」**而發遣**（發聲遣辭）**之，**（亦）**不得**（到達其中）「**一句**」**之**「**邊崖**」（邊際崖限），**況復**（此）「**二句**」（之義）。

（貳）**於時**（普光）**如來住在**「**虛空**」**而發斯言：止族姓子！勿得**「**言說**」（而）**興於**「**諍訟**」。**聞其譬喻，諸所**「**言說**」，（皆）**如**（所）**呼**（之）「**聲響**」，**所因**（而）**得**（解）**脫，便而**「**順從**」（順服依從），（皆）**因**「**響**」（而）**便入**。

（參）**其**（若有具）「**辯才**」**者，有所**「**分別**」（說此法者），（若以）**無盡之行，**（亦）**不可**（得其）**究竟。吾**（於）**發意**（之）**頃，於一劫中，若復過**「**劫**」，**若是**「**問誼**」（古同「義」），（讚）**歎彼**「**賢辯**」（賢明辯才），（皆）**不可**「**究竟**」，（亦）**不得**「**邊崖**」（邊際崖限）。**卿賢者等，**（皆）**不能窮盡**「**辯才**」**之慧，又而復次**（到達）「**寂靜**」。

（肆）**佛言：**（諸佛之法乃是）**寂然**（寂滅凝然）**澹泊**（虛澹恬泊），（故）**無有**「**文字、誼**（義）**宜**」**之事，又不以**（世俗）「**利養**」（名利祿養）**如供養**（之）**利。**（諸佛之法乃）**是為**（寂然澹泊之）**誼**（義）**宜，又所**「**救濟**」，（應以）**心念**

不懈、不息（的去）**分別**（此）「**二句**」（義），**互相問答，而**（永）**不窮盡**。

（貳）**於是普光佛在虛空中作如是言：善男子！勿於**「**文字、言說**」**而起**「**諍訟**」！**凡諸言說，皆**（如）「**空**」、**如**「**響**」、**如所**「**問、答**」，**亦**（皆）**如是**。

（參）**汝等**（無盡意、益意）**二人，皆得**「**無礙辯才**」**及無盡**「**陀羅尼**」，**若於一劫、若百劫，說此**「**二句**」，（就算窮盡）**辯**（才仍）**不可盡**。

（肆）**善男子！佛法是**「**寂滅相**」（之）「**第一之義**」，**此中無有**「**文字**」，（故）**不可得說；諸所**「**言說**」，**皆無**「**義利**」。**是故汝等當隨此**（第一之）「**義**」，**勿隨**（執於）「**文字**」（之相）。

（能）**答其所問**（有關）「**如實說法**」（與）**若**「**聖默然**」。（能）**不懈、不息**（的去）**分別**（此）「**二句**」（義），**互相問答，而**（永）**不窮盡**。

（貳）**於是普光如來在虛空中作如是言：善男子！汝等勿於**「**文字、言說**」**而起**「**諍訟**」！**凡諸言說，皆**「**空**」、**如**「**響**」，**如所**「**問、答**」，**亦復如是**。

（參）**汝等**（無盡意、益意）**二人，皆悉獲得**「**無礙辯才**」**及無盡**「**陀羅尼**」，**若於一劫、若於百劫，說此**「**二句**」，（就算窮盡）**辯**（才仍）**不可盡**。

（肆）**善男子！諸佛之法是**「**寂滅相**」（之）「**第一之義**」，**此中**「**寂靜**」，**畢竟**「**寂靜**」，**無**「**字**」、**無**「**義**」，**不可言說，所有**「**言說**」**皆是**「**無義**」。**是故汝等諸善男子，當依於**（第一之）「**義**」，**莫依**

西晉·竺法護 譯《持心梵天所問經》	後秦·鳩摩羅什 譯《思益梵天所問經》	北魏·菩提流支 譯《勝思惟梵天所問經》
識之(而不執著於文字相上)。		「名字」(之相)。
(時欲盡、持意二菩薩)從如來(得)聞,(獲如來)有所解說(後),則時「默然」。	是(無盡意、益意)二菩薩,聞佛教已,「默然」而止。	時(無盡意、益意)二菩薩,聞佛教已,「默然」而止。
(伍)(佛告普行菩薩:)故族姓子!菩薩(於)「一念」之頃,能(讚)歎訟(辯)說(言),(於)百千劫數所演「辯才」,行此然後,當造斯念。而有菩薩,名曰巍巍救護盡意,在於人間而說此語。	(伍)佛告等行:以是當知,菩薩若以「辯才」(而)說法,(就算)於百千萬劫,若過百千萬劫,(皆)不可窮盡。	(伍)(佛告平等行菩薩:)善男子!以是義故,當知菩薩,若以「辯才」(而)有所「說法」,(就算)於百千萬劫,若復過於百千萬劫,(皆)不可窮盡。
(陸)(佛告)普行梵天,及(欲盡、持意)二菩薩(其)所「入」之(境)地,(及)省察「往昔」(過往宿昔),(此二菩薩)豈「異人」乎?勿造斯觀!所以者何?爾時, 盡意菩薩者,今溥首是。 持意菩薩,今普行是。 善光梵天,今持心梵天是也。	(陸)(佛)又告等行:於意云何,彼(無盡意、益意)二菩薩豈「異人」乎?勿造斯觀! 無盡意者今文殊師利是。 益意菩薩者,今汝(等行)身是。 妙光梵天者,今思益梵天是。	(陸)(佛告平等行菩薩:)善男子!於意云何?彼(無盡意、益意)二菩薩,豈「異人」乎? 無盡意者,今文殊師利是。 益意菩薩,汝(平等行)身是也。 妙光梵天,勝思惟是。

三－32 若於諸法無所「分別」,即能得「聖道」,即名為「勤精進」

西晉·竺法護 譯《持心梵天所問經》	後秦·鳩摩羅什 譯《思益梵天所問經》	北魏·菩提流支 譯《勝思惟梵天所問經》
《力行品·第九》	《仿 行品·第九》	
(壹)於是普行菩薩,白佛大聖曰:至未曾有,天中之天,諸如來世尊,(為)道	(壹)爾時等行菩薩白佛言:未曾有也,世尊!諸佛菩提(能)為大饒益,(若有)	(壹)爾時平等行菩薩白佛言:希有世尊!諸佛菩提(能)為「大饒益」,(若有)精進

德高妙，乃能如是獲大「利義」。	能)如(佛)所說(而)行(者)，(方為)精進眾生。	眾生(能)如(佛所)說(而)行者，(方能)得出「菩提」。
(貳)(眾生)因從「精進」而常「勤力」，其(有)「懈怠」者，雖(值遇)百千佛，奈之何耶？唯然世尊，其為道者，(應)當「專精勤」。	(貳)世尊！其(有眾生)「懈怠」，不能如(佛所)說(而)行者，雖值百千萬佛，(亦)無能為也，當知(一定要)從「勤精進」(而)得出「菩提」。	(貳)世尊！(若)眾生懈怠，其有不能如說(而)行者，雖復值遇百千萬佛，(亦)無能為也，是故當知(一定要)從「勤精進」(而)得出「菩提」。
(參)溥首童真問普行曰：仁族姓子！豈能別知何所遵修(遵循而修)？(方)名於菩薩為「精勤」乎？	(參)爾時文殊師利謂等行菩薩：善男子！汝知菩薩云何行？名「勤精進」？	(參)爾時文殊師利問平等行梵天婆羅門大婆羅子言：善男子！汝知菩薩云何修行？名「勤精進」？
(普行)答曰：假使菩薩(有)「遵修」(遵循而修之)行者，而有「時節」(於一時節即獲現證)，(但卻)無所「思念」，(亦)不捨「精勤」。	(等行)答言：若菩薩能得「聖道」，(方)名「勤精進」。	(平等行)答言：文殊師利！若菩薩能得「聖道」，(方)名「勤精進」。
(肆)(文殊師利)又問：何謂「精勤」而有「時節」，亦無所「念」？	(肆)(文殊師利)又問：云何行？能「得聖道」？	(肆)(文殊師利)曰：云何修行？能「得聖道」？
(普行)答曰：假使行者「不想」諸法(指於諸法而無有妄想分別)，則而(於)「時節」為「無所念」(指所證得的「聖道」即無妄想分別)。	(等行)答曰：若於諸法「無所分別」，如是行者，(即)能「得聖道」。	(平等行)曰：若於諸法「無所分別」，如是行者，(即)能「得聖道」。
(伍)(文殊師利)又問：何謂如(得)時(節時)而「無所念」？	(伍)(文殊師利)又問：云何名「得聖道已」？	(伍)(文殊師利)曰：云何名為「得聖道已」？
(普行)答曰：設於諸法，悉能奉行，(能)覩見平等，則為(得)「時節」(時)，亦「無所	(等行)答曰：若行者(能)於「平等」中見「諸法平等」，是名「得聖道已」。	(平等行)曰：若行者(能)於「平等」中見「諸法」等，是則名為「得聖道已」。

念」。 (陸) (文殊師利)又問：豈可能令見(平)「等」行乎？ (普行)答曰：不也，設(有得)見(於)「平等」者，則便墮於「六十二見」，不為「平等」。	(陸) (文殊師利)又問：「平等」可得見耶？ (等行)答言：不也。所以者何？若「平等」可(真實得)見，則(已)非「平等」。 (若於「平等」法中見「諸法平等」者，此則名為「得聖道已」。 但「平等」法的真義如何？ 平等法者，即非平等法，是名平等法)	(陸) (文殊師利)問言：善男子！所言「平等」，可得見耶？ (平等行)答言：不也，何以故？文殊師利！若「平等」法可(真實)得見者，則(已)非「平等」。 (柒)文殊師利！若能不見諸法「平等」，是則名為見於「平等」。

三－33 文殊菩薩與思益梵天的問答共有16題。若行者能於一切法的「平等相」中，不見有真實可得之諸法，是則名為「得聖道已」

西晉·竺法護 譯 《持心梵天所問經》	後秦·鳩摩羅什 譯 《思益梵天所問經》	北魏·菩提流支 譯 《勝思惟梵天所問經》
		[文殊菩薩與思益梵天的第1個問答] 爾時勝思惟梵天問文殊師利法王子言：善男子！諸法(之)「平等」可得見不？ (文殊師利)答言：(勝思惟)梵天！不可見也，若(有)見「平等」，(則已)非「平等」見。
持心梵天問溥首曰：其「平等」者，不見諸法，乃名「平等」。	思益梵天謂文殊師利：若行者(能)於「平等」(相)中不見「諸法」(有分別)，是名「得聖道已」。	(勝思惟)梵天言：文殊師利！若行者(能)於一切法(之)「平等相」中，不見「諸法」(有分別)，是則名為「得聖道已」。
	[文殊菩薩與思益梵天的第2個問答]	

<u>溥首</u>答曰：何故(持心)梵天而不見(諸法有分別)乎？	<u>文殊師利</u>言：何故不見(諸法有分別)？	(文殊師利)問言：(勝思惟)梵天！何故不見(諸法有分別)？
(持心)報曰：(斷)除於(分別之)「二事」，故不「有見」，(所謂)「無所見」者，乃(名)為「等見」(平等之見)。	思益言：(遠)離「二相」，故(即是)「不見」，(所謂)「不見」(諸法有分別)即是「正見」。	(勝思惟)梵天答言：(遠)離於「二相」，是故「不見」。<u>文殊師利</u>！如是「不見」(諸法有分別)即是「正見」。
(文殊師利)又問：豈在「梵宮」為「等見」(平等之見)乎？	[文殊菩薩與思益梵天的第 3 個問答] (文殊師利)又問：誰能「正見」(於)世間？	(文殊師利)問言：(勝思惟)梵天，於世間中，誰能「平等見」？
(持心)報曰：何等為見？	(思益)答言：(能)「不壞」(於)世間相者。	(勝思惟)梵天答言：諸佛如來。
(缺相對之經文)	[文殊菩薩與思益梵天的第 4 個問答] (文殊師利)又問：云何為「不壞」世間相？	(文殊師利)問言：(勝思惟)梵天！云何能見？
(持心)答曰：其所見者，如：「色」(乃)「無本」(即漢文「如」義)，不造(作)差別(相)，如有所見也。 (如)「痛痒(受)行、識」而(亦)「無有本」(即漢文「如」義)，(五陰皆平)等「不差別」(無差別)。設使<u>溥首</u>！(若有能)覩於「五陰」而「無本」(即漢文「如」義)者，則為示現於世間矣，為「平等見」也。	(思益)答言： 色(即是)「如」，無別、無異。 「受、想、行、識」(亦即是)「如」，無別、無異。 若行者(能)見「五陰」(皆是)平等(之)「如」相，(此)是名(為)「正見」世間。	(勝思惟)梵天答言：<u>文殊師利</u>！如： 「色」(即是)「真如」，不異作。 「受、想、行、識」(亦即是)「真如」，亦不異作。 <u>文殊師利</u>！如五陰「平等」，(此)名為「見平等」。
(文殊師利)又問：在於「梵宮」，行何所行？	[文殊菩薩與思益梵天的第 5 個問答] (文殊師利)又問：何等是「世間相」？	(文殊師利)問言：(勝思惟)梵天！何者是「世間」(相)？
(持心)答曰：(若能滅)盡於諸相，則為是「行」，是為<u>溥首</u>	(思益)答言：(若能)「滅盡」(即)是世間相。	(勝思惟)梵天答言：(若能)「滅盡」(即)是世間(相)。

世俗(之)所行。		
(文殊師利)又問：設使諸相，「滅世」(滅盡世間)心相者，云何(滅)盡於「心相」行乎？	[文殊菩薩與思益梵天的第6個問答] (文殊師利)又問：「滅盡相」復可(再滅)盡耶？	(文殊師利)問言：(勝思惟)梵天！若彼「滅盡」是「世間」(相)者，(那)世間之相(皆能完全滅)盡以不耶？
(持心)答曰：溥首！世間之相(亦)不為(滅)盡也。	(思益)答言：(所謂)「滅盡相」者，(亦)不可(完全滅)盡也。 (滅盡相者，即非滅盡相，是名滅盡相)	(勝思惟)梵天答言：(其實)世間之相(亦)不可(完全滅)盡也。
(文殊師利)又問：何謂「分別」(即)為「諸相行」？(又)為「世間行」？	[文殊菩薩與思益梵天的第7個問答] (文殊師利)又問：(那剛剛)何故說言：世間(即)是「滅盡相」？	(文殊師利)問言：(勝思惟)梵天！以何義故，說言世間(即)是「滅盡相」？
(持心)答曰：其(世間相)都(滅)盡者，則(已)「無所盡」，其有(滅)盡者，而不可(再滅)盡。	(思益)答言：世間畢竟(是)(滅)盡相，是「相」(亦)不可(完全滅)盡。所以者何？已(經滅)盡者，不復(再滅)盡也。	(勝思惟)梵天答言：世間畢竟是「滅盡相」，以是義故，(但其)「相」(仍是)不可(滅)盡，何以故？ 以是(已經滅)盡故，不復更(再滅)盡。
(文殊師利)又問(持心)梵天：「如來」至真，豈不有云：其(滅)盡法者，謂「有為事」(有為法)？	[文殊菩薩與思益梵天的第8個問答] (文殊師利)又問：佛不說一切「有為法」(皆)是(滅)盡相耶？	(文殊師利)問言：(勝思惟)梵天！佛可不說諸「有為法」(皆)是(滅)盡相耶？
(持心)答曰：其(滅)盡法者，未曾復(完全滅)盡，(故)如來說曰：其(滅)盡法者，謂「有為事」(有為法)。	(思益)答言：世間(雖)是(滅)盡相，(但)終不可(完全滅)盡。是故佛說： 一切「有為法」(皆)是(滅)盡相。	(勝思惟)梵天答言：(所謂滅)盡法相者，彼(亦)常「不盡」(不完全滅盡)，是故佛說： 一切「有為相」(亦)不(完全滅)盡也。
(佛說一切有為法皆是「滅盡相」，但佛又說：	(佛說盡相，即非盡相，是名盡相)	

滅盡相，即非滅盡相，是名滅盡相)		

三－34 若於「平等」法中「遠離二相」，不見諸法之分別，是名「已得聖道」

西晉・竺法護 譯《持心梵天所問經》	後秦・鳩摩羅什 譯《思益梵天所問經》	北魏・菩提流支 譯《勝思惟梵天所問經》
(文殊師利)又問(持心)梵天，何謂名曰為「有為事」(有為法)？	[文殊菩薩與思益梵天的第9個問答] (文殊師利)又問：何故數名「有為法」？	(文殊師利)問言：(勝思惟)梵天！何故數名「有為法」耶？
(持心)答曰：其(滅)盡法者，名曰「有為」(法)。	(思益)答言：以(滅)盡相故，名「有為法」。	(勝思惟)梵天答言：以其(滅)盡(相)故，名「有為法」。
(文殊師利)又問(持心)梵天：「有為」之事，為何所立？	[文殊菩薩與思益梵天的第10個問答] (文殊師利)又問：「有為法」者，為住何所？	(文殊師利)問言：(勝思惟)梵天！「有為」諸法，為住何所？
(持心)答曰：(能)住於「無為自然」之處，則為「有為」。	(思益)答言：(有為法亦在)「無為性」中住。	(勝思惟)梵天答言：「有為法」(亦)住「無為性」中。
(文殊師利)又問：「有為」(與)「無為」，斯諸法者，有何差別？	[文殊菩薩與思益梵天的第11個問答] (文殊師利)又問：「有為法」(與)「無為法」有何差別？	(文殊師利)問言：(勝思惟)梵天！若如是者，「有為」之法與「無為法」，有何差別？
(持心)答曰：「有為」(與)「無為」諸法之者，以「方俗」事言(則)有差別，(以)「方俗」說斯(此)是為「有為」，此(是)為「無為」。其「有為法」及「無為法」，則無「殊別法」，(亦)無有「異」。	(思益)答言：「有為法」(與)「無為法」，(乃)文字言說(而)有差別耳！所以者何？以文字言說，言是「有為」、是「無為」。若求「有為、無為」實相，則無「差別」，以(有為與無為兩者之)「實相」(乃)無差別故。	(勝思惟)梵天答言：「有為之法」與「無為法」，(乃)文字言說(而)有差別耳！何以故？文字言說即是「有為」、是「無為」故。若求「有為、無為」法相，則無「差別」，以彼(有為與無為兩者之)法相，(實)無「分別」故。

(文殊師利)又問(持心)梵天：所言「法」者，為何謂耶？	[文殊菩薩與思益梵天的第12個問答] (文殊師利)又問：何等是諸法「實相」義？	(文殊師利)問言：(勝思惟)梵天！何等法上有此言語？
(持心)答曰：所云法者，無有「差別」，是謂為「法」。	(思益)答言：一切法平等，無有「差別」，是「諸法實相」義。	(勝思惟)梵天答言：得「無為法」則不「分別」法上言語。
(文殊師利)又問：何謂為「言」？	[文殊菩薩與思益梵天的第13個問答] (文殊師利)又問：何等為「義」？	(文殊師利)問言：(勝思惟)梵天！何等言語名為「義」耶？
(持心)答曰：(若)有所「囑累」，有所「講說」，是(皆)謂「言說」。	(思益)答言：以「文字」說，令人得解，故名為義。	(勝思惟)梵天答言：所謂為他，令「心」取相，(故)說彼「言語」。
所以者何？一切言說(皆)「平等」相像，如來分別(此皆)為「平等」也，(凡)有所說者，不為「差別」，是故名曰「為言說」也。	所以者何？(所謂)「實相」義者，不如「文字」所說。諸佛雖以「文字」(而)有所言說，而於「實相」(乃)無所「增、減」。	何以故？一切「文字」(皆)名為「戲論」，而佛如來不住「戲論」，(亦)不依(於文字)、不說(於文字)。
又復溥首！一切所言為「無所言」，斯則名曰「無所逮得」，為佛所言「平等(正)覺」者，不有所獲，無所「言行」。	文殊師利！一切言說，皆「非言說」，是故佛語名「不可說」，諸佛不可以「言相」(而)說故。 (佛說一切法，即非一切法，是名一切法)	文殊師利！一切言語，本非「言語」，是故佛說一切「諸法」(皆)「不可說」也。何以故？諸佛如來非彼「言語」而得名故。 (佛說言語，即非言語，是名言語)
(文殊師利)又問：何謂「平等(正)覺」佛(之)所念行？	[文殊菩薩與思益梵天的第14個問答] (文殊師利)又問：云何得說佛相？	(文殊師利)問言：(勝思惟)梵天！諸佛如來云何得名？
(持心)答曰：不行於「色」(身)，不行「諸(三十二)相」、不行於「(諸功德)法」。	(思益)答言：諸佛如來，不可以「色身」說相，不可以「三十二相」說相，不可以	(勝思惟)梵天答言：諸佛如來(乃)「非色(身)、非(三十二)相、非(功德)法」(而)得名。

	「諸功德法」說相。 (若以色見我，以音聲求我，是人行邪道，不能見如來) (若以色身及三十二相見我，以諸功德法求我，是人行邪道，不能見如來)	
(文殊師利)又問：難獲之「(三十二)相」而有說法，為念行乎？	[文殊菩薩與思益梵天的第15個問答] (文殊師利)又問：諸佛可離「色身、三十二相、諸功德法」而說相耶？	(文殊師利)問言：(勝思惟)梵天！諸佛如來可離「色法」而得名耶？
(持心)答曰：不也，其有相者，法則「無本」(即漢文「如」義)，無有真實，而「不差別」，此為如來之所念行，其所行者，為「無所行」，亦「無有本」，亦無所「說」，亦無所「失」。	(思益)答言：不也！所以者何？ 色身「如」、 三十二相「如」、 諸功德法「如」； 諸佛「不即」是「如」， 亦「不離」(是)「如」。 如是可說「佛相」，不失「如」故。 (若離色見我，離音聲求我，亦是人行邪道，不能見如來) (若離色身及三十二相見我，離諸功德法求我，亦是人行邪道，不能見如來)	(思益)答言：不也！文殊師利！何以故？ 以色身「如」、 及法體「如」， 彼二「如」(之)法，(乃)非一、非異。 諸佛如來「如是」(而)得名，如來「如實真如」(而)得名，若佛如來「如實」(而)得名，彼則不失。
(文殊師利)又問(持心)梵天：云何如來成「平等(正)覺」？	[文殊菩薩與思益梵天的第16個問答] (文殊師利)又問：諸佛世尊得「何等」故？號名為佛？	(文殊師利)問言：(勝思惟)梵天！諸佛如來得「何法」故，號名為「佛」？
(持心)答曰：溥首！如來曉了一切諸法，悉為「本淨」，自然「無本」(即漢文「如」義)，(故能)逮「平等(正)覺」，以故因號「平等正覺」。	(思益)答言：諸佛世尊(皆)通達「諸法性相」(為)「如」故，說名如來・正遍知者。	(勝思惟)梵天答言：文殊師利！諸佛如來皆以通達「一切法性」(皆是)清淨「真如」，如彼「真如」(而)如是而證，諸佛如來「如是」(而)得名，是故號為「正遍知」者。

三－35 世尊以偈頌回答「菩薩應如何住於大乘法中觀修」？

西晉・竺法護 譯《持心梵天所問經》	後秦・鳩摩羅什 譯《思益梵天所問經》	北魏・菩提流支 譯《勝思惟梵天所問經》
《志大乘品・第十》	《志大乘品・第十》	
㊀於是普行菩薩白世尊曰：何謂大聖？名於菩薩(而)志于「大乘」，當何以觀？	㊀於是等行菩薩白佛言：世尊！何謂菩薩發行「大乘」？	㊀爾時平等行梵天婆羅門大婆羅子白佛言：世尊！云何菩薩摩訶薩，(能)住「大乘」中，而說言住？
㊁世尊以頌答普行曰：若志求佛道，未曾慕於色，如色道亦然，斯為意慕道。色與道無異，行者亦如茲，所願無所壞，則道第一慧。無壞義道義，道者無利義，其修第一義，乃為志求道。於陰求佛道，眾種及諸入，曉是為等覺，與道無差別。	㊁爾時世尊以偈答言：菩薩不壞色，發行菩提心，知色即菩提，是名行菩提。如色菩提然，等入於如相，不壞諸法性，是名行菩提。不壞諸法性，則為菩提義，是菩提義中，亦無有菩提。正行第一義，是名行菩提。愚於陰界入，而欲求菩提，陰界入即是，離是無菩提，	㊁爾時世尊，以偈答曰：菩薩不壞色，住於菩提心，知色如菩提，是黠慧菩薩。如色菩提然，平等入如相，不壞諸法性，是黠慧菩薩。不壞菩提義，則為菩提義，是菩提義中，亦無有菩提。正行第一義，是名住菩提，菩薩黠慧人，如是解菩提。愚於陰界入，而欲求菩提，陰等是菩提，不別有菩提。
如使不受法，無上下中間，亦無所棄捐，乃為志求道。若法若非法，不想此二事，以不獲兩緣，乃為志求道。有為則二事，無為則無二，棄捐分別事，乃為修道行。	若有諸菩薩，於上中下法，不取亦不捨，是名行菩提。若法及非法，不分別為二，亦不得不二，是名行菩提。若二則有為，非二則無為，離是二邊者，是名行菩提。	黠慧諸菩薩，於上中下法，不取亦不捨，是名住菩提。黠慧不分別，法非法為二，亦不得不二，是名行菩提。若二則有為，非二則無為，離是二邊者，是名行菩提。
而超度凡夫，住立於寂然，不得賢聖果，世眾祐無著。觀於世間法，處俗如蓮華，遵修尊妙行，乃為志求道。於世所在遊，于彼而造行，	是人過凡夫，亦不入法位，未得果而聖，是世間福田，行於世間法，處中如蓮華，遵修最上道，是名行菩提。世間所行處，悉於是中行，	是人過凡夫，亦不入法位，未得果名聖，是世間福田，觀察世間法，處中若蓮華，遵行最上道，是名住菩提。世間行何處，菩薩彼處行，

俗人所縛著，明哲則解脫。	世間所貪著，於中得解脫。	一切諸世間，悉沒何等法。 黠慧如實知，於中得解脫，
不畏於生死，菩薩志性強， 無怯而堅固，修行於佛道。 設使曉了者，分別於法性， 於法與非法，一切無所想。 不釋離諸法，專修于佛道， 未曾有墮落，彼道無有想。 諸法無有相，譬之如虛空， 無相不無相，明者不念斯。	菩薩無所畏，不沒生死淵， 無憂無疲倦，而行菩提道。 斯人能善知，法性真實相， 是故不分別，是法是非法。 行於佛道時，無法可捨離， 亦無法可受，是名菩提相。 一切法無相，猶若如虛空， 終不作是念，是相是可相。	黠慧則不畏，沒於世間淵。 不怯心劣心，行於菩薩行， 菩薩黠慧人，善知法性相。 是故不分別，是法是非法， 黠慧菩薩行，無法可捨離。 亦無法可起，是名菩提相， 一切法無相，猶如虛空相。 黠慧者不念，是相是可相。
於行勇方便，善權度無極， 則令他眾生，具足所志樂。 常總持正法，住立於平等， 是則為正法，在典無眾念。 諸佛雖興出，則為無所起， 常住於正法，斯能奉經典。 一切法現在，如法及非法， 所說亦如斯，則住於無本。	善知世所行，遍知方便力， 能充滿一切，眾生之所願。 常住於平等，護持佛正法， 一切無所念，是則如來法。 若有佛無佛，是法常住世， 能通達此相，是名護持法。 諸法之實相，了達知其義， 安住於此中，而為人演說。	菩薩常護法，以住於平等。 平等即是法，以不分別法， 世有佛無佛，一切諸法空。 黠慧諸菩薩，不捨彼法體， 現見佛諸法，所有法體相。 為於眾生說，以住真如故，
遵修微妙道，而不了魔事， 於諸法亦然，則不受道教。 志願於佛道，而以建行慢， 則無有慧教，所說無所獲。 諸佛慧無量，於法不著法， 于彼無所猗，斯道度彼岸。 布施志於道，心樂于施捨， 降伏一切有，不著於佛道。	行於甚深法，魔所不能測， 是人於諸法，無所貪著故。 願求諸佛慧，亦不著願求， 是慧於十方，求之不可得。 諸佛慧無礙，不著法非法， 若能不著此，究竟得佛道。 其諸樂善人，布施轉高尊， 捨一切所有，而心不傾動。	諸魔不能惻，以諸行甚深。 黠慧不取法，遍知諸法故， 求知佛智慧，而不住於彼。 智不有住處，非不住異處， 諸佛慧無礙，不著法非法。 若能不著此，究竟得菩提， 其諸樂善人，布施轉高尊。 捨一切所有，而心不傾動，
法不可得勝，亦不可奉受， 諸法亦如是，不得心形像。 致究竟解脫，曉了一切法， 彼修愍哀句，則為無諸見。 彼等計吾我，則無有二事， 不處於貢高，不慕諸所有。	諸法不可捨，亦復不可取， 一切世間法，根本不可得。 能知一切法，非施非捨相， 是名大施主，於法無所見。 是等諸菩薩，不計我我所， 是故行施時，不生貪惜心。	諸法不可捨，亦復不可取， 一切世間法，我本不可得。 如實知諸法，非縛非解脫。 佛說是施主，無所見法故， 是等諸菩薩，不計我我所。 是故行施時，不生貪惜心，
一切行布施，勸助於佛道，	諸所有布施，皆迴向佛道，	諸所有布施，皆迴向佛道。

布施及道德，不處計有二。 禁戒無所行，常立於正道， 亦無有想念，言吾立禁戒。 無為無所生，聖達了禁戒， 以故戒清淨，解結如虛空。	布施及菩提，不住是二相。 無作無起戒，常住於此中， 亦不作是念，我住是持戒， 智者知戒相，不生亦不作， 是故戒清淨，猶若如虛空。	布施及菩提，不住是二相， 無作無起戒，常住戒法中。 亦不作念言，我住是持戒， 黠慧知戒相，不生亦不作。 是故菩薩戒，清淨如虛空，
身如鏡中像，言如呼聲響， 了心若如幻，不以戒念慢。 斯則遵師教，彼樂於寂然， 滅除一切惡，澹泊度無極。	觀身如鏡像，言說如響聲， 心則如幻化，不以戒自高。 其心常柔軟，安處寂滅性， 悉除一切惡，通達於善法。	觀身如鏡像，言說如響聲。 心則如幻化，不以戒自高， 其心常柔軟，安住寂滅性。 悉滅一切惡，通達於善法，
所謂禁戒者，則無有二事， 悉分別法性，此戒則無漏。 忍辱度無極，堪任一切患， 眾生亦復然，平等立眾想。 不猗於虛空，諸法無所住， 彼無有罵詈，則亦無所有。 設節節解身，心不懷怒恨，	持戒及毀戒，不得此二相， 如是見法性，則持無漏戒。 已度忍辱岸，能忍一切惡， 於諸眾生類，其心常平等。 諸法念念滅，其性常不住， 於中無罵辱，亦無有恭敬， 若節節解身，其心終不動，	持戒及毀戒，不得此二相。 如是見法性，則持無漏戒， 已到忍辱岸，能忍一切惡。 於一切諸法，其心常平等， 諸法念念滅，其性常不住。 於中無罵辱，亦無有恭敬， 若節節解身，其心終不動。
其心無所住，亦不處內外。 自觀立四眾，如能忍怨讎， 終不為惡行，忍辱猶若地。 現在還致此，乃名曰忍辱， 斯一切眾生，不能令瞋恚。 勸助樂大乘，勢強無所畏， 其心意所行，未曾有所著。	知心不在內，亦復不在外， 身怨及刀杖，皆從四大起， 於地水火風，未曾有傷損。 通達於此事，常行忍辱法， 菩薩行如是，眾生不能動。 勇猛勤精進，堅住於大乘， 是人於身心，而無所依止。	知心不在內，亦不在外故， 身怨及刀杖，皆從四大起。 黠慧悉現見，名為忍辱人， 於地水火風，未曾有傷損。 通達於此事，常行忍辱法， 菩薩行如是，眾生不能動。 勇猛勤精進，堅住於大乘， 是人於身心，而無所依止。
因從始原際，生死不可知， 則以一人故，誓被大力鎧。 其法未曾生，豈能有壞乎， 顛倒之處力，不了於本際。 諸種立天眼，法性無思議， 曉了如是者，不起無所盡。	雖知生死本，其際不可得， 為諸眾生故，莊嚴大誓願。 法無決定生，何許有滅相， 本際不可得，為顛倒故說。 法性不可議，常住於世間， 若能知如是，不生亦不滅。	雖知生死本，其際不可得， 為一眾生故，莊嚴大誓願。 法本不生滅，何處有滅相， 本際不可得，顛倒見起滅。 法性常爾住，故不可思議， 若能知如是，不生亦不滅。
眾生不了斯，諸法與非法， 常精勤此義，顛倒於放逸。 諸佛不得入，究竟無所有，	菩薩念眾生，不解是法相， 為之勤精進，令得離顛倒。 諸佛常不得，眾生決定相，	菩薩念眾生，不解是法相， 為之勤精進，令得離顛倒。 諸佛常不見，眾生決定相，

無行常被鎧，觀精進差特。 選擇一切法，如幻若野馬， 彼獲無堅惡，猶如觀虛空。 思想於虛偽，猗著無所益， 以故說平等，得至于滅度。	而彼弘本願，當觀精進力。 思惟一切法，知皆如幻化， 不得堅牢相，觀之如虛空。 從虛妄分別，貪著生苦惱， 為斯開法門，令得入涅槃。	而不捨發心，是名精進人。 思惟一切法，知皆如幻化， 智慧不得堅，觀法如虛空。 從虛妄分別，貪著生垢染， 為斯開法門，令得入涅槃。
以此精進義，遵修無所壞， 行所行離行，精進最為上。 道行為寂然，遵修于空義， 勿信於虛偽，厥意畏生死。 勇猛樂閑居，明無常如壙， 慧者娛樂禪，神通度無極。	為彼行精進，而不壞於法， 離法非法故，常行真精進。 是等行遠離，了達無諍定， 獨處無憒閙，常畏於生死。 樂住於閑居，猶如犀一角， 遊戲諸禪定，明達諸神通。	為彼行精進，而不壞於法， 離法非法故，常行真精進。 是等行遠離，以得無諍定， 獨閙俱不住，而常畏世間。 樂住於閑居，猶如犀一角， 遊戲諸禪定，明達諸神通。
如聚閑居然，所住志平等， 威儀無想念，在在意常定。 本淨等于法，寂然無諸漏， 信樂於解脫，於度常等定。 斯均等懷來，恒立於平等， 不諍亂平等，是故曰平均。	心常住平等，處空閑聚落， 威儀無變異，恒樂於禪定。 信解常定法，及寂滅無漏， 其心得解脫，故說常定者。 自住平等法，以此導眾生， 不違平等行，故說常定者。	心常住平等，等空閑聚落， 平等無分別，常爾名寂靜。 常解知寂靜，無漏無分別， 信法得解脫，故說名寂靜。 來去皆平等，彼常住平等， 不滅於平等，故說住平等。 自住平等法，以此道眾生， 不違平等行，故說常定住。
不為心見惑，道心一切普， 開化於眾生，是故曰平等。 常念於諸佛，如來則法身， 於色無所著，是故曰平等。 意念行經典，若法與非法， 其心靡所念，是故曰平等。 心念於聖眾，謂眾則無為， 離於數無數，明達於禪定。 普見諸佛土，十方諸眾生， 於眼無有色，不想行有二。	志念常堅固，不忘菩提心， 亦能化眾生，故說常定者。 常念於諸佛，真實法性身， 遠離色身相，故說常定者。 常修念於法，如諸法實相， 亦無有憶念，故說常定者。 常修念於僧，僧即是無為， 離數及非數，常入如是者， 悉見十方佛，一切眾生類， 而於眼色中，終不生二相。	志念常堅固，不忘菩提心， 而能化眾生，故說常定者。 常念於諸佛，真實法性身， 遠離色身相，故說常定者。 常修行諸法，如諸法法體， 而無有憶念，故說常定者。 常不捨念僧，知僧是無為， 離於數寂靜，善思惟黠慧。 十方佛國土，悉見於諸佛， 而於眼色中，終不生二相。
或聞一切佛，所可說經法， 不以耳音聲，退轉為二想。 一切眾生心，一心悉知之， 無人亦無意，則無有眾想。 識念億萬姟，猶江河沙劫，	諸佛所說法，一切能聽受， 而於耳聲中，亦不生二相。 能於一心中，知諸眾生心， 自心及彼心，此二不分別。 憶念過去世，如恒河沙劫，	諸佛所說法，一切能聽受， 而於耳聲中，亦不生二相。 能於一心中，知諸眾生心， 自心及彼心，此二不分別。 憶念過去際，如恒河沙劫，

亦無有前後，所知為若茲。 遊達億千國，現神足無限， 於時明哲者，身口心不亂。	是先及是後，亦復不分別。 能至無量土，現諸神通力， 而於身心中，無有疲倦想。	是先及是後，亦復不分別。 能遍至無量，不思議佛所， 而於身心中，無有疲倦相。
能分別經典，辯才而獨步， 講說億千劫，法性無所失。 智慧度無極，方便了五陰， 遵修無所戲，為人說經法。 曉了因緣便，棄捐所分別， 其以塵勞故，則了諸清淨。 因緣得解脫，信無有諸見，	分別知諸法，樂說辯無盡， 於無央數劫，開示法性相。 智慧度彼岸，善解陰界入， 常為眾生說，無取無戲論。 善知因緣法，遠離二邊相， 知是煩惱因，亦知是淨因。 信解因緣法，則無諸邪見，	分別知諸法，樂說辯無盡， 於無央數劫，開示法性相。 智慧到彼岸，以解陰界入， 常為眾生說，無取無戲論。 善知因緣法，遠離二邊相， 知是煩惱因，亦知是淨因。 信解因緣法，則無諸邪見，
如是曉眾事，諸法無形像。 自覩見佛身，觀空悉能忍， 覿終始滅度，一切無所有。 了智慧本淨，於世罔所念， 以離窈冥眾，乃為修道行。 斯乘為大乘，佛慧無思議， 撫照於眾生，勸此無上乘。	法皆屬因緣，無有定根本。 我見與佛見，空見生死見， 涅槃之見等，皆無是諸見。 無量智慧光，知諸法實相， 無闇無障礙，是行菩提道。 是乘名大乘，不可思議乘， 悉容受眾生，猶不盡其量。	法皆屬因緣，無有定根本。 黠慧無我見，佛見與空見， 世間涅槃見，皆無如是見。 以智慧光明，知一切法性， 無闇無障礙，是智者行道。 是業名大乘，不思議佛乘， 悉容受眾生，是大乘菩提。
計一切諸道，斯乘為最尊， 如是於彼乘，僉了一切學。 假使一切人，靡能限此乘， 吾等大乘者，聽省濟群生。 其建志大乘，猶譬如虛空， 未曾有貪婬，於眾生無著。	一切諸乘中，是乘為第一， 如是大乘者，能出生餘乘。 餘乘有限量，不能受一切， 唯此無上乘，能悉受眾生。 若行此無量，虛空之大乘， 於一切眾生，無有慳悋心。	一切諸乘中，是乘為第一， 如此大乘者，能出生餘乘。 餘乘有限量，不能受一切， 唯此無上乘，能悉受眾生。 若行此無量，虛空之大乘， 於一切眾生，無有慳悋心。 有智者住此，無垢之大乘，
虛空無邊限，無色不可見， 大乘亦如茲，無限無有漏。 假使一切人，志學於此乘， 受使亦如斯，是乘為殊特。 設於百千劫，所遵行乘者， 歎德不能盡，大乘之功祚。 則棄捐無礙，叡達得自在，	虛空無有量，亦無有形色， 大乘亦如是，無量無障礙。 若一切眾生，乘於此大乘， 當觀是乘相，寬博多所容。 無量無數劫，說大乘功德， 及乘此乘者，不可得窮盡。	此乘如虛空，無色不可示。 若有諸眾生，乘此大乘者， 當觀是乘相，寬博多所容。 無量無數劫，說大乘功德， 及乘此乘者，功德不可盡。 若住此大乘，彼人離諸難，
假使此尊經，有人執斯頌， 終不墮惡趣，然後得自由，	若人聞是經，乃至持一偈， 永脫於諸難，得到安隱處。	得值諸無難，此是智慧人。 聞是妙經典，乃至四句偈，

在天上人間，敬斯經亦然。 吾當授其決，悉使得佛道， 若聞此經者，最後不恐懼。 斯等有正法，則立於雅典，	敬念此經者，捨是身已後， 終不墮惡道，常生天人中。 於後惡世時，若得聞是經， 我皆與授記，究竟成佛道。	不墮於惡道，得到安隱處。 愛敬此經者，是天亦是人， 以捨是身已，常生人天故。 於後惡世時，若得聞是經， 我皆與授記，究竟成佛道。
便為轉法輪，住此經如是。 一切思惟之，退轉于生死， 則近等正覺，持是經如是。	若住此經者，佛法在是人， 是人在佛法，亦能轉法輪。 若人持是經，能轉無量劫， 生死諸往來，得近於佛道。	若後惡世時，手執此妙典， 即是住真法，能轉此法輪。 若人持是經，能轉無量劫， 生死趣往來，得近於佛道。
其執持斯經，則巨勇猛力， 降伏眾魔兵，大進無極慧。 猶如錠光佛，授決得法忍，	若能持是經，精進大智慧， 是名極勇猛，能破魔軍眾。 我於燃燈佛，住忍得受記，	若能持是經，智慧大精進， 是人極勇猛，能降伏諸魔。 然燈授我記，令得無生忍，
其敬此經者，吾亦當授決。 諸佛無由生，救世護吼導， 若講斯經者，則為造佛事。	若有樂是經，我授記亦然。 若人於佛後，能解說是經， 佛雖不在世，為能作佛事。	愛樂此經者，我授記亦然。 若佛不出世，無度眾生時， 愛樂此經者，作佛所作事。
㊆佛說此頌時，分別音聲行之所趣，十千天子則發「無上正真道意」。二千菩薩得「不起法忍」。千比丘「漏盡」意解。三萬二千人遠塵「離垢」，得諸「法眼」生。	㊆佛說是偈時，五千天子皆發「阿耨多羅三藐三菩提心」。二千菩薩得「無生法忍」。十千比丘不受^(繫縛於)諸法^(而獲)漏盡，心得解脫。三萬二千人遠塵「離垢」，於諸法中得「法眼淨」。	㊆說此偈時，五千天子皆發「阿耨多羅三藐三菩提心」。二千菩薩得「無生法忍」。十千比丘不受^(繫縛於)諸法^(而獲)漏盡，心得解脫。三萬二千人遠塵「離垢」，於諸法中得「法眼淨」。

三－36 若菩薩作念：「生死與菩提為異，邪見與菩提為異，涅槃與菩提為異」。此皆非是真行菩提道也

西晉・竺法護 譯 《持心梵天所問經》	後秦・鳩摩羅什 譯 《思益梵天所問經》	北魏・菩提流支 譯 《勝思惟梵天所問經》
《行道品・第十一》	《行道品・第十一》	
㊀ ⑴爾時溥首白世尊曰：今	㊀ ⑴爾時文殊師利法王子白	㊀ ⑴爾時文殊師利法王子白

曰吾「省」大聖所說分別厥義，其有(著相而)志願求「佛道」者，(此)則(同)為希慕(希求思慕)於「邪見」矣。 (2)所以者何？唯然世尊，因獲「邪見」，(而欲以著相而)逮佛道耳。 ⑴欲「有所得」，故(著相而)發「志願」，則為方便，至于「邪見」。 (2)所以者何？ 天中之天，又見其道不住「欲界」，不住「色界」，不住「無色界」，道(乃)「無所住」，以是之故，不當(著相而發)志願。 ㊂譬如男子，(以手)而取段◦鐵，燒著(於)火中，不欲願(被)火(燒)，(亦)不當手(去)觸(火)，所以者何？(但最終火一定會)燒「人手」故，(因為)火不(會)自燒，(只有)取(火)者(會被)燒耳。(以此來說)其有(著相而發)志願「求佛道」者，則(喻)為求火而(結果是)「自燒」耳。 ㊃唯然世尊，道(乃)無(所)志「求」，(實相之「道)以(越)度(分別之)「二事」而無所「趣」。喻如男子，(若)志願(於)虛空，吾欲遊步(而)行於空中，其人(終)不能行於「虛空」。	佛言：世尊！如我解佛所說義，若有人(著相而)發「菩提願」，(此亦)是為「邪願」。 (2)所以者何？(凡)諸「有所得」(者)，悉皆是「邪」。 ⑴若(有)計得(計量獲得)「菩提」而發願者，是人諸所作行，皆為是「邪」。 (2)所以者何？ 菩提不在「欲界」，不在「色界」，不在「無色界」，菩提(即)無有「住處」，(故)不應(著相而)「發願」。 ㊃世尊！譬如有人，願得「虛空」，寧得「虛空」不？ 佛言：不也！	佛言：世尊！如我解佛所說法義，若有人(著相而)發「菩提願」者，(此亦)是為「邪願」。 (2)何以故？(凡)一切諸法，若「有所得」(者)，悉皆是「邪」。 ⑴若有人計(量)有得「菩提」而發願者，如是之人，諸所作行，皆為「邪行」。 (2)何以故？ 以彼菩提不住「欲界」，不住「色界」，亦復不住「無色界」故，若彼菩提(即)無有「住處」，(故)不應(著相而)「發願」。 ㊃世尊！譬如有人，願得「虛空」，彼人寧有得「虛空」不？ 佛言：不也。

西晉・竺法護 譯《持心梵天所問經》	後秦・鳩摩羅什 譯《思益梵天所問經》	北魏・菩提流支 譯《勝思惟梵天所問經》
㈤溥首又曰：無(有)能成立於「虛空」者，其達道意，(若)如「虛空」者，(則)道「無所住」，(實相之「道」)則(越)度於(分別之)「二」。假使菩薩，無有(分別之)「二想」，(則能)建立(眞正之)「道意」。	㈤世尊！菩薩亦復如是，(若能)發同(如)「虛空相」(之)菩提之願，(此)即是發「虛空願」，菩提(乃)「出過」(出離越過)三世，非是(有可得之)「受相」，(故)不可(發)願也。	㈤如是世尊！菩薩亦爾，(若能)發(如)「虛空相」(之)菩提之願，當知(此)即是發「虛空願」，是菩提(即)無(著相之)願，「出過」(出離越過)三世，(菩提)非是(有可得之)「受相」。
㈥設有菩薩，興為(分別之)「二想」(而)志求佛者：若念「佛道」，念于「終始」(終死始生)，(兩者爲分別之二想)設念「道」者，則念「邪見」，(兩者爲分別之二想)假使念「道」，念「滅度」者，(兩者爲分別之二想)則(已)非菩薩，不為(眞正之)行道也。	㈥若菩薩(生)起二(種分別)相(而)發「菩提心」，作是念：生死與菩提「異」，邪見與菩提「異」，涅槃與菩提「異」。(此)是則不行(眞正的)「菩提道」也。	㈥若菩薩(生)起於二(種分別)相(而)發「菩提心」，作如是念：「異」彼生死而有菩提，「異」彼菩提而有涅槃，然彼菩薩，(並)非(眞正的)「菩提行」。

三－37 思益梵天與文殊菩薩的問答共有 11 題。菩提非「過去、未來、現在」，是故菩薩應以三世「清淨心」而發菩提願

西晉・竺法護 譯《持心梵天所問經》	後秦・鳩摩羅什 譯《思益梵天所問經》	北魏・菩提流支 譯《勝思惟梵天所問經》
於是持心梵天問溥首曰：菩薩何行？應道行乎？	[思益梵天與文殊菩薩的第 1 個問答]爾時思益梵天謂文殊師利：菩薩云何行(而)名「菩提行」？	爾時勝思惟梵天問文殊師利法王子言：文殊師利！云何菩薩摩訶薩行「菩提行」？
(文殊師利)答曰：(持心)梵天！若有菩薩行一切法，而於諸範(法則典範)，悉「無所行」(無所執著之行)，是為菩薩「欽崇」(欽慕崇敬)道行，(而)超(越)	(文殊師利)答言：若菩薩行一切法，而於法「無所行」(無所執著之行)，是名行「菩提行」。所以者何？(能)「出過」(出離越過)一切所行(者)，是	(文殊師利)答言：(勝思惟)梵天！若菩薩行「一切法」，而於諸法「無所行」(無所執著之行)者，是(名)為菩薩(眞實之)行「菩提行」，何以故？

諸行性,斯謂(持心)梵天!(此)為菩薩者(應)遵尚(遵修循尚)道行。	(名真實之)「行菩提」。	(勝思惟)梵天!(能出離越)過「諸所行」(者),(此)是名菩薩(真實之)行「菩提行」。
(持心)又問:溥首!何謂菩薩超(越)「諸行」界,奉修道行?	[思益梵天與文殊菩薩的第2個問答] (思益)又問:云何「出過」(出離越過)一切所「行」,是行菩提?	(勝思惟)又復問言:文殊師利,云何菩薩行過諸所行是行菩提行?
(文殊師利)答曰:離一切(執)著,及諸(妄)想行,亦復釋置(釋放棄置)「眼、耳、鼻、口、身、意」(之執著),如是行者,則超(越)行界。	(文殊師利)答言:離「眼、耳、鼻、舌、身、意」諸緣相,是名「出過」(出離越過)一切所行。(不住眼耳鼻舌身意、不住色聲香味觸法)	(文殊師利)答言:(勝思惟)梵天,遠離一切諸(六塵的)攀緣相,(遠)離於「眼、耳、鼻、舌、身、意」諸緣之相,是名菩薩「出過」(出離越過)一切諸境界行。
(持心)又問:設使「超度」(超越度過)為何謂也?	[思益梵天與文殊菩薩的第3個問答] (思益)又問:「出過」(出離越過)有何義?	(勝思惟)又復問言:文殊師利!言「出過」(出離越過)者,以何意故如是說耶?
(文殊師利)答曰:「平等」於「乘」,則為「超度」(超越度過),(平)等一切法,乃為道耳。	(文殊師利)答言:不「出過」(出離越過)「平等」。所以者何?一切法「平等」,即是菩提。	(文殊師利)答言:(勝思惟)梵天!不(出離越)過「平等」,何以故?(勝思惟)梵天!諸法「平等」,即是菩提。
持心又問:道云何住?行者方便?	[思益梵天與文殊菩薩的第4個問答] (思益)又問:云何是發「菩提願」?	(勝思惟)又復問言:云何菩薩起「菩提願」?
(文殊師利)答曰:如(同)彼「道」矣。	(文殊師利)答言:當如(同彼)「菩提」(之義)。	(文殊師利)答言:(勝思惟)梵天!當如(同)彼「菩提」(之義)。
(持心)又問:其道云何?	[思益梵天與文殊菩薩的第5個問答] (思益)又問:云何為「菩提」?	(勝思惟)又復問言:云何「菩提」?

(文殊師利)答曰： (持心)梵天！又其道者，無「去、來、今」，是故菩薩(清)淨于(過去、未來、現今)三場(而)住於「佛道」。	(文殊師利)答言： 菩提非「過去」、非「未來」、非「現在」，是故菩薩應以「三世」(之)清淨心(而)發(起)「菩提願」。	(文殊師利)答言： (勝思惟)梵天！菩提者，非「過去」、非「未來」、非「現在」，是故菩薩(應以)三世清淨觀(而生)起「菩提願」。
設如「過去」、若如「當來」、復如「現在」，(所有)意「罔所趣」(虛罔而無所趣向)，則(皆)「無行念」。	(思益)梵天！如「過去、未來、現在」法，從本以來，常「不生」，「不生」故「不可說」。如是發願(便)無所(真實可得之)「發願」，是(名)發一切願。 (發願者，即非發願，是名發願)	(勝思惟)梵天！如「過去、未來、現在」諸法，本來「不生」，若(法)本「不生」，則(亦)無(真實可得之)「修行」。如是(生)起(發)願，彼人(則)無有處所(而生起)「發願」。
如是住者，則「無所住」(而)普住(於)一切。若(能如)此住者，則得達至於「諸通慧」(諸通達的一切智)。	所以者何？ 以(如)是(而)行道，(便)能得「薩婆若」。	何以故？ 如是「發願」(而)行「菩提行」，(便能)得「一切種、一切智智」。
(持心)又問：何名為「諸通慧」？	[思益梵天與文殊菩薩的第6個問答] (思益)又問：何故說言「薩婆若」？	(勝思惟)又復問言：何義名為一切智智？
(文殊師利)答曰：悉達一切(但又)不以為「智」(者)，是故名曰為「諸通慧」。(真智慧者，乃無執著於智，亦不以爲是智者)	(文殊師利)答言：悉知一切(之)「真智慧」故，名「薩婆若」。	(文殊師利)答言：(勝思惟)梵天！一切悉知，是故說為「一切智智」。
(持心)又問：何謂為慧？	[思益梵天與文殊菩薩的第7個問答] (思益)又問：何等是「真智慧」？	(勝思惟)又復問言：以何等法是「一切智」？
(文殊師利)答曰：所以謂「慧」(乃)「無差別」故，無「異念」故，又如眾生所有亦如(知)悉，(皆)無「差特」。	(文殊師利)答言：(真智慧是)無「變異」相。如眾生無「變異」相，「真智慧」亦無「變異」相。(真智慧是無變無異、無生無滅的)	(文殊師利)答言：(勝思惟)梵天！(一切智是)無「別異」相，以何等處(而)無「眾生相」？如彼眾生(之無別異相)，如是而知，是故名為無「別異」相。

三－38 虛空無變異相，菩提亦無變異，一切諸法皆無變異相

西晉・竺法護 譯《持心梵天所問經》	後秦・鳩摩羅什 譯《思益梵天所問經》	北魏・菩提流支 譯《勝思惟梵天所問經》
(持心)又問：何謂「眾生」？	[思益梵天與文殊菩薩的第8個問答] (思益)又問：云何是「眾生相」？	(勝思惟)又復問言：云何名為「無眾生」耶？
(文殊師利)答曰：其名本淨，眾生「澹泊」(虛澹寂泊)，以是之故，其名「本淨」，眾生如是(平)等「無差別」。假使有念，「道」有「差別」，「眾生」(有)不同，(此)則不順「道」。設「道」如此，「眾生」亦然，以是之故，(道與眾生乃)無有「差別」，則不得歸為(有)「差別」也。又「吾我」(平)等(於)「道」，亦「平等」(於)道，以「平等」，「吾我」亦(平)等。猶斯之故，故無「殊別」，所以者何？眾生(即)「無我」，亦無「有身」，以故「無差」，如身(而)「無異」，一切諸法，亦復如是。	(文殊師利)答言：「假名字、畢竟離」(此六字即)是「眾生相」。如是(眾生)相則無「變異」，若「眾生」與「菩提」(為)異，(方)是為「變異」。如「菩提」相，「眾生」(相)亦爾，是故無「變異」。菩提不可以「餘道」得，但以我(之)「平等」故，菩提(亦)「平等」，眾生性「平等、無我」故，如是可得菩提。是故菩提無有「變異」。所以者何？如「虛空」無「變異」相，一切諸法亦無「變異」相。	(文殊師利)答言：(勝思惟)梵天！言「眾生」者，但有「名字」。(若)離「名字」性，則無「眾生」。(若)離彼「眾生」則(亦)無「名字」。是故「名字」不異「眾生」，「眾生」之性(亦)不異「名字」。若有「菩提」(相)異(於)「眾生」者，應有二相，以如「菩提、眾生」亦爾。以是義故，不異「眾生」(而)有「菩提」也。以「不異」故，菩提(皆)「平等」，(若)菩提平等，則我(亦)「平等」。如是「平等」而得「菩提」，彼法(則)「無異」，以是義故，彼「無異」也，我常「平等」，如彼「無我」，是故「無我」、(亦)「無異」於我，如彼「虛空」，無有「異相」，如是「平等」一切諸法，(皆)無有「異相」。
持心又問：如來所說，(皆)「至誠」(貞至真誠)無虛，所以(如來亦有)分別斯「諸法」矣？	[思益梵天與文殊菩薩的第9個問答] 爾時思益梵天謂文殊師利：如來是「實語」者，(所以)能說「如是」(之)法。	爾時勝思惟梵天謂文殊師利法王子言：文殊師利！當知如來是「實語」者，以「如實」(而)解如是法故。

(文殊師利)答曰：如來未曾「分別」說法。所以者何？如來「不得」於諸法也，況當(有)「分別」(於諸法)！	文殊師利言：如來於法(皆)「無所說」。何以故？如來尚「不得」諸法，何況(有真實能)說法！	文殊師利法王子言：(勝思惟)梵天！佛於諸法(皆)「無所修行」。何以故？如來猶尚「不得」諸法，何況(有真實能得的)修行！
(持心)又問：如來豈不現「法教」乎？是則「有為」？是則「無為」？斯為「世事」(世間事)？斯「度世」(越度世間的出世法)行？	[思益梵天與文殊菩薩的第10個問答] 思益言：如來豈不說「諸法」是「世間」？是「出世間」？是「有為」？是「無為」耶？	(勝思惟)梵天問言：文殊師利！如來豈可不知諸法是「有為法」？是「無為法」？是「世間法」？(還)是「出世間法」耶？
(文殊師利)答曰：所趣云何？孰為於此分別身行，(而)為「言教」乎？	文殊師利言：於汝意云何？(請問)是「虛空」可說、可「分別」不？	文殊師利問言：(勝思惟)梵天！於意云何？頗有人能修行(於)「虛空」，(而)知「虛空」不？
(持心)報曰：不也。	思益言：不也。	(勝思惟)答言：不也。
溥首又問：所謂身者，則便「起身」，而「滅盡」乎？	[思益梵天與文殊菩薩的第11個問答] 文殊師利言：今說「虛空」(之)名字，以所說(之)故，(虛空)有「生」有「滅」耶？	(文殊師利)問言：(勝思惟)梵天！所說「虛空」，「虛空」頗有「生、滅」不耶？
(持心)答曰：不也。	思益言：不也。	(勝思惟)答言：不也。
		(壹)文殊師利言：(勝思惟)梵天！如是諸法，猶如「虛空」，如彼「虛空」無有「生、滅」。(故)一切諸法，亦復如是，不(能)以(有所)說故，便謂諸法(一定是)有生、有滅。
(貳)(文殊師利)報曰：如是(持心)梵天！所可言曰「法言	(貳)文殊師利言：如來說法，亦復如是，(皆)「不以	(貳)(勝思惟)梵天！如此說法(皆)「無有所說」，一切諸

教」者,斯則為興「虛空」(之一種)言教,其「無言教」,亦復如是。(若)有諸法者,所可「言教」,(然而)法(乃)無所「起」,亦無所「滅」,(故)無所「言教」(即)為法「言教」。設使「無法」亦「無言教」,斯則(亦)「無言」。	說」故。諸法(是)有生、有滅,如此說法(則)是「不可說」相,(如來)亦以此法(而)有所「教誨」,(但仍)是無所「教誨」。 (說法者,即非說法,是名說法。教誨者,即非教誨,是名教誨)	法而可說也。以一切法(皆)「不生、不滅」,故「無可說」,若所說法(為)「不生不滅」(即)「無可說」者,(就算有所)說,亦如是「無法(可)說」也。
㊂所以者何? 如諸法教,其「無言教」,亦復如是,是故名曰「無所言教」,如來所住,則「無所住」,「無所住」者,故曰「無本」(即漢文「如」義)。	㊂所以者何? 如說「法性」、(或)不說「法性」,亦如是。是故說一切法(皆)住於「如」中,是「如」亦「無所住」。	㊂何以故? 如彼法說,以何等識(而)說彼諸法?彼識亦爾,以是義故,「言說」諸法「真如」法住,無「真如」住,而「真如」(亦)不住(無所住)。

《思益梵天所問經》三種譯本對照
第四卷

四－1 若此《思益經》所在之處，則為諸佛所擁護受用。若能聽聞此經之處，當知此處即是轉佛之正法輪

西晉・竺法護 譯《持心梵天所問經》	後秦・鳩摩羅什 譯《思益梵天所問經》	北魏・菩提流支 譯《勝思惟梵天所問經》
《歎品・第十二》	《稱歎品・第十二》	
⑴於是四天王天、帝釋、梵、忍積天，來在眾會，則以「天華」供養散佛，致敬以訖，而說斯言：若族姓子、族姓女！假使(能)得聞溥首童真(其)所說經法，(而生)歡喜信(解)者，則便(能)「降魔」及外「異學」。	⑴爾時釋、梵、四天王俱在會中，即以「天花」散於佛上而作是言：世尊！若善男子、善女人聞文殊師利說是法，(若)有(人能生)「信、解」者，當知是人(已)能破「魔怨」。	⑴爾時四天王、釋提桓因、大梵天王、娑婆世界主，集在會中，即以「天華」散於佛上，而作是言：世尊！若善男子、善女人，聞文殊師利法王子說「如是法」，(生)有「信、解」者，當知是人能破「魔軍」及諸「怨敵」。
⑵所以者何？則離一切「諸見」之想。	⑵所以者何？文殊師利今所說法，能破一切「邪見、妄想」。	⑵何以故？以法王子文殊師利善說諸法「離一切相」。
⑶設令聞說此深妙法，不恐、不怖，亦不懷(惶)懅，則(已)為「諸佛」之所建立(建置設立)。	⑶世尊！若善男子、善女人，(能得)聞是法(而)不驚、不怖，當知是人不從「小功德」來。	⑶若有善男子、善女人，得聞如是甚深法門，不驚、不怖，能(生)「信、解」者，當知是人必定不從「小功德」來。
⑷(若有此)法(所)流布(流傳散布)處，則為(如同有)如來遊其土地。(若能得)聞此法者，則當(觀)察彼(處)，(即)為(如同佛陀在)轉「法輪」。	⑷若是(思益)「經」所在之處，當知此處則為諸佛「擁護」受用。若「聞」是(思益)經處，當知此處(即如同是佛陀在)轉於「法	⑷若是(勝思惟)經典所在之處，當知其處(即為有)佛所「住持」。若有得聞如是甚深「法門」之處，當知其處(即如同是)佛

	輪」。	(在)轉「法輪」。
(伍)若於「郡國、丘聚、縣邑、洲域、大邦、遊步經行」，(若能)覩此(持心)經典，所流布(流傳散布)者，終不為魔之所得便，亦不(被)「迷惑」，亦無所「猗」(著)。	(伍)(若)是(思益)經在所住處，(例如)「聚落、村邑、山林、曠野、塔寺、僧坊、經行」之處，(所有的)「諸魔、外道、貪著」之人，(皆)不能侵嬈。	(伍)(若)隨是(勝思惟)經典在所(之)「住處」，若「聚落、城邑、山林、曠野、塔寺、僧房、經行」之處，(則)「諸魔、外道、貪著」之人，所不能行。
(陸)(此人已)於往古世，悉「造行」(造作諸善行)已，若人耳聞斯(持心)經名者，以「比丘句」(而)不求「滅度」。(若欲)不用「魔事」，(則)當受斯(持心)經。	(陸)世尊！若人(曾)多供養「過去諸佛」，(今世)乃能得聞如是(思益)「經典」。	(陸)若(人曾經)多供養「過去諸佛」，(今世)乃能得聞如是(思益)「經典」。
(柒)唯然世尊，(吾人由)斯「經典」者，若逮「法明」，吾等悉(深)信，(亦)不敢違失如來(之恩)，(及)溥首、梵天之「教」。	(柒)世尊！我等於此(思益)經中，(獲)得「智慧光明」，而(尚)不能得報佛(之恩)，及(報)文殊師利、思益梵天之恩。	(柒)於是(勝思惟)經中，我等獲得「智慧光明」，而(尚)不能得仰報如來(之恩)，(及)文殊師利、勝思惟梵天之「大恩」也。
(捌)設若(能)覩見彼「法師」(說法之師)者，吾等當觀，如見(到)「世尊」(般的恭敬)，當從其人，聽受(此)法典，(並)隨侍(能)「法師」(說法之師)，此族姓子(亦將)常為「諸天」之所擁護。	(捌)世尊！我等所從聞(是)經，於是「法師」(說法之師)，(應)生「世尊」想；我等常當「隨侍」(於能)說是(思益)經者，此善男子(亦將)常為「諸天」之所「擁護」。	(捌)我等常於(處)所，從聞(是)經，(於此能)說法(之)法師，(應)生「世尊」想，能以「血肉」而供養之，猶不報恩。我等諸人於是「法師」(應)生「世尊」想，我等諸人常當「隨侍」(於能)說是法者，此「善男子」(則亦)常為諸天之所衛護。
(玖)假使有人得是(持心)經典，(並)書、讀、誦、持，(將有)無央數千諸「天子」，俱共行(而)聽受(於此經典)會中所說(的法義)。	(玖)若人書寫是(思益)經，讀誦、解說時，(將有)無量「諸天」為聽法故，來至其所。	(玖)世尊！若人書寫如是(勝思惟)經典，若讀、若誦、若解說時，(則有)無量「諸天」(前來)為聽法，故往至其所。

四－2 欲得涅槃者，當聽是《思益經》，受持、讀誦，如法修行，廣為人說。底下共有 15 種功德

西晉・竺法護 譯 《持心梵天所問經》	後秦・鳩摩羅什 譯 《思益梵天所問經》	北魏・菩提流支 譯 《勝思惟梵天所問經》
《詠德品・第十三》	《詠德品・第十三》	
㊀爾時世尊，讚大眾會及釋梵曰：善哉！善哉！如爾所云，假使三千大千世界，滿中「七寶」，(皆)持用布施，若一「得聞」此(持心)經法者，斯之功德，(將超)出「彼」福(之)上。	㊀爾時世尊讚釋、梵、四天王等大眾言：善哉，善哉！如汝所說，若(將)三千大千世界滿中「珍寶」以為「一分」，(若能得)聞是(思益)經者，(則其)所得功德，(若亦)以為「一分」(的話)，(則其)福(更)勝於彼(指以三千三千世界的七寶去布施的功德)。	㊀爾時世尊告四天王、釋提桓因梵天王等諸大眾言：善哉！善哉！諸善男子，如汝所說，如是！如是！若有三千大千世界滿中「七寶」，(持以)布施，(其)福德以為「一分」，(若能)聞是(勝思惟經)法門，(其)所得功德，其福(更)勝(於)彼(指以三千三千世界的七寶去布施的功德)。
㊁佛言：(且)置是三千大千世界滿中珍寶(的比喻)，(若)正使「江河沙」等，(將)滿中「七寶」，(而)持用興福；不如再聞是(持心)經法者，其功德本(功德善本)，(將超)出於「彼」(之)上。	㊁(且)置是三千大千世界(的比喻)，若(將)恒河沙等十方世界(的)滿中「珍寶」(作比喻)，(若有得)聞是(思益)經者，(其)所得功德，(將更)復勝於彼(指以十方世界的滿中七寶去布施的功德)。	㊁諸善男子！(且)置是三千大千世界(的比喻)，(若)有人，若如恒河沙等十方世界(的)滿中「七寶」，(而作)布施福德，(若此功德)以為一分，(若有得)聞是(勝思惟經)法門(者)，(其)所得(的)功德，復過(勝過)於彼(指以十方世界的滿中七寶去布施的功德)。
㊂族姓子、族姓女！ (1)設(有)能得聞此(持心)經典者。 (2)若為「利養」(財利奉養)，若為「榮色」(榮光殊色)，。 (3)若為「財業」。 (4)若為「眷屬」。	㊂諸善男子！若 (1)(若有)欲得「功德」者，當「聽」是(思益)經。 (2)欲得「身色端正」。 (3)欲得「財富」。 (4)欲得「眷屬」。	㊂諸善男子！ (1)若有欲得「諸功德」者，當「聽」是(勝思惟)經。 (2)若有欲得「身色端正」。 (3)欲得「財富」。 (4)欲得「眷屬」。

⑸(能)為法之主，(能)生於天上。	⑸欲得「自在」。	⑸欲得「自在」。
⑹若在人間，求望「豐饒」。	⑹欲得具足「天樂、人樂」。	⑹欲得具足「天樂、人樂」。
⑺若為「邪術、異學」之法。	⑺欲得「名稱」。	⑺欲得「名稱」。
⑻⑼若求「音聲」，(欲)博聞、多識」，又志「自在」，為堅固「慧」，慕得「善友」。	⑻欲得「多聞、憶念堅固、正行威儀(威容儀態)、戒、定、智慧、解達經書」。	⑻欲得「多聞、憶念堅固、正行威儀(威容儀態)、戒、定、智慧、解達經書」。
	⑼欲得「善知識」。	⑼欲得「善知識」。
		⑽欲得「樂說辯才」。
⑾若求神通「三達」之智(三明：宿命智證明、生死智證明、漏盡智證明)。	⑾欲得「三明、六通」。	⑾欲得「三明、六通」。
⑿欲獲一切「善法功德」。	⑿欲得一切「善法」。	⑿欲得一切「善法」。
	⒀欲得「阿耨多羅三藐三菩提」。	
⒁若以「覺意」，安立眾生，令無「苦患」。	⒁欲得與一切眾生「樂具」。	⒁欲得與諸眾生一切「樂具」。
⒂若求「無為」，族姓子、族姓女！當聞是(持心)經，受持、諷誦，(並)廣為人說。	⒂欲得「涅槃」者，當聽是(思益)經，(並)受持、讀誦，如法「修行」，(並)廣為人說。	⒂欲得「涅槃」者，當聽是(勝思惟)經，敬信是經，受持、讀誦，如說「修行」，(並)廣為人說。
㊣吾未曾見有受(持)是(持心)經，(且)至心奉行，而「無獲」(一無所獲)者。	㊣諸善男子！若行是(思益)經者，我不見其人(有)不得如此(功德並)具足「快樂」。	㊣諸善男子！若有人能(修)行是(勝思惟)經者，我不見其有不(被)「攝受」(於)如此(的)一切「諸勢力」者。

四―3 若人從「和上」、或「阿闍梨」處得聞是《思益經》，我不見有世間供養之具能報達「聽聞法義」之恩情

西晉・竺法護 譯《持心梵天所問經》	後秦・鳩摩羅什 譯《思益梵天所問經》	北魏・菩提流支 譯《勝思惟梵天所問經》
㊣今佛慇懃，囑累爾等，若有從人得聞是(持心)經，	㊣諸善男子！我今語汝：若人所從聞是(思益)經	㊣諸善男子，我今語汝：若人所從聞是(勝思惟)經

從「師、和上」而聽受者，佛不覩見一切世間，及(世)俗(之)供養，有能奉敬(而)報其(聽聞法義之)恩者。	處，若(從)和上、若(從)阿闍梨(而得聞是經典)，我不見世間(有任何的)「供養之具」，能報其(聽聞法義之)恩。	者，若是(從)和上、若(從)阿闍梨(而得聞是經典)，我未曾見世間所有(任何的)「供養之具」，能報其(聽聞法義之)恩。
㉓所以者何？ (1)(此經法乃)「度世」(度脫世俗)之法，(故)不(可)以「俗養」(世俗供養)而可「畢了」(畢竟報恩終了)。 (2)(此經)其「度世」(之)法，(故)世俗間之供(養)，(皆)不可相比，則於世間而「無所著」。 (3)(任何)世俗之法，(皆)不可「淨畢」(淨盡畢竟)，(此)非「勞冀」(功勞冀求)法，(亦)非以「世俗」(的)希儌(希求儌望之)「供法」而可「畢了」(畢竟報恩終了)。	㉓ (1)是法(能起)出於「世間」，(所有)世間(的)供養，(皆)所不能報。 (2)是法(能越)度於「世間」，(所以)世間(的)財物，(皆)所不能報。 (3)是法「無染」，(所以世間任何)染污之物，(皆)所不能報。	㉓ (1)以是法門(能起)出於「世間」，(所有)世間(的)供養，(皆)所不能報。何以故？ (2)以是法門(能越)過於「世間」，(所以)世間(的)財物，(皆)所不能報。 (3)是法「無染」，(所以世間任何)染污之物，(皆)所不能報。不可得以世間(的)「資生、飲食、臥具」所能報(聽聞法義之)恩。
㉔一切「報應」(果報相應)而有「反復」(反哺回復之報恩)，(若得)斯(持心)經典者，(則)無有異事(相異不同之事)，(其真實之)反復(反哺回復)之「報」，如(持心經)所云(之)法，(則能越)度於「馳騁」(爭馳狂騁)而(到達)「無所行」(無有「能、所」之真修行境)。	㉔諸善男子！是法餘無(任何)能報(答之恩)，惟有一事，如說(而)「修行」。	㉔善男子！說是法者，餘不能報(答之恩)，惟有一事，謂如說(而修)行。

四－4 若人能於此《思益經》法義中「如說修行」者，是名真實清淨畢竟的報答「師恩」，底下約有 46 條

西晉・竺法護 譯 《持心梵天所問經》	後秦・鳩摩羅什 譯 《思益梵天所問經》	北魏・菩提流支 譯 《勝思惟梵天所問經》

電斯則為行(指能於《持心經》法義中而修行者)，其有成就， ❶則為恭敬於「法師」(說法之師)矣。 ❷則為「淨畢」(淨盡畢竟)一切報恩。 ❸若入「郡國、縣邑」，有所服習(服用熟習)「分衛」(托缽)之具，多所「福度」。 ❹此等之類，奉「如來教」。 ❺遵修(遵循而修)如命，則得超度(超過越度)。 ❻踰於「眾冥」。 ❼則竪「幢幡」。 ❽斯等「勇猛」而能「戰鬪」，多所降伏。 ❾則為「師子」，離諸「恐怖」。 ❿則為「龍象」，自抑制心。 ⓫則為「神仙」，所言「至誠」(貞至真誠)。 ⓬超越一切「諸邪異學」，以為「良醫」，療(攝療行治)一切痛。 ⓭為「不畏難」，(而)說「深妙法」。 ⓮斯等「布施」，捨一切「塵」。 ⓯則奉「淨戒」，寂然「澹泊」(虛澹恬泊)，(能)度於「無極」。 ⓰以離「吾我」及「所有身」。 ⓱為「大精進」，至於「無為」，於無數劫，患厭「終	電若人於此(思益經)法中，能如說(而修)行者， ❶是名能報「師恩」。 ❷亦為恭敬於「師」，(能)「淨畢」(淨盡畢竟)報恩。 ❸是名「不空」食人(之)信施。 ❹是名順「如來語」、順「如來教」。 ❺是名「越渡諸流」(指生死流或三毒流)。 ❻是名「過諸險道」。 ❼是名「建立勝幢」。 ❽是名「能破敵陣」。 ❾是名「師子之王」，「無所畏」故。 ❿是名「象王」，心「柔軟」故。 ⓫是名「牛王」，「外道論師」無能(破)壞故。 ⓬是名「醫王」，能療一切「眾生病」故。 ⓭是名「無所驚怖」，能說「甚深法」故。 ⓮是名「能具足捨」，捨諸「煩惱」故。 ⓯是名「持清淨戒」，究盡(究竟窮盡)「善法」故。 ⓰是名「得大忍辱」，離「我、我所」故。 ⓱是名「大精進力」，於無量劫，心無倦故。	電若有人能於此(勝思惟經)法門，如說(而修)行者， ❶是人名為能報「佛恩」。 ❷是人亦名恭敬於師，「淨畢」(淨盡畢竟)報恩。 ❸是人「不空」食人(之)信施。 ❹是人名為順「如來教」。 ❺是人名為「越度眾流」。 ❻是人名為「過諸險道」。 ❼是人名為「建立勝幢」。 ❽是人名為「能破敵陣」。 ❾是人名為「師子之王」，「無所畏」故。 ❿是名「象王」，能「降魔」故。 ⓫是名「牛王」，「外道論師」無能(破)壞故。 ⓬是名「醫王」，(能)療眾病故。 ⓭是人名為「無所怖畏」，能說如是「甚深法」故。 ⓮是人名為「能具足捨」，能捨一切「諸煩惱」故。 ⓯是人名為「持清淨戒」，究竟一切「諸善法」故。 ⓰是人名為「得大忍辱」，以得遠離「我、我所」故。 ⓱是人名為「大精進力」，於無量劫，心無惓故。

始」（終死始生）。		
⑱ 樂於「禪定」，具足「一心」。	⑱ 是名「具足禪定」，常念繫心，住（於）一處故。	⑱ 是人名為「具足禪定」，心常繫念，住（於）一處故。
⑲ 為「大智慧」，而能分別一切「章句」。	⑲ 是名「有大智慧」，善解言說「諸章句」故。	⑲ 是人名為「有大智慧」，善解言說「諸章句」故。
⑳ 曉了示現「諸慧」之誼（古通「義」），則為大德，（有）無數百千，福不可計，相自莊嚴。	⑳ 是名「有大威德」，以無量福「莊嚴身相」故。	⑳ 是人名為「有大功德」，以無量福「（莊）嚴身相」故。
㉑ 慧不可極，便為覆蓋「日月之光」。	㉑ 是名「有大威德」，能蔽「日月諸光明」故。	㉑ 是人名為「有大威德」，能蔽「日月諸光明」故。
㉒ 為「大勢力」，於「十種力」，「總持」力要。	㉒ 是名「大力」，（能）持佛「十力」故。	㉒ 是人名「大力」，（能）持佛「十力」故。
㉓ 斯等儔倫（儔等倫類），則為「大雲」。	㉓ 名「大雲」，能震「法雷」故。	㉓ 是人名「大雲」，能震「法雷」故。
㉔ 闡「法雷音」，注「大法雨」，則能滅除一切「塵勞」。	㉔ 是名「大雨」，能滅「煩惱塵」故。	㉔ 是人名「大雨」，滅「煩惱塵」故。
㉕ 先獲第一「無為滅度」。	㉕ 是名為「舍」（依止之舍），（能）至「涅槃」故。	㉕ 是人名「歸依」，以至「涅槃」故。
㉖ 則「護生死」，慰除「恐懼」。	㉖ 是名「大救」，（能）救「生死畏」故。	㉖ 是人名「大救」，救「生死畏」故。
㉗ 則為「錠明」，照耀眾冥。	㉗ 是名「燈明」，（能）離「無明闇」故。	㉗ 是人名「燈明」，離「無明闇」故。
㉘ 畏忌「魔網」，則為救濟，令得「自歸」。	㉘ 是名「歸趣」，（為）魔所怖者之所依（止）故。	㉘ 是人名「歸趣」，（為）魔所驚怖者之所「歸依」故。
㉙ 則為一切眾生之「度」。	㉙ 是名眾生「究竟之道」。	㉙ 是人名「究竟大道」之眾生。
㉚ ㉛ 則處「佛樹」，逮得「法眼」。	㉚ 是名「得位坐道場」故。	㉚ 是人名「得位以坐道場」故。
	㉛ 是名「已得法眼」。	㉛ 是人名「得法眼」。
㉜ 而以得覩諸法「無本」（即漢文「如」義）。	㉜ 是名「見諸法如」。	㉜ 是人名「見真如」。
㉝ ㉞ 曉了「空法」，建立（建置設立）「大哀」（大慈哀愍）。	㉝ 是名「知空法相」。	㉝ 是人名「知空」。
	㉞ 是名「安住大悲」。	㉞ 是人名為「安住大悲」。

㉟住「無極慈」。	㉟是名「安立大慈」。	㉟是人名為「安立大慈」。
㊱得「親近一切眾生」。	㊱是名「不捨一切眾生」。	㊱是人「不捨一切眾生」。
㊲背(離)「卑劣乘」(喻小乘)。	㊲是名「背於小乘」。	㊲是人名為「背於小乘」。
㊳向于「大乘」。	㊳是名「向於大乘」。	㊳是人名為「向於大乘」。
㊴燒諸「顛倒」。	㊴是名「除捨顛倒」。	㊴是人名為「除捨顛倒」。
㊵壞「未平等」。	㊵是名「至於平等」。	㊵是人名為「至于平等」。
㊶越度「名字」,而舉「德號」。	㊶是名「入於法位」。	㊶是人名為「入於法位」。
㊷則「立道場」。	㊷是名「安住道場」。	㊷是人名為「安住道場」。
㊸降伏「眾魔」,於諸魔界而得「自在」。	㊸是名「破壞諸魔」。	㊸是人名為「破壞諸魔」。
		㊹是人名為「住一切智」。
㊺㊻則轉法輪,召諸賢者。	㊺是名「轉於法輪」。	㊺是人則能「轉于法輪」。
		㊻是人能「作佛所作事」。
⑳佛設一劫,復過一劫,諮(古同「咨」)嗟(咨讚嗟美)歎此「正士」之事,(皆)不能究竟(而)得其「邊際」,(此人之)功祚(功德福祚)巍巍(巍崇峨巍),嘉慶(嘉勳善慶)如是,唯有如來(之)辯才具足,(方)能歌歎此(位)「奉持法(而修行)」者。	⑳諸善男子!我若一劫、若減一劫,稱揚、讚歎,說是「如說修行」(之)功德,(乃)不可窮盡,(就算以)如來之「辯」,亦不可(窮)盡。	⑳諸善男子,我若一劫,若餘殘劫,稱揚彼人,讚歎彼人,說其「如說修行」(之)功德,(乃)不能窮盡,(就算)如來之「辯」,亦不可(窮)盡,所有功德,亦不可(窮)盡。

四－5 一切法「無憶念、無分別、無所行」,是名真實之「隨法義而修行」者

西晉・竺法護 譯《持心梵天所問經》	後秦・鳩摩羅什 譯《思益梵天所問經》	北魏・菩提流支 譯《勝思惟梵天所問經》
《等行品・第十四》	《等行品・第十四》	
①于彼眾會之中,有一天子,名現不退轉,白世尊曰:何謂「奉法遵經典」	①會中有天子,名不退轉,白佛言:世尊!所說「隨法(義而修)行」,「隨法(義	①會中有一天子,名不退轉,在大會坐,時不退轉天子白佛言:世尊!世

者？

(貳)世尊告曰：(不退轉)天子！欲知「奉法遵經典」者，能「崇順」(遵崇依順)諸法，是則名曰「奉遵」，於法若能「崇順」(遵崇依順)一切法者，此則名曰「奉修於法」。

(參)所以者何？

(1)不「崇順」(遵崇依順)於諸法者，則不「造法」，亦無「不造」，有所作者，為「無所作」，斯則名曰「奉修於法」。

(2)不「遵修」(遵循而修)諸善「德本」(功德善本)，亦無「不善」，斯則名曰「奉修於法」。

(3)亦不「有漏」、亦無「不漏」。

(4)亦無「有罪」、亦無「不罪」。

(5)亦非「世俗」、亦非「度世」。

(6)亦非「有形」、亦不「無形」。

(7)亦非「生死」、亦非「滅度」。

(8)亦「無所行」、亦「無不行」。

斯則名曰「奉修於法」。

而修)行」者，為何謂耶？

(貳)佛告(不退轉)天子：(所謂)「隨法(義而修)行」者，(乃)「不行」一切法。

(佛說「隨法義而修行者」，即非「隨法義而修行者」，是名「隨法義而修行者」。

修而不修，不修而修。

行而不行，不行而行)

(參)所以者何？

(1)若「不行」諸法，則不分別是「正」、是「邪」。

(2)如是行者，則不行「善」、不行「不善」。

(3)不行「有漏」、不行「無漏」。

(4)不行「世間」、不行「出世間」。

(5)不行「有為」、不行「無為」。

(7)不行「生死」、不行「涅槃」。

是名(真實之)「隨法(義而修)行」。

尊所說「隨法(義而)修行」，「隨法(義而)修行」者，云何說名「隨法(義而)修行」？

(貳)佛言：(不退轉)天子！如我所說「隨法(義而修)行」者，謂「不修行」一切諸法，是名(真實之)「修行一切諸法」。

(參)何以故？

(1)若人修行一切諸法，彼法「不作」、亦非「不作」，若法「不作」、亦非「不作」，是則名為(真實之)「隨法(義而)修行」。

(2)如是行者，則不行「善」、不行「不善」。

(3)不行「有漏」、不行「無漏」。

(4)不行「世間」、不行「出世間」。

(5)不行「有為」、不行「無為」。

(7)不行「生死」、不行「涅槃」。

是則名為(真實之)「隨法(義而)修行」。

㊵(若能)「奉行」一切諸法,斯則名曰「奉修於法」,(若)無有「法想」而「奉行」法(無有妄想執著,而能如實奉行於法義而修行者),斯則名曰(真實之)「奉修於法」。	㊵若(有生)起「法相」者,是則不名「隨法(義而修)行」也。	㊵若不「修行」一切法者,(方)名為(真實之)「修行」。以世間人,有(執著於)「法相」者,不(能)「如實行」,若有(執著於)「法相」,彼人則無「如實」(之)修行。若人不能住於法中,(則)不(能)「如實」行一切諸法。
㊄其自說言:吾(有在)遵行(遵循而修)法。(此句則)不為(真實之)「奉行」,其(真實之)「奉法」者,而悉「蠲除」一切諸法,則為「奉法」,其(應)於所行,而「無所行」,(能)「奉行」於法,斯則名曰「奉修於法」。	㊄若念言:我(有修)行是法。(此句)是則(為)「戲論」,(為)不「隨法(義而修)行」;若(能)「不受」一切法,則「隨法(義而修)行」;(若能於)一切法「無憶念、無分別、無所行」,是名(真實之)「隨法(義而修)行」。	㊄以一切法無有「(相)對」故,如是說名(為)「如實」(之)修行。

四—6 若真修「正法之行」者,因諸法平等無差別,故亦無有真實之「邪法」

西晉·竺法護 譯《持心梵天所問經》	後秦·鳩摩羅什 譯《思益梵天所問經》	北魏·菩提流支 譯《勝思惟梵天所問經》
㊀於時現不退轉天子白世尊曰:假使大聖而於此中,不行「至誠」(貞至真誠),斯等之類不為「遵奉」,不應「順法」。	㊀爾時不退轉天子白佛言:世尊!若能如是「隨法(義而修)行」者,是人畢竟不復「邪行」。	㊀爾時不退轉天子白佛言:世尊!若能如是「如實」(而)行者,是人畢竟(為)「如實」(之)修行。
㊁所以者何?奉「至誠」(貞至真誠)者,無有「終、沒」,不住(於)「生」路,何所「奉行」?(乃)住「平等」	㊁所以者何?「正行」者,名為「畢竟」。(若)住「邪道」者,(則)無「隨法(義而修)行」,(若)住「正道」	㊁何以故?(若住)「法行」者,(則)名為「畢竟」,(若能)如實修行,非是住於「邪行道」者,(若)住正

路，乃為(修)行耳。	者，(則)有「隨法(義而修)行」。	道」者，(則)有「隨法(義而修)行」。
㊼唯然大聖，奉行「平等」者，則無「邪法」，所以者何？一切諸法，皆悉「平等」而無「殊特」(殊勝特異)。	㊼世尊！行「正行」者，無有「邪法」。所以者何？諸法「平等」，無「差別」故。	㊼世尊！行「正行」者，無有「邪法」，何以故？(諸)法平等，無「差別」故。

四－7 應以「不二法相」去「隨法義而修行」，離諸「分別」，故應如「真如」法，如是修行「如實」之法

西晉・竺法護 譯《持心梵天所問經》	後秦・鳩摩羅什 譯《思益梵天所問經》	北魏・菩提流支 譯《勝思惟梵天所問經》
㊀於是持心梵天問現不退轉天子：爾為「奉行」於此行乎？	㊀爾時思益梵天謂不退轉天子：汝於此中「隨法(義而修)行」不？	㊀爾時勝思惟梵天問不退轉天子言：善男子！汝住「如實」(之)修行中耶？
㊁(不退轉)答曰：(持心)梵天！吾當奉行，假使世尊說「二行」(之分別)者，便當「奉行」於「二事」矣。(若已)有「所行」者，若「所行」已，則(將)「無所行」。	㊁(不退轉)答言：若(於)世尊所說法中有「二相」(之分別)者，我當(執著)行「隨法(義而修)行」。今以無「二相」(之分別)是「隨法(義而修)行」，(故我)於中行者，及所行法，俱「不可得」。	㊁(不退轉)答言：(勝思惟)梵天！若使世尊(於)所說法中有「二相」(之分別)者，我則住(執)於「如實修行」。今以諸法(乃)無有「二相」(之分別)，是乃名為「如實」(之)修行。
㊂復(持心)梵天！吾已「奉行」離諸「二行」(之分別)，猶若諸法，「奉行」諸法，亦復如是。(吾之)「遵法」亦如所修，亦如斯，則名曰「奉修法」矣。	㊂(思益)梵天！我以「不二法」(而)行「隨法(義而修)行」，離諸「分別」，故如諸法如(說而)行，(此)是名(真實之)「隨法(義而修)行」。	㊂(勝思惟)梵天！而我「如實」住(於)彼行中，以常「不作」，亦不「戲論」，如「真如」(之)法。(我)如是修行「如實」之法，我住(於)彼法，如彼法(而)行，是故我說(乃)住於(真實之)「修行」。
㊃(持心)又問(不退轉)天子：未	㊃思益言：汝未曾見(於)此佛	㊃(勝思惟)梵天言：(不退轉)天

曾得見此「佛土」乎？	土耶？	子！我嘗於此「佛國土」中不曾見汝？
(不退轉)答曰：吾未曾見於斯「佛土」。	(不退轉)天子言：此佛土亦未曾見我(啊)！	(不退轉)天子言：(勝思惟)梵天！我亦於此佛國土中，不曾見我(自己啊)！
(伍)(持心)又問：豈為不「想」(思惟)斯「佛土」乎？無「應、不應」於「所見」者，而(與)「無所見」？	(伍)思益言：此佛土(乃)不能「思惟、分別」，(亦無分別)「見」與「不見」。	(伍)(勝思惟)梵天言：(不退轉)天子！此佛國土非是「分別」，(亦)無所「分別」(於)我「見」(或)「不見」。
(不退轉)答曰：(持心)梵天！今者吾身，亦不有「想」，亦無「不想」，無「應、不應」，(甚至)吾以「曾見」，亦「未曾見」(之分別)。	(不退轉)天子言：我亦不「思惟、分別」，(甚至)曾於佛土(中有)「見」與「不見」(之分別)。	(不退轉)天子言：(勝思惟)梵天！我亦如是，亦不分別，無所分別，(甚至)曾於佛土(中有)「見」與「不見」(之分別)。
(陸)(持心)又問(不退轉)天子：天子所見，為云何乎？	(陸)思益言：何人未見？(何人)能見？	(陸)(勝思惟)問言：(不退轉)天子！何人能見？(何人)未曾見耶？
(不退轉)答曰：吾未曾見諸賢聖士(中有)一切凡夫愚戇(愚昧戇鈍)之類。(若真能)度諸惡趣(者)，(其實)亦復「不度」。	(不退轉)答言：一切凡夫(皆)未見「聖法」位。若能「入」(聖法位)者，是(名)為先所「未見」而(能)見。	(不退轉)答言：(勝思惟)梵天！謂諸凡夫，(其)一切(皆)未曾見「聖法位」。若能「入」(聖法位)者，是則名為先所「未見」而「能見」也。
(柒)如是(持心)梵天！其「平等」者，則(方為真實之)「得度」矣，(亦)名曰「正見」。(其所)覩(皆)未曾「見」，亦無有「名」，亦無所「趣」，(故)「眼」不別「識」，(乃至)「耳、鼻、口、身、意」，「意」(皆)不別「識」，亦復如	(柒)是「法位相」，非「眼」所見，非「耳、鼻、舌、身、意識」所知；但應隨「如」相，「見」(之)「如」、「眼」(之)「如」、乃至「意」(之)「如」，「法位」(之)「如」，	(柒)(如)是「法位」(之)「如」，非「眼識」見，亦復非是「耳、鼻、舌、身、意識」所知。但諸聖人，如彼「真如」，如是而見。如「眼、耳」(之)「如」，乃至「意」(之)「如」，及「法位」(之)「如」，

是。 其有所見,如「無本」(即漢文「如」義)者, 其如「眼」者,「吾我」亦然,其「無本」(即漢文「如」義)者,則無所見,斯(為)「平等」見。	亦如是。 若能如是見者,是名「正見」。	亦復如是。 若有能作如是見者,是名「正見」。

四-8 若有成就不可思議功德者,凡有所樂說者,皆是「法寶」,其所樂說者,亦皆是「實際」。底下約有 12 種「樂說」之法

西晉・竺法護 譯 《持心梵天所問經》	後秦・鳩摩羅什 譯 《思益梵天所問經》	北魏・菩提流支 譯 《勝思惟梵天所問經》
《授不退轉天子記品・第十五》	《授不退轉天子記品・第十五》	
壹 爾時天帝釋白世尊曰:唯天中天,猶「摩尼珠」所入著處,則於其處,人目(能)覩見珠之「光明」。如是世尊,斯諸「正士」,(則能)奉行具足「無思議法」。	壹 爾時釋提桓因白佛言:世尊!譬如賈客主,入於寶洲,其人所見,皆是「寶物」,如是(而)成就「不可思議功德」者。	壹 爾時釋提桓因白佛言:世尊!譬如商主,入於寶洲,眼所見者,皆是「寶物」,如是(而)成就「不可思議」諸功德者。
貳 ❶(若能)自在所遊,普則悉以「法寶光明」而自恣(自在恣意)照,輒便(隨即)修習,顯曜「本際」(本來實際)。	貳 ❶(凡)有所「樂說」,皆是「法寶」,(其)所「樂說」者,(亦)皆是「實際」。	貳 ❶(凡)有所「樂說」,皆是「法寶」,(亦)皆示「實際」。
❷堪任「自由」,而(講)演辯才,其(能)「自恣」(自在恣意)者,則於諸法,無所「倚著」,不著「彼、我」。	❷(若有)所樂說者,(則)於諸法中,無所「貪著」,不著「彼、我」。	❷以是諸善男子,不著「我見」,不著「眾生見」。
❸(能)自恣(自在恣意)辯(說)者,則無反(逆)耶（古同「邪」),亦不「顛倒」,(故)常得「自在」。	❸(若有)所樂說者,皆是「真實」,無有「顛倒」。	❸故是諸善男子,(若)有所樂說,皆不「顛倒」。

❹(能)自恣(自在恣意)辯(說)者,淨於「往古」(往世古昔),不得「當來」、不見「現在」。	❹(若有)所樂說者,「過去際」空,「未來際」不可得,「現在際」不起見。	❹是諸善男子,(若)有所樂說,能(說)清淨(之)「本際」,不見「後際」,不見「現在際」。
❺(能)自恣(自在恣意)辯(說)者,(令)信諸「不信」(若有未不得信解者,則令其得信解),(令)度諸「不脫」(若有未度解脫者,則令其得度解脫)。	❺(若有)所樂說者,(若遇)不信解者,(能令)得信解;(若遇已)信解者,(令能)得解脫。	❺是諸善男子,(若)有所樂說,若(遇)無信者,(則)能令生信;若「已信」者,(能)令得「解脫」。
❻(能)自恣(自在恣意)辯(說)者,攝(受)諸「憍慢」,開化(開導度化)自大(自我誇大),(令)使無「異決」(使其人不會生起「自己已獲得不同之授決」)。	❻(若有)所樂說者,(能)破「增上慢」;(若)無「增上慢」者,(則能)自說「所作已辦」。	❻是諸善男子!(若)有所樂說,若(遇)憍慢者,(則)能令(彼)「降伏」,(若)無「憍慢」者,(則能)令「如實」(而)知。
❼(能)自恣(自在恣意)辯(說)者,至令諸魔,不得其便;(若)有所「聽省」(聽聞諸法省察),(則能)超度(超越度脫)魔事。	❼(若有)所樂說者,(則)魔不得便;(若有)所聽法者,(則能)超度(超越度脫)魔事。	❼是諸善男子,(若)有所樂說,一切諸魔(則)不能得便,其有聞者,(能越)過諸「魔業」。
❽(能)自恣(自在恣意)辯(說)者,其(於)諸善法(若仍)未加勸者,則令「興發」(興起顯發)善法,(若)已生(善法),(則令更上)進(而)不違忘(違棄忘失)。	❽(若有)所樂說者,(若有)未生「善法」(則)令生;(若有)已生「善法」,(則)令得增長。	❽是諸善男子,(若)有所樂說,若有「未生」諸善法者,則能令生;若有「已生」諸善法者,能令「不滅」。
❾(若有)塵勞若起,(則)使「蠲除」之,(若)塵勞(仍)未興(起),(則)令不得生。	❾(若有)所樂說者,(若有)已生諸「煩惱」(則)令斷;(若有)未生諸「煩惱」(則)令不生。	❾是諸善男子,(若)有所樂說,「現在」煩惱已生(則)能(令)斷,「未生」煩惱(則)能令「不生」。
❿(能)自恣(自在恣意)辯者,其	❿(若有)所樂說者,(若有)未	❿是諸善男子,(若)有所樂

西晉·竺法護 譯《持心梵天所問經》	後秦·鳩摩羅什 譯《思益梵天所問經》	北魏·菩提流支 譯《勝思惟梵天所問經》
諸菩薩，(若)未被ㄆ「德鎧」(威德鎧甲)，(則)使得被之，其「以被」(已經被威德鎧甲)者，則(令彼)不退轉。	「大莊嚴」者，(則)令「大莊嚴」；(若有)已「大莊嚴」者，(則)令「不退轉」。	說，若有未發「菩提心」者，則能令發，(若有)已「發心」者，(則)能令「不退」。
⓫(能)自恣(自在恣意)辯者，「不斷」正法，將護(將助衛護)正典。	⓫(若有)所樂說者，(則能)「不斷滅」諸法，而護佛法。	⓫是諸善男子，(若)有所樂說，能令一切諸法「不斷」，(能)攝取一切諸法「不滅」。
		⓬是諸善男子，(若)有所樂說，能令滿足一切「佛法」。
㈢以是比例，辯才之誼(古通「義」)，則能降伏一切「異學」，所以者何？	㈢世尊！以是「樂說」，能降伏一切「外道」。所以者何？	㈢世尊！以是「樂說」，能善降伏一切「外道」，何以故？
計於「小獸」(狐狼，似狐，身較小)，終不能堪「師子」之吼，(如同)見於「師子」(而)不能自(前)進，何況入「窟」(而)遊(於)樹(之)間乎？	一切「野干」(狐狼，似狐，身較小)，不能於「師子」王前(行走)，(亦不敢)自現其身，(更何)況(聽)聞其(師子)吼？	世尊！一切「野干」(狐狼，似狐，身較小)，(於)「師子」王前，(皆)不能勝(任而現)身，(更)何況(聽聞師子)出聲？
㈣如是世尊，一切「異學」不能「堪任」演於無上「師子」之吼。	㈣世尊！一切「外道」諸論議師，不能「堪忍」無上「師子」之吼，亦復如是。	㈣世尊！一切「外道」諸論義師，亦復如是，不能「堪忍」(或)「堪作」(於)無上「師子王」吼。

四－9 若行者說法，無所「貪著」，是名「師子吼」。若行者「貪著」所見而有所說法，是名為「野干鳴」，生起諸邪見故

西晉·竺法護 譯《持心梵天所問經》	後秦·鳩摩羅什 譯《思益梵天所問經》	北魏·菩提流支 譯《勝思惟梵天所問經》
壹 於是現不退轉天子問帝釋	壹 爾時不退轉天子謂釋提桓	壹 爾時不退轉天子，問釋提

曰：向所云(之)「師子吼」何謂？拘翼！「師子吼」乎？	因：憍尸迦！所言「師子吼」，「師子吼」者，為何謂耶？	桓因言：憍尸迦！所言「師子吼」，「師子吼」者，為何謂耶？以何義故名「師子吼」？
貳 (釋提桓因)答曰：(不退轉)天子！其於諸法(而)不可「倚著」，亦「無言說」，此則名曰見「師子吼」，(其有)覩(而)無所「倚」，言乎(而)「寂然」。	貳 (釋提桓因)答言：若行者(於)說法(時而)無所「貪著」，是名「師子吼」。	貳 (釋提桓因)答言：(不退轉)天子！若行者(於)說法(時而)無所「貪著」而有所說，是則名為「師子吼」也。
其(若)有倚著(於)「寂然」(之)行者，(乃)為(古同「僞」)「師子吼」，(實)為「蟲𧊒狐」(《新集藏經音義隨函錄・卷二》云：蟲狐，正作「蠱𧊒」。蠱狐就是野狐)鳴，(因彼)見(有)「平等」處，(見)有「所說」(之)故。	若行者貪著(於)「所見」而有「所說」，是(名)「野干」(狐狼，似狐，身較小)鳴，不名(爲)「師子吼」，(生)起諸「邪見」故。	若行者貪著(於)「所見」而有「所說」，是(名)「野干」(狐狼，似狐，身較小)鳴，不得名為「師子吼」也，以(生)起一切諸「邪見」故。
參 又復(不退轉)天子！爾當復說：何謂所為為「師子吼」？	參 (不退轉)天子！汝當復說：所以為「師子吼」者？	參 (不退轉)天子！汝當復說：云何名為「師子吼」者？
(不退轉)天子答曰：拘翼！欲知其「不倚」著於如來者，亦無「言說」，何況其餘「異因緣」耶！是故名法為「師子吼」。	(不退轉)天子言：憍尸迦！(若行者)有所說法，乃至(於)如來(仍)尚不(生起任何的)「貪著」，何況餘法，是名「師子吼」。	(不退轉)天子答言：憍尸迦！若行者有所說法，乃至(於)如來(仍)尚不(生起任何的)「貪著」，何況餘法，是則名為「師子吼」也。
肆 ⑴(能)奉「平等」教，(名)曰「師子吼」。 ⑵(能)講說「一品」(諸法皆「一」而「無二」品義)，(名)曰「師子吼」， ⑶(若)聞有所說而不恐(怖)	肆又，憍尸迦！ ⑴(能)如說(而)修行，(是)名「師子吼」。 ⑵(能)決定(而)說法，(是)名「師子吼」。 ⑶(能)說法(而)無畏，(是)名	肆又，憍尸迦！ ⑴若行者(能)如說修行，如是說法，(是)名「師子吼」。 ⑵(能)決定(而)說法，(是)名「師子吼」。 ⑶(能)說法(而)無畏，(是)名

畏(懼)，(名)曰「師子吼」。	「師子吼」。	「師子吼」。
(伍)若(能)說經法(為)「不起、不滅」，無有「自然」，(名)曰「師子吼」。	(伍)又，憍尸迦！若行者為「不生、不滅、不出」故(而)說法，(是)名「師子吼」。	(伍)又，憍尸迦！若行者為得諸法(是)「不生、不滅」，不為「法生」、(亦)不為「法滅」，如是說法(者)，(是)名「師子吼」。
(陸)(能)處於「塵勞」而不懷(染污之)「結(恨)」，(亦)無有「合、會」，亦不「解散」，(能)說如斯法，(名)曰「師子吼」。	(陸)若為「無垢、無淨、無合、無散」故(而)說法，(是)名「師子吼」。	(陸)又，憍尸迦！若行者為「無垢、無淨、無合、無散」，是故(而)說法，(是)名「師子吼」。

四－10 真正的「師子吼」是指決定能說一切法「無我、無眾生」，底下共有 12 種「師子吼」的定義

西晉・竺法護 譯《持心梵天所問經》	後秦・鳩摩羅什 譯《思益梵天所問經》	北魏・菩提流支 譯《勝思惟梵天所問經》
(壹)(不退轉天子言：)	(壹)(不退轉天子言：)又，憍尸迦！	(壹)(不退轉天子言：)又，憍尸迦！
❶所以言曰「師子吼」者：若能專至，不計有「人」而無「吾我」，一切諸法(皆)假習「俗言」。	❶「師子吼」名：「決定」說一切法「無我、無眾生」。	❶「師子吼」者，名「決定」說一切諸法，悉無有「我」、無「眾生」等，名「師子吼」。
❷所以言曰「師子吼」者：而以專一顯揚「空」法。	❷「師子吼」名：決定說諸法「空」。	❷以「決定」說諸法皆「空、無相、無願」，名「師子吼」。
❸所以言曰「師子吼」者：口有所講，護于「正法」。	❸「師子吼」名：「守護法」故，而有所說。	❸「守護法」故，而有所說，名「師子吼」。
❹所以言曰「師子吼」者：蠲除一切眾生「苦患」，(我)當成「佛道」！(並)宣暢斯教。	❹「師子吼」名：(能)作是願言：我當作佛！(能)滅一切眾生苦惱。(若遇念佛求生西方之行者，可請對方唸七字眞言的簡便「迴向文」：阿彌陀佛！)	❹為諸眾生，令得「解脫」，發「菩提心」說如是言：我當作佛！如是說法，名「師子吼」。

❺所以言曰「師子吼」者：所念「財業」清淨之本，而「知止足」，讚揚斯教。 ❻所以言曰「師子吼」者：在於「閑居」，不擇所行。 ❼「布施」之本，而造元首，為「師子吼」。	 ❺「師子吼」名：於清淨「所須物」中(而能)「少欲知足」。 ❻「師子吼」名：常能不捨「阿蘭若」住處。 ❼「師子吼」名：(能)行「施」唱導。	❺若能清淨「資生」知足，如是說法，名「師子吼」。 ❻常能不捨「阿蘭若」處，如是說法，名「師子吼」。 ❼若「自行施」，化他令「施」，如是說法，名「師子吼」。
❽不捨「禁戒」，為「師子吼」。	❽「師子吼」名：(能)不捨「持戒」。	❽若能不捨「成就威儀」(威容儀態)，如是說法，名「師子吼」。
❾(能平)等心(於)「親友」，及與「怨敵」，為「師子吼」。 ❿(能)不釋宣「遠」，亦無所「近」，為「師子吼」。	❾「師子吼」名：(能)「等心」(於)「怨、親」。 ❿「師子吼」名(能)常行「精進」(而)不捨「本願」。	❾(平)等心「怨、親」，如是說法，名「師子吼」。 ❿常修「精進」，不捨「本願」，如是說法，名「師子吼」。
⓫(能)除諸「塵勞」，為「師子吼」。 ⓬(能平)等觀「智慧」，為「師子吼」。	⓫「師子吼」名：能「除煩惱」。 ⓬「師子吼」名：(能)以「智慧」善知(其)所行。	⓫能「除煩惱」，如是說法，名「師子吼」。 ⓬能以「智慧」，善知所行，如是說法，名「師子吼」。
(貳)(不退轉)天子說是「師子吼」時，三千大千世界(有)六反震動，百千伎樂(皆)不鼓自鳴，其大光明，普照世間，及諸天宮。	(貳)(不退轉天子)說是「師子吼」法(義)時，三千大千世界(有)六種震動，百千伎樂(皆)不鼓自鳴，其大光明，普照天地。	(貳)(不退轉天子)當說如是「師子吼」時，於此三千大千世界，(有)六種震動，百千伎樂，自然出聲，放大光明，普照天地。
(參)百千天人，舉聲歎曰：吾等為已於「閻浮提」再見(現)「法輪」也，用此天子「師子吼」故。	(參)百千諸天踊躍歡喜言：我等聞不退轉天子說「師子吼」法，於「閻浮提」再見(現)「轉法輪」。	(參)百千諸天踊躍歡喜，而作是言：此不退轉天子所說「師子吼」法，我等得聞，於「閻浮提」則為再見(現)轉于法輪。

修行人於日 常功課後要「發願迴向」西方極樂佛國，並要經常口稱：
我 當 作 佛 ！ 我 必 作 佛 ！ 阿 彌 陀 佛 ！ 帶 我 去 西 方 作 佛 ！

《大方廣三戒經》卷1
若以「音聲」得「阿耨多羅三藐三菩提」，作如是言：我當作佛！我當作佛！_(將來必定)而成佛者，無邊眾生「亦當作佛」！

《大寶積經》卷1
「音聲言說」亦應證得「無上菩提」，_(並)作如是言：我當作佛！我當作佛！
以此「語」故，無邊眾生_(亦)應成「正覺」。迦葉！若有眾生修學此行_(我當作佛之行)，甚為難有。

《佛說菩薩內戒經》卷1
菩薩當知「三願」，乃為菩薩。何謂三？
一、願我當作佛！……
二、願我往生阿彌陀佛前。
三、願我世世與佛相值_(遇)，佛當授我「莂」_(授記)。是為三願。

《大智度論》卷4〈序品 1〉
有人言：「初發心」_(而)作願：我當作佛！_(當)度一切眾生！
從是已來，_(此人則)名_(為)「菩提薩埵」_(菩薩)。

《大智度論》卷45〈摩訶薩品 13〉
諸凡夫人，雖住諸「結使」_(煩惱)，_(但)聞「佛功德」，_(即)發「大悲心」_(而)憐愍眾生，_(故發願：)我當作佛！
此_(凡夫者之)心雖_(仍)在「煩惱」中，_(但)心_(已)尊貴故，_(將為)天人所_(尊)敬。

《大智度論》卷78〈願樂品 64〉
若有_(人)能一「發心」_(而)言：我當作佛！_(我當)滅一切眾生苦！
(此人)雖未斷煩惱、(亦)未行「難事」，_(但)以_(此人之)「心、口」業_(之深)重故，_(將)勝於一切眾生。

《大智度論》卷49〈發趣品 20〉
「薩婆若心」_(一切智心)者，菩薩摩訶薩_(於)初發「阿耨多羅三藐三菩提」意，_(應)作是願：

我於未來世當作佛！
(此即)是「阿耨多羅三藐三菩提」意，(此)即是(相)應(於)「薩婆若心」(一切智心)。

《佛說華手經》卷9〈不退轉品 30〉

又，舍利弗！菩薩有四法(底下省略)，心(應)常「喜悅」，(於)修道(上)自慰(自我安慰)，能自(我)了知：(我)必當作佛！(將來必定能)名聞十方。

《大智度論》卷4〈序品 1〉

(1)初阿僧祇中(從過去釋迦文佛到剌那尸棄佛，爲初阿僧祇)，心不自知「我當作佛」？不作佛？

(2)二阿僧祇中(從剌那尸棄佛至燃燈佛，爲二阿僧祇)，心雖能知「我必作佛」，而「口」不稱「我當作佛」。

(3)三阿僧祇中(從燃燈佛至毘婆尸佛，爲第三阿僧祇)，(內)心(分明)了了，自知「(我必)得作佛」，「口」自發言(而)無所「畏難」：我於來世(必)當作佛！

四 — 11 諸佛微笑時，有百千種「青、黃、赤、白、紅、紫」等光從口 而出，普照無量世界，並遮蔽 日月光，還繞己 身三匝 後，再從佛之 頂相歸入

西晉·竺法護 譯《持心梵天所問經》	後秦·鳩摩羅什 譯《思益梵天所問經》	北魏·菩提流支 譯《勝思惟梵天所問經》
㊀爾時世尊，尋即欣笑，佛正覺法，假使笑時，無央數光，從佛口出，「青、黃、赤、白、黑、紫、紅」色，照於無量不可計會諸佛世界，靡不周遍，(往)上至「梵天」，悉皆覆蔽「日月」之明，(再)繞(己)身三匝，還從(佛之)頂上(歸)入，爗然不現。	㊀時佛微笑，諸佛常法，若微笑時，若干百千種「青、黃、赤、白、紅、紫」等光，從口中出，普照無量無邊世界，(往)上(越)過「梵世」，(遮)蔽日月光，還繞(己)身三匝，(再)從(佛之)頂相(歸)入。	㊀時佛微笑，諸佛常法，若微笑時，則有若干「百千萬」種「青、黃、赤、白、紅、紫」等光，從口中出，普照無量無邊世界，(往)上(越)過「梵世」，(遮)蔽日月光，照已，還攝，遶(己)身三匝，(再)從(佛之)頂相(歸)入。
㊁持心梵天即從坐起，又手向佛，以偈頌曰： 諸通慧殊特，普知一切有，皆悉分別了，三世眾生行。隨宜所信喜，而以慧解脫，	㊁於是思益梵天向佛合掌，以偈讚曰： 度一切慧最勝尊，悉知三世眾生行，智慧功德及解脫，	㊁於是勝思惟梵天，向佛合掌，偈讚請曰： 度一切慧最勝尊，悉知三世眾生行，智慧功德及解脫，

其心有超異，一切悉授決。 諸聲聞緣覺，悉非是其地，	唯願演說笑因緣。 佛慧無量無障礙， 聲聞緣覺所不及，	願為演說笑因緣。 佛慧無量不思議， 知眾生心無障礙，
佛慧為若茲，無量持無限。 曉了眾生心，何因說所趣， 度脫于眾生，殊勝難可當。 從意之所樂，善拘懷除穢， 其光明這出，蔽日月釋梵。	知眾生心隨意說， 願最上尊說笑緣。 佛光可樂淨無穢， 普照天人蔽日月，	隨應說法稱根性， 聲聞緣覺所不及。 惟願最勝無上尊， 為我演說笑因緣，
通照鐵圍山，億姟諸須彌， 願說其旨趣，何緣而感欣。 瞋厭以永除，能仁寂澹泊， 慈愍普觀察，天上及世間。 視佛無厭足，覩體得利安，	須彌鐵圍及眾山， 願無比尊說笑緣。 大聖寂然離瞋恨， 天人瞻仰無厭足， 一切皆蒙得快樂，	舌淨無垢月光明， 如帝釋王梵天王。 普照天人須彌山， 及鐵圍等一切山， 惟願最勝無比尊，
所因欣笑者，安住說決義。 選擇察諸法，自恣如虛空， 若雲霧電燦，虛若聚沫幻。	願為分別笑因緣。 通達諸法空無我， 水沫雲露夢所見，	為我演說笑因緣， 大聖寂然離瞋恨， 天人瞻仰無厭足，
見所有如夢，若如水中月， 善哉演說意，何故而欣笑。 除一切想見，能仁超度空， 諸通慧消滅，常離諸想著。	水中月影虛空相， 願以妙音說笑緣。 離分別想諸邪見， 了空無相及無作，	一切皆蒙得快樂， 願為分別笑因緣。 通達諸法如虛空， 水沫電雲幻夢影，
則無三處願，禪定以平等， 所以奮光明，唯正分別說。 無文字言辭，不著於音響， 安住為說經，不慕眾生法。	常樂禪定寂然法， 願說放此淨光緣。 不著文字言音聲， 說不依法及眾生，	水中月等虛空相， 願以妙音說笑緣。 離分別相諸邪見， 了空無相及無作，
一一了眾會，欲令曉佛慧， 知神足根力，最勝善哉說。 佛者為醫王，蠲除一切苦，	彼各自謂為我說， 願神通智說笑緣。 佛為醫王滅眾病， 那羅延力救世者，	常樂禪定寂然法， 願說放此淨光緣。 不著文字言語聲， 為諸眾生常說法，
勇猛御至安，濟愚戇放逸。 力勢超鉤鎖，人眾悉歸命， 光說人神尊，何因而欣笑。	趣舍燈明究竟道， 天人供養說笑緣。	不著我法無垢慧， 一一法句如來說。 智通根力皆具足，

		華光智慧為我說， 如來世尊能永滅， 生老病死一切苦。 那羅延力勇猛力， 降伏一切諸魔力， 能與眾生無歸者， 而作歸依法燈明。 惟願勇猛天人師， 為我分別說笑緣。

四－12 不退轉天子將來作佛，號須彌燈王如來，世界名妙化，劫名梵歡。純以菩薩為僧，無諸魔怨

西晉・竺法護 譯 《持心梵天所問經》	後秦・鳩摩羅什 譯 《思益梵天所問經》	北魏・菩提流支 譯 《勝思惟梵天所問經》
⑴ 佛告持心梵天：見現不退轉天子乎？	⑴ 爾時佛告思益梵天：汝見是不退轉天子不？	⑴ 爾時世尊，告勝思惟大梵天言：(勝思惟)梵天！是不退轉天子，汝為見不？
(持心)對曰：以見，天中天。	(思益答:)唯然，已見！	(勝思惟)大梵天言：如是世尊，唯然已見。
⑵佛言：(持心)梵天！現不退轉天子，三十二不可計阿僧祇劫當得作佛，號曰須彌燈王如來・至真・等正覺・明行成為・善逝・世間解・無上士・道法御・天人師・為佛・世尊，世界名善化，劫名淨歡。	⑵(思益)梵天！此不退轉天子從今已後，過三百二十萬阿僧祇劫當得作佛，號須彌燈王如來・應供・正遍知・明行足・善逝・世間解・無上士・調御丈夫・天人師・佛・世尊，世界名妙化，劫名梵歡。	⑵佛言：(勝思惟)梵天！此不退轉天子，從今已後，過三百二十萬「阿僧祇」劫，當得作佛，號須彌燈王如來應正遍知，乃至佛婆伽婆，世界名善化，劫名梵歡。
⑶其佛國土，當有二寶，以「紺琉璃、紫磨金色」，淳	⑶其佛國土，以「閻浮檀金、琉璃」為地，純以「菩	⑶其佛國土，「閻浮檀金、琉璃」為地，純「菩薩」

「菩薩眾」，降伏「魔怨」，所居室宅，衣食被服，當如「第六化應聲天」(他化自在天)，(有諸多)如來殷勤，多所開化(開導教化)。	薩」為僧，無諸「魔怨」。所須之物，「應念」即至，「佛壽」無量，不可計數。	僧，勇猛降伏「諸魔怨敵」，所須之物，「應念」即至，如「兜率天」，「佛壽」無量，不可計數，說法無過(失)。

四─13 若行者不住「欲界、色界、無色界」。不住「我、人、眾生、壽命」者。不住「法、非法」，皆是名為「住梵行」

西晉・竺法護 譯《持心梵天所問經》	後秦・鳩摩羅什 譯《思益梵天所問經》	北魏・菩提流支 譯《勝思惟梵天所問經》
(壹)於是持心梵天謂現不退轉天子曰：如來已為授仁者(之)「決」？	(壹)於是思益梵天謂不退轉天子：如來今已授仁者(之)「記」？	(壹)於是勝思惟梵天，謂不退轉天子言：(不退轉)天子！如來今已授仁者(之)「記」？
(不退轉)答曰：如來已為(我)見「授決」矣！(但這就像)猶如「無本」(即漢文「如」義)，授「無本」(之)「決」，及與「法界」授我之「決」，亦復如是。	(不退轉)天子言：(思益)梵天！如與「如、法性」(之)「受記」，(此)與我(之)「受記」亦復如是。	(不退轉)天子言：(勝思惟)梵天！我之「受記」(之)「如」，與(對)「真如」法界(之)授記，(此)與我(之)「授記」，亦復如是。
(貳)(持心)報曰：又(就像)以「無本」(即漢文「如」義)，及與「法界」，則無有(真實之授)「決」？	(貳)思益言：(就像)「如、法性」(之)不可「授記」(一樣之理)。	(貳)(勝思惟)梵天言：(就像)「法性、法界」(之)不可「授記」(一樣之理)。
(不退轉)答曰：如來不授於「無本(即漢文「如」義)、法界」之「決」，(其)所說(之)「授決」，一切菩薩亦復如是，不當覩於有所(真實之)「授決」。	(不退轉)天子言：(就像)「如、法性」(皆)不可「授記」者，當知一切菩薩(之)「受記」亦復如是。	(不退轉)天子言：如「法性、法界」(之)不可「授記」，當知一切菩薩(之)「授記」，亦復如是。(所謂授記者，即非授記，是名授記)
(參)(持心)又問：(不退轉)仁者不從住由「正覺」(而)淨修「梵	(參)思益言：若如來不(曾)與「汝記」，(則)汝於過去諸佛	(參)(勝思惟)梵天言：(不退轉)天子！若佛如來不(曾)與汝

行」、(而)分別曉了,如佛(之)「授決」乎?	所,則為空住「梵行」?	「記」,(則)汝於過去諸如來所,是則便為「空修」(空勞白修)梵行?
(不退轉)答曰:(持心)梵天!其「無所習」此等疇類,乃(為真實之)修「梵行」。	(不退轉)天子言:若「無所住」,(此即)是(真實之)住「梵行」。	(不退轉)天子言:(勝思惟)梵天!若「無所住」,(此即)是(真實之)住「梵行」。
		(應無所住,就是住真實之梵行,故我無所住,亦就是真實之授記也)
㊃(持心)又問:何謂其「無所習」乃(為真實之)修「梵行」?	㊃思益言:云何「無住」而(即是)住「梵行」?	㊃(勝思惟)問言:(不退轉)天子!云何「無住」而(即是)住「梵行」?
(不退轉)答曰:	(不退轉)答言:	(不退轉)答言:(勝思惟)梵天!
❶其不習于「欲界、色界」,及「無色界」,此等之倫乃(為真實之)修梵行。 ❷復次(持心)梵天,「無所習」居、不用「我」居、不習有「人」、不習有「壽」、不習有「命」,斯等之匹,乃(為真實之)修梵行。 ❸舉要言之,假於諸法(而)「不習」諸法,是乃名曰(真實之)「淨修梵行」。	❶若不住「欲界」、不住「色界」、不住「無色界」,(此即)是住(真實之)「梵行」。 ❷又,(思益)梵天!若行者不住「我」、不住「眾生」、不住「壽命」者、不住「人」者,(此即)是住(真實之)「梵行」。 ❸以要言之,若不住「法」、不住「非法」,(此即)是住(真實之)「梵行」。	❶若不住「欲界」,不住「色界」,不住「無色界」,(此即)是住(真實之)「梵行」。 ❷復次(勝思惟)梵天!若不住「我」,不住「眾生」,不住「壽命」,不住「人」者,(此即)是住(真實之)「梵行」。 ❸以要言之,若不住「法」,不住「非法」,(此即)是住(真實之)「梵行」。

四－14 不墮「有、無」,亦不分別「有、無」。如此修行者,方名為真實之修道

西晉・竺法護 譯《持心梵天所問經》	後秦・鳩摩羅什 譯《思益梵天所問經》	北魏・菩提流支 譯《勝思惟梵天所問經》
㊀(持心)又問,所言淨修「梵	㊀(思益)又問:梵行者有何	㊀(勝思惟)問言:(不退轉)天子!

行」，為何謂乎？

（不退轉）答曰：（所謂）淨修「梵行」（者），（此即是）不住（有分別之）「二道」，此之謂也。

（貳）
（持心）又問：不住（有分別之）「二道」，為何所立？

（不退轉）答曰：不住（有分別之）「二道」，則為建立（建置設立）一切「法言」。所以者何？（凡）「無所立」者，則為賢聖之所「遵修」（遵循而修）而得「超度」（超越度化）。

（參）
（持心）又問：（需）遵修（遵循而修）何等，（方）為道行耶？

（不退轉）答曰：有遵修（遵循而修）行者，「不墮」於「行」、亦「不離」（於）行，亦復無有「行」於法者，亦復無有「離」於法者，是則名曰遵修（遵循而修）道行，精（進）順如應（如應順之理）。

（肆）
（持心）又問：以何等行而為道行？

（不退轉）答曰：無「見」、無「聞」、無「念」、無「知」、無「教」、無「得」，亦無「造證」（造行修證），於一切法而「無所行」，是則名曰遵修（遵循

義？

（不退轉）答言：（若能）住「不二」（之）道，（此即）是「梵行」義！

（貳）
（思益）又問：住「不二」（之）道，為住何所？

（不退轉）答言：住「不二」（之）道，是即「不住一切諸法」。所以者何？眾賢聖「無所住」，（亦）「不取於法」，（故）能度諸（生死）流。

（參）
（思益）又問：云何為「修道」？

（不退轉）答言：不墮「有」、不墮「無」，亦不分別是「有」、是「無」。（若能）習如是者，名為（真實之）「修道」。

（肆）
（思益）又問：以何法修道？

（不退轉）答言：不以「見、聞、覺、知」法，不以「得」、不以「證」，於一切法「無相、無示」，名為「修道」。

所說「梵行」，為有何義？

（不退轉）答言：（勝思惟）梵天！（若能）住「不二」（之）道，（此即）是「梵行」義。

（貳）
（勝思惟）問言：天子！住「不二」（之）道，為住何所？

（不退轉）答言：（勝思惟）梵天！住「不二道」，是即「不住一切諸法」，何以故？以眾賢聖皆「無所住、不取於法」，（亦）不（真實有）度「諸流」。

（參）
（勝思惟）問言：（不退轉）天子！云何「修道」？

（不退轉）答言：（勝思惟）梵天！不墮「有、無」，故不分別是「有」、是「無」，如是修者，名為「修道」。

（肆）
（勝思惟）問言：天子！為以何法而修道耶？

（不退轉）答言：（勝思惟）梵天！不以「見、聞、覺、知」等法，亦不以「得」、亦不以「證」，於一切法「無相、無示」，名為「修道」。

(而修)「道行」。		
㊄ (持心)又問：何謂菩薩「堅彊精進」？	㊄ (思益)又問：何謂菩薩「牢強精進」？	㊄ 爾時勝思惟梵天問不退轉天子言：天子！何謂菩薩「堅固精進」？
(不退轉)答曰：假使菩薩而不見法行有「一」事，亦復不見有「若干」(分別多少)行，是謂菩薩「堅彊精進」，被「戒德鎧」(戒律威德鎧甲)，(假)設(行)於「法界」，而(皆)無所「壞」。	(不退轉)答言：若菩薩於諸法，不見「一」相、不見「異」相，是名菩薩「牢強精進」(之)大莊嚴也。	(不退轉)答言：(勝思惟)梵天！若菩薩於諸法，不見「一」相、不見「異」相，是名菩薩「堅固精進」。
㊅(既於諸法)已無所「壞」，則無所「近」，亦「不離」法，亦無所違(逆)，不見「塵勞」、亦無「結恨」(染法)，是為菩薩「第一之行」，為「精進」也，不(高)「舉」、不「下」(劣)於一切法，奉修「精進」。假使(持心)梵天，(能)無「身」因緣、無「口」因緣、無「心」因緣，是(名)為「第一精進之行」。	㊅於諸法「不壞法性」故，於諸法「無著、無斷、無增、無減」，不見「垢、淨」，(皆)出於「法性」，是名菩薩「第一精進」，所謂「身」無所起、「心」(亦)無所起。	㊅若菩薩於諸法「不壞法性」故，於諸法「無著、無斷、無增、無減」，不見「垢、淨」，出過(超出越過)「法性」，是名「第一堅固精進」，所謂菩薩，「身」無所起、「心」(亦)無所起。

四－15 過去心已滅，未來心未至，現在心無住；三心了 不可得，從本已來，性常不生，是名「三世等空精進、不起相精進」，此能令菩薩疾獲「受記」

西晉・竺法護 譯 《持心梵天所問經》	後秦・鳩摩羅什 譯 《思益梵天所問經》	北魏・菩提流支 譯 《勝思惟梵天所問經》
㊀於是世尊，讚現不退轉天子曰：善哉！善哉！如汝所云。復告持心：如是(持心)梵天，如今(不退轉)	㊀於是世尊讚不退轉天子：善哉！善哉！讚已，語思益梵天言：如此(不退轉)天子所說：「身」無所起、	㊀於是世尊讚不退轉天子言：善哉！善哉！讚(不退轉)天子已，語勝思惟大梵天言：如此(不退轉)天子，

天子之所說者,是為「第一精進之行」,其無「身」行,亦無「口」行、亦無「心」行。

（貳）佛告（持心）梵天,吾念過去「往古」久遠世時,一切知節（知量守節）,「寂寞」（寂靜窈窔）之德,專修精進、恭敬奉事,處在「閑居」而學「博聞」,於眾生類,而行「慈愍」。

（參）（我）以何等行,一切（皆）遵修（遵循而修）暴露（暴發顯露;喻真誠無虛）精進,如來（仍然）不見授（我）於「無上正真道決」,所以者何?（因為我）坐（犯）以住（執著）於「身、口、意」故。

（肆）爾時（持心）梵天!如是色像,遵修（遵循而修）精進此「具足」行,如今向者（如）天子（之）所言,然於後世,（我）見錠光佛所見（而得）授決:

當於來世而成為佛,號曰能仁如來・至真・等正覺・明行成為・善逝・世間解・無上士・道法御・天人師・號佛・世尊。

（伍）是故（持心）梵天!若使菩薩疾欲（獲得）「受決」,當以是比遵修（遵循而修）「精進」,（當）曉知諸法,而（實）

「心」（亦）無所起,是為「第一牢強精進」。

（貳）（思益）梵天!我念宿世一切所行「牢強精進」,持戒「頭陀」,於諸師長,供養恭敬,在空閑處,專精行道,讀誦、多聞,愍念眾生,（布施供）給其所須。

（參）（我於）一切難行苦行,慇懃精進,而過去諸佛（仍然）不見授（我）「阿耨多羅三藐三菩提」記。所以者何?（因為）我住（執著於）「身、口、心」,（而生）起「精進」（之）相故。

（肆）（思益）梵天!我後得如天子所說「牢強精進」故,然燈佛授我記言:

汝於來世當得作佛,號釋迦牟尼。

（伍）是故,（思益）梵天!若菩薩疾欲「受記」,應當修習如是「牢強精進」,謂於諸法不（生）起「精進」（的執著）

向來所說:「身」無所起、「心」（亦）無所起,是為「第一堅固精進」。

（貳）（勝思惟）梵天!我念往昔一切所行「堅固精進」,持戒「頭陀」,供養諸佛,恭敬尊重,而彼諸佛皆不授我「阿耨多羅三藐三菩提」記,（我）於諸佛所,如是供養,恭敬尊重,於空閑處,思惟坐禪,習多「聞慧」,愍念眾生,（布施供）給其所須。

（參）（我於）一切所行,難行苦行,勤行精進,而彼諸佛（仍然）不「授」我「記」,何以故?
我於爾時,（執著）住「身、口、心」（而生）起「精進」（之相）故。

（肆）（勝思惟）梵天!我乃於後,得如天子上來所說（之）「堅固精進」,然後（我）方為燃燈如來授我記言:

汝於來世當得作佛,號釋迦牟尼。

（伍）是故（勝思惟）梵天!若有菩薩欲得如來速疾「授記」,應當修行如天子（所）說（之）「堅固精進」,謂於諸

「無所行」。 ㈥(持心)梵天問曰：何謂世尊而「無所行」？ 世尊告曰：「究竟平等，正均(正真均等)空無，而為精進」。 ㈦何謂「究竟平等，正均(正真均等)空無，而為精進」？ 答曰：「過去心」滅、「當來」未至、「現在」不住；其(法若已)「滅盡」者，則不復(再生)起，設使(有)獲者，(亦)無有(生)起「想」，(若能)如是「住」者，(即)常「無所住」。 ㈧其為法者，設使正法，平等興者，則無所(生)起，(若)無所(生)起者，便無「過去、當來、現在」，設使無有「去、來、今」者，(諸法)便為「本淨」，則無所(生)起，是為(持心)梵天，(此是名)「究竟平等，正均(正真均等)空無，而為精進」。如是菩薩，疾得「授決」。	相。 ㈥世尊！何等是不(生)起(執著)相(的)「精進」？ 佛言：「三世等空精進」是名「不起相精進」。 ㈦世尊！云何為「三世等空精進」？ 佛言：「過去心」已滅，「未來心」未至，「現在心」無住；若法(已)滅(則)不復更(生)起，若(法)「未至」，即無「生」相，若(達)「無住」，即住(真實之)「實相」。 ㈧又「實相」，亦無有「生」，若法「無生」，則無「去、來、今」。若無「去、來、今」者，則從本已來，性常「不生」，(此)是名「三世等空精進」，能令菩薩疾得「受記」。	法(而)不(生)起「精進」(的執著相)。 ㈦(勝思惟)梵天言：世尊！云何「三世平等精進」？ 佛言：(勝思惟)梵天！「過去心」已滅，「未來心」未至，「現在心」無住；若法「已滅」(則)不復更(生)起，若法「未至」，即無「生」相，若法(為)「無住」，即住(真實之)「實相」。 ㈧若如是者，則非「過去」、非是「未來」、非是「現在」。若非「過去」、非是「未來」、非是「現在」，是名「自性」，如是「自性」即是「不生」。(勝思惟)梵天！(此)是名「三世平等精進」，(如此)能令菩薩疾得「授記」。

吾人對「未來、預測、預卜」的正確知見：根據「**帕累托法則**」(pareto principle)，也被稱為「**80/20 法則**」、「**關鍵少數法則**」、「**八二法則**」，也就是在 100 則的「預言」中，只有 20 則是「較接近」，有 80 則是完全不相關的，但這 20「較接近答案」的「預言」卻又經常控制了那另外高達 80 則「完全無關、不準」的內容。

而 20 則中只有 4 則是完全「精準」，這個完全「精準」也有幾分「猜中」的機率在內的。

四－16 菩薩雖布施，但不求果報；雖持戒，但無所貪著；雖忍辱，但知內外空；雖精進，但知無起相；雖禪定，但無所依止；雖行慧，但無所取相

西晉・竺法護 譯《持心梵天所問經》	後秦・鳩摩羅什 譯《思益梵天所問經》	北魏・菩提流支 譯《勝思惟梵天所問經》
壹(如是菩薩)則逮「法忍」，具足眾行，佛謂(持心)梵天： ⑴設使菩薩於一切法而「無所習」，則曰「布施」。 ⑵而不「將護」(將助衛護)一切法者，則曰「奉戒」。 ⑶若不「思念」一切諸法，則曰「忍辱」。 ⑷而於諸法「無所因緣」，則曰「精進」。 ⑸而以「平等」一切諸法，則曰「定意」。 ⑹於一切法而「無所想」，則曰「智慧」。 貳斯則名曰：不造「增益」，亦不「損耗」、無「作、不作」。 參 ⑴(雖)常行「布施」(而)無所「悕望」(悕求望報)。	壹(思益)梵天！菩薩成就如是「法忍」者： ⑴(若)能了達一切法「無所捨」，是名「檀」(布施)波羅蜜。 ⑵(若能)了達一切法「無漏」，是名「尸」(持戒)波羅蜜。 ⑶(若能)了達一切法「無傷」，是名「羼提」(忍辱)波羅蜜。 ⑷(若能)了達一切法「無所起」，是名「毘梨耶」(精進)波羅蜜。 ⑸(若能)了達一切法「平等」，是名「禪」波羅蜜。 ⑹(若能)了達一切法「無所分別」，是名「般若」波羅蜜。 貳若菩薩(能)如是了達，則於諸法「無增、無減、無正、無邪」。 參 ⑴是菩薩雖「布施」(而)不求果報。	壹(勝思惟)梵天！菩薩成就如是「法忍」： ⑴(若能)信一切法「無所捨」故，是名菩薩「布施」精進。 ⑵(若能)信一切法「無諸漏」故，是名菩薩「持戒」精進。 ⑶(若能)信一切法「無所傷」故，是名菩薩「忍辱」精進。 ⑷(若能)信一切法「無所起」故，是名菩薩「勤行」精進。 ⑸(若能)信一切法悉「平等」故，是名菩薩「禪定」精進。 ⑹(若能)信一切法「不分別」故，是名菩薩「般若」精進。 貳(勝思惟)梵天！菩薩如是信於諸法「不增、不減、不邪、不正」。 參 ⑴而常「布施」(而)不求「果報」。

(2)(雖)護持「禁戒」(而)而「(平)等」同像。	(2)雖「持戒」(而)無所「貪著」。	(2)(雖)常持「禁戒」(而)無所「貪著」。
(3)(雖)遵修(遵循而修)「忍辱」(而)內外清淨。	(3)雖「忍辱」(而)知「內外空」。	(3)(雖)修行「忍辱」(而)知「內外空」。
(4)(雖)奉行「精進」(而)具足「成就」。	(4)雖「精進」(而)知無(生)「起相」。	(4)(雖)修行「精進」(而)知無所(生)「起」。
(5)(雖)「禪定」一心(而)悉無所「著」。	(5)雖「禪定」(而)無所「依止」。	(5)(雖)修行「禪定」(而)無所「依止」。
(6)(雖)欽尚(欽崇敬尚)「智慧」而無有「想」。	(6)雖「行慧」(而)無所「取相」。	(6)(雖)修行「般若」(而)無所「取相」。

四－17 不為「利衰、毀譽、稱譏、苦樂」八風所傾動；是人已得世間「平等相」。不自高、不自下、不喜不感、不動不逸、無二心、離諸緣；是人已得「無二之法」

西晉・竺法護 譯《持心梵天所問經》	後秦・鳩摩羅什 譯《思益梵天所問經》	北魏・菩提流支 譯《勝思惟梵天所問經》
(壹)如是「忍辱」，具足行者，菩薩備行(具備萬行)，普現眾行，悉「無所著」。	(壹)(思益)梵天！菩薩成就如是「法忍」，雖示現一切所行，而(實)無所「染污」。(修而無修；修而不修)	(壹)(勝思惟)梵天！菩薩成就如是「法忍」，雖復示現於一切法(而)有所「修行」，而(實)無「染污」。
(貳)以「無所著」，(故能平)等於世法，(雖)得利(而)不「喜」，(若)無(得)利(亦)不「感」。(受到別人的)諂(古同「咨」)嗟(咨讚嗟美)、(或)毀呰，(或)獲名(獲得美名)、(或)失稱(失去美稱)，(或)遭「樂」、(或)逢「苦」，設以值此(八法；八風)，(應)不動、不搖，不以「增、減」、不「喜」、不「感」，(此則)已(越)過「世間」之所有法。	(貳)是人得世間「平等相」，不為「利衰、毀譽、稱譏、苦樂」(八法；八風)之所傾動，「出過」(出離越過)一切「世間法」故。	(貳)是人名得「諸法平等」，不為世法「得失、毀譽、稱譏、苦樂」(八法；八風)之所傾動，「出過」(出離越過)一切「世間法」故。
(參)不以「苦患」，亦不以「惱」，不以「肅(肅殺嚴酷之氣)、	(參)不自「高」、不自「下」、	(參)亦不自「高」、亦不自

震(威震而令人恐懼)」，無「念、不念」(即指無有「二心」)，則「無二事」，離諸「因緣」，趣「無二法」。	不喜、不感、不動、不逸、無「二心」，離「諸緣」，得「無二法」。(得之勿喜，失之勿悲)	「下」，不喜、不憂、不動、不逸，無有「二心」，離於「諸見」，得「無二法」。
肆其(若有)墮「二見」(之眾生)，發(起)於「大哀」(大慈哀愍)，而興(起自(之)己(之)心，(去)開化(開導教化)眾生。	肆為墮「見二法」(之)眾生(而生)起「大悲心」，為其「受身」而教化之。	肆於諸眾生(若)墮(於有)「二見者」(而生)起「大悲心」，以為教化諸眾生故，而現「受身」(教化之)。
伍是為(持心)梵天！(是名)「第一精進」，用獲「無我」，為「忍」故也，則向「群黎」(眾生)，入「大悲哀」，所生之處，攝取救護。	伍(思益)梵天！是名第一牢強精進，所謂得「無我、空、法忍」，而於眾生起「大悲心」，為之受身。	伍(勝思惟)梵天！是名第一堅固精進，所謂得「無我、(法)忍」，(能)「忍」於眾生(而生)起「大悲心」，攝受眾生。
陸佛說是「精進」行時，(有)八千菩薩得「不起法忍」，佛悉「授決」，當得「無上正真之道」，皆同一字，名曰堅彊精進如來・至真・等正覺・明行成為・善逝・世間解・無上士・道法御・天人師・為佛・世尊，各各興於異佛世界。	陸(佛)說是「牢強精進相」時，(有)八千菩薩得「無生法忍」，佛為「受記」，皆當得「阿耨多羅三藐三菩提」，各於「異土」(而)得成佛道，皆同一號，號堅精進。	陸(佛)當說如是「大精進」時，(有)八千菩薩得「無生法忍」，佛為「授記」，皆當得成「阿耨多羅三藐三菩提」，各於「異土」(而)得成佛道，皆同一號，號堅精進。

四-18 諸「大龍王」(此喻諸佛菩薩)不降雨於「閻浮提」(此喻小乘根器者)者，乃因小乘根器不堪承受「大法」故。底下共有 15 種「菩薩深行」的大海比喻

西晉・竺法護 譯《持心梵天所問經》	後秦・鳩摩羅什 譯《思益梵天所問經》	北魏・菩提流支 譯《勝思惟梵天所問經》
1(共有 15 種菩薩深行的大海比喻)	*1*(共有 15 種菩薩深行的大海比喻)	*1*(共有 15 種菩薩深行的大海比喻)
壹爾時大迦葉白世尊曰：譬諸「大龍」(此喻諸佛菩薩)，而欲雨時，(則)雨山於	壹爾時大迦葉白佛言：世尊！譬如諸「大龍」(此喻諸佛菩薩)，若欲雨時，(則)雨	壹爾時慧命大迦葉在大會坐，而白佛言：世尊！譬如「大龍」(此喻諸佛菩薩)，

大海(此喻大乘菩薩根器者就像喻般若大海一樣)，此諸「正士」(菩薩)，亦復如是。「天中之天」(喻諸佛)猶如「大海」，而興(起如)是(之)像，放「大法雨」(般若大法)，(而)諸「大正士」(大菩薩)則(亦)為「巨海」，(菩薩之)心亦若斯，(故菩薩能)以「真實」性而演(說)「法雨」(般若大法)。	於「大海」(此喻大乘菩薩根器者就像喻般若大海一樣)；此諸菩薩亦復如是，(能)以「大法雨」(般若大法)雨於「菩薩心」。(此喻菩薩乃具有如「大海心」的大乘菩薩根器，故稱為「大海菩薩心」)	若欲雨(般若大法)時，(則)雨於「大海」(此喻大乘菩薩根器者就像喻般若大海一樣)，不雨餘處(此喻小乘根器者)。此菩薩亦復如是，(能)以「大法雨」(般若大法)為(具足如)「大海心」(之)諸菩薩說，不為餘者。
(貳)佛告迦葉：如爾所言，此諸「大龍」(此喻諸佛菩薩)不以「貪嫉」，而不雨於「閻浮提」(此喻小乘根器者)也，(若)用「閻浮提」(去承接)天(所降)下(大雨)之地，(則閻浮提之地)不能「堪受」大雨之渧(古同「滴」)。	(貳)佛言：迦葉！如汝所說，諸「大龍王」(此喻諸佛菩薩)所以不雨「閻浮提」(此喻小乘根器者)者，非(大龍王)有悋(嗇)也，但以其(閻浮提之)地不堪(承)受故。	(貳)佛言：如是！如是！迦葉！如汝所說，諸「大龍王」(此喻諸佛菩薩)，所以不雨「閻浮提」(此喻小乘根器者)者，非有悋妒，但以其(閻浮提之)處不堪(承)受故。
(參)設使迦葉！斯諸「大龍」(此喻諸佛菩薩)而出「大雨」(般若大法)，雨於天下者，(則將)令「閻浮提」(此喻小乘根器者)「郡國、縣邑、山陵、溪谷」，(被)漂沒(漂流淹沒)永(消)盡，(就)如「漂樹葉」(像樹葉隨意亂漂浮在水面上一樣)。以是之故，諸「大龍王」(此喻諸佛菩薩)不放「大雨」(般若大法)雨於「閻浮提」(此喻小乘根器者)。	(參)所以者何？「大龍」(此喻諸佛菩薩)所雨(般若大法)，澍(雨降)如車軸(喻雨非常密集)。若其雨者，(將令)是「閻浮提」(此喻小乘根器者)及城邑、聚落、山林、陂池，悉皆(遭)漂流，(亦)如「漂棗葉」(像棗葉隨意亂漂浮在水面上一樣)。是故「大龍」(此喻諸佛菩薩)不雨「大雨」(般若大法)於「閻浮提」(此喻小乘根器者)。	(參)何以故？「大龍」(此喻諸佛菩薩)所雨(般若大法)，澍(降雨)如車軸(喻雨非常密集)，「閻浮提」(此喻小乘根器者)中不能容受。若其(大龍)雨(般若大法)者，是「閻浮提」(此喻小乘根器者)城邑、聚落、山林、陂池，皆悉(遭)漂流，如「漂棗葉」(像棗葉隨意亂漂浮在水面上一樣)。是故「大龍」(此喻諸佛菩薩)不以「大雨」(般若大法)雨於「閻浮提」(此喻小乘根器者)。
(肆)如是迦葉！斯諸「正士」，(並)不惜(不會去吝惜)「法雨」(般若大法)，而不(去)為「人」及「眾生類」(而)演(說)	(肆)如是，迦葉！此諸「菩薩」所以不雨「法雨」(般若大法)於「餘眾生」者(此喻小乘根器者)，亦無悋(嗇)心，以其	(肆)如是迦葉！此諸「菩薩」不雨「法雨」(般若大法)於「餘眾生」(此喻小乘根器者)，亦無悋(嗇)妒(嫉)，但以其

出「法澤」(般若法雨潤澤)。 (伍)又復迦葉！若(眾生之根)器(能)堪任應「佛法」者(此喻般若大法)，斯諸「正士」則(將)沒焉(入於整個)「海意」(大海心意→此喻菩薩乃具有如「大海心」的大乘菩薩根器，故稱爲「大海菩薩心」)，(令能)覺(悟於)諸眾生，如其(菩薩之)心念，演(說)出(不可思議之)「法雨」(此喻般若大法)。	(根)器(乃)「不堪」(承)受如是等法(此喻般若大法)。 (伍)是故此諸「菩薩」，但於甚深「智慧」(之)無量「大海菩薩心」中，(能)雨心 如是等不可思議(之)「無上法雨」(此喻般若大法)。	(根)器(乃)不能堪(承)受如是等法(此喻般若大法)。 (伍)以是義故，此諸「菩薩」，但於甚深無量無邊「智慧」(之)「大海菩薩心」中，(能)雨心 如是等不可思議(之)「無上法雨」(此喻般若大法)。

引用《思益梵天所問經·卷第四》	《敦博本》與《敦煌本六祖壇經》對校版原文	《宗寶本六祖壇經》原文
爾時大迦葉白佛言：世尊！譬如諸大龍(此喻諸佛菩薩)，若欲雨時，(則)雨於大海(此喻大乘菩薩根器者)；此諸菩薩亦復如是，以大法雨(般若大法)雨菩薩心。 佛言：迦葉！如汝所説，諸大龍王(此喻諸佛菩薩)所以不雨閻浮提(此喻小乘根器者)者，非(大龍王)有悋(嗇)也，但以其(閻浮提之)地不堪受故。所以者何？ 大龍(此喻諸佛菩薩)所雨(般若大法)，澍(雨降)如車軸(喻雨非常密集)，若其雨者，(將令)是閻浮提(此喻小乘根器者)及城邑、聚落、山林、陂池，悉皆(遭)漂流，(亦)如漂棗葉(像棗葉隨意亂漂浮在水面上一樣)。是故大龍(此喻諸佛菩薩)不雨大雨(般若大法)於閻浮提(此喻小乘根器者)。 如是，迦葉！此諸菩薩所以不雨法雨(般若大法)於餘眾生者(此喻小乘根器者)，亦無悋(嗇)心，以其器不堪受如是等法(此喻般若大法)。是故此諸菩薩但於甚深智慧無量大海菩薩心中，雨	何以故？譬如大龍，若下大雨，雨於閻浮提，城邑聚落，悉皆漂流，如漂草葉。	何以故？譬如大龍下雨於閻浮提，城邑聚落，悉皆漂流，如漂棗葉。

如是等不可思議無上法雨。		
迦葉！又如大海(此喻大乘菩薩根器者)，堪受大雨(此喻般若大法)，澍(雨降)如車軸(喻雨非常密集)，不增不減。	若下大雨，雨於大海，不增不減。	若雨大海，不增不減。
此諸菩薩亦復如是，若於一劫、若復百劫，若聽(般若大法)、若說(般若大法)，其(般若大乘大)法(乃)湛然(常住)，不增不減。	若大乘者，聞說《金剛經》，心開悟解。	若大乘人，若「最上乘」人，聞說《金剛經》，心開悟解。
	故知本性自有般若之智，自用智慧觀照，不假文字。	故知本性自有般若之智，自用智慧，常觀照故，不假文字。
	譬如其雨水，不從天有。原是龍王於江海中，將身引此水，令一切眾生，一切草木，一切有情、無情，悉皆蒙潤。	譬如雨水，不從天有。原是龍能興致，令一切眾生，一切草木、有情、無情，悉皆蒙潤。
迦葉！又如大海(此喻大乘菩薩根器之般若大海)，(能容納)百川眾流(此喻種種法門、種種議論)入其中者(皆匯入大乘菩薩根器之般若大海)，同一鹹味(此喻同為一般若性空之味)。此諸菩薩亦復如是，(就算聽)聞種種法、(想聞)種種論議者，皆能信解為一空味(為一個般若空性之味)。	諸水眾流，卻入大海，海納眾水，合為一體。	百川眾流，卻入大海，合為一體。
	眾生本性般若之智，亦復如是。	眾生本性般若之智，亦復如是。

四-19 諸菩薩說法，隨諸眾生根之「利、鈍」令得解脫。或以「小乘、中乘、大乘」而得解脫

西晉·竺法護 譯	後秦·鳩摩羅什 譯	北魏·菩提流支 譯

《持心梵天所問經》	《思益梵天所問經》	《勝思惟梵天所問經》
2（共有 15 種菩薩深行的大海比喻）	*2*（共有 15 種菩薩深行的大海比喻）	*2*（共有 15 種菩薩深行的大海比喻）
⑤譬如，<u>迦葉</u>！諸「龍」_{（此喻諸佛菩薩）}雨時，墮諸「大渧」_{（大水滴的般若大法）}，_{（就算）}猶如車輪_{（般的非常密集）}，「大海」_{（此喻菩薩之般若大法乃不增不減）}悉_{（能）}受此之「大雨」，不以為「足」，亦不「充滿」。（大海是湛受「大雨」的，就算雨降如車軸般的密集，大海不會因此而充滿溢出，也不會因此而減少，大海仍是「不增不減」的）	⑤<u>迦葉</u>！又如「大海」_{（此喻菩薩之般若大法乃不增不減）}，_{（能）}堪受「大雨」_{（此喻般若大法）}，_{（就算）}澍_{（雨降）}如「車軸」_{（喻雨非常密集）}，_{（而仍然）}不增不減。（大海是湛受「大雨」的，就算雨降如車軸般的密集，大海不會因此而增加，也不會因此而減少，大海仍是「不增不減」的。大乘根器者乃堪受「般若大法」，不會像小乘根器的閻浮提一樣；會導致城邑聚落被大水所淹而到處漂流，又如棗葉隨意亂漂浮在水面上一樣）	⑤<u>迦葉</u>！譬如「大海」_{（此喻菩薩之般若大法乃不增不減）}，_{（能）}堪受「大雨」_{（此喻般若大法）}，_{（就算）}澍_{（雨降）}如「車軸」_{（喻雨非常密集）}，_{（而仍然）}不增不減。（大海是湛受「大雨」的，就算雨降如車軸般的密集，大海不會因此而增加，也不會因此而減少，大海仍是「不增不減」的。大乘根器者乃堪受「般若大法」，不會像小乘根器的閻浮提一樣；會導致城邑聚落被大水所淹而到處漂流，又如棗葉隨意亂漂浮在水面上一樣）
此諸「正士」_{（菩薩）}亦復如是，若於一劫、若百千劫，聞所說_{（般若大法）}法，又於諸法「不增、不減」，不以為滿。	此諸菩薩亦復如是，若於一劫、若復百劫，若聽_{（般若大法）}、若說_{（般若大法）}，其_{（般若大乘大）}法_{（仍）}湛然_{（常住）}，不增不減。	此諸菩薩亦復如是，若於一劫、若復百劫，若聽_{（般若大法）}、若說_{（般若大法）}，其_{（般若大乘）}法_{（仍）}湛然_{（常住）}，不增不減。
3	*3*	*3*
⑥譬如迦葉！彼於「大海」_{（此喻菩薩大法為一「空性」之味）}，_{（所有）}處處_{（之）}諸水，_{（所有的）}萬川四流_{（此喻種種法門、種種議論）}，_{（皆終）}歸於_{（入大）}海者，會為「一味」_{（此喻同為一「般若性空」之味）}，鹹苦如「鹽」。斯諸「正士」_{（菩薩）}，_{（就算聽聞到）}若干_{（種不同的）}「音聲」，_{（聽聞到）}各演_{（不同的）}「異教」，而令聞法；_{（才）}適_{（剛剛）}「省聽」_{（省察聽聞）}已，_{（終）}悉歸_{（於）}「一」義_{（為一個「般若空性」之義）}，_{（皆）}為「解脫味」，趣「空無」_{（之）}味。	⑥<u>迦葉</u>！又如「大海」_{（此喻菩薩大法為一「空性」之味）}，_{（能容納）}百川眾流_{（此喻種種法門、種種議論）}入其中者_{（皆匯入大乘菩薩根器之「般若大海」）}，同一「鹹味」_{（此喻同為一「般若性空」之味）}。此諸菩薩亦復如是，_{（就算聽聞）}聞種種法、_{（聽聞）}種種「論議」，皆能信解為一「空味」_{（為一個「般若空性」之味）}。	⑥<u>迦葉</u>！譬如「大海」_{（此喻菩薩大法為一「空性」之味）}，四天下中，_{（能容納）}百川眾流_{（此喻種種法門、種種議論）}入其中者，同一「鹹味」_{（喻同一「般若性空」之味）}。此諸菩薩亦復如是，_{（就算聽聞）}聞種種法，_{（聽聞）}種種「論義」，皆能信解皆為「一味」_{（為一個「般若空性」之味）}，所謂「空味」_{（般若性空之味）}。

4	**4**	**4**
㊌譬如迦葉！「大海」(此喻菩薩大法爲澄淨無垢)之中，而有「清淨無垢」之寶，淨潔無瑕，則以「不受」(無所不受)，(就算有)「不時」(不順時節而來)之水，(大海)亦不受「穢」。此諸「正士」(菩薩)，亦復如是，(具)清淨無垢，(故)不受一切「結恨」、「懈厭」(懈怠厭足)、「瞋怒」之瑕。	㊌迦葉！又如「大海」(此喻菩薩大法爲澄淨無垢)，(具)澄淨無垢，(就算有)濁水流入(此大海)，即皆清潔。此諸菩薩，亦復如是，(能)淨諸「結恨、塵勞」之垢。	㊌迦葉！譬如「大海」(此喻菩薩大法爲澄淨無垢)，(具)清淨無垢，(就算有)濁水流入(此大海)，即皆澄淨。此諸菩薩，亦復如是，能淨一切「瞋恨、害垢」。
5	**5**	**5**
㊍譬如迦葉！「大海」(此喻菩薩大法乃甚深無底)之中，而極幽深，難得其「底」，邊際難限。此諸「正士」(菩薩)，亦復如是，所了「聖慧」(聖賢智慧)，而甚邃⒮遠(幽邃深遠)，心入「玄妙」(玄祕殊妙)，幽奧難(思)量，(一切的)「聲聞、緣覺」所不能及。	㊍迦葉！又如「大海」(此喻菩薩大法乃甚深無底)，甚深無底。此諸菩薩，亦復如是，能思惟入「無量法」，故名爲「甚深」，一切「聲聞、辟支佛」(皆)不能測，故名爲「無底」。	㊍迦葉！譬如「大海」(此喻菩薩大法乃甚深無底)，甚深無底，不可度量。此諸菩薩，亦復如是，悉皆能入甚深「法相」，一切「聲聞、辟支佛」等，(皆)不能度⒮量(測度思量其境)。
6	**6**	**6**
㊎譬如迦葉！「大海」(此喻菩薩心如大海能具無量法義智慧)之中，稸(古同「畜」)無央數，不可計水。此諸「正士」(菩薩)，亦復如是，(能)積聚種殖，不可限量，「智度」(智慧波羅蜜)無極，(能)合會「諸法」，故喻「大海」，如是色像，則曰「正士」(菩薩)。	㊎迦葉！又如「大海」(此喻菩薩心如大海能具無量法義智慧)，(能)集無量水。此諸菩薩亦復如是，(能)集無量「法」、無量「智慧」，是故說諸「菩薩心」如「大海」。	㊎迦葉！譬如「大海」(此喻菩薩心如大海能具無量法義智慧)，(能)集無量水，(能)集無量寶。此諸菩薩亦復如是，(能)集無量「法」、無量「智慧」、無量「法寶」，以是義故，說諸「菩薩心」大如「海」。
7	**7**	**7**
㊏譬如迦葉！「大海」(此喻菩薩具種種珍寶)之中，(能)積聚無量若干種寶。此諸「正	㊏迦葉！又如「大海」(此喻菩薩具種種珍寶)，(能)積聚種種無量「珍寶」。此諸菩薩	㊏迦葉！譬如大海(此喻菩薩具種種珍寶)，(能)積聚種種無量珍寶。此諸菩薩亦復

士」(菩薩)，亦復如是，(能)以若干(法)教，(能出生)無量「法寶」，自然充滿。	亦復如是，(能)入種種法門，(能)集諸「法寶」，種種「行道」，(能)出生無量「法寶」之聚。	如是，一切皆入種種「法門」，(能)集諸「法寶」，種種「行道」，(能)出生無量「法寶」之聚。
8 ㉖譬如迦葉！「大海」(此喻菩薩大法包「大中小」乘三種根器)之中，有三部寶： 「真身」之寶(喻大乘)。 「清水」之寶(喻緣覺)。 為「財業」寶(喻聲聞)。 此諸「正士」(菩薩)，亦復如是，(在)說經法時，(能)從人(之)「根原」(根器本原)，心所應脫(與之相應而讓心獲得解脫)，而令「得度」， (或有)得「聲聞乘」(小乘)， 或(得)「緣覺乘」(中乘)， 或(得)至「大乘」(菩薩乘&一佛乘)。	*8* ㉖迦葉！又如「大海」(此喻菩薩大法包「大中小」乘三種根器)，有三種寶： 一者「少價」(喻小乘)。 二者「有價」(喻中乘)。 三者「無價」(喻大乘)。 此諸菩薩所可說法，亦復如是，(能)隨諸眾生根之「利、鈍」，令得解脫。 有以「小乘」(聲聞)而得解脫， 有以「中乘」(緣覺)而得解脫， 有以「大乘」(菩薩乘&一佛乘)而得解脫。	*8* ㉖迦葉！譬如「大海」(此喻菩薩大法包「大中小」乘三種根器)，(能)生三種寶： 一者「少價」(喻小乘)。 二者「大價」(喻中乘)。 三者「無價」(喻大乘)。 此諸菩薩所可說法，亦復如是，(能)隨諸眾生根之「利、鈍」，令得解脫。 有以「小乘」(聲聞)令得解脫， 有以「中乘」(緣覺)令得解脫， 有以「大乘」(菩薩乘&一佛乘)令得解脫。 *9* ㉗迦葉！譬如「大海」(此喻菩薩心如大海而不偏坦於任何一位眾生)，終不「偏」為一眾生(所獨)有，此諸菩薩，亦復如是，不唯獨(只)為「一眾生」故(而)發菩提心。

《妙法蓮華經・卷第三》

(1)迦葉！譬如三千大千世界，「山川、谿谷、土地」所生「卉木、叢林」及諸「藥草」，種類若干，名色各異。

(2)「密雲」彌布，遍覆三千大千世界，一時等澍，其「澤」普洽。

(3)「卉木、叢林」及諸「藥草」,「小根小莖、小枝小葉,中根中莖、中枝中葉、大根大莖、大枝大葉」,諸樹大小,隨「上、中、下」,各有所受。

(4)一雲所雨灬,稱其「種性」而得生長「華菓敷實」。雖「一地」所生,「一雨」所潤,而諸草木,各有「差別」。……

(5)如來于時,觀是眾生諸根「利、鈍、精進、懈怠」,隨其所堪,而為說法。種種無量,皆令歡喜,快得善利……

(6)如彼「大雲」(此喻諸佛菩薩),雨灬 於一切「卉木、叢林」及「諸藥草」(以上喻眾生有種種不同的種性根器),如其「種性」(種性根器),具足「蒙潤」,各得生長。

(7)如來說法「一相一味」……眾生住於「種種之地」,唯有如來如實見之,明了無礙。

(8)如彼「卉木、叢林、諸藥草」等(以上喻眾生有種種不同的種性根器),而不自知「上、中、下性」(此指眾生有上中下的種性根器)。

(9)如來知是「一相一味」之法,所謂「解脫相、離相、滅相、究竟涅槃常寂滅相」,終歸於「空」。

《佛說如來興顯經·卷第二》

(1)復次佛子,海(中的)大龍王……雨灬 四天下,周遍大地。上達自在清明天宮,雲布覆蔭若干品類。又眾雲同,現如是像,種種別異……如是色像,時節大悅,自然龍風,普有所吹……雨灬 於「大海」,莫所破壞……

(2)如是佛子!如來至真,以「無上慧」為大法王……普布法界,「法身」陰雲,靡不周遍,(如來)因其眾生所「信樂」者,而(作種種)「示現」之。

　①(如來)或為眾生,頒宣暢示「最正覺身」,而興法雨。

　②(如來或)現「變化身」,放「法雲雨」。

　③(如來)現「建立身」,而降「法雨」。

　④(如來或)現「色像身」,若干品雨。

　⑤(如來或)現「功德身」,而演雲雨。

　⑥(如來)或復示現「慧身雲雨」。

　⑦(如來)或復隨俗,示現其身。

　⑧(如來具)有「十種力」,或復現身……或現「法界」而無「身形」。

(3)是為「大聖」法身陰雨,普遍世界。隨其音聲之所信樂,而為眾生演其光耀……如來則為演大法雨,普遍法界,靡所不達。

《佛說未曾有正法經·卷第一》

(1)海意菩薩言:菩薩「大智慧海」,萬法所歸「平等一味」,菩薩「多聞」總持諸法之性,「一味無異」。

(2)了知諸法「本真」，自性「非無所有」，從「緣生法」即「真實義」。

(3)種種「善根」之所從生，應知是法「不增不減」。本末之性，福利無盡。究竟寂滅，非斷非常，自「如實」知。

※ 「二乘ㄕㄥ、三乘、大乘、小乘」與「一佛乘」的名詞歸納：

聲聞(羅漢)	小乘(羊車)	二乘	小乘	三乘
緣覺(辟ㄆㄧˋ支佛；獨覺；緣一覺；因緣覺)	中乘(鹿車、馬車)			
菩薩乘	大乘(牛車、象車)	大乘(菩薩乘)	大乘(菩薩乘)	
一佛乘(佛乘；一乘；一乘道)	佛乘(大白牛車)	大乘(一佛乘)	大乘(一佛乘)	一佛乘

二乘	❶單指「聲聞乘」＋「緣覺乘」(九成九的使用語辭方式)
	❷大乘＋小乘(很少數的使用語辭方式)
大乘	❶單指「菩薩乘」
	❷單指「一佛乘」
	❸指「菩薩乘」＋「一佛乘」。 「一佛乘」在「因位」上亦名為「菩薩乘」。 「一佛乘」在「果位」上則名為「佛乘」。

四－20 當「正法」欲滅時，諸行「小道」之法將先滅盡，然後菩薩大海心之「正法」乃最後滅盡。此乃菩薩之深重「大願」所致

西晉・竺法護 譯《持心梵天所問經》	後秦・鳩摩羅什 譯《思益梵天所問經》	北魏・菩提流支 譯《勝思惟梵天所問經》
10(共有 15 種菩薩深行的大海比喻)	*10*(共有 15 種菩薩深行的大海比喻)	*10*(共有 15 種菩薩深行的大海比喻)
⑩譬如，迦葉！「大海」(此喻菩薩漸漸轉深終成一切種智)之中，稍稍廣大，水漸流入，轉成「深廣」。菩薩如是志(於)「諸通慧」(Sarvajñā 一切智；諸通達的一切智)，行(於)「諸通慧」，漸得成就於「大聖道」。	⑩迦葉！又如「大海」(此喻菩薩漸漸轉深終成一切種智)，漸漸轉深。此諸菩薩，亦復如是，向「薩婆若」(Sarvajñā 一切智)漸漸轉深。	⑩迦葉！譬如「大海」(此喻菩薩漸漸轉深終成一切種智)，漸漸轉深，漸漸「稱意」(稱心如意)。此諸菩薩，亦復如是，向「薩婆若」(Sarvajñā 一切智)漸漸轉深，漸漸隨意。
11	*11*	*11*
⑪譬如，迦葉！「大海」	⑪迦葉！又如「大海」(此	⑪迦葉！譬如「大海」(此

(此喻菩薩能消滅二乘心,及破壞三毒與四相)之中,不受「死尸」,(亦)不與(之)「同處」。此諸「正士」(菩薩),亦復如是,不習「聲聞、緣覺」之心,(亦)不與「同歸」,不與「貪嫉、毀戒、結恨、懈廢、瞋恚心」者,而與「同歸」,不與「懈廢、亂意、惡智」所行者,而「同歸」也,不與「吾我、人、壽命」見者遊居(同遊而居)。	喻菩薩能消滅二乘心,及破壞三毒與四相),不宿「死屍」。此諸菩薩亦復如是,不宿「聲聞、辟支佛」心,亦不宿「慳貪、毀戒、瞋恚、懈怠、亂念、愚癡」之心,亦不宿「我、人、眾生」之見。	喻菩薩能消滅二乘心,及破壞三毒與四相),不宿「死屍」。此諸菩薩亦復如是,不宿「聲聞、辟支佛」心,亦復不宿「慳貪、毀禁(毀棄禁戒)、瞋恚、懈怠、亂念、愚癡」如是等心,亦復不宿「我、人、眾生」如是等見。
⊗譬如,迦葉!若「火災變」(時),(將)消竭「川流、大江、淵池」,(這些將)悉以「枯涸」,然後大海乃(最後才會消)盡(而)「無餘」。	⊗迦葉!又如「劫盡」燒時,(有)諸「小陂池、江河、泉源」,在前(面先)枯竭,然後大海乃當(最後才會)「消盡」。	⊗迦葉!譬如「劫盡」,燒世界時,(有)諸「小陂池、江河、泉源」,在前(面先)枯竭,然後大海乃當(最後才會)「消盡」。
肆如是迦葉!流布(流傳散布)正法(於)普(遍)諸土地,先以施行習「正法」,然後(才)施於「海意」(大海心意)眾覺,諸「正士」等「正法」(乃最後)歸之。	肆(當)「正法」滅時,亦復如是,諸行「小道」(之)「正法」(將)先(消)盡,然後「菩薩大海」之心(之)「正法」乃(最後才會消)滅。	肆(當)「正法」滅時,亦復如是,諸行「小道」(之)「正法」(將)先(消)盡,然後「菩薩大海」之心(之)「正法」乃(最後才會消)滅。
伍又復迦葉!此諸「正士」(菩薩),寧棄「身命」(而)不捨「正法」。	伍迦葉!此諸菩薩寧失身命(而)不捨「正法」。	伍迦葉!此諸菩薩寧失「身命」(而)不捨「正法」。迦葉!大海之水則有「滅盡」,而諸菩薩摩訶薩等(之)甚深「正法」(則永)「不盡、不滅」。
陸諸「正士」黨耶(黨見;或者;偶然)流布(流傳散布)正法(指諸菩薩是偶然?或者偶爾才去流布正法的嗎)?	陸汝謂菩薩(將)失「正法」耶?	陸迦葉!汝謂菩薩(將)失「正法」耶?

不當復為造如茲(之)觀。	勿造斯觀！	勿怍斯觀！

四－21 當「正法」滅時，有「七邪法」出。諸菩薩知眾生「可得度」之緣已滅，於是改至「他方」佛國，繼續教化眾生，令增長善根

西晉・竺法護 譯《持心梵天所問經》	後秦・鳩摩羅什 譯《思益梵天所問經》	北魏・菩提流支 譯《勝思惟梵天所問經》
12(共有15種菩薩深行的大海比喻)	*12*(共有15種菩薩深行的大海比喻)	*12*(共有15種菩薩深行的大海比喻)
㊀譬如「大海」(此喻菩薩具金剛珠之「集諸寶」，能永賜眾生慧命)，有「如意珠」，名曰<u>金剛諸寶等集</u>，(當天空總共)踊出七日(此喻七邪法)，上至「梵天」，而悉(被大火所)燒化，及諸世界「三千大千佛土」悉(燒)盡(而)無餘(時)，(此如意珠)乃(將轉)至他方(之大海中去)。佛言：<u>迦葉</u>！其「如意珠」詣「異」世界(去)。	㊀<u>迦葉</u>！如彼「大海」(此喻菩薩具金剛珠之「集諸寶」，能永賜眾生慧命)，有「金剛珠」，名集諸寶，乃至(天空總共有)七日(此喻七邪法)出時，(當大)火(燒)至「梵世」(時)，而此「寶珠」(仍然)不燒、不失，(且將)轉至「他方大海」之中(去)。	㊀<u>迦葉</u>！如彼「大海」(此喻菩薩具金剛珠之「集諸寶」，能永賜眾生慧命)，有「金剛珠」，名集<u>眾寶</u>，(處)於「千世界」(之)大海之中，(將)轉作「金剛」摩尼寶珠，乃至(天空有)第七日(此喻七邪法)出(現)之時，(當)大火猛焰，上(燒)至「梵世」，而此寶珠(仍然)「不燒、不失」，(且將)轉至「他方大海」之中(去)。
㊁(此如意珠)當見(當會被)燒壞(的話)，(此乃)未之有也。	㊁若是「寶珠」在此(之)世界，(寶珠會被此)世界燒者，(則)無有是處；此諸菩薩亦復如是。	㊁若是「寶珠」在此(之)世界，(寶珠將被此)世界燒者，(則)無有是處，此諸菩薩亦復如是。
㊂如是，<u>迦葉</u>！此諸「正士」(菩薩)，(當滅)盡一切法(之末世時)，(此時就有「七邪法」)興顯(興起顯出)發起。(若能執)於(此)七正法(七邪法的相反就是七正法)，(則能)令世(人作為)依怙矣，(此諸菩薩)便復(能)遊至「他方佛土」(繼續度化眾生)。	㊂(當)「正法」滅時，(有)「七邪法」出。(菩薩)爾乃(轉)至於「他方世界」(繼續化眾生)。	㊂(當)「正法」滅時，(有)「七邪法」出。(菩薩)爾乃(轉)至於「他方世界」(繼續度化眾生)。

何謂為「七(邪法)」？ ❶諸外異道， ❷隨親(近)「惡友」(惡知識)， ❸墮「邪見」行， ❹轉相「賊害」， ❺受墮「諸(邪)見」， ❻壞諸「德本」(功德善本)， ❼不得(平)等(於)「時」(於一時節即獲現證)。	何等「七(邪法)」？ 一者、外道論； 二者、惡知識； 三者、邪用道法； 四者、互相惱亂； 五者、入「邪見」棘林； 六者、不修「福德」； 七者、無有「得道」。	何等為「七(邪法)」？ 一者、外道論， 二者、惡知識， 三者、邪用道法， 四者、互相惱亂， 五者、入「邪見」棘林， 六者、不能(破)壞「不善根」， 七者、無有「證會法」者。
㊤是為(七邪法之)興顯(興起顯出)發起。(若)於此(而有)七(正)法(時)，斯諸「正士」(菩薩)，為如「應器」(應眾生根器)，(與)見眾生(之)本(機)，(此諸菩薩則改)遊彼佛國，(但仍)不離「諸佛」，常見「正覺」，聽於「經典」，(繼續)勸化(勸導教化)眾生，(令眾生)殖眾德本(功德善本)。	㊤(當)此「七惡」出時，是諸菩薩知諸眾生(已)不可得度，(此諸菩薩)爾乃(改)至於「他方」佛國，(但仍)不離見佛、聞法，(繼續)教化眾生，(令)增長善根。	㊤(當)是等「七惡」出於世時，此諸菩薩知諸眾生(已)不可得度，(此諸菩薩)爾乃(改)至於「他方」佛國，(但)亦常不離見佛、聞法，(繼續)教化眾生，(令)增長善根。
13 ㊄譬如，迦葉！(有)無央數人「含血」(含血肉生靈)之類，依於「大海」(此喻菩薩為眾生所依止之慧命，能得人、天、涅槃之果)，遊居其中。菩薩(亦)如是，(有)無央數人「眾庶」之類，悉來集會而依倚之，(與菩薩同)遊居(與)「同歸」，(皆得)歸於「三趣」，何謂為三？生於「天上」，(或)具足(在)「人間」，(或)成就(於)「滅度」。	*13* ㊄迦葉！又如「大海」(此喻菩薩為眾生所依止之慧命，能得人、天、涅槃之果)，(能)為無量眾生之所依止。此諸菩薩亦復如是，眾生依止(諸菩薩而)得三種樂：「人樂、天樂、涅槃之樂」。	*13* ㊄迦葉！譬如「大海」(此喻菩薩為眾生所依止之慧命，能得人、天、涅槃之果)，(能為)無量眾生之所依止(而)得「安樂」處。此諸菩薩亦復如是，眾生依止(諸菩薩而)得三種樂，「人樂、天樂、涅槃之樂」。
14 ㊅譬如，迦葉，「大海」(此	*14* ㊅迦葉！又如「大海」(此	*14* ㊅迦葉！譬如「大海」(此

喻菩薩乃諸魔外道所不能吞滅)之中，(有)「龍、阿須倫」而得「自在」，此諸「正士」(菩薩)，亦復如是，(能)普悉「降伏」一切「魔眾」。

喻菩薩乃諸魔外道所不能吞滅)，鹹不可飲。此諸菩薩，亦復如是，(若有)諸魔外道(皆)不能「吞滅」。

喻菩薩乃諸魔外道所不能吞滅)，其水極鹹，(任何)餘處(之)眾生，(皆嘗其)鹹(而)不能飲。此諸菩薩亦復如是，(若有)諸魔外道(皆)不能「吞滅」。

15

㊣迦葉！譬如「大海水」中眾生(此喻菩薩皆共同飲用「諸佛法味」)，不於「餘處」求覓水飲，而即飲此「大海鹹水」。此諸菩薩亦復如是，不(至)於「餘處」(而)推求「法味」以「飲服」之，唯自飲服「諸佛法味」。

七邪法	七正法
❶外道論	→廣修「佛典內學」論。
❷惡知識	→親近「善知識」。
❸邪用道法	→行「正道法」。
❹互相惱亂	→互為「饒益法」。
❺入邪見棘林	→具足「智慧」。
❻不修福德	→具足「福德」。
❼無有得道	→能「得道成佛」。

寧可「破戒無戒」，不可「破壞正知正見」。「破戒」可救，「破見」不可救

《大乘本生心地觀經》卷2〈報恩品 2〉

「正見」(具正知正見)比丘，亦復如是，勝餘眾生百千萬倍。雖毀「禁戒」，不壞「正見」，以是因緣，名「福田僧」。若善男子、善女人等，供養如是「福田僧」者，所得「福德」，無有窮盡。

《佛說觀佛三昧海經》卷6〈觀四威儀品 6〉

(1)(於正)法說(成)「非法」、(於)「非法」說(正)法，教諸徒眾，皆行「邪見」。

(2)雖「持禁戒」，「威儀」不缺，(但)以「謬解」(謬誤的邪解)故，「命終」之後，如射箭頃，(將)墮「阿鼻獄」，(於)八十億劫，恒受「苦惱」。

(3)「罪畢」乃出為「貧賤」(之)人，(於)五百身中，(將遭)「聾、癡」無目，(未來還有)千二百(次)身(的轉世)，(將)恒為「人婢」。

《蘇婆呼童子請問經》卷1

(1)若有眾生行「邪見」者,以「身、口、意」,雖作「善業」(指就算他三業清淨,持戒精嚴),(但)以「邪見」故,(三業所修之善業將)變為「不善」,(獲)得「雜染果」。

(2)譬如營田(經營田地),(就算有)依「時節」(而耕)作,(但其)種子若(已)燋(敗),(則)終不生「芽」。愚癡「邪見」,亦復如是。假使(終身)「行善」,終不獲「果」。

(3)是故應當遠離「邪見」,恒依「正見」而不動搖。

《大智度論》卷63〈信謗品 41〉

(1)「邪見」罪重故,雖「持戒」等「身、口、業」好,皆隨「邪見」惡心。如佛自說喻譬:如種「苦種」,雖復「四大」所成,皆作「苦味」。

(2)「邪見」人亦如是,雖「持戒、精進」,皆成「惡法」。與此相違,名為「正見」。

《大智度論》卷22〈序品 1〉

若雖「持戒、禪定」,而「智慧」未成就,不能成道。

若「持戒、禪定、智慧」皆成就,便得「果」,不復待時。

《廣百論本》

寧(可)毀犯「尸羅」(戒),(絕)不損壞「正見」。(執持)「尸羅」(戒)生「善趣」,(修持)「正見」(能)得「涅槃」。

《佛藏經》卷2〈淨戒品 5〉

「十不善」中,「邪見」罪重。何以故?世尊!「邪見」者,「垢」常著心,心不清淨。

《大般涅槃經》卷35〈迦葉菩薩品 12〉

如我所說,一切「惡行」,(皆以)「邪見」為(最主要之)因。一切「惡行」,(造成惡行的原)因雖(有)無量(種),若說「邪見」,則已(完全)攝盡(所有的惡行)。

《大方廣佛華嚴經》卷24〈十地品 22〉

「邪見」之罪,亦令眾生墮「三惡道」;若生「人」中,得二種果報:一者、生「邪見」家。二者、其心「諂曲」。

《大薩遮尼乾子所說經》卷2〈詣嚴熾王品 4〉

「邪見」之罪,亦令眾生墮於「地獄、畜生、餓鬼」;若生「人」中,得二種果報:一者、常生「邪見」家。二者、心常「諂曲」。

《正法念處經》卷6〈地獄品 3〉

汝「邪見」(之)愚癡，(將為)癡罟所縛(之)人，今墮此「地獄」，(將)在於「大苦海」，「惡見」(將焚)燒「福」盡，(惡見為)人中(之)最凡鄙。

《增壹阿含經》卷44〈十不善品 48〉

若有眾生，行「邪見」者，種三惡道；若生人中，乃在「邊地」，不生「中國」，不覩「三尊」道法之義，或復「聾、盲、瘖、瘂」，身形不正，不解「善法、惡法」之趣。

《大智度論》卷18〈序品 1〉

行「邪見」人，今世(將)為「弊惡人」，後世當入「地獄」；

行「真空智慧」人，今世(能)致「譽」，後世(能)得「作佛」。

《大薩遮尼乾子所說經》卷4〈王論品 5〉

大王！有五種罪，名為「根本」(大罪)。何等為五(此即指「五逆根本大罪」)？

(1)一者：破壞「塔寺」，焚燒「經像」，或(盜)取「佛物、法物、僧物」，若教人作、見作助喜，是名「第一根本重罪」。

(2)若謗「聲聞、辟支佛」法及「大乘法」，毀呰留難(讓人「流連顛沛」或「故意刁難」的種種禍難)、隱蔽覆藏(種種罪惡)，是名「第二根本重罪」。

(3)若有「沙門」，(已具三寶)信心「出家」，(已)剃除鬚髮，(已)身著「染衣」。(此僧人)或有「持戒」、或「不持戒」，(如果你破壞這些有持戒或不持戒的僧人，造作)繫閉牢獄、枷鎖打縛、策役驅使、責諸發調(發遣徵調)，或「脫袈裟」逼令「還俗」，或「斷其命」，是名「第三根本重罪」。

(4)於(小乘版的)「五逆」中若作「一業」，是名「第四根本重罪」。

(5)謗無一切「善惡業報」(此即指「邪知邪見」)，長夜常行「十不善業」，不畏「後世」，自作教人，堅住不捨，是名「第五根本重罪」。

大王當知！若犯如是根本重罪而不自悔，決定燒滅一切善根，趣大地獄，受無間苦。

一、破解「白衣說法」的「真義」

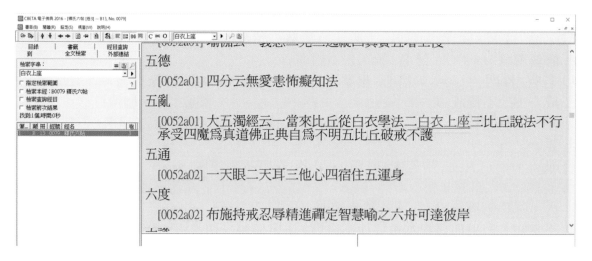

唐·道世撰《法苑珠林》卷 98

《大五濁經》云:佛涅槃後,當有五亂。

一者、當來「比丘」,(將追)從(具有邪見的)「白衣」學法。世之一亂。

二者、(具有邪見之)「白衣」上坐,(無擇法眼之僧人)「比丘」(竟然)處下(而恭聽法義)。世之二亂。

三者、(若有僧人)「比丘」說法(時),(眾生竟然)不行「承受」(教導)。(當具有邪見的)「白衣」說法(時),
(竟然又)以為(是)「無上」(大法)。世之三亂。

四者、「魔家」比丘(此指「附佛外道」的比丘僧眾，有些是「魔王」自家轉世，然後故意現出「僧相」)，自生(於)現在。

(這些魔家比丘)於「世間」(法)以為(是出世的)「真道諦」。(對於)佛法(之)「正典」(正知正見經典)，自為「不明」(不甚明了)，(然後以)「詐偽」為信。(對於「佛之知見知見經典」不甚明了，然後竟信仰一些「欺詐虛偽」的「附佛外道邪法、灌水式的佛法、包裝式的偽佛法」。或解為：以「欺詐虛偽」方式作為「取信」於眾生與廣大信徒)。世之四亂。

五者、當來比丘，(可能)畜養「妻子、奴僕」(以)治生(治理日常生活所需之資)。但共(喜好)「諍訟」(鬥諍交訟)，(而)不承佛教(不承襲諸佛經典的教導)。世之五亂。

這段文意出自唐・道世(？～683)所撰寫的(1)《法苑珠林》，也見於唐・道宣(596～667)律師述的(2)《四分比丘尼鈔》，只是《四分比丘尼鈔》只有「佛涅槃後當有五亂」的條文，後面就沒有再繼續解說了。

後人唐末五代・義楚集(3)《釋氏六帖》卷三也有引用此文。

後人明・王芥菴撰(4)《閱藏隨錄》也有引用此文，內容只是「完全引用」《法苑珠林》，一字不漏。

還有明・一如等編集(5)《大明三藏法數》卷十八，也有例出「末法五亂」的主要內容，後面有附註出自《法苑珠林》。

所以有關「末法五亂」的內容在大藏經中，應該只有出現「五次」(含被引用的次數)。

無論是道世撰寫《法苑珠林》，或道宣述的《四分比丘尼鈔》，本來就只是「編寫」的資料，但都說是引自《大五濁經》，但藏經中的確有《五濁經》的經文「目錄」，此經名與「寂音菩薩問五濁經、小五濁經、大五濁經、五濁世經、五濁世本、五濁惡世經」等這些經名都可能有關，但此經「明確」的「經文內容」卻早已失逸而無法獲得，但也有眾經「目錄」將此經記載為「偽經」。

《開元釋教錄》卷 4
《大五濁經》一卷(舊錄云《大五濁世經》，群錄云「偽」，今亦編之)

《貞元新定釋教目錄》卷 6

《大五濁經》一卷(舊錄云《大五濁世經》,群錄云「偽」,今亦編之)

一般人都只讀「前面」的經文**「從白衣學法、白衣上坐、白衣説法」**,然後就「引申」演變成--只要是「居士」登台講法,就算是「末法」現象,將來會有「墮地獄」的罪嫌!

但唐·道世《法苑珠林》後面的內容即「明確」的說:

今時屢見「無識」(無知識、無正見、具邪見)**白衣,觸事**(接觸到佛法諸事)**不閑**(不夠熟閑)**,**(然後卻假)**詐為「知法」**(知道明白佛法)**,「房室」**(此喻夫妻房室之兩性)**不捨**(亦即此白衣擁有妻妾子女等諸「不淨」事)**,然**(卻成)**為**(大家的)**「師範」**(人師軌範)**。**

(有)**「愚癡」**(之)**俗人,**(遂依白衣之説)**以用**(作修行的)**「指南」,**(結果終將導致)**盧棄**(盧誑而廢棄了原本修道的)**功夫,**(最)**終勤**(勞修而獲)**「無益」。**(在)**未來生世,猶不免**(墮入地)**獄**(之果報)**。**

(那如果是「有知識、有智慧、有正見、有修」的白衣,當然就沒有所謂的「詐爲假知法」的事情,如果是修「梵行」的居士,當然也沒有所謂不捨「夫妻房室」之事。
所以「有知識、有智慧、有正見、有修」的白衣,爲僧眾「介紹、解說」佛法,爲何就會下地獄呢?)

故《智度論》云:有其「盲人」,自不「見道」,妄言「見道」,引他「五百盲人」,並墮「糞坑」,自處「長津」(深長洶湧的津水涯邊;處在危險的津渡河口邊),焉能(去拯)救溺(斃)?

唐·道世《法苑珠林》說引用《大智度論》,其實藏經也沒有這段內容,這應該是曾經讀過佛經,然後經大腦的記憶「拼湊」所形成的「內容」。舉證如下:

《大智度論》卷29〈序品 1〉
問曰:菩薩當(度)「化眾生」,何故常欲「值佛」?
答曰:有菩薩未入「菩薩位」、未得「阿鞞跋致」受「記別」故,若「遠離」諸佛,便壞諸「善根」,沒在煩惱,自不能度,安能度人!
　　如人乘船,中流壞敗,欲度他人,反自「沒水」;
　　又如少湯,投大「氷池」,雖消少處,反更成氷。

《大智度論》卷39〈往生品 4〉
菩薩作是念:若我墮「三惡道」者,自不能度,何能度人?又受「三惡道」苦惱時,以「瞋惱」故,「結使」增長,還起「惡業」,復受「苦報」;如是「無窮」,何時當得「修行佛

道」？

《大智度論》卷29〈序品 1〉
菩薩作是念：我未得「佛眼」故，如「盲」無異，若不為「佛」所引導，則無所趣，錯入「餘道」。

《佛藏經》卷2〈淨法品 6〉
(1)舍利弗！過去世有「五百盲人」，行於道路，到一大城，「飢渴」乏極，令一「盲人」在(城門)外守物(所有人的物品)，(其)餘者入城(內)，乞索「飲食」。
(2)未久之間，有一「誑人」，至(此)「守物者」所，語言：咄人！何以獨住？
答言：我有「多伴」，(已)入城乞食。
(3)誑人語言：汝為知不？彼(城)間(有)大施衣食、瓔珞、花香、雜物，隨意可得，汝若須者，將(帶)汝詣彼(進入)。
(4)答言：可爾！
(5)誑人(便)將(此)盲，小離(稍爲帶離)「本處」，(然後)盡奪其「物」。
(6)(待其餘)諸盲乞食得已而還。「誑人」復語「諸盲人」言：汝等得值「大會施」不？
答言：不值。
(7)誑人語言：汝等「所得」，可置於此，我將(帶)汝等，詣「大施會」。
(8)「諸盲」盡共「留物」(於)一處，(便)隨「誑人」(而)去。
(9)(此)誑人(便)盡將(帶)「五百盲人」臨「大深坑」，而語之言：此地平好，有「大施會」，汝等各可迴面「東行」，受他「施物」。即便一時「墮坑」而(全)死……
(10)舍利弗！如群「盲人」，捨「所得物」，欲詣「大施」而墮「深坑」；我諸弟子亦復如是，(若)捨「麁衣食」而(追)逐「大施求、好供養」，以(爲追求)「世利」故，(則)失「大智慧」，而墮深坑「阿鼻地獄」。

宋・大慧 宗杲《大慧普覺禪師語錄》
一盲引眾盲，相牽入火坑。

《楞嚴經・卷六》
世尊！此諸眾生，去佛漸遠，「邪師」(含出家與在家)說法，如「恒河沙」。

二、破解「地獄門前僧道多」的「偽義」

失譯人名，今附 東晉錄《佛說因緣僧護經》卷 1

(1)爾時，龍王即以四龍聰明智慧，作僧護弟子。龍王白言：尊者！為我教此四龍，各有一阿含：第一龍者，教《增一阿含》；第二龍者，教《中阿含》；第三龍者，教《雜阿含》；第四龍者，教《長阿含》……

(2)爾時，世尊重告僧護(比丘)：以是「因緣」，我今語汝：

在地獄中，「出家」者眾，「白衣」尟ㄒㄧㄢˇ 少。所以者何？

(3)「出家」之眾，多喜「犯戒」，不順「毘尼」，互相「欺陵」，私用「僧物」，或「分飲食」不能「平等」。

(4)是故，我今更重告汝：當勤「持戒」，頂戴奉行。

僧護(Saṅgharakṣita)比丘是舍利弗之一位弟子之名。據《因緣僧護經》載，僧護曾與「五百商人」共入大海，歸途與同伴失散，乃獨行，於海邊歷見五十六種地獄業報，見眾生皆隨各自之「罪業」而受苦，歸而問之於佛陀，佛陀一一答之。

但《佛說因緣僧護經》裡面竟然出現「四阿含」的「經文名稱」，這肯定是「後人」再「編製」過的內容，所以這部《佛說因緣僧護經》的「某些內容」是不可信的！

聖嚴法師《印度佛教史》

「四阿含」的類集成編，時地雖不詳，但依各派均共許「四阿含」為原始聖典的情形來判斷，**其成立當在「七百結集」**(「七百結集」也通稱為「毘舍離」結集、第二次結集。「結集」或「集結」是指僧伽集會合誦出經典。第二次結集由 700 比丘在釋迦佛滅度百年之後舉行)**之前，**

唯亦未必即是「第一次結集」時就已出現。但從四《阿含經》的內容推定，《雜阿含經》最先「結集」，其次《中阿含經》，再次《長阿含經》及《增一阿含經》。

雖然「四阿含」的「經文內容」很早就被「結集」了，但其「漢文」的「翻譯」則是公元 3~400 年「以後」的事了。例如：

《長阿含經》：後秦弘始十五年(公元 413 年)佛陀耶舍口誦，竺佛念翻譯為漢文。

《中阿含經》：苻秦建元二十年(公元 384 年)曇摩難提口誦，竺佛念翻譯為漢文。

《雜阿含經》：南朝劉宋求那跋陀羅於元嘉年間(公元 435~443 年間的某年)口述，寶雲傳譯為漢文。

《增一阿含經》：又稱《增壹阿含經》，曇摩難提於建元二十年(公元 384 年)誦出，竺佛念翻譯為漢文。

《佛說因緣僧護經》是一部「失譯」的經，沒有「作者」，而且歷代有「引用」這段「**在地獄中，出家者眾，白衣尟(ㄒㄧㄢˇ) 少**」(俗謂「地獄門前僧道多」)的經文，整個藏經，竟然 **只有五次、五個人**而已。

(1)唐・道世《法苑珠林》卷 92。
在地獄中，出家人多，白衣尟(ㄒㄧㄢˇ) 少。(CBETA, T53, no. 2122, p. 969, b)

(2)唐・一行 慧覺依經錄、宋・普瑞補註《華嚴經海印道場懺儀》卷 27。
在地獄中，出家者眾，白衣尟(ㄒㄧㄢˇ) 少。(CBETA, X74, no. 1470, p. 288, a)

(3)《為霖禪師旅泊菴稿》卷 3 的「重刻僧護經序」(只是在「序文」中提到的內容)。
地獄中，出家者眾，白衣尟(ㄒㄧㄢˇ) 少。(CBETA, X72, no. 1442, p. 696, a)

(4)明・真哲編、傳我等編《古雪哲禪師語錄》卷 20。
獄中，出家者眾，白衣尟(ㄒㄧㄢˇ) 少。(CBETA, J28, no. B208, p. 405, a)

(5)現代人佛瑩法師編《四分比丘尼戒本註解》卷 2。
在地獄中，出家者眾，白衣尟(ㄒㄧㄢˇ) 少。(CBETA, B08, no. 26, p. 320, a)

總結論：

「在地獄中，出家者眾，白衣尟少」與「地獄門前僧道多」這二句話，從來沒有出現在「正式&清楚&明確」的「藏經」中，而且也完全不符合佛教的「因果」修行「業報」理論，所以這二句話是「邪說邪見、非佛法、非佛說」！

隋‧那連提耶舍譯《蓮華面經‧卷上》(大乘修多羅藏)

(1)爾時阿難白佛言：世尊！當來之世，如是「破戒」諸惡比丘而出生耶？佛言：如是！如是！

(2)阿難！未來之世，當有如是「諸惡比丘」出現於世。雖披「法服」，剃除「鬚髮」，破我佛法。

(3)爾時阿難作如是念：以佛力故，可令我見「未來之世」如是事不？爾時如來以神通力，即令阿難悉見「未來諸惡比丘」。以兒坐膝，置婦其傍(指過著娶妻育子的生活，如現在的日本佛教)。復見種種諸「非法事」。

(4)爾時阿難見此事已，心大怖畏，身毛皆豎，即白佛言：世尊！如來速入涅槃，今正是時，何用見此「未來之世」如是「惡事」？

(5)佛告阿難：汝意云何？如來向說「諸惡比丘」惡業果報，豈是餘人所能知不？阿難白佛言：世尊！唯有如來乃能知此「未來之世諸惡業報」。佛言：善哉！善哉！阿難。實如汝說，唯有如來乃能知之……

(6)佛言：阿難！未來之世，

多有「在家白衣」得生「天上」。

多有「出家之人」墮於「地獄、餓鬼、畜生」。

(此句與「地獄門前僧道多」是完全不同的意思)

復告阿難：善惡之業終不敗亡。

《蓮華面經‧卷上》

(1)佛告阿難云：所有眾生不敢食彼「師子身肉」，唯「師子身」自生「諸蟲」，還自噉食「師子之肉」。

(2)阿難！我之佛法，非餘能壞，是我法中，諸「惡比丘」猶如「毒刺」，破我「三阿僧祇劫」積行勤苦所集「佛法」。

《大寶積經‧卷一百一十三》

(1)佛告迦葉尊者曰：多「惡比丘」壞我佛法。

(2)迦葉！非九十五種外道能壞我法，亦非「諸餘外道」能壞我法，除我法中所有癡人，此癡人輩能壞我法。

(3)迦葉！譬如「師子」獸中之王，若其死者，「虎狼、鳥獸」無有能得食其肉者。

(4)**迦葉**！「師子」身中自生「諸蟲」，還食其肉。

唐・不空譯《大乘瑜伽金剛性海曼殊室利千臂千缽大教王經・卷第四》
爾時釋迦牟尼如來，次第令**賢護菩薩**……我當來世，第四、五百年「劫濁」亂世。如來聖教將欲末時……

(1)如是一輩「諸惡比丘」有癡眾生，不信聖教，詐作賢良，詐現「聖相」，誑惑世間癡闇之人。

(2)詐明，假「聖口」言：我見前世、後世「生死之事」。

(3)詐解佛法，倒說經律，迷惑眾人，令生「信我」，圖取財物，貪著邪見。

(4)如此之人，是「魔伴黨」，破滅正法。猶如狂人，言義失序。

(5)不依「次第」，不識「好惡」。猶若猿猴，心無定止。

是故**賢護菩薩**重白如來，稽首世尊。不忍觀於「當來苦世」惡業眾生作如斯幻。

《佛藏經・卷中》
當來之世「惡魔」變身，作「沙門形」，入於僧中，種種「邪說」。令多眾生入於「邪見」，為說「邪法」。

佛陀明確的說，一位有「智慧」的修行者，若欲成就「佛道」，當樂於「佛經法義」，並廣為「讚誦、演說」；就算是「白衣居士」在講經說法時，諸天鬼神，亦來「聽受」，更何況是「出家僧人」在講經說法？

《賢愚經》卷4〈摩訶斯那優婆夷品 21〉
(1)如是我聞：一時佛在**舍衛國祇洹**精舍，與大比丘眾，圍繞恭敬。爾時佛讚(具有)「智慧」(的修)行者，(若)欲成(就)「佛道」，當樂「經法」，(並廣)讚誦、演說；正使(是)「白衣」說法(時)，諸天鬼神，(亦)悉來「聽受」，(何)況「出家」人？

(2)「出家」之人，乃至「行路」(時)，(應常)「誦經、說偈」，(則)常有「諸天」，(跟)隨而聽受，是故應勤(修)「誦(經)、(解)說」經法。

在大乘佛經中，由「居士」擔任說法的「主角」，除了《維摩詰經》的**維摩詰菩薩**(Vimala-Kīrti)現居士身外，還有由「女居士」擔任講法的：

(1)**勝鬘夫人**(Śrīmālā 中印度舍衛國**波斯匿王**之女)主講的《勝鬘獅子吼一乘大方便方廣經》(求那跋陀羅譯)。

(2)**離垢施女**(Vimaladatta 中印度舍衛國**波斯匿王**之女)主講的《離垢施女經》(竺法護譯)。

(3)阿術達(Asuddharta 佛世時，摩揭陀國阿闍世王之女兒。十二歲即能論大道)主講的《阿闍世王女阿術達菩薩經》(竺法護譯)。

勝鬘夫人、離垢施女、阿術達都是出身王族的「女居士」，在大乘佛教中，不僅「婦女」出家已不成為問題，連在家的「女居士」也能成為「講經說法」者。

甚至在《佛說須摩提菩薩經》(亦名《須摩經》、《須摩提經》、《妙慧童女經》)裡，八歲的童女妙慧，連文殊菩薩都向妙慧她「禮拜」。

如《須摩提經》云：
爾時，文殊師利即從坐起，為其「作禮」，白妙慧言：我於往昔無量劫前已曾供養，不謂今者，還得親近。

妙慧告言：文殊師利！汝今莫起如是分別。何以故？以「無分別」得「無生忍」故。

為什麼「佛陀在世」時的「在家」信眾，「白衣居士」可以「上座說法」，反而是到了當今，「白衣上座」就解釋成為「末法」的衰相呢？

《大寶積經》卷90
復次舍利弗！「在家」菩薩，住於「慈愍」，不「惱害心」，應修二施。何者為二？
　　一者、「法」施。(應該要學習講經說法，布施法義給眾生)
　　二者、「財」施。
「出家」菩薩，應修「四施」。何等為四？
　　一者、「筆」施。(古印度時，缺筆、墨、紙寫的佛經，故佛勸出家人應該多布施由「筆墨」書寫的經本)
　　二者、「墨」施。
　　三者、「經本」施。(多布施佛典經本給需要的眾生)
　　四者、「說法」施。(應該要多講經說法，布施法義給眾生)
「無生法忍」菩薩，應住「三施」。何等為三？所謂:
　　❶「王位」布施。
　　❷「妻子」布施。
　　❸「頭目」支分(身體各肢節)，悉皆布施。如是施者名為「大施」，名「極妙施」。

《大寶積經》卷52〈般若波羅蜜多品 11〉

復次舍利子！菩薩摩訶薩，復有「智德」資糧善巧，謂能具足四種「施法」，便得成就「智德」資糧。何等為四？

一者、菩薩摩訶薩若見(有人)「書寫」如是經典，給(予布)施「(貝)葉、(素)紙、筆、墨」眾事。

二者、菩薩摩訶薩(要)請「(能)説法者」演深「妙義」。

三者、菩薩摩訶薩以諸「利養」，(去)恭敬、名聞、讚頌、稱揚奉(供此)「説法者」。

四者、菩薩摩訶薩於「説法師」(説法之師)攝受「正法」(後)，無有(刻意)「諂曲」、讚悦彼(之心)意，應施(作)是言：「善哉！善哉！」(也就是在聽完「説法師」講法後，應該要言「善哉善哉」之語)

舍利子！若有菩薩摩訶薩行是四種「清淨布施」，當知善能積集「智德」資糧善巧。

《菩薩善戒經》卷1〈序品 1〉

舍利弗！「在家」菩薩，(應)修集(習)二施。

　　一者、「法」施。(應該要學習講經説法，布施法義給眾生)

　　二者、「財」施。

「出家」菩薩，(應)修集(習)四施。

　　一者、「筆」施。(古印度時，缺筆、墨、紙寫的佛經，故佛勸出家人應該多布施由「筆墨」書寫的經本)

　　二者、「墨」施。

　　三者、「經」施。

　　四者、「説法」施。(應該要多講經説法，布施法義給眾生)

「出家」菩薩，具足成就是「四施」已，能調其心，破壞「憍慢」、修集(習)「忍辱」。舍利弗！「出家」菩薩，具足「忍辱」，則能受持「菩薩禁戒」。

又復具足三種「惠施」，乃能受持「菩薩禁戒」。

　　一者、「施」。

　　二者、「大施」。

　　三者、「無上施」。

施者，於「四天下」，尚不悋惜，況於「小物」，是名為「施」。

「大施」者，能捨「妻子」。

「無上施」者，「頭目、髓腦、骨肉、皮血」。菩薩具足如是「三施」，乃具於(無生法)忍，具是「(無生法)忍」已，則能受持「菩薩禁戒」。

《佛説決定毗尼經》卷1

又，舍利弗！「在家」菩薩，應修二施。云何為二？

　　一者、「財」施。

二者、「法」施。(應該要學習講經說法，布施法義給眾生)

又，舍利弗！「出家」菩薩，柔和「無瞋」，應修「四施」。何等為四？

一者、「紙」。(古印度時，缺筆、墨、紙寫的佛經，故佛勸出家人應該多布施由「筆墨」書寫的經本)

二者、「墨」。

三者、「筆」。

四者、「法」。(應該要多講經說法，布施法義給眾生)

如是「四施」，出家之人所應修行。

得「無生忍」諸菩薩等，當應修習三種「布施」。何等為三？

❶「王位」布施。

❷「妻子」布施。

❸「頭目」布施。

如是三種，名為「大施」，名「極妙施」，得「無生忍」諸菩薩等，應修如是三種布施。

《大寶積經》卷 120

佛言……善男子！有五種施，名為「大施」……

一者、「法」施。

二者、「食」(指賴以為生活、生命所需之物)施。

三者、「居住」(施)。

四者、「燈明」(施)。

五者、「香花」(施)。

《毘耶娑問經》卷 1

大仙當知，有五種施，(能令)施主滿足，何等為五……

一者、(能作)「法」施。

二(者)、(能作)「資生」(指賴以為生活、生命所需之物)施。

三(者)、(能作)「屋宅」施。

四(者)、(能作)「燈明」施。

五(者)、(能作)「香鬘」(妙香花鬘)施。

是為五種。

《佛說摩訶衍寶嚴經》卷 1

復次迦葉！菩薩摩訶薩(能具)有「四無量福行」。云何為四？

一者、「法」施，(但)心無(任何的)悕望(回報)。

二者、見有「犯戒」，(則)興「大悲心」。

三者、願一切眾生(皆)樂(於)「菩薩心」。

四者、見有「羸劣」，(則)不捨「忍辱」(之心)。

是謂迦葉！(此為)菩薩(所具之)「四無量福行」。

《佛説除蓋障菩薩所問經》卷2

佛言：善男子！菩薩若行「十種施法」，即得「布施」具足。何等為十？

一者、(能作)「法」施。

二者、(能作)「無畏」施。

三者、(能作)「財」施。

四者、(具)「不求饒益果」(之)施。

五者、(具)「悲愍」(之)施。

六者、(具)「不輕慢」(之)施。

七者、(具)「恭敬」(之)施。

八者、(具)「供養承事」(之)施。

九者、(具)「無所著」(之)施。

十者、(具)「清淨」(之)施。

《大乘寶雲經》卷1〈十波羅蜜品 2〉

佛言：善男子！菩薩摩訶薩具足「十法」，修行「檀」(布施)波羅蜜。何等為十？

一者、(能作)「法」施具足。

二者、(能作)「無畏」施具足。

三者、(能作)「財」施具足。

四者、(能作)「無反報」(之)施具足。

五者、(能作)「憐愍」(之)施具足。

六者、(能作)「不輕慢」(之)施具足。

七者、(能作)「殷重」(之)施具足。

八者、(能作)「供養」(之)施具足。

九者、(能作)「無所依」(之)施具足。

十者、(能作)「淨潔」(之)施具足。

《合部金光明經》卷2〈業障滅品 5〉

其「法施」者，有五種事。何者為五？

一者、(唯有)「法施」(於)「彼、我」(能)兼(獲)利。(而)「財施」(則)不爾。

二者、(唯有)「法施」(才)能令眾生出(離)於「三界」。(而)「財施」(則)不(能令眾生)出(離)「欲界」。

三者、(唯有)「法施」(才能)利益「法身」。「財施」之者,(只能)增長「色身」。

四者、(唯有)「法施」(才能)增長「無窮」。「財施」(最終)必皆有「竭」(盡的時候)。

五者、(唯有)「法施」(才)能(真正)斷(除)「無明」。「財施」(只能休)止(降)伏(自己的)貪(愛)心。

是故,善男子!勸請(法施的)功德(乃)無量無數,難可譬喻。

《金光明最勝王經》卷3〈滅業障品 5〉

一者、(唯有)「法施」(能)兼利「自、他」。(而)「財施」(則)不爾。

二者、(唯有)「法施」(才)能令眾生出(離)於「三界」。(而)「財施」(所獲得)之福,(則)不(能令眾生)出(離)「欲界」。

三者、(唯有)「法施」(才)能淨「法身」。「財施」但(只)唯增長於「色」(身)。

四者、(唯有)「法施」(才能)無窮(盡)。「財施」(最終必)有(竭)盡(的時候)。

五者、(唯有)「法施」(才能)能(真正)斷(除)「無明」。「財施」(只)唯(能降)伏(自己的)貪愛(心)。

是故,善男子!勸請(法施的)功德(乃)無量無邊,難可譬喻。

《解深密經》卷4〈地波羅蜜多品 7〉

佛告觀自在菩薩曰:善男子!各有三種。施三種者:

一者、「法」施。

二者、「財」施。

三者、「無畏」施。

《優婆塞戒經》卷4〈雜品 19〉

善男子!施有二種:

　　一者、「法」施。

　　二者、「財」施。

(唯有)「法施」則(能)得「財、法」二(種果)報;(而)「財施」唯還得(自己之)「財寶報」。

菩薩修行如是二施,為二事故:

　　一、(欲)令眾生(能)遠離「苦惱」。

　　二、(欲)令眾生(之)心(能獲)得「調伏」。

《大寶積經》卷88

爾時世尊而說頌曰:

若(以)恒沙世界,(所有的)珍寶滿其中,以(布)施諸如來,不如(只有)一「法施」。

(布)施(則)寶福雖多,不及一「法施」。(只需)「一偈」(所獲之)福尚(殊)勝,(何)況「多」(偈頌的法義)難思議。

《摩訶僧祇律》卷 33

佛即説偈言：

(若以)百千閻浮提，滿中(之)「真金」(布)施，不如(以)一「法施」，(並)隨順令(眾生)修行。

《優婆塞戒經》卷 4〈雜品 19〉

善男子！復有三施：

一、以「法」施。

二、「無畏」施。

三、「財物」施。

(1)以「法施」者，(能)教他「受戒、出家、修道、白四羯磨(指授戒之作法。「羯磨」指傳授戒法於「受戒者」之一種「表白之文」。「三羯磨」即指宣讀三次的「授戒作業之表白白」。所以一個「表白之文」加上「三羯磨」，總共要計讀四次的「表白文」)，為(破)壞「邪見」(而)說於「正法」，能分別說「實、非實」等(之正法)，(能)宣說「四倒」及「不放逸」(之法)，是名「法施」。

(2)若有眾生怖畏(於)「王者、師子、虎、狼、水、火、盜賊」(者)，菩薩見已，能為救濟，名「無畏施」。

(3)自於「財寶」，(而)破(除)慳(貪)不恪(之心)，若好、若醜，若多、若少，(舉凡)「牛、羊、象、馬」，「房舍、臥具、樹林、泉井」，「奴婢、僕使」，「水牛、駝驢」，「車乘、輦輿」，「瓶甕、釜鑊」，「繩床、坐具」，「銅鐵、瓦器」，「衣服、瓔珞」，「燈明、香、花」，「扇、蓋、帽、履」，「机杖、繩索」，「犁、鎒、斧、鑿」，「草、木、水、石」。如是等物，(只要能)稱(合須)求者(之心)意，(則)隨(其)所須(而施)與(之)，是名「財施」。

三、明・蕅益 智旭云：「白衣」説法，此誠「無有過失」，亦非佛法之「衰敗徵兆」。
倘若頂禮及三皈五戒於「白衣」居士，則大成「非法」，乃佛法之真「衰相」矣！

明・蕅益 智旭《梵網經合註》卷 6

問：比丘不得(頂)禮「白衣」者，何故(在)《維摩經》中，(有)「新學」比丘(頂)禮(維摩詰)「居士」足？

答：(維摩詰)此是「古佛」化現，為欲(急)浚(開)發「大教」(般若空性大教)，偶示彈(彈劾四教中之「藏、通、別」三教)、斥(斥責小乘之「藏教」)，(讓眾生)且入「三昧」，令識(自己)「宿命」，豁然(能)還得「本心」，故(新學出家比丘)不得不「破格」(而)禮足(於維摩詰)，非可(引)援為「常例」(通常的慣例)。

又如蕭梁(武帝)之時，有傅大士，(此)乃是彌勒現身，亦非(其)餘「諸凡聖」所得(之)「藉口」，今但當以(祇樹)給孤(獨園長者)為式(軌範)。

是故「白衣説法」，此誠「無過」(無有過失)，亦非佛法(之)「衰兆」(衰敗徵兆)。

倘稱「白衣」為「師」(頂禮及三皈五戒於白衣居士)，則大成(為)「非法」，(乃佛法之)真「衰相」矣！

明·蕅益 智旭《重治毗尼事義集要》卷 15

問：「相傳」(此指來自《法苑珠林》的內容)云「白衣説法」，(而)比丘(在下而)聽(法)，(此)是佛法(之)「衰兆」(衰敗徵兆)，何得(能允)許(比丘跟)從「白衣」(而)「受法」(接受法義)耶？

答：(佛經中記載的祇樹)給孤(獨園)長者，(長者)每向祇園(精舍教)授「新比丘」(之)經(典法義時)，(祇樹給孤獨園長者)但必先(對比丘)「禮足」，而後(為比丘)説法。

維摩居士，時復彈「偏」(彈劾四教中之「藏、通、別」三教之偏)、斥「小」(斥責小乘之「藏教」)，令諸「聲聞、菩薩」皆悉「喪辭」(喪失辭辯)，但(維摩詰)未嘗敢以「師禮」(出家法師之禮節)自居，此皆佛世(佛陀在世時所遺下來的)芳規(芳聲遺規)，豈名(「白衣説法」就是佛法之)「衰兆」(衰敗徵兆)？

若稱「白衣」為「師」(頂禮及三皈五戒於白衣居士)，「比丘」反行(向居士)「禮敬」(頂禮稱敬)，又或(比丘)從受「外學」(外道異學)，則皆為「非法」矣！

明末四大師之一的的蕅益 智旭大師，也是「淨土宗」第九代祖師。蕅益大師是菩薩再來的人，他是精通經藏的人，當他看到「白衣説法」是「末法衰敗」這段「記載」，他就不會「弄錯」這個「觀念」，而且還大聲的説「白衣説法，此誠無有過失」！甚至講白的就是：白衣説法，「何罪之有」呢？

而現代人，「解行信證」通通輸給了蕅益大師，也不願意深入經藏好好讀「佛經」。結果呢！「邪見」一堆，於是就誤解了佛門千年來流傳的「八卦」---「白衣説法」與「地獄門前僧道多」這兩句話的真實義理！

「居士」講法之前：

1 先站立在「台下」，由在下「一人」代為領眾，呼「大眾請起，禮佛三拜」。

2 (如果聽眾無有法師，則底下全免)大眾禮佛三拜後，「説法者」應站立在和尚法師的「平行」之處，然後對法師大眾説道：

頂禮和尚及大眾法師，三拜！(要面對著前面「有佛像的地方」禮拜)

3 拜完後，居士再長跪道：

今日有慚愧某某「在家憂婆塞、夷」或「在家菩薩戒弟子」或「居士」，可否上台代法師「説法」？並「介紹」佛法？

4 等「大眾僧團」都「點頭」後，説法者才「上座」講法。

「居士」講法之後：

1 先走到「台下」，由在下「一人」代為領眾，呼「**大眾請起，禮佛三拜**」。

2 (如果聽眾無有法師，則底下全免) 大眾禮佛三拜後，「說法者」改站立到和尚法師的「平行」

之處，然後對法師大眾說道：

禮謝和尚及大眾法師，三拜！(要面對著前面「有佛像的地方」禮拜)

3 「大眾僧團」可能會說「免禮、不拜」，或者「點頭」接受「禮拜」，然後底下「一人」領

眾再稱：

「本日講法圓滿」，各自歸去！

玄奘大師也曾親近依止於「居士」身份的勝軍論師，整整「二年」，修學佛
法。勝軍論師經常開講佛經，「僧、俗」二眾逾「數百人」在追隨聽經聞法

玄奘大師去印度修學佛法的二位教授恩師。

一是「僧人」戒賢(Śīlabhadra)論師。

一是「居士」勝軍(Jayasena)論師，曾經被先後的兩位國王要禮請去做「國師」，

並供養80座「大城」的人啊！

《大唐大慈恩寺三藏法師傳・卷第四》

(1)(玄奘大師)從此復往杖林山，居士勝軍(Jayasena)論師所(勝軍一直都是在家居士身份)。

(勝)軍本(西印度的)蘇剌侘國(Surāṣṭra)人，(爲)「刹帝利」種(族人)也。幼而好學，(曾)先於

賢愛論師所，學(習)《因明》，又從安慧菩薩學(習)《聲明》、大小乘論，又從戒賢

法師學《瑜伽論》。

(2)(甚至)爰(及)至「外籍」(非爲佛典的外籍)群言(群書之言)，(例如)四《吠陀》典、(以及)「天文、

地理、醫方、術數」，無不究覽根源，窮盡枝葉。

(3)(勝軍論師)既學該(學通該遍所有的)「內、外」(之學說)，德(學養德風)為(當)時(之所)尊(重)。(當時的)

摩揭陀(國)主滿冑王，欽(佩)賢(才)重士(重視大士)，聞(勝軍論師之道)風而(欣)悅，(於是便)發

使(者)邀請，(欲)立(勝軍論師)為「國師」，(並)封(給他)二十「大邑」，(但勝軍)論師(皆)不受。

(4)(後來)滿冑(國王)崩(往生)後，戒日王又(要禮)請(勝軍論師)為師，(並)封(給他)烏荼國(共)八十

「大邑」，(勝軍)論師(仍然)亦辭(謝而)不受(此禮)。(戒日)王再三固請(勝軍論師)，(勝軍論師)亦

皆固辭(謝)，(並)謂(戒日)王曰：

勝軍聞(若)受人之(奉)祿，(將)「憂人」之事。(也就是如果我接受奉祿供養的話，那我就要爲你的國家大

事「憂心」並「效勞」)

今方救(眾生有關)「生死、縈(繞)纏(縛)」之急(事)，(吾)豈有(閒)暇而(去)知「王務」(國家事務)
哉？

(5)(勝軍論師)言罷，(作)揖而出，(戒日)王(最終)不能留(住勝軍論師)。

(6)自是(勝軍論師)每依(著)杖林山，養徒(教養學徒)教授(教導傳授佛理)，恒(常宣)講「佛經」，「道
(出家)、俗(在家)」宗歸(宗仰歸心)，常逾「數百」(人)。

(7)(玄奘)法師(亦親)就之，首末(從頭到尾整整)二年，(玄奘大師跟勝軍論師)學(習)《唯識決擇論》、
《意義理論》、《成無畏論》、《不住涅槃》、《十二因緣論》、《莊嚴經論》，
及問《瑜伽》、《因明》等疑已。

這位西天取經中國最有名的唐三藏玄奘大師，為了求得「唯識」最法的深義，在印度
求學時，便親近依止「在家居士」的勝軍論師，並學習佛法整整2年，而且是學到「好」、
學到「圓滿」為止。

玄奘大師也是一位「依法不依人」的大師，因為他只為「法」而來，不限「教授佛法」
的「人」是否為「僧」?為「俗」的問題，實在令人敬佩、讚歎！

《佛說佛母出 生三法藏般若波羅蜜多經》卷16〈不退轉菩薩相品 17〉

(1)復次，須菩提！彼「不退轉」菩薩摩訶薩，不著世間「名聞、利養」，亦不愛樂「稱
揚、讚歎」，於諸眾生心無「恚礙」，常於眾生起「利樂心」，若來、若去、若動、若
止，心不散亂，威儀具足。

(2)菩薩雖復「在家」，不著「諸欲」，於諸「欲境」(中而)不生「愛樂」，設受「諸欲」(則)常
生「怖畏」。譬如有人，經過「險難」，多諸賊盜，(此人)於「險難」中，雖有「飲食」，
(但卻)常生「怖畏」，但念何時(能越)過斯「險難」？彼不退轉菩薩摩訶薩，亦復如是。

(3)(菩薩)雖復「在家」(而)受諸「欲境」，而常覺知「諸欲過失」，為眾苦本，不生「愛樂」
(而)常所「怖畏」，(甚至)而生「厭捨」。

(4)(在家菩薩)不以「邪命」(不如法、不正當獲取謀生的方式)「非法」自活，寧失「身命」，於諸眾生
而不(生)「損惱」。何以故？

(5)「在家」菩薩，是名「正士」，亦名「大丈夫」，亦名「可愛(被敬愛)士夫」，亦名「最上(之)
士夫」，亦名「善相(之)士夫」，亦名「士夫中(之)儼(仙)」，亦名「吉祥(之)士夫」，亦名「士
夫中(之)眾色蓮華」，亦名「士夫中(之)白蓮華」，亦名「士夫(之)正知者」，亦名「人中
(之)龍」，亦名「人中(之)師子」，亦名「(能)調御者」。

(6)菩薩雖復「在家」而能成就種種功德，常樂(於)「利樂」一切眾生，(在家之)菩薩以其「般

「若」波羅蜜多力故，(能)獲得一切「勝相」(之)成就。

(7)<u>須菩提</u>！若有具足如是(殊勝)相者，是為「不退轉」菩薩摩訶薩。

《集一切福德三昧經》卷3

(1)爾時，<u>那羅延</u>菩薩復問<u>文殊師利</u>：此《集一切福德三昧經》，當至何等「菩薩」之手？若是經卷，若至舍宅、若禪、若忍、若在家、若出家？

(2)<u>文殊師利</u>言：<u>那羅延</u>！若菩薩摩訶薩聞是「三昧」，若至於「耳」、若至其「手」、若至「舍宅」，彼人若當不起「誹謗」。如是之人，我不名之為「在家」者，當名是人為「出家」者。何以故？

(3)由是菩薩勤修分別是「三昧」故。彼人當能除一切「想」，在在住處一切「福德」及與「智慧」無盡、無散……

(4)有菩薩住是「三昧」，雖復「在家」，當說是人名為「出家」，能不失是「法界體性」。

《大乘本生心地觀經》卷7〈波羅蜜多品 8〉

佛告<u>彌勒</u>菩薩摩訶薩：善男子！發「阿耨多羅三藐三菩提心」，求「菩提道」，有二菩薩：一者「在家」，二者「出家」。

「在家」菩薩，為欲化導(處在)「婬室、屠肆」(之眾生)，皆得親近(而度化之)。

「出家」菩薩，則不(能)如是(前往婬室、屠肆)。

《大寶積經》卷3

(1)「在家」菩薩，成就三法種諸善根，乃至證得「無上菩提」，終不受於「五欲」世樂。何等為三？

(2)「在家」菩薩，受持「五戒」，不向他人讚「五欲樂」……如是「最初法」故，乃至「菩提」，不受「五欲」。

(3)復次迦葉！「在家」菩薩，聞是等經，而生「深信」，求趣「涅槃」……有能「演說」及「發起」者，若人聞已，即當捨離「諸惡作」處……由成如是「第二法」故，乃至「菩提」，不受「五欲」。

(4)復次迦葉！在家菩薩所有「善根」，悉皆迴向「無上菩提」，不樂「色、聲、香、味、觸、法」、財封尊貴，不愛「眷屬」，以「無為心、無為果報」，速證「無上正等菩提」。

(5)由成如是第三法故，乃至「菩提」，不受「五欲」。

《大寶積經》卷82

(1)復次長者！「在家」菩薩，若在「村落、城邑、郡縣、人眾」中住，(應)隨所「住處」(而)為「眾說法」。

(2)(若有)不信(三寶之)眾生，(則)**勸**導令信。

　(若有)不孝眾生、不識父母、沙門、婆羅門、不識長幼、不順教誨，無所畏避，(則)**勸**令「孝順」。

　若(有)少聞者，**勸**令多聞。慳者**勸**施。毀禁**勸**戒。瞋者**勸**忍。懈怠**勸**進。亂念**勸**定。無慧**勸**慧。貧者給財。病者施藥。無護作護。無歸作歸。無依作依。

(3)彼人應隨如是諸處(而)念行是法，不令一人墮於「惡道」。

《大寶積經》卷3

(1)復次迦葉！「在家」菩薩成就三法，得不退轉於「阿耨多羅三藐三菩提」。何等為三？

(2)(若有)父母不信(三寶)，(勸)令其住信、

　(若有)父母毀戒，**勸**令住戒、

　(若有)父母慳貪，**勸**令住捨，

　讚歎「無上正等菩提」，(並)**為他**(人)「**說法**」。

(3)是為第一(最初獲)得「不退轉」(於)無上菩提。

《大方廣三戒經》卷3

(1)迦葉！「在家」菩薩，(若能)成就三法，(則)不退「阿耨多羅三藐三菩提」。何等三？

(2)(若有)父母不信(三寶)，(勸)化令住信。

　(若有)父母毀戒，勸令住戒。

　(若有)父母慳貪，勸令住捨。

　歎「無上道」，**在大眾中而**(為眾)「**演說法**」。

(3)是名(最)初(之)法，「在家」菩薩(能)不退「無上正真之道」。

《大智度論》卷2〈序品 1〉

如佛《毘尼》中說：何者是佛法？「佛法」有五種人(可)說：

一者、佛自(親)口(而)說，

二者、佛弟子(之)說，

三者、仙人(之)說，

四者、諸天(之)說，

五者、**化人**(之)說。

《彌沙塞部和醯五分律》卷10

法者：

(1)佛（親口）所説、
(2)聲聞（之）所説、
(3)仙人（之）所説、
(4)諸天（之）所説、
(5)及一切（能）「如法」（而）説者。

《摩訶僧祇律》卷 13

法者，佛所説、佛（所）印可。
(1)佛所説者，「佛（親）口（而）自説」。
(2)佛印可者，「佛弟子」、（及）「餘人」所説，佛所印可。

《十誦律》卷 9

法者，
(1)佛（親口）所説、
(2)弟子（之）所説、
(3)天（之）所説、
(4)仙人（之）所説、
(5)化人（之）所説，
（此五人所説法義皆能）顯示「布施、持戒、生天、泥洹」。

淨土宗第八代祖師蓮池 袾宏大師
《雲棲法彙（選錄）（第12卷-第25卷）》・卷14・出家四料簡

❶有（身）「在家」（而心）「出家」者。❷有（身）「出家」（但心卻）「在家」者。
❸有（身）「在家」（而心亦）「在家」者。❹有（身）「出家」（而心亦）「出家」者。

①（身）處於「族舍」（親族房舍）：具有「父母、妻子」，而心恆在「道」，不染「世塵」者。（此為身）「在家」（而心）出家者也。
②（身）處於「伽藍」（佛寺精舍）：無父母、妻子之「累」，而營營（於）「名利」，無異（於）「俗人」者。（此為身）「出家」（但心卻）在家者也。
③（身）處於「俗舍」（世俗屋舍）：（但被）終身「纏縛」（纏繞繫縛），無一念「解脱」者。（此為身）「在家」（而心亦）在家者也。
④（身）處於「伽藍」（佛寺精舍）：終身「精進」，無一念「退惰」者。（此為身）「出家」（而心亦）出家者也。

故古人有「身心出家」四句，意正如此。
雖然（身）「出家」（而心亦）出家者，（此乃）「上士」也，無論（不必再討論）矣。

與其為(身)「出家」(但心卻)在家者；(則)寧(可)為(身)「在家」(而心亦)在家者。何以故？
「袈裟」下失「人身」(若穿著袈裟但心卻在家而廣造諸業，則將永遠失去「人身」)，下之又下(此乃最下劣之最
下)者也。

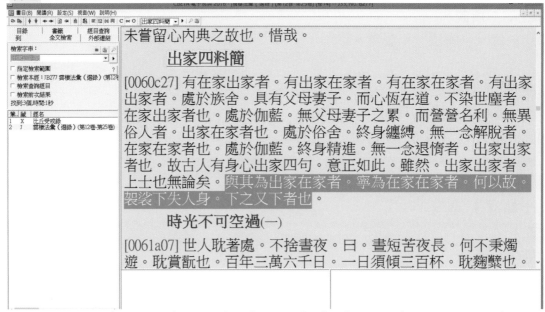

《大般若波羅蜜多經(第401卷-第600卷)》卷480〈舍利子品 2〉
佛言：舍利子！
①或有(純在家)菩薩，(雖)具有「父母、妻子、眷屬」，而(發心)修「菩薩摩訶薩」行。
②或有(純出家)菩薩，無有「妻子」，從「初發心」乃至「成佛」，常修「梵行」，不壞「童真」。
③或有(先在家後才出家之)菩薩，方便善巧，(雖)先(示)現受用「五妙」欲境，後方「厭捨」(五
　　欲而)勤修「梵行」，乃得「無上正等菩提」……
「菩薩摩訶薩」亦復如是，方便善巧，為欲成熟諸「有情」故，(雖有)示受「五欲」而實
「無染」。所以者何？諸菩薩摩訶薩於「五欲」中，深生「厭患」，不為彼「過(失)」之所
「塗染」。

四－22 大海雖深，尚可測量，此諸菩薩之「境界」乃深不可測
也

西晉·竺法護 譯《持心梵天所問經》	後秦·鳩摩羅什 譯《思益梵天所問經》	北魏·菩提流支 譯《勝思惟梵天所問經》
⑧於是耆年大迦葉啓問世尊：唯天中天，計於大海，尚可測量，(並)竭其「邊	⑧於是大迦葉白佛言：世尊！大海雖深尚可測量，此諸「菩薩」(乃)不可測	⑧爾時大德迦葉白佛言：世尊！大海雖深，尚可測量，此諸菩薩，一切

「聲聞、辟支佛」等，(皆)不能「測量」，是故說此諸「菩薩心」猶如「虛空」。

㈡佛言迦葉：恒河沙等諸世界中，「大海」之水，猶可測量，此諸菩薩「智慧大海」，(乃)不可測量。

㈢爾時世尊，偈重說言：

譬如大海能悉受，
一切眾水無滿時，
此諸菩薩亦如是，
常求法利無厭足，

譬如大海納眾流，
一切悉歸不盈少，
此諸菩薩亦如是，
聽受深法無增減，

譬如大海性不濁，
濁水流入悉澄清，
此諸菩薩亦如是，
能淨一切煩惱垢，

譬如大海深無底，
此諸菩薩亦如是，
功德智慧無有量，
一切外道不能惻，

譬如大海等一味，
百川流入味不殊，
此諸菩薩亦如是，
所聽受法一空味，

也。

㈡佛告迦葉：三千大千世界「微塵」猶可數知，此諸菩薩「功德」無量，(乃)不可數也。

㈢爾時世尊欲重宣此事，而說偈言：
譬如大海能悉受，
一切眾水無滿時，
此諸菩薩亦如是，
常求法利無厭足。

又如大海納眾流，
一切悉歸無損益，
此諸菩薩亦如是，
聽受深法無增減。

又如大海不受濁，
濁水流入悉清淨，
此諸菩薩亦如是，
不受一切煩惱垢。

又如大海無涯底，
此諸菩薩亦如是，
功德智慧無有量，
一切眾生不能測。

又如大海無別異，
百川流入皆一味，
此諸菩薩亦如是，
所聽受法同一相。

際」，此諸「正士」(菩薩)，(乃)不可限量(而)得其「崖底」(崖際邊底)。

㈡世尊報曰：迦葉！欲知三千大千世界之中所有「諸塵」，尚可數知，(然而)斯諸「正士」(菩薩)至真之行，(乃)不可思議，(不可窮)究(其)所歸(之)趣。

㈢於時世尊說此頌曰：

猶如大海，一切之水，
而悉受之，不以厭足，
志求法者，亦復如是，
好樂正典，不以充滿，

猶如大海，受無量水，
悉來歸之，而不拒逆，
聰達之等，亦復如是，
不以智慧，而為具足，

大海不惡，污濁之潦，
其諸清流，亦復歸趣，
遵修行者，亦復如是，
而不受諸，塵勞垢穢，

猶若大海，不可限量，
極廣弘遠，不可卒知，
智慧德海，亦復如是，
眾生度人，無能解暢，

大海之中，若干歸趣，
萬川四流，合為一味，
若干種人，僉來聽法，
悉歸一乘，同誼之典，

非一品類，號曰為海， 前者成海，而得建立， 無所畏者，志願如茲， 普為眾生，而興道意。	又如大海所以成， 非但為一眾生故， 此諸菩薩亦如是， 普為一切發道心。	譬如大海在世界， 非但為一眾生有， 此諸菩薩亦如是， 普為一切發道心，
譬如大海，眾寶積聚， 則在於彼，而無所著， 諸菩薩眾，亦如積珍， 而以顯發，成于三寶，	如海寶珠名集寶， 因是寶故有眾寶， 菩薩寶聚亦如是， 從菩薩寶出諸寶。	如海寶珠名集寶， 因是寶故有眾寶， 菩薩寶聚亦如是， 從菩薩寶出三寶，
猶如江海，而有三寶， 雖爾其海，亦無想念， 群聖達士，說法如斯， 則以三乘，開導眾生，	如大海出三種寶， 而此大海無分別， 菩薩說法亦如是， 三乘度人無彼此。	譬如大海有三寶， 而彼大海無分別， 菩薩說法亦如是， 三乘度人無彼我，
猶如江海，稍益廣大， 眾流悉歸，而得充滿， 諸菩薩眾，志「諸通慧」， 用群萌故，常遵修行，	又如大海漸漸深， 此諸菩薩亦如是， 為眾生故修功德， 迴向甚深「薩婆若」。	譬如大海漸漸深， 此諸菩薩亦如是， 為眾生故修功德， 漸入甚深「薩婆若」，
猶如大海，不受死屍， 其海之法，則為如斯， 建立菩薩，求道如是， 不將慎身，不與同歸，	又如大海不宿屍， 此諸菩薩亦如是， 發清淨心菩提願， 不宿聲聞煩惱心。	譬如大海不宿屍， 此諸菩薩亦如是， 發清淨心菩提願， 不宿聲聞緣覺心，
猶若海中，而生眾寶， 須彌為妙，處立堅固， 劫燒起時，終不能焚， 便則超遊，異佛世界，	如大海有堅牢寶， 其寶名曰集諸寶， 劫盡燒時終不燒， 轉至他方諸佛國。	譬如大海有寶珠， 劫盡燒時寶不燒， 菩薩於法欲滅時， 大智護持令不滅，
正法滅時，亦復如是， 強精進者，而攬持之， 已觀察見，無任器者， 便則往詣，他方佛所，	正法滅時亦如是， 堅精進者能持法， 知諸眾生不可度， 轉至他方諸佛所。	如彼寶珠不燒失， 轉至他方大海中， 知諸眾生非法器， 點慧菩薩至餘國，
谿谷江河，泉原枯竭， 然後海水，乃為消涸， 劫燒起時，則為若茲，	三千世界欲壞時， 火劫將起燒天地， 百川眾流在前涸，	三千世界欲燒時， 劫火將起燒天地， 百川眾流在前涸，

大千世界，悉亦崩毀， 凡夫之眾，行在國土， 假使正法，已沒盡者， 勇猛之徒，護法如斯， 朽棄軀體，不惜壽命， 已覺正法，欲消滅盡， 正覺現在，若滅度後， 斯等志性，清淨如是， 建立法者，所當遵修， 如億眾生，依怙於海， 非一品故，而有斯處， 其大名稱，志願如是， 一切眾庶，心普得解， 尚可限量，分別知之， 於佛世界，諸有大海， 斯等所行，不可別知， 緣覺之眾，及諸聲聞， 無有等倫，況復出表， 諸菩薩行，堅強精進， 心如是者，宜為稽首， 當得佛道，開度黎元， 斯為眾寶，譬如巨海， 當供養此，常福德田， 此為良土，上妙醫王， 療治一切，諸疹疾者， 便為救濟，受歸度脫， 將護燈錠，為顯光明， 於闇昧世，興明徹眼， 其得眼者，進成甘露，	爾時水王於後竭。 行小道者亦如是， 法欲盡時在前滅， 菩薩勇猛不惜身， 護持正法後乃盡。 若佛在世滅度後， 是心中法寶不滅， 深心清淨住是法， 以此善法修行道。 百千眾生依止海， 海成非為一眾生， 菩薩發心亦如是， 為度一切眾生故。 十方世界諸大海， 猶尚可得測其量， 是諸菩薩所行道， 聲聞緣覺不能測。 迦葉當知諸菩薩， 勇猛精進迴向心， 願欲作佛度眾生， 尚無與等何況勝？ 是德寶聚如大海， 是可供養良福田， 是為最上大醫王， 能療一切眾生病。 是世歸依作救護， 洲渚燈明究竟道， 能與世間無明眼， 得眼則能服甘露。	爾乃水王於後竭， 行小道者亦如是， 法欲盡時在前滅， 菩薩勇猛不惜身， 護持正法乃不盡， 若佛在世若滅後， 是心中寶實不滅， 深心清淨住是法， 以此善法修行道， 百千眾生依止海， 海有非為一眾生， 菩薩發心亦如是， 為度一切眾生故， 十方世界諸大海， 猶尚可得測其量， 是諸菩薩所行道， 聲聞緣覺不能測， 十方世界虛空界， 空界猶尚可測量， 諸菩薩行虛空界， 不可測量此行界， 迦葉當知諸菩薩， 勇猛精進堅固心， 願欲作佛度眾生， 尚無與等何況勝， 斯德寶聚如大海， 是可供養良福田， 是為最上大醫王， 能療一切眾生病， 是為歸依作救護， 洲渚燈明究竟道， 能與無明世間眼，

		得眼則能服甘露，
則為帝王，常曰法王， 斯為天帝，多思誼利， 亦為梵皇，思惟四禪， 則便轉於，正法之輪， 斯則導師，開示塗路， 處在諍訟，為現蹊徑，	是為世間諸法王， 是為帝釋決斷智， 是為梵王行四禪， 是為能轉梵法輪。 是為大智導世師， 示諸邪徑正真道，	是為世間諸法王， 是為帝釋決斷智， 是為大梵行四禪， 是為能轉梵法輪， 是為大智導世師， 示著邪徑正真道，
則為勇猛，多所降伏， 蠲除諸塵，為清淨士， 遵清白法，如月盛滿， 演放光明，猶如日出， 智慧超卓，如須彌山， 處於三界，為雨甘露，	是為勇猛能破魔， 是為清淨除惱穢。 是修白法如滿月， 光明高顯猶如日， 智慧超出如須彌， 猶如密雲雨甘露。	勇猛能住大菩提， 是為清淨除穢惱， 是修白法如滿月， 光明高顯猶如日， 菩薩智慧生增長， 如大雷聲雨法雨，
斯等難當，猶如師子， 其心調柔，譬如賢象， 若如大地，載諸山陵， 降伏一切，諸外異道， 行常鮮潔，譬若如水， 威曜難當，其若如火，	是無所畏如師子， 是心調柔如象王， 是則譬如金剛山， 一切外道不能壞。 是則清淨猶如水， 是有威猛如大火，	是無所畏如師子， 是心調柔如象王， 菩薩堅固如須彌， 一切諸魔不能伏， 離濁清淨為如水， 是有威猛為如火，
無所罣礙，猶若如風， 以離懈廢，又若如地， 斯等棄慢，拔離瞋恚， 為如藥樹，無有想念，	是則如風無障礙， 是則如地無能動。 是拔憍慢我根等， 是如藥樹無分別，	是無障礙為如風， 無能動轉為如地， 以是菩薩離限心， 拔我慢根貪嫉等，
其戒清淨，無著蓮華， 於世八法，無有依倚， 所行譬如，優曇鉢華， 無數億劫，吾聲難致，	是持淨戒如蓮華， 是於世法無所染。 是如優曇鉢羅華， 千萬億劫時一出，	如藥樹王無分別， 世間八法不染污， 菩薩為如優曇華， 千萬億劫不可見，
於諸人尊,則有反復(反哺回復) 為住佛教，不斷正典， 志願堅強，為懷愍哀， 遵固慈心，憙悅超絕，	是為知報佛之恩， 是為不斷諸佛種。 是為精進行大悲， 是用慈喜而超出，	是為知報佛之恩， 是為不斷諸佛種， 是為堅固行大悲， 是用喜捨而超出，

則以救護，於五色欲，	是能捨離五欲心，	是能捨離五欲心，
善求合會，最勝財業，	是常求佛法寶財。	是常求佛法寶財，
斯等布施，而有殊特，	是行布施為最勝，	是行布施為最勝，
所奉禁戒，則無等倫，	是持淨戒無等侶，	善住持戒無等侶，
以忍辱力，秉意勇猛，	是忍辱健無疇匹，	善住忍力健無匹，
精進解達，而不厭惓，	是勤精進無厭倦，	是勤精進無疲倦，
斯等禪定，神足通慧，	是行禪定具神通，	是行禪定具神通，
往至佛土，無量億姟，	能至無量諸佛土，	能至無量諸佛土，
得見諸佛，逮聞經典，	常見諸佛聽受法，	常見諸佛聽受法，
如其所聞，則便習持，	如其所聞為人說。	如其所聞為人說，
則能暢了，眾人之行，	是知眾生所行道，	善知眾生所行行，
隨其所應，所信諸根，	隨其性欲根利鈍，	隨其性欲根利鈍，
安隱諦學，善權方便，	是名善知方便力，	是名善知方便力，
則為外道，顯示證明，	是然慧燈得濟處。	是然慧燈得濟處，
便能通辯，一切諸法，	是能善知一切法，	是能善知一切法，
僉然和同，分別報應，	皆從和合因緣生，	是知眾生得解脫，
而能解了，因緣法律，	是能決了因緣相，	修行堅固如實知，
離吾我見，常在平等，	離於我見樂平等。	如是因生如實知，
便以觀察，如應順法，	是能正觀於諸法，	是於諸法正觀察，
則為曾更，出家學矣，	為從何來至何所，	為從何來至何所，
過去當來，一切諸法，	善知諸法無去來，	善知諸法無去來，
已住於法，綜了法界，	常住法性而不動。	常住法性而不動，
敏識空慧，而無有形，	是見有為法皆空，	是見有為法皆空，
則能興發，差特矜哀，	增益大悲濟眾生，	增益大悲濟眾生，
便能攝護，勤苦眾生，	眾生妄想起眾苦，	妄想煩惱故受苦，
遵修解脫，所當行法，	為欲度故修行道。	為度之故修行道，
計有吾我，而有妄想，	凡夫分別我我所，	凡夫分別我我所，
愚騃所行，隨邪放逸，	行於種種諸邪見，	行於種種諸邪見，
斯等曉練，虛偽之法，	是能曉了法實相，	是能曉了法實相，
而則講說，蠲除諸見，	為斷諸見講說法。	為斷諸見講說法，
無常為常，空謂有實，	無常為常不清淨，	無常為常不淨淨，

以苦為樂，非身謂身，	無我謂我苦為樂，	無我謂我苦為樂，
凡夫之士，攝取顛倒， 而不分別，生死之際， 若能政理，攝顛倒原， 則知無人，無壽無命，	凡夫顛倒貪著故， 生死前際不可知。 是能知此從顛倒， 無我無人無眾生，	凡夫顛倒貪著故， 生死前際不可知， 能知如是顛倒法， 無我無人無眾生，
已能淨修，平等行者， 則曉非常，苦空非身， 迦葉斯等，名稱功德，	我當如是修正道， 無常我樂及不淨。 迦葉當知此菩薩， 我所稱讚諸功德，	菩薩如是修正道， 無常無樂無我淨， 迦葉當知此菩薩， 我所讚歎諸功德，
所趣御之，猶若持地， 令聞無量，慧不可限， 若能遵修，菩薩亦然， 設使周滿，三千世界，	於其所行不可盡， 猶如大地舉一塵。 若發菩提心不退， 三千大千供養具，	於其所行不可盡， 猶如大地舉一塵， 發菩提心若不退， 三千大千供養具，
悉以敬侍，建志菩薩， 供養羅漢，復倍是數， 終不能及，逮菩薩志， 吾亦建立，斯等之類， 過去正覺，當來如是， 又今現在，十方聖尊， 為諸建志，欲得佛者。	若復有供過於是， 悉應供養如是人。 若人發心願作佛， 是則恭敬供養我， 於諸去來現在佛， 亦皆恭敬供養已。	若復有供過於此， 是人應受此供養， 若人發心願作佛， 是則恭敬供養我， 於諸去來現在佛， 亦皆恭敬供養已。

四－23 思益梵天謂文殊師利法王子：當請如來護念此《思益經》，於後末世「五百歲」時，令廣流傳散布

西晉·竺法護 譯 《持心梵天所問經》	後秦·鳩摩羅什 譯 《思益梵天所問經》	北魏·菩提流支 譯 《勝思惟梵天所問經》
《建立法品·第十六》	《建立法品·第十六》	
⑤於是持心梵天問普首童真曰：願勸「如來」至真等正覺，令此(持心)「經典」，於後末世「五濁」俗時，(能	⑤爾時思益梵天謂文殊師利法王子：當請如來護念斯(思益)經，於後末世「五百歲」時，令廣流布(流傳散	⑤爾時勝思惟梵天，語文殊師利法王子言：文殊師利！當請「如來」應正遍知，「護」此(勝思惟經)法門，

繼續)建立(建置設立)流演(流通演教)。	布)。	(於)「後世、末世」，依於「如來」(之)「住持」之力，令此法門(能)廣行流布(流傳散布)。
(貳)普首答曰：於(持心)梵天！(汝)意所趣云何？如來豈為「班宣」(班授宣揚)，申暢(申闡暢揚)於此(持心經)法乎？欲令如來建立(建置設立)法耶？	(貳)文殊師利言：於意云何？佛於是(思益)經，有法？有說？有示？可護念不？	(貳)文殊師利法王子言：(勝思惟)梵天！於意云何？汝謂如來於此(勝思惟經)法門，有法？有說？可示？可護不耶？
(持心)報曰：不也。	思益言：不也。	(勝思惟)答言：不也。
(參)(文殊師利言：)是故(持心)梵天，一切諸法無所「建立」(建置設立)，亦無有「念」、亦無「言說」，故無「流演」(流通演教)，亦無所「護」，其欲「建立」斯(持心)經典者，則為欲成立「虛空」矣。	(參)(文殊師利言：思益)梵天！是故當知，一切法「無說、無示、無有護念」，是法終不可「滅」、不可「護念」。若欲「護」此(思益經)法者，(則)為欲護念「虛空」。	(參)文殊師利言：(勝思惟)梵天！是故當知一切諸法，「無說、無示、無滅、無護」，若有「擁護」此(勝思惟經)法門者，(則)為護「虛空」。
(肆)設使菩薩(有言)： (我乃有所)歸趣(導歸趣向於)斯(持心經)典！	(肆)(思益)梵天！菩薩若言： (我)欲「有所受法」者！	(肆)(勝思惟)梵天！若有菩薩作如是言： 我(有在)護法者！
(此說亦)非為「順法」。 (因為)菩薩(乃)普入一切「徑路」，而無「諍訟」。	(此)即「非法言」，所以者何？ (若欲)「出過」(出離越過)一切「言論」，是名「菩薩樂無諍訟」。	彼諸菩薩非是「正說」，何以故？ 以此法門(乃)「出過」(出離越過)一切諸「言語」故，是名「菩薩樂無諍訟」。
(伍)又菩薩者，於諸眾會，(皆)假現(之)「名」耳。(若人云：)(我今)「說經法」者！	(伍)(思益)梵天！若有菩薩於此眾中作是念：(我)今說是法！	(伍)(勝思惟)梵天！若有菩薩於此眾中作是念言：(我)今說是法！
則當如茲(此)，(則)不為「聽	當知是人即「非聽法」，所	當知是人即「非聽法」，何

經」，所以者何？	以者何？	以故？
(所謂)「無所聞」者，乃為(真實之)「聽經」。	(所謂)「不聽法」者，乃為「聽法」。 (所謂聽法者，即非聽法，是名聽法)	(所謂)「不聽法」者，乃為「聽法」。 (所謂聽法者，即非聽法，是名聽法)
㊄(持心)又問：普首！此為何謂？(所謂)「無所聞」者，(乃)為(真實之)聽經乎？	㊄(思益)梵天言：何故說「不聽法」者，乃為(真實之)「聽法」？	㊄(勝思惟)梵天問言：文殊師利！以依何意？作如是言：「不聽法」者，乃為(真實之)「聽法」？
㊆(文殊師利)答曰：(於)「眼、耳、鼻、口、身、意」，(而)無所「流聞」(流逸而聽聞)，乃為(真實之)「聽經」。	㊆文殊師利言：(若能於)「眼、耳、鼻、舌、身、意」(而)不漏，是(為真實之)「聽法」也。所以者何？ (不住色聲香味觸法，乃是真實之聽法)	㊆文殊師利答言：(勝思惟)梵天！(若能)不漏(於)「眼、耳、鼻、舌、身、意」，是為(真實之)「聽法」，何以故？ (不住色聲香味觸法，乃是真實之聽法)
其有「染污」於諸「(六)入」者，則(便)無所(聽)聞，(此人)便(執著)在於「色、聲、香、味、細滑欲、法」，(如)斯等(的)「聽經」，則為「虛妄」。	若於「內六入」(中)，(而)不漏(於)「色、聲、香、味、觸、法」中，乃為(真實之)「聽法」。	若於眼等「內六入」中，不漏(於)「色、聲、香、味、觸、法」，乃為(真實之)「聽法」。

四－24 聽經者，即非「聽經」，是名「聽經」。故以「不聽」為「聽」，「不知」為「知」。上士者，以「神」聽經，故能深悟實相，獲無生法忍

西晉・竺法護 譯 《持心梵天所問經》	後秦・鳩摩羅什 譯 《思益梵天所問經》	北魏・菩提流支 譯 《勝思惟梵天所問經》
㊀時諸會中，(有)諸「天子」眾三萬二千、「比丘」五百、「比丘尼」三百、清信士」八百、(及八百)「清信女」，斯等咸聞普首童真之所說法(義)，應時逮得「不起法忍」。	㊀爾時會中，(有)三萬二千「天子」、五百「比丘」、三百「比丘尼」、八百「優婆塞」、八百「優婆夷」，聞文殊師利(之)所說(法義)，皆得「無生法忍」。	㊀爾時會中，(有)三萬二千「天子」、五百「比丘」、三百「比丘尼」、八百「優婆塞」、八百「優婆夷」，聞法王子文殊師利如是所說(法義)，一切皆得「無生法忍」。

（貳）各各舉聲，而歌頌曰：如是普首，誠如所云，（所謂）「無所聞」者，乃為（真實之）「聽經」。

（參）

持心梵天，問諸得「法忍」菩薩曰：卿族姓子！豈為「得聞」此經典乎？

（得無生法忍之諸菩薩）答曰：已聞（持心）梵天，（乃）「無所聞」故。

（所謂聞法者，即非聞法，是名聞法）

（肆）

（持心）又問：賢者云何「曉了」斯經典乎？

（得無生法忍之諸菩薩）答曰：如無「所知」、（亦）無所「不知」。

（伍）

（持心）又問：賢者為何所獲逮「（無生）法忍」乎？

（得無生法忍之諸菩薩）答曰：「建」一切法。

（陸）

（持心）又問：當以何緣「歸

（貳）得是「忍」已，作是言：如是，如是！文殊師利！如仁者所說，（所謂）「不聽法」者，乃為（真實之）「聽法」。

（參）

爾時思益梵天問得「忍」諸菩薩言：汝等豈（真的是）「不聽」是經耶？

（得無生法忍之）諸菩薩言：如我等聽，以「不聽」為「聽」。

（所謂聽法者，即非聽法，是名聽法）

（肆）

（思益）又問：汝等云何「知」是法耶？

（得無生法忍之諸菩薩）答言：以「不知」為「知」。

（所謂知法者，即非知法，是名知法）

（伍）

（思益）又問：汝等得何等故名為「得忍」？

（得無生法忍之諸菩薩）答言：以一切法「不可得」故，我等名為「得忍」。

（所謂得無生法忍者，即非得無生法忍，是名得無生法忍）

（陸）

思益言：云何「隨是法

（貳）得是「忍」已，作如是言：如是！如是！文殊師利，如仁所說，（所謂）「不聽法」者乃為（真實之）「聽法」。

（參）

爾時勝思惟梵天問於得「忍」諸菩薩言：汝等豈（真的是）「不聽」是法門耶？

（得無生法忍之）諸菩薩言：如我等聽，以「不聽」為「聽」。

（所謂聽法者，即非聽法，是名聽法）

（肆）

（勝思惟）梵天問言：汝等云何「知」是法門？

答言：（勝思惟）梵天！以「不知」為「知」。

（所謂知法者，即非知法，是名知法）

（伍）

（勝思惟）梵天問言：汝等以得何等法故，名「得法忍」？

（得無生法忍之諸菩薩）答言：（勝思惟）梵天！以一切法皆「不可得」，是故我等名「得法忍」。

（所謂得無生法忍者，即非得無生法忍，是名得無生法忍）

（陸）

（勝思惟）梵天問言：汝等云

趣」(導歸趣向)法乎？	行」？	何「隨是法行」？
(得無生法忍之諸菩薩)答曰：(所謂)「無所至」者，則(方為真實之)「歸趣法」。	(得無生法忍之諸菩薩)答言：以「不隨行」故「隨行」。 (所謂隨法義而修行者，即非隨法義而修行，是名隨法義而修行)	(得無生法忍之諸菩薩)答言：(勝思惟)梵天！以「不隨行」是「隨法(義而修)行」。 (所謂隨法義而修行者，即非隨法義而修行，是名隨法義而修行)
㊼ (持心)又問：諸賢現在「目覩」法乎？	㊼ (思益)又問：汝等於此法中「明了通達」耶？	㊼ (勝思惟)梵天問言：汝等可不「明了通達」此法門耶？
(得無生法忍之諸菩薩)答曰：(持心)梵天！(我)於一切法，(皆已)現在「己身」(中)，(因所有)眾生(之)志性，皆為「本淨」。	(得無生法忍之諸菩薩)答言：一切諸法皆「明了通達」，無「彼、我」故。	(得無生法忍之諸菩薩)答言：(勝思惟)梵天！一切諸法，我等悉皆「明了通達」，無「彼、我」故。

四-25 淨相天子宣説若有修學此《思益經》者，能得 36 種不可思議功德

西晉・竺法護 譯 《持心梵天所問經》	後秦・鳩摩羅什 譯 《思益梵天所問經》	北魏・菩提流支 譯 《勝思惟梵天所問經》
㊀時眾會中有一天子，名離垢英，問持心曰：假使梵天，若(有能)得聽聞斯(思益)經法者，如來則為「授決」處乎？ (持心)答曰：輒便(隨即)授決，當得「無上正真」之道！ (修學此《持心經》能獲得底下 36 種不可思議功德)	㊀爾時會中，有天子名淨相，謂思益梵天：若有但聞此(思益)經，佛(若)不與「受記」者，(淨相)我當授其「阿耨多羅三藐三菩提」記。 (修學此《思益經》能獲得底下 36 種不可思議功德)	㊀爾時會中有一天子，名曰無垢，集在會坐，謂勝思惟大梵天言：(勝思惟)梵天，若有但聞此(勝思惟)經法門，(卻)不為如來與「授記」者，(無垢)我當授其「阿耨多羅三藐三菩提」記。 (修學此《勝思惟經》能獲得底下 36 種不可思議功德)
㊁所以者何？ ❶其(思益經)法典者，則為「亡失」(亡失=無失=不失)「報應」(果報相應)之果。	㊁所以者何？ ❶此經不破(不會破壞)「因果」。	㊁何以故？ ❶以此法門不失(不會違失)「因果」。

❷（能）積累一切「眾德」（眾多功德）之法。	❷能生一切「善法」。	❷而能出生一切「善法」。
❸便降伏「魔」、及與「怨讎」。	❸能壞「魔怨」、離諸「憎、愛」。	❸能壞「魔怨」、離諸「憎、愛」。
❹斯（持心）經典者，（能）尋離一切「貪欲」之諍。	❹能令眾生「心得清淨」。	❹能令眾生「心得清淨」。
❺（能）多所「勸化」（勸導教化）而令「喜悅」。	❺能令信者皆得「歡喜」，除諸「瞋恨」。	❺能令信者皆得「歡喜」，以此法門除諸「瞋恨」。
❻設有「信樂」斯經典者，心懷「欣豫」（欣樂歡豫）而「諦（念）」執持（執守修持；執行堅持），則獲「賢聖」平等究竟。	❻斯經（為）一切「善人」之所修行。	❻以此法門（為）一切「善人」之所修行。
❼而善「執持」斯經典者，（為）一切諸佛（之）加「威護」（威神護念）之。	❼斯經（為）一切「諸佛」之所「護念」。	❼以此法門（為）一切「諸佛」之所「護念」。
❽❾設「天上、世間」諸天人民、阿須倫，而「專念」向斯經典者，（能）得「不退轉」，不見（被）「侵欺」。	❽斯經（為）一切世間「天、人、阿修羅」所共「守護」（守衛護祐）。	❽以此法門（為）一切世間「天、人、阿修羅」所共「守護」（守衛護祐）。
	❾斯經決定（能）至（獲）「不退轉」故。	❾以此法門，決定必（獲）得至「不退轉」。
❿又斯經典，（能令）至于「道場」。	❿斯經「不詿」，（能令得）至「道場」故。	❿以此法門，真實「不詿」，（能令得）至「道場」故。
⓫惠施「真諦」（真誠實諦），（能令眾生）誦習佛法。	⓫斯經「真實」，能令眾生「得諸佛法」。	⓫以此法門，真實「不（顛）倒」，能令眾生「得諸佛法」。
⓬其（遇）有不學（者），則為（彼）斷絕，（令能轉）於「正法輪」。	⓬斯經，能「轉法輪」。	⓬以此法門，能「轉法輪」。
⓭⓮又斯經法，（能斷）決諸「狐疑」，（能得）至「賢聖路」。	⓭斯經，能「除疑悔」。	⓭以此法門，能「除疑悔」。
	⓮斯經，能「開聖道」。	⓮以此法門，能「開聖道」。
⓯（若有）諦「聽」經典，（能得）至「解脫」故。	⓯斯經，（若有欲）求「解脫」者，（其）所應「善聽」。	⓯以此法門，（若有欲）求「解脫」者，（其）所應「善聽」。
⓰（若有）諦「持」經典，（則）欲「執御」（執持駕御諸善法）故。	⓰斯經，（若有）欲得「陀羅尼」者，（其）所應「善持」。	⓰以此法門，若有欲得「陀羅尼」者，（其）所應「善持」。

❶⑰(若有)諦「說」經典，(則多)用「福慶」(福德嘉慶)故。	⑰斯經，(若有)「求福」之人，(其)所應「善說」。	⑰以此法門，(若有)「求福」之人，(其)所應「善說」。
⑱(能)善護(念)經典，(喜)好法訓(法義典訓)故。	⑱斯經，(若有)「樂法」之人，(其)所應「善念」。	⑱以此法門，(若有)「樂法」之人，(其)所應「善護」。
⑲(能)加施(加被施與)「安隱」，為經典者，(能)歸「滅度」故。	⑲斯經，能與「快樂」，(獲)至於「涅槃」。	⑲以此法門，能與「快樂」，(獲)至於「涅槃」。
⑳(能)不斷(壞此)經典，(能)壞「魔異學」故。	⑳斯經，若「魔外道」(之)「有所得」(之)人，(其)所不能斷(壞)。	⑳以此法門，若「魔外道」之「有所得」(之)人，(其)所不能斷(壞)。
㉑當曉「歸命」(歸依敬命)於斯經典，(能獲)「眾祐」(bhagavat 世尊；能爲世所尊、所共同尊重恭敬者)無著數(無上著稱；無上卓著之境)故。	㉑斯經，應(爲被)受「供養」(之)人，(若有)能隨其(法)義(者)。(若有能依隨此經之法義者，則此人將「被受供養」也)	㉑以此法門，應(爲被)受供(養之)人，(若有)能隨其(法)義(者)。
㉒斯經典者，(能令)多所「悅喜」，「明達」(明理通達)法故。	㉒斯經，能令「利根」者「欣悅」。	㉒以此法門，能令「利根」行者(獲得)「欣悅」。
㉓斯經典者，(能令)多所「踊躍」，為「慧解」(智慧解脫)故。	㉓斯經，能令「智慧」者(獲)「歡喜」。	㉓以此法門，(能)令「真智」者，皆悉「歡喜」。
㉔斯經典者，御「智慧」音，除一切(邪)見，(其)所「歸趣」(導歸趣向)故。	㉔斯經，能與人「慧」，離諸(邪)見故。	㉔以此法門，能與人「慧」，離諸(邪)見故。
㉕斯經典者，為導「慧」嚮，(能破)壞「愚癡」故。	㉕斯經，能與人「智」，(能)破「愚癡」故。	㉕以此法門，能與人「智」，(能)破「愚癡」故。
㉖斯經典者，為善「應順」，(能)隨其(次第)所入故。	㉖斯經，文辭滿(文句言辭圓滿)，(具種種)「次第」善說(完善之說)。	㉖以此法門，文辭、次第，(皆)善說(完善之說)法故。
㉗斯經典者，善「究竟」誠，次第「美辭」故。	㉗斯經，究竟(善巧)，(能)善「隨義」說。	㉗以此法門，(爲)究竟善巧(之)隨義說故。
㉘斯經典者，(能)分別義理，(能)說「第一(義)」故。	㉘斯經，(具)多所「利益」，(能)說「第一義」。	㉘以此法門，(具)多所「利益」，(能)說「第一義」。
㉙㉚不捨「經義」、不獲聖慧。(不捨離經義，亦不「不獲聖慧」、亦無「不獲聖慧」。此處之「不」字作二次使用)	㉙斯經，(爲)「愛樂法人」之所「貪惜」(貪慕重惜)。	㉙以此法門，(爲)「愛樂法人」之所「貪惜」(貪慕重惜)。
	㉚斯經，(爲)「有智之人」所不能(暫)離。	㉚以此法門，(爲)「有智之人」所不能(暫)離。

❸斯經典者，則為「帑 藏」(帑金庫藏)，(能供)給諸「虛匱」(空虛乏匱)。	❸斯經，(能行布)「施者」之「大(寶)藏」。	❸以此法門，是「行施者」之「大寶藏」。
❸(令)無有「熱惱」，(救)濟眾盛(眾多熾盛的煩惱)煮(烹煮煩惱)。	❸斯經，(為具)「熱惱者」之「清涼池」。	❸以此法門，是(具)「熱惱者」之「清涼池」。
❸(能平)等(於)諸音響，「平等」為食，(能)遵修(遵循而修)慈心，樂為「禪定」。	❸斯經，能令「慈者」(獲得)「心等」(心地平等)。	❸以此法門，能令「瞋者」(成為)「慈者」，(而獲)心皆「平等」。
❸(能)積累「精進」，為(度化)諸「懈怠」。	❸斯經，能令「懈怠者」(獲得)「精進」。	❸以此法門，(能)令「懈怠者」皆行「精進」。
❸(能)以「禪定」意，(救)濟諸「亂意」。	❸斯經，能令「妄念者」(獲得)(禪)「定」。	❸以此法門，(能)令「妄念者」皆得「禪定」。
❸則以「光耀」，照諸「邪智」。	❸斯經，能與「愚者」(獲得)「慧明」。	❸以此法門，(能)與「愚癡者」(獲得)「般若」之「明」。
(參)(持心)梵天欲知，斯則建立(建置設立)於經典矣，一切諸佛之所「將護」(將助衛護)。	(參)(思益)梵天！斯經(為)一切諸佛之所「貴重」。	(參)(勝思惟)梵天！此法門者，(為)一切諸佛之所「貴重」。
(肆)時(離垢英)天子說此經典「功德」所訓(釋)時，此三千大千世界六反震動。	(肆)淨相天子說是法時，三千大千世界皆大振動。	(肆)無垢天子說是法時，於此三千大千世界六種震動。
(伍)世尊讚彼(離垢英)天子曰：善哉！善哉！如汝所言(修學此《持心經》能獲得36種不可思議功德)。	(伍)佛即讚言：善哉，善哉！(淨相)天子！如汝所說(修學此《思益經》能獲得36種不可思議功德)。	(伍)佛即讚言：善哉！善哉！無垢天子！如汝所說(修學此《勝思惟經》能獲得36種不可思議功德)。

四—26 在此法會中之佛門四眾弟子與天龍八部等，若有已得「無生法忍」者，將來皆當得「往生」到淨相天子未來成寶莊嚴佛之多寶國土

西晉・竺法護 譯 《持心梵天所問經》	後秦・鳩摩羅什 譯 《思益梵天所問經》	北魏・菩提流支 譯 《勝思惟梵天所問經》
(壹)於是持心梵天白世尊	(壹)爾時思益梵天白佛	(壹)爾時勝思惟梵天白佛

曰：今此(離垢英)天子，(於)「本昔」曾聞斯(持心)經典乎？為從「過去如來」(所已得)「啓受」(啓發信受)之耶？	言：世尊！是(淨相)天子曾於「過去諸佛」所(得)聞是(思益)經耶？	言：世尊！是無垢天子曾於「過去諸如來」所(得)聞是(勝思惟經)法門耶？
(貳)佛告(持心)梵天：此(離垢英)天子者，(乃)從(過去)「六十四億」諸佛所，(已)悉得聽聞(此經法門)。	(貳)佛言：是(淨相)天子已於(過去)「六十四億」諸佛所，(已)得聞是經。	(貳)佛言：(勝思惟)梵天！是無垢天子已於過去「六十四億」諸如來所，(已得)聞是法門。
(佛)又告持心：離垢英身，(將於再)過「四十萬劫」(後)，當得作佛，號寶燄[H] 如來至真等正覺，世界曰寶積，其於(離垢英天子成佛後)中間，(亦有)諸佛世尊所興起(出世)者，悉供養之(寶積佛)，當復(從寶積佛而)得聞於斯(持心)經典。	(淨相天子將在)過「四萬二千劫」，當得作佛，號寶莊嚴，國名多寶。於其(淨相天子成佛後)中間，(亦)有「諸佛」出(世)，皆得「供養」(此多寶佛)，亦(從此多寶佛而得)聞是(思益)經。	(無垢天子將在)復過「四萬二千劫」已，當得作佛，號無垢莊嚴，國名寶莊嚴。於其(無垢天子成佛後)中間，(亦有)諸佛出世，一切(皆)供養(此寶莊嚴佛)，亦於彼(寶莊嚴)佛(所而得)聞是(勝思惟經)法門。
(參)(持心)梵天！欲知此諸「比丘、比丘尼、清信士、清信女、天龍、鬼神、揵沓惒[H]」，(相)應(於)斯(持心)經典，(已)逮得「(無生)法忍」者，(將來)皆當(往)生彼寶燄[H]如來佛之(寶積)國土，而(出)現在於寶積世界(中)。	(參)(思益)梵天！是諸「比丘、比丘尼、優婆塞、優婆夷」，「諸天、龍、鬼神」在此會中，(已)得「(無生)法忍」者，(將來)皆當得(往)生(淨相天子未來成佛之)多寶國土。	(參)(勝思惟)梵天！是諸「比丘、比丘尼、優婆塞、優婆夷、天龍、夜叉、乾闥婆、阿修羅、迦樓羅、緊那羅、摩睺羅伽、人、非人」等，在此會中，(已)得「(無生)法忍」者，(將來)皆當得(往)生(無垢天子未來成佛之)寶莊嚴國。
(肆)於時離垢英天子白世尊曰：今我坦然，(我乃)「不遠求」(於)道、亦「不願」(於)道；設「不欣樂」於佛道者，亦「無所依」(於佛道)，亦「不得」(於佛)道，亦「無所想念」(的話)，何故世尊而(仍然)「授」我「決」？	(肆)爾時淨相天子白佛言：世尊！我「不求」菩提、「不願」菩提、「不貪」菩提、「不樂」菩提、「不念」菩提、「不分別」菩提，云何如來(仍)見「授記」(於我)耶？	(肆)爾時無垢天子白佛言：世尊！我「不求」菩提、「不願」菩提、「不貪著」菩提、「不喜樂」菩提、「不思念」菩提、「不分別」菩提，云何如來(仍然)授我「記」耶？

㈤（佛）大聖告曰：（離垢英）天子知之，（若有人將）「草木、莖節、枝葉、華實」著於火中，若有人來說言：勿燒「草木、莖節、華實」，令火「不燒」！（此乃）未之有也。不用（不可能聽用）彼言而（導致）不（發生）燋燒（的情形）。	㈤佛告（淨相）天子：如（人）以「草木、莖節、枝葉」，投於火中，而語之言：汝等莫然（燃）！汝等莫然（燃）！若以是語而（欲令火）不然（燃）者，（此決）無有是處。	㈤佛言：（無垢）天子！如（人）以「草木、莖節、枝葉」投於火中，而語之言：莫然（燃）！莫然（燃）！若以是語而（欲令火）不然（燃）者，（此決）無有是處。
㈥如是（離垢英）天子！假使菩薩「不悅樂」（於）道，（亦）無所「依倚」（於道），（其）志（亦）不「建立」（於道），亦不「願羨」（願求敬羨於道）。（當知）一切諸佛，則（將）為（此人）「授決」。	㈥（淨相）天子！菩薩亦如是，雖不「喜樂、貪著」（於）菩提。當知是人，已為一切諸佛（之）所（授）記。	㈥如是（無垢）天子，菩薩亦爾，雖「不求」菩提、「不願」菩提、「不貪著」菩提、「不喜樂」菩提、「不思念」菩提、「不分別」菩提。當知是人，已為一切諸佛（之）所（授）記。
㈦設使（離垢英）天子，若有菩薩「不志樂」（於）道，無所「依倚」（於道）、無所「建立」（於道）、無所「僥願」（僥求希願於道）、「無所得」（於道）者。斯等菩薩，乃（將）為如來所見（而）「授決」，（未來）當得「無上正真之道」。	㈦所以者何？若菩薩「不喜、不樂、不貪、不著、不得」（於）菩提。則（此菩薩將）於諸佛（所），必得（獲）受「阿耨多羅三藐三菩提」記。	㈦何以故？若諸菩薩「不求」菩提、「不願」菩提、「不貪著」菩提、「不喜樂」菩提、「不思念」菩提、「不分別」菩提。則（此諸菩薩將）於諸佛（所），必得（獲）授於「阿耨多羅三藐三菩提」記。

四－27 有五百菩薩修「不求、不願、不喜樂、不貪著、不思念、不分別」於菩提，後被上方「八萬四千」諸佛受「阿耨菩提」記

西晉・竺法護 譯《持心梵天所問經》	後秦・鳩摩羅什 譯《思益梵天所問經》	北魏・菩提流支 譯《勝思惟梵天所問經》
㊀爾時會中五百菩薩白世尊曰：余等「不建立」（於）道、無所「志願」（於道）、亦「無所得」（於道）、無所「欣	㊀爾時會中有五百菩薩白佛言：世尊！我等今「不求」菩提、「不願」菩提、「不喜樂」菩提、「不貪著」菩提、	㊀爾時會中五百菩薩白佛言：世尊！我等今者，「不求」菩提、「不願」菩提、「不貪著」菩提、「不喜樂」

樂」(於道)、無所「依倚」(於道)、無所「想念」(妄想雜念)、無所「想報」(於道)。 (貳)時諸(五百)菩薩承佛聖旨,(即)察虛空中,現於上方(有)「八萬四千」佛,斯諸如來悉授(五百菩薩)其「決」,當成「無上正真之道」。 (參)彼(五百)菩薩白世尊曰:至未曾有,天中之天,如來善說,快乃若茲,其(若有)於道法,無所「欣樂」、無所「依倚」、無所「建立」、無有「志願」、無「所得」者,乃為如來而見「授決」。 (肆)唯然世尊!吾(五百菩薩)等今見上方,去此(有)「八萬四千」諸佛國土,又斯諸佛授我等「決」,當成「無上正真之道」。	「不思念」菩提、「不分別」菩提。 (貳)(五百菩薩)作是語已,以佛神力,(五百菩薩)即見上方(有)「八萬四千」諸佛,授(五百菩薩)其「阿耨多羅三藐三菩提」記。 (參)爾時「五百菩薩」白佛言:未曾有也。世尊!如來所說,甚善快哉!所謂菩薩「不求、不願、不貪、不喜、不得」菩提,而(能得)諸佛(之所)「授記」。 (肆)世尊!我(五百菩薩)等今見上方「八萬四千」諸佛,諸佛皆與我等受「阿耨多羅三藐三菩提」記。	菩提、「不思念」菩提、「不分別」菩提。 (貳)(五百菩薩)作是語已,以佛神力,(五百菩薩)即見上方(有)「八萬四千」諸佛,授(五百菩薩)其「阿耨多羅三藐三菩提」記。 (參)爾時「五百菩薩」白佛言:希有世尊,如來善說,若諸菩薩「不求」菩提、「不願」菩提、「不貪著」菩提、「不喜樂」菩提、「不思念」菩提,於菩提「不分別、無分別」。如是菩薩,當知已為諸佛(之所)「授記」。 (肆)世尊!我(五百菩薩)等今見上方「八萬四千」諸佛,皆與我等授「阿耨多羅三藐三菩提」記。

四-28 惟願世尊護念是法,於當來世,後「五百歲」,廣宣流布於此閻浮提,令得久住。佛為眾生宣說「請召」諸天龍八部等呪語法門

西晉·竺法護 譯《持心梵天所問經》	後秦·鳩摩羅什 譯《思益梵天所問經》	北魏·菩提流支 譯《勝思惟梵天所問經》
《諸天歎品·第十七》	《諸天歎品·第十七》	
(壹)於是普首童真白世尊曰:唯願如來(能)建立是「法」,使於末後「五濁之世」,(能)流布(流傳散布)天下,	(壹)爾時文殊師利白佛言:惟願世尊(能)護念是法,於當來世後「五百歲」,廣宣「流布」(流傳散布於)此閻	(壹)爾時文殊師利法王之子白佛言:唯願世尊(能)護(念)是法門,於當來世閻浮提中,令(此法能)得「久住」,

在閻浮利，斯等則為被 「大德鎧」(大威德鎧甲)，(能)以 「三品事」(聽聞經法，有上、中、 下三品之別。即：上品以「神」聽聞，中 品以「心」聽聞，下品以「耳」聽聞)， 致耳聞之。	浮提，令(此法能)得「久住」， 又令(得)「大莊嚴」。	又令(得)「大莊嚴」。
(貳)若族姓子、族姓女， 設使(有)興立「魔因緣」者， (則能)不隨其教，(其)魔及官 屬(官吏下屬；官僚屬吏)，(皆)不 得其便，以能受此「經典」 (法)要者，(能獲)「不退、不 轉」(而)至於「無上正真之 道」。	(貳)(若有)善男子、善女人， 咸得聞之(此經法)，設(有)魔 事，種種(生)起，而能不隨 魔(之所障礙)，若「魔民」亦不 得便；以「受持」是經故， 終「不退失」(於)「阿耨多羅 三藐三菩提」。	(貳)(若有)善男子、善女人， 咸得聞之(此經法)，設有種 種諸魔事(生)起，而能不隨 (魔之所障礙)，亦令諸魔，若 諸「魔民」(皆)不得其便，以 其「受持」是法門故，則得 發於「阿耨多羅三藐三菩 提」心。
(參)佛告普首：善聽思念， (欲令)斯經典者，則當「久 存」，(將宣說召請)「天、龍、鬼 神、犍沓惒 」(之咒語)。	(參)爾時佛告文殊師利： 如是！如是！汝今善聽！ 欲令此經「久住」故，當為 汝說召(請)諸「天、龍、夜 叉、乾闥婆、鳩槃茶」等(之) 呪術。	(參)爾時佛告文殊師利法 王子言：如是！如是！汝 今善聽，為(令)此法門「久 住世」故，當為汝說召(請) 諸「天、龍、夜叉、乾闥婆、 鳩槃茶」等(之)呪術章句， (並令)常隨「擁護」(修咒之人)。
(肆)又有神呪，名曰「選 擇」，當分別說(此)「神呪」 句義，(若有人對此咒有)所「總 持」者，其有「法師(說法之師)、 族姓子、族姓女」，則(可)得 救護，(皆)為「天龍、鬼神、 犍沓惒 、阿須倫、迦留 羅、真陀羅、摩睺勒」之所 「救護」。	(肆)若(有)法師(說法之師)誦 持此呪，則能(召)致諸「天、 龍、夜叉、乾闥婆、阿修 羅、迦樓羅、緊那羅、摩睺 羅伽」等，常隨(擁)護之。	(肆)如是法門，若諸「法師 (說法之師)、善男子、善女 人」，(能)誦持此呪(者)，則 能(召)致彼「天、龍、夜叉、 乾闥婆、鳩槃茶、阿修羅、 迦樓羅、緊那羅、摩睺羅 伽」等，常隨擁護。
(伍)若(誦此咒之)「族姓子」， 若行(於)此「徑路」、若在「閑 居」、若處「室宇」、若住「房 舍」、(於)經行、思惟(時)、若	(伍)是(誦此咒之)「法師」，若 行(於)「道路」、若失(於)道 時、若在「聚落」、若在「空 閑」、若在「僧房」、若在「宴	(伍)是(誦此咒之)「善男子、 善女人」，若行(於)「道路」、 若失(於)道時、若在「聚落」、 若在「空閑」、若在「僧房」、

在「眾會」，(皆能)順義「澹泊」(虛澹寂泊)，(並)執持(增加此人的)「辯才」(能力)。

⑥(諸天龍八部)尋隨(其)「方便」，(能令持咒者)至於堅強(之)「力勢、超異」，(一切)「怨家、盜賊」(皆)不得其便，彼輒(輒便隨即)如是(獲得)「寂然」(寂靜凝然)，(在)「經行、坐、起、臥、寐」(時皆能獲)如斯(之安詳)。

⑦(佛曰：)普首！號曰「神呪」之句義也：
優頭黎頭頭黎　末胸　遮胸　彌離棉離棉　隸彌隸　瞬樓　瞬樓音　瞬留伊拔胸　鉀拔胸　丘丘離佉羅祇　阿那提　揭提　初往至　摩醯隸摩那夷摩嬭抱犍提　薩披樓　臆披娑揭提　新頭隸　南無佛檀遮栗提　南無曇　瞬偈　南無僧披醯多善披扇陀　薩披波披　彌多羅彌浮提壽　薩遮尼陀羅　披羅摩那波世多　黎夷波　世多　阿致禪提　薩陀浮陀　迦羅呵　南無佛陀　悉禪提慢陀鉢

室、若「經行」處、若在「眾會」，是諸(天龍八部)神等，常當隨侍衛護(此人)，(並增)益其「樂說辯才」(之能力)。

⑥(諸天龍八部)又復為作堅固「憶念、慧力」因緣，無有「怨賊」(能)得其便者，使是(誦此咒之)「法師」(能於)「行、立、坐、臥」(皆獲)一心「安詳」。

⑦(佛曰：)文殊師利！何等為「呪術章句」？
欝頭隸(一)　頭頭隸(二)　摩隸(三)　遮隸(四)　龕隸(五)　梯隸緹隸(六)　彌隸(七)　瞬樓(八)　瞬樓(九)　瞬樓(十)　埵婆隸(十一)　韋多隸(十二)　麴丘隸(十三)　阿那禰(十四)　伽帝(十五)　摩醯履(十六)　摩那徙(十七)　摩禰(十八)　婆瞬乾地薩波樓帝(十九)　羅婆婆伽帝(二十)　辛頭隸(二十一)　南無佛馱遮黎帝隸(二十二)　南無達摩涅伽陀禰(二十三)　南無僧伽和醯陀和醯陀(二十四)　毘婆扇陀禰(二十五)　薩婆波波禰龕帝隸彌浮提履(二十六)　薩遮涅提舍梵嵐摩波舍多予利師韓波舍多阿哆羅提侘(侘，勅寫反)提薩

若在「宴室」、若「經行」處、若在「眾會」，是諸(天龍八部)神等，常當隨侍，衛護是人，(並增)益其「樂說辯才」之(能)力。

⑥(諸天龍八部)又復為作堅固「憶念、慧力」因緣，無有「怨賊」(能)得其便者，(亦能)令是「法師」(於)「行、立、坐、臥」(中皆獲)一心「安詳」。

⑦(佛曰：)文殊師利！何等名為「呪術章句」：
多軼他(徒結反長音也自下不言長者悉是短音第一句)憂頭(重音自下皆同不言重者悉是輕音)隸(里債反自下皆同第二句)頭頭隸(三)摩隸(膞皆反自下皆同重言)遮(正何反)隸(四)摩衛(長音)遮隸(五)失離(重音自下皆同)彌絺(六)樗(長音)離彌離(七)侯樓侯樓侯樓(八)聖(長音)婆隸(九)韓多(長音)地(除賣反十)佉佉隸(十一)佉隸佉隸佉泥(瓮閑反自下皆同十二)阿(長音)僧泥(十三)伽提摩子麗(零制反向下皆同十四)摩(長音)那(泥大反)娑(長音)婆泥(十五)跋大(重音)捷(巨言反)大(重音十六)薩婆留帝(十七)婆囉(勞我反自下皆同)婆(長音)伽帝(十八)辛頭麗(十九)南無佛

	婆浮多伽羅呵(呵,呼奈反)南無佛馱 悉纏鬪 曼哆邏	提(重音)避邪(延加反自下皆同二十)遮(長音)離帝麗(二十一)南無達摩耶(二十二)尼(瓮界反)伽(長音而重)娑尼(長音二十三)南麼僧伽(重音)耶(二十四)娑婆系(二十五)多波(長音)閉(二十六)避喻(此二字聲相著)波㡓(長音)多(長音)尼(二十七)薩婆波波(二波長音)尼(二十八)枚(蒙大反)提離(長音)迷(默帝反二十九)薩婆浮(此音重而長)提避耶(二字聲相著三十)薩多(短音)尼離池怒(三十一)婆藍(柳紺反)吽(合口鼻中出聲)摩波菟(三十二)摩何(長音)離師避(此音重而長三十三)鉢囉賒(世何反)哆(得磨反三十四)多多囉(劣餓反)堤虱天(癡怜反)帝(三十五)薩婆伽囉(劣俄反)賀(重音三十六)南麼薩婆佛提避耶(避耶二字重音而聲相著三十七)悉纏妒(三十八)曼哆囉(劣餓反)鉢大(長音三十九)潛婆賀(婆賀二字音長四十)
說呪者吉。	眾生中慈說「聖諦」,(思益)梵天所讚歎!諸賢聖所讚歎!(若能於)此中住,(能)召一切「諸神」,南無諸佛!當成就(如)是「呪術」。	

晉・惠達《肇論疏》卷 1

大士受道以「神」。

中士受道以「心」。

下士受道以「耳」之。

以「神」聽者,通「無生」。

以「心」聽者,知「內情」。

以「耳」聽者,聞「外聲」也。

唐·道世《法苑珠林》卷54

上學以「神」聽之。

中學以「心」聽之。

下學以「耳」聽之。

明·古德《阿彌陀經疏鈔演義》卷1

聽法有三：耳聽、心聽，及於神聽。

下士「耳」聽，如風過耳。

中士「心」聽，頗能解義。

上士「神」聽，深悟實相。

今言精進「聽法」，是不以緣「心」聽法，以「神」聽也。

清·弘贊《沙彌律儀要略增註》卷2

然聽有「三品」：

以「神」聽為上。

以「心」聽為中。

以「耳」聽為下。

四－29 若有菩薩摩訶薩欲修此「咒法」者，當誦持是「咒術」章句，底下約有 18 種修持法

西晉·竺法護 譯 《持心梵天所問經》 (於公元 286 年譯出)	後秦·鳩摩羅什 譯 《思益梵天所問經》 (於公元 403 年譯出)	北魏·菩提流支 譯 《勝思惟梵天所問經》 (於公元 403 年譯出)
㊀佛語：普首童真！是為「神呪」之句，設有菩薩遵修(遵循而修)奉行斯經典(《持心經》的咒語法門)者，則(將)為已(獲)安祥，尋後(得)「將護」(將助衛護)。底下約有 18 種的修持法	㊀文殊師利！是為「呪術章句」，若(有)菩薩摩訶薩，欲行此經(《思益經》的咒語法門)者，當誦持是「呪術章句」。(底下約有 18 種的修持法)	㊀文殊師利！是呪「章句」，若(有)諸菩薩摩訶薩等，欲修行此(《勝思惟經》的咒語)勝法門者，當誦持之。(底下約有 18 種的修持法)
㊁ ❶而不卒(突然)暴(躁)，靡有「亂心」。 ❷其行「清淨」，(言行舉動皆能)	㊁ ❶應一心行，不調戲、不散亂。 ❷舉動進止，悉令「淨潔」。	㊁ ❶應一心行，不調戲、不散亂。 ❷舉動進止，悉令「淨潔」。

造「次第」(而)行。		
❸而知「止足」,(在)臥寐(皆能)「寂寞」(寂靜窈窕)。	❸不畜「餘食」,少欲知足。	❸不畜「餘食」,少欲知足。
❹樂於「澹泊」(虛澹寂泊),不習「多事」(指憒鬧諸事),身心寂淨。	❹獨處遠離,不樂「憒鬧」,身心遠離。	❹獨處遠離,不樂「憒鬧」,身心遠離。
❺樂于「慈哀」,樂於「法樂」。	❺常樂「慈悲」,以「法喜」(為)樂。	❺常以「慈悲」,以「法喜」(為)樂。
❻建立「誠諦」(真誠實諦),無所侵欺(侵害欺凌)。	❻安住「實語」,不欺誑人。	❻常住「實語」,不欺誑人。
❼存在「獨處」,精進說法。	❼貴於「坐禪」,樂欲說法。	❼貴於「坐禪」,樂欲說法。
❽思惟專精,樂于「道義」,(能)棄捐除去「非義」之念。	❽行於「正念」,常離邪念。	❽行於「正念」,常離邪念。
❾限節(限制節度)燕處(宴坐;坐禪),以為娛樂。	❾常樂「頭陀」細行之法。	❾恒欲「頭陀」。
❿則以獲致,為他人說。	❿於「得、不得」,無有「憂、喜」。	❿於「得、不得」,無有「憂、喜」。
⓫向於「法門」,現于「終始」(終死始生)。	⓫趣向「涅槃」,畏厭「生死」。	⓫趣向「涅槃」,畏厭「生死」。
⓬親友(貪愛)、怨讎(憎恨),(平)等心加之,棄眾「想念」(妄想雜念)。	⓬(平)等心(於)「憎、愛」,(能遠)離(諸)「別異」相。	⓬(平)等心(於)「憎、愛」,(能)和合(於諸)「離別」(相)。
⓭不惜「身命」,能觀眾業。	⓭不悋「身命」及一切物,無有「貪惜」。	⓭不悋「身命」及一切物,無有「貪惜」。
⓮所行具足,樂護「禁戒」。	⓮(具)威儀(威容儀態)成就,常樂「持戒」。	⓮(具)威儀(威容儀態)成就,常樂「持戒」。
⓯多修「忍力」,而無「麤言」。	⓯忍辱調柔,「惡言」能忍。	⓯忍辱調柔,「惡言」能忍。
⓰面目和悅,離於「憔悴」,無惡「顏色」。	⓰顏色和悅,無惡「姿容」。	⓰顏色和悅,常行「精進」。
		⓱(能)助成一切眾生「善事」。
⓲先人(先於他人之意前而)談言,問訊「恭恪」(恭謹恪恭),棄捐嫉(妒心)、癩(疥癩,俗謂頭癬症。此喻醜陋,表示「鄙視」他	⓲先意(先於他人之意前而)問訊,除去「憍慢」,同心歡樂。	⓲先意(先於他人之意前而)問訊,除去「憍慢」,同心「歡樂」。

人之意)，樂善「柔軟」，(一切)所遊居(皆)安(穩)。 是為普首(為)建立行者(之18種修法)。		

四－30 若有善男子，能行 18 種法而修持如是呪語者，即能於「現身」中獲得「十種大力」

西晉・竺法護 譯 《持心梵天所問經》 (於公元 286 年譯出)	後秦・鳩摩羅什 譯 《思益梵天所問經》 (於公元 403 年譯出)	北魏・菩提流支 譯 《勝思惟梵天所問經》 (於公元 403 年譯出)
壹若(有)「族姓子」，(能)諷誦斯呪，其「族姓子」，(將顯)見(見於)「法師」(說法之師)者，現(世將)獲(得)十(大)力。	壹文殊師利！此諸「法師」(說法之師)住如是(前面所說的18種)法，(並能)誦是呪術，即於現世(獲)得十種(大)力。	壹文殊師利！如是「善男子」，(能)行(前面所說的18種法而)如是(誦)呪，(且執)持「讀誦」者，文殊師利！如是「法師」即(於)現身中(獲)得十種(大)力。
貳何謂為十？ ❶已逮「心力」，(以)未曾有「忘」。 ❷(能)至於「意力」，(以)「曉了」所念。 ❸(能得)「所至力」者，(以)所入經典，無不「解達」。 ❹(能得)「堅固」之力，(以能)行在(於)「生死」。 ❺(能得)「慚愧」之力，(以)「彼、我」悉(獲)護(念)。 ❻(能得)「博聞」之力，(以)具足「智慧」。 ❼(能得)「總持」之力，(以)所聞(皆)悉「攬」(攬攝護持)。 ❽(能得)「辯才」之力，(以)佛	貳何等為十？ ❶(能)得「念力」，(以)不「忘失」故。 ❷(能)得「慧力」，(以)善「擇法」故。 ❸(能)得「行力」，(以能)隨「經意」故。 ❹(能)得「堅固力」，(以能)行(於)「生死」故。 ❺(能)得「慚愧力」，(以)護(念)「彼、我」故。 ❻(能)得「多聞力」，(以)具足「慧」故。 ❼(能)得「陀羅尼力」，(以)一切聞能(受)持故。 ❽(能)得「樂說辯力」，(以)諸	貳何等為十？ ❶一(能)得「念力」，(以)「不忘」諸法故。 ❷二(能)得「意力」，(以)方便善巧(而)擇諸法故。 ❸三(能)得「法力」，以能隨順「修多羅」意(而)善「覺了」故。 ❹四(能)得「堅固力」，以常「不捨」如實(之)修行故。 ❺五(能)得「慚愧力」，(以能)護(念)「彼、我」故。 ❻六(能)得「多聞力」，(以)具足「慧」故。 ❼七(能)得「陀羅尼力」，(以)一切所聞皆能(受)持故。 ❽八(能)得「樂說辯力」，(以)

所建立，而得擁護。 ❾（能得）「深法」之力，（以）逮得「五通」。 ❿（能得）「不起法忍力」，（以）具足「通慧」。 （參）佛語普首菩薩：若有「法師」（說法之師），（能）建立是（前面所說的18種）法，（並能）諷誦奉持，則當逮得此十種（大）力。	佛「護念」故。 ❾（能）得「深法力」，（以）具「五通」故。 ❿（能）得「無生忍力」，（以）速得具足「薩婆若」故。 （參）文殊師利！若「法師」（說法之師）能住是（前面所說的18種）行、（能再）誦持呪術，現世（能獲）得（如）是十（大）力。	諸佛「護念」故。 ❾九（能）得「深法力」，（以）具足「五通」故。 ❿十（能）得「無生法忍力」，（以）「一切智智」，速得滿足故。 （參）文殊師利！若諸「法師」（說法之師）有能誦此「陀羅尼呪」，（能）住如是（前面所說的18種）行，彼善男子即於現世（能獲）得（如）是十（大）力。

翻譯經典的「年代先後」與佛宣講的「法義內容」並沒有特別的一定關係。

但很奇怪的，眾生的「業力」與「福報」下所感召出來的「經典」就是如此。

例如佛陀最初成道，於三七日之間，以「法身」講《華嚴經》，以「肉身」講《阿含經》，所以《華嚴經》算是「很早、最先」的，但《八十華嚴經》是實叉難陀的翻譯本(於699年)卻比《阿含經》還晚，只有《六十華嚴》由佛馱跋陀羅(於421年)譯出。

《長阿含經》：(413年翻譯)
《中阿含經》：(384年翻譯)
《雜阿含經》：(435-443年翻譯)
《增一阿含經》：(384年翻譯)

《阿含經》的「結集」與「漢譯」都在先，而《華嚴經》或大乘經典的「結集」大約都在「後期」。

《涅槃經》確定是佛陀「晚年最後」宣講的，但在3~400年就翻譯出來了。所以佛陀「晚年」講的佛經，也可能「很早」就翻譯出來。

而密咒出現大量有關「福德五欲功德」的相關經典，都出現在「唐朝三大士」翻譯的佛典，就是700年以後了。

早期「阿含」時代，只有「蛇咒」確定是佛陀有宣說的咒語，但這也只是「防蟲」用，與「功德&五欲追求感應」，大致都是無關的~

<u>阿地瞿多</u>翻譯的《陀羅尼集經》(最早譯來中國的密教咒語大典)，是在 652 年以後的。裡面咒語的「功能」利益，很多就與「功德五欲」都有關了。

所以譯經的「先後」時間與佛陀講的法義「內容」本來就是無關，但因眾生「共業」感召之下，在「咒語」中有關很多「五欲功德」利益之說，例如求男得男，求女得女之類的，大約都是出現在 650~900 年「翻譯」的經典裡面。

早期眾生「福多」，所以「感召」很多「不重視五欲感應」的佛典被「翻譯」出來，純「解脫」佛典被「翻譯」出來，供應給眾生修行&解脫成佛用。

晚期眾生「福少」，就「感召」出很多「較強調五欲感應」的佛典被翻譯出來，滿足並供應給眾生追求「五欲感應」之用。

例如前面說的<u>阿地瞿多</u>所譯的《陀羅尼集經》，這是在 652 年以後的佛典，裡面咒語的功德利益，已很多與「功德五欲感應」有關。

《六祖壇經》<u>慧能</u>那個時代，已是 700 年了，但《壇經》的內容還是堅持「不談五欲感應追求」的內容。甚至宣說---迷人修福不修道，只言修福便是道，布施供養福無邊，心中三惡元來造~

所以當我們把「佛經佛咒」當作追求「五欲」的感應、相應、滿願之用，就又經常忘了要發「成佛」的「大心」，忘了要「迴向」阿耨菩提了，吾人對「咒語功德」應該要有「正知正見」的認識～

四－31 是《思益經》所在之處面積五十里，若天、天子、龍、龍子、夜叉、夜叉子、鳩槃茶、鳩槃茶子等，皆不能得其便而去侵害

西晉・竺法護 譯 《持心梵天所問經》	後秦・鳩摩羅什 譯 《思益梵天所問經》	北魏・菩提流支 譯 《勝思惟梵天所問經》
電佛說於此「神咒」力	電佛說是「咒術」力時，	電如來說是「咒術」力

業，所行(之)術時，其(有)「四天王」驚悸毛竪(喻人之容顏或毛孔皮膚竪立驚懼)，與無央數百千「鬼神」眷屬圍繞，往詣佛所，稽首佛足，白世尊曰：	(其有)「四天王」驚怖毛竪(喻人之容顏或毛孔皮膚竪立驚懼)，與無量「鬼神」眷屬圍遶，前詣佛所，頭面禮足，白佛言：	時，(其有)「四大神王」驚怖毛竪(喻人之容顏或毛孔皮膚竪立驚懼)，與無量「鬼神」眷屬圍遶，前詣佛所，頂禮佛足，白佛言：
我之「枝黨」(枝末黨羽。喻自己地位是微不足道)，則奉佛教，(已)獲通流(之道)跡(喻初果須陀洹)，又我等身，若有「眷屬」，將詣(此)「族姓子、族姓女」、(及)為「法師」(說法之師)者(去做衛護)。	世尊！我是「四天王」，(已證)得「須陀洹」道，(已)順「佛教」者，我等各當率(領)諸「親屬、營從(營護衛從)人民」，(去)衛護「法師」(說法之師)。	世尊！我是「四神王」，(已證)得「須陀洹」道，若有「法師」順(從)佛教者，我等常當率諸「親屬、營從(營護衛從)神民」，(去)護是「法師」(說法之師)。
㈡若(有)講說法、獲斯經典、奉卷受持、諷誦讀者，(我等)「四天」當往「將護」(將助衛護)使得「澹泊」(虛澹寂泊)。	㈡若「善男子、善女人」，(有)護念(此)法者，(或)能持如是等經(而)「讀誦、解說」，我等「四天王」(將)常往「衛護」。	㈡若善男子、若善女人，(有)護念(此)法者，有能受持是等法門(而)「讀誦、解說」，我等「四王」(將)常往其所，「衛護」是人。
㈢(是人)若在縣邑、郡國、州城、大邦、居家、出家，我「四天王」與其眷屬，(常)當擁護此「族姓子、女」，(並)供侍(供養侍候)奉事，令得「安隱」，(而)無危害者，亦無(能)「伺求」得其便者。	㈢是人所在之處，若城邑、聚落，若空閑、靜處，若在家、若出家，我等及「眷屬」，(皆)常當「隨侍」供給，令心「安隱」，無有厭倦，亦使一切無能嬈(亂)者。	㈢(是人)隨在何處，若城邑、聚落，若空閑、靜處，若在房中，若在家、若出家，我等「四王」及諸眷屬，常當隨侍，供給(其)所須，令心「安隱」，無有「厭倦」，亦使一切無能嬈(亂)者。
㈣若斯「經典」所可流布(流傳散布)國土處所，當令宿衛，面(積達)「四十里」。(若)諸「天、龍、神、鳩洹笭」 (《一切經音義・卷九》云：鳩垣笭➔諸經或作「鳩洹」，或作「仇桓」…此譯云「大身」。後晉・可洪撰《新集藏經音義隨函錄・卷二十三》云：「鳩洹」亦云「鳩槃茶」，亦云「矩畔拏」)，(及其)眷屬、	㈣世尊！又是經所在之處，面(積達)「五十里」(而衛護)，若「天、天子」，若「龍、龍子」，若「夜叉、夜叉子」，若「鳩槃茶、鳩槃茶子」等，(皆)不能得(其)便(而去侵害)。	㈣世尊！我等「四王」，(將)隨是「法門」所在之處(而衛護)，常令其方，面(積達)「百由旬」。若「天、天子」，若「龍、龍子」，若「夜叉、夜叉子」，若「鳩槃茶、鳩槃茶子」等，(皆)不能得(其)便(而去侵害)。

子孫，(皆)無(人能)得其便(而去侵害)。		

四−32 四大天王說偈讚歎

西晉・竺法護 譯《持心梵天所問經》	後秦・鳩摩羅什 譯《思益梵天所問經》	北魏・菩提流支 譯《勝思惟梵天所問經》
❶爾時惟樓勒叉(vi-rūḍhaka 南方毘樓勒迦天王)護怨大天王，說此頌曰：我所有眷屬，諸子及宗親，吾能順堪任，供奉此聰達(聰慧達智)。	❶爾時毘樓勒迦(vi-rūḍhaka 南方毘樓勒迦天王)護世天王即說偈言：我所有眷屬，親戚及人民，皆當共衛護，供養是法師(說法之師)。	❷爾時毘流博叉(vi-rūpākṣa 西方廣目毘樓婆叉天王)天王，而說偈言：我所有眷屬，親戚及諸民，皆當共衛護，供養是法師(說法之師)。
❷時惟樓博(vi-rūpākṣa 西方廣目毘樓婆叉天王)(無怨)大天王，則說頌曰：吾為法王子，以法而化成，供養諸佛子，奉建道意者。	❷爾時毘樓婆叉(vi-rūpākṣa 西方廣目毘樓婆叉天王)天王即說偈言：我是法王子，從法而化生，求菩提佛子，我皆當供給。	❶爾時毘流勒叉(vi-rūḍhaka 南方毘樓勒迦天王)天王，而說偈言：我是法王子，從法而化生，佛子發心人，我皆當供給。
❸提頭賴(dhṛta-rāṣṭra 東方持國天王)(堅郡)大天王，即說頌曰：則當為將護(將助衛護)，普周遍十方，其有持斯典，佛正覺所說。	❸爾時犍馱羅吒(dhṛta-rāṣṭra 東方持國天王)天王即說偈言：若有諸法師(說法之師)，能持如是經，我常當衛護，周遍於十方。	❸爾時提頭賴吒(dhṛta-rāṣṭra 東方持國天王)天王，而說偈言：若有諸法師(說法之師)，持佛修多羅，我常當衛護，周遍於十方。
❹惟沙慢(vaiśra-vaṇa 北方毘沙門天王)(息意)大天王，即說頌曰：若建立道心，供養後學者，眾生緣供養，不任報其恩。	❹爾時毘賒婆那(vaiśra-vaṇa 北方毘沙門天王)天王即說偈言：是人發道心，所應受供養，一切諸眾生，無能辦之者。	❹爾時毘沙門(vaiśra-vaṇa 北方毘沙門天王)天王，而說偈言：是人發道心，所應受供養，一切諸眾生，無能知之者。
❺於是息意(vaiśra-vaṇa 北方毘沙門天王)大天王，有太子名曰諦顏，以七寶蓋奉上	❺爾時毘賒婆那(vaiśra-vaṇa 北方毘沙門天王)天王(之)子，名曰善寶，持七寶蓋，	❺爾時毘沙門(vaiśra-vaṇa 北方毘沙門天王)天王(之)子，名曰善實，持七寶蓋

如來，尋說頌曰： 今我當受斯，如來之經典， 輒為他人說，人心之志性， 世尊知我心，曉了宿世行， 如意之所建，於世當成佛， 今奉正覺蓋，莫能觀尊顏， 願我逮如是，無見頂相者， 正覺唯來眄，人尊垂慈心， 清淨目眽察，哀眼覩衆庶， 世尊則授決，智慧度彼岸， 於是壽終後，則生兜術天， 兜術天上沒，見<u>彌勒</u>最勝， 當於二萬歲，供養佛乃生， 彼則出家已，淨修于梵行， 便於賢劫中，普見一切佛， 皆悉供養已，淨修梵行竟， 訖六十億劫，當得成正覺， 作佛名<u>寶蓋</u>，佛土號莊嚴， 淳悉諸菩薩，常當講妙法， 其命壽一劫，佛滅度之後， 愍傷衆生故，正法住半劫。	奉上如來，即說偈言： 世尊我今當，受持如是經， 亦為他人說，我有如是心。 世尊知我心，及先世所行， 從初所發意，至誠求佛道。 世尊無見頂，今奉此妙蓋， 願我得如是，無見之頂相。 我以愛敬心，瞻仰於世尊， 願成清淨眼，得見<u>彌勒</u>佛。 度智慧世尊，即時以偈答： 汝於此命終，即生<u>兜術</u>天， 從兜術下生，得見<u>彌勒</u>佛。 二萬歲供養，爾乃行出家， 既得出家已，淨修於梵行。 賢劫中諸佛，一切悉得見， 亦得供養之，於彼修梵行。 過六十億劫，汝當得成佛， 號名為<u>寶蓋</u>，國土甚嚴淨， 唯有菩薩僧，為講說妙法。 壽命盡一劫，若滅度已後， 正法住半劫，利益諸衆生。	奉上如來，而說偈言： 世尊我今當，受持是法門， 亦為他人說，我有如是心， 世尊知我心，及先世所行， 初始發道心，至誠求佛道， 世尊無見頂，今奉此妙蓋， 願我得如是，無見頂之相， 我以愛敬心，瞻仰於世尊， 願二足之尊，慈悲觀察我， 我求佛淨眼，願見<u>阿逸多</u>， 度智慧世尊，即時以偈答， 汝於此命終，即生<u>兜率</u>天， 從<u>兜率</u>下生，得見<u>彌勒</u>佛， 二萬歲供養，爾乃行出家， 既得出家已，淨修於梵行， 賢劫中諸佛，一切悉得見， 亦皆供養之，於彼修梵行， 過六十億劫，汝當得成佛， 號名為<u>寶蓋</u>，國土甚嚴淨， 惟有菩薩僧，為講說妙法， 壽命盡一劫，佛滅度已後， 正法住一劫，像法住半劫， 清淨勝妙法，安隱諸衆生。

四－33 若有能執持此法門之「說法之師」，我常衛護供養供給，我及眷屬為「聽受」此法門，故往詣其所，並增益法師，令其勢力無畏

西晉・竺法護 譯 《持心梵天所問經》	後秦・鳩摩羅什 譯 《思益梵天所問經》	北魏・菩提流支 譯 《勝思惟梵天所問經》
㊤於是釋提桓因，與無央數百千天人眷屬圍繞，白世尊曰：我當「擁護」於斯「法師」(說法之師)，(彼能)持	㊤爾時釋提桓因，與無數百千諸天圍遶，白佛言：世尊！我今亦當「衛護」能持如是之(思益)經諸「法師」	㊤爾時釋提桓因，與無數百千諸天圍遶，而白佛言：世尊！若有能持是等(勝思惟經)法門(之)彼諸「法

是(持心經)典者，(並)供養、奉事，而(能)順(從)其(心)志(所願)。	(說法之師)等，(並)供養、供給。	師」(說法之師)，我(將)常「衛護」、供養、供給。
(貳)其(有能)誦說(此持心)經，吾當故(前)往「諮受」(諮詢請教與蒙受)斯法，(我釋提桓因)當令(此)「法師」(說法之師)勢力(獲得)「強盛」，(令其於此經文)辯才(與)次第，演說(皆能)如流(暢)，使無諸「礙」而不「遺漏」。	(貳)(凡隨)是(思益)經所在之處，若(有人)「讀誦、解說」，我為「聽受」(其)法故，(便前)往詣其所；又(我釋提桓因)當增益(其)「法師」(說法之師)氣力，(使彼於此經文)法句(及)次第，(皆)令不漏失。	(貳)(凡)隨是(勝思惟經)法門所在之處，(有人)若讀、若誦、若解說者，我及眷屬以為「聽受」是法門故，(便前)往詣其所，(我釋提桓因當)增益(其)「法師」(說法之師)勢力(而獲)「無畏」，(使彼於此經文)法(義)次第(之)意，(皆)令不漏失。
(參)爾時天帝釋(有)太子，名曰翟或，(以)七寶「瓔珞」，奉進如來，(並)說此頌曰： 世尊我目覩，如來之所行， 又若已尊修，志慕求佛慧， 古世之所行，所施無所冀， 我當學斯教，布慧諸所有， 亦為受斯經，然從法王得， 數數每講說，當報導師恩， 平等以「時節」，與此經典俱	(參)爾時釋提桓因(有)子名曰𠩗婆伽，持真珠(寶)蓋，七寶莊嚴，奉上如來，即說偈言： 我常現了知，世尊之所說， 亦當如是行，求佛一切智， 世尊於前世，無物不施與， 我當隨此行，亦捨諸所有。 我今法王前，受持如是經， 當數為人說，以報如來恩， 若愛念是經，是即與我同， 我當供養之，為得菩提故。	(參)爾時釋提桓因(有)子名曰善護，持「妙寶蓋」諸寶間錯，奉上如來，而說偈言： 我常如實知，世尊前世行， 我亦如是行，求佛一切智， 世尊於往昔，無物不施與， 我當隨此行，亦捨諸所有， 我今法王子，受持是法門， 當數為人說，以報如來恩， 受是法門者，是即與我同， 我給侍彼人，為得菩提故，
供進飲食饌，奉持佛道故， 唯聲聞不任，將順斯典詁， 我當護正法，調御於來世， 唯垂見慰撫，決斷諸天疑， 吾身當久如，得成若能仁， 於時尊授決，明達諸通慧，	世尊聲聞人，不能守護法， 於後恐怖世，我當護是經。 世尊安慰我，又斷諸天疑， 我今當久如，得佛如世尊。 佛通達智慧，即時與受記：	世尊聲聞人，不能守護法， 於後恐怖世，我護是法門， 世尊安慰我，又斷諸天疑， 我今當久如，得佛如世尊， 佛通達智慧，授一切智記，
汝當得正覺，如今覩佛身， 行億千劫中，若復曁百姟， 當為世光明，號曰慧成就。	汝後當作佛，如我今無異， 過於千億劫，又復過百億， 爾乃得成佛，號曰為智王。	汝後當作佛，如我今無異， 過於千億劫，復過百億劫， 爾乃得成佛，號名為智成。

四一34 若善男子、善女人，能說是《思益經》法者。我當供養是人，是諸善男子應受一切世間天、人、阿修羅之所供養

西晉・竺法護 譯《持心梵天所問經》	後秦・鳩摩羅什 譯《思益梵天所問經》	北魏・菩提流支 譯《勝思惟梵天所問經》
❶於是梵忍天(大梵天王)，白世尊曰：唯然大聖，(我將)捨於「禪行」，則當(前)往詣(此)「族姓子、女」，而聽(此人)說(持心經)法。	❶爾時娑婆世界主「(大)梵天王」白佛言：世尊！我(將)捨「禪定」樂，往詣(此)「法師」(說法之師)，若「善男子、善女人」，能說是(思益梵天所問經)法者。	❶爾時娑婆世界主「大梵天王」白佛言：世尊！若「善男子、善女人」等，其有能說是(勝思惟經)「法門」者，我為「供養」彼「法師」(說法之師)故，(將)捨「禪定」樂，(而)往詣其(處)所。
❷若說此(持心)經，(能)多所降伏「釋、梵、諸天」(因此類眾生皆有四相強烈之執著)。	❷所以者何？從如是等經，(能)出「帝釋、梵王、諸豪尊」等。	❷何以故？是等法門，(能)出生「帝釋、大梵天王、諸豪尊」等。
❸我能堪任(去)供養、奉事斯「族姓子」(說法之師)。(又)天上、世間(之)「諸天、人民」，悉當加「敬」(此人)而「奉事」之。	❸世尊！我當「供養」是諸「善男子」(說法之師)，是諸「善男子」應受一切世間「天、人、阿修羅」之所「供養」。	❸我今常當「供養」如是諸「善男子」，如是(能)說(此)法(之)諸「善男子」，應受世間「大梵天王」、(及)一切「天人、阿修羅」等之所「供養」。
❹時梵忍天說此頌曰：其執持此經，比丘比丘尼，清信士女等，則為普濟世，若習斯典者，歎詠諸至誠，吾唯能堪任，論說於此經，敷華當重疊，上至于梵天，以為座坐上，令說斯經法，	❹爾時妙梵天王即說偈言：比丘比丘尼，諸清信士女，其能受是經，是世供養處，乃至有一人，能行是經者，我要當為之，演說如是經。敷眾妙花座，高至于梵天，於此座上坐，演說如是經。	❹爾時妙梵天王，而說偈言：比丘比丘尼，諸清信士女，受持此法門，是世供養處，乃至有一人，能行是法門，我妙梵天王，要當為之說，敷眾妙華座，高至於梵天，於此座上坐，演說是法門，
于彼磬揚聲，善哉所造說，然後於末世，若手執此經，	若於惡世中，所從聞此經，應發希有心，踊躍稱善哉。	若於惡世中，從聞是法者，應發希有心，踊躍稱善哉，

政使億國土，令滿其中火，則當往詣彼，求還聞斯典，寶積如須彌，以此寶施與，因得聞是經，嚴淨千佛土。	若無量世界，大火悉充滿，要當從中過，往聽如是經。能開佛道經，若欲得聞者，積寶如須彌，應盡供是人。	若無量世界，大火悉充滿，要當從中過，往聽是法門，若有欲得聞，開佛道法門，應如須彌寶，供養從聞者。

法師：

(1)梵語作dharma-bhāṇaka。「法師」在廣義上是指能通曉「佛法」，解行合一，又能「引導眾生修行」之「出家僧眾」或「具善知識的在家居士」。「法師」有時也譯作「說法之師、說法師、大法師」。「法師」在狹義上則專指能通曉解說「經、律、論」之「僧眾行者」。

(2)在《大般涅槃經》將「佛菩薩」及其「大弟子」等，能知「深妙」大法，又知眾生「根機之利鈍」而為之「演說法義」，故亦稱為「大法師」，總共有九種「大法師」的定義。

《大般涅槃經》卷18〈梵行品 8〉

❶以(能)「知法」故，名「大法師」。

❷以(能)「知義」故，名「大法師」。

❸以(能)「知時」故，名「大法師」。

❹以(能)「知足」故，名「大法師」。

❺以(能)「知我」故，名「大法師」。

❻(以能)知「大眾」故，名「大法師」。

❼以(能)「知眾生種種性」故，名「大法師」。

❽以(能)「知諸根利鈍中」故，名「大法師」。

❾(以能)「說中道」故，名「大法師」。

西晉・竺法護譯《正法華經》	後秦・鳩摩羅什譯《妙法蓮華經》	隋・闍那崛多、達磨笈多共譯《添品妙法蓮華經》
藥王菩薩白曰：唯然世尊，是「總持句」（皆爲）「六十二」江河沙諸佛所說。假使有「犯此呪言」者，若復「違毀」（違犯毀壞）此等「法師」（能通曉能解說《法華經》，又能引導眾生修行《法華經》者），為（衷）失諸佛世尊（之）道教……	世尊！是陀羅尼神呪，（皆爲）「六十二億」恒河沙等諸佛所說，若有「侵毀」（侵害毀壞）此「法師」（能通曉能解說《法華經》，又能引導眾生修行《法華經》者）者，則為「侵毀」是諸佛已……	世尊！是陀羅尼神呪，（皆爲）「六十二億」恒河沙等諸佛所說，若有「侵毀」（侵害毀壞）此「法師」（能通曉能解說《法華經》，又能引導眾生修行《法華經》者）者，則為「侵毀」是諸佛已……
時有一魅……異口同音，前白佛言：我等，世尊！常當擁護如是「比像」（比擬象徵）諸「法師」（能通曉能解說《法華經》，又能引導眾生修行《法華經》者）等，加施「吉祥」，令無「伺求」（鬼常「伺察」求害於人）得「法師」短（缺失；短處）。	爾時有羅剎女等……同聲白佛言：世尊！我等亦欲擁護「讀誦、受持《法華經》者，除其「衰患」（衰惱憂患），若有伺求（鬼常「伺察」求害於人）「法師」（能通曉能解說《法華經》，又能引導眾生修行《法華經》者）短（缺失；短處）者，令不得便。	爾時有羅剎女等……同聲白佛言：世尊！我等亦欲擁護「讀誦、受持《法華經》者，除其「衰患」（衰惱憂患），若有伺求（鬼常「伺察」求害於人）「法師」（能通曉能解說《法華經》，又能引導眾生修行《法華經》者）短（缺失；短處）者，令不得便。

一位修行菩薩道者，若能成就「十種法」，便能成為「說法之師」（含僧眾與在家）。「法師十德」的佛學名相應該「整理」自《華嚴經・明法品》的內容

《佛說寶雨經》卷6

復次，善男子！菩薩（若能）成就「十種法」，（便）能（成）為「說法之師」（含僧眾與在家）。何等為十？

一者、為「積集」佛法，故能演說法（義），然「佛法」（實）不可得，（其）「積集」亦不可得。

二者、為「積集」諸「波羅蜜多」，故（能）演說法（義），（然）「波羅蜜多」（實）不可得，（其）「積集」亦不可得。

三者、為「積集」（諸）「菩提」，故演說法（義），然「菩提」（實）不可得，（其）「積集」亦不可

得。

四者、為「斷煩惱」，故演說法，然「煩惱」(實)不可得，「斷」(煩惱)亦不可得。

五者、為「厭貪、離貪、滅貪」，故演說法，然「厭、離、滅」及「貪」，(皆)俱不可得。

六者、為得「預流、一來、不還向」果，故演說法，然「預流、一來、不還向」果，(皆)俱不可得。

七者、為得阿羅漢「向、果」，故演說法，然阿羅漢「向、果」，(皆)俱不可得。

八者、為得緣覺「向」、緣覺「果」，故演說法，然緣覺「向、果」，(皆)俱不可得。

九者、為永斷「執著我」，故演說法，然「我」與「執著」，(皆)俱不可得。

十者、為顯示「業(力)」及「異熟(果)」，故演說法，而「業(力)」及「異熟(果)」，(皆)俱不可得……

(於諸法之)「勝義諦」中無有「名字」，但(皆)是虛妄「施設」，(及)「假立」作其「名字」，(為)誘引「愚夫」故作是說。

善男子！菩薩(若能)成就此「十種法」故，(便)能(成)為「說法師」(含僧眾與在家)。

《大方廣佛華嚴經》卷 21〈金剛幢菩薩十迴向品 21〉：

復次，菩薩摩訶薩「善根」，如是「迴向」：以此「法施」所攝「善根」，

(1)令一切眾生(皆)成「大法師」(含僧眾與在家)，(能)住一切佛無量「自在」。

(2)令一切眾生(皆)作「無上法師」，(能)安立眾生，於「一切智」。

(3)令一切眾生(皆)成「無壞法師」，一切問難，無能窮盡。

(4)令一切眾生(皆)作「無礙法師」，(能)具足諸法，無礙照明。

(5)令一切眾生(皆)作「智藏法師」，(能以)「巧方便」說一切佛法。

(6)令一切眾生(皆)成就「如來自在法師」，能善巧說諸「如來智」。

(7)令一切眾生(皆)作「淨眼法師」，(能)廣說「實法」，不由他教。

(8)令一切眾生(皆)作「正持佛法法師」，(能)具足說法，不失「一味」。

(9)令一切眾生(皆)作「離相法師」，(能)以諸妙相而自莊嚴，放無量光廣說諸法。

(10)令一切眾生(皆)作「大身法師」，(能以)一身充滿無數佛剎，興大法雲，普雨佛法。

(11)令一切眾生(皆)作「不失佛法大海法師」，一切世間，無(有)能壞者。

(12)令一切眾生(皆)作「具足圓滿日光法師」，(能)放佛慧光，悉能顯照一切諸法。

(13)令一切眾生(皆)作「隨順問答法師」，(能以)善巧方便，廣說諸法。

(14)令一切眾生(皆)作「究竟眾行到彼岸法師」，(能以)善巧方便，開無量法藏。

(15)令一切眾生(皆)作「建立正法法師」，(能)分別演說「如來道智」。

(16)令一切眾生(皆)作「了達諸法法師」，(能)讚歎功德，不可窮盡。

(17)令一切眾生(皆)作「不虛誑法師」，(能)入深真妙，諸方便際。

(18)令一切眾生(皆)作「善覺魔事法師」，悉能壞散一切「諸魔」。

(19)令一切眾生(皆)作「諸佛攝護法師」，未曾暫起「我、我所」心。

(20)令一切眾生(皆)作「安隱正法法師」，悉得菩薩「一切願力」。

菩薩摩訶薩以此善根，如是迴向。

「法師十德」出自：

唐・澄觀大師《大方廣佛華嚴經疏》卷 43〈十地品 26〉

慈氏《論說》具「十德」者名「大法師」(指一位「說法之師」需具備十種修德，方名爲「大法師」)，攝義具足。一, 善知法義。二, 能廣宣說。三, 處眾無畏。四, 無斷辯才。五, 巧方便說。六, 法隨法行。七, 威儀具足。八, 勇猛精進。九, 身心無倦。十, 成就忍力。

但在《瑜伽師地論》中卻找不到「法師十德」的相關資料。

而明・一如《大明三藏法數・卷 31》又說：《華嚴經・十地品》中「第九善慧地菩薩修行」一切功德行，願作「大法師」……「十德」名為「法師」。

《大明三藏法數(第 14 卷-第 35 卷)》卷 31

【一善知法義】善知法義者，謂菩薩「無礙之智」，善知一切諸法句義「差別」也。

【二能廣宣說】能廣宣說者，謂菩薩能以「智慧」，廣為眾生宣揚如來「微妙」之法也。

【三處眾無畏】處眾無畏者，謂菩薩處「大眾會」，善說「法要」，隨他問難，悉能酬答，而「無所畏」也。

【四無斷辯才】無斷辯才者，謂菩薩「辯才無礙」，說一切法，經無量劫，相續不斷也。

【五巧方便說】巧方便說者，謂菩薩「善巧方便」，隨順「機宜」，說大說小，一切法門令他「通解」也。

【六法隨法行】法隨法行者，謂菩薩說法，令一切眾生「如說而行」，隨順「無違」，修諸「勝行」也。

【七威儀具足】威儀具足者，謂菩薩於「行、住、坐、臥」四威儀中，有「威」可畏，有「儀」可則，無有「缺犯」也。

【八勇猛精進】勇猛精進者，謂菩薩發「勇猛心」，精進修習一切善法，化導眾生，無有「退轉」也。

【九身心無倦】身心無倦者，謂菩薩整肅「身心」，修諸勝行，常起「慈心」，攝化眾生，無有「懈倦」也。

【十成就忍力】成就忍力者，謂菩薩修習一切諸「忍辱行」，成就「無生法忍」之力也。

但在《華嚴經・十地品》中的「第九善慧地」內容也找不到「法師十德」的相關資料；其實應該是來自八十《華嚴經》的「明法品」內容，而被「整理」成為「法師十德」。如下「粉紅色顯目的內容」應該就是「法師十德」的名相來源。

《大方廣佛華嚴經》卷18〈明法品 18〉

佛子！菩薩摩訶薩勤修此法，次第成就諸菩薩行，乃至得與諸佛「平等」。(能)於無邊世界中為「大法師」(含僧眾與在家)，(能)護持正法；(能為)一切諸佛之所護念，(能)守護受持廣大「法藏」；(能)獲無礙辯，深入法門。

(1)[五,巧方便說]於無邊世界大眾之中，隨(眾生種)類不同，普現其身，色相具足，最勝無比，(能)以「無礙辯巧」說深法。

(2)[二,能廣宣說]其音「圓滿」，「善巧」分布故，能令「聞者」入於「無盡智慧之門」。

(3)[六,法隨法行]知諸眾生「心行」(之)煩惱，而為說法，(其)所出言音，(能)具足「清淨」故，(能以)一音(而)演暢，能令一切皆生「歡喜」。

(4)[七,威儀具足]其身「端正」，(具)有「大威力」故，處於眾會(時)，無(有)能(越)過者。

(5)(能)善知「眾心」故，能普「現身」。

(6)(能)善巧「說法」故，「音聲」無礙。

(7)(已)得「心自在」故，(能)「巧說」大法，無能「沮壞」。

(8)[五,處眾無畏]得「無所畏」故，心無「怯弱」。

(9)[一,善知法義]於「法」(已得)自在故，無能(越)過者。

(10)於「智」(已得)自在故，無能勝(過)者。

(11)(於)「般若波羅蜜」(已得)自在故，所說「法相」，不相違背。

(12)[四,無斷辯才]辯才自在故，(能)隨樂說法，相續「不斷」。

(13)(已得)「陀羅尼」自在故，(能)決定開示「諸法實相」。

(14)(已得)「辯才自在」故，(能)隨所演說，能開種種「譬諭」之門。

(15)[八,勇猛精進。九,身心無倦]大悲自在故，勤誨眾生，心無懈息。

(16)(已得)「大慈自在」故，放「光明」網，悅可「眾心」。

菩薩如是處於「高廣師子」之座，(而能)演說「大法」……一切菩薩(之)「大願智」，能作「大法師」(含僧眾與在家)，(能)開闡諸佛「正法藏」及「護持」故。

《佛說轉女身經》卷1

復次，女人成就五法，得離「女身」，速成「男子」。何謂為五？

一、樂求「善法」。

二、尊重「正法」。

三、以「正法」而自娛樂(將聽聞「正法」當作是一種「法喜」之娛樂)。

四、於_(能)「説法者」_(出家或在家)，敬如「師長」。

五、如說修行_(聽法後，需「解行」合一的去修「行門」)，_(並)以此_(解行合一的修行)善根，_(發)願離「女身」，速_(轉)成「男子」，迴向_(成佛之)「菩提」。

是名為五。

《大方廣佛華嚴經》卷24〈十地品 22〉

(1)復作是念：一切「佛法」，以何為本？_(皆以)不離「聞法」_(聽聞正法)為本。

(2)菩薩如是知已，_(於)一切_(的)「求法」，_(應)轉加「精勤」，日夜_(皆需)「聽受」_(正法)，無有「厭足」_(心)，「喜」法、「愛」法、「依」法、「順」法……

(3)菩薩如是方便「求法」，所有「珍寶」，_(應)無所「遺惜」_(因珍寶遺漏而生各惜心)，於此_(珍寶)物中，不生「難_(遭)想」，但於「說法者」，_(應)生「難遭_(遇)想」。

(4)為「求法」故，於「內、外」_(之)物，無不能「捨」。例如「國土、人民、摩尼七寶、象馬、輦輿、眾寶、瓔珞、嚴身之具」……_(應)無所「愛惜」_(珍愛各惜)。

(5)又為「求法」故，於「說法者」_(出家或在家)，_(應)盡心恭敬，_(應)供養給侍，_(應)破除_(自己的)「憍慢、我慢、大慢」。_(面對)諸惡_(及種種)苦惱，_(應)悉能「忍受」，_(只要能獲得)深_(心的)「求法」故。

(6)若_(能)得「一句」未曾聞_(之)法，_(將)勝得「三千大千世界」_(中)「滿中珍寶」_(那樣的不可思議)；_(若能)得聞「一偈」_(之正法)，_(亦將)勝_(過獲)得「轉輪聖王、釋提桓因、梵天王處」無量劫_(之)住_(壽)。

《正法念處經》卷61〈觀天品 6〉

(1)若人_(能)供養_(能)說法_(之)法師，當知是人即為供養「現在世尊」。其人如是隨所供養，所願成就，乃至得「阿耨多羅三藐三菩提」，以能供養_(能)「說法」_(之)師故。何以故？

(2)以_(眾生能)「聞法」故，心_(即可)得「調伏」；以_(心能獲得)「調伏」故，_(便)能斷「無知」_(的)流轉_(生死流轉)之闇。

(3)若_(遠)離「聞法」，_(則)無有「一法」能_(讓你獲得)「調伏心」。

(4)如_(能聽)聞「說法」，有四種「恩」，甚為難報。何等為四？

一者：母。二者：父。三者：如來。四者：_(能)「說法」_(之)法師。

(5)若有供養此四種人_(母、父、如來、能說法之師)，_(則)得「無量福」，現在為人之所「讚歎」，於未來世能得「菩提」。何以故？……

(6)以「聞法」_(聽聞佛法之)力，_(能)令迷_(失)「因果」者，_(獲)得「正信」故。以「聞法」力，_(能)令「邪見」者，入「正見」故。以「聞法」力，_(能)令樂「殺生、偷盜、邪婬業」者，得「遠離」故。_(並)以此「說法」，_(能獲得)「調伏」因緣，終得「涅槃」。

(7)以此因緣，_(能)「說法」_(之)法師，甚為「難報」。

(8)父母之恩，難可得報(達)，以「生身」(父母爲生我身者)故，是故父母(恩)不可得報(盡)。若(能)令父母住於「法(義)」中，(只)名(爲)「少報恩」(少少的報恩而已)。

(9)「如來」、應、等正覺，(爲)「三界」最勝，(能)度(衆生)脫(離)生死。(如來爲)無上「大師」，(故)此(如來之)恩(最)難報。唯有「一法」能「報佛恩」，若於「佛法」(能)「深心」(深信不疑之心)，(則可)得「不壞信」，是名(眞實之)「報(如來)恩」。

唯有一法能「報佛恩」，若於佛法(能)深心(深信不疑之心)，(則可)得不壞信，是名(眞實之)報(如來)恩。

所以，吾人應該對「西方淨土」，求「西方作佛」的心要「深心不疑」才能「眞實」的報佛恩啊~

《思益梵天所問經・卷四》

(1)爾時娑婆世界主「(大)梵天王」白佛言：世尊！我(將)捨「禪定」樂，往詣(此)「法師」(說法之師)，若「善男子、善女人」，能說是(思益梵天所問經)法者。所以者何？從如是等經，(能)出「帝釋、梵王、諸豪尊」等。

(2)世尊！我當「供養」是諸「善男子」(說法之師)，是諸「善男子」應受一切世間「天、人、阿修羅」之所「供養」。

四－35 世尊告文殊師利：如來能護念是《思益經》，能利益諸「說法之師」。是經在閻浮提處，隨其歲數多久，則佛法即不滅

西晉・竺法護 譯《持心梵天所問經》	後秦・鳩摩羅什 譯《思益梵天所問經》	北魏・菩提流支 譯《勝思惟梵天所問經》
《囑累品・第十八》	《囑累品・第十八》	
壹爾時世尊，則如其像而出(佛)頂(之)光，便現「神足」(神通具足)，感(勸)「魔波旬」，與諸「兵衆」，往詣佛所，白世尊曰：	壹爾時世尊現神通力，令「魔波旬」，及其「軍衆」來詣佛所，作是言：世尊！我與「眷屬」，今於佛前，立此誓願：	壹時世尊現神通力，令「魔波旬」及其「軍衆」，來詣佛所，作如是言：世尊！我與「眷屬」，今於佛前，立此誓願：
吾與「眷屬」，於如來前，而自約誓，若斯(持心)「經典」所流布(流傳散布)處，(例如)諸郡「國土」，而有「法師」(說	是(思益)經所流布(流傳散布)處，若「說法」者，及「聽法」者，幷彼「國土」，(皆)不(生)起「魔事」，(吾魔波旬 等眾)亦當	隨是(勝思惟經)「法門」所流布(流傳散布)處，若「說法」者，及「聽法」者，幷彼「國土」，(皆)不(生)起「魔事」，(吾魔波

西晉・竺法護 譯《持心梵天所問經》	後秦・鳩摩羅什 譯《思益梵天所問經》	北魏・菩提流支 譯《勝思惟梵天所問經》
法之師），（願意）敷陳（敷演陳敘）經典，（並）宣（闡）于法會，又吾「身誓」（立身發誓），益當「加護」（加持護祐宣講《持心經》的說法之師），令得「暢達」（順暢通達），不興危害（危厄災害）。	「擁護」是（思益）經！	句等眾）亦當「擁護」如是（勝思惟經）法門。
㉂於是世尊（以）「紫金色」光，普照佛土，告普首曰： 如來以為「建立」斯（思益）典，并及「將護」（將助衛護）持（持心）經法者，加以法恩，（令）流布（流傳散布）天下（之）「閻浮利」域（境），至（年歲之終）竟，（令）正法不為毀滅。	㉂爾時世尊放「金色光」，照此世界，告文殊師利言： 如來今「護念」是（思益）經，利益諸「法師」（說法之師）故。是經在「閻浮提」（之任何處），（將）隨其歲數（年歲之數），（令）佛法不滅。	㉂爾時世尊放「金色光」，照此世界，告文殊師利法王子言： 文殊師利！我今「住持」如是（勝思惟經）法門，以為「利益」諸「法師」（說法之師）故，隨是（勝思惟經）法門在「閻浮提」（之任何處），（將隨其）歲數（之）久近，（令）佛法不滅。
㉂于時眾會普持「雜華」，（及）一切「名香」，（各）散「如來」上，各歎斯言： 當令此（持心經）法而得「久住」，於「閻浮利」，（能）常令「弘普」（弘傳普化），靡不「周接」（周遍接續的流傳下去）。	㉂爾時會中眾生，以「一切花、一切香、一切末香」而散「佛」上，作是言： 世尊！願使是（思益）經，（能）久住「閻浮提」，（並）廣宣流布（流傳散布）。	㉂爾時會中諸眾生等，以「一切華」，以「一切香、一切末香」，而散「佛」上，作如是言： 世尊！願是（勝思惟經）法門，行「閻浮提」，（能）久住於世，廣宣流布（流傳散布）。

四－36 若人供養是《思益經》，恭敬、尊重、讚歎，其福為勝。是人「現世」將得 11 種功德之藏

西晉・竺法護 譯《持心梵天所問經》	後秦・鳩摩羅什 譯《思益梵天所問經》	北魏・菩提流支 譯《勝思惟梵天所問經》
㉂爾時世尊告賢者阿難曰：當受斯（持心）經！	㉂於是佛告阿難：汝「受持」是（思益）經不？	㉂於是世尊告阿難言：汝今受持如是（勝思惟經）法門！

應曰：唯願奉持！	阿難言：唯然受持！	阿難白言：唯然受持！
㈡佛告阿難：斯(持心)經悉顯(揚)至于「天上」，(執)用、受持故，(汝)當為眾會而分別(廣)說。	㈡阿難！我今以是(思益)經，囑累於汝，(令汝)受持、讀誦、(並)為人廣說。	㈡佛言：阿難！我今當以如是(勝思惟經)法門「囑累」於汝，受持、讀誦、(並)廣為人說。
㈢賢者阿難白世尊曰：其有受持斯(持心)經典者，若諷誦、讀、(並)為他人(解)說，其「福」如何？	㈢阿難白佛言：世尊！若(有)人受持是(思益)經，「讀誦、解說」，(能)得幾所「功德」？	㈢爾時阿難即白佛言：世尊！若(有)人受持如是(勝思惟經)法門，「書寫、讀誦」，(並)為人解說，彼人為得幾許「功德」？
㈣世尊告曰：假使以「七寶」，普用週遍，滿於虛空中(而)以「布施」者，當知其有案(照)如(此)「文句」，(並)說此(持心)經典，(此功德)則(等同)為(去)供養「如來」至真，及(等同)與(供養)「聖眾」一切(所獲得的)「施安」(布施令得安樂安隱)。	㈣佛告阿難：隨是(思益)經所有「文字、章句」之數，(若有人)盡(形)壽以一切「樂具」，(去)供養爾所「諸佛」及「僧」。	㈣(佛)言：阿難！隨是(勝思惟經)「法門」所有「文字、章句」之數，若人盡(形)壽，以一切種(種)「勝妙樂具」，(去)供養爾許(如爾之許；如此)「諸佛」及「僧」。
㈤若復有人受此(持心)經典，書著、竹帛、執持、供養(其福將更殊勝)。	㈤若人乃至(只)「供養」是(思益)經卷，恭敬、尊重、讚歎，其福(較)為(更殊)勝。 (此指供養、恭敬、尊重、讚歎《思益經》的功德，將比有人盡形壽以一切莊嚴妙樂去供養諸佛及僧的功德還要「更為殊勝」)	㈤若復有人，乃至(只)「供養」是(勝思惟經)法門，恭敬、尊重，而「讚歎」之，其福(較)為(更殊)勝。
㈥其人「現在」(世將)獲得「十藏」(細數應該有十一種功德藏)。	㈥是人「現世」(將獲)得「十一功德之藏」。	㈥是人「現」(世將獲)得「十一功德之藏」。
㈦何謂為十？ ❶(能)見「佛之藏」，逮得「天	㈦何等為十一？ ❶(能)見「佛藏」，(可)得「天	㈦何等為十一？ ❶一(能)見「佛藏」，(可)得「天

西晉・竺法護 譯	後秦・鳩摩羅什 譯	北魏・菩提流支 譯
眼」。	眼」故。	眼」故。
❷(能)聞「法之藏」，(可)獲致「天耳」。	❷(能)聽「法藏」，(可)得「天耳」故。	❷二(能)聽「法藏」，(可)得「天耳」故。
❸(能見)「聖衆之藏」，(可)得不退轉「菩薩賢聖」。	❸(能)見「僧藏」，(可)得不退轉「菩薩僧」故。	❸三(能)見「僧藏」，(可)得不退轉「菩薩僧」故。
❹(能獲)「無盡寶藏」，(能)逮致「寶掌」。	❹(能獲)「無盡財藏」，(可)得「寶手」故。	❹四(能獲)「無盡財藏」，以得「寶手」故。
❺(能獲)「像色之藏」，則得「具相」。	❺(能獲)「色身藏」，具「三十二相」故。	❺五(能獲)「色身藏」，以得具足「三十二相」故。
❻(能獲)「眷屬之藏」，(能獲)營從(營護衛從)不散。	❻(能獲)「眷屬藏」，(可)得「不可壞」眷屬故。	❻六(能獲)「眷屬藏」，(可)得「不可壞」諸眷屬故。
❼(能獲)「無間寶藏」，(能)逮得「總持」。	❼(能獲)「所未聞法藏」，(可)得「陀羅尼」故。	❼七(能獲)「聞所未聞諸法之藏」，以得「諸(總)持陀羅尼」故。
❽(能獲)「志念之藏」，(能)逮得「辯才」。	❽(能獲)「憶念藏」，(能)得「樂說辯」故。	❽八(能獲)「憶念藏」，以得「樂說無礙辯」故。
❾(能獲)「無畏之藏」，(能)攝諸「異學」。	❾(能獲)「無所畏藏」，(能)破壞一切「外道論」故。	❾九(能獲)「無畏藏」，(能)破壞一切「外道論」故。
❿(能獲)「功德之藏」，(令)衆生(獲得種種)「稟仰」(稟受與歸仰)。	❿(能獲)「福德藏」，(能)利益衆生故。	❿十(獲)「福德藏」，(能)利益一切諸衆生故。
⓫(能獲)「聖慧之藏」，(能)普獲一切「諸佛之法」。	⓫(能獲)「智慧藏」，(可)得一切「佛法」故。	⓫十一(獲)「智慧藏」，以得一切諸「佛法」故。
㊈佛說此(持心)經時，(有)七十二姟「天」逮得「法忍」，(有)無量衆人，悉起「道意」，(有)不可限(量)人，(獲)「漏盡」意解。	㊈佛說是(思益)經時，(有)七十二「那由他」衆生得「無生法忍」，(有)無量衆生發「阿耨多羅三藐三菩提心」，(有)無數衆生不受(繫縛於)諸法(而獲)「漏盡」，心得解脫。	㊈佛說如是(勝思惟)修多羅時，(有)七十二「那由他」菩薩得「無生法忍」，(有)無量衆生發「阿耨多羅三藐三菩提心」，(有)無數衆生不受(繫縛於)諸法(而獲)「漏盡」，心得解脫。

四—37 此經尚有四個名稱，名為《攝一切法》、《莊嚴諸佛法》、《思益梵天所問》、《文殊師利論議》

《持心梵天所問經》	《思益梵天所問經》	《勝思惟梵天所問經》
㊀賢者阿難白世尊曰：何名斯(持心)經？云何奉持？	㊀爾時阿難即從坐起，偏袒右肩，頭面禮佛足，白佛言：世尊！當何名此(思益)經？云何奉持？	㊀爾時慧命阿難即從坐起，整服右肩，頂禮佛足，白言：世尊，當以何名名此(勝思惟經)法門？云何奉持？
㊁佛告阿難：是(持心)經(亦)名：《等御(平等攝御；正等總御；齊等統御)諸法》。當奉持之！又名：《莊嚴佛法》。 復名：《持心梵天所問》。 (復名)《普首(文殊菩薩)所暢》，當堅奉持！	㊁佛告阿難：此(思益)經名為：《攝一切法》。 亦名《莊嚴諸佛法》。 又名《思益梵天所問》。 又名《文殊師利論議》。當奉持之。	㊁佛言：阿難！此(勝思惟經)法門者，名為：《平等攝一切法》，如是受持！名為《莊嚴一切佛法》，如是受持！名《勝思惟梵天所問》，如是受持！名為《文殊師利論義》，如是受持！
㊂佛說如是(持心經)，(時)普首(文殊菩薩)童真、持心梵天、普行族姓子、賢者大迦葉、賢者阿難，諸「天、人民、阿須倫」，聞佛所說，莫不歡喜。	㊂佛說是(思益)經已，(時)文殊師利法王子、及思益梵天、等行菩薩、長老摩訶迦葉、慧命阿難，及「諸天眾、一切世人」，受持佛語，皆大歡喜。	㊂佛說是(勝思惟經)法門已，(時)文殊師利法王之子、勝思惟梵天、平等行善男子、網明菩薩、長老摩訶迦葉、慧命阿難，及十方世界諸來「菩薩」，「天龍、夜叉、乾闥婆王、阿修羅」等，受持佛語，皆大歡喜。

西晉·竺法護 譯 《持心梵天所問經》	後秦·鳩摩羅什 譯 《思益梵天所問經》	北魏·菩提流支 譯 《勝思惟梵天所問經》
優頭犁　頭頭犁　末知遮啒　彌離　掃離　掃隸彌隸睞樓(短音)　睞樓(長音)　睞留(氏音)　呷拔啒　鉀拔啒　丘丘離		

佉羅祇　阿那提（無有實）揭提（初往至）　摩醯（無心）　摩奈夷（意所念）摩嬭（有意）　袍揵提（多香）　薩披提（一切音）臘披婆渴提（離於響）　新頭隸（為師子）　南無佛檀（稽首佛）　遮粟提（所行）南無曇（稽首法）　瞫偈（害除）　南無僧（稽首聖眾）　披醯多（順御）　菩波扇陀（寂然）　薩披披（彼去諸惡）　彌多羅彌浮提儔（修實慈）　薩遮尼陀耶（諦示現）　披羅摩那（淨志）　波世多（教化）利夷（神仙）　波世多（開導）　阿致單提（無現在）薩陀浮陀伽羅呵（將攝諸魅）　南無佛陀悉蟬提曼陀鉢（稽首）		

果濱其餘著作一覽表

一、《大佛頂首楞嚴王神咒‧分類整理》(國語)。1996 年 8 月。大乘精舍印經會發行。書籍編號 C-202。字數：5243

二、《雞蛋葷素說》(同《修行先從不吃蛋做起》一書)。1998 年，與 2001 年 3 月。大乘精舍印經會發行。➡ISBN：957-8389-12-4。字數：9892

三、《生死關全集》。1998 年。和裕出版社發行。➡ISBN：957-8921-51-9。字數：110877

四、《楞嚴經聖賢錄》(上冊)。2007 年 8 月。萬卷樓圖書股份有限公司發行。➡ISBN：978-957-739-601-3。《楞嚴經聖賢錄》(下冊)。2012 年 8 月。萬卷樓圖書股份有限公司發行。➡ISBN：978-957-739-765-2。字數：262685

五、《《楞嚴經》傳譯及其真偽辯證之研究》。2009 年 8 月。萬卷樓圖書股份有限公司發行。➡ISBN：978-957-739-659-4。字數：352094

六、《果濱學術論文集(一)》。2010 年 9 月。萬卷樓圖書股份有限公司發行。➡ISBN：978-957-739-688-4。字數：136280

七、《淨土聖賢錄‧五編(合訂本)》。2011 年 7 月。萬卷樓圖書股份有限公司發行。➡ISBN：978-957-739-714-0。字數：187172

八、《穢跡金剛法全集(增訂本)》。2012 年 8 月。萬卷樓圖書股份有限公司發行。➡ISBN：978-957-739-766-9。字數：139706

九、《漢譯《法華經》三種譯本比對暨研究(全彩本)》。2013 年 9 月初版。萬卷樓圖書股份有限公司發行。➡ISBN：978-957-739-816-1。字數：525234

十、《漢傳佛典「中陰身」之研究》。2014 年 2 月初版。萬卷樓圖書股份有限公司發行。➡ISBN：978-957-739-851-2。字數：119078

十一、《《華嚴經》與哲學科學會通之研究》。2014 年 2 月初版。萬卷樓圖書股份有限公司發行。➡ISBN：978-957-739-852-9。字數：151878

十二、《《楞嚴經》大勢至菩薩「念佛圓通章」釋疑之研究》。2014 年 2 月初版。萬卷樓圖書股份有限公司發行。➡ISBN：978-957-739-857-4。字數：111287

十三、《唐密三大咒‧梵語發音羅馬拼音課誦版》(附贈電腦教學 DVD)。2015 年 3 月。萬卷樓圖書股份有限公司發行。➡ISBN：978-957-739-925-0。【260 x 135 mm】規格(活頁裝) 字數：37423

十四、《袖珍型《房山石經》版梵音「楞嚴咒」暨《金剛經》課誦》。2015 年 4 月。萬卷樓圖書股份有限公司發行。➡ISBN：978-957-739-934-2。【140 x 100 mm】規格(活頁裝) 字數：17039

十五、《袖珍型《房山石經》版梵音「千句大悲咒」暨「大隨求咒」課誦》。2015 年 4 月。萬卷樓圖書股份有限公司發行。➡ISBN：978-957-739-938-0。【140 x 100 mm】規格(活頁裝) 字數：11635

十六、《《楞嚴經》原文暨白話語譯之研究(全彩版)》(不分售)。2016 年 6 月。萬卷樓圖書股份有限公司發行。➔ISBN：978-986-478-008-2。字數：620681

十七、《《楞嚴經》圖表暨註解之研究(全彩版)》(不分售)。2016 年 6 月。萬卷樓圖書股份有限公司發行。➔ISBN：978-986-478-009-9。字數：412988

十八、《《楞嚴經》白話語譯詳解(無經文版)-附:從《楞嚴經》中探討世界相續的科學觀》。2016 年 6 月。萬卷樓圖書股份有限公司發行。➔ISBN：978-986-478-007-5。字數：445135

十九、《《楞嚴經》五十陰魔原文暨白話語譯之研究-附:《楞嚴經》想陰十魔之研究》。2016 年 6 月。萬卷樓圖書股份有限公司發行。➔ISBN：978-986-478-010-5。字數：183377

二十、《《持世經》二種譯本比對暨研究(全彩版)》。2016 年 6 月。萬卷樓圖書股份有限公司發行。➔ISBN：978-986-478-006-8。字數：127438

二十一、《袖珍型《佛說無常經》課誦本暨「臨終開示」(全彩版)》。2017 年 8 月。萬卷樓圖書股份有限公司發行。➔ISBN：978-986-478-111-9。【140 x 100 mm】規格(活頁裝) 字數：16645

二十二、《漢譯《維摩詰經》四種譯本比對暨研究(全彩版)》。2018 年 1 月。萬卷樓圖書股份有限公司發行。➔ISBN：978-986-478-129-4。字數：553027

二十三、《敦博本與宗寶本《六祖壇經》比對暨研究(全彩版)》。2018 年 1 月。萬卷樓圖書股份有限公司發行。➔ISBN：978-986-478-130-0。字數：366536

二十四、《果濱學術論文集(二)》。2018 年 1 月。萬卷樓圖書股份有限公司發行。➔ISBN：978-986-478-131-7。字數：121231

二十五、《從佛典中探討超薦亡靈與魂魄之研究》。2018 年 1 月。萬卷樓圖書股份有限公司發行。➔ISBN：978-986-478-132-4。字數：161623

二十六、《欽因老和上年譜略傳》(結緣版，無販售)。2018 年 3 月。新北樹林區福慧寺發行。字數：9604

二十七、《《悲華經》兩種譯本比對暨研究(全彩版)》。2019 年 9 月。萬卷樓圖書股份有限公司發行。➔ISBN：978-986-478-310-6。字數：475493

二十八、《《悲華經》釋迦佛五百大願解析(全彩版)》。2019 年 9 月。萬卷樓圖書股份有限公司發行。➔ISBN：978-986-478-311-3。字數：83434

二十九、《《往生論註》與佛經論典之研究(全彩版)》。2019 年 9 月。萬卷樓圖書股份有限公司發行。➔ISBN：978-986-478-313-7。字數：300034

三十、《思益梵天所問經》三種譯本比對暨研究(全彩版)》。2020 年 2 月。萬卷樓圖書股份有限公司發行。➔ISBN：978-986-478-344-1。字數：368097

*三十本書，總字數為 6422856，即 642 萬 2856 字

※大乘精舍印經會。地址：台北市漢口街一段 132 號 6 樓。電話：(02)23145010、

23118580

✠和裕出版社。地址：台南市海佃路二段 636 巷 5 號。電話：(06)2454023

✠萬卷樓圖書股份有限公司。地址：臺北市羅斯福路二段 41 號 6 樓之 3。電話：
(02)23216565．23952992

果濱佛學專長

一、佛典生命科學。二、佛典臨終與中陰學。三、梵咒修持學(含《蘇婆呼童子請問經》)。

四、《楞伽經》學。五、《維摩經》學。

六、般若學(《金剛經》+《大般若經》+《文殊師利所說般若波羅蜜經)。七、十方淨土學。

八、佛典兩性哲學。九、佛典宇宙天文學。十、中觀學(中論二十七品)。

十一、唯識學(唯識三十頌+《成唯識論》)。十二、《楞嚴經》學。十三、唯識腦科學。

十四、敦博本《六祖壇經》學。十五、佛典與科學。十六、《法華經》學。

十七、佛典人文思想。十八、《華嚴經》科學。十九、唯識双密學(《解深密經+密嚴經》)。

二十、佛典數位教材電腦。二十一、中觀修持學(佛經的緣起論+《持世經》)。

二十二、《般舟三昧經》學。二十三、如來藏學(《如來藏經+勝鬘經》)。

二十四、《悲華經》學。二十五、佛典因果學。二十六、《往生論註》。

二十七、《無量壽經》學。二十八、《佛說觀無量壽佛經》。

二十九、《思益梵天所問經》學。三十、《涅槃經》學。三十一、三部《華嚴經》。

三十二、穢跡金剛法經論導讀。

國家圖書館出版品預行編目(CIP)資料

《思益梵天所問經》三種譯本比對暨研究(全彩版) / 果濱編撰
. -- 初版. –
　臺北市 ： 萬卷樓, 2020.02
　　面 ；　　公分
　全彩版
　ISBN 978-986-478-344-1 (精裝)

　1. 經集部

　221·727　　　　　　　　　　　　　　　　　109001651

ISBN 978-986-478-344-1

《思益梵天所問經》三種譯本比對暨研究(全彩版)

2020 年 2 月初版　精裝(全彩版)　　　定 價：新台幣 860元

編　撰　者：果濱
發　行　人：陳滿銘
出　版　者：萬卷樓圖書股份有限公司
編輯部地址：106 臺北市羅斯福路二段 41 號 9 樓之 4
電　　　話：02-23216565
傳　　　真：02-23218698
　　　E-mail：wanjuan@seed.net.tw
萬卷樓網路書店：http://www.wanjuan.com.tw
發行所地址：106 臺北市羅斯福路二段 41 號 6 樓之 3
電　　　話：02-23216565
傳　　　真：02-23944113
劃撥帳號：15624015
承印廠商：中茂分色製版印刷事業股份有限公司

新聞局出版事業登記證局版臺業字第 5655 號

（如有缺頁、破損、倒裝，請寄回本公司更換，謝謝）